不被定义者：

雨果传

[法]马克斯·加洛 著

姚丹 孙彧 李嘉璇 译

长江出版传媒 长江文艺出版社

　　马克斯·加洛，法兰西学院第 24 号席位院士，法国历史学家、作家。他于 2007 年 5 月 31 日入选法兰西学院，成为 40 位"不朽者"之一。马克斯·加洛最早致力于历史研究，后来转入传奇小说和历史人物传记的写作，取得了很高的声望。主要作品有《法国大革命》《拿破仑》《戴高乐》《凯撒大帝》《雨果传》等。

内容简介

全世界都知道雨果是一位伟大的作家，可你是否知道他还是"法国的莎士比亚"、"法兰西诗神"、画家、政治家……

雨果出生于 1802 年，正是法国大革命之后，父亲是保皇党士兵，母亲是旺代分子，从童年起他就深陷在父母亲不可调和的矛盾之间。

18 岁，雨果闻名法兰西学院；

20 岁，雨果发表了第一本诗集《颂歌集》，获得了路易十八的年金赏赐；

29 岁，雨果写下了《巴黎圣母院》；

39 岁，雨果入选法兰西学院；

49 岁，雨果因反对独裁统治被迫离开祖国，开始长达十九年的流亡生涯；

60 岁，雨果完成了长篇小说《悲惨世界》；

72 岁，雨果写出了最后一部重要作品《九三年》；

……

1885 年雨果于家中溘然长逝，享年 83 岁。法国政府为他举行了国葬，百万人民为他痛哭送行，直至遗体被送入先贤祠。他这一幅魅力四射的面孔，从内里照亮了激情洋溢的十九世纪，照亮了这个孕育了革命、并将共和理念传至全世界的时代。

法兰西学院院士马克斯·加洛以大量史料和雨果作品为基础，多角度切入，运用颇具画面感的生动叙述手法，将文字幻化成近景镜头，复杂而有序地慢慢呈现雨果的内心和外在世界，勾勒出十九世纪法国的社会、政治、历史面貌，展现了一幅恢弘壮丽的时代与城市全景画卷。

本书法文版出版于 2001 年，风靡法国二十余载，是法国当代文学不可多得的兼具权威性、艺术性和文学性的传记作品。

图书在版编目（CIP）数据

　　不被定义者：雨果传 /（法）马克斯·加洛著；姚丹，孙彧，李嘉璇译. -- 武汉：长江文艺出版社，2024.2
　　ISBN 978-7-5702-2503-3

　　Ⅰ．①不… Ⅱ．①马… ②姚… ③孙… ④李… Ⅲ．①雨果（Hugo, Victor 1802-1885）－传记 Ⅳ．①K835.655.6

　　中国版本图书馆 CIP 数据核字(2022)第 016620 号

Originally published in France as:
VICTOR HUGO by Max Gallo
Copyright © XO Editions 2017. All rights reserved.
Current Chinese translation rights arranged through Divas International,Paris 巴黎迪法国际版权代理

湖北省版权局著作权合同登记　　图字：17-2028-161 号

不被定义者　：雨果传
BU BEI DINGYI ZHE：YUGUO ZHUAN

责任编辑：付玉佩　　　　　　　　责任校对：毛季慧
整体设计：壹诺设计　　　　　　　责任印制：邱　莉　胡丽平

出版：长江出版传媒　　长江文艺出版社
地址：武汉市雄楚大街 268 号　　　邮编：430070
发行：长江文艺出版社
http://www.cjlap.com
印刷：湖北恒泰印务有限公司

开本：710 毫米×970 毫米　　1/16　　印张：32.75
版次：2024 年 2 月第 1 版　　　　2024 年 2 月第 1 次印刷
字数：623 千字

定价：68.00 元

目　录

第一卷

第二卷

我是一股正在消散的力量！

第一卷

啊！你就可怜可怜自己，逃离我吧！
或许你以为我和其他男子一样，
是个聪明的生命，义无反顾奔向目标和梦想。
请不要误会，我是一股正在消散的力量！
对于死亡的神秘我看不到也听不见！
我是一个由黑暗编织的苦难灵魂！
不知道自己要去向何方。
但我感到一阵疾风、一场荒诞的命运，
推着我踽踽向前。

——维克多·雨果《艾那尼》

楔子

　　这个身着黑色衣服的男人站在一扇敞开的窗户前,写着东西。他名叫维克多·雨果,那是 1830 年 5 月的某一天。

　　在 2 月 26 日,他已年满二十八岁。

　　他留着半长的、浅褐色的头发。头发梳向后面,露出隆起的宽大额头。他五官的线条周正,脸颊丰腴。一条大大的领带系在衬衣的白色领口处,勒着他胖胖的脖颈,脖子被隐约长出的双下巴遮住。他的整个身躯看上去有些臃肿。他穿着一件袒露着前胸,带着大翻领的马甲。马甲在他的腰部周围堆积出许多层褶皱。

　　维克多·雨果被这几件宽宽大大的衣服包裹着,在人们的印象中,他已是功成名就的男人,名望和成就使他的作态显得有些生硬。一条金灿灿的链子从他的马甲上显露出来。

　　从举止到服饰,他的一切都透着沉稳和庄重。他带着些许满意接受了自己的荣耀,但是这种接受却包含更多的厌倦。

　　他是位志得意满的诗人,创作了《颂诗集》《东方集》,他也是《克伦威尔》的作者。该剧是他为戏剧舞台所写的第一部作品——但是剧情太过跌宕起伏,人物如此众多,以至于这出剧没有能够上演。但是人们读了它,围绕它进行讨论,而且击节称赏。它的序言以宣言的形式出现。人们迫不及待地等着作者后续作品的问世。之前那一年,他创作了《玛丽蓉·黛罗美》,于 1829 年 7 月 14 日在法兰西剧院上演,随后即遭禁演。然而维克多·雨果却收获无数溢美之词!国王查理十世曾在 1825 年邀请雨果参加自己的加冕典礼,这次又花了很长时间接见他。他几近认同雨果在《玛丽蓉·黛罗美》的序言中所写的内容:没有什么能够阻挠我们见证一位诗人的诞生，"他之于莎士比亚正如拿破仑之于查理曼大帝！"雨果，此人当然是雨果！

他于是又开始了写作。就在三个月前，2月25日，也就是他生日的前一天，他的新作《艾那尼》在法兰西剧院上演，这使剧作家成为年轻一代浪漫主义的王子。年轻人们在泰奥菲尔·戈蒂耶[①]和大仲马的引导下，为了《艾那尼》而抗争。

演出后的第二天，雨果甚至收到了一封夏多布里昂[②]的来信：

"我观看了《艾那尼》的首映式，"那个时代最有名望的作家写道，"您了解我对您的欣赏。我的虚荣心使我为您诗歌的竖琴声倾倒，您知道这是为什么。我走了，阁下，而您来了。我恳请您的诗歌女神缪斯保佑我。一位荣耀加身的虔诚信徒应该为故去的人祈祷。"

十四岁那年，他在1816年7月10日的日记里写道："我想要么成为夏多布里昂，要么什么都不是。"他此时还能奢求更多吗？

他现在二十八岁，他已经"立住了"。

诗人、著名作家、法国荣誉军团骑士勋章获得者、国王和政府颁发的津贴的领取者、因《死囚末日记》而一跃成为拥有成千上万读者的小说家，如今这个人在酝酿一部伟大的小说——《巴黎圣母院》。出版商戈斯兰在给作家预支一大笔稿酬后，已经等得望穿秋水了。

人们了解他持重的姿态以及他那夹杂着几分厌倦的高贵神情，人们估计他的动作会慢吞吞的，非常庄重。

然而，维克多·雨果却是雷厉风行，他把鹅毛笔往墨水瓶里面一蘸，然后奋笔疾书，仿佛有人在给他听写这些词句。他笔走龙蛇，字迹工整，字体倾斜，鹅毛笔笔尖在纸面上沙沙作响，他把纸的右边写得满满的，很少停下来。仿佛有一个鸿沟，横亘在这种写作方式和他的身体之间，横亘在他闪烁不定的目光和坚如磐石的荣耀之间。

似乎在表面的充足满盈之下，隐藏着一个深渊、一个挥之不去的疑问。

雨果仿佛想要告诫那些把他视为一尊沉重塑像的人，他们以为他已经先于岁月老去，被成功、名望、金钱埋葬；他仿佛想要说服他们，告诉他们自己不是一个可以因为荣耀，就感到安心的人。

他抬起头。

---

① 泰奥菲尔·戈蒂耶（Théophile Gautier，1811—1873），法国唯美主义诗人、散文家和小说家。

② 夏多布里昂（Chateaubriand，1768—1848），法国十八至十九世纪的作家、政治家、外交家，法兰西学院院士。

透过窗户，他望着窗外的景色。五月的天气使菜畦里忽然冒出成行的蔬菜，绿色中泛着苍白。

几处孤零零的宅舍疏落地分布着。

雨果带着他的妻子阿黛尔、他的三个孩子——莱奥波蒂娜、夏尔和弗朗索瓦－维克多，在香榭丽舍的这片街区安家落户，不过仅仅几天而已，雨果还没有习惯这个地方。新居坐落在让－古戎街9号，雨果只占了二楼的房间。宅邸被一片荒地包围。弗朗索瓦一世大街与之毗邻，向着凯旋门方向随地势缓缓上升，四周是长满作物的田地。

他留恋曾经居住过的，位于圣母田园街11号的房子。它在城中心，还有一个花园，六岁的女儿、四岁和两岁的儿子可以在园中自由地玩耍嬉戏。只需推开一扇门，就能走进卢森堡公园。

泰奥菲尔·戈蒂耶、大仲马、夏尔·诺迪耶①、阿尔弗雷·德·维尼②，特别是作为邻居，每天来访两次的诗人兼文学评论家圣伯夫。这些朋友经常在客厅聚会，他们朗读自己的作品，为雨果喝彩，庆祝《艾那尼》的成功。

在这个五月，查理十世感觉到国家正脱离自己的掌控，刚刚解散了国民议会。雨果从坐落在市郊的新家，远远观望所处的时代，感觉已经距离自己如此的遥远。

雨果写道：

> 到如今依旧年轻但饱经风霜，
> 几多刻骨的回忆在我心中珍藏，
> 人们能够看得清那么多经历的过往，
> 将它们刻进额头皱纹里的是我的思想③。

事实上，如果说那时雨果宽大的额头上还没有什么皱纹，他那张圆润光滑的脸庞给人的印象却是一张怀旧的脸。轮廓清晰的嘴巴有时会噘起，表达着自己的不满。他定睛凝视，眼前却像蒙了一层薄纱，似乎目光并没有在原野的细节处停留，而是寻找一个点，一个过去和未来能够交会的点。

但在1830年的这个春天，也许是因为他感觉到自己已经实现十年前魂牵梦绕的梦想，他这样写道：

---

① 夏尔·诺迪耶（Charles Nodier，1780—1844），法国作家，法兰西院士。

② 阿尔弗雷·德·维尼（Alfred de Vigny，1797—1863），法国浪漫派诗人、小说家、戏剧家。

③ 《秋叶集》，"这个世纪曾经两岁"，1830年6月。

那年我十八岁！心中充满梦想！

希望用谎言对我吟唱催眠的歌曲 [1]……

他也可以说：

如今，我已经感受过、看到过、领悟过了 [2]……

能留住他的，是他的过去。

他回忆起他的母亲——索菲·特雷比谢，她于 1821 年 6 月撒手人寰，当时雨果刚满十九岁；1822 年 10 月他和阿黛尔喜结连理，而就在举行婚礼的当天，比他年长两岁的哥哥欧仁被送进了精神病医院，这个不幸的人发了疯；1823 年 10 月，他的第一个孩子——莱奥波德刚刚出生，就夭折了；最后是他的父亲，在两年多以前，也就是 1828 年 1 月去世。

这些回忆如何能不给他的目光蒙上一层薄纱呢？犹如一个挥之不去的执念，给他的荣耀蒙上一层阴影。当他反复体会这些的时候，又如何能不带着一丝源于宿命感的慰藉呢。

然而，他必须继续自己的写作，因为他要"把写作当作一项繁重的工作"。唯有写作才能给他带来收入，让他活着，让他租得起位于让－古戎街 9 号的宅邸，那价格高昂的二楼房间。幸运的是，《艾那尼》大获成功，版税不仅能够维持他的生计，还使他以百分之五的利率，存进五千法郎。

当人们看到这位有些发福、穿着如名流显贵的人，会猜想他过着有钱人的生活。他还要照看好"那一群熊孩子"。他已经有了三个孩子，很快就要迎来第四个，因为阿黛尔即将临盆。她已经说过自己不想再要孩子了，八年当中生下五个孩子，这太多了！因此她现在同丈夫分房睡，将来也是如此。

雨果如何不留恋过去的时光呢？

比追忆还要痛苦的事情发生了，雨果本能地感到，爱已消失了。

阿黛尔不但厌倦了不断怀孕、不断坐月子的日子，而且她已背叛雨果，接受了一位追求者献的殷勤。此人就是圣伯夫，一个被阿尔弗雷·德·维尼形容为"矮小又丑陋的男人"。的确，他有"一张大众脸"，鼻子太长，下巴太短，有一张因为愁

---

[1] 《秋叶集》，"啊，我那爱、情操与青春的书信……"，1830 年 5 月。

[2] 《秋叶集》，1830 年 5 月。

苦而双唇紧闭的嘴。人们从来没有看到他与哪位女子有染。他二十六岁，和母亲生活在一起。也许是先天发育不良，他只能光顾那些风尘女子，或是坐在雨果家的客厅里，看着阿黛尔。

"他说话的时候，一副讨好献媚的嘴脸，像个年老的女人。"阿尔弗雷·德·维尼总结道。

但是圣伯夫发表了几篇赞美《颂诗集》的评论文章，又住在雨果家附近，对雨果指天画地地表白友情："我亲爱的朋友，对我来说，您就是一切，"他在 5 月 7 日的信中写道，"自从我认识了您，我才觉得自己重要；远离了您，我生命之火将随之熄灭……"

然而，确切地说在五月，仅仅几天的工夫，就足以让他们两人的关系疏远起来，因为雨果隐约感觉到阿黛尔和他朋友之间的相互吸引："在我们家的朋友和我们的婚姻幸福之间，"雨果写道，"有一位离间者介入我们的日常生活当中。"

他针对圣伯夫写了两首诗，后者不愿意读它们，对此他一点儿也不感到奇怪。他带着一种悲伤和蔑视交织的情绪，读了圣伯夫在 5 月 31 日写给他的信。在信里，此人并没有承认他对阿黛尔的爱。而正如雨果所担心的那样，这封信是阿黛尔转交给他的。

"我想给您写这封信，"圣伯夫在信中说，"因为我们昨天是那么难过、彼此又那么冷淡。大家不欢而散，这让我非常痛苦；夜里到家中，我整个晚上都在煎熬中度过。我告诉自己，如果和你们的交往要付出如此代价的话，那对我来说就不太可能继续下去了，因为我无法做到每次来您都在家；的确如此，我们也不可能还像过去那样，在一切方面都达成一致。我意识到自己并没有请您为我写诗，您描写我的这些诗，难道就比其他诗更重要吗？我想要的是你们两人的友情：您，还有雨果夫人，一如既往，永无止境。"

雨果把信又读了一遍。圣伯夫的人品是捉摸不定的，但是阿黛尔和他之间的目光交流是不会说谎的。这种虚伪，或者说这种无法实话实说的无力感，让雨果感到不安。

因此没有什么是确定无疑的，没有什么是天长地久的。他有了一种感觉，似乎在他身上、在其他人身上、在他周围，有一个隐藏的世界使他焦虑。

溢美之词蜂拥而来，像是为了庆祝这位年轻文坛国王的胜利，然而他却脸色苍白，令人感到奇怪。苍白的面色流露出他内心的焦虑。

只有"每当孩子出现时"，人们才会看到他开心，但是焦虑又一次把他笼罩，他的第一个儿子夭折了。在诗歌里，他表达了萦绕自己的恐惧：

永远别让我们看到，
没有鲜红花朵的夏天，
没有鸟儿的鸟笼，
没有蜜蜂的蜂巢，
没有孩子的居所[①]！……

孩子们在这儿，长女莱奥波蒂娜明丽动人，还有夏尔和弗朗索瓦－维克多。很快另一个孩子也要出生……

雨果看着他们。他感到，在自己那看上去已经如此充实，却又伴随着幻灭的沉重的一生当中，唯一的珍宝，就是人生中最初那几年：

出生时并不知道童年稍纵即逝，
乳汁汩汩流淌，不带一滴苦涩，
出生是幸福的年代，
阴影消散，
那是人在晴空下所拥有的最美时光[②]！

他长时间地凝望他的孩子们。他"珍视这整片晨曦"，他想到了自己的童年。在他动荡的人生长路上，童年是他唯一的路标。

他回忆道：

这个世纪曾经两岁！罗马取代斯巴达，
拿破仑已声名鹊起，在波拿巴的姓氏之下，
皇帝用额头，把首席执行紧窄的面具多处撞裂。
就在贝藏松，那座西班牙的古老城市[③]，
像一颗随风飘荡飞舞的种子随意播撒，
一个婴孩就此诞生，
他有着布列塔尼与洛林的血脉，
却眼神微弱、无声无息、肤色苍白；

---

① 《秋叶集》，"每当孩子出现时"，1830 年 5 月。

② 《秋叶集》，"幸福到底在哪里"，1830 年 5 月。

③ 1654—1674 年，贝藏松被西班牙占领。

婴儿如此羸弱，宛如幻影缥缈，
被所有人遗弃，除了他的妈妈，
他的脖颈弯曲，宛如娇弱蒹葭，
棺木和摇篮同时把他等待，
生命之神几近将他从名册中擦去，
那就是我，
一个甚至看不到明天的孩子[①]……

① 《秋叶集》，"这个世纪曾经两岁"，1830 年 6 月。

第一章

1802—1808 年

1802 年

维克多·雨果是知道的。

他想要了解关于自己出生的一切，在那个 2 月 26 日的夜晚，一幢舒适又体面的二层小楼其中一层的房间里。小楼的十扇窗户正对着贝藏松的格兰德大街和圣·康坦广场。

他的母亲索菲三十岁，已有两个孩子，分别是四岁的阿贝尔和两岁的欧仁。当他们听到婴儿的第一声啼哭时，就同他们的父亲——莱奥波德·雨果营长一道走进了产房。莱奥波德·雨果是位二十九岁的汉子，体格健硕、敦实，栗色的头发，低低的额头，他红脸膛、两颊圆润。

他们看了看新生儿，"他不比一把餐刀长多少"，是那么瘦小、羸弱，以至于助产医生指着他说这个孩子是养不活的。"他占着可怜的一丁点儿地方，我们甚至能放半打这样的孩子。"婴儿躺在扶手椅上，被包裹得严严实实。

时间来到 10 点 30 分，夜空飘着雪花。

人们俯下身来凑向他，密切关注着他的每次呼吸、每次微弱的啼哭。

维克多后来在 1830 年左右的时候，吐露了这些。他被自己的童年吸引，就像人们寻根一样。

但他同时也了解到，他母亲在生下两个男孩子之后，希望生一个女儿。他本来应该名叫维克多丽娜，因为在索菲的要求下，人们为孩子选择的教父是维克多·范诺·德·拉奥里将军——雨果一家人的朋友。将军的贵族风范、优雅的举止和博学的见识，使索菲自从 1798 年在巴黎遇到他的那一刻起，就为之着迷、为之倾倒，而那时她同莱奥波德结婚还不到一年。

之后，她又在南锡，同这位拉奥里重逢，而此人已经成为相助莱奥波德的贵人。拉奥里颇具影响力，因为他在莱茵军团总司令莫罗将军身边担任总参谋长。

在拉奥里的运作下，莱奥波德在吕内维尔市被任命为驻军副官。莱奥波德在那座他掌管的城市里，受到了首席执政官的哥哥约瑟夫·波拿巴[①]的器重。但是拿破仑·波拿巴并不信任嫉贤妒能又野心勃勃的莫罗[②]以及那些聚拢在这位将军身边的军官们。面对一个梦想着终生执政、也许某天加冕称帝的拿破仑，共和党人莫罗是抱有敌意的。

因此莱奥波德还没有来得及晋升，就必须要离开吕内维尔，去贝藏松的驻军处报到。遥遥长路、漫漫旅程，还有孚日山脉要翻越。

维克多·雨果是知道的。

马车在多农峰山顶停了下来。

莱奥波德·雨果和索菲跳下马车，马匹因为爬山喘着粗气。时值六月月末，目力所及，从孚日山脉高地，一直延伸到阿尔萨斯平原，以及通往贝藏松的贝尔福山口，全都一览无遗。

莱奥波德·雨果面色红润、举止粗犷，是一个率性的男人。他以一位军人的方式爱女人。

他的四位兄弟也和他一样，加入了共和国的军队。其中两位牺牲在维桑堡，莱奥波德是幸存的那两位——路易和弗朗索瓦－朱斯特的长兄，他们一直都在军队服役。莱奥波德先在德国，随后在血肉横飞的旺代，奋勇拼杀，获得了他的上尉军衔。

就是在旺代，在沙托布里昂市附近，一个名叫雷诺迪埃尔的小庄园里，莱奥波德与索菲·特雷比谢相识。索菲是旺代人，父母双亡，但也有"贵族血统"。她的外公曾经担任革命法庭的检察官，曾在那位把反革命分子溺死在卢瓦尔河的恐怖主义者卡里耶麾下效力。她的叔叔担任战争特派员，妻子是卡里耶的情妇，他隐忍了妻子的不忠。索菲的兄长马丽－约瑟夫·特雷比谢也同样为卡里耶效力。

莱奥波德·雨果阳光帅气，让别人称自己为布鲁图，他赢得了索菲的芳心。索菲是一位性格果决的女子，软硬兼施地让莱奥波德在 1797 年娶了自己。

---

① 约瑟夫·波拿巴（1768—1844），拿破仑的长兄，1806 年被拿破仑立为那不勒斯国王，1808 年任西班牙国王，1813 年离位。在拿破仑滑铁卢战败后，他流亡美国。

② 莫罗（1763—1813），大革命—拿破仑时期，拿破仑麾下著名将领，后反对拿破仑。

他们在巴黎生活了几个月，先落脚在市政厅，然后住进了位于谢尔什－米蒂大街的图卢兹公馆。第十七师的常任战争委员会也设在那里，上尉雨果成为书记员雨果。

他们同一位名叫皮埃尔·富歇的书记官成为朋友，富歇来自西部，隐藏着自己拥护君主制的观点以及对教会的感情。然而，当时已是 1798 年，人们不会因此就被送上断头台！雨果——现在叫莱奥波德，因为他的绰号布鲁图已经被人摒弃——在富歇与安娜－维克多瓦尔·亚瑟林的婚礼上，担任好友的证婚人。

"生一个女孩吧！"莱奥波德在婚礼上欢快地喊道，"我会生个男孩，咱们来定个娃娃亲！我为他们的婚姻幸福浮一大白。"

维克多·雨果是知道的。

他想象着他的父亲随军驻扎在南锡，然后是两个男孩子的出生，阿贝尔于 1798 年，欧仁于 1800 年。

他猜到了母亲和军人雨果之间紧张的关系，父亲随莱茵军团出征，把他的妻子留在了南锡，住在他已去世的细木匠父亲约瑟夫·雨果留给他们的宅子里。那所宅子里还住着他的母亲让娜－玛格丽特和他的姐姐玛格丽特，姐姐也被唤作高通，嫁给了马丁－肖宾。

莱奥波德戎马倥偬。他渡过莱茵河、多瑙河。拿破仑·波拿巴统治法兰西，而索菲则为维克多·范诺·德·拉奥里的翩翩风度心猿意马。

她给她的丈夫写信，声称不想继续生活在南锡元帅大街 81 号，和强势的雨果家女人们同住。她想回到西部，回到自己的家里。

莱奥波德不安起来，他回答道：

"我整夜没能合眼，灼热的高烧让我睡不着觉。天一亮我就扑到桌子前给你写信，身上湿漉漉的都是汗。残忍的索菲啊，我是太爱你了，这就是你那几句太过冷酷的话给我带来的感受……因此别再骗我了，对我实话实说，你还爱我吗？我说的话对你还有些许意义吗？如果我同意让你回到自己家里，你会为我保留一颗忠于我的心吗？你会想我们吗？你还会每天都告诉我你的消息吗？你还会每天都向我表达内心真实的感情吗？"

索菲犹豫起来，放弃了回到自己家里的念头。她跟随莱奥波德，后者当上了吕内维尔市的军事长官。当莱奥波德作为第二十联队的营长，随军驻扎在贝藏松的时候，她也带着孩子们陪在他身边。

然后在多农峰山顶上，六月末的最后那几天，莱奥波德，身为军人同时也身为丈夫，趁着良辰美景，把他的妻子推倒在孚日山的松树下。

维克多·雨果是知道的。

他读了他父亲写给他的信，父亲为这个已经能够写诗作韵的神童心花怒放……

根据莱奥波德的讲述，维克多不是在"品都斯山，而是他们在一次从吕内维尔到贝藏松的旅行途中，在孚日山一处最高的峰顶怀上的。所以那时你似乎感受到了那种空灵的慧根对你后来产生的影响"。

　　但是在 2 月 26 日的那个夜晚，维克多起初只是一个似乎对活下去有些犹豫的新生儿。他的母亲忧心忡忡地看护着他，他的父亲觉得他"不怎么像一个人类生命"，而他已经长得很健壮的哥哥们，则嘟囔着本来以为会是一个名叫维克多丽娜的小妹妹，就像欧仁嘟哝着说，只有这堆衣服才让他们联想到一个"小丫头"。

　　但是雨果活了下来。

　　27 日上午，莱奥波德把孩子抱到市政府，给他注册了户籍。

　　　共和国十年，风月①第八天。出生证明：兹证明维克多－马丽·雨果出生于昨夜晚上 10 点 30 分。父亲是约瑟夫·莱奥波德·西吉斯伯尔·雨果，南锡（默尔特）生人；母亲是索菲·弗朗索瓦斯·特雷比谢，南特（卢瓦尔）生人。莱奥波德－西吉斯伯尔·雨果，第二十联队营长，双方已婚，居住地为贝藏松。孩子性别为男。

　　　第一证明人：雅克·德莱利，旅长、莫罗将军的副官，年龄 40 岁，居住地为贝藏松。

　　　第二证明人：玛丽·安娜·德斯里耶，以上提到的德莱利的配偶，年龄 25 岁，居住地为以上提到的城市。

　　　出生证明申请人为以上提到的约瑟夫·莱奥波德·西吉斯伯尔·雨果，孩子的父亲，签字者为雨果／德莱利之妻德斯里耶／德莱利。

　　　我本人，夏尔·安托万·赛甘，时任本市市长助理、身份登记处公共事务官员，根据法律，确认该证明有效。

　　　　　　　　　　　　　　　　　　　　　　　　　　助理：夏尔·赛甘

　　孩子已经上了户口，接下来要做的，就是保住孩子的小命，因为他看起来每一天都有夭折的危险。"他撑不起来的小脑袋耷拉在肩头，细胳膊细腿上只有松垮垮的皮肤，就像乳母们形容的那样。"

　　人们围在他身旁、呵护着他。索菲是一位"执着的母亲"。莱奥波德意志顽强，浑身充满精力。

---

①　风月：法国共和历，指 2 月 19 日—3 月 20 日。

自打那时候起，过去了将近七年。莱奥波德不再那么爱笑了。但是，他在餐桌旁依旧充满活力，每当晚餐快要结束的时候，就会活跃起来。"他像兔子那样抽动着鼻子，这是雨果家族的招牌式鬼脸。"他把儿子们抱在怀里，依旧保留着"一个无套裤汉"的行为举止，他读着《革命原理手册》。他和索菲都觉得请人给雨果做洗礼不好。

这一年，拿破仑和教皇达成了和解协议，并成为终身执政官。莱奥波德当时在莫罗将军麾下效力，并且选择维克多·范诺·德·拉奥里将军做孩子的教父，而此时拉奥里已经不再受拿破仑的宠信，并且被赶出了军队。这时莱奥波德揭发了旅长的贪污行径，立刻被扣上"阴谋家"的帽子。虽然他徒劳地重复着"我，我在战争中从来都是一心为公，战争开始的时候我是穷人，战争结束的时候我依然如此"，但他仍是大家怀疑的对象。

在晋升人员的名单里面不再有他的名字。他和部队被调往马赛，但那群指控者仍然对他穷追不舍。

因此，他要带着他的三个儿子和妻子离开贝藏松。他的妻子曾厌烦了居无定所的生活，也厌烦了这位永不知足的丈夫，但是如今她却忧心忡忡。如果丈夫因为同莫罗、拉奥里的交情被逐出军队，那么他们该怎么生活啊？需要有人在巴黎，为了他在约瑟夫·波拿巴面前说说好话。当他还在吕内维尔的时候，执政官的长兄就曾写信告诉他的部长："雨果公民可堪大用。部长公民，您知道我看好他是合情合理的，从我个人的角度出发，请您任命雨果公民为旅长。"

需要给约瑟夫·波拿巴提醒一下这段过往，也需要拜访一下克拉克将军。此人当时是吕内维尔驻军的总司令，后来当上了战争部长，也是拿破仑·波拿巴的心腹之一。甚至也许可以再找找拉奥里，毕竟他还应该有一定影响力。

但是，要想打扰到这些大人物，让他们重新回忆起自己、听到自己的诉求，就必须身在巴黎。当他被人监视、他的上司又时刻在找他的碴儿时，他如何能远离所在的驻军呢？

离开马赛的是索菲，她于11月28日动身前往巴黎。

她曾经是"执着的母亲"，如今成为缺席的母亲，莱奥波德手下勤务兵的妻子克劳汀代替了她的位置。但是"一位母亲的爱！没有人会遗忘"，这样的母爱又会怎么样呢？

"你的阿贝尔、你的欧仁、你的维克多，他们每天都在念叨你的名字。"莱奥波德在信中对索菲说，"我从来没有给过他们那么多糖果，因为他们同我一样，感受着过去从未感受过的分离之苦。维克多是喊妈妈喊得最多的那个，他喊着'妈妈''妈妈'，而这个可怜的妈妈却无福听到他的呼唤。如果我的每个眼睑上都滑过一滴泪珠，如果我现在以泪洗面，那么当你读到这几行字的时候，那些泪滴会化作同情的眼泪，难道不是这样吗，我的索菲？

"你的维克多进来了，他吻了我，我代你亲亲他，也让他亲一下这封信……这样你至少在你离开的日子里，能收集一点来自他的东西；我也把我最炽热的亲吻附在上面。我刚刚给了他一点儿我精心保存在抽屉里的马卡龙①，他舔着小圆饼跑开了。"

就这样，维克多和他的父亲以及哥哥们生活在一起。12月29日，他的父亲被调往巴斯蒂亚的驻军处。鉴于第二十联队大部分兵马开拔前往圣－多明各，参加一场人们认为无比荣耀的战争，他的这次调动则是被贬职的信号。

莱奥波德写道：

"孩子们都还算健康……维克多一直在叫你。即使这个可怜的小家伙认不出你来，他至少也会轻而易举地黏上你，因为他总像失去了些什么似的。"

1803 年

这种失去了一部分自己的感觉，雨果在他学着走路，学着说话，学着生活的时候，就感受到了。

他对于1803年年初的那些日子还没有意识，他也不记得他们在马赛的公寓，在那里，他的父亲为前往巴斯蒂亚做着准备。但他知道他缺少母亲的陪伴、母爱的温柔，他预感到，就连父亲保护他的身影也会消失不见。

的确如此，莱奥波德·雨果在犹豫着。

"我趁着出发前这段时间，会想想如何把孩子们送走。"他在给索菲的信中写道，"如果你在巴黎一无所获，那就回来好了；假如我把孩子们留在马赛和克劳汀一起，一位朋友会看护他们，直到你把他们接走，带着他们坐邮船同我团聚，每隔十天会有邮船从土伦港出发，要么开往巴斯蒂亚，要么开往科西嘉。如果你在巴黎有所收获的话，我就在半道上把孩子们接走，把他们带过来给你。"

孩子意识到，又有一次分别在威胁着他。

他不明白周围人们到底在酝酿着什么，为了什么在窃窃私语。但是父亲的慌乱、担忧、醋意营造出一种氛围，给他的心灵蒙上阴影。父亲卑微地恳求着索菲，他仿佛也在分担父亲的期盼：

"我建议你给我多写写信，这是我们天各一方，我唯一能够收到的，你对我柔情

---

① 马卡龙：一种蛋白杏仁甜饼。

蜜意的证明；请为我保留这份柔情的纯净，我向你保证我会尽我所能，使你成为天底下最幸福的妻子。我永远不会对你不忠，我只为你一个人而活。"

但这也是当时莱奥波德愤怒的原因，他嚷道："我太年轻了，无法去过独居生活。我又那么血气方刚，怎么能不惦记女人呢？"

维克多蜷缩在角落，人们说他总是没来由地哭泣。

一个多月过去了。之后，在二月，维克多随父亲动身前往巴斯蒂亚。冬季的海浪摇动着航船，父亲站在甲板上，维克多在他怀里，他的哥哥们——阿贝尔和欧仁，则搂着他的双腿。

"他就像某位人高马大的武士，把三个胖嘟嘟的、长着小天使脸蛋儿的小家伙收进他的帽盔里，带着慈母般的小心翼翼，整整一路都把他们轻轻搂在怀里。"圣伯夫在听了雨果的讲述后，这样写道。

令人感动的是，这位军人父亲替代了母亲，而母亲呢，就像他所担心的那样，同拉奥里将军约会，滞留在巴黎，一无所获，对他的来信也不予理睬。

"我亲爱的索菲，因为我收不到你的任何消息，你的沉默让我越发痛苦……到如今已有五十二天了，我本来还会更加痛苦的，如果我没有那么了解你的处事原则，了解你的责任心，了解你对深爱你的丈夫和你视若珍宝的孩子们的依恋的话。"

孩子们感觉到了父亲的恼怒，以及他的醋意带来的惶恐。而这种惶恐情绪每天都在膨胀着。他在值勤的时候，不得不把孩子们单独留在家里；值勤的任务也越发繁重，因为同英国签订的《亚眠条约》已被撕毁，战争一触即发。联队必须从科西嘉开拔，前往易北河岛，这让莱奥波德陷入深深的痛苦当中：

"这样一来，我们的通信就要在很大程度上被耽误了。冬天，我们是收不到任何信件的。如果战事爆发，我就会被困在那里。如果我是独自一人那还好，但如果我和孩子们一起被围困呢……"

恐慌的情绪给维克多带来精神压力。他紧紧地抓着父亲，而就在这时，父亲想要把他托付给一位专门带孩子散步的科西嘉女人："他很悲伤，似乎他在抱怨人们把他交给一个连我们的语言都不讲的女人。"莱奥波德对索菲说道，"他会习惯的，但是他的乳牙很让我担心，你至少给我们带点疫苗也行啊……"

但是他们同样要离开这个逐渐变得熟悉的女人，离开巴斯蒂亚前往费拉霍港。易北河岛上的这个港口是一个毫无吸引力的小镇，一座座房子沿着一座座丘陵排开。街道上是成堆的碎片和垃圾，被堵得满满的，其中只有几条铺着路石。猪和狗在街上觅食。住宅和街面一样肮脏。滚滚热浪要把人压垮。

"我们住在一个炎热无比的地方，"莱奥波德写道，"一切都是那么匮乏，导致物价高得离谱……老大和老二非常健康，他们学习讲意大利语……维克多不像他的哥哥们适应得那样好。他很虚弱，长牙对他来说挺困难的，我担心会有蛀虫。我要了一些科西嘉人觉得还挺灵验的希腊药草。这个当口，药草应该已经从巴斯蒂亚寄到我这里了。他脑门上还有几个痂盖，但这不算什么。除此之外，他能叫哥哥们的名字了，还能说很多其他简短的词，包括他自己的名字。他能自己走上几步了，但是因为走得太急，没办法再多走一会儿。他总是很开心，我很少听到他哭喊；他是好得不能再好的宝宝，他的哥哥们非常爱他。"

小维克多·雨果是悲伤还是开心？大相径庭。伴随着咿咿呀呀的"妈妈""爸爸"，他说出的第一个词是意大利语"cattiva"（凶恶），以此来抗议一位女仆。只有父亲在身边，他才会感到安心。关于易北河岛，他后来描绘起来，与其说是一个回忆，不如说是一种印象。当他提到他的童年，父亲从中扮演着母亲角色的童年，他补充道：

> 儿时，战鼓上搁置我的马槽；
> 圣水为我从头盔里来舀。
> 枪支成簇的阴影将我围绕，
> 一位士兵用旧军旗的破布条，
> 来给我的摇篮做个襁褓[①]。

然而，这位士兵越来越对自己扮演的母亲角色感到厌烦。他需要的不只是一个为了孩子而存在的母亲，他还需要一个女人。

"我这个年龄，正是激情最澎湃冲动的时候……"他重复道。

此时，一位名叫卡特琳娜·托马，年龄不到二十岁的女子，来到他的身边。

据说她是波尔图 – 费拉霍港医院总务的女儿，该总务因贪污被指控。但是她声称自己出身于西班牙名门贵族，是萨尔加诺伯爵夫人，是军官阿纳克莱托·安托万·达尔梅格的遗孀。

她的身份无关紧要！在 1803 年的夏天，她委身莱奥波德，缠上了他。莱奥波德因此给索菲写了这样的一封信，字里行间散发着他的怨气：

"大家都在批评我，不应该这样深居简出；所有人都对你把我和孩子们撇下、人不过来这件事感到惊讶。我这边也听到了一些流言蜚语，不过我什么都不说。"

这种语气的改变让索菲十分担心。她为了莱奥波德的事情去了巴黎，但一无所获。

---

① 《颂诗集》，"我的童年"，1823 年。

此后，她在巴黎多住的这些日子，她该如何给出一个合理解释呢？她同样想再见到孩子们，把孩子们带走。她动身去了马赛，之后到达了利沃诺，从那里她登上开往波尔图－费拉霍港的船。

她的孩子们就在那儿，在码头等着她。

她坐的船刚刚在利沃诺和易北河岛之间的水域，被一艘巴巴里海盗船袭击过，她从船头看到了他们。莱奥波德去利沃诺接的她，一路上历尽艰险。

他现在是一位荣耀加身的丈夫，总算可以拿回她对他的亏欠了。

然而，生活条件非常艰苦。缺水，肉是硬的，面包是黑的。

"我睡在一片草垫子上，"莱奥波德说，"如果我没有床单的话，我就只能一丝不挂地躺在我那张破床上了。"

就是在那张床铺上，他想要推倒索菲。她挣扎着。她离开这个粗人已经十三个月了，同她来往的人都是维克多·范诺·德·拉奥里和他的密友，以及某些以共和国或国王的名义，密谋推翻拿破仑的军官们。朱安党人①同雅各宾派联手，卡杜达尔②、皮什格鲁③将军同莫罗将军联手。一位名叫约瑟夫·富歇④的警察在追捕他们。

但是现在，她要忍受这个举止粗鲁又严苛的男人。幸运的是，她的孩子们夹在他们中间，因为和母亲重逢而觉得很幸福。

但是，"父亲之家"又在哪里呢？

孩子们听到了大人们争吵的声音此起彼伏，房门被摔得砰砰作响。

莱奥波德想要得到他的利益：索菲要顺着他的性子、尽到妻子的义务。这个卡特琳娜·托马同他的关系只是露水之欢而已。"所以说，我亲爱的索菲，我觉得与其抛弃你和另一个女人寻欢作乐，还不如让你再给我生一个孩子的好。"

索菲反抗了。她再也不愿意这样了。她以莱奥波德对她不忠为借口，控诉他，从他身边逃开。她是那个受到伤害的人。一个月刚过，她就带着孩子们走了。

这一年的十一月，潮湿的海风使海面凹陷下去。在驶往利沃诺的船上，孩子们紧紧地靠着他们的母亲，雨果躲在母亲的怀里。

又一次分离，又一次失去。

---

① 指法国大革命时期，西部地区发动叛乱的保皇党农民。

② 卡杜达尔（1771—1804），旺代叛乱分子首领，密谋暗害波拿巴，事发被捕处死。

③ 皮什格鲁（1761—1804），法国大革命时期的将军，1803 年他与卡杜达尔一起秘密返回巴黎，组织保王党人起义，对抗第一执政拿破仑·波拿巴。

④ 约瑟夫·富歇（1759—1820），法兰西第一帝国警务大臣，法国警察组织的建立者。

后来，雨果回想起和哥哥们童年时在一起的感受，说道：

"尽管父母离心离德，但是在他们的父亲身边、在他们的母亲身边，他们的心里的感觉是温暖的；可是家庭很快就破碎了，暴风雨袭来，他们的母亲内心苦涩，他们的父亲充满怨气；当他们和父亲在一起的时候，母亲却不在，从来没有过两个人都在身边！这个家从来都只有一部分，一个念头刚刚产生就烟消云散了，一位赶走另一位！"

1804 年

巴黎，2 月 16 日，一辆轿式马车停在了坐落于凯旋圣母大街的梅萨日公馆前。

维克多两岁。他已感知到，这个世界不是一个世界，而是被两股对立的力量一分为二的世界，"一位赶走另一位"，有母亲的地方，就不会有父亲。

他曾经想念索菲。现在，他又因为莱奥波德不在身边而痛苦，莱奥波德——那个给他马卡龙吃，轻轻抱着他，又健谈又温和的男人。

从波尔图 – 费拉霍港到巴黎嘈杂的街道，整个旅程，自始至终，维克多都蜷缩在母亲身旁，若有所失的感觉又涌上心头。

那个曾经每天都令他感到安心的男人，现在怎么样了呢？

大海、阳光，还有那海天交汇的无尽边界线，它们都去哪儿了？ 在这里，二月的天空一片灰蒙蒙。

他走进位于克里希街 24 号的小院子里，母亲就住在那儿，正对着蒂沃利公园。院子深处有一口井，"井口旁有一个水槽，一棵杨柳的柳条垂进水槽里"。

他坐在一个角落，打量着。

莱奥波德的朋友，即书记官皮埃尔·富歇——此人现在是一个名为阿黛尔的三岁小女孩的父亲——趁着拜访雨果夫人的机会，见到了维克多，发现他"忧郁，哭着鼻子，淌下的口水流到罩衫上"。这是维克多又一次感知到大人们的焦虑。

此前，在马赛，然后在科西嘉和易北河岛，是他父亲的焦虑。如今，却是母亲的焦虑。他听到他们在窃窃私语。

他不会知道，索菲刚刚得知富歇的警察已经逮捕了皮什格鲁、莫罗和朱安党人卡杜达尔，指控他们密谋反对第一执政官波拿巴。有消息说波拿巴即将加冕称帝，还将下令绑架昂基安公爵，并在 3 月 21 日把他枪毙。

他们的同谋也被通缉，特别是其中那位维克多·范诺·德·拉奥里将军。

维克多教父的住所位于盖隆街，索菲看到通缉他的榜文被贴在住所墙上。榜文是这样描述通缉犯的："身高五尺二寸，黑色头发，发型为提图斯①样式，黑色眉毛，黑色眼睛，眼睛很大但是眼眶深陷，眼睛周围泛黄，脸上长有雀斑，面带讥笑。"

拉奥里藏匿在克里希街 19 号，他生着病，寄居在别人家里，他并不觉得安全；一天晚上，他被人用担架抬到了索菲家。

那些窃窃私语、惊恐如阴影般弥漫在整座公寓，营造出一种充满焦虑和躁动的氛围，这种氛围给维克多打下深深的烙印。

一个男人就这样走进了他的生活。

"维克多·范诺·德·拉奥里是一位布列塔尼绅士，为共和国而斗争。"后来雨果这样解释道，"他是莫罗的朋友，莫罗也是布列塔尼人。他在旺代结识我父亲，父亲比他年轻二十五岁②。从此以后，在莱茵军团，他成为父亲的老大哥，两人之间，结成了一种血浓于水的战友情，可以为彼此献出自己的生命。1801 年，拉奥里被莫罗谋逆反对波拿巴的阴谋牵连，遭到流放，他的脑袋也被悬赏缉拿。他无处可藏，我父亲为他打开家里的大门③……"

为拉奥里敞开大门的，不是他的父亲，而是母亲。

但是成年维克多·雨果不愿意相信童年维克多·雨果所不了解的事情，他也不想知道，他的父亲留在了波尔图 - 费拉霍港，之后又被调往科西嘉，父亲试图通过为自己辩解，表达内心的感受，来修复与妻子破裂的感情：

"别了，索菲，请你时不时记得，没有什么能够安慰你的离去给我带来的痛苦；我内心有一只虫子在啃噬我……我多么渴望拥有你，把你紧紧搂住，贴在我的胸口……从你的离去中，我看到你的决绝。你想要躲着我，躲避我那对你构成骚扰的抚摸，躲避夫妻之间的争吵，你布列塔尼式的思维让吵架变得没完没了……在我这样的年龄，以我那很不幸过于冲动的脾气，的确有时候冒犯了你，但错的从来都是你啊……"

然而，他还是重复道："千真万确，我永远只爱你一人。"

他过于沉湎在为自己辩解、对妻子责备的长篇大论中，都忘记了提及自己在 6 月 14 日，被授予荣誉军团骑士勋章的事……

---

① 提图斯（Titus，41—81）古罗马帝国弗拉维王朝第二任皇帝。

② 范诺 - 德·拉奥里将军（1766—1812）事实上仅仅比莱奥波德·雨果（1766—1812）年长七岁。

③ 《言与行》，I，《写于流亡前》《权与法》，IV。

这对索菲无关紧要！她没有回信。她有孩子们。她忽视莱奥波德的那些辩解和责备：

"我与生俱来的性格就令我没有任何敌人，人缘总是非常好。"他又补充道，"我看到你同我生活得并不幸福，你找一些特殊的借口，企图远离我，把我丢进我这个年龄寂寞难耐的欲火里。"

所有这些，维克多体会到的只是那种安定感的缺乏，父亲不在身边的痛苦，以及母亲在把丈夫不断骚扰她的来信远远推开时表现出的愤怒。"每天，我都在体会着没有孩子给我带来的痛苦感受，而不再拥有你，同样让我心痛不已。但是抱怨又有什么用呢？我认命了，尽管这不能让我完全满足。"

最后的一线希望：

"我为什么不再尝试最后一次旅行呢，我是说最后一次，因为我已放弃那些不切实际的希望和幻想。"

维克多是个安静的孩子，蜷缩在一角。与此同时，礼炮轰鸣，巴黎的教堂钟声大作，宣告拿破仑在巴黎圣母院加冕称帝。那一天是 12 月 2 日。

1805 年

维克多听到钟声齐鸣，迎接那持续一整年的各种欢庆大典，不管是三月里庆祝拿破仑成为意大利国王的加冕，九月里庆祝大军团①的士兵们横跨莱茵河，还是 12 月 2 日庆祝在奥斯特里茨战场上冉冉升起的旭日。

然而，他不明白何为教堂，何为焚香的气味，何为喃喃的祈祷之声，何为双膝跪地的虔诚教徒，何为额首低垂。

"我的母亲不喜欢神父。这位坚强又冷峻的女士从来没有走进过一间教堂；这不是教堂本身的缘故，而是那些神父的缘故。她相信上帝，相信灵魂，但是也就仅此而已。在她一生当中，我不认为能超过两三次从她嘴里听到神父这个字眼。她避免同神父们见面，从来不提起他们。对于神父们，她抱着一种无声的严厉态度……"

她不会把维克多交给神父们，而是将他送到了位于勃朗峰街的学校，但是他还是那么年幼——三四岁而已——以至于老师的女儿罗丝小姐把他收留在自己的房间里。她把他抱在床上。维克多观察着年轻女孩穿丝袜。

---

① 大军团（Grande Armée）是拿破仑亲自指挥的陆军。

这不啻为一个意料之外的景象，充满新鲜感的动作，双手在面料上划过，这双脚、这双腿平时总是藏着，现在一下子显露了出来。他被迷住了，人们把他安排坐在教室窗户前面，他看着雨点落下，刚才那幅画面却重新浮现在眼前。

水位上涨了，漫过了街区的所有道路。母亲没有办法接他放学，他只能等待，带着一种焦虑和失落交织在一起的感觉。父亲已经不在身边了，现在母亲也又一次缺席。

他是一个被忧伤包裹着的孩子，害怕一生要注定孤独，因为那些保护他、安慰他的人都消失了。

这只是在一个发洪水的日子里一场几个小时的等待而已，但是他最初这些年的感受却因这次等待变得更加强烈。

他是一个充满戒心、敏感的孩子。他看得出来，母亲的处境很艰难。

他的母亲也时刻保持着警惕。她始终没有回莱奥波德写给她的信。他被派遣到了驻扎在意大利马塞纳的军团。在通往维琴察的卡尔迪耶罗战役中，他在对奥地利人的作战中表现英勇，脱颖而出。他攻进了巴萨诺。在米兰，他遇到了自己的朋友皮埃尔·富歇，此人通过向军队出售军需品，发了大财。他随军南下，然后到达马塞纳，在约瑟夫·波拿巴的指挥下，他们要攻克那不勒斯。那不勒斯当时还是波旁家族①的天下，必须把他们赶出那不勒斯，正如之前把他们赶出法国那样。

莱奥波德在给索菲的信里，继续为自己辩解："我只是出于生理需要才找女人的，但是我的心始终在你那里。"

事实上，闹到这一步，他觉得自己一点儿责任也没有。不管怎样，这场婚姻，是索菲要求的！他对她保持距离，开始对她以您相称。

"您要记着一点，当初我娶您的时候，您让我抱有希望，以为会从您父亲那里得到些什么。结果完全不是这样。如果说这不是您的过错，那么所有的谴责也不应该全部落在我头上。有几次，我都能花些小钱购田置地，但是您不愿意，有时是因为您不喜欢我生活的地方，其他时候是因为您对您的父亲抱有期望，结果所有钱都挥霍掉了。

"我再重申一遍，我根本不是一个抛弃家庭的男人，但是我无法做到超出我承诺范围的事情。"

---

① 波旁家族通常指波旁王朝（Dynastie des Bourbons），奉行君主专制体制，统治始于 1589 年，结束于 1830 年。长期临朝的君主有路易十四、路易十六、路易十八和查理十世。

雨果猜到了他母亲的怨愤。

这个名叫拉奥里，有一段时间住在克里希街 24 号的男人，离开了自己的住所，但时不时也会回来。然而窃窃私语声又一次响起，说要把孩子们送走，把维克多送到位于勃朗峰街的学校就读。维克多又守在了窗户边，因为他还太小，听不懂课。

从那里，他能看到在红衣主教费彻公馆的工地上忙碌的工人们，这位红衣主教是拿破仑的叔叔。工人们用绞盘把一条条巨大的石块升了起来，绞绳紧绷。一个工人爬上了正在升起的巨石。突然之间，伴随着一声宛如皮鞭的呼啸，绳子断了，石块带着上面的工人落下，工人摔死在地，鲜红的血从尖锐的石棱下渗了出来。

横死的惨状铭刻在维克多的记忆中。

1806 年

对于雨果来说，那位摔死的工人不再只是一个模糊的印象，而是成为一个回忆。从此以后的每一天当中，但凡一件事情、一个名字、一种情感，都会刻在这个四岁孩子的记忆里。

他对母亲表现出的种种情绪和神经质变得更加敏感了，这些情绪背后，则是那个三十四岁的女人独自抚养孩子们，为孩子们操心，所累积下来的怨气。她对孩子们很温柔，关怀无微不至，但她怨恨这个包围她的世界，怨恨为了追捕拉奥里在克里希街逡巡的警察，怨恨生活上的拮据，怨恨那个莱奥波德，此人似乎在那不勒斯，借着约瑟夫·波拿巴取代波旁家族、戴上王冠之际又获得了晋升。他被任命为科西嘉皇家军团的少校。

索菲向他提出去那不勒斯生活的想法，但是被他拒绝了。

"你难道忘了这么一次旅行要花费多少钱吗？你难道不晓得我也不知道上哪儿搞到这笔钱吗？即便我搞到了足够的钱，我难道不担心你又会在我身上发现一大堆缺点吗？当初就是那些缺点才让你慌慌忙忙地离开了我，我难道不担心你会再一次离开我吗？因此你最好留在巴黎，把心思花在孩子们的教育上；等到未来我们的光景好起来，我们再考虑生活在一起吧。你安静地过着日子，没有受任何折磨，你又一次生活得比我幸福……"

这场以通信的形式开展的战争打了整整一年，其间也伴随着短暂的平静期、停战期——"给我一些你的消息吧，或者直截了当地告诉我，你不再想告诉我你的近况了……"——接着是反唇相讥——"你让我已经没有和你重聚的欲望了，直到我找到一份稳定的工作，或者全面和平彻底实现，能够让我稳定下来……"维克多并不知晓原因，以及当中的种种波折。

索菲为了拉奥里的命运而忧心忡忡，拉奥里被追捕，又生着病，下巴也不受控制地微微颤抖。维克多对此一无所知，但他受到了连累。

维克多感觉到在某个地方，有一些威胁在累积，让他的母亲生活不幸，让他的父亲远走他乡。

这些威胁是不是同这个绰号为"魔鬼兄弟"①的人联系在一起呢？他经常听到这个名字。

这个强盗曾被波旁家族封为战争领袖和公爵，煽动那不勒斯王国的农民们反抗法国人。是莱奥波德·雨果讨伐他，并将其擒获，把他押回那不勒斯，并于 11 月 10 日处决了他。

后来，"魔鬼兄弟"这个名字还会在雨果的记忆当中闪现。1830 年，达尼埃尔－弗朗索瓦·奥贝尔创作的歌剧《魔鬼兄弟和特拉西那乡村客栈》在巴黎上演，欧仁·斯克里布和卡斯米尔·德拉维涅为歌剧写了剧本。

"'魔鬼兄弟'的经历给后人留下了传奇色彩。"雨果后来谈到，"他既是江洋大盗也是家乡守卫者，他把法律和杀戮融为一体。他的确属于这样一类人：历史无法对他们盖棺定论，就只能把他们留给小说家去想象，去创作。"

维克多首先记住的，只是这个奇怪的名字"魔鬼兄弟"。和这个名字一起，他还记住了一个地名——阿韦利诺，一座距离那不勒斯 95 公里的首府城市。莱奥波德·雨果被约瑟夫·波拿巴任命为该地区的总督，作为对他击败"魔鬼兄弟"的奖赏。

孩子在一旁听着。

他猜到母亲准备动身了，因为在巴黎，她的钱袋即将告罄，更何况她已无法见到藏匿起来的拉奥里。莱奥波德看起来也有能力给孩子们一个未来。

莱奥波德去了那不勒斯，约瑟夫·波拿巴任命他为科西嘉皇家军团上校，就在那个时候，他终于声称自己很快动身，在出发前，他会给阿贝尔在皇家军校谋得一个入学名额，也许还能为欧仁争取到一个名额。

阿贝尔八岁，欧仁六岁。他们应该为这个念头欢呼雀跃。至于维克多，他的父亲则许诺给他很多糖果，而他只剩下对长兄们未来的憧憬了。

---

① "魔鬼兄弟"原文为意大利文 Fra Diavolo，本名为 Michele Pezza，反抗拿破仑统治的那不勒斯起义军领袖之一，于 1806 年 11 月在那不勒斯被处决。

1807 年

维克多·雨果是个孩子，再过几个月就满六岁了。

他在十二月离开了巴黎，坐在驿车里，冻得浑身发抖。雨水抽打着车窗，疾驰的风把他的腿和肩膀都冻僵了。

他依偎在母亲怀里，紧靠他的两个哥哥。他感觉车轮每转动一圈，驿车都会翻进路边的沟里，路面坑坑洼洼布满车辙。

他们已经望见被冬天云雾笼罩的阿尔卑斯山，以及如果去意大利就必须翻越的塞尼峰山口。之后驿车会驶向那不勒斯，为了把他们带到对他们的到来一无所知的父亲那里。

短短几天的工夫，克里希街熟悉的老屋、勃朗峰街的学校，似乎都已经成为遥不可及而又幸福无比的乐土；然而他们此刻则要一头扎进山谷，山坡白雪皑皑，他们不得不跳下车，翻过塞尼峰山口。

维克多和母亲钻进了铺着兽皮和角质板的雪橇里；阿贝尔和欧仁，他们则骑着骡子爬上山口又沓沓蹀步而下。

他们又潜入另一个雾气霭霭的山谷，山谷里突兀地耸立着苏萨当地的板岩，宛如奇异的屋顶，构成了一片表面灰蒙蒙的堆积物。

他们饿了。他们在一位牧羊人的窝棚里打尖，烤鹰腿肉吃。

驿车行驶在波河河谷，朝着洪水泛滥的帕尔马前进。

天太冷了，人们在驿车的车厢地板铺上成捆的茅草。孩子们经常把草叶贴在车窗上，摆出十字架的形状。当他们发现农人们对着十字架画十字时，都惊奇地开怀大笑起来。

他们赶了好几个星期的路，但是每一天都是一个惊喜。维克多用目光生吞活剥所有他看见的事物。

他贪婪的好奇心掩盖了经常折磨着他的恐惧。他醉心于这种穿越凝固空间的感觉，仿佛一位脚步匆匆的征服者。

渐渐地，天空放晴，忽然之间，回忆的强光使他目眩，阳光让他想起马赛、科西嘉、易北河岛。随后，这片蓝色的光芒似乎预示着他与父亲的重逢。海面波光粼粼，在海天交界的边际，记忆中父亲的身影浮现出来。这就是罗马：罗马城中赭色的街道、台伯河上的桥、圣天使堡、雕像、古罗马遗迹。

维克多对这些颜色、这些画面是百看不厌，并把它们深埋在记忆里。

但是驿车一驶进阿布鲁佐地区，向南而去，景色就变化了。

布满石块的贫瘠土地上零星长着些许树木。维克多时常看到，一些悬挂在树枝上的、支离破碎的尸体，脑袋分家，残肢断臂被太阳晒干。它们挂在那儿，是为了让沿途抢劫旅人的匪徒记住，等待他们的将是何种命运。

维克多无法将目光从死者身上移开，这让他想起了勃朗峰街上那位摔死的工人。这个世界的残酷以及人类的残酷化作一个影像，更深地铭刻在他的记忆里。

随后忽然之间，从最后一个山口的峰顶上，维克多望见了那不勒斯湾，以及那濒临大海的城市，它宛若一条项链环绕着海湾。城市延展开，被一团高耸的庞然大物俯瞰，一股股火山气体从上面逃逸出来。他眨巴着眼睛，他想将一切尽收眼底，用目光吞噬一切，不管是风景还是气味。

两位军官走上前来，身着色彩斑斓的军服，举手投足流露出军人的气派。他们是维克多的父亲和叔叔路易·雨果。年初的时候，路易·雨果在埃劳战役中表现出色，随后同他的兄弟在那不勒斯会合。

两人一把抓住维克多，将他高高举过头顶，然而在他们周围，在这个阳光明媚的广场上，一辆辆驿车陆续抵达，到处都是花花绿绿的那不勒斯人，人声鼎沸，人潮汹涌，一些士兵走在最前面。

1808 年

维克多望着他的父母，两个人总算并肩站到了一起，仿佛一个四分五裂的世界忽然间走向了统一。他的父亲逗他开心，对他宣布已经把他写进了科西嘉皇家军团的名单里。孩子想象着自己成为战士，成为"迅捷的轻骑兵""敏捷的枪骑兵""龙骑兵"。

他爱这座阳光明媚，颜色变化突兀的城市。神父们袍服的黑色同无边便帽的红色形成反差，贫困肮脏同巴洛克风格建筑的外观对比鲜明。维克多和他的哥哥阿贝尔在富歇家的花园里玩耍，富歇是军队的供货商，也把家安在了那不勒斯。孩子们互相投掷着橙子，生活得无拘无束、随心所欲，就像度假一样，而假期会持续一整年。

然而，仅仅几天之后，家人同心的梦想就变成了一场噩梦，维克多想要把这场噩梦从头脑中清除，但不得不去忍受。

他把自我封闭在沉默中。"他稳重，思虑周全，言谈总是很中肯。"莱奥波德如是说。

父母间的暴风骤雨折磨着维克多。

父亲又回到了他位于阿维利诺的总督府，他把妻儿们留在了那不勒斯。维克多听到母亲带着蔑视，念叨着一些字眼：

"就是这个女人，"索菲嘟囔着，"这个卡特琳娜·托马……"

因为在阿维利诺，莱奥波德同他二十四岁的年轻情妇像夫妻一样生活在一起。总而言之，他当初并没有求着妻子过来。他说着，他喊着：

"你觉得自己问心无愧就理直气壮！"他向妻子咆哮，"我的良心也不受什么谴责，要想让一方比另一方有理，就必须把所有过错都放到一边。由时间来消弭种种给我们的婚姻带来致命伤害的回忆吧。请你把孩子们抚养长大，教他们懂得尊敬我们，让他们受到适合他们的教育，使他们有一天有本事在部队服役。既然我们已经证明彼此间很难情投意合，那么我们就把情感寄托到孩子们身上。如果我们感情的破裂影响了孩子们对于未来幸福的期盼，那么就应该让他们在所受的教育里、在我的关怀中，找回对美好生活的期望。"

从母亲紧绷的表情中，从她苍白的面色中，从她那种在那不勒斯宅邸里与世隔绝的生活方式中，维克多读到她的愤怒以及对父亲的敌意。

他们还是冒着酷热，沿着透迤的道路，前往阿维利诺。他们看到了那座有些破旧的总督府，裂缝爬满府邸的天花板。卡特琳娜·托马只是暂时离开总督府几天。

因此，索菲带着孩子们回到了那不勒斯。维克多永远都只能生活在"残缺的家庭里"，而这种被遗弃的感觉使他对母亲充满依赖，紧紧依偎在她身旁。

莱奥波德对他们宣布了自己即将动身前往西班牙的消息。他要同约瑟夫·波拿巴在那里会合，约瑟夫刚刚在六月被他的弟弟封为西班牙国王。七月伊始，约瑟夫就招来莱奥波德·雨果，因为西班牙人揭竿而起，自从 5 月 2 日、3 日间爆发的暴动以来，西班牙人同法国人展开一场你死我活的游击战。莱奥波德在剿灭"魔鬼兄弟"的行动中一战成名，约瑟夫·波拿巴对此一直念念不忘。他擢升莱奥波德为外籍皇家军团的上校。

自然而然地，莱奥波德带着卡特琳娜·托马动身了，而把他的妻儿留在了那不勒斯。他从西班牙对妻子谆谆叮嘱，妻子则带着满腔怒火，读着他的那些建议：

"你要让孩子们接受一种能够让我在将来推动他们职业发展的教育，这样一来，我们之间婚姻的破裂就不会影响到他们的成长。我们要让他们忽略我们感情的破裂，也要小心谨慎一些，以防他们掺和咱们两人之间的口角摩擦。"

维克多感觉到母亲受到了伤害。莱奥波德轻松而又不乏睿智地接受了这场分手，而这种睿智源于他的无动于衷。卡特琳娜·托马在他身旁。他能拿索菲这个"女魔鬼"如何是好呢？索菲控诉他，不让他碰自己，却在逗留那不勒斯的这段时间里声称自己又一次怀孕了。他让索菲去找个"有手腕的人"帮忙，从而"迅速摆脱"这个孩子。

"我们互相都已经证明不能在一起生活。"他语气轻松地说，"但是孩子们的幸福胜过我们对那一纸离婚协议的需要，因此你就必须教育他们对我孝顺，就像对你孝顺一样……"

秋去冬来，有时那不勒斯大雨倾盆。当鲜亮明艳的色彩被灰色和黑色取而代之，维克多就会感到地中海风光的凋敝萧瑟。他母亲的心情如同天空，阴郁黯然。

在十二月的最后几天里，他们离开那不勒斯，动身前往博洛尼亚和米兰。然后，他们又从里昂，登上了往返于这座城市和巴黎之间的驿车。

旅行持续了将近六个星期，维克多专注于细细观察沿途所见的风景和所遇到的人。

第二章

1809—1813 年

1809 年

2月7日，驿车在邮政公馆的大院里停下，维克多于是重回巴黎，又开始担忧起来。

父亲，他的力量、他雄浑的声音、他缀满金灿灿装饰的军装、他的臂膀——七岁的孩子置身其中，觉得自己既弱小又安全而且自豪——以及那些包围着他的军人们，其中还有路易叔叔，所有这些从今以后都远离了他，连同梦想、连同他曾经居住过的那不勒斯和阿韦利诺的宫殿一道，变得遥不可及。

维克多不需要了解父母通信的内容，就知道在两人之间已经谈不上什么爱情和温情了。

"索菲：我给您写了很多信，您却一封也没有回。"莱奥波德重申道，"您不回信，我就看出来，那是因为我定期保障了您生活方面的用度，您无须为钱烦心。"

他的确每年给索菲寄四千法郎，这笔钱即使不能让他们过奢华的生活，也至少能让他们生活得舒舒服服，衣食无忧。

然而，维克多并没有安全感。"残缺的家庭"还在继续瓦解。

大哥阿贝尔已经 11 岁了，成为一所中学的寄宿生。他们离开了那套克里希街的公寓，搬进另一套公寓——坐落在圣雅克街 250 号。公寓比先前的更加狭小，于是又被他们舍弃。索菲带着维克多和欧仁参观新的住所。

他们拐进千叶巷的胡同里，胡同口对着圣雅克街 261 号和 263 号之间。胡同被交错的树权半遮半掩。他们继续向前走去，一直走到 12 号，就是这里了！他们推开一扇栅栏门，看到在一座庭院的深处，有一幢宏阔的房子，其中的房间同花园平齐，还有一株葡萄树、一条点缀着栗子树的小径以及一口枯井，"在花园深处，有好几棵大树遮住了一座废弃的、颓败的礼拜堂……①"。

维克多和欧仁甩开他们的母亲，朝着花园冲了过去，他们逛遍整个园子，就好像那是一片原始森林。

"在墙上，以及那些被虫子蛀过而且钉子脱落的树篱间，我们看到了祭坛的遗迹，摆放圣母像的神龛，以及一些十字架残片。好几处地方都标记着'国有财产'的字样②"。

他们回到了索菲那里，索菲正在房东的陪同下，参观饭厅、客厅和卧室。卧室采光很好，回荡着鸟儿的啁啾。

房东对他们解释道，这幢房子过去叫千叶修道院，1622 年时，它的赞助者是奥地利的安妮③，在后来的法国大革命时期，被卖给了国家，成为国有财产。

雨果兄弟俩"在修道院宽敞的房间里、残垣断壁里，在残破回廊的穹顶下面④"跑过来又跑过去。维克多找到了自己童年的家。

在圣雅克街，有一所学校，是位名叫拉里维耶尔的人开办的。他曾是奥拉托利会⑤的神父，在大革命时期，为了免遭迫害，娶了一位女子为妻。他将给两兄弟教授法语、拉丁语和希腊语。

皮埃尔·富歇和安娜 – 维克多瓦尔·富歇的孩子们——阿黛尔和维克多，也来花园里玩耍。

他们在栗子树的树枝上挂了一个秋千。他们向着枯井发起冲锋，他们心惊胆战地听着那个绰号"聋子"的怪物发出的响动，他们想象着这个怪物藏在井底。他们一气跑到了礼拜堂，尽管大人们不许他们这样。

有时候，他们会一动不动。远处响起炮声。他们听到了军乐团和马队游行发出

---

① 《言与行》，I，《写于流亡前》《权与法》，IV。

② 《言与行》，I，《写于流亡前》《权与法》，IV。

③ 奥地利的安妮（Anne d'Autriche，1601—1666），西班牙国王费利佩三世的女儿，于 1615 年嫁给路易十三，成为法国王后。

④ 《言与行》，I，《写于流亡前》《权与法》，IV。

⑤ 奥拉托利会是 1611 年在巴黎成立的天主教修会。

的动静。巴黎在庆祝皇帝陛下又一场大胜……维克多把头抬了起来。

"有两座圆顶建筑物俯瞰千叶巷花园，其中一座离花园很近，它是巴黎恩谷军医院[①]，黑黢黢地堆在那里，顶部举着一簇火焰，宛如一根头饰，最末端嵌着一颗红宝石。另一座建筑物是先贤祠，距离要远一些，硕大无朋，令人叹为观止。它滚圆的周身围着一圈星星，似乎在庆祝自己的天赋异禀。人们建造了它，用它纪念所有伟大人物，而它用所有伟大人物的灵魂，给自己编织了一个王冠[②]。"

音乐声、欢呼声、礼炮声吸引着维克多。

维克多趁母亲不注意，沿着千叶巷一路小跑，然后来到圣雅克街。

然后维克多又回到了花园，他采摘着金色的花苞和牵牛花。他看到拉里维耶尔胳膊下面夹着书，走了过来。他径直跑到花园深处茂密的灌木丛里。

他上楼走进自己的房间，又一次端详起那幅镶着黑框，钉在床头墙上的小画。画里呈现出一座古塔，残破的塔身满是霉点，被幽深的黑水环绕……他让自己的想象纵情驰骋，去发现围拢着古塔的云雾和群山。他开始了祈祷。

在千叶巷的每一天都是用来发现，用来遐想。

他们探索总是充满神秘色彩的花园和房子。他们把拉里维耶尔教给他们的拉丁文诗句和希腊语文章，与他们看见的、想象的事物结合起来。

第二天，游戏重新上演。他们又是嘲笑小阿黛尔，又是向她献殷勤。维克多为了得到给她推秋千的殊荣，同欧仁争了起来。他们与阿黛尔哥哥维克多·富歇打闹。他们"折磨"他，把他的手腕勒得青一块紫一块。

幸福的日子一天天过去了。

"就是在这幢房子里，三个年轻的兄弟渐渐长大，那时法国正处于第一帝国时期。他们一起玩耍，一起学习，对生活无限憧憬，对命运懵懂无知，童年融化在春天里。他们关注着书籍、树木、云朵，聆听着鸟儿模糊又激越的啁啾化作的那声建议，被一丝温柔的微笑看护着。啊，我的母亲，愿上帝保佑你[③]！"

一天晚上，巴黎荣军院的大炮轰隆作响，夜空被焰火照得通明，人们在庆祝瓦

---

① 巴黎恩谷（Val-de-Grâce）军医院于 1793 年成为综合军事医院，两年后变为军事训练医院。该建筑是巴黎最知名的建筑之一。

② 《言与行》，I，《写于流亡前》《权与法》，IV。

③ 《言与行》，I，《写于流亡前》《权与法》，IV。

格拉姆战役①取得胜利，那是"九百张喷火的巨口"呕吐出来的一次大捷。就在那天晚上，维克多看到母亲突然间面色苍白，迎着一位"身材伟岸，从半明半暗的树丛中闪现出来的"男人走了过去。

男人走了过来，同索菲交谈了几句，把手放在了维克多的肩上：

"孩子，记着这一点：自由高于一切②。"

他就是维克多·范诺·德·拉奥里，他将在那间礼拜堂里过隐姓埋名的生活。

维克多永远不愿知道，也不想承认，自己的母亲又一次收容了他，但是并没有事先告知莱奥波德。童年的维克多——正如长大成人的维克多一样，给自己编造了一个父亲为一位被富歇的警察追捕的朋友敞开大门的故事。

然而这个藏在礼拜堂的男人，又给他增添了一种幸福。

他和雨果一家同桌吃饭，他做园艺活，他坐在花丛里读书。他让孩子们给他背诵课文。他翻译拉丁语作家的文章。

维克多对他以"教父"相称，他观察着他，眼睛里写满崇拜。

拉奥里在礼拜堂住了下来，雨水和雪花顺着没有玻璃的窗扇灌了进来。"他在祭台的后面，挂起了一张行军床，把他的几把手枪放在角落里。他还带着一本塔西佗③的著作，他让我给他解释里面的内容④。"

拉奥里把维克多抱在膝盖上。他打开那本用羊皮纸装订的八开本塔西佗，读了起来："Urbem Roman a principio reges habuere。"他让维克多翻译这句话，并对翻译进行了更正，他重复道："起初，罗马城是在国王的手中。"继而又压低声音道：

"假如罗马保留了它的那些国王，那么罗马就不会成为罗马。"

他又说："孩子，自由高于一切⑤。"

索菲给孩子解释，不能把教父在这儿的事情告诉来访的客人们。哪怕对来访的路易叔叔，也必须守口如瓶，不能把秘密泄露出去。那是一个秋天的早上，路易叔叔走进他们家。他的佩刀挂在一侧，身着上校军装，上面点缀着饰绦、肩章以及勋章。

路易·雨果坐了下来，说起话来夸夸其谈，抚摸孩子的脑袋，语气夸张地告诉他们，他们的父亲，开始是塞哥维亚省的总督，继而又是瓜达拉哈拉省的总督，受命指挥

---

① 瓦格拉姆战役于1809年爆发，是第五次反法同盟的最后一战，这次战役是拿破仑的最后一次绝对性胜利。

② 《言与行》，I，《写于流亡前》《权与法》，IV。

③ 塔西佗（Tacite，55—120），古罗马伟大的历史学家。

④ 《言与行》，I，《写于流亡前》《权与法》，IV。

⑤ 《言与行》，I，《写于流亡前》《权与法》，IV。

攻打游击队，因为作战出色，被约瑟夫·波拿巴国王擢升为将军！

"莱奥波德·雨果将军。"维克多看着这位军刀拖地，讲述战争经过的叔叔，喃喃地说着。

维克多听得心醉神迷。

拿破仑、路易叔叔、雨果将军以及拉奥里将军，这些熠熠生辉的名字镌刻在他的记忆中。

1810 年

在此之后的那些日子里，维克多不停地反复回味他的路易叔叔用热情的语调讲述的那些经历。

维克多望着自己的母亲，思念起他的父亲，将军，雨果将军，那位同冷酷无情的游击队作战的将军，那位在给母亲的信中写满数字的将军：

"我向您重申，那份地产的价格为六万法郎，三四个月内结清……您可以得出这样的结论，我不认为您还需要其他授权，因为您一直以来都是我的妻子。我不会把您限制在我的视线范围内：您的利益等同于我的利益，都是为了孩子们的利益考虑……"

索菲拿到了足以在法国买份地产的那六万法郎，这笔钱，只比将军那年赚取的现金的一半要稍稍多了一点。约瑟夫国王对他的英勇无畏做出褒奖，授予他西贡萨伯爵头衔。

莱奥波德·雨果伯爵，帝国军队将军！

这些字眼在维克多的脑海中回响。这一年的主旋律是战争，礼炮轰鸣，军乐声应和着钟声：在巴黎城内举办游行庆典，为哈布斯堡家族的玛丽·路易丝与皇帝陛下拿破仑喜结连理助兴。

在饭桌上，拉奥里就警察部长富歇被罢黜以及萨瓦里被任命为新一任警察部长，发表了自己的看法。

维克多一边听，一边打量着他。

他的教父还是一如既往地平静，但当他说起自己曾经和萨瓦里并肩作战时，他看上去有些激动起来。他信任他的战友，而且皇帝陛下如今已经大权在握，应该能够忘记他过去犯下的事，让他自由。

索菲用恳求的语气，建议他谨慎行事，而拉奥里则宣布他要去见见萨瓦里。

12 月 30 日的早晨，就在索菲、维克多还有他的哥哥与拉奥里共进早餐的时候，女佣进来说有两个男人站在栅栏门前，他们要见拉奥里。

当拉奥里站起身时，维克多捕捉到了母亲的惊慌。他走进院子，径直迎向那两个男人。他们勉强给他留出一点告别的时间。他被捕了，将被押往万塞讷城堡监狱。

作为男人，他曾经谈起过自由，翻译过维吉尔和塔西佗的著作；作为教父，他曾经弥补过维克多父爱的缺失。如今这个人消失了，维克多脚下的土地仿佛裂开了一条大大的口子。

维克多永远不会忘记这个男人以及他的被捕。

"这件事给我带来了永不磨灭的影响。"他后来说道，"在我还很年幼的时候，流放的阴云就在我头顶飘浮。我听到了一个即将死去的声音，对我说着这个闪耀着权利和义务的词语：自由。这一切对于我，绝对不是没有意义的[①]。"

1811 年

维克多漫无目的地在千叶巷的花园踱步。

自从那位被别人称为库兰德先生的教父被逮捕——也许是因为路易十八曾经流亡库兰德——悲伤和寂静就笼罩了这座修道院和这一条条小径。

礼拜堂空空如也，但是那边塔西佗的书还摆在行军床上，令人更加深切地感觉到拉奥里已经不在了。

维克多观察着母亲的举动。

索菲从来没有表现出现在这样的魄力。她接待从马德里归来的军官们，他们都介绍自己是西班牙国王约瑟夫·波拿巴的属下。约瑟夫本人也记得索菲，记得他们当初在吕内维尔见面的场景。据他派来的信使们所说，国王为西贡萨伯爵雨果将军的行为感到震惊——他和这个卡特琳娜·托马住在了一起，就好像他的妻子是她。

维克多记住了这个名字，也记住了他母亲紧绷的脸、愤怒的表情。他听着她谈论雨果家族那"晦气的祖上"以及那个倒霉女人撺掇出的"这些丑恶主意"。

母亲的雷厉风行震撼到了维克多。她前往泰尔诺银行家们那里，提走了一万两千法郎。

---

① 《言与行》，I，《写于流亡前》《权与法》，IV。

她把一本西班牙语词典和一本语法书搁在桌子上，告诉她的孩子们，他们有三个月时间学会这门语言。

那么这是要去西班牙吗？

她让用人打开衣橱，把大小箱子都装满。

她给孩子们解释说，若想从西班牙边境前往马德里，就必须跟随车队一起旅行，这样就有几千名士兵还有大炮来保护他们。他们要等着其中一人得到消息，才能前往巴约讷同他们会合。车队的随行人员里，有一些投奔国王的官员，尤其重要的是，车队还押运一千两百万金币，这可是一大笔财富啊。拿破仑给他的哥哥送这笔钱，是为了维持西班牙王国的运作。

维克多在迫不及待中度过了冬季的这几个星期。他们不去玩了，学起了西班牙语。他们在房子里、在寂静的花园里等待着。

总算到了 3 月 10 日，由四匹马拉的驿车辚辚上路了。

索菲、阿贝尔以及两个仆人——克洛迪娜、贝特朗坐在车厢里。维克多和欧仁则争取到了坐在车顶旅行的权利——圆顶车盖的前部堆放着所有行李，在那儿刚好并排有两个座位，敞篷马车的篷布是唯一的护栏。坐在上面要吃尘土，忍受寒冷，忍受风吹雨淋。但是可以身临其境地感受旅行，虽不舒适，但是没有任何遮挡。

对于沿途延绵不绝的风景、座座城市、条条湍急的河流，维克多看得乐此不疲。他们穿过布卢瓦、昂古莱姆、波尔多，坐着渡轮渡过多尔多涅河。

在昂古莱姆，河水泛起的波涛以及大教堂的两座高塔，让他为之着迷。在波尔多，他大快朵颐地咬着小面包，看着那些身着红装的女孩子为旅客们服务。他九岁了，这次旅行让他对这个世界的异性，开始有了朦胧的意识。那些画面、脸庞、香味和感受，一股脑涌进了维克多的心里。

当驿车抵达巴约讷的时候，这十天的旅行，已经使他变得成熟起来。车队需一个月时间才能组建好，当他听说还要在这座城市里静候一个月时，他开心极了。

后来他这样写道："在巴约讷度过的那一个月，给我带来了幸福的回忆[①]。"

一切对他来说，都有一种魔力。他们居住的房子背靠着护城墙——"我们每天一大清早就在绿草如茵的斜坡玩耍嬉戏，穿梭在翻转过来的大炮之间……许多门白炮被打翻在地，炮口向下"——船只停泊在阿杜尔河口，维克多从城里的男孩子手里买了几只金翅鸟，把它们关在柳条编织的笼子里。还有在巴约讷剧院上演的、皮

----

① 《游记》，"比利牛斯山脉"，1843 年。

克塞雷古[1]创作的音乐剧《巴比伦城的废墟》。他们租了整整一个月的包厢，以为上演的剧目会发生变化，结果一连六个晚上，他们看的都是同一部《巴比伦城的废墟》！一成不变的重复让他们感到无聊，但是音乐剧首映的那天晚上，当神灵、暴君纷纷登台亮相，以及那个连通地下，隐藏暴君受害者的活动板门突然打开时，他们觉得这些机关太巧妙了。

遐思涌动，想象力就此形成。

此后的故事，围绕着那个给维克多朗读书籍的房东女儿展开。

"她朗读着书里的内容，我聆听的是她的声音，而不是书里的内容。有时候，我垂下双眼，目光与她下面半开着的方形围巾相遇，心神不宁中又含着一丝奇异的迷醉，我看到她圆润白皙的胸口，正轻柔地一起一伏，太阳炽热的光晕朦胧地给胸口周围的阴影镀上一层金色。就在此时，她会突然抬起她蓝色的大眼睛，对我说：好嘛，维克多，你有没有在听我读？

"我不知所措地羞红了脸，发起抖来……我从来没有主动去亲吻她，是她叫住我，对我说：那你就亲亲我吧……我还那么小，在一个单纯美丽的大姑娘身边，会有什么样的感觉呢？我那时并不清楚，我后来也经常回想起来。巴约讷铭刻在我的记忆深处，像是一方亮红色的、带着笑意的乐土。内心最早的回忆就留在了那里……也就是在那儿，我看到了在我灵魂最混沌的角落里，闪烁出第一缕无法言说的微光，那是爱情的神圣曙光[2]。"

但是车队还是在伊伦[3]组建好了，维克多必须离开巴约讷，离开这个年轻女孩。

"她留着金色头发，身材很苗条，对我来说，就显得高挑……我们出发的那一天，我因为两件事情非常难过：离开她和放走那几只金翅鸟[4]。"

他们登上一辆六匹马拉的豪华四轮马车。维克多和欧仁一直爬到敞篷车上，统领护卫队的赛扬侯爵则坐在了雨果将军夫人——西贡萨伯爵夫人身旁。

四轮马车晃动着驶进山区，周围有山还有沟壑，道路陡峭。之后抵达伊伦，成群的士兵、骑兵、车辆组成车队，在一片混乱当中上路了，负责引导马匹的车夫们努力走在车队的最前面。

---

① 皮克塞雷古（Pixérécourt，1773—1844），法国剧作家和翻译家。

② 《游记》，"比利牛斯山脉"，1843年。

③ 位于西班牙的边境城市，同法国接壤。

④ 《游记》，"比利牛斯山脉"，1843年。

这就是西班牙。众人穿过了一个名叫艾那尼的村庄，然后走进一个叫托克马达的小镇，法国军队之前已将这个小镇烧成了一片废墟。

维克多从敞篷车上望着这片地区，他发现那是一片贫瘠、蛮荒而且带着些许恶意的土地。沿路都能见到一些死人，整支车队被恐惧所攫取。当来到龙山山口的时候，他们非常担心被游击队袭击，有些人觉得自己都能看见山脊上游击队员的身影。在萨利纳斯的宿营地，维克多从车外滑出，摔破了脑袋，晕了过去。

"人们给他的伤口上撒了一片马齿苋的叶子，到了第二天，这条带血的伤口就只剩下一个小小的疮疤了。"

在龙山，有那么一段时间，四轮马车临着深渊，保持着平衡踽踽向前。

他们在路上更远的地方遇到了一队缺胳膊少腿的伤兵，正走在回法国的路上，乱七八糟地拖在了后面。

随后他们相继抵达布尔戈斯、巴利亚多里德、塞哥维亚这些省份的城市。无论是车辆还是旅客，都蒙上了一层尘土，之后，又是大雨倾盆，把路面变成了溪流，把大地变成泥沼。

自始至终，维克多在旅行中都很兴奋。他有一种感觉，自己属于那个大获全胜的国家，其他民族都臣服于脚下。与此同时，透过当地居民对他们表现出来的敌意，他也在估量着这些民族反抗的力量。

他们乘坐的马车，一个轮子断裂了，车队已经走远，他们孤零零地落在了后面，每个人都担心反抗者会袭击他们，而马车夫修理轮毂时那慢吞吞的动作，也许暴露出他其实是游击队派来的卧底。谢天谢地，那些法国骑兵们从天而降。

在塞哥维亚省，总督第利伯爵大张旗鼓地接待了西贡萨伯爵夫人和她的孩子们。在这个九岁孩子的头脑中，一个想法渐渐地被确认下来：他的确是一位英雄的儿子，他融入了一个时代当中。维克多开始声称他是维克多·雨果男爵，既然他是伯爵的第三个儿子！

家庭所有的纽带，以及他自己的经历，使他认为自己紧紧地和帝国的历史联系在了一起，因为他还只是个孩子，他就更容易把自己所经历的想象为一个传奇。

他也开始了解西班牙，这个国度的喧嚣和色彩深深印在了他的心里。

6月11日，维克多走进了其中一间宫殿——马萨拉诺宫殿，它位于马德里市的皇后大街。雨果将军夫人和她的孩子们就是下榻在这里。

面对着铺陈奢华的宫殿、异乎寻常豪阔的房间、挂满肖像画的走廊、马萨拉诺王子手下的管家倨傲，新房客们咋舌称奇。维克多和兄长们探索那一间间阔绰的客厅。看着如此大量的财富，以及如此多外观奇特的家具、那硕大的中国花瓶，孩子只顾得上惊叹了，都忘记了因为没有见到父亲而感到的失望。

走了这么远的路，就是为了来到父亲这里，然而莱奥波德似乎并不知道他们的到来。

当他听说了这个消息，他怒不可遏，有一种被耍弄的感觉。7月10日，他提出离婚，他特别表达出把"这三个和您生的小男孩送进一所寄宿学校……"的愿望。

自7月11日起，给索菲发出正式通告的是马德里总督，他说明了莱奥波德的离婚请求和送孩子们去寄宿学校的要求：

"夫人，我恳切地请求您，"他继续说道，"不要同您丈夫的意愿作对，请您心甘情愿地把孩子们托付给一位有能力的代办人。我本人也是丈夫和父亲，带着遗憾来完成这件沉重的使命……"

维克多还没有预感到等待他的是何种命运。

他在挂满肖像画的走廊里跑来跑去。鲁柯特将军夫人让他心神不宁，这位年轻女士的孩子们和雨果的孩子们在一起玩耍。但是维克多眼睛里，只有他们母亲的身影，这位金发女郎身姿丰满，风情万种，还散发出一股挥之不去的芬芳。她令维克多陶醉。

一旦不窥伺鲁柯特将军夫人，他就把目标转向珀皮塔，她是蒙特·赫尔莫萨侯爵的女儿。

忽然之间，在1811这个年份里，一颗彗星划过天空，对于一些人来说，这宣告了拿破仑未来的垮台；对于另一些人，这是为了庆祝他的儿子——罗马国王，在3月20日的降生。这颗彗星仿佛也降临在维克多头上——在莱奥波德的命令下，他和他的哥哥们被送进由教士们开办的贵族学校。

他的母亲把他一个人丢在那里，对他解释说，她必须遵从他们父亲的冷酷意志。

学校的建筑物是阴晦的，几个院子巴掌大一点儿，一条条走廊没有尽头，狭长的窗框已经皲裂。学校的教士们很爱国，他们对于法国将军的孩子们带着敌意；孩子们的母亲为了不让他们做弥撒，宣称他们是清教徒。

度过了千叶巷花园的美妙时光，见识了马萨诺拉宫殿的奢华，又体验了如梦如幻般的情窦初开，维克多现在觉得自己坠入了一口暗无天日的深井。

阿贝尔离开了学校，成为约瑟夫国王身边的一位侍从。维克多和欧仁在大宿舍里抱团取暖，宿舍空荡荡的，因为大部分西班牙贵族都已经带着孩子们离开了马德里。每张床的上方都悬挂着一个十字架，仿佛在召唤他们来受苦，来悔悟。

一个名叫克尔克维塔的驼子从校园的小径走过，他穿着花里胡哨的制服，红色的外套，蓝色的短裤还有黄色的长袜。

有些年轻的西班牙寄宿生向来自法国的异教徒们表达着憎恶之情，他们不仅是异教徒，而且还那么精通塔西佗的著作！

考虑到他们的年龄，教士们起初把他俩安排在七年级的班上，后来惊讶于他们对拉丁语的掌握程度，又把他们送进了教授修辞学的班上，在那里，他们同比他们年长七岁的学生们竞争。

他们还和其中一些人打过架——欧仁被贝尔维拉那伯爵打伤，维克多要对付某个名叫埃尔斯布如的家伙，他长着一张大脸。孩子们焦急地等待着索菲、鲁柯特将军夫人以及阿贝尔来看望他们。

但是每次他们走后，孩子们就感到格外孤独。

把亲生的儿子们关在这样的地方，又从不来看他们，这算个什么父亲啊！

现在寒冷的秋天来了，建筑物里开始变得更加阴暗。由于收成不好，食物短缺，他们勉强才能填饱肚子。

维克多病倒了，他的喉咙很痛，医生诊断为腮腺炎。人们把他托付给一位奶妈照顾，让奶妈给他喂奶。他康复了，但是母亲来看他的次数变得比过去少了，因为莱奥波德回到了马德里生活，而且在众目睽睽之下，和"这个"卡特琳娜·托马住在了一起。

一天，莱奥波德总算来看他了，由那个只要提起名字就会让索菲勃然变色的女人陪着。维克多要向她行礼，要在她的陪伴下登上那辆敞篷四轮马车，要在马德里的普拉多大道散步，还要在面对身着制服的父亲和这位光鲜靓丽的女人时，感受那撕心裂肺的痛苦，因为他有一种背叛母亲的感觉。

维克多想象得到母亲的痛苦，如果她看见了他们。他甚至有种错觉，似乎当他和父亲、卡特琳娜坐着马车，穿梭在马德里的大街小巷时，会在某条街道上遇见母亲。

但是他对母亲的魄力深信不疑，为了把他们从那所学校里解脱出来，带他们重回千叶巷，她一定会奋起抗争的。

他没有想错。

索菲给约瑟夫·波拿巴提交了很多次呈请。自己的丈夫和"那个策划丑恶主意的倒霉女人"在马德里同居，她对丈夫的辱骂提出抗议。

索菲在千叶巷收留过拉奥里将军的流言传到了莱奥波德的耳朵里，面对他的指控，索菲为自己辩护，声称拉奥里在莱奥波德的仕途上，有很多次都扮演了贵人的角色，也正是基于这个原因，她才把他接到自己家里，因为他是自己丈夫的朋友。况且，拉奥里已经不再坐牢了，这就说明人们已经承认他并非一个危险的阴谋家！

约瑟夫·波拿巴不堪其扰，厌倦了这场公之于众的争吵，厌倦了有损宫廷名誉的丑闻，他于是写信给莱奥波德，威胁着说要把他远远地打发走：

"我应该对您坦白，这出戏我更愿意去剧院看，而不是三个月以来您一家演给我。"

约瑟夫就此盖棺定论。

冬季的一天，维克多看见母亲沿着贵族学校的走廊走了过来。

她争取到了对两个年幼儿子的抚养权，条件是返回法国。在这个群起反抗法国人统治的国家，在马德里这座被起义军包围的、人们已经开始挨饿的城市，还有什么人能让索菲留下呢？

至于莱奥波德，随他如何与卡特琳娜·托马出双入对！他领取的诸多薪金中的一项——管家的那部分——将直接转给他的妻子。

拉奥里给索菲寄去了一笔五千法郎的存款，为了她能衣食无忧地生活。虽然他是以匿名的方式做的，但她还是猜到了寄款人的身份。

为什么还在西班牙逗留呢？

她带上维克多和欧仁，将随着下一支"车队"，动身去巴黎。

1812 年

车队在 3 月 3 日离开了马德里城。包围着车辆的步兵、骑兵、炮兵辎重车扬起厚厚的尘土，如云雾弥漫。维克多望着马德里最后的几座城市，消失在那片云雾中。

维克多担忧起来。他一直强烈的好奇心却被焦虑蒙上了一层阴影。

他只是和父亲见了匆匆一面，父亲交给他一块带着双层表壳的金表，作为他十岁的生日礼物。金表装在马甲的小口袋里，他感觉沉甸甸的。在他的想象中，游击队会企图夺走他的金表，他会自我防卫，但是敌人实在太多了！跟随车队一起返回法国的贝鲁尼元帅对他们说："整个西班牙都在反抗法国人的统治。我们每一刻都要保持警惕。车队将进行最严格的军事化管理，每个人，哪怕是妇女儿童，也要遵守纪律。"

维克多想起他的哥哥阿贝尔，他留在马德里，和父亲在一起。维克多看见他的哥哥身披蓝色的戎装，戴着国王侍从的肩带。他也想成为那些军人中的一员。

在布尔戈斯、巴拉多利德、维托利亚，维克多被所见证的一幕一幕吓坏了。在那里，一些一袭黑衣、灰衣的苦修会修士，赶着一位被五花大绑的、惊恐万分的男人走进刑场，他们给他展示了一个十字架，他即将被钉死在上面。

囚犯被捆在一头驴上，脊背对着驴脑袋。他惊惧地环视四周。

在路上更远的地方，车子擦着一个被分尸的男人行驶过去，他的四肢又被拼接在一起，为了能把他钉在十字架上，他的血还在汩汩喷溅着。

车轮每转一圈，恐惧和害怕都增加一分。维克多和欧仁在车厢里挤作一团。

车队停了下来。沿途是如此不安全，人们原地等待增援。直到进入法国境内，焦虑感才放松对维克多的侵扰。但是，那些景象带给他的记忆、那些名字以及西班牙人激越昂扬的暴力抵抗，所有这一切带给他的印记，就像父亲不在身边的痛苦那样，驻留在他的心灵深处。

似乎是为了终结他的失望，维克多发现有人在波尔多，偷走了父亲送给他的那块表。

悲哀，伤痛……

然而，历经一个多月的旅行，维克多在四月初，重新回到千叶巷的宅邸和花园，和拉里维耶尔老师重逢。他是那么开心，以至于痛苦全都烟消云散了。

对于在西班牙的经历，保存在他记忆中的，只剩下一些残酷的画面，仿佛被印在了铜版纸上。还有一位父亲，既是将军也是伯爵，在车队出发的那天，被任命为马德里卫成指挥官。

当种着栗子树的小径在做游戏的孩子们眼前展开，所有这些似乎不真实得如同一场梦，甚至是一场噩梦。

与他重逢的还有阿黛尔·富歇，她的父亲从意大利回来，被任命为战争部征兵办公室主任。他们继续居住在位于谢尔什－米蒂大街的图卢兹公馆——战争议会的会址就在那里。

法院的书记员狄龙有一个儿子——爱德华，在巴黎综合工科学校就读。他穿着制服来到千叶巷，和欧仁、阿黛尔和维克多在一起玩。

孩子们丢开了秋千和独轮手推小车，就在几个月之前，他们还把阿黛尔的眼睛蒙上，用那辆手推车推着她散步。他们依旧到处跑，但是更多时候，他们打量着彼此，讲述着自己的事情。为了吸引阿黛尔的注意力，维克多和欧仁展开较量。阿黛尔的头发是深棕色的，维克多目不转睛地盯着她，想起了马萨拉诺宫殿的珀皮塔。

但是阿黛尔是个腼腆又严肃的小姑娘，她很快就跑开了，跑到在阳台闲聊的家长们那里。

维克多观察那些成年人。他的母亲同阿黛尔的母亲——安娜－维克多瓦尔·富歇如此不同！她自命不凡，而且富有活力。她说话的口气，就像一个怀有不容置喙见解的人，而且丝毫不去掩饰自己的见解。

索菲见到了拉奥里，他成功地使自己从万塞讷要塞被转移到福斯监狱。她同一些人搭上了关系，他们是拥护君主制的拉丰神父、马莱特将军和吉达尔将军以及其他几个梦想组建联合政府，赶跑国王和那个共和国的"篡位者"的人。

她了解并赞同他们的计划：在巴黎，让人们以为拿破仑死在了俄罗斯；趁着混乱和皇帝的消失引发的犹疑，来夺取政权。

在 10 月 22 日的晚上，俄罗斯传来的坏消息已经蔓延好几天了，人们知道莫斯科在九月被付之一炬，"伟大军团"的士兵们随着冬天的到来，将不得不撤离俄罗斯——也许他们已经撤离了——马莱特将军公布了拿破仑的死讯，释放了拉奥里，拉奥里则立即让人逮捕了警察部部长萨瓦里，并夺取了他的职位。

维克多看出了母亲的惶惶不安。她去往住在图卢兹公馆的富歇家，10 月 23 日以来，陆续有人带来消息，声称阴谋已经破产了，始作俑者们已被逮捕，而且被移送到军事法庭。庭审书记员正是狄龙。

索菲·雨果没有崩溃，她不是一个哭哭啼啼，自怨自艾的女人。

她只是尝试去软化狄龙，但是此人撰写了一篇严厉的公诉状。10 月 28 日晚上，十三名被指控有罪的人被判处死刑，其中就有维克多·范诺·德·拉奥里。

索菲在图卢兹公馆等候最终判决，做出宣判的司法大厅离公馆只有几步之遥。

大楼的院子和临近的街道都被军队占领了，但是她还是想办法来到格勒纳勒平原——刑场就设在那里。之后，鲜血淋淋的尸体被扔上一辆装卸车，她跟随装卸车一路来到伏吉拉尔公墓，在那里，一具具尸体葬在了义冢。

秋天阴云密布。

"伟大军团"被俄罗斯的白雪覆盖，几万名士兵淹死在贝尔齐纳河。

拿破仑回到了巴黎，他口授的《伟大军团公告》刚刚发表。

索菲用缓慢的语调读着公告："我军的骑兵部队被瓦解得四分五裂，以至于我们不得不把军官们集结起来，他们只剩下一匹战马，来组成四个连队，每连 150 人。将军履行上尉的职能，上校履行下级军官的职能。这支神圣的骑兵队……"

阴云蔓延开来。

10 月的一个夜晚，维克多牵着母亲的手，踏上返回千叶巷的路。

索菲停下脚步，凑近正门右侧的圆柱，一张白色的告示贴在了上面。周围的行人匆匆而过，只是向告示瞄了一眼，仿佛害怕知道里面的内容。

她让她的儿子朗读告示的内容。

"我读了起来，内容如下：法兰西帝国——根据第一军事委员会的判决，以下三位前任将军因密谋推翻帝国和皇帝，在格勒纳勒平原被执行枪决。他们是：马莱特、吉达尔、拉奥里。

"'——拉奥里，'母亲对我说，'你记住这个名字。'
"然后她补充道：'——他是你的教父。'"

1813 年

躺在堆满书的地板上，维克多做着阅读。

他有一种印象：他所经历的那些事情，他在西班牙的旅行，他见证的人间不公——拉奥里将军，同时也是他的教父，一个那么懂得讲授和翻译塔西佗的著作的人，居然遭受流放和被枪毙的命运，以及在花丛中绿树下，跟随拉里维耶尔老师学习的情景……所有这些，都投射进了那些书里，投射进斯帕兰札尼和虎克船长的游记里，投射进伏尔泰创作的《卡拉斯事件》或卢梭的《爱弥尔》中。

这些书让他产生共鸣。书里讲述的内容让他热血沸腾，也让他拍案而起，仿佛他曾经感受到的，他的那些想象，都在书中回音袅袅。有的时候，当他读到《福布拉骑士的爱》[①]，或圣茹斯特描写一位女子肩膀的诗句，或《离经叛道的布列塔尼女子》对深夜韵事的描述，他都会激动得颤抖起来，双颊火辣辣地发热。

他转过身，他的哥哥欧仁也在堆满书的夹层隔间啃着书本。他们听到罗约尔的说话声。此人是这间阅览室的房东，有点特立独行。维克多差不多每天下午，都和欧仁去那里。

他们的母亲打发他们去给她找一些书，让他们随着自己的心意给她选择。他们从伏尔泰转到卢梭，从高乃依转到狄德罗。

他们什么书都读，他们自由自在。

罗约尔，这个另一个世纪的、特立独行的见证人，穿着带有箕形纹的皮鞋，头发上扑着香粉。他把他们一直带到夹层隔间，在那里乱七八糟地堆放了很多书本。那些书籍也许会令寻常读者骇然失色，于是就把它们丢弃在那儿。至于索菲，她无法想到一本书会给孩子造成不良影响。

然而，雨果却畅然地从一页读到另一页，从一位哲学家读到一位诗人，从一位

---

① 19 世纪的法国色情文学作品。

色情文学作家读到一位小说家。回到千叶巷，他写出一生中最初的那几行诗句，他大声朗诵它们，直到它们变得朗朗上口。

维克多年仅 11 岁，但是他的心里已充满回忆、充满所看到的景象以及那些极端的情境，在这一切上面，又积累着他在阅读当中获取的感受，如同其他体验一样。

当他和阿黛尔见面的时候，在他眼里，她已不是那个十岁的小女孩，而是游走在书页间，那些不期而遇的女主人公当中的一位。同她会合的还有在马萨拉诺宫殿走廊上踽踽而行的鲁科特将军夫人和珀皮塔。

他把阿黛尔拉了过来，坐在她身旁。他们肩并肩坐在一起看书，头发缠在一起，也许嘴唇也挨在了一起。

这一刻，维克多在生活，或者在梦想。

阿黛尔走远了。

"那时我的心里拥有天堂。"维克多回忆道。

他又找到拉里维耶尔老师。在栗子树下，他朗诵了自己写的诗。曾经的奥拉托利会①会员欣然聆听着他的诗句，以诵读维吉尔和其他希腊语、拉丁语作家的诗句，作为对他的应答。

一个夏日，维克多看到拉里维耶尔迎向一位来访者走了过去……

来访者正是拿破仑中学的校长。他来的目的，是恳请雨果夫人愿意把她的孩子们注册到他的学校，而不是由着孩子们乱七八糟地自己学习。他弘扬的论据，就是发扬"严苛的教学模式"。

维克多想起了那所马德里的贵族学校，他设想着如今这所学校——"那个留着黑色头发，有些谢顶，让他不寒而栗的男人"建议他母亲把他关进去。

索菲陷入犹豫，校长的论据让她开始动摇起来。

他心绪不宁地暗中注视着母亲，随后，当他知道母亲不会听从那个"留着黑色头发，有些谢顶"的男人的建议，他开心得不亦乐乎。他依然是拉里维耶尔的学生。

当然，他不是独自一人，欧仁在他身旁。他们在隔层的阅览室里读书，从拉里维耶尔那里学习同样的功课。欧仁自己也尝试写诗，眼睛时刻不离地围着阿黛尔打转。

这个身边如影随形的玩伴很让维克多恼火。欧仁同样比他大两岁，而且想要强加自己的意志在他身上，这一点维克多无法接受。

也许是年满十五岁的阿贝尔的出现，才避免两兄弟的相处沦为一种日常的敌对……

---

① 奥拉托利会：罗马天主教神职班修会，1564 年由菲力浦·奈利创于罗马。

确切地说，在镇压西班牙起义失败以后，阿贝尔和他的父亲一道，返回法国。5月27日，法军必须撤离马德里了，在这场艰巨的撤退行动中，担任军队指挥的，正是莱奥波德·雨果将军。

现在他和阿贝尔在波城扎营，他已经不是将军了，而是营长。根据皇帝的命令，每一位军官都恢复原来的军衔，不管他们在为西班牙国王效力期间，都取得什么样的军衔。

索菲得到了情况，担忧起来。她给阿贝尔写信，在信中义正辞严地谴责莱奥波德，仿佛莱奥波德所受的那些磨难是咎由自取，而不是西班牙时局的恶化所致。她假装哀声慨叹"不幸的"莱奥波德。

"你看看吧，"她对阿贝尔说道，"原则的缺失和滥情会让一个人沦落到何种地步。你父亲糟蹋的是多么美好的命运啊！他把在西班牙工作挣得的所有财富，为了他那个家庭、为了他自己，都挥霍一空。如今他背负着债务，从那里回来了……"

在索菲眼中，似乎莱奥波德·雨果代表着帝国和皇帝，正是这个体制，也正是这个男人，将拉奥里判处死刑。她恨他。

"我深信，"她接着说，"他还没有付清为那个女人所买房子的贷款！"

就是她，那个"晦气的"女人——卡特琳娜·托马！

"拿着仅存的那一点儿钱，他将如何生活呢？我们也一样，日子如何过呢？如果关于那幢房子还贷的事情，你知道些什么，那就在你给我的第一封信中告诉我吧……看到一位家庭之主为了那样一个女人，闹得自己不名一文，他的家人们也跟着遭殃，这太可怕了……"

阿贝尔要给她提供消息，要监视自己的父亲。

"我看出来了，我可怜的朋友，你也因为这个女人受了很多苦。"她补充说。如果莱奥波德禁止阿贝尔给自己母亲写信："那你就偷偷写给我吧"，她这样叮咛道。

几天后，阿贝尔，这个精力旺盛的年轻人，回到了千叶巷。

他的父亲动身去了德国，在那里，法国同奥地利开战了。十月中旬，皇帝新近在莱比锡被打败了。

气氛变得沉重起来。维克多感受到了母亲的紧张。

"从十一月以来，我只收到了两千五百法郎！"她抱怨道。

现在她还能指望上谁呢？拉奥里已经死了，莱奥波德丧失了大部分收入，和"那个女人"生活在一起。

十二月的一个早晨，维克多看到母亲快速穿过一间间房子，长久地望着花园。

她刚刚得知，为了延伸乌勒姆大街，巴黎城建决定收回千叶巷的花园。

索菲很清楚这些花坛、绿树和小径对于维克多和他的哥哥们来说，意味着什么。于是她离开那幢曾经的修道院，搬到位于老杜伊勒里街 2 号的路易十五公馆。公馆位于谢尔什 – 米蒂大街的延伸段，正对着图卢兹公馆，富歇一家连同他们的孩子们，包括阿黛尔，都住在那里。

他们在 12 月 31 日那天搬的家。

维克多走了几步，绕了花园一周。

忽然之间，他仿佛听到了一个声音，他抬眼定睛一看，鲁科特将军夫人斜靠在房子的一扇窗户边……马萨拉诺宫殿的那一头金发、美丽又爱俏的夫人，和她的孩子们住在一楼！

维克多兴奋异常，他把自己关在房间里，开始写一首诗。第二天，即 1 月 1 日，他把诗献给了罗萨莉·鲁科特。

　　　　夫人啊，如此美好的一天，
　　　　向我们宣告新的一年，
　　　　我祝福您岁月静好，
　　　　金线编织的日子如绸缎，
　　　　特别在您老去的年纪，
　　　　儿孙孝顺，财富满满。
　　　　就这样，夫人，在祝福的尾声，
　　　　我怀着满心欢乐就在这天，
　　　　将我的敬意和爱恋为您奉献[1]。

两个月后，他将年满十二岁。

---

[1]《未发表的法语诗句》，"1814 年 1 月 1 日致鲁科特将军夫人"。

第三章

1814—1817 年

1814 年

维克多把这首给鲁科特将军夫人写的诗，反复读了几遍，直到能够背诵出来……

维克多感觉到，语言有一种能够令他成长的力量。

在这个 1 月 1 日，他不再是个孩子，而是一位诗人，一个没有年龄的生命。忘记吧，他一生中刚刚过去的那十二个年头！

在写作的过程当中，他已成为拉里维耶尔和拉奥里教给他的所有拉丁语、希腊语诗人们的兄弟。如果他创作诗歌，那么他会成为塔西佗、维吉尔和荷马的精神伴侣。

他有种感觉，似乎自己已经发现了创造自我的秘密。他是一位炼金术士。如果他写，如果他使用在头脑中感知到的、累积起来的所有词语、所有画面，他就能进入生活当中，而且会很快。他想起在罗约尔那间位于隔层的阅览室，他认真阅读过的所有书籍，所有的语句都在，在他的记忆里。

他蘸了一下鹅毛笔，在写给罗萨莉·鲁科特的诗里，他写了如下落款：

"您忠实的仆从，维克多·雨果。"

这句话、这些诗行，令维克多陶醉。

他拿来一个笔记本，他要每天写作。他开始了……他抄写了一些维吉尔的诗句，并把它们翻译出来。在随后的日子里，他想象了一出戏剧——《魔宫》，然后是另一出——《魔鬼的城堡》。这两出剧模仿了他在巴约讷看过的那部剧，以及他在卢森堡公园的木偶剧场看过的演出。

此外，他们的母亲给他们买了一个硬纸板做成的戏剧舞台，还有一些木质人偶，这样让维克多和欧仁可以设计并排演他们自己的情节。

但是，如何同欧仁分享创造自我的秘密呢？如何能不与这个比自己年龄大一些，也开始写作的人较量呢？他会保守这个秘密吗？他会成为一个剽窃诗句的贼吗？通过这些诗句，他是为了吸引罗萨莉·鲁科特的注意、被她夸赞，还是为了得到阿黛尔·富歇的青睐呢？

因为阿黛尔在她哥哥维克多的陪伴下，又回来和他们一起玩了。他们是邻居，只需穿过谢尔什 - 米蒂大街，在老杜伊勒里大街走几步就到了。

和他们一起玩的还有鲁科特夫人的孩子们，他们在花园里玩——但很快就被母亲禁止，在院子里玩，在鲁科特将军停放敞篷四轮马车的车库里玩，那里还堆放着他夫人的几个箱子。他们玩，他们相互推搡，相互追逐，他们挤在马车里的长排座椅上，他们相互碰擦到对方，不由耳热心跳。他们为自己的感觉而惊讶，不安且激动。

维克多经常离开院子，丢下那些游戏。他把自己关在房间里，在笔记本上写着。在写下每个不同的词之后，他都感觉到自己的存在。他很躁动，也很狂热，因为在他的周围，一切都在变，仿佛世界的节奏与他变化的节奏在同步律动。

每天，他都看见满载士兵的车辆，从谢尔什 - 米蒂大街和老杜伊勒里大街辚辚驶过。他目送着那些车辆，听着母亲和皮埃尔·富歇压低声音交谈。

他听说他的父亲被任命为吕内维尔卫戍总指挥。普鲁士、沙俄和奥地利组成的联军不断前进，现在战火烧到了法国境内，皇帝陛下正在想尽办法集结所有军队，来阻挡敌人的入侵，他们在巴黎街道看到那开过的一队队士兵便是。

有时，他们还听到大炮的轰鸣。

很快，维克多就注意到母亲再也不提皇帝或拿破仑这样的字眼，而称其为"波拿巴退"。发这个音的时候，她带着一种轻蔑和不屑的表情，就像她说起卡特琳娜·托马，那个不守妇道的、倒霉的、晦气的女人。她说波拿巴退是个疯子，在埃及的沙漠里，在俄国的冰天雪地里，他抛弃了他的士兵们。她说他是一个吃人巨妖，一个花天酒地的恶棍，谢天谢地，联军让他恢复了一些理智！

她走到维克多身旁，把他搂在怀里，然而在这个三月月末的日子，大炮的响动变得越来越强了。

索菲兴高采烈，穿上一双绿色的皮鞋，为了表明自己在践踏帝国，因为绿色正是帝国的颜色。她热烈地亲了亲维克多和她另外两个儿子。他们刚刚听说巴黎已经投降了，暴君波拿巴退已经退位，往易北河岛方向漂泊。

天杀的易北河岛！但愿孩子们都能记得这个地方！那个坏女人就住在那里。

但是一切都将变得不同。杀害拉奥里的人最终得到惩罚！维克多记得这个男人，在千叶巷的花园里，这个男人向他谈起自由，给他读塔西佗的著作。有一天，他在一张告示上发现了这个名字，告示宣布他的教父被判处死刑。

终于有人为他的教父报仇雪恨了，普天同庆！

皮埃尔·富歇加入四周的人群中，共同分享这份喜悦。

路易十八的弟弟——阿图瓦伯爵①在 4 月 12 日开进巴黎城，人们纷纷赶去欢呼欢迎。他骑着一匹白马，走在队伍的最前面，向四周人群抛撒一条条白色的带子。

维克多抢到了一条，拿着它挥舞炫耀。他环顾了一下四周，这其实是一些白色的绶带。伟大军团的军官们、将军们、元帅们，如今都投靠了阿图瓦的哥哥路易十八。

同人群一样，维克多高呼："国王万岁！"

5 月 3 日，他从司法官的圣让塔的一扇窗户那儿，观看皇家队伍的游行——皮埃尔·富歇给他们争取到了这一特权。维克多在阿黛尔身旁。新的生活开始了。

"国王万岁！"

路易十八坐在他的敞篷四轮马车里，向人群招手致意。他的卫队，昨天还属于拿破仑皇帝，今天却很不情愿地跟在马车后面，慢慢踱着步子。

人们匆匆前往巴黎圣母院，观礼大弥撒。

"国王万岁！"

对于维克多来说，他似乎从来没有看到母亲这么容光焕发，这么笃定自信。她眯缝着眼，带着降尊纡贵的神情，听阿贝尔给她朗读那封刚刚收到的，莱奥波德的来信。

父亲守卫在第永维尔镇，他拒绝投降，保卫指定给他的那片阵地，一直到新组建的战争部给他正式发出停火的命令。

他在信中写道："我为皇帝陛下尽忠职守的方式，也许能令皇帝给我些许优待。如果第永维尔回归法国，那么有一个声音只会说，我为皇帝陛下捍卫了这片阵地。"

阿贝尔穿着崭新闪亮的绿色制服，浅灰色的裤子，以及一件深色的大衣，那是索菲为了迎接长子回家，请人给他定做的。他是一个年满 16 岁的年轻小伙子，用庄严的声音重复信中的那句话："你的父亲已经履行了自己的职责。"

---

① 阿图瓦伯爵（Comte d'Artois，1757—1836），即后来的法国国王查理十世，法兰西波旁王朝的末代国王，1824—1830 年在位。

也就是说，连他也投靠了路易十八！

"国王万岁！"维克多可以继续这么喊了。

他的白色绶带不是一个背叛父亲的信号，而是一个融入新世界的象征。这条绶带恰好出现在维克多童年结束的那一刻，它是母亲情感的寄托。

索菲把维克多和欧仁搂在怀里，搂了很长时间。她告诉他们，她要和阿贝尔一道动身，赶往第永维尔。

波拿巴退位了，莱奥波德也要对妻子让步。他还必须同那位在众目睽睽之下，和他在一幢漂亮房子同居的女人分手。

现在秩序已经得到了恢复，篡位者也无非是易北河岛上的土皇帝而已，被尘封在一段糟糕的回忆当中。莱奥波德必须履行自己的职责，遵守公序良俗，确保他的家庭，他的妻子和三个儿子拥有一个未来。如果他拒绝这样做，人们就会知道他是一个"不称职的父亲"，会帮助他妻子讨回公道，逼他定期给孩子们抚养费和自己一部分财产。

那就让他出点血吧！就和波拿巴退那样。

她来到第永维尔，要求得到这一切，丈夫要对她让步，补偿她的损失。

五月的一天，维克多和欧仁看着母亲走远了；仆人费耶里太太和她的女儿安托瓦内特，还有邻居鲁科特一家和富歇一家，都在照顾着他们。

但是母亲不在身边，还是让他们非常痛苦！

5月16日星期一，维克多开始给他母亲写第一封信：

"我亲爱的妈妈，

"自从你离开以后，大家都因为看不到你而觉得惆怅。费耶里太太和安托瓦内特抱怨你不在家里。我们时常去看望富歇先生和富歇夫人，按照你给我们吩咐的那样。阿斯林先生给他的儿子上课，富歇先生建议我们跟他们一起上。我们表示了感谢。每天早晨，我们都学习美术和数学。你动身的那天晚上，我们收到一封寄给阿贝尔的信，封起来的信口是黑色的。富歇先生承诺回头把信让人转交给你。没有人来找你。昨天是个星期天，好心的富歇先生带我们去了博物馆和杜伊勒里宫。他还邀请我们在他家里吃晚饭。

"要对你说的我都说了，我全心全意地拥抱你和阿贝尔。快点儿回来吧。没有你，我们都不知道说什么、做什么了，大家不知所措。我们对你的思念一刻不停。妈妈！妈妈！

"再见吧，亲爱的妈妈，照顾好自己，给你这个孝顺又恭敬的儿子写信啊！维克多。"

他看见欧仁在自己那边，写了封篇幅更长的信，在信中他提到了鲁科特夫人，她"邀请我们有空的时候，来参加在她家里举办的聚会"。

维克多有种感觉，欧仁似乎偷走了自己的一部分，偷走了他自己想用文字来控制的现实和情感。

有时候，当欧仁又写完了一封信，他会向维克多提议，让他也写一封，维克多会表现出强烈的抵触情绪。他断然拒绝了欧仁，他也清楚，欧仁会在信中记下来："我的信写好后，维克多不想立刻把他的信写完……"

但是，如何能怨恨欧仁呢？他几乎是维克多的替身，也是他的玩伴、他的同窗，分享着他的梦想和他的忧愁，这个突然之间，在 6 月 17 日陷入不幸的人。

他们一起看到一位凶巴巴的女人来到家里。她自称是玛格丽特·马丁－肖宾，也叫高通，她是他们父亲的姐姐，也就是他们的姑妈。她被合法授权，来接她兄弟的孩子们来她家住。她住在老鸽棚大街 20 号，离这里不远。她把他们拖拽走，带到自己的住所。

维克多和欧仁环视一下四周，心中一片迷茫。那些男人们在他们家的大门上贴了封条。他们明白了，这些人要夺走他们母亲搭建起来的一切，夺走他们的草窝。

绝望压垮了他们。他们很害怕。他们拒绝在这个要求他们称呼自己为姑妈的女人面前让步。她是"夫人"，也仅仅只是"夫人"而已。他们要求见到自己的母亲，给她写信。

维克多想象着母亲，在第永维尔落入另一个坏女人布下的陷阱里，这个女人就是晦气的凯特琳娜·托马，她应该是他们这些苦难的始作俑者。

父亲有没有可能是这场阴谋的同谋呢？

难道不正是他，在马德里的时候，派人把他们关进那所贵族学校吗？

幸运的是，维克多并不知道在第永维尔所发生的一切。他也不知道父亲是如何接待母亲，如何侮辱她，如何强迫她和卡特琳娜·托马居住在同一个屋檐下的，如何强迫她接受这个女人在眼前晃悠，和他共住一室，而自己的妻子和儿子则被他抛在脑后。维克多同样不知道父亲经常说，索菲·特雷比谢夫人，是一个魔鬼，一个女巫，一个对金钱贪得无厌的女乞丐，他"从来都没有像现在这样厌恶她"。

愤怒蒙蔽了莱奥波德的双眼。他想要把孩子们从这个女人身边夺走，她甚至无法让孩子们在一家教育机构受正规的教育。

然而维克多却听到高通在富歇先生面前，诋毁自己的母亲："先生，您给莱奥波德写信说，'从各个角度来看，您的两个孩子，在他们现在所在的地方，都生活得不好，极其不好'。这是我们的家事，您为什么要介入进来呢？"富歇坚持强调他们的绝望。他提出一个"夫妻分居，分割财产"的建议，这样能避免对簿公堂的时候，法院认为双方都有过失。他还补充道："必须让他承担孩子们日常生活、教育以及求职晋升的费用。"

维克多肩膀靠着欧仁的肩膀，打量着他们的敌人。当她同他们说话的时候，他们一声不吭，只是说要找他们的母亲。当马丁－肖宾夫人告诉他们，她是他们的姑妈，他们要服从他们父亲的命令的时候，他们转过了头。

父亲有没有可能是同谋呢？

维克多把这个问题埋在了内心最深处，但是，当他在六月末见到母亲和阿贝尔的时候，他明白父母的决裂已经无可挽回，而且在第永维尔，母亲的尊严受到了侮辱和践踏。

他听到了母亲的抗议，对民事法庭的裁决义愤填膺。法庭命令她放弃她现在的房子，想上哪儿就上哪儿。他听见母亲重新读了一遍写给国王检察官的诉求书，随后母亲将它寄往了塞纳省的初级法庭。

"雨果夫人通过兹诉求书，强烈要求收回之前的裁决。我们抗议这项不可思议的决议——将我们从自己居住的房子驱逐；我们抗议这份文书，其执行结果就是把一位母亲和她的三个孩子赶到大街上，让整个一家人都忍受着食不果腹的煎熬。

"先生，她在此恳请您发布命令，去除房屋的封条，让她和她的孩子们都能重新住进自己的家。"

7月15日，她的诉求得到了满足。

维克多在哥哥们的陪伴下，回到了老杜伊勒里大街2号的家。

他又可以开始写作了，又可以和阿黛尔、维克多·富歇以及罗萨莉·鲁科特的孩子们在一起玩了，又可以望着这位女士浮想联翩了。

但是，他清楚地感到自己人生的另一部分开始了。他听说父亲带着卡特琳娜·托马在巴黎落脚。他们先是住在铁罐街，随后住在邮政大街。莱奥波德要求共享夫妻财产，想把自己的家长权威强加在儿子们身上。11月，莱奥波德因在第永维尔的英勇抵抗行为受到嘉奖，并被授予圣路易十字勋章，擢升为旅长。但是自从九月以来，他和众多的伟大军团其他军官一样，只能领取一半军饷。新上任的战争部部长苏尔特元帅，决定把那些被驱逐出军队的、他曾经的战友们，作为嫌疑犯软禁起来。

对于维克多和他的兄弟们而言，父亲的形象又模糊了一点点。莱奥波德抛弃了他们的母亲，剥夺了他们住的地方，让他们感受到绝望。维克多的伤痛是撕心裂肺的。

1815 年

维克多看着他的哥哥欧仁摆在他面前的信。信是那位不断伤害他们的父亲写的——那位从他们的母亲一直伤害到他们的父亲，那位维克多知道要去尊敬、要去顺从的父亲。然而，维克多在内心深处，尽管不太情愿，却还是钦佩父亲的手段。他读道：

"我亲爱的孩子们：

"我很动情地收到了你们在新年更迭的第一天，寄给我的祝福。

"我欣然接受这份祝福，我的朋友们，我对你们的祝福，正如我所诉诸的一切手段，永远都只有一个主要目标，那就是你们的幸福。

"很快，他们就会把你们归还给我，你们会看到我无时无刻不在为你们受到最完美的教育而忙碌。

"带着一颗最真的心，我拥抱你们三人。"

维克多转向母亲。他不敢对她重复那句充满威胁的话："很快，他们就会把你们归还给我……"

他绝望了。他了解父亲意志有多么坚决。

他听到皮埃尔·富歇和鲁科特夫人向索菲说起几天后将要宣布的裁决，这个裁决是走紧急审理程序做出的。当1月21日，裁决正式通告给他们的时候，维克多对母亲的愤怒和惶惶不安丝毫不觉得奇怪。

莱奥波德放弃了离婚申请，但是他要求妻子来他位于邮政大街35号的家里住。"丈夫的权威已重新树立，妻子要无条件地服从。"他们在判决书里读到了这样的话。这只是一个法律操作而已，为了巧取豪夺共同财产和孩子的抚养权。

索菲声明她将提出上诉，她想留在老杜伊勒里街，并且把孩子们留在身边。但是，这需要时间。

2月10日，莱奥波德来了，气势汹汹，身边陪着一位司法执达员。他们亮出那张赋予莱奥波德权威的判决书。

他粗声大气地说着话。他对孩子们发号施令，让他们把书收拾停当，准备跟他走！从今以后，他将把他们送到位于圣玛格丽特街41号的柯迪尔寄宿学校，在那里，他们将接受系统教育，为的是有一天，如他们父亲所愿，考入巴黎综合工科学校。

他让孩子们打开衣橱、抽屉，他让人把这栋房子所有的衣物、银器都搬了出来。

他咆哮着，说为了孩子们，这些对于他是必不可少的。

索菲试图去阻止他，他把她推到一边。他叫嚷着。

邻居们都闻声跑来，有狄龙先生和狄龙夫人，有鲁科特将军和他的夫人。仆人们和房屋的门房也见证了这一幕。

维克多闭上眼睛，捂住耳朵。仿佛有人在痛打他，他什么也不想看，什么也不想听。

后来，他的母亲讲述起莱奥波德是如何"把侮辱发展到冲着她的脸吐了三次口水，对她说这个举动是为了在所有人面前表现出对她的敬意。为了诋毁她，谩骂她，他使用了最粗野、最具侮辱性的字眼。他还谴责她生活放荡，在他不在期间，怀上了别的男人的孩子"。

维克多没有听到，也没有看到，但是他知道。

欧仁陪着他，他们走在父亲身后。莱奥波德把诺言和威胁付诸行动："很快，他们就会把你们归还给我。"

他们走进一条昏暗的羊肠小道——蟠龙街。

维克多感觉进入了兀儿肯[①]隐居的洞穴。整条小巷都挤满铁匠作坊。高炉的微光映照着那些男人，他们光着上身，系着皮质围裙，铁锤的撞击声似乎让街道颤抖。

在蟠龙街的尽头，就是修道院监狱。圣玛格丽特街道位于一排排打铁人的铁匠铺和一间间在押犯的牢房之间。

他们步入柯迪尔寄宿学校。学校有两个狭小的院子——在其中的一堵墙上，人们画了几棵树，似乎通过这种方式，来提醒维克多千叶巷的花园只能在他的梦中浮现。院子围绕着一幢黑色的建筑物，建筑物只有一层，还有几间阁楼。

当维克多看到一个男人迎上前来，就靠紧了欧仁。此人身着宽袖长外套，戴着一顶波兰棉帽，点缀着皮草的帽子尖端分别从脸庞的两边垂了下来。他的手指摆弄着一个粗壮的鼻烟壶。他经常吸鼻烟。他就是柯迪尔。在他身旁站着他的助手——德科特，他是数学教师，举止狂傲而且粗鲁。

他们的父亲就是要把他们丢进这样的人手里，丢进这样的学校里！

莱奥波德只是说，他想让儿子们受到一种特别的待遇，和其他寄宿生只能在课间休息和食堂用饭时间混在一起。

这时来了一位辅导老师，他面容亲切，尽管脸上挂着天花留下的痕迹。这位名叫菲利克斯·毕斯卡拉的老师，立刻把维克多和欧仁拉了过来，给他们看了一下他们居住的宿舍房间。房间位于顶楼，他们和另外一位寄宿生共同居住。

毕斯卡拉很有亲和力，他给他们描述了寄宿生活的规矩，给他们谈起柯迪尔如

---

① 兀儿肯（Vulcain），是罗马神话中的火神，火山是他为众神打造铁器的熔炉。

何用鼻烟壶敲打不听话学生们的脑袋，还有德科特，一个粗暴的男人，必须要小心他。

2月12日，收到莱奥波德寄来的第一笔钱的人，正是毕斯卡拉。

"兹证明，"他写道，"曾收到雨果先生支付的三百法郎，作为其儿子们四分之一的寄宿费用，汇票于1815年5月10日到期。"

因此，他们就只能在柯迪尔寄宿学校住下了，还要忍受自负而且脏兮兮的德科特，尝试躲避柯迪尔鼻烟壶的敲打，甚至无法在宿舍好好休息，因为屋里冬天冷得结冰，夏天又热得令人窒息！然而雨果不愿意哭泣。

功课之余，在院子里孩子们做着游戏。他们打起架来。欧仁成为一帮小学生的头儿，他把这些小学生称为"小牛"、他的"臣民"，而他是"王"。

他在想象什么呢？是唯一一个有能力领导一支队伍的人吗？维克多把其他小学生们集合起来。他们将成为"狗"，而"狗"要同"小牛"开战。他们斗得很激烈。这些寄宿生有时外出游玩的时候，会继续打着群架。小学生们扭打成一团，就好像彼此敌视的帮派。之后他们才回到了学校。

维克多打开本子，一连写了好几天：

> 周遭一片宁静……茕茕孑立，伤痛过于苦楚！
> 与一位温柔的母亲分离，
> 失去看见她的幸福，
> 我叹息着将灰暗的绝望流露[1]……

因为索菲没有来看望她的儿子们，在探访和外出的日子里，维克多和欧仁会见到马丁－肖宾夫人。她给柯迪尔看了一封她弟弟写的信。她说起话来颐指气使，将军又开始在军队服役了。现在拿破仑从厄尔巴岛杀了回来，国王也逃之夭夭。皇帝擢升莱奥波德为第永维尔卫戍的最高指挥官。

莱奥波德给他姐姐的信是这样写的："我把那两个年幼孩子的抚养差事托付给你，他们已被我安排进柯迪尔学校。我不希望他们的母亲以任何借口把他们接走，或是在她的监管下生活。你是我唯一能依靠的人，柯迪尔先生只可以在你面前打包票……"

他们陪姑妈马丁－肖宾夫人走出学校，姑妈给他们不断重复莱奥波德信中的内容："你要告诉他们，虽然我现在远离他们，但我从来没有停止为他们的幸福和教育做打算。"他们在一旁听着，继续称呼她为"夫人"。

---

[1] 《法语诗稿三集》，（1815—1818），"挽歌"。

维克多看看周围这座人声鼎沸的城市，一个师团接一个师团的骑兵、步兵以及来自郊区，身着工装服、足蹬木鞋的游行者们，他们穿过城区，高喊："皇帝万岁！"

这个春天，命运之神看上去犹疑不定。晴朗的日子迟迟不来，冰冻般的骤雨取代了温暖和煦的日子。

整个城市都在紧张地侧耳倾听来自四面八方的消息——拿破仑率领大军，向比利时进发，整个欧洲的军队在惠灵顿的率领下，也在比利时集结，准备进攻法国——这让维克多散步时感觉到一种战栗，仿佛空气也在振动着。当他回到寄宿学校，学校大门在他身后关闭时，那种紧张的战栗被一种与世隔绝的氛围取而代之。

于是，维克多写起了诗歌，以及大段的戏剧台词。

人们搬了些长凳放在其中一间教室里。学生们登上这个即兴搭建的舞台。他们表演帝国的那些战争故事。有的时候，维克多扮演拿破仑！

他有一种分裂感。在拉丁文语法书上，他写道"国王万岁！"，他忧心忡忡地听着流言。他的父亲为拿破仑而战。他的父亲折磨过他，然而他却钦佩父亲。

但是，他想要表达出自己的反对意见。提笔写信的不是他，而是欧仁。

"巴黎，1815 年 3 月 15 日。

"我亲爱的爸爸，我们收到了你 5 日的来信，这封信让我们开心不已。你想要知道我们的学业进展得如何，我们已经开始用拉丁文作诗了，我们解读贺拉斯、维吉尔、塔西佗和西塞罗的作品。但是有一门课程现在会对我们格外有用，那就是绘画，因为我们把所学不多的东西都忘记了；当我们在家的时候，阿贝尔给我们上课，我们已经取得了一些进步，但是我们来到了这里，他教给我们的东西已经被丢到了一边。

"至于我们的老师们，你可以确信我们非常尊重他们，我们也竭尽所能使他们满意。

"亲爱的爸爸，我们请你给我们固定一笔生活费，每个星期给或是每个月给，由你决定，这样一来，我们就不会因为在领钱的时候，为了搞清楚可以花多少而头疼了。

"再见吧，我亲爱的爸爸，保重自己，永远爱你的，恭谨孝顺的儿子们。"

欧仁把信递给了维克多，但是维克多拒绝在上面签名。欧仁耸耸肩，自己写下了落款"维克多，欧仁"。

维克多强压着对他刚满十五岁哥哥的怨气，因为他知道哥哥的情绪有可能会歇斯底里地发作。几个月前，在老杜伊勒里街的一次晚餐快要结束的时候，也许是因为阿黛尔·富歇在场，而且好像忽略了欧仁的存在，于是他突然使出浑身力气，把一个苹果狠狠地砸在墙上，随即一句话也没有说，愤然离席。

然而，他必须爱这个哥哥，正是和这位哥哥一起，他们同仇敌忾，和马丁－肖宾夫人对着干。夫人谴责他们两人，告诉他们父亲怒斥了他们的态度：

"他们对待你的行事风格以及对你的苛求令我十分愤慨，这两位先生，似乎觉得称呼你为姑妈，心怀敬爱之情给你写信会有损他们的荣誉。孩子们这样的行为，是拜他们的母亲所赐……"

每逢这些时候，维克多都觉得自己是欧仁的同谋。他和他一起，叫嚷着要些新衣服：

"我们需要从头到脚打扮起来。"欧仁在信里说。但是莱奥波德通过他的姐姐转达了下面的意思："不应该让这两位先生们以为，他们每六个月破坏一套新衣服，我就会给他们用另一套代替。得要让他们自己把那些破洞补好，到那时，如果他们没有体面的衣服穿，就只能埋怨他们自己了……"

维克多把给父亲写信，在信中理论、签名的差事统统留给了欧仁。

"你应该想到，我们是多么开心啊，"欧仁写道，"当我们确定没有任何厄运降临在你头上。"

这是因为，6月18日，历经了一百天的幻想，滑铁卢战役终结了拿破仑的东山再起。

6月22日，皇帝退位，而莱奥波德在又一次保卫第永维尔之后，只能领取一半军饷，被软禁在布卢瓦城，和卡特琳娜·托马住在一起。

莱奥波德·雨果被打败了，和拿破仑一样！维克多心花怒放，整个法国和欧洲从暴君手中被解放出来的感觉涌上心头，然而他还困在这座寄宿监狱里，远离母亲。

他回忆起千叶巷的花园，回忆起他们享受的自由，回忆起在隔层阅览室度过的那些日子，以及当他在阿黛尔身旁、当看到将军夫人时内心的激动……

不，他不想给父亲写信！他不想在那封信上写上自己的名字，那封信是以这样的句子结尾的：

"再见吧，我亲爱的爸爸，我们全心全意拥抱你。请允许我们衷心地祝你幸福！

"你恭谨孝顺的儿子们。"

他们的母亲趁着眼下的局势，获得柯迪尔和菲利克斯·毕斯卡拉的许可，来圣玛格丽特街看望他们，而父亲和姑妈对此一无所知。她没有争取到她那两位幼子的抚养权和教育权，但是法院的一个判决，使她拿回了老杜伊勒里街的住所和家具。更好的是，莱奥波德要给她每个月支付生活费。这算是出了口恶气！

他们追捕波拿巴分子。被废黜的皇帝已经被流放到很遥远的地方，正如那个军饷减半的退伍军人。拿破仑在圣赫勒拿岛，莱奥波德在布卢瓦。

国王惩罚了那些背叛他的人，他为拉奥里报仇雪恨。

被枪毙的是拿破仑帝国的将军们和元帅们，其中包括米歇尔·内伊 ①，12 月 7 日被枪决。

维克多用复仇色彩的文笔写道：

> 最终这位阴毒的元帅，
> 这个内伊即将走向死亡：
> 颤抖吧，那帮弑君者们；
> 雅各宾派，这就是你们的命运 ②。

他即将年满十四岁。

1816 年

每个夜晚，维克多都需要写作。

但是，他必须等着寄宿学校安静下来。柯迪尔和德科特监视着他们，在走廊上转来转去。他们可以打开房门，反复重申，根据丰塔纳部长于 1812 年发布的一份现行通告，在所有初中和高中里，严禁十七岁以下的年轻人写诗作赋。依照丰塔纳的说法，诗歌创作是一项危险的活动，一种无谓的折磨。

于是，维克多一动不动地躺在床上，静听他们的脚步声。

他低声念叨着。他不停地诵读维吉尔、贺拉斯、卢克莱修 ③他们的诗句。他翻译他们的作品，他以他们的手法为模板，创作自己的诗歌。他构思了一部诗体悲剧，并为它想了一个题目《伊塔梅恩》。他想起了伏尔泰，想起了拉辛 ④。他从对父亲、对拿破仑、对母亲敌人们的愤怒之情出发，锤炼着自己的语句。他陶醉地雕琢好这部诗体悲剧里的最后一行诗句。这出剧共有 1508 行诗，在这部悲剧里，他讲述了一位拥有合法统治权的国王，同一位篡位者之间的斗争。

随后，他将《伊塔梅恩》呈送给菲利克斯·毕斯卡拉，此人既是他们的学监也是他们的朋友。毕斯卡拉自己也写诗歌，已经评价了维克多的其他作品，以及欧仁

---

① 米歇尔·内伊（Michel Ney，1769—1815），拿破仑帝国时期的法国元帅。

② 《法语诗稿三集》，（1815—1818），"国王万岁！法兰西万岁！"。

③ 提图斯·卢克莱修·卡鲁斯（约前 99 年—前 55 年），罗马共和国末期的诗人和哲学家。

④ 拉辛（Jean Racine，1639—1699），法国 17 世纪最伟大的剧作家。

的一些作品，因为欧仁也写东西。他同欧仁的竞争没完没了。

但是，当毕斯卡拉读到雨果兄弟们分别创作的史诗——《大洪水》时，他措辞谨慎，刻意避免把自己的喜好表达得明确。维克多丝毫不怀疑自己的写作水平比欧仁的水平高。

他的哥哥不可能像他那样，使用同样巨大的、在本能里蕴藏的力量，不可能感受到他那样的写作冲动，不可能有那种把一切感受诉诸文字的需要，这里面的感受包含了他对父亲的怒气、对千叶巷花园和慈母的怀念。带着这种朦胧的情感、带着一股冲动、带着一丝躁动不安，他回忆着鲁科特将军夫人，或是回忆罗萨莉的大腿——罗萨莉是柯迪尔寄宿学校的洗衣工，也是毕斯卡拉的女朋友。一天，她和维克多沿着梯子登上索邦神学院圆顶，她在维克多前面向上攀爬，当他抬起头的时候，他看到她的小腿、大腿，她的衣料和花边，从此以后，他的脑海中时常浮现这个画面。

写作，就是将所有的情感、所有的认知、所有的梦想，统统放进一个巨大的熔炉里熔化掉，词语就在这熔炉里面被锤炼。写作，就是把我们内在的一切同我们剥离，使其在熔炉里流淌，然后反复锤打这团熔融状态的物质，就像蟠龙街的铁匠们打铁时所做的那样。

写作就像是呼吸，如果停止下来，生命就会死去。

维克多站起身。他点亮蜡烛，烛光摇曳，因为冷冷的空气从门缝下溜进来，从气窗渗进来。透过气窗，他看到圣叙尔比斯教堂的塔楼，以及从塔楼顶端如手臂般伸出的沙普电报天线①。

他体验到的情感就是那团熔融状态的物质，词语是他锻造的金属，诗句从而成为一柄利剑。

他停下了笔。诗人宛如一位士兵。他在舞动。他在战斗。他像夏多布里昂那样——此人曾坚决反对波拿巴，如今担任国王的内阁部长。他像伏尔泰那样，揭露社会不公，挥舞自己的作品，就像挥舞武器。

在 7 月 10 日这天，维克多在用一根线头装订的笔记本上写道："我想要么成为夏多布里昂，要么什么都不是。"

随后他望着很快燃尽的蜡烛，狂热里带着绝望——欧仁和他现在甚至连再买几根蜡烛的铜子儿都没有了。

好几个星期，甚至好几个月以来，欧仁都在想办法从他们父亲那里挤出一点钱来。但是他们在阻挠他们的马丁－肖宾夫人那里碰了壁。他们的姑妈先是拒绝告诉他们

---

① 设置在该教堂房顶的沙普系统，被看作电报系统的前身，一直使用到 1850 年。

莱奥波德身在布卢瓦，然后拒绝告诉他们，卡特琳娜·托马自打 2 月 10 日以来，就已经买了一幢位于弗瓦街 73 号的房子，如果不用父亲的钱，那么又能用谁的钱呢？她以这种方式，把莱奥波德从他妻儿的身边抢走了！

就让欧仁给父亲写信吧！

"马丁夫人直到现在，都拒绝告诉我们你在哪儿；仅在昨天，她才答应给我们透出些口风……我亲爱的爸爸，再见吧，我们迫不及待地等着你的回信：既为收到你的消息，也为缓解我们生活的拮据。我们全心全意拥抱你。请你保重身体，永远都爱你的恭谨孝顺的儿子们。"

就让欧仁也替维克多签上名字吧！

再者说来，写信又有什么用呢？既然有这个姑妈杵在中间，恶语相向，她动不动"在我们身后大吵大嚷，口无遮拦地骂骂咧咧，毫不考虑对自己应有的尊重……我们宁可放弃生活费，也不想今后再和她有任何联系了。如果你真的想给我们还债，不想让我们完全没有生活来源的话，我们求你，就把这件事托付给阿贝尔，而不是其他人吧"。

愤怒把维克多淹没了，那些词语都不足以表达愤怒之情。

在寄宿学校里的院子里，在"小牛们"和"群狗"之间，爆发了更猛烈的冲突。欧仁是他的对头，似乎同欧仁作对，对他来说，不只是想要拳打一个比自己年长的对手，而且是为了惩罚那个见证了家庭分裂的人，那个知道父亲所作所为的人，而父亲所做的那些事，任何人都不应当知道！

学生们之间的交锋变得更加激烈了。有一次，他们去布洛涅森林游玩，维克多被欧仁的一个小伙伴用石头砸中了。他倒了下去，膝盖摔肿了，也许还摔坏了。他无法站起来，人们抱着他，让他躺倒。他好几个星期卧病在床，没有去上他们的父亲格外重视的数学课和绘画课——因为他为孩子们谋划的未来就是考取巴黎综合工科学校。

就这样，维克多可以尽情地去梦想，写几百行诗，重新拾起《伊塔梅恩》，并开始为罗萨莉·鲁科特写一部剧……

他陶醉于笔耕不辍，陶醉于这个炼钢炉喷出的热浪。他不断地对自己重复："我想要么成为夏多布里昂，要么什么都不是。"之后，他重读了自己所写的内容，并回忆起圣茹斯特[①]的诗句，他又补充道："我十五岁，我做得不好，我会做得更好。"

---

① 圣茹斯特（Saint-Just，1767—1794），政治家，诗人。

当他在狭小的寝室里，看见母亲无视学校禁令，毅然向前走着，他开心得跳了起来，激动得热泪盈眶。母亲来看她生病的儿子了。她通知大家，以后她每天都来。

此外，他们的父亲还被软禁在布卢瓦，和他那个"倒霉而且晦气的伴侣"在一起。维克多用微微有些发紧的嗓子，给他母亲朗读自己写的几行诗。他把自己创作的诗体悲剧《伊塔梅恩》献给母亲。他明白自己已领先欧仁，后者不得不继续上课，被拦在母亲照拂生病儿子的房间外面。

索菲的陪伴、她的温柔以及善解人意，使父亲的所作所为显得更加令人无法忍受。但是，维克多在表达自己的愤怒之后，让欧仁写下了"我们的要求很迫切，我们的需求更加迫切"。原来，维克多和欧仁从今以后，要在路易大帝中学上基础数学课和哲学课，与此同时，他们还是柯迪尔寄宿学校的学生。

"我们每天要去路易大帝中学四次，而且风雪无阻。"欧仁继续写道，"你能感觉到，我们的衣服、皮鞋需要花些时间才能晾干；如果我们没有换洗的衣物，那该怎么办呢？"

维克多读到父亲的来信，勃然大怒。莱奥波德在信中诉苦。欧仁也愤怒了，他又拿起笔，维克多目光跨过他的肩膀，读着回信内容：

"读到你来信的结尾处，我们无法对你隐瞒心里的想法：在一封送到我们手中就已经被拆开的信里，我们看到你把我们的母亲当作草芥对待，这让我们感到极度不舒服……我们都读了你和妈妈之间的通信：如果在你认识她的那段时间里，你开心地在她身边找到幸福的时候，那么你会怎么对她呢？如果你遇到一个敢和你说那样话的人，你会怎样对她呢？她一直都是过去的那个她，过去如此，现在也是如此，我们对她的看法和你当初对她的看法是完全一样的。

"以上就是我们对你信里内容的看法，承蒙你不嫌弃，也考虑一下我们对你说的话，请相信我们会一直爱你。你恭谨孝顺的儿子们，欧仁·雨果。"

欧仁把信递给了维克多，维克多也签了名字。

他对父亲所说的话感到震惊，他感到自己的震惊程度超过了哥哥。利用在中学和寄宿学校上课的闲暇之余，他带着些怒气写作。他们早上八点从圣玛格丽特街出发，去路易大帝中学，离开学校已经是下午五点了。在柯迪尔寄宿学校，他们在德科特的指导下做功课，从六点到十点。数学、绘画、写作交替往复……只有到了夜里，维克多才有空打开笔记本，将自己的情感变为词语、诗句，以及对于"末日的"叙述。

他写作时想的已经不再是他的父亲了，即便在最初的动机里，有父亲带给他的创伤。现在促使他一天比一天更需要进行创作的是，那股将自己的所见所感，羽化为诗句的神秘力量。

1816 年 12 月 14 日，他完成了《伊塔梅恩》，并重读了一遍。他想要把手稿拿给他的母亲。

索菲已经不住在老杜伊勒里街了，她现在住在小奥古斯丁街 18 号[①]，靠近圣叙尔比斯教堂的一套公寓里。公寓比过去的住所更加简朴，而且不带花园，但是房租没有那么贵了。

维克多和欧仁想要去新住所看看，但是他们的出行"仅限于做弥撒，上学以及外出散步"，而且处于柯迪尔学监们的监视之下。

欧仁向父亲抱怨，希望他能让阿贝尔在放假的日子里来接他们。

"亲爱的爸爸，你经常在我们面前夸奖我们的哥哥阿贝尔。"他在信中写道，"你自己的话证明了，你把他看作我们当中最优秀的，也是最温柔的儿子。"他又解释说，他们取得了优异的学习成绩，他们的数学成绩在班上是最高的，写作是班上的第三名和第四名。"因此亲爱的爸爸，我们请你在放假的时候，允许我们和阿贝尔一起出去。"

此时正值十二月末，欢庆节日的时刻。

维克多和欧仁等待父亲对他们请求的回答，他的回答是拒绝。维克多又一次由着欧仁写信：

"既然我们所有的请求都是徒劳的，那么我们就不求你让我们和阿贝尔一起出去了，尽管拥抱一下他，我们会感到满足和温暖，毕竟我们已经有很长时间没有见到他了。我们会努力屈从于现实，像其他寄宿生那样过年，也就是说，已经有两年过年见不到父母了……我们会一如既往地尽量使我们的老师满意，因为这是令你对我们满意的办法，也只有这样，我们忍受现状时才能少一点痛苦……"

维克多没有在信上签名。

1817 年

他十五岁了。

他走在菲利克斯·毕斯卡拉身旁，周围是柯迪尔寄宿学校的学生们。学监每周一次，带他们出来散步。

---

① 现在的波拿巴街。

他知道毕斯卡拉欣赏他，提携他。

学监俯下身，悄悄说道：

"一位在您这个年龄的年轻人，能集所有那些令学院六分之五的成员都望尘莫及的才华于一身，这是独一无二的。很快，您就会跻身他们的行列，然后把他们每个人都打翻在地！"

维克多听着他的话。他感觉到自己身上，升腾出一股令他狂喜的能量。他对自己重复道："我想要么成为夏多布里昂，要么什么都不是。"

这位作家，也是他的榜样，在被波拿巴迫害后，敢于向"恪守《1814年宪章》[①]的保王党人"发起挑战，这些怯懦的人不敢要求一个绝对的君主制。他们非常在意依靠帝国旧势力的帮助，来统治这个国家。

他们把夏多布里昂赶出内阁，使得他既没有俸禄也没有官职。人们称其为极端保王党人。那么好吧，应该走极端！维克多盖棺定论。

他环顾四周，一切对他来说，都是激情。

这个寒冬，人行道路面上零落地分布着些许薄冰。一些年轻姑娘，在迈腿跨过冰块时，露出了她们的脚踝。这足以令他感受到一股暖流扑面而来。

但是散步结束了，必须回到圣玛格丽特街，回到那所阴暗的寄宿学校，在那里维克多觉得自己好像囚徒一般。他迫不及待地想要逃离柯迪尔和德科特的掌控。学业给他带来负担。他在巴黎的所见，让他失望。

后来，他写道：

> 1817这一年……在法国还有一些普鲁士人……在战神广场两侧平行的路上，人们还能看见几截粗大的圆柱，被雨水冲刷，在草丛中腐烂，圆柱被漆成蓝色，上面金色的雄鹰和蜜蜂[②]已经褪色，只剩一些痕迹。这些圆柱，正是两年前五月集会[③]会场支撑皇帝检阅台用的……在卢浮宫，人们正在往下刮N字母[④]。奥斯特里茨桥退出历史舞台，更名为御花园桥……法兰西学士院听任将拿破仑·波拿巴从院士名单上抹掉……在一些被人收买的报纸上，那些形同妓女的记者大肆

---

① 《1814年法国宪章》由路易十八钦赐，规定法国君主立宪制政体，国王是国家元首，武装力量总司令，拥有最高行政权。

② 雄鹰是拿破仑帝国的象征动物，蜜蜂是拿破仑的爱物。

③ 五月集会是拿破仑百日政变时的一次军民大会。

④ 拿破仑的开头字母，是他的徽志。

辱骂 1815 年被流放的人 [1]……

他想成为极端保王派，然而，他无法忘记自己的父亲，即使他作为被流放的人被贬黜到布卢瓦，薪俸被不动声色地克扣减半。

马丁－肖宾夫人不停重复她弟弟信中的话，要知道他"不得已从自己的日常用度中，拿出一点多余的钱给孩子们"；以及"要想给，首先得有"；他需要"好好规划，节衣缩食"，这样才能在重压他的种种负担和费用下，勉强维持下去。"我的孩子们还不了解柴米油盐的艰辛，但我已经让他们的母亲明白了我的难处，从 1 月 1 日以来，我每个月只给她八十法郎……"

每当维克多听到姑妈这样啰嗦他们不懂事，或者反复念叨父亲遭受的不公，维克多都和他的哥哥们一样，觉得自己受到了不公正的待遇。

最终，还是欧仁写信抱怨起来，讲述了马丁夫人如何令人作呕地为了钱的事，为了他们绘画课的学费，给他们脸色看。她把钱都留给了她自己，她还诽谤我们！——欧仁补充道，维克多在信上签上名字："当她对我们说起你为了我们省吃俭用，当她向我们描述你的处境，我们并没有对她发出嗤笑。"

但是，她没有汇报的是，维克多眼睛不舒服；维克多和欧仁一起，被哲学老师指定参加巴黎四所中学组织的竞赛。这难道不是他们态度认真而且成绩斐然的证据吗？

然而，莱奥波德似乎只对钱感兴趣，只关心要从预算里扣除给他们的学费。这不啻为一种侮辱，这成为一个执念。一切都要用钱，但是他们没有钱。马丁夫人并没有给他们曾经许诺过的费用。

欧仁必须要反复坚持：

"我们请您把那本来就属于我们的六法郎给我们。"

需要求助长兄阿贝尔了，请他介入进来：

"维克多和欧仁不可能不需要几个零用钱，哪怕只是为了支付弥撒的座椅，买几本他们需要的上等文学书籍。"

父亲做的全部回应，就是又一次减少了他们的寄宿费、学费和其他琐碎费用。他甚至说，他"现在十分怀疑"是否还有能力送他的儿子们上巴黎综合工科学校。自然而然，他责怪的人，还是索菲："我辛苦了三十年，历经了三十年的苦难和危险，才走到了今天这一步；现在到了收获的时节，却有一位恶毒的女人，置孩子的未来、自己的未来于不顾，把根根燃烧的火把扔进现有的收成中心。"

他就是这样谈论他们母亲的！

---

[1] 《悲惨世界》，（第一部《芳汀》，第三卷：1817 年）

维克多很愤慨，这些责难、父母之间卑劣的战争、为了金钱的你争我夺，这些都令他心力交瘁。

他对自己许下誓言：永远不要依靠别人，甚至是自己最亲近的人！所拥有的一切，都要凭借自己，凭借自己的"耕耘"获得。为了获得这种自由，他一头扎进自己的工作、自己的作品当中。

就在这一年，他十五岁这年，他生出一个信念，在未来，他唯一能够依赖的人，只有他自己。

因为每一封父亲的来信，都给他带来新的失望。姑妈自得其乐地重复信里和他们相关的内容：

"关于孩子们的行为，你连一丝一毫都不告诉我了，如果他们继续在他们那位做事残忍的母亲身旁生活得更久，我就可以认定他们算是彻底完了。"

维克多被这种不被理解压垮了。莱奥波德甚至没有去设想一下，索菲对她最小的儿子意味着什么。她是可以让维克多专门写诗给她，并朗读诗作的人。她聆听儿子，她认同儿子，她欣赏儿子。

维克多需要母亲的支持，既然得不到父亲的支持。

因此，他们不需要再考虑那个巴黎综合工科学校了。但是接下来做什么呢？欧仁给他们的父亲提议，就任由他们学习法律吧。"你为了我们两个人，花费超过两千法郎。给我们一千六百法郎，让我们离开这里吧（柯迪尔寄宿学校），还有不少和我们一样没什么收入来源的年轻人，你就任由我们像其他人那样生活吧。我们都能挣点生活费的……"莱奥波德没有回信。

就这样，维克多意识到自己必须快点儿行动，力争获得独立。要想独立，就需要作为诗人、作为作家被大众认可。自己必须把体内蕴藏的能量，头脑中奔涌的语言，转变为赖以谋生的手段。语言能够打开所有的门，包括荣耀之门、权力之门。要么成为夏多布里昂，要么什么都不是！

他听说法兰西学院在诗歌比赛中，所选的主题为"在一生中所有情境下，学习带来幸福"。他立刻埋头写了起来，一气呵成，创作出三百三十四行诗。

他被胜利者的豪情激励，把自己描述为一个摒弃"无聊虚名"的人……

现在既然最后一行诗已经写就，所要做的就是趁着寄宿学校学生们一次出游的机会，在菲利克斯·毕斯卡拉隐秘的帮助下，把诗歌寄给法兰西学院。

但是，这是他给这个世界投稿的第一篇作品，如同一份出生证明。在寄出去之前，他想写上一段题献，向拉里维耶尔先生——千叶巷花园的那位老师，表达自己的尊敬爱戴之情。

他和毕斯卡拉跑上法兰西学院的楼梯，遇到了一位接待员。他答应收下来稿，并编号为十五号。

从此开始了等待。

但是他不能只是一味地等待。他构思着一部五幕悲剧，故事发生在冰天雪地、一片鸿蒙的北欧虚幻世界。他想象着奥丁大神的神庙，神父们和战士们。一桩罪行被犯下。

他给作品起名为《阿戴利或斯堪的纳维亚人》。但是他并没有将该写作计划进行到底，只是局限于给不同场景勾画了提纲。他迫不及待地想进行其他创作，而且法兰西学院比赛的结果也让他焦虑不安。

无数念头在他头脑中奔涌，他开始写作一部喜剧歌剧。这是一部二十四个场景构成的轻喜剧，他给作品起了一个谜语一样的名字：A.Q.C.H.E.B。他梦想着这部剧被搬上舞台，而且获得成功，他梦想获得版税收益，听到观众们在歌剧题目的谜底被揭开的最后一幕时，爆发出阵阵喝彩。

他联系了一位作曲家，但是渐渐地，梦想过早崩塌了。面对菲利克斯·毕斯卡拉的问题，他不知道该如何回答：

"您最终有没有在国家歌剧院的男女演员们面前，读一读您的作品呢？"

事实上，他的这部喜剧歌剧一直没有经受过读者大众们审视的考验。但这无关紧要。维克多每当挥洒自如地遣词造句，创作两人之间的对白及歌曲，设计一些喜剧情境时，会有一种陶醉感。他哼唱着最后一段唱段，当其中一位角色转身面对后排观众时，唱道：

> 先生们，作者们能够期待
> 你们同样给予他们照拂吗？
> 如果机缘巧合，他们青春葱茏，
> 你们给予他们些许宽容，
> 他们会欢欣雀跃，
> 认为任何事，机缘都有好的一面 [1]……

他感到很快乐。他确信自己对词语、韵律和句子的掌握，每一天都变得越发游

---

[1] 《A.Q.C.H.E.B》，第24场。

刃有余。

他时常有种感觉，一首永不停歇的诗歌节奏使自己的思绪飞扬，将思绪铿锵有力地吟诵出来。这首诗有着繁杂的形式，但是始终在他内心涌动。他会成为一位技艺超群的匠人，这令他心醉。

突然有一天，阿贝尔来了。他穿过柯迪尔寄宿学校的一个院子，严厉地对维克多喊道："有必要在给法兰西学院投稿的诗作里，说明自己年仅十五岁吗？"那些院士们以为作者在同他们开玩笑。他们提到了这首诗，但是诗作没有获奖！

维克多记得这几句诗，在诗中，他承认自己十五岁。

阿贝尔把手放在维克多的肩膀上，带着威望，他祝贺了自己的弟弟。这是身为长兄的威望，同时也是身为作家的威望——他在年初发表了作品《戏剧性专论》，同时也进入了报社，十九岁的时候，阿贝尔已经组织一些文学聚会了。

他低声对维克多说，欧仁也给法兰西学院的诗歌比赛投了一篇诗作，但是一无所获。

维克多努力掩饰着心中的快意，胜利的感觉笼罩全身。

不经意当中，他战胜了他的对手，这位对手既是兄弟，又表现得很决绝。感到快意让他有种负罪感，他想要忘掉此刻的快意，去感谢那些院士们——雷努阿尔，此人是法兰西学院的常任秘书，和弗朗索瓦·德·纳夫夏多。就是他们两人提名了他。

德·纳夫夏多邀请他共进午餐，告诉他自己在十三岁那年，赢得了伏尔泰的欣赏。这位法兰西学院资格最老的院士给少年维克多分享了他关于雾月十八日政变[①]的回忆。维克多充满敬意地听着。随后，德·纳夫夏多委托他为自己搜索一些关于小说《吉尔·布拉斯·德·桑蒂亚纳传》的资料，因为他懂西班牙语。

维克多谦逊而又恭敬。

他宛如被包裹在梦中，感到自己已经跨越了一个决定性的阶段。

他发现了文学的世界，而且在这个世界里，业已巧妙地迈出自己最初的这几步。他反复地读着 8 月 26 日的《商业、政治和文学报》登载的那篇介绍他的文章：

"是哪一位严苛的评审官对于一个十五岁孩子的才情漠然置之？这个孩子天真地把自己的诗作寄给法兰西学院，所作的诗——也许自己并不知道——在所有人眼中是诗歌世界的宝贵财富。这个孩子描绘自己，在树林里游荡，手拿维吉尔的诗作，读着狄多的爱情，然后他带着自己年龄才有的天真，告诉你们：

　　　　在那里，我的心更加柔软，更懂得怜悯那些痛苦，

---

① 雾月十八日政变又称雾月政变，拿破仑·波拿巴于 1799 年发动的推翻法国督政府的政变。

也许有一天自己也会亲身感受！

"你们和这位维吉尔的门徒属于同一个家庭……看看吧，要用何种温情，来呵护培养这个纯洁而又温柔的天之骄子……！"

人们谈论的是他，法兰西学院院士们注意到的，盛赞的那个人是他！

受到如此青睐，哪怕只是一个提名，也坚定了他获得荣耀，成为名垂青史的一位诗人的信心。成为夏多布里昂，这不仅是一个愿望、一个梦想，还是一个呼之欲出的计划。

然后，突然之间，维克多遇到了现实中另一块绊脚石。

粗鲁的德科特掌掴了欧仁。尽管两兄弟在数学、哲学上被学校多次奖励，尽管获得法兰西学院的提名和那篇报纸文章的赞誉，然而他们的父亲还是没有表现出丝毫满意。此外，阿贝尔责备父亲："任何一位父亲都会为有如此的孩子们而自豪，而他们在你眼中却一无是处，随时可能辱没这个你凭借军功而光耀的门庭。"

阿贝尔又补充说："你对他们抱有这样的态度，就是因为那个女人，那个妖女，那个地狱的魔鬼，那个恶毒的生灵。"维克多对哥哥做出的结论非常赞成："有一天，你会更了解我们……我们复仇的时刻到了，我们的父亲会重新回到我们身边，那时也该轮到那个女人倒霉了……"

就这样，儿子们和父亲之间的裂痕越来越深了。莱奥波德把这件事告诉了他的姐姐："我不会再给阿贝尔写信了。他给我写了一封满篇浑话的信，促使我必须断绝和他的任何联系。对于其他两个，我永远只会写寥寥几行字，因为所有人都毅然站在了他们母亲那边，我为他们做出了巨大牺牲，为他们倾家荡产，而这一切只换来他们的忘恩负义。"

相互理解依旧缺乏，只有钱是永恒的。

因此，维克多寄情于写作带来的愉悦，用它来逃避失望、怨恨以及那种饱含侮辱的锱铢必较。他要表明自己是极端保王党人，似乎是为了更好地同拿破仑帝国的这位将军作对。

11月11日，维克多打开笔记本。他想写一首诗，颂扬昂古莱姆公爵的荣耀。此人是阿图瓦伯爵（路易十八的弟弟）的儿子，也是法兰西最后一位王储。作为海军上将，他巡视法国的港口。

维克多翻看他的笔记本、他的剧作梗概、他写的那部喜剧歌剧。他重读了一遍获得法兰西学院提名的诗作，那篇打败欧仁的诗作！

12 月 29 日，他带着一种漠不关心的态度，听任被打败的哥哥给他们的父亲写信：

"新的一年就要开始了，我亲爱的爸爸。我们希望这一年对于你，对于我们来说，都会过得更加幸福。你是知道的，我们所有的心愿，就是我们的父母幸福；我们会用行动，向你证明我们对你的柔情，这对于我们是一种温暖；我亲爱的爸爸，恳请你接受我们对你的祝福，请相信我们对你不变的深情。

"你恭谨孝顺的儿子们。"

欧仁写下落款，他把信递给维克多，维克多在信末尾签上：维克多·M·雨果。

然后维克多又拿起了他的笔记本。

这一年没有虚度。在他看来，自己总算破茧而出。

在这一年的最后一天，他决定把这部喜剧歌剧献给母亲，他梦想这部剧能带给他荣耀和金钱。

第四章

1818—1821 年

1818 年

维克多快步走向小奥古斯丁街 18 号，他的母亲在二楼等他，每天如此。

欧仁走在维克多的身旁，保持稍稍靠后一点的距离，他低着头，紧绷着脸。相反，维克多径直向前走去，充满自信，露出宽宽的前额。颜色有些发深的金色发绺围拢他圆润的脸庞，遮住他的双耳。他的眼睛很大，嘴巴偏小，双唇紧抿。

维克多看上去想用这副庄重、傲慢的神情，让自己显得老成一些，似乎他希望用严肃的举止去弥补自己的年轻。

他只有十六岁。当他身着马甲、黑色大衣，戴着领带，在镜子里打量自己的时候，他感受到一种奇怪的情感。他脑袋看上去很大，由此衬托出躯体小得不太正常，双臂和双腿修长。但他风度翩翩，举止像一个故作深沉、庄重、严肃的孩子。他瘦长的身形强化了这种反差。

他登上这座三层小楼，身后跟着欧仁，这幢宅邸过去是小奥古斯丁修道院的一部分。

索菲在房间里，拱形的天花板提醒人们，这间屋子曾经是修道院礼拜堂的一角。

在柯迪尔寄宿学校，没有人敢禁止维克多和欧仁，在路易大帝中学放学后，每天去看望他们的母亲，之后才回到圣玛格丽特街。再过几个月，他们就中学毕业了，如何能让这样的年轻人遵守给普通学生制定的纪律呢？

维克多估计到德科特和寄宿学校学监们对他们无能为力，他的目光无视他们的存在。他是诗人，他想得到荣耀，他对自己承认这一点，仿佛法兰西学院给予他的提名，令他获得短暂的声誉，得益于此，他对成名的渴望变得更加强烈。

维克多只需要看母亲一眼，就知道她在支持他，她深信他将成为一位伟大的诗人。她对他的这种信任增强了他的信心。

索菲为她的儿子们准备了一间工作室，里面摆放着一张小桌，当他们离开柯迪尔寄宿学校以后，就可以在里面写作了。

透过窗户，他看到了小奥古斯丁博物馆的院子，里面堆满雕像和石碑以及石柱的碎片。他陷入遐想，这些雕像石柱是在大革命时期，从圣德尼教堂那边运送过来的，如今旧王们荒冢的遗迹让他着迷。

路易十八发布决议，博物馆必须在圣德尼复原这些石像，但是迄今为止，它们还是堆在院子里。它们的存在带给维克多灵感。公寓——正如宅邸——也承载着历史。曾经的小奥古斯丁修道院的墙壁和母亲居住的卧室也被回忆的氛围所笼罩。如何能不对过去发生的一切进行思考呢？

在《路易十七之死》中，他从来没有感觉到自己是如此的一个极端保王派⋯⋯

他揭露这场砍掉帝王的脑袋，破坏他们陵寝的革命。他对那个年代深恶痛绝。

他看着坐在对面的哥哥，哥哥带着同样的狂热在奋笔疾书。这令他既生气又苦恼。

他自以为战胜了欧仁，但是后者并不放弃。他写了一首题为《昂琴公爵之死的挽歌》的诗，想拿着这首诗，参加在图卢兹举行的学院百花诗赛——法国最重要的诗歌比赛之一。维克多决定给赛会寄去《路易十七之死》和《对荣耀的渴望》。

无休止的竞争、欧仁的坏脾气、他作为兄长的威压、他母亲对哥哥表现出的爱和欣赏，仿佛欧仁注定有一天也会成名，这一切，都让维克多感到痛苦。

但是，他无法怨恨自己的哥哥。欧仁在看到莱奥波德将母亲当作"乞婆"对待时，他义愤填膺。维克多也很气愤。2月3日，法院对夫妻两人的离婚判决下来了，索菲获得了"对孩子们的监护权，而且还有三千法郎的抚养费，用来支付孩子们的教育和衣食住行的费用"。

莱奥波德愤怒了："我在马德里房产的一半都被分给了乞婆"，这座城堡和领地是莱奥波德为西班牙国王——约瑟夫·波拿巴效力时，国王封给他的。波旁王朝一复辟，就将这些财产查封充公，维克多梦想这笔财富，索菲对于判决很不满意。

"她发怒了，"莱奥波德说，"她咬牙切齿地恨法庭，恨我，恨所有人！"

维克多离开母亲的公寓，回到柯迪尔寄宿学校睡觉的时候，和欧仁一样，觉得好好的一出戏，就这么演砸了。

欧仁推了维克多一把，他的行为变得暴躁，眼神也突然涣散起来，猝不及防的暴怒之后，又是长时间的沉默。之后，他颓然地消沉下来。然而突然之间，欧仁的举止和语言都变得傲慢，仿佛想要证明自己作为兄长的威严，证明自己高他一等。

维克多听到他在笑，声如洪钟地告诉他，百花诗社评委会的常任秘书皮诺刚刚来通知他，他写的《昂琴公爵之死的挽歌》获奖了，在十六张选票中，以十五票当选。在八十七首入选作品中，他的诗是唯一被法兰西学院选中的！

维克多觉得自己失败了，而且被欺骗了。他的诗作遭到无视。因此他必须加倍努力，重新夺回第一的位置，彻底打败那个他以为已经被他甩在身后的哥哥。

他带着更大的热忱和更加坚定的决心，写了起来。一个个不眠之夜，他笔耕不辍。

他讴歌了《凡尔登的处女们》的事迹。这些年轻女子，因为在 1792 年给普鲁士人献花，帮助那些流亡贵族，而被判刑，她们拒绝用道德换取自由。

某位名叫乌里的先生，赞扬德卡兹部长领导下的内阁政策温和，1814 年宪章则将其定为保王派。维克多回敬乌里先生，因为维克多是一个极端保王派，仇视自由派。

每一次，他都想在和欧仁的争斗中占上风，在欧仁面前显出自己的优势。

但是，他不得不接受和欧仁一起参加他们的哥哥阿贝尔在每月的第一天举办的文学宴会，宴会在位于旧喜剧街的艾登餐厅举行。

欧仁郁郁寡欢地独坐一角，带着有些轻蔑的神情，同他们保持着距离。维克多站了起来，读着他的诗作，当他读到《再见吧，童年》时，掌声雷动。这首诗回忆了他年轻的朋友阿黛尔·富歇——在千叶巷的花园里，他已经为了她，同欧仁展开了竞争。

他赢得的祝贺使他的创作动力倍增。

他提议出席宴会的人合出一本书。他打赌在十五天内，写一篇文章。就在当天晚上，他开始创作第一首长篇散文诗。

他创作了两个人物，生活在法属圣多明各。历史原因使得两人相互靠近，又相互对立。其中一位叫德尔马，是一位坐拥几百个奴隶的殖民者的外甥，而另一位主人公——布格雅尔戈勒就在这些奴隶当中。德尔马救了布格一命，后者为了保护德尔马，献出了生命。

不管布格和他的同伴们有着什么样的肤色，他们都是受苦的人，他们英勇，为了履行自己的誓言，不惜牺牲生命。

他很动情，仿佛自己所写的故事是自己的亲身经历。他忘记了自己的政治信仰，不再是一个总是为了捍卫人与人之间的社会等级制度而操心的极端保王派，而是一位小说家，对于他来说，任何活着的人，都有一个灵魂，都有一部分属于人类的神圣。

但是，他必须放弃《布格－雅尔戈勒》的写作了，放弃史诗般的冲突、英勇而高贵的选择，重新回到现实——继续忍受欧仁怒气冲冲，他带着敌意的态度，在艾登餐厅，独自坐在餐桌一角。

维克多需要找人倾诉。

他给身在南特的毕斯卡拉写信，几天后，他收到学监的一封信，信里毕斯卡拉把过去说的那些委婉暗示的话大胆挑明了。毕斯卡拉谈到了欧仁"可怜的脑袋"，他的眩晕症，他"令人感到大事不妙的"一言不发。

"他的状况，"他继续说道，"对于他，对于他的家庭，特别是对于您来说，的确有些危险了，这让我忧心忡忡。观察一下他吧，尽量不要让他看到对他病情的描述，否则的话，他一定会气恼，重新陷入荒诞不经的念头里，这些念头出现得越来越频繁了。这就是我们能做的，我可怜的朋友，我们所能做的！的确，这个可怜的小鬼头神志从来没有完全清楚过，然而，我过去根本没有料到他会以这么迅猛的势头陷入疯狂。"

维克多把这封信读了好几遍，他大为震惊。他爱他的哥哥，但是他也想要战胜他，这样复杂的情感让他很矛盾。仿佛他内在的某个部分折磨着他，他想要战胜这种痛苦，但又想留住它。

欧仁在 7 月 20 日给他们的父亲写信，为了说服父亲允许他们学习法律。他赞同欧仁的想法。

欧仁看上去神志完全清楚，他有理有据，口才很好。学习法律，费用就不会那么高昂，他在信里说。三年学习足矣。掌握法律知识，能够让他们"进入军事行政部门和大部分政府机构。此外，哪怕我们两个人以后都担任法庭辩护律师，在一座巴黎这种规模的城市，我们也不太可能彼此伤害到对方"。

因此，欧仁很在意在他们之间是否会出现职场上的敌对和竞争。

然而，他写作！不过，所有姓雨果的人都写作……阿贝尔，现在是莱奥波德，后者想在一家历史报纸上发表《第永维尔的铜墙铁壁》，而且还在酝酿着写一部回忆录。

维克多问着自己，现在他们都已中学毕业，也在 8 月 10 日拿到了巴黎四所中学竞赛颁发的大奖。那么在学院的众多沙龙里，他和欧仁的关系发展，会有什么样的未来呢？

柯迪尔寄宿学校的时代就此结束了！

莱奥波德认为欧仁有理有据，这次是维克多决定给他写回信，仿佛在这方面，维克多也想将欧仁取而代之。

"我们将要开始学习法律了，"他写道，"请你相信，我亲爱的爸爸，在任何时候，我们都会通过我们的行动，我们的刻苦，拿出一份令你满意的成绩单。就在这一年，我们没有理由不带着自豪之情，结束我们的课程学习——当你获悉我们在班上、在其他中学举办的大赛上都受到嘉奖时，你肯定会感到开心的，对此我们深信不疑。

"亲爱的爸爸，我们希望你一觉得时机成熟，就安排我们离开寄宿学校。请接受我们对你的感激和爱戴之情。

"你恭谨孝顺的儿子们，维克多·M·雨果。"

欧仁签下了自己的名字。

维克多觉得自己总算自由了。

他不想对父亲说谎，但是他已做出自己的决定：他将和欧仁一道注册法律学院，但是他会继续写作，还是要伏案疾书，在位于小奥古斯丁街，他们将要居住在母亲的公寓里。

透过窗户，他看到人们已经开始搬运堆在博物馆院子里那些国王陵寝的石碑了，仿佛在君主制荣光的遗迹残存的地方，一个真空被创造出来。但是城市，当人们能够随心所欲地在里面穿梭，总能激发起我们如此多的情感！

女士们走了过去，我们用目光跟随着她们。

在新桥上，一大群人中间，一座全新的亨利四世雕像要被竖立起来。军乐声大作，雕像由四十匹马拉着，由看热闹的人们推着，缓缓向前。

维克多内心一阵狂热，迫不及待地想要生活在其中。然而，对已逝童年的追忆，将心中的热忱蒙上一层阴影。

1819 年

维克多坐在母亲的床边。她双眼紧闭，躺在床上。她睡着了吗？

他俯身凑了过去。自从二月初以来，他已经照看她好几夜了。索菲·雨果呼吸困难，而且咳嗽，是长久的干咳。

蜡烛的微光在拱起的天花板上，画出一道道浅亮的弓形。

他忧心如焚。虽然医生诊断出的只是胸部炎症，但是索菲的脸颊消瘦了。曾经的那个女人坚强而且充满活力，要求自己的儿子们每天写作，直到傍晚时分才能离开写字台，如今这个女人变成什么样了？那时，她身姿笔挺，和他们一起出门。他们走在她的前面，一直来到位于谢尔什－米蒂大街的图卢兹公馆——富歇一家就住在那里。

他们围坐在壁炉前，交谈着。皮埃尔·富歇吸着鼻烟，阿黛尔继续手中的活计，索菲也在富歇递给她的鼻烟壶里吸了几口。维克多一言不发，长久地凝视阿黛尔的脸庞，试图捕捉到她的目光。但是他垂下眼睑，猜到欧仁满面怒容地窥伺着他。

之后，他们回家了。有时，他们会遇到住在离这几百米远的梅济耶尔街10号的大哥。

夜里，维克多取过他的笔记本，重新开始写了起来。

好景不长，病魔向她袭来，她只有卧病在床。每当她咳嗽，她的双颊凹陷得更加厉害，维克多有种感觉，似乎是他自己落入病痛的魔爪。

他回忆起几个月前，在巴黎司法宫广场的感受。

当时正值中午，天气晴朗。有人搭建了一座断头台。一位女子被绑在柱子上，脖子上套着枷锁。她是一个小偷。人群在她周围拥挤推搡。一根烧得红彤彤的烙铁搁在装满炽炭的火盆里。

刽子手登上断头台，将年轻女人穿的紧身囚服的带子解开，露出她赤裸的脊背。"烙铁和刽子手的拳头消失在一股白烟中。"

维克多感觉自己的胸膛被女人发出的惨叫声撕开。

而母亲的一阵阵咳嗽仿佛使得这道伤痕更加痛楚。"对我而言，她是一个小偷，最后成为一位烈士。历经这件事，我抱定了一个念头——在我十六岁那年——我决心终其一生，同法律的酷刑滥刑斗争到底。"

但是，应该怎么做，才能阻止命运伤害自己所爱的生命呢？他目不转睛地看着母亲，一种感觉涌上心头：噩运注定能在任何时候，任何地方，打上自己的烙印。

我们踏上人生的旅途，向着既定的目标进发，同时也要知道，这条路随时可能戛然而止，因此不要任由时光灰飞烟灭。写作，是为了活着。

作品必须能够让他打开所有的门。维克多获悉，弗朗索瓦·德·纳夫夏多在一次由他本人主持的法兰西学院会议上，朗读了自己应他的要求所写的《西班牙人对吉尔·布拉斯的诉求的看法》一文，就像在读他自己的研究成果。弗朗索瓦·德·纳夫夏多连一个词也没有改动。这不正好说明自己才华横溢吗？

必须要扼住命运的咽喉，在噩运注定的打击落下之前，比它抢先一步。

在他母亲的卧室里，他把烛台凑近一些，以便照亮他刚刚放在膝头上的笔记本。

他必须在今天晚上，写一部作品，并把它寄给举办百花诗赛的学院。在里面，他还要添上已经写就的诗作，《凡尔登的处女们》以及《最后的凯尔特诗人》。他知道欧仁同样准备参加诗赛，带着作品《路易三世·德·波旁之死》。

必须要击败他。

他想起了在新桥上，人们重新竖立的亨利四世的雕像。这个主题应该能够引起百花诗赛评委们的兴趣，他们是诗人亚历山大·苏梅、诗人朱尔·雷塞吉耶或是诗人皮诺。

他狂热地写作，重温那一幕。

早上，他把写好的诗作放在母亲的床头，母亲做了个手势，请他朗读给自己听。

母亲祝贺了他。在她眼中，他读到了母亲对自己的欣赏。维克多把她拥进怀中。他想告诉她自己取得的一切都是因为有她，他想感谢她对自己的信任。因为她赞同孩子们不去法律学院上课，而一心扑在写作上。他知道，母亲认为他们两个人都将会有远大的前程。

他扶着母亲起身下床。他想要母亲活下去。在接下来的日子里，母亲总算是能够重新出门，来到谢尔什－米蒂大街，在富歇一家人的陪伴下打发夜晚的时光。维克多这下放心了。

他刚满十七岁。现在春暖花开，他们经常去沃吉拉街区外的伊西——在那里，富歇一家租了一幢坐落在塞纳河边的小房子。只要穿过一座座花园，就能爬上一些小丘，在树下散步。

他用目光跟随着阿黛尔，女孩儿长着棕色头发，面带羞涩，但是经常大着胆子回应他的目光。她只有十五岁半。维克多不敢同她讲话。他们很少有机会独处，她被自己的父母盯得很死，维克多则是被索菲和欧仁看着，后者脸上写满饱含怒意的嫉妒。

那是一天晚上，在从富歇家回来以后，他发现了一封来自图卢兹的信。他从信中得知百花诗赛的评委给他的作品《亨利四世雕像的重建》颁发了金百合大奖。而他的其他两首诗也分别获誉，一个茑花奖，一个鼓励奖！

不单单是欧仁的诗作没有获奖，而且亚历山大·苏梅——评委会成员，也是著名诗人，还对维克多大加赞赏。

"先生，我们自从读到了您的颂诗，"他在信中说道，"我听到在我周围，人们谈论的全都是您杰出的才华，以及您给我们的文学带来的锦绣希望……您年仅十七岁，这里的人们都为此赞赏不已，甚至难以置信。对于我们而言，您是一个谜，只有缪斯女神通晓里面的秘密……"

这一次，维克多觉得老天开眼了。欧仁被淘汰了。亚历山大·苏梅的来信，表明自己怀揣的文学野心是多么合情合理：夏多布里昂或什么都不是！他从来没有怀疑过自己的能力和才华。现在，他笃定一点，荣耀很快就会给他戴上王冠。

他必须敢于表达自己的感受，敢于展示自己是什么。

他觉得自己被赞赏和尊敬所包围，人们也在为他的年轻而惊讶。他听说，在角逐金百合大奖的时候，他击败了一位年长他十二岁的诗人——拉马丁[1]！

苏梅领他进入了雅克·德尚·德·圣阿芒的沙龙。此人有两个儿子——埃米尔和安托万，他们也是诗人。在位于圣弗洛朗坦大街的这幢房子里，维克多遇到了很多诗人。他们是天主教徒、保王党人。他们才华横溢，正如这位年轻的军官——阿尔弗雷·德·维尼。维克多观察着他们。在他们当中，他是最年轻的那个，但是他必须用自己的仪态，使人忘记自己的年龄，他的举止必须配得上自己的才华和野心。他换上了一副严肃凝重的表情，甚至略带几分清高。他置身于这个文学的世界，他想要成为翘楚。他必须洞悉里面的各种关窍和行为准则，以便游刃有余地周旋。野心不应让人目盲。

他听菲利克斯·毕斯卡拉经常对他说："奋不顾身地为正义的事业献身，捍卫保王党的荣耀，保王党人的确缺少缪斯来支持他们……"

此外，如何成为这些"自由党人"或温和保王党人中的一员，或者恰恰相反，成为留恋法国大革命时代的人，成为那些刽子手的后代？

他的母亲四处宣称自己支持旺代叛乱，在大革命时期受过罪，这个波拿巴退也让她深受其害，就是他下令处死他的教父——范诺·德·拉奥里。因此维克多在他政治信仰的确立中，变得更加坚定了。他是"狂热而又严苛的保王党人"[2]。当格勒诺布尔的选民选择曾经的国民公会议员格雷古瓦神父担任议员时，他义愤填膺。他从来都不曾像现在这样，觉得自己"高贵、慷慨、自豪、虔诚，将尊严发展到强硬的程度，将纯洁升华到原生的状态[3]"，也就是说——极端保王派，哪怕他本人排斥这个字眼。

但是那些根据形势的变化，随时改变立场的"骑墙派"，却让维克多深恶痛绝。他们鼓吹三色旗，今天又称颂印有百合花图案的白色王旗，如果需要，他们同时也

---

[1] 拉马丁（Lamartine，1790—1869），法国十九世纪第一位浪漫派抒情诗人，作家，政治家。他是浪漫主义文学的先驱和巨擘。他的抒情诗感情真挚，音韵优美。

[2] 少年雨果是小说《悲惨世界》中的人物马吕斯的投射。

[3] 少年雨果是小说《悲惨世界》中的人物马吕斯的投射。

准备着再次改变立场。

维克多拿起笔，抨击这股"骑墙派"。

他鄙视这种行径。他昂首挺胸，是一位保王党人。九月的选举结果揭晓，格雷古瓦和自由党人获得胜利，但这一结果无关紧要。

这些都使维克多激扬奋发，在他生命中的第十七个年头。他觉得自己命运的成败在此一举。就是现在，他要打出所有的牌迎接自己的时代。

他现在是百花诗社的成员。图卢兹学院让他在九百法郎的奖金和一枚金百合造型的勋章之间选择。当然是选择勋章了，他可以醒目地把它别在黑色的马甲上，去图卢兹公馆的富歇家做客！

他坐在树下，阿黛尔陪在他身旁。他望着她，给她低声吟诵几句诗歌，在这位年轻女孩面前，他突然之间变得不好意思起来，比和其他诗人见面还要羞涩。仿佛是为了道歉，他说："写字台让诗人迷路。"

阿黛尔没有垂下眼睑。

他补充道，他希望彼此能够向对方吐露自己最大的秘密。他们几乎是异口同声地说出他爱她，而她也爱着他。

维克多魂不守舍，但是心意坚定。他勾画了自己的未来，因为他只能和阿黛尔结婚，而且是越快越好。为此，他必须功成名就，靠写作养家糊口。毕竟他和那些年轻人不同，他没有定期进项！

事情实现起来很难。首先必须要保密，因为阿黛尔的父母，永远不可能接受把自己的女儿，交给一位不名一文的诗人。也许维克多的母亲也不会答应，自己前程那么辉煌的儿子，却在十七岁的时候，迎娶一位出身平凡的女孩，而他则是雨果伯爵将军的儿子，他的才华已经赢得诸多学院一片溢美之词。

但是 4 月 26 日，在他向阿黛尔表白，听到阿黛尔承认对他的爱情后，他觉得心头涌上一股"雄狮的勇气"。

他写了几首政治诗歌——《伏尔泰和马尔泽尔布之间的对话》《关于互教互学的谈话》《给布律蒂斯的信札》。他开始创作一部音乐剧《卡斯特罗的伊内斯》，这是一部三幕剧，包含两段幕间插曲。

每一天里没有一分钟，维克多不是在奔向自己的目标——成为一位诗作在学城被广为传颂的诗人。

他和欧仁定期去法律学院注册，但这只是为了得到父亲继续寄来的求学所需的生活费。

事实上，他们白天的时光都用来写作，到了晚上，他们和富歇一家在一起聚几个小时。维克多要么在图卢兹公馆的客厅里，要么在伊西的花园里，只是满足于望着阿黛尔，有时在她的手中偷偷放上一张便签，有时是几行诗，有时是一封信。

然后，又一个写作的夜开始了。

他阅读了夏多布里昂写的《殉道者》以及一篇题为《旺代》的文章，该文章被刊登在了此人创办的报纸《保守派》上。

维克多认为自己理应支持九三年的旺代叛党！他母亲难道不是这样吗？他想象着索菲是一位战士，英勇无畏地起来反抗斗争，她是"白军"在对抗"蓝军"，对抗这个一生都在持续摧残她的莱奥波德。

他开始创作《旺代的命运》，将这部作品献给"夏多布里昂子爵先生"。

几天以后，他手里拿着一本小册子，上面印着他的名字以及诗作的题目。这是他的作品第一次被印刷！阿贝尔的一位朋友——吉勒负责排版和印刷。对于维克多而言，这仿佛是一次重生……

因为这本小册子卖了出去！人们对它进行评论。自由派带着轻蔑批判它。而维克多，首先气得发抖，在《名望报》里邦雅曼·贡斯当[1]撰文抨击德索勒和德卡兹执掌的内阁，谴责内阁面对极端保王派的退让——维克多在贡斯当的文章里，读到下面的话："只要雨果先生继续以这样的论调发声，他就不会使任何人出名，甚至是他自己。雨果先生吹响的号角不是末日审判的号声：我们认为他的号声只能让活人睡着，但是无法唤醒死人。"

本质上说，这其实是欢欣鼓舞的时刻：他总算置身于文学论战和政治论战的旋涡中了！

但是，他想表现得更激烈一些。几个星期之后，他出版了第二本小册子《电报》，这是一首讽刺性长诗，在圣叙尔比斯教堂的塔楼顶上安放着沙普电报天线，这些年来，他在柯迪尔寄宿学校的阁楼上一直能望见它，在诗里，他以电报天线为借口，影射当下，揭露自由派：

> 当格雷古瓦来参议院填充一张空着的长凳，
> 我恨他是自由派，我怜悯他是弑君者，
> 如果他为自己的罪行痛哭而不是扬扬自得，

---

[1]　邦雅曼·贡斯当（Benjamin Constant，1767—1830），法国文学家和政治思想家，近代自由主义的奠基者。

如果他诅咒自己，是的，我会去爱他。

就这样，自豪于我的年轻以及灼热的怒火，

我向一个被玷污的世纪丢着石块，

成为还没有任务的批判者①……

把鹅毛笔投入天下大事的墨水瓶中，他觉得自己是活着的。

他有一个信念，只有当作品发表了，他才算存在。他用尽全部力量来依靠阿贝尔，依靠毕斯卡拉，依靠他们当中的一位朋友——让－约瑟夫·阿德，为了众人能够一起创办一本季刊——《保守派文学》，向夏多布里昂的报纸《保守派》致敬。季刊以分册销售，每一册都超过四百页，每本售价一点五个法郎。12月11日，季刊第一期面世，维克多在里面发表了《政治招募者》一诗，讲的是信徒和招募者之间的对话②：

信徒

……您想要和平，哦，菲茨－詹姆斯，哦，维尔③，

夏多布里昂，我想模仿您的热忱；

慷慨的公民们，在你们身上，我想要汲取希望，

但愿有一天，看到法国人更加幸福……

招募者

这个男子是一位极端派……

信徒

我是一个男人。

招募者（对着其他人说）

这些保王党人都会成为优秀的使徒。

你曾说自己不属于任何党派：很好！

你没有搞错，你的同类是什么呢？什么也不是。

这不再是一个党派。

---

① 《学院诗歌》，"电报"。

② 《学院诗歌》，"政治招募者"。

③ 极端派演说家：菲茨－詹姆斯，法兰西贵族院议员；维尔，查理十世未来的政府首脑。

不，这是整个法国。

他相信这点吗？他还不满十八岁。

"他的生命进入了这样一个季节，爱思考的头脑由深沉和天真构成，而两者的比例几乎相等。一旦情势严峻，他拥有会令他愚蠢的所有潜质；然而只需拧一圈钥匙，他又能成为英才。他的举止神态有些矜持、冷淡、彬彬有礼但是并不开朗[①]……"

他渴望飞得更高更远，他野心勃勃，他坠入爱河。在这两种将他吞噬的力量和情感之间，有一股张力，从里面猛然释放出死亡和宿命的想法，这种想法时刻威胁着他，令他焦虑不安。

在这一年走向尾声的十二月，他戴上王冠，被人追捧，并且发表了作品。维克多为阿黛尔写了他创作的第一首情诗。

他发现了蕴藏在内心的不安。

1820 年

维克多翻看着前五期《保守派文学》的分册。他的目光不厌其烦地扫过那些专栏文章、文学评论、颂诗、讽刺诗，而其中有他用不同笔名所写的诗篇，很快就有十一篇之多！那些诗作在每一期杂志中，都占据了很大一部分篇幅。等到 4 月 15 日，第十期杂志出版后，他们将把所有季刊汇集成第一册。

从第一期小册子出版以来的短短几个月的时间里，他就此跻身文学家的行列，跻身在这个大家都在相互窥视，相互嫉妒，相互厌恶，哪怕还要相互祝贺的社会里，这让他感受到一种醺醺然的陶醉。

现在，他能够在"他自己的"杂志里，定期发表他想发表的一切，能够通过撰写文学评论，使自己同最伟大的诗人如安德烈·舍尼埃或席勒比肩，或者观看所有的话剧首演，以便撰写剧评，所有这些，都令他陶醉。然而，在别人面前，他努力掩饰这种感觉。

---

① 节选自《悲惨世界》，少年雨果是小说《悲惨世界》中的人物马吕斯的投射。

人们尊重他，听取他的意见。

"在我去过的沙龙里，人们以为我是天底下最冷漠的人，但是没有人知道，我其实是最狂热的那一个。"他吐露着自己的心声。

他想要被众人认可，他想要爱阿黛尔，也想被阿黛尔所爱。

他渴望获取一定的政治影响力，也许在政府的某个部门扮演一个角色。他宣扬自己的政治主张：他拥护君主政体，也可以被看作是极端保王派。他对自己的野心不加掩饰。

他久久地望着亚历山大·苏梅，此人很注意措辞，几乎是胆怯地问他决定投身于哪个方面，是否有意愿将整个职业生涯都献给文学创作。维克多回答道：

"我期待有一天成为法兰西贵族院议员……"

苏梅喃喃地说了一句丝毫不让他感到意外的话：

"您会成为贵族院议员的，一定会的。"

为此，需要执着，需要坚持不懈地努力，也许还需要天赋。

"天赋，"他说，"天赋就是美德，只有天赋才能够刺激坚忍不拔、持之以恒的意志。我们就是凭借这样的意志，终其一生去渴求一样东西，就像凯撒大帝那样，要么拥有一切，要么一无所有。"他确信无疑，"诗歌就是美德的表达"。可惜的是，"在这个世纪……人们发现了两种意识，心灵的意识和胃的意识，这个世纪不再纯洁"。

就是因为这个缘故，他才成为极端保王派，以示完全不同于那些"肚子"——奔向"饲料槽"的自由派们、骑墙派们以及懦夫们。

就这样，他觉得自己忠实于他的童年，忠实于那些来到千叶巷，拜访拉奥里的勇敢者，也忠实于那些坐在母亲小客厅的来访者。

在那些人当中，有一位名叫科里奥利斯·德·埃斯皮努斯的侯爵。此人读了维克多为旺代和路易十七之死所写的诗作，非常满意。

时光荏苒，维克多成为一个重要的人。

为了《保守派文学》，他参加了法兰西学院举办的，面向公众开放的研讨会。他坐在嘉宾的行列里："一群美丽的优雅女士，大门刚一打开，就占据了所有软垫长椅。"他写道，"我们拿着普通的，还有非普通的入场券，能够恰如其分地端坐其中，这难道不是来之不易吗①？"

他成了"大人物"。

他一首题为《尼罗河上的摩西》的诗作，荣获了由图卢兹百花诗社颁发的觅花奖。

_____

① 《保守派文学》。

不久之后，他收到了评委会的常任秘书皮诺的来信，信中说，他作为百花诗社的成员，"所有涉及参赛作品的评审、奖项的判定以及颁发的讨论会，不管是面向公众开放的，还是内部举行的，您都有权利参加，这符合我们的章程"。他朝着荣耀，大踏步地前进——几个月的时间，他难道没有从比赛的参加者，一跃成为比赛的评委会成员吗？

皮诺还为《保守派文学》的成功祝贺了他："这是一本出色的杂志……思想、理性、知识、品位以及最崇高的坚韧风骨，百花齐放，竞相盛开，传播文学上、道德上、政治上最优秀的学说。"

维克多想要捍卫的，正是这些学说。

2月13日，当他听说贝里公爵——阿图瓦伯爵的第二个儿子，肩负着极端保王派的希望，同时也是王位的最后一位继承人——被刺杀了，他立刻拿起笔，揭露杀人犯鲁维尔，此人是一个波拿巴分子，想要彻底断绝波旁家族的后代。

他饱含激情地奋笔疾书。他预感到这桩悲剧性事件能够成为一个让其他人听到自己声音的契机。

他希望自己写的这首颂诗，在收录于《保守派文学》杂志之前，先刊印成册发行。

他焦躁不安地等待着反响。在他看来，他已经把自己的名字和这桩历史性事件联系起来，这势必会对他的一生产生极大的震动。

委员会主席德卡兹因为过度推行自由主义路线，已经被路易十八贬黜。

"他的脚已经踏进一摊血泊里。"夏多布里昂如是评价。

黎塞留公爵取而代之，成为政府首脑。

恰好此时，弗朗索瓦·德·纳夫夏多告诉维克多，他找人给公爵朗读了《贝里公爵之死》，公爵又把诗作呈给国王，国王感动得哭了，因为在读到"白发苍苍的君王"时，他认出了自己。路易十八决定给"图卢兹的雨果先生"——以此称谓向百花诗社致敬——一笔五百法郎的奖金，以表彰他那首勇敢无畏、合乎道义的诗作。

维克多心花怒放！母亲亲吻了他，建议他去夏多布里昂的府邸拜访一下。那位作家也许也欣赏这首颂诗，而且说想结识这位维克多·雨果，这个"天赋异禀的孩子"。

他听到弗朗索瓦·德·纳夫夏多以及老院士身边的人都证实说，夏多布里昂答应在他位于圣多米尼克街8号的家里，接见维克多。

必须要去一下了。这难道不是一个接近自己梦想中的诗人的大好机会吗？所以去看看这是一个什么样的人吧！

他走了进去。

夏多布里昂站在窗前，"穿着长裤和拖鞋，花白头发裹着马德拉斯彩色头巾，眼睛盯着一面镜子，面前敞着装有全套牙科器材的医疗箱，他剔着自己漂亮的牙齿[①]"……

他在一旁等着。夏多布里昂打量着他，然后抬起手来，对他说道：

"雨果先生，我很高兴见到您。我读了您的诗句，您关于旺代以及贝里公爵之死创作的诗句。在这两首，特别是第二首诗里，有一些东西是我们这个时代任何诗人都写不出来的。"

夏多布里昂停住话头，维克多感到嗓子发紧。他又继续说道：

"很不幸，我的高龄和我的履历赋予我直言不讳的权利，我得坦率地告诉您，里面有一些段落令我不那么喜欢，但是，颂诗里面优美的地方，那可真的是很美。"

他君临天下的口吻，让维克多"与其说欣喜，不如说觉得自己矮了半截"。他期期艾艾地说了几句，急切想要离开。

夏多布里昂邀请他再来拜访他。他将在每天上午七点到九点接见他。

维克多离开圣多米尼克街，非常感动。他试图在记忆中保留会面的每一处细节。他深信自己刚刚见到了一位天才。对他而言，此人不仅能够成为他的楷模，而且还是他的导师。他会成为帮助自己的贵人。总有一天，他还会进入权力的核心。国王不可能长久地忽视这位忠实于自己的人。

维克多给母亲描述了见面的经过，她听得很认真。她不断坚持，为了使他再去作家家里。

她遇到了一位名叫德·阿吉耶尔的律师，是她在范诺·德·拉奥里的圈子里认识的。德·阿吉耶尔曾经在 1804 年掩护了卡杜达尔和莫罗，而且非常欣赏《保守派文学》。

就是他，在弗朗索瓦·德·纳夫夏多的陪同下，和夏多布里昂说起了维克多。而后者就是同他反复提及维克多在他眼里，是个"天赋异禀的孩子"。索菲不断强调，一定要再见到他。他手里掌握着维克多命运的一部分。

维克多坐在书案前。他想着写作这条路会把自己带向何方。他用几个月的时间，赢得了名望和影响力，这使他几乎置身于这个文学和政治圈子的中心，而他一直以来，都想挤进这个圈子当中。他得到了国王和夏多布里昂的赞许。他出入剧院、文学沙龙，观看剧目的首演，参加法兰西研究院的研讨会。

他想起了哥哥欧仁，现在他将他彻底击败了。欧仁每天都越来越把自己封闭在沉默和病态的狂躁里，甚至有必要宣布他脱离了《保守派文学》。仿佛是截肢手术，

---

① 《悲惨世界》，（第一部《芳汀》，第三卷：1817 年）

痛苦但是必要。

维克多相信一点：生活是一场战争，诗人就是士兵。他必须有一套战略，做到有的放矢，扩大自己的地盘，选择敌人和盟友。

他摊开一张纸，写道："献给夏多布里昂子爵先生。"他就是一位盟友。他想了想，然后把这首诗命名为"天赋"。

他把这首诗刊登在《保守派文学》杂志上。他估算着这本出版物产生的效应，能够带他挤进文学家的世界，扮演权威的角色，欢呼新书的产生，给作者们提各种建议，平等地对待他们，而且还拥有评论家身份带来的强势地位。

维克多从自己高高的讲台上，欢呼道：

"保持清醒吧，年轻的人们！积蓄力量，你们会在战斗打响的那一天需要它！"

他觉得人们正不知不觉地转向他，仿佛他虽然年仅十九岁，但已然成为一位大师。

夏多布里昂接见他很多次，像朋友一样毫不拘束地对待他，一边一丝不挂地在他面前淋浴，让仆人给他搓澡，一边同雨果谈起这届重新建立起审查制度的政府：

——这些人都是混蛋和蠢材！思想比他们要强大得多，他们残害思想，那是搬起石头砸自己的脚。他们最终害的只有他们自己！凭借这种把戏，他们会让君主制走向失败。

维克多听着他的话，入了迷。夏多布里昂甚至私下里告诉他，自己打算接受一个外交职位，也许是在柏林。维克多听出了弦外之音，他在提议维克多陪他一起去，担任外交随员。

就此离开巴黎吗？然而就在他刚刚赢得了现在的地位。从感情上，他也无法远离阿黛尔生活。在唯恐被撞见的忐忑不安中，他们彼此给对方写信。这些信对于他来说，是从不间断的写作活动的延续。

此外，他把写作活动和书信往来混在了一起。在《保守派文学》上，他发表了一首哀歌，题为《年轻的被放逐者》。在诗里，他刻画了一位彼特拉克[①]的学生——雷蒙，对他的心上人艾玛倾吐心声，正如维克多想要同阿黛尔倾诉那样，向她要求为了那首《第一声叹息》，许诺给他的十二个亲吻……

他想，与在她父母的客厅里，他坐在她身旁，偷偷往她手里塞的信笺相比，这首诗会不会给她那么强烈的内疚感？

她也写了起来。

"妈妈对我表达了她的不满之情，她不希望你是我独一无二的所爱……但是我爱

---

① 彼特拉克（Petrarca，1304—1374），意大利学者，诗人，被视为人文主义之父。

你，我也只爱你一人。"

他感觉到，每当她想到在欺骗母亲，就会非常痛苦。在她的那些信中，她落款"别了，你忠实的妻子，阿黛尔·富歇"。

因为他们已经私订终身。

他回答道："我认为，从今以后，我们要在众人面前，表现出最大程度的谨慎……但是你不知道，我的阿黛尔，我有多爱你。另一个人哪怕只是走近你，我都因为羡慕和着急而控制不住自己的颤抖，我的肌肉紧绷，我的胸膛鼓了起来，我必须凭借自己所有的力量和慎重，才能抑制自己的冲动。"

身体的这种痛苦，叫作醋意。当他看到阿黛尔年轻的叔叔亚瑟林先生走向她：

"我请你不要迁就亚瑟林先生对你的不拘小节，在这方面，你的丈夫有自己的道理。"

他想成为她的丈夫。他写作，也是为了有一天，能够养活这个他梦寐以求的小家。

"我果敢地投入这些繁重工作当中，这也许能使我变得独立。如果不是因为想到你，想到我们的婚姻，你认为我会生龙活虎地，把头脑持续的疲劳，同灵魂的折磨结合在一起吗？……这么做，我只是为了你一个人的幸福……"

他痴狂地读着她的回信：

"事实上，对我而言，不能看到你在我身旁，是一种真正的痛苦。"她写道。

然而他必须假装冷漠，试图欺骗阿黛尔的父母和索菲。但就在此时，维克多的醋意爆发了！

阿黛尔喜欢舞会。

"实话实说，我极度吃醋，"他吼道，"昨天，我对未来彻底失去了信心，我不再相信你的爱了。昨天，如果死神前来，我会非常欢迎。"当他收到她的回信，他心花怒放。"你啊，维克多，我为你而活，我无时无刻不在想你，为了你，我甘愿牺牲一切。"阿黛尔写道。

阿黛尔因为欺骗父母，越来越感到内疚了。这种态度也在折磨着维克多。

"每当我想到我有多爱你，也许他们会把我们分开，我就在欺骗妈妈！一切都让我害怕，我的朋友，我一直都在爱你，我会带着这种安慰死去。"

他想使她对自己多一些自信：

"现在你是雨果将军的女儿①！不要做任何配不上你身份的事情，如果别人对你缺乏关照，也不要因此痛苦。妈妈非常在意这些事情。我认为我伟大的母亲是正确的。你会以为我是个骄傲的人，你同样会认为我为自己所谓的成功感到自豪，但是，阿

---

① 此处雨果为了表示对阿黛尔的亲昵，故这么称呼。

黛尔，上帝为证，我永远只为一件事情感到骄傲，那就是被你所爱。"

他感受到分裂的痛苦，继续写道：

"现在，我所有的期望，所有的欲望，都集中在你一个人身上。"

他向她表白刚好过去了一年。从那以后，在爱情的折磨中，在担心私情被发现、被禁止的恐慌中，他完成了如此多的事情……"不管怎样，请接受我不可更改的诺言：我除了你，不会再有其他任何女人；一旦决定权在我，我就立刻娶你为妻。烧掉我给你写的所有信吧，只保留这一封。人们可以把我们分开，但我是你的，永远都是你的，我是你的财产、你的房屋、你的奴隶……是的，我的阿黛尔，是的，也许很快我就不能来看你了。给我一些鼓励吧……"

他没有想错。他预感着人们会发现他的那些信，而阿黛尔，觉得自己有罪，会向他们投降。

4月26日，在他们倾诉衷肠后，刚刚过去了一年，维克多看到富歇夫妇两人，来到小奥古斯丁18号，神情庄重，神色严峻。

他观察着阿黛尔父母的举动。他猜到他们受了侮辱。皮埃尔·富歇和他的妻子不希望看到这桩婚事，因为维克多在社会上，没有任何稳定的职位。但是他们也许会接受他。可是一个倨傲的拒绝，深深刺伤了他们的自尊。现在不单是两个年轻人面临分手，连两个家庭也走到了决裂的边缘。

"阿黛尔，你是不知道的，我只对你承认这件事。你不知道，在他们决定我不能再见到你的那天，我哭了，真真切切地哭了，十年来，我从没有这样哭过，也许以后也不会了。一场艰难的谈话折磨着我，我面沉似水，听到了他们要把我们分开的决定。随后，当你的父母走了以后，我母亲看到我脸色苍白，一言不发。她拿出从来也没有过的温柔，试图安慰我。但是我跑开了，当我一个人的时候，我悲戚戚地哭了很长时间。"

然而，母亲的决定必须去遵守。他要更加专注地投入工作当中，用不同的笔名，为季刊《保守派文学》的分册撰写绝大部分文章。他在这些文章引起的反响中，既找到了些许精神补偿，又看到了某一天以写作为生的希望，因为他没有额外的固定收入。他很高兴地在夏多布里昂办的报纸《保守派》上，读到他对《保守派文学》的称赞，认为这份杂志的创办是"心怀感恩之情的儿子们对一位杰出母亲的付出所做的报答，她的付出既温暖又神圣，是她带给孩子们第二次生命……年轻人拥有一位洞悉教育之宝贵的母亲，是多么幸福啊！母亲看到自己付出的心血最终戴上皇冠，是多么幸福啊"！

母亲为她的孩子感到自豪，这令维克多欣喜不已。不过有的时候，他担忧地感到母亲心力交瘁——尽管她努力试图去掩饰，似乎去年年初患上的病，还在继续啃噬着她。

然而，她依旧是一个充满活力的女人。维克多同她讲述，法律学院的院长收到了一封莱奥波德的信，父亲很为他们的学业担心，自己和欧仁如何被校长招去训话。她听到此事，发起了脾气。莱奥波德在《保守派》报纸上，看到了那篇赞颂母亲的文章，他大为光火，在给校长的信中说道："我只是在报纸上获悉他们创办了杂志，而且办杂志的一个动机是为了母亲，这样的动机赢得了赞誉，是最感人的，也是最虚假的……我不知道办杂志是否让我的儿子们完全丢弃了他们的学业。"

维克多担心起来。的确，他把所有的时间都用来写作了，他们之所以注册学院，只是为了避免父亲取消寄给他们的生活费。

他亲自给父亲写了回信。

"你的这个行为让我们非常痛心……"他开门见山地写道，"我们的文学创作不会令你不快的，而且也没有耽误我们在学校上课。如果我们持之以恒地埋头写作，说不定有一天，就有能力支付考试的费用了。这笔开支，我们是不可能从你给我们那点儿微薄的生活费里挤出来的……"

即便他们成为律师，他继续写道，他们还需要做几年的实习，要知道实习是不给报酬的。

"我们的职责，就是从现在到将来，尽量给自己挣得一个勉强糊口的生计。"更不用说他们还要服兵役，既然他们"没有钱给自己找替身"。若是能获得法兰西研究院的奖项，他们的兵役就可以免除。

莱奥波德还能怎么回答呢？

维克多补充道："我们现在的日子过得捉襟见肘，亲爱的爸爸，我们再一次向你发出迫切的请求，恳请以最快的速度，补寄那延迟的六十五法郎，以及这个月的生活费。如果从四月起，你或许考虑一下在给我们寄的生活费还有给妈妈寄的生活费里面再增加一点的话，你就能使我们摆脱眼下特别拮据的困境。

"怀揣对你不可动摇的情感，我们始终都和你的心在一起，我亲爱的爸爸。

"你恭谨孝顺的儿子们。"

但是他不抱任何幻想，父亲是不会给他回信的。他和卡特琳娜·托马住在布卢瓦。每当维克多想起父母的决裂，内心都很痛苦。他对父亲的看法既清醒又颇有微词，即使他尊敬父亲。

幸好，他们母亲的兄长马丽-约瑟夫·特雷比谢给他们写信，表达了对《保守派文学》的兴趣，并且告诉他们，自己的儿子，也就是他们的表兄——阿道夫要来巴黎。这就好像重新找到一个家庭，以此来弥补父亲的远离、父亲家族的远离带来的缺憾。从此儿子们彻底倒向母亲那边，赞成她的政治观点，如同维克多·范诺·德·拉奥里战胜了莱奥波德·雨果。

阿道夫住在了他们家，维克多接纳了他。他带着阿道夫参观这套他们在夏天刚刚搬进来的新公寓。公寓位于梅济耶尔街10号公馆的第一层，距离小奥古斯丁街和阿贝尔的住所，只有几步之遥。

他们一直住在圣叙尔比斯的同一片街区。

每当维克多穿过广场，沿街行走，他都在用目光寻找阿黛尔的身影，喉咙被激动的情绪勒紧。他知道阿黛尔也经常走在这片街区。她或是去教堂，或是去蟠龙街的朱莉·杜维达尔家。该女子是一位年轻的美术老师，阿黛尔跟着她学画。

10月11日，他就在这条街上看到了她。他跟着她，同她说了几句悄悄话。她心神不宁，不想忤逆父母。几天后，他走进圣叙尔比斯教堂。她跪在母亲身旁。

他对她的爱情，因为阿黛尔不在身边，横亘在他们之间的阻碍以及将自己欲望的高尚化——他始终抵抗着对异性身体越发强烈的需要，因为他决心保持着童贞之身和阿黛尔迈入婚姻的殿堂——所有这些，使得他对她的爱情变得更加猛烈狂热了。

于是他整晚整晚地写作，用不同的笔名，试图利用《保守派文学》和富歇家恢复关系。他就皮埃尔·富歇的《征兵手册》，写了一篇书评。富歇对"雨果先生不吝夸奖的文章"表示感谢，他会第二次订阅《保守派文学》。

写作、发表文章，这是他达到自己目标的手段，除此之外，他想不出其他办法。对于公事如此，对于感情的事情也是如此。

9月29日，贝里公爵的遗孀生下了遗腹子波尔多公爵亨利，维克多歌颂了孩子的降生。

他决定把这首颂诗寄给阿黛尔的父亲，后者再一次感谢了他，甚至提到他很乐意"和维克多就一些作品谈谈看法，必将给他的文学评论带来丰富的素材"。

纽带并没有被彻底剪断。

维克多走在圣叙尔比斯的街区，他环伺四周，心情激动。12月26日星期二，他在塞纳街看到了阿黛尔，她是一个人。他走到她面前，同她搭讪。她也同他聊了起来。他又见了她好几次。他需要她，需要一个女人的爱。

"我们的社会，"他在给舅舅特雷比谢的信中写道，"几乎只由两种人构成——人和文人，年轻的和年老的。"

他没有提及圣弗洛朗坦大街的那个沙龙，在那里，他有时会遇到两位尝试写诗的女士——索菲·盖伊和她的女儿戴芬妮。她们都很有魅力，特别是女儿。阿尔弗雷·德·维尼对她开展了猛烈的追求……

但是维克多心意已决，他不会参加这样的游戏。他想要让阿黛尔既明白他对她的感受，也知晓他为她所做的牺牲。

"亲爱的阿黛尔，我的一切都是你给予的。是我想要配得上你的意愿，令我对自己的缺点毫不姑息。"他这样写道，"我的一切都是你给予的，我喜欢重复这句话。在我这个年龄，血气方刚的男孩都会做出一些出格的事情，但我始终避免自己同他们一样，这并非我没有机会，而是对你的回忆一直在保护我。幸亏有你，我一直完好无损地保存着我今天唯一能够送给你的东西——一个纯洁的躯体和一颗纯洁的心灵。

"或许我本应略去这些细枝末节，但你是我的妻子，这些细节证明了我对你没有丝毫的隐瞒，以及你对你的丈夫从过去、现在到将来的影响力，会发展到哪一步。"

岁末，当他回想起这一年的经历以及取得的成果，他确信无疑，这一生中，没有哪一年会像这一年，对他的人生起到如此决定性的作用。

他在给舅舅的信里说："刚刚过去的这一年，对我们来说都很宝贵，因为在这一年里，您的家庭和我们的家庭又重新建立起充满温情的联系，而且我们还多了一个兄弟——阿道夫·特雷比谢。"

但是一个不祥的预感和隐忧牢牢抓住了维克多。

他望着他的母亲，她的背有点弯曲。她咳嗽，有时还发抖。"我亲爱的舅舅，几天来，母亲都受到神经性刺激的困扰，无法借这个欢乐的机会给您写信，她为此非常懊恼……"

维克多畏惧即将来临的这一年。

1821 年

一月月初的一天，维克多拆开刚刚收到的信。他不认识写信人的笔体。他展开信读了起来。

"向维克多·雨果先生致以新年的祝福——百花诗社学院成员，《保守派文学》季刊的编辑之一。"

他浏览了一遍信中那十五行没有署名，又充满攻击性的诗句。

年纪轻轻就坐在学院的王座之上，

维克多·雨果既爱抒情也爱嘲讽，

您博采贺拉斯和尤维纳利斯①的众长，

既做诗人，又摆出评论家的架势，

您拨弄诗歌的竖琴，办着报纸，

吹奏圆形大号，为了政治摇唇鼓舌，

您是极端派阵营的文学信号灯，

被拥护君主制的羊群吹嘘追捧……

这是一个不喜欢他的人，在向他宣告"阴魂不散的无政府主义"的觉醒，在用"诗句搭成的断头台"威胁他。

维克多喃喃地说：

"如果爆发革命，我不知道自己会怎样……"

对他而言，未来看上去一片黯淡。他厌倦了不能自由自在地同阿黛尔说话写信。他变得易怒起来，经常带着一种沮丧的情绪。

他开始了解到了"这个伟大又高贵的职业——文学"，也见识到了"人类所有的卑劣行径"。

"从某种程度上说，这是一大片泥沼，如果没有一双翅膀在上面飞翔，就得一头扎进泥巴里。"也许，这些"敌人是乌合之众，我从来没有伤害过他们，甚至与其中大部分人都从未谋面，如果我过得幸福的话，他们对我微不足道的攻讦只能让我觉得心烦而已"。

但是他过得不幸福，所以他感受的恶意显得异常无耻。

"当那些可悲的苍蝇趴在我的伤口上，我很痛苦。"他如是说。

他打开一直带在身上的黑色笔记本，上面记着一些诗句、他的计划以及他在街区与阿黛尔短暂的相遇、相互间简短的交谈。他写道："如果没有诗歌，这个世界还有什么是真实的吗？"

人们把亚历山大·苏梅的话转述给他。诗人说："维克多·雨果生来就是保王派，正如他生来就是诗人。"所以说至少有人还是懂他的，他们知道："人类的历史只有用高高在上的君主制观点和宗教观点来审视，才能孕育出诗歌。"

这是毋庸置疑的原则。维克多将恪守这些原则，把自己的立场表现得更加鲜明。

---

① 尤维纳利斯（Juvenal），生活于 1—2 世纪的古罗马诗人，作品常常讽刺社会腐化和人类的愚蠢。

因为才华与天赋只是灵魂和美德的投影。

他开始进行创作，写出了《基伯龙的颂歌》，在基伯龙这个地方，乘着英国战船登陆的旺代叛军，被奥什[①]将军的共和国士兵枪毙。

他应政府的邀约，答应写一首颂诗来庆祝波尔多公爵的洗礼，波尔多公爵是波旁家族的继承人。

维克多非常高兴，因为他听说孩子的母亲贝里伯爵夫人为了他，在路易十八那里又争取到了五百法郎的奖励，正如他之前写的《贝里公爵之死》那样。

他需要这笔钱。

他望着母亲弯着腰，在梅济耶尔街的花园里翻地、锄草。她的呼吸急促，继续咳嗽着。她经常讲起"自己经济上可悲的窘迫"，讲起"自己微薄的一点财产"。她不得不向她的哥哥要了四百五十法郎，作为她的外甥阿道夫每年的生活费，外甥是和他们在一起生活的。那些不用为肮脏的金钱问题烦恼的人，该有多幸福啊！

维克多心里明白，他也要不断写作，从物质方面的困难当中摆脱出来。如果他是一个不名一文的诗人，没有固定进项也没有财产，那么如何能说服阿黛尔的父母，把女儿嫁给他呢？

忧愁有着多样的面孔，住在他心里。

会有什么样的未来呢？

他将心里话告诉了舅舅，同他说起阿道夫的生活费，并补充道："我不得不告诉您母亲的健康状况一直都很不好。"

他觉得有什么在威胁着自己。他渴望见到阿黛尔。他还记得1819年4月26日那天，他们彼此吐露衷肠。他写道："第二年的苦难开始了。"他的母亲一年前强迫他们分手，之后试图让儿子忘记那个年轻女孩，母亲的这些手段没能骗得了他。"她尝试把我丢进花花世界，分散我的心神……可怜的母亲啊！是她自己在我的心中注入了对于这个世界的蔑视，对于虚假清高的不屑一顾……"

他端坐在剧院的包厢里，之后的晚餐时间，他在一圈漂亮又爱俏的女士当中，她们努力想引诱他，其中有索菲·盖伊，但是有两位女演员表现得尤为明显，不断地朝他的方向抛媚眼，"招惹"他。

他一动不动。

后来，他对阿黛尔说："我越是对你热情外露，我越是对其他女人冷淡封闭。"

---

① 路易·拉扎尔·奥什（Louis Lazare Hoche，1768—1796），法国大革命时期的将军，1796年7月平定旺代叛乱。

他明白，要想对抗折磨着他的失意，他唯一的力量源泉就是工作。但是，他向维尼承认，怀着与日俱增的担忧，他发现自己"情绪消沉，焦虑不安，比这些都要命的是，他开始厌倦了"。

他甚至不可能为《保守派文学》写作了，因为季刊在三月消失了，被编入《文学艺术年鉴》当中。

他对维尼说：

"这个月，似乎您把所有的灵感都抢去了，留给您一人，因为我片刻也没有获得灵感，什么都没做成。"

他需要支持。他给夏多布里昂写信，此人是驻柏林大使。他把写好的《基伯龙的颂歌》寄给他。

"我在认识您之前，就已经对您非常崇拜了，就像人们崇拜伟大的人物；我本以为对您的热情不会再增长了。我同您相识，您是一位懂得让别人爱戴的伟大人物，这令我越发对您敬仰。我对您有深厚的情意，但愿您能谅解这份情意中的唐突莽撞。"

他犹豫了一下，随后添上了一段附言："如果我碰巧有幸，在这座首都有地方为您效劳的话，我希望您随意支配差遣我，不要有任何犹豫。"

即使夏多布里昂的性格孤傲生硬，维克多也必须一直维系与他的关系。

夏多布里昂寄来了回信，他迫不及待地把信打开。信很短，但不乏溢美之词。"先生，我在您的《基伯龙的颂歌》中，又发现了写抒情诗不可或缺的才华，正如我在其他诗作里发现的那样：您的才华使作品感人肺腑，令我为之动容哭泣。我没能按照之前的许诺，为您写那篇文章，请相信对此我十分羞愧……在报纸上，我每天都能读到对那些诗歌的夸赞，而那些诗在文学价值方面，远远无法同您的诗作相比……"

他读了又读这些句子，他觉得自己被认可，被支持，但是很快，焦虑又把他的内心占据。

他看着母亲从眼前走过，脚步缓慢，气喘吁吁。

他又看见欧仁，表情紧绷，目光带着敌意，几近含恨。

维克多离开了梅济耶尔街，在街区逡巡，一直走到阿萨街和谢尔什－米蒂街的拐角处，望着图卢兹公馆的窗户，窗户的后面站着阿黛尔。

他给她写信，他需要知道她是否还爱着他。他远远看见她，跟了过去，把信塞到她的手里。几天以后，她写了回信。他们间的联系恢复了。

"我曾一度失去了阿黛尔，失去了感受幸福的习惯……"

但她依然谨小慎微。她要求维克多每个月只能见她一次、同她说话一次！这怎么可能？

——十五天不见面难道还不够吗？

他想成为"她的精神支柱"。"如果我能带给她安宁和财富,她就会让我幸福……"

"那么, 阿黛尔, 你将是我的……我呼吸、说话、行走、做事情的时候, 我都在想着你; 我好像过着鳏夫的生活……"

他又陷入了绝望, 觉得自己一无所有, 对未来产生怀疑。他听说巴黎综合工科学校在招收一位法国文学辅导老师。他在给主讲教授的求职信中写道:"我非常荣幸地请您把我写进应聘者名单中(希望不要影响到更符合要求的人), 让我们共同被内政部长阁下挑选……"

如果他被录用, 他将"凭借自己的力量独立起来。这样我的亲友们就无法拒绝我的要求了"。他的母亲就会同意他去见阿黛尔!

"因此, 我的阿黛尔, 你将是我的, 我希望这很快就能实现, 我写作, 我生活只是为了这个目标。"他重复道, "你想象不到, 我写这几行字的时候, 是多么地陶醉, 你将属于我, 我愿意用一生的时间, 换取和我的妻子在一起一年、一个月的幸福时光……别了, 我的阿黛尔, 夜已很深了, 我的纸也不够了。字迹潦草请见谅。别了, 我亲吻你。

"你忠诚的丈夫, 维克多。"

他合上信, 然后走进母亲的房间。

他带着复杂的情感看着母亲。索菲卧病在床已经几天了。他每天夜里都和欧仁一起看护着她, 他开始慌乱, 后来又产生希望。她的病情似乎在好转, 医生许诺说她很快就能康复。

时间来到六月中旬, 白天很长, 光线充足。有时, 她喑哑的嗓音呢喃着几个词, 用手肘撑着坐起身来, 看一看被她如此坚持不懈, 精心打理的花园, 她还想在这片狭窄的土地上种满鲜花。也许就是因为园艺劳动使她筋疲力尽, 重新激活了差不多两年前把她击倒的胸部炎症。

6 月 27 日 3 点, 维克多走到床边。

"从午夜到现在, 她还没有醒呢。"欧仁嘟囔道。

维克多凑过去俯下身来, 心怀希望。他吻了吻母亲的额头。那股让死去了的索菲变得僵硬的寒冷, 也冻僵了维克多。

几个月来, 他担心的事情终于发生了。

他失魂落魄地通知了阿贝尔, 第二天, 阿贝尔走进圣叙尔比斯教堂, 一道来的还有他的两个弟弟，以及罗南神父——一位在妻子去世后，皈依天主教的年轻公爵，也是维克多的崇拜者。随后，他们去往蒙巴纳斯公墓。

安葬了母亲后，维克多独自一人漫步。面对着"命运不可违"，他哭着，他喊着，嘴唇绷得紧紧的。

"一切都是苦涩的，不管是现在还是过去……母亲死了！什么都没了！这可能吗？"

他有一种感觉，这几个月以来，将他扼住的悲伤，其实来自他的直觉——他早已预感到会失去母亲。他啜泣着，回忆起他给母亲朗读"他写的那些蹩脚的诗句，那些不和谐的韵脚"，而母亲"从来没有笑过他"，只是助他修改。

而现在，他要忍受痛苦，还要给父亲写信。他回到了梅济耶尔街。

欧仁颓然地倒下了，阿贝尔在忙前忙后，维克多拿起了鹅毛笔。

"我亲爱的爸爸，

"我们有一个噩耗要告诉你……我们的损失是巨大的，无法弥补……在今天，在这场可怕的不幸面前，一切都不复存在。你应当了解她的真正的灵魂，正如其本来的样子……我们的母亲！她在我们的怀抱中走了，比我们都幸福。我亲爱的爸爸，我毫不怀疑你会为她哭泣，同我们一起缅怀她，为了我们也是为了你。评判那些使你们感情破裂的、可悲的积怨，这从来都不是我们应该做的事，不过现在，关于她，剩下的只有对她纯洁的回忆，不带一丝污渍，其余的一切难道还没有被抹去吗？

"……但是，还有一些细节问题，不得不谈……

"我们可怜的母亲没有留下什么，除了几件对我们非常珍贵的衣服。她的医疗费以及葬礼的费用远远超出了我们微薄的预算……"

现在已经是 6 月 29 日。哭也哭过了，走也走过了。他又回到墓地，站在坟前，一直待到栅栏门关闭。

他徘徊在黑暗的街上。突然之间，他来到了灯火通明的图卢兹公馆。门大开着，欢笑声、歌声、舞曲声、喝彩声传了出来。他们在举办喜剧演出，开舞会。

他僵在那里，惊呆了。他穿着丧服走进公馆。欢笑着的年轻人们甚至没有注意到他。他熟悉公馆，溜进了一间屋子，从那里他看到了整个舞厅。

"阿黛尔一袭白裙，头上插着花，面带微笑翩翩起舞……我不会再有聚会，不会再有欢乐，我的阿黛尔却在聚会，在欢乐中！"

他回到自己家里，产生自杀的想法。

然后他跪了下来，前额埋在母亲的床上，他祈祷着，为了阿黛尔。

到了第二天，他想要搞清楚这件事。他又来到图卢兹公馆，穿过花园。他看见了阿黛尔，女孩看到他的时候，似乎被惊到了。他一定面色苍白，失魂落魄。她朝他跑去，问他发生了什么。他告诉她母亲死了，前天他把她安葬了。阿黛尔痛哭失声。她不知道这件事。

——而我，我在跳舞……

他们相拥而泣。

几天之后，他看见皮埃尔·富歇拐进梅济耶尔街。阿黛尔的父亲解释道，他当时不想取消这场舞会，因为他希望舞会能让女儿忘掉自己的哀愁。

维克多猜到，皮埃尔·富歇只操心一件事，使女儿远离这个穷困潦倒的作家。富歇建议他离开巴黎，和哥哥们一起在外省安家落户，在那里，生活没有那么贵。他继续说道，而他则带着全家，去小城德勒消磨夏天。

维克多掩饰了自己的情绪，他心里很明白。皮埃尔·富歇试图使阿黛尔远离巴黎。他很清楚，维克多没有足够的钱，来支付搭乘驿车去德勒所需的二十五法郎。他要使维克多注定孤独。他以为这可能吗？

维克多感到，如果他见不到阿黛尔，如果他不能表达自己的绝望之情，他会死去的。

他要去德勒，如果有必要，哪怕是步行。随着母亲的去世，在他面前出现了一座深渊。在这个世界上，阿黛尔是唯一能够将深渊填平的人。而且他大胆地承认了一点：现在索菲已经死了，如果她的父亲赞同，那么这桩婚事是可以敲定的。

因此他必须去和富歇一家会合。

他总算有了一个目标，一下子又来了精神。他不能让自己像欧仁那样，放任自流！然而，在出发之前，还有一些"家庭烦扰"要去解决。需要搬进一间阁楼，因为他们位于二楼的公寓，房租太高昂了。他梦想着父亲会来看他们，帮助他们。但是此人，索菲去世的消息一公布，就发出通告，宣布和卡特琳娜·托马的婚事。

父亲的行为，给维克多一种印象，母亲尸骨未寒他就转身而去，这不啻为一种亵渎。但是他什么也不能说，他还需要父亲。之后，他在给舅舅特雷比谢的信中说道："我们艰难的境况让我们重新充满力量，我们感觉到，缅怀我们挚爱的母亲靠的不是遗憾惋惜，不是像个女人那样哭泣，而是像个男人一样充满勇气，用配得上母亲的行为来悼念她。因此我们很冷静。我们的前途一片黯淡，我们的命运或许不同，但是我们拥有母亲留给我们的信条，我们一定会有诚实的男子汉所拥有的未来：就是这些。"

他觉得自己性格坚毅激昂。他必须迎接挑战。他动身前往德勒。"我一路步行过去，在炎炎烈日下，路上没有一丝阴影。虽然精疲力竭，但是我很自豪，靠着双腿，我徒步走了二十五古里^①；我怜悯地看着那些车辆……这次旅行带给我很多，它让我有些忘记了自己。"

他已经走到了凡尔赛。他走进一家咖啡馆吃午饭。一位士兵——或是一位保镖，抢走他正在看着的报纸。维克多跳了起来。他们起了冲突，在比剑大厅进行决斗。维克多伤到了手臂。

"我对您发誓，"士兵说，"假如我认出是您，我就会在决斗的时候让您刺我一个窟窿！"

维克多接着上路了，手臂上吊着绷带，他的名声对他是一种安慰。他观察着明媚的景色，在本子上写着诗。经过三天的行走，他来到了德勒。在那里，他看到中世纪遗留下来的废墟，以及奥尔良人存放骨灰瓮的小教堂。他在天堂客栈下榻，在城里流浪。他背诵着诗歌，创作着诗歌。霎时间，他悚然一惊，有人在喊他。警察把他逮捕了。当地居民举报一个"年轻的疯子"，自言自语又手舞足蹈。警察审问了他，随即立刻释放了这位说话理智的"学院院士"。

他又意志坚定地在德勒的街上走来走去。他必须要见到阿黛尔！在城里转了很多圈之后，她就在那儿，离他几步远的地方。她停下脚步，惊呆了。他把自己的地址塞给她，然后焦虑不安地等着她不可能不给他回复的信息。一位女佣总算把消息送了过来。

"我的朋友，你在这儿做什么？我简直不敢相信自己的眼睛，我也没有任何办法同你讲话。这封信我是偷偷写的，而且写得匆匆忙忙，就是想要告诉你，一定要谨慎一些。我永远都是你的妻子……我为你做了这些，你应该欣赏我，因为我爱你。"

他在房间里踱步。几个月以来，这是第一次，他又找回了自信，战胜了悲伤，这一切都是因为他刚刚看到了阿黛尔，而且阿黛尔继续爱着他。必须行动起来，争取获得见到她、给她写信乃至娶她的权利。要想达到这一目的，他只有博得富歇夫妇对他的好感，为了结婚，还需要取得莱奥波德的许可。

他给皮埃尔·富歇写道："今天，我非常高兴在德勒见到您，我在想，我是否在做梦……"

这骗不了富歇，但是有什么关系呢！必须要恢复和他们的关系，要表现得像一个听话的年轻人，一个卑微地寻找依靠的孤儿。

---

① 法国古里，约合 4 公里。25 古里相当于 100 公里。

"请您千万不要因为我而不自在，那样我会绝望的。我尽可能不出门，但是如果我有这个荣幸遇见您，我会尽量避开您的……再见吧，先生，请您信任我。我的愿望，就是有尊严地活着，不负我那令人敬仰的、故去的母亲；我所有的意愿都是纯洁的。如果我对您说，和您的千金不期而遇没有令我喜出望外，那么我对您就不够诚恳了。我丝毫不惧大声说出来，我用灵魂的全部力量深爱着她。我彻底被遗弃，陷入万分悲痛当中，唯有想起她才能给我带来欢乐。"

他明白自己能够打动阿黛尔父亲的心。

他们接待他了。他们答应把他看作秘密的未婚夫，因为维克多还没有得到莱奥波德的允许，而且他也没有任何收入来养家糊口。

维克多回到了巴黎。

他给皮埃尔·富歇的信写得更勤了："我会尽一切可能争取一份管食宿的差事……不管怎样，如果命中注定我能够幸福，那我通向幸福的道路只能是宽阔而且笔直的。我一点也不希望您的女儿为她的丈夫脸红。我不会妄自尊大，但我相信我会成功，因为坚定的意志是强大的……"

他不愿意被遗忘。没有一天，他不告诉阿黛尔的父亲自己的运作筹划。

"这封信很大程度上反映出我诸多想法的混乱。既然我把自己经历的好与不好都告诉了您，我就必须对您提及最近我获得的一项荣誉，这份荣誉对我的未来，也许不是毫无关联的。您在报纸上应该看到了，我被选择去给夏多布里昂先生颁发百花诗社文学大师的证书。然而在巴黎，有五位院士比我更有资格……"

当他读到回信，他觉得自己终于被接纳了。皮埃尔·富歇带着对他的好感，给他建议：

"给您的殿堂打下一个宽阔的地基，但是起点不要这么高，这样才能谨慎。最重要的是稳妥；如果心灵得不到休息，就不会有幸福……在这儿，没有人希望您放弃文学。文学是而且必须是您主要的收入来源，正如它也是您应尽的主要义务。我们迫不及待地想要读到您同我说起过的那部文学创作……"

但是他提及的那本小说《冰岛魔王》还没有完成，维克多忧心忡忡地获悉阿黛尔生病了，她也患上了胸部炎症。

怎么可能呢？她也会遭受这样的宿命吗？

他向富歇大声疾呼自己的担忧。他恳求阿黛尔停止画画，也许就是画画累着了她。他无法将忧虑从头脑中赶出，不管是住在位于拉罗什吉永小镇的城堡——罗南公爵神父的家里，还是住在蒙福尔拉莫里，一位名叫圣瓦勒里的年轻诗人家里。圣瓦勒里对他的关照和敬仰，并没能驱散他的忧虑。

他回到了巴黎。

"那台可怜的小机器的确是累了，"他写道，"我对一切物质方面的东西都厌恶了。有时候，我想生一场重病，这场病能让我和我那些美丽的影子相会。我的笼子还是崭新的，但是对我而言，似乎笼子的铜丝已经断裂，我的灵魂只是在寻找一个空隙飞走……我独自一人，我还有整个漫长的人生路要走，除非……别了，我不太清楚我在写些什么了……"

他预感到自己身边的人会为他担心。罗南神父鼓励他找一位"心灵导师"，并邀请他跟随自己来到拉梅内神父家里。维克多发现这位神父，这位神秘主义者，这位信奉真理和慈善的人，这位严格的天主教徒，居然也住在千叶巷，那幢索菲、他的哥哥们和他曾经居住过的房子。

他非常激动。他重温了童年那些日子。拉梅内亲切地接待了他，他相信维克多"理解宗教，或者更确切地说，通过诗歌神圣的弯弓直接深入宗教内部"……

但是他无法长久地逃避折磨了。他觉得阿黛尔不再爱他了，一切都变得不确定起来。

"我们的生命是什么？将我们悬在天堂和深渊的那根细线是凭借什么来维系呢？我感到深深的不安，阿黛尔，但是如果你这一刻看到我的脸，你会发现我的面容平静冰冷，如同一张死人的脸……"

当他总算收到了父亲的一封来信时，他感受到了片刻的开心。莱奥波德提到了他儿子写的"令人赞赏的诗句"。

当维克多读到自己不是在"品都斯山，而是他们在一次从吕内维尔到贝藏松的旅行途中，在孚日山一处最高的峰顶怀上的"，他不安起来。

他不愿意想象自己的父母在一起的场景。但当他的父亲询问他时，他的快乐瞬间消失了："但是我的朋友，这些优美的诗句能给你赢得些什么呢？（也许）几个庇护者吗？但是似乎也没有哪个庇护者为你做了些什么……"

他受到了侮辱。"我亲爱的爸爸，我从来都不会容忍我在文学方面的尝试会给自己赢得些庇护者，我只是靠文学交了些朋友……"被这样"不被理解"，如何不感到"恼火"呢？

"亲爱的朋友，"他对阿黛尔承认，"我不断地被阴暗的想法包围。我的每一天都在痛苦中度过，除了那几个小时，我才觉得欢愉，就是我看到你的那几个小时。原谅我，原谅我……"

他独自待着，亲吻着她寄给他的一缕头发。"这是你的一部分，我已经拥有了。"

但是他必须把自己隐藏起来。他知道欧仁在窥伺他，脸庞因为嫉妒而扭曲，怨恨在他眼里闪烁。突然间，他的哥哥说起话来，咆哮着，满嘴都是污言秽语，带着憎恨和猥亵的意味，给阿黛尔，给她的发丝抹上一层饱含情欲的污泥。

维克多勃然大怒：

"一道丑恶的光亮映照着一个……的性格，我在他卑劣的欲望、懦弱的恶毒里，看到的只有他那惹人生厌的、奇特的易怒天性，"他对阿黛尔进一步说道，"但愿他不会在我的睡梦中用匕首将我捅死，这可耻的奸邪小人……我原谅他做的一切，直到最后一件事我绝不姑息，因为它间接地关系到你，而且本来会直接波及你……"

他的哥哥，咆哮着不堪入耳的话，并且碰触了阿黛尔的头发，这是件圣物！如何能谅解这个无耻之徒呢？

维克多想要通过写作来忘记。阿黛尔需要知道，他写作，是为了她。

"我只能依靠疲惫和熬夜，才能奢望得到你……对于你的维克多而言，你是一位天使，一位仙女，一位缪斯女神……"

她同样需要知道，正是"发自灵魂的诗意催生了高尚的情感、高尚的行为，正如它启发了高尚的写作一样。一个不诚实的诗人是个堕落的人，比起一个不会写诗的不诚实者，他更卑鄙更有罪"。

维克多渴望向她证明，自己已经准备好为了她牺牲一切。在他眼中，没有什么比他感受到的爱情更为重要。

他给她写信，信封用的是一张 12 月 29 日塞纳省省长夏勃隆伯爵邀请他赴晚宴的请柬。

"我亲爱的朋友，这张请柬是我放在你祭坛上的祭品……我抑制不住地想要嘲笑那些企图用他们的权力和地位吸引我的人，我关心的只有爱情。用所有这些光鲜的大人物，为你——我那不为人知的女神献祭，我感到了一种隐秘的快乐……"

第五章

1822—1828 年

1822 年

维克多抬起头，望向挂钟，然后读了一遍给阿黛尔写好的信。他犹豫了一下，随即又加上一句话：

"别了，1822 年已经过去了三刻钟，我还是有那么多的话想对你说啊！而你，你也给我写信吗？你也想起我了吗？再见了，明天见，生活得开心点，照顾好自己。我作为丈夫亲吻你……你上封信写得很简短，我不怪你……只是！"

他站了起来。

他环视着阁楼，这间住所对他来说，已经变得难以忍受了。

他听见了欧仁短促的呼吸声，欧仁的叹气和鼾声听起来都像是在抱怨。有时，他还会碰巧听到沉闷的声响，仿佛他的哥哥在用脑袋或拳头砸着墙壁。

他无法继续接受这个充满敌意的存在了，也不想再对那乖张的行为、那股恨意继续忍让。他想要离开梅济耶尔街，离开母亲去世的房子。他考虑着和阿道夫·特雷比谢搬到位于蟠龙街 30 号的一套两居室阁楼。房租会便宜一些。在第一间居室里，有一个壁炉，因此他想把它改成会客厅。在壁炉上方，他还会挂上百花诗社颁发的金百合勋章。另外一间黑魆魆的，只有巴掌大一点儿，那里将摆上两张床。

他很忧愁。

像一些雄心勃勃又不名一文的年轻人那样，他把自己的穷困处境掩盖了起来。他不得不"过着节衣缩食的日子"。一条羊排，他要吃上三天。在参加沙龙聚会时，他必须遮住外衣手肘处磨得光溜溜的地方，以及衬衣被磨破的袖口，而衬衣则必须白得无可指摘。

他需要制造假象，掩饰自己的焦急，甚至焦虑，把心中的感受只向阿黛尔倾诉。

但是她能理解他吗？他为她担心，他会吃醋。她真的爱他吗？她经常反驳他几句。他觉得自己在富歇家像个外人，当他看着他们一家人，似乎"看见一只白鸽置身于一群鸭子当中"！他经常觉得阿黛尔"冷若冰霜"。但是如果不把这份爱情进行到底，不把这个成为她丈夫给她幸福的计划彻底实现，他又觉得不可接受。当她赌气、逃避、拒绝他的索吻时，他是如此心慌意乱，以至于无法工作，头脑里一片乱哄哄。

"我需要经常看见你，我需要一直看见你。"他对她说道。

有时候，他问着自己，阿黛尔是否感应到他的体会，她是否知道他是怎样的人。也许她会把他想象成一个虚荣的、倨傲的人。她甚至担心会被他"蔑视"：

"你以为我任由别人做我的主，"她抗议道，"你让我痛心……"

他应该对她说什么好呢？

"的确，和那些普通男人们相比，我没有总是表现出对你无限的欣赏，"维克多承认道，"我的头脑丝毫没有告诉我，我强于他们，而我只是和他们不一样——这就够了。"

他对抗自己的焦急。她什么时候才属于他呢？他已经二十岁了。"我们需要什么才能幸福呢？大约一千法郎的收入和我父亲的赞同。"

他开始四处求人了。生活要想最终改变，他要想迎娶阿黛尔，就必须请国王给他几千法郎的津贴。但是她知道为此他必须做什么吗？她只认识维克多，她能够想象还有一个维克多·雨果吗？

"这个维克多·雨果既有朋友，也有敌人。他父亲的军衔赋予他可以在任何地方与人平起平坐的权利。这个维克多·雨果应当把年少成名带给他的好处和坏处，归结于几次微不足道的文学尝试。在他很少露面的文学沙龙里，他总是一副冰冷愁苦的表情。社交界都以为他在构思什么重大严肃题材的作品时，他只是在思念一位姑娘，她温柔、贞洁、充满魅力。她很幸运，所有的沙龙还不知晓她的存在。我的阿黛尔，这个维克多·雨果是个索然无味的人。"

在他周围，"还是能看到一些男人依靠女人们、依靠堕落和虚荣的伎俩，来获取一切，哪怕社会对此类行径嗤之以鼻，也不能让他们有所收敛。"

他冷眼旁观这些把戏。他感到女人们的目光落在他身上。他不想要这样的生活。

"必须高尚坦诚地为事业打开一片天地，而且脚步要尽量放得快些，但不能损害他人，余下的事，就寄托于上帝的公正来确保自己能够得到吧。"

　　但是，阿黛尔清楚，"这个年轻人的处境很残酷——他的原则、情操和愿望，使他特立独行；而他的年龄和钱袋，又使他不得不依靠别人"。

　　这是一种时时刻刻存在的对立，是一场战争。必须沉着冷静，表面上不动声色地去作战，而且也要学会抵抗摆在眼前的诱惑，避开那些虚假的出路。

　　当刚刚被任命为驻伦敦大使的夏多布里昂，向维克多提议让他担任他的"使馆骑士"时，维克多很是得意。

　　他的父亲坚持让他接受这个职位，这时就需要反抗了。

　　"这个职位无非是个虚衔，"他向莱奥波德解释道，"它给我带不来多少收益，但会让我付出巨大代价，特别是在伦敦。夏多布里昂先生一点儿也没有对我隐瞒这个不好的方面。虽然我强烈渴望跟随着他，他也表达出带上我的愿望，但我还是毫不犹豫地婉言谢绝了他，而且担心这一举动会给你在经济上带来新的负担。"

　　对阿黛尔可以这么说吗？真相还有另一面，要向她展示的就是这另一面：

　　"我亲爱的朋友，这就需要我离开你，而我宁可去死。去一个离你如此遥远的地方，去过灯红酒绿的生活，这对我来说是不可能的。只有臣服在我的阿黛尔的统治之下，我才会生活。"

　　有时，他独自一人面对摊开的书本，问着自己。在他隐秘的人生策略里，他对阿黛尔的爱，难道不是强迫自己伏案写作的一种手段吗？爱情是一种美德，能把自己牢牢拴在创作上，能迫使自己一定要在文学生涯里获得成功。

　　一位爱人，一项事业，这难道还不够吗？

　　他重新拾起那部小说《冰岛魔王》。他把故事情节放到一个虚构的斯堪的纳维亚国度，故事发生在十五世纪。汗是一位嗜血成性的残暴君主，他和一头熊生活在一起，以喝人血为生，将整个地区笼罩在他的恐怖统治之下。一位名叫奥德内的骑士尝试救出被关押的一位无辜的年轻女孩——艾瑟儿。维克多用大开大合的笔触，描述了一个悲剧故事。其中的人物们被死亡、断头台、谋杀、火灾威胁着。

　　他把稿纸放下，开始给阿黛尔写起信来。

　　"我深爱的阿黛尔，我给你写信，为了在写作中休息一下……然而，你应该批评我一下，这个星期，我没有按照所希望的那样，完成写作任务……"

　　她读他的作品吗？她对他所写的东西有感觉吗？归根到底，这不重要。她必须是他的守护天使，他要向她汇报自己的工作。

"各种活动、通信往来，占据了我的所有时间。"他解释道。

"在社交界，要忍受烦琐的羁绊，承担乏味的义务，还有那些令人疲惫的繁文缛节。对我而言，社交界是丑恶的。而且你不在那里，这就足以让我不喜欢待在那里。我在政府部门走动了一下，唯一的收获只是一些许诺；当然，许诺的确有它积极的一面。我满怀希望地等着……我亲爱的朋友，我很有可能在未来的几个月内，得到一个能让我挣两三千法郎的职位，再加上写作赚的钱，我们难道不能安静而惬意地生活在一起吗？随着我们的小家不断扩大，我坚信会看到我们的收入越来越高。"

他想要竭尽全力来得到这几千法郎。人们给他透出口风，他的事情在内政部的办公室和皇宫里，都开展得很顺利。他届时每年会领到一千两百法郎的补助金。

人们还告诉他一个消息。他在千叶巷时代的一个童年玩伴——爱德华·狄龙——其父亲就是当年宣读公诉判决拉奥里的人——如今被警察通缉，因为他参加了共和派策划的反对路易十八的阴谋。

几个月前，维克多和爱德华曾不期而遇。

他立刻提笔给童年玩伴的母亲写信，这位童年小友如今沦为一个"通缉犯"，面临死刑的威胁。

"如果他还没有被捕，我会让他在我家避难。我和一位表兄住在一起，他不认识狄龙。我对于波旁家族的深厚感情众人皆知；但是这个情况对您来说恰好能成为一种掩护……不管他有罪与否，我都等着他。他可以把自己托付给一位保王派独有的忠诚，以及一位童年好友的情意……这个提议只是我在某种程度上，完成我那可怜母亲的情感遗愿，她一直都对您怀有深厚的感情……"

他把信寄了出去。

有人悄悄对他说，这么草率的行为简直是疯了，信会被"黑色办公室"拆开的。他耸耸肩，即使国王知道了他的所作所为，国王也会理解他的！

国王是不会怀疑一位诗人的君主制信仰的。这位诗人想要在小册子里发表他的新诗——《波拿巴退》，这个"活着的毒瘤"，昂基安公爵的谋杀犯：

> 王室的鲜血使篡位者的王座黯淡；
> 一位斗士被无法无天的黩武者重创；
> 无政府主义在万塞纳欣赏它的同谋，
> 在卢浮宫对它的王上顶礼膜拜。
> 几乎需要一位上帝给这个男人加冕，
> 罗马的君主制神父走来，

为那威胁众生的前额降福，

或许因为他令自己也暗中胆战，

才想要接受那血淋淋的冠冕，

从宽恕降临的手中①。

当他重读了一遍他的诗句时，他想起了母亲带着厌恶，说出这个名字——"波拿巴退"，嘴唇因为轻蔑而拧在一起。阿贝尔走了进来，维克多把这首诗给他朗诵了一下，他一边听，一边点头，然后把一个包裹放在桌子上，让维克多打开。

维克多撕开蒙在上面的纸，看到了几本书，他读了一下书名——《颂诗集》，然后是他自己的名字。他拿起一本看了起来。

阿贝尔请人刊印了维克多创作的诗歌合集，但事先并没有告诉他。这些书将在书商佩里斯耶那间位于王宫广场的书店销售。

维克多激动得喉咙发紧。这是他第一本真正意义上的书，汇集了他四年来写的大部分诗歌！他有些陶醉了。他感觉从今以后，没有人能令他退缩，没有人能忽略他的存在。

过去他有时觉得自己所得到的像沙子堆起的城堡一样岌岌可危，而现在，似乎沙堡已经变成了一个坚实厚重的基石，以此为根基，他就能建立自己的创作，开创文学生涯，获得补助金。

有谁能将他拒绝呢？这本书里收录了《旺代》《凡尔登的处女们》《基伯龙的颂歌》《贝里公爵之死》；他还庆祝了波尔多公爵的诞生和洗礼。

他前往内政部的办公室：他们对他保证补助金会源源不绝地发放给他；至于国王要给他的那部分，商讨下来形势乐观。百花诗社学院的诗人——亚历山大·苏梅，他本人也将享受这项王室待遇。但是还需要等待，也许几个星期，甚至几个月。

维克多恼火了，急不可待。他探访一间间办公部门。他的未来就取决于他们的决议。他们难道不明白，这是在扼杀他的幸福吗？他需要乞求他们，而他认为补助金是自己应得的！但是他还是要谨慎行事。

"在我的职业生涯里，我迈出每一步时，都必须看看周围人的脸色，因为他们现在对我来说，比起过去我只是一个人时，要关键得多了。"他对阿黛尔说道。

每次求人对他都是一次侮辱。他举止生硬，知道自己表现得既傲慢又冷淡。但是如何纡尊降贵地去阿谀逢迎那些记者呢？可是为了宣传《颂诗集》，他不得不这么做！

---

① 《颂诗集》，"波拿巴退"，1822 年 3 月。

拉梅内建议他见一下《白色旗帜报》的一位专栏编辑。维克多答应去拜访此人，但是很不情愿地去做此事。"屈辱地活一小时，难道就比艰难地活十年好吗？"但是，很少有报纸会宣传一本新书的面世，相对于保王派的报纸，更多的是自由派的报纸推荐新书给读者。

他一时间心中苦涩。人们也许会认为他的诗歌在政治上是喜闻乐见的那种，但是过于"浪漫"。

他非常惊讶地读着父亲给他写的几行字。父亲对他坦承自己一直在写作，写诗歌，写杂文，他在信里又补充道：

"你的颂诗是美轮美奂，但是我恳请你，不要给评论界机会说你对写诗的基本规则不屑一顾；对于大师们给我们规定的那些老规矩，怎么遵守都不足为过……"

维克多翻看着自己作品的其中一册。阿贝尔肯定地告诉他，第一次印刷的一千五百册卖得非常好，会给他带来七百法郎的收入。好的。但是满足感很快就烟消云散了。

尽管他又在四处走动，尽管内政部的官员和王宫又给他做出许诺，但是补助金依然没有写进账本的预算里，依然停留在计划层面上。在这种情况下，如何确定婚期呢？

他从阿黛尔父母的目光和旁敲侧击的言语里，猜到他们已经开始怀疑了，并且对一再延迟和事情的悬而未决感到恼火。

富歇一家邀请他来小城让蒂伊，在那里他们租了一幢乡间的房子。每天都能见到阿黛尔让维克多感到无比幸福，这使得等待变得更加令人无法忍受了。当他想要接近阿黛尔的时候，她总是躲他，这也令他绝望。

"那么告诉我吧，亲爱的朋友，允许自己的丈夫亲吻自己有什么罪恶的地方吗？……纯洁又忠诚的爱情之吻，除了婚姻的甜蜜，没有其他任何目的，世上还有什么比这个更贞洁吗？……你能对我说，我在众人眼中不是你的丈夫，而且明天我就取消婚约吗？不，绝对不会的，因为我不可能成为一个无耻的好色之徒。"

阿黛尔似乎想象不到他所受的折磨，折磨里面混杂着欲望和醋意。当他在她身边时，他往往难以自持。他想去拥抱她，亲吻她的嘴，抚摸她。他梦寐以求这些。同他擦身而过的女人们激发出他身体里的冲动，而他必须控制着自己，因为他想把处子之身一直保持到结婚那一刻，"和他的妻子一样纯真"。

"在告诉你这些想法的时候，我不是不知道它们已经既不属于这个世界也不属于这个时代了，但这有什么要紧的！我还有很多其他不合时宜的想法，我为之感到满意。"

但愿阿黛尔不要搞错！

"如果我告诉你，严格恪守我给我自己规定的行为准则是件轻而易举的事，那我定然是在说谎。我不想对你隐瞒，很多时候，我都感受到异乎寻常的情感冲动，来自我的血气方刚，也来自我的想入非非。那时我是软弱的，我母亲给我传授的圣人之言在我头脑中被擦得干干净净，但是对你的回忆涌入脑海，拯救了我。"

但是他痛苦地觉得，她并不理解自己点燃他的那份激情，以及给他带来的折磨……

他在圣父街看见了她。害怕溅上泥水，她提起了裙角。他隐约瞄到她的脚踝，发现有的路人在偷窥她的脚踝，他的脸立时火辣辣的。他想要冲过去，"给第一个胆敢把目光转向你的放肆之徒一记耳光"。

这些画面挥之不去。阿黛尔应该知道"只需那么一点点，一位女子就能在大街上使男人的注意力兴奋起来"……

什么时候她能够只属于他一个人呢？什么时候他能够娶她，将她整个人揽在怀中呢？

他还是要等待，接受父亲的建议。父亲的首肯也是必不可少的。

"现在情形是，"父亲写道，"在考虑结婚之前，你必须拥有一个地位，或者有一个职位。你文学事业的起步再怎么辉煌，我也不认为你可以将它作为终身职业。我一点也不反对你娶她，一旦你有了地位或职位，你会看到我满足你的心愿……"

维克多内心一片灰暗，而天空是晴朗的，气息是轻飘飘的，大自然开始萌芽复苏，但是他还停在原地，一个人住在阁楼里。其实只需行政部门一个签字，他就能把阿黛尔揽在怀中了！

他有种感觉，命中注定的噩运扑向他，频频阻挠他。

欧仁的情绪越发阴郁，暴躁症也发作得越来越频繁。随后，他就消失了。几天后，维克多收到了一封信：他的哥哥在厄尔－卢瓦尔省的图里被逮捕了，身上没有钱，也没有证件。人们把他遣送到了厄尔－卢瓦尔省的首府——沙特尔。需要给他寄一些钱，请代理检察长释放他。

维克多从悲伤中振作起来，他开始行动了。他反复对自己重复着："有志者事竟成。"

他压着心里的火气，拼了命一般，不断叨扰政府办公室的工作人员。人们告诉他，国王看到了他写给狄龙夫人的信，在信里他提议让爱德华藏在自己家里，如今此人逃亡在希腊，被缺席审判判处死刑。

但是国王并没有怨恨维克多·雨果，相反，他欣赏维克多的那份义气。

那就等吧。他一门心思都在自己的目标上，没有关注共和派四处煽风点火的阴谋。

四名中士被逮捕，他们企图在拉罗谢尔鼓动他们的军团起义。

庭审的时候，皮埃尔·富歇给维克多提供了前去旁听的授权，他欣然利用这个授权，在阿黛尔的陪伴下一起去旁听庭审，坐在她的身旁。然而在法庭上，密谋者们为自己的观点辩护，其中一位名叫波里斯的人，大声疾呼：

"代理检察长先生不停地指控我为阴谋的主使。好的，我接受，如果我滚落在断头台上的头颅能够拯救我的那些同伴，我会欣然赴死！"

四名中士后来被判处死刑，在沙滩广场被枭首示众。维克多蜷缩在那里，看着这几个年轻人，他们很像自己童年的玩伴爱德华·狄龙。他是他们的敌人，然而他觉得同他们之间，有一种亲近感。

但是他没有时间耽误在这件事情上，他马上要结婚了！补助金被批下来了，一千法郎的终身年金，由王室提供，从国王的金库支取。而且还有"内政部给我提供的一个清闲的文职，因为他们非常优雅地告诉我，政府想要让我足够自由地支配所有闲暇时间"。虽然现在还只是一个承诺。

他无法长久地坐在书桌前了，婚礼的筹备占据了他的全部心神。他收到了一封父亲的来信，后者委托他转交给阿黛尔的家长。这是一封提亲的正式信函，因此最后一个困难也解决掉了。

"维克多具备了相当的财力，可以带给您女儿一个合理的地位、希望以及一个美好的未来……"莱奥波德写道。

维克多很感动。他的父亲迈出了决定性的一步。需要给他回信了。

"我对你现在的妻子没有任何成见，因为还没有幸和她结识。她已经选择了我们家族高贵的姓氏，我会对她表现出应有的尊敬。因此我不带一丝厌恶之情，恳请你代我向她问候致意。我尊敬的、亲爱的爸爸，我想自己找不到更好的选择了，不是吗？"

他如释重负。婚礼预期在几个星期后举行，在他和父亲之间，也达成了彻底的和解。接下来要做的就是集中所有的材料——出生证明、受洗礼证明。"好漫长啊！"维克多嚷道。

突然之间，在他脚下又出现了一座深渊。父亲给他去了几封信，对他肯定地说，索菲并没有请人给自己的幼子做洗礼。他一时间慌了神。他，一位保王派作家，一位宣扬自己是极端保王派的人，甚至不是一个基督徒！

他想着办法，求助于拉梅内。只需要父亲出示证明，表明儿子是在国外行的洗礼，拉梅内将出具一张告解证^①，而没有索取任何回报。

他终于获得幸福了，因为婚期定于 10 月 12 日，在圣叙尔比斯教堂举行。

然而，在他的欢乐当中，又潜藏着一丝隐忧。阿黛尔似乎并没有分享自己的热情，她表现得友好多于爱恋。他偷偷观察着她，分析她的行为。他离开她所在的房间好一阵子，过了三刻钟才回到她身旁，而她居然没有意识到他的离开！

"今天晚上，我深入地观察了一下，你心里有多少地方是装着我的，"他在信里对她说道，"我看到了一种我也说不上来的感情，它似乎是同情，是习惯，也许还是友谊，但绝对不是爱情。所以，从今以后，请不要让我看到你对我伪装出一种情感，而它并没有发自你的灵魂，请不要给我这种痛苦……"

莫非真的有这种可能：他为一位女人萌发了炽热的感情，而女人却超然于外？

在婚礼举办的前一天，他害怕想到这些。

"我亲爱的阿黛尔，请你务必要相信，一直到我们美妙的新婚之夜，我都会保留着我幸运的童贞，我将带给你从未有过的柔情，就像你将带给我的那样，得到这些我是多么幸福。我挚爱的阿黛尔，我不敢标榜自己特别的温柔。你从没有回应过我的爱抚，大多数时候，似乎我的亲吻令你难受，只要我有片刻相信我对你爱情的证明在困扰着你……哦，不！我不愿意这么去想。我亲爱的阿黛尔，我的亲吻不会让你觉得恶心的，不是吗？……"

10 月 12 日，当罗南公爵神父将两位新人迎进曾经摆放过索菲遗体的圣母礼拜堂时，维克多想要忘记自己的担忧。

维克多的证婚人——阿尔弗雷·德·维尼和菲利克斯·毕斯卡拉，站在后排，同阿黛尔的证婚人们并肩而立，她的证婚人有她的叔叔亚瑟林——维克多曾经大吃其醋，还有蒙费里耶镇的杜维达尔侯爵，此人是阿黛尔的美术老师朱莉·杜维达尔的父亲。朱莉后来很快嫁给了阿贝尔。

莱奥波德仅限于表达了自己的祝福。

人们离开了教堂，聚集在图卢兹公馆大厅的餐桌周围，就是在这间大厅，军事委员会判处范诺·德·拉奥里死刑。

也就是在这间大厅，人们将翩翩起舞。

他突然注意到毕斯卡拉和阿贝尔将欧仁带出大厅。这两个男人试图控制住他手舞足蹈、不停晃动脑袋的哥哥。

---

① 告解证：公开表明信仰的文书。

但是维克多转过眼去。他不想关心这件事。他拉着阿黛尔，想扫清自己的疑虑，他朝着卧室的方向，每迈出一步，欲火都将疑虑打消一点。

他攥着这只手，搭着这个肩膀、这个腰身。他想要抚摸这双脚踝、这双小腿、这双大腿。

他疯狂了。阿黛尔就在那儿，静静躺着，臣服于他，身体微微颤抖，双眼紧闭。

维克多等不及了。这些年累积起的欲火令他的精元在身体里咆哮着……

他猛然被惊醒。有人在砸门，然而现在还只是黎明时分。他望着躺在身旁的阿黛尔，想起了婚礼前一天他心中的担忧。这个有气无力面容委顿的女人，又一次吸引了他。

但是有人在喊他，他爬起身。毕斯卡拉脸色凝重地站在门口。维克多从房间里出来，已经知道不幸的事情发生了。

一夜的幸福难道要用一部分痛苦作为代价吗？

他听着毕斯卡拉向他讲述欧仁整个晚上都在胡言乱语，然后彻底陷入癫狂。人们把他送回他的房间，他声称为了节日，为了婚礼，点亮了所有的蜡烛，然后挥舞着军刀，把家具斩得稀烂。

维克多低下头。

欧仁对他的嫉妒、两人之间长期以来折磨着他的竞争关系以及那些失败的经历，所有这些都在他癫狂的行为中爆发了。

维克多内心承受着巨大的压力。他必须对父亲隐瞒这些，掩盖真相。在信中，他写道，他"享受着最温柔、最完美的幸福"。但是，欢乐被欧仁的沉沦蒙上一层阴影。维克多觉得内心涌上一种罪恶感，就像一道流脓的伤口，哪怕把伤口裹住，试图去遮蔽伤口。

然而，欧仁的状况急转直下，因此必须要把哥哥的情况告诉莱奥波德了，告诉莱奥波德这件"致命的事情"，以及他的癫狂症、他那些"可怕的发作"发展到哪一步了，还需要告诉他比塞尔特的医生对他的诊断结果。必须承认"他可悲的健康状况"会花去很多钱。

"眼下，我急切地恳求你能给我寄一些钱……我们向你求助，就好比在向一位孩子艰难时总是伸出援手的父亲求助，因为孩子的不幸是他最大的不幸。"

维克多很难战胜自己的痛苦，他悲痛地见证了病情的加剧，那一系列的"脑部刺激"，癔症的发作以及高烧。

他坐在哥哥的床边，他的哥哥呻吟着，喃喃自语，试图爬起来。对他而言，是他把哥哥害了。为了获得荣耀和幸福，他牺牲了自己的哥哥。

怎么做？活下去：也就是说，写作和爱。

每天晚上，他都回到阿黛尔这里，又是那些充满激情的春宵，让他忘掉一切，阿黛尔接受了，被动而温柔。

一大早，他继续写《冰岛魔王》，同时也在准备给他的颂诗出第二版，第一次印刷的卷册已经销售一空。所以又多了一笔潜在的进项，也许还能赚七百法郎。上次那七百法郎用来购买了一条羊绒织物，用于装点他们的新婚之夜。

皮埃尔·富歇随即参与进来："在他们夫妻还没有发展到有能力购置一处房产之前，我们会在家里给他们提供住的地方，并且照顾他们。阿黛尔将给自己的新家带来价值两千法郎的家具、桌布以及其他用品……"

他听到富歇反复说道：

"一切都让我有理由期待，我们会过几天幸福的日子。"

但是维克多惦记着欧仁。

幸运的是，在十二月末，维克多创作的诗歌《路易十七》被三份日报刊登，报纸特别强调了他在这首诗的题词里，引用了监狱看守每天早上摇醒孩子的话："卡佩，你快醒醒①！"

他的心稍稍安定下来。温柔的阿黛尔给她的公公写信，就像一位"非常乖巧孝顺的女儿"。她称莱奥波德为"爸爸"，同他谈起"我的维克多"。

这些字眼读上去，听起来是多么温柔啊！它们让维克多平静下来。不管怎样，幸福也许就在这里，触手可及。

他希望如此，他相信如此。

12 月 28 日，夏多布里昂被任命为外交部部长。维克多有种感觉，以后他能够在权力的中枢，借助这一强援支持自己。

他在《辩论日报》上，读到如下文字：

"国王陛下通过王宫的国务秘书，预订了二十五本维克多·雨果先生的《颂诗集》，用于充实他的私人藏书阁。"

这就是他二十岁那年的尾声。

1823 年

维克多望着树上的枝杈，在这个一月里，光秃秃，黑黢黢地伸向图卢兹公馆的

---

① 路易十七和父母一起被囚禁在丹普尔监狱，直到他病死在狱中，年仅十岁。

面墙。

他内心感到一阵苦涩。和阿黛尔一家同住这件事，提醒着他现在依然需要依附别人，他还没能确保自己挣得足够的收入，来给妻子属于"自己"的家，那个他身为丈夫，必须要带给她的小窝。

他转回身去。

阿黛尔躺在那里，身子有些发沉。一想到她肚子里的孩子已经三个月了，他就非常感动，也许孩子就是在他们的新婚之夜怀上的。她看上去有点倦怠，散开的黑发光亮照人，遮住了肩膀。她合上了大大的双眸，在脸上勾勒出两个又长又暗的椭圆。

他牵挂着欧仁，此人再也无法恢复理智了。他对父亲、对舅舅特雷比谢说过多次："治疗这种疾病需要一笔巨款。"幸好，莱奥波德来负担这笔开支。他给维克多解释说，自己卖掉了圣拉扎尔隐修院街的一处房产，他和妻子一直居住在布卢瓦城，富瓦街73号。

维克多被父亲的态度打动了。他觉得自己同父亲亲近了许多。他急切地想再见到父亲。这个月月初，父亲总算在家里接待了他。当他和这个自己曾经憎恨的男人打交道时，那种感觉深深触动了他。

他和卡特琳娜·托马行了贴面礼，"这个女人"成为雨果伯爵夫人。父亲和继母很关心阿黛尔，对即将出生的孩子送上祝福，给了他们一套瓷质的咖啡器皿作为礼物，莱奥波德对维克多的表兄——索菲的外甥，也表现得十分亲热，似乎他想以这样的方式，重新连接起所有的家庭纽带。这些都令维克多非常敏感。莱奥波德甚至为索菲的兄长马丽-约瑟夫·特雷比谢的健康，干了一杯。

随后，这个男人腼腆地承认，自己写了一部史诗《在冥界的反抗》，而且已经开始撰写回忆录了。维克多暗自心惊，似乎觉得自己本能地选择了文学这条路，实际上是忠实于父亲对他隐秘的期待，而他也一直认可父亲的英勇无畏，以及他的那些壮举。他感受到为那些壮举歌唱的需要，他这个拥护君主制的人，这个曾写下《波拿巴退》的人。

随着他的笔触和思绪，他又找回了童年时的情感。他回忆起在先贤祠，看到了拿破仑的身影，在"举行盛大节日的一天"，他也回忆起那些向着西班牙进军的士兵们，他们围着那辆轿式马车，他和母亲还有哥哥们坐在里面，朝着马德里辚辚驶去。在那片蛮荒的土地上，他的父亲在战斗着。

他觉得内心平静下来，仿佛同父亲重新和好的同时，他也同自己被伤害的那一部分达成了和解。莱奥波德和卡特琳娜决定带着欧仁回到布卢瓦，在他们家里对他进行治疗照顾。这让维克多心怀感激。况且，他的哥哥看起来好了很多。

他现在得到了解脱，总算可以撰写《冰岛魔王》的序言了，并和出版商佩尔桑侯爵签了一份合同。这位出版商刚刚发行了新版的《颂歌集》。佩尔桑许诺将小说印一千二百册，而且给作者支付五百法郎。

维克多等待着。他看了看那四小册灰蓝色封皮的《冰岛魔王》，上面没有署作者的名字，因为他更喜欢用佚名的方式。他和佩尔桑见过好几次面，询问要给他支付的稿费。维克多接受了两百法郎的现金，以及一张三百法郎的汇票。但是当他发现没有人愿意兑换这张"汇票"时，他简直懊恼至极。

法国和西班牙面临爆发战争的威胁，夏多布里昂从他的外交部里，表达出征服马德里、打败西班牙自由主义分子的意愿。他想要在拿破仑折戟沉沙的地方，成为胜利者。所有这些，都制约了信贷业务的发展。

然而维克多知道，皮埃尔·富歇需要钱。他必须给富歇五百法郎，用以支付富歇给他提供的食宿费用。

因此他需要写信了，就像一个急着用钱的儿子那样，这让他非常苦闷："我亲爱的爸爸，除了你，我找不到有谁能够帮我了，我恳求你，而且是越早越好，给我寄那笔出版商过一两个月以后，才能还给我的三百法郎……"

钱，永远都是钱！他觉得自己将永远不能解开那条勒紧脖子的绳索。

他又开始在内政部四处走动，内政部始终没有兑现关于补助金的承诺。他请夏多布里昂帮帮忙，夏老或许能够在部长——科比埃伯爵那里说上话，而科比埃伯爵同众议院主席维莱尔[①]交情非比寻常，此外，他也是雨果将军曾经的战友。不过，夏多布里昂和科比埃的关系却不怎么样……

因此还是需要耐心等待，期待签订一些新的合同，不过首先还是要讨回欠款。

然而，佩尔桑出版商破产了。需要就此放弃《冰岛魔王》吗？维克多为这本书，同新的出版商签了第二份合同。他们是勒库安特和杜雷，住在奥古斯丁码头49号。不过，他听说佩尔桑声称还拥有五百册。出版界一时间流言四起：人们立刻洞察到作者的真实身份！佩尔桑控告维克多，而维克多回答道："第一版里有那么多的印刷错误，小说面目全非，就连它的亲生父亲都无法认出它来。"

这场口诛笔伐让维克多受到了伤害，《白色旗帜报》和《镜报》等几家报纸也随之响应。"维克多·雨果先生渴望大家谈论自己，在一位年轻作家身上，这种渴望是自然而然的。"佩尔桑写道，"但是我们看不出凭借着诽谤中伤，他光辉的文学能给他赢得什么……"

---

① 维莱尔（Villèle，1773—1854），法国保守派政治家，担任过财政大臣，内阁首脑，查理十世的首相。

需要回应吗？

"我不对谩骂做出回应。我只是奇怪，破产的人居然还有地方住。我对他们的同情大于谴责，而且我不屑于同他们交换污泥，就像不屑于同任何人做那种事一样。"

然而，听到了污言秽语，如何避免有被弄脏的感觉呢？

维克多，当他去卢浮宫图书馆的时候，遇到了诗人儒勒·勒菲沃。他拉着维克多的胳膊，把他带到拉法莱耶码头，在那儿，人们立起了一座断头台，要处决一个名叫让·马丁的犯人，他杀害了自己的父亲。

勒菲沃很紧张，他想就这个题材写首诗。

他一边领着维克多从人群中挤出一条路，一边告诉维克多，刽子手先用斧头砍掉犯人的拳头，然后再砍掉他的脑袋。

维克多听到了那些临窗而立的年轻女人们爆发出阵阵笑声和嘲讽声。他看见马丁，坐在向前滚动的手推车上，头上蒙着一个黑色的罩子。他在西班牙见到的场景又回到记忆中，一直涌上喉咙，血淋淋的感觉令他作呕。

他看见刽子手把犯人的右手绑在一根木桩上，然后举起了斧子。他不能再看了。一种无法抑制的恶心感向他袭来，然而人群在一声"啊"中摇动起来，这一声猛烈得像是痉挛。

是否应该以这样的方式保卫社会呢？为了惩罚一个人，我们有权力将他杀死吗？

他把这些疑问强压下来。几天后，当他收到了勒菲沃的诗作，内心又一次被诗歌里描述的，惩治弑父罪行的场景牢牢抓住了。

对于行刑本身，他不想评价什么，但是诗歌的形式震撼了他。形式本身有些极端，但却标新立异。

维克多感到，一场"依然过于强大的文学观念和本世纪的天才之间的争斗就此展开。我们的时代，在伏尔泰世纪的推动下，继承了这种贫瘠的观念。而此观念只有顶着路易十四时代所有的光环，才能大行其道"。

他知道自己会使某些保王派朋友们感到震惊，他们都恪守古典主义。他读到了司汤达对他的评价："极端保王党真正的诗人——维克多·雨果。"

他耸了耸肩。

"法国辉煌的诗歌在我们周围不断更新，"他写道，"我们即将迎来一个伟大文学时代的曙光……洋溢着活力和激情的年轻作家们崛起了……这些年轻人将成为一个新兴的纯文学流派的中坚力量，同旧有的那些流派不是敌对关系，而是竞争关系……他们会有许多战斗要参加，许多斗争要支持；但是才华横溢的他们将满怀勇气，战胜荣耀带来的逆境……"

他把这篇文章投给了《觉醒报》，随后听说编辑发表它的前提，是加上一段"按语"，明确提出"特邀撰稿人声称就我们时代文学的发展建立了一种新的文学理论，本报不是百分之百赞同作者的观点"……

他衡量了一下自己激起的敌意。政治上的极端保王派，文学上的革命派，有谁能懂他呢？

但事实就是这样。他要直面逆境，不会再给《觉醒报》投稿了。

首先是钱的问题，依然是钱，永远是钱。

"我的出版商倒闭了，"他对父亲以实相告，"以至于我不知道什么时候，甚至不知道还能不能，得到第一版的《冰岛魔王》以及那两版《颂歌集》的稿费。最让人烦心的是，我再也没有听他们提及那笔尽人皆知的补助金了。"内政部在这个问题上一言不发。

还有欧仁，他的精神错乱越来越严重了。

根据莱奥波德所描述的，在一次吃晚饭的时候，欧仁突然从餐桌旁站起，手上拿着刀，向一位宾客扑了过去，他尤其想杀莱奥波德的妻子。莱奥波德成功地把他控制住，扭弯了刀刃，然后把他捆绑起来。

"我把欧仁带回巴黎，送进埃斯吉罗尔大夫的医院治疗。"莱奥波德在信中写道，"不管他到底能否康复，这个可怜的孩子今后都不能住在我们家了。"

当莱奥波德询问起欧仁，后者声称他想杀掉"这个女人"，是他的兄弟们和母亲鼓励他去犯罪的，因为父亲巧取豪夺了索菲的一切。

维克多"痛不欲生"；"我亲爱的爸爸，请告诉我们，你没有一刻因为这个可怜疯子的胡言乱语而怀疑我们……我们相信，这个不幸的人在可怕地冤枉我们，对此，我们没有任何为自己剖白的必要……请接受我温柔的致意。"

所有的不幸累积了起来。埃斯吉罗尔大夫收取的疗养费用高得惊人：每个月四百法郎！他们无法把欧仁留在这家医院，况且，他在那里也越发委顿，认为这是"一所监狱，有人在地下室里被谋杀"。

维克多几经奔走。人们先把他安置在瓦尔德格莱斯医院，然后又去了圣 - 莫里斯——隶属于鲁瓦耶 - 科拉尔领导的沙朗东医院。"病人的转移以及治疗所产生的一应费用由政府承担……"

维克多觉得压力没有那么大了，即便每次想起哥哥，依然焦虑不已。疯狂症近在眼前，只要能为欧仁找到一个治疗方案，哪怕方式残酷一些，都能让维克多放下心来。

之后，他已经不抱任何奢望的东西还是来了：内政部最终每年赠予他两千法郎的补助金！再加上王室金库给他的一千法郎，以及那些合同应该给他带来的几百法郎，生计问题变得不是那么迫切了。

他打算和阿黛尔搬进他们自己的房子，也许是沃吉拉街 90 号的那套公寓，他已经去看过了，很是喜欢。

他也读了专栏作家夏尔·诺迪耶为《冰岛魔王》写的评论文章，心里非常满意。他见到了诺迪耶，此人是一位饱学之士，知识面广得没有边际。他为《每日新闻》和《辩论日报》撰稿，很好地跻身文学界和政界。

诺迪耶拜访了维克多，之后又在普罗旺斯大街他的公寓客厅里，招待了维克多。那里聚集的诗人当中，有圣瓦勒里、儒勒·勒菲沃和阿尔弗雷·德·维尼。后者对《冰岛魔王》的赞美滔滔不绝："您写的这部作品优美、伟大，而且会长久流传。您为法国文学奠定了沃尔特·司各特①文风的基础。您这本美丽的书将成为他和我们之间的桥梁、他的文学色彩和法国文学色彩之间的纽带。"拉马丁写道："我们重读您那些令人心旷神怡的诗作，以及书中那位令人不寒而栗的'汗'。"

众人在诺迪耶家的客厅里自由地聊天。他的女儿——漂亮的玛丽——在一旁弹着钢琴。他们计划着创办一本杂志——《法兰西诗神》，里面要会集"浪漫主义"作家和君主主义思想的作家，诸如苏梅、德尚、维尼和圣瓦勒里。杂志的初创者们将每人捐出一千法郎。拉马丁提议自己为雨果支付这笔钱，但是不出现在杂志里。

"您就作为初创者加入其中吧，至于我嘛，我欣然拿出这商定的一千法郎，但是不会挂上自己的名字，也不会在上面花心思。"

维克多觉得后者想要收买自己，让自己沦为他的附庸。他甚至没有回复，他不会参加《法兰西诗神》的创办！

"我给您的上一封信是不是触犯到您了？"拉马丁问他，"开诚布公地说吧！您在和一位善解人意的人打交道，您是不会伤害到他的。"

忽然之间，维克多觉得构成他生命的核心部分——他的创作、职业生涯以及文学上的朋友们——都已经不再重要了。他在富歇一家位于让蒂伊的乡间宅邸里，陪着阿黛尔。他和她一起忍受一场痛苦分娩的折磨。他焦虑不安。

几天以后的 7 月 16 日，孩子在巴黎艰难地呱呱坠地。为了向祖父致敬，他们决定给孩子起名叫莱奥波德。

之后，阿黛尔产后恢复得相当困难。但是还有更糟的："孩子几乎是奄奄一息地

---

① 沃尔特·司各特（Walter Scott，1771—1832），英国著名的历史小说家和诗人。

来到这个世界，"维克多告诉父亲，"他身子太娇弱了。孩子母亲喝了过多的水，很不舒服，而且从怀孕到分娩受了太多罪，母乳的质量受到很大影响，无法适合这么虚弱的一个生命……阿黛尔为了孩子好，于是鼓起勇气，放弃了自己做母亲的权利，我们把孩子托付给奶妈喂养……"

夏天到了，生活应该是幸福的，维克多如此期待。但是，他忘不了啃噬他内心的隐忧。孩子太瘦小了。奶妈们也被打发回家，因为其中一个"性情乖张而且虚伪"，另一个同男人勾勾搭搭，又一次怀了孕，以至于产下的奶水使莱奥波德生了病。

于是，莱奥波德和妻子卡特琳娜接管了孩子，把他安置在他们位于布卢瓦的家里，给孩子又找了一位奶妈。8月16日，他们给孩子做了洗礼，他的情况好转了。这就是期盼已久的幸福吗？维克多愿意这么去想。他美化了自己的期待。

一切似乎都很好。他们用山羊奶养活孩子。

"我们都很高兴，亲爱的孩子们，"莱奥波德写道，"我们那头美丽的山羊已经开开心心来找它的宝宝了，我妻子把怀里的孩子放在地上，在羊的肚子下面，孩子刚好能含着乳头……"

维克多让这些言语宽慰着自己，尽管他在努力地控制、压制涌上心头的恐惧。

随之而来的，是皮埃尔·富歇拿来的一封信，他走到维克多面前，脸色阴沉。莱奥波德给他写信了，他嗓音喑哑地说，孩子死于10月9日下午3点。他表达了孩子祖父母沉痛的心情。

"每个人都很震惊，"维克多在给父亲的回信中写道，"仿佛这个昨天的孩子，这个体弱多病的脆弱生命永远都不会死去。"

他沉思了一会儿，继续写道："唉，应该感谢上帝，愿意为他免除人世间的苦难……"

"亲爱的爸爸，我们的莱奥波德今天是一个天使，我们向他祈祷，为了我们，也为了你，为了他的第二个母亲，为了所有在他出现在人间那短暂的一刻爱过他的人。"

上帝这么做有何用意呢？他陷入了沉思。

"上帝希望莱奥波德是我们之间的又一条纽带，令父母慈祥，令孩子们孝顺。"

维克多从来没有觉得自己和父亲是那么亲近。那一刻他也从来没有如此渴望另一个孩子。

他还要继续生活，所以要继续写作，庆祝西班牙战争的辉煌胜利。

他还要借着这个机会，在同一首歌颂凯旋门的诗歌里，将拿破仑帝国士兵们的荣耀和夏多布里昂麾下军队的荣耀结合起来。

他还需要和几个出版商谈判，因为钱是他一个亟待解决的困扰。

他见到了其中一位——拉德沃卡。商谈在有礼有节的氛围中进行，但是过程很艰难。维克多在这位出版商的眼中看到了惊讶。他只是个二十一岁的年轻诗人，但是已经开始谈钱了。

他们达成了一致。维克多答应出让《新颂歌集》的版权，为期两年，收取两千法郎的稿酬，以四张汇票的方式，从1824年5月1日到1824年11月1日，分期支付。拉德沃卡抱怨支付条件过于苛刻了，西班牙战争延缓了经济发展，钱变少了。维克多起身的时候，授予他单独发表《雨果先生关于西班牙战争的颂诗》的权利，所获收益全部归出版商本人所有。

他回到了家里。在桌子上，他看到了一封信，并认出那纤细的笔体。是欧仁在深渊里对他说话：

"我不知道是什么原因阻挠你来看望我，我在这儿已经超过七个月了，只见过你一次，见过哥哥阿贝尔两次。我很需要你尽早来看看我……

"我认为你会不间断地来看望我，在这个方面，你对我表现出的感情不会比我一直对你表达的感情少。怀着这种笃定的心情，我拥抱你，我们的兄弟情不变，我永远是你忠实的哥哥。欧仁·雨果。"

维克多把头埋进双手中，颤抖着。他有一种负罪感。他想象着欧仁，孤身一人地被关着。

仿佛有一些人注定要一生不幸，欧仁就是其中之一。他们在受苦，似乎上帝把他们丢给了伪基督。

1824 年

维克多用目光询问阿黛尔。她微微一笑，眼睛半开半合，似乎有些害羞或是局促，随后她低下了头。

他懂了。

一阵欣喜、骄傲和柔情涌上他的心头。阿黛尔又怀孕了，总算是又有了！

对于维克多而言，似乎痛失爱子的那一页可以翻过去了。但是他陷入焦虑之中。他询问阿黛尔。她进一步证实说医生建议她不要坐车出行，她这次怀孕和上次相隔太近，需要好好休息。好的，父亲想让我们来布卢瓦看他们，我们就不赴这个邀约了。他会对父亲解释的。

他拿起鹅毛笔。

"所有一切都让我们有理由相信，我们的莱奥波德回来了。嘘！"

他停住笔。看起来这个即将到来的孩子的确是先前那个的"转世"。

上帝回应他们的诉求了。

他想象中的"转世"孩子，重新带给他信心。他向父亲倾诉道："我的妻子在孕期，身体不像我期待的那么好。但是我们并不担心。"

阿黛尔平静地躺着，有时给公公婆婆写写信。她已经在考虑给这个孩子起名叫莱奥波德，如果是个女孩，叫莱奥波蒂娜，这就是为了清楚地表明，这个新生儿是那个夭折孩子的化身。

维克多很幸福。他爬上那段笔直如梯子的楼梯，楼梯通向"他们自己"的公寓。他们最终租下了沃吉拉街90号的房子，住在一楼。狭小的房间临街，但那是"他们"的第一套房。阿黛尔就要在这里分娩。

他在沃吉拉街招待了前来吃晚饭的朋友们，从他们眼中，他读到了关爱，甚至是激动，为了阿黛尔，为了这对在爱中等待一个孩子降生的夫妻。拉马丁对他说出下面的话，这些言语透着真诚，令他大为感动：

"上天一定是眷顾您的……您一生当中从来没有做过蠢事；我的一生呢，直到二十七岁，就是一块用错误和放浪形骸编织的布料。但是您坚持下来了，您在这里就是为了坚持。您有一颗黄金时代的心和一位人间天堂的女人；有了这些，我们生活在我们的黑铁时代。"

维尼、圣瓦勒里和夏尔·诺迪耶经常同拉马丁会合。

诺迪耶年龄最大。维克多想到这个才思敏捷的男人居然比他年长一倍——四十四岁，就十分惊讶！维克多赞叹这个饱学之士的聪慧和文化修养，此人还通晓英语和德语。

上一年的最后几天，诺迪耶被任命为阿瑟纳尔图书馆①馆长。每个星期天，他都在铺着细木护壁板和闪亮木地板的奢华气派的大厅里，举行沙龙聚会。每个人都给其他人朗读自己的作品。在那里会见到维尼、圣瓦勒里，也会遇到亚历山大·苏梅、德尚还有吉罗。人们谈论着《法兰西诗神》，他们是这份杂志的创办人。人们倾倒于索菲和戴芬妮·盖伊的魅力，惊讶于大仲马的粗犷。人们说起法兰西学院院士候选人苏梅和拉马丁，时而嘲讽，时而拍案。

人们相互传阅《十九世纪水星报》②，报纸断言道这些"诗歌界的小王子们组成了

---

① 阿瑟纳尔图书馆位于巴黎，始建于16世纪，起初用来存放武器弹药，后改为图书馆。

② 夏多布里昂主办的报纸。

联盟……他们互相引用对方的诗句作为典范"。

他们大笑，他们抗议。

他观察着周围的诗人们。

夏尔·诺迪耶背靠着壁炉的挡火板，他讲述一生中的种种际遇。维尼在戴芬妮·盖伊的耳边窃窃私语……很快，大家要开始跳舞了。沙龙里看上去一片和谐。

维克多要回敬《水星报》，他说："您满心嫉妒的年纪嘲笑诗人们之间的兄弟情谊，尽管有竞争，但是他们不乏温暖和高尚的情操。"但是他深知在诗人团体里，成员们相互嫉妒，而且想法主张也不完全一样。

他读了一封拉马丁的来信，在超然的外表后面，字里行间透着尖酸刻薄：

"我们是什么？我们还什么都不是。他们是什么？也算不上什么！我们就别再提起这些了。他们的文学评判标准不能作为我们评价自己文学的尺度……就是因为我们获得那一丁点的名气，他们就憎恨我们，预感我们会抢了他们的风头……"

但是维克多受到攻击，就会回敬对方！

《辩论日报》刊登了一篇文学评论，作者仅仅署名"Z"，但是维克多猜到他是某位霍夫曼，在文章里，维克多被指控为"浪漫主义"者。他给报社写了封信，并要求全文发表。"《圣经》难道不是浪漫主义作品吗？"他讲着自己的道理，"在您看来凡是浪漫主义的元素，我们每时每刻都能在古典主义作家以及现代伟大作家身上找到。"

人们祝贺他的回击。然而在他周围，在《法兰西诗神》阵营里，他们不希望同"权威们"、学院、教堂以及内阁开展论战，因为"浪漫主义"被后者看作是反对派的一个源头。

维克多悲哀地就此发现，原来利益会扼杀信仰。他自己决定谨慎行事。他自己的生活还要依靠着内政部和王宫发的补助金——即三千法郎。再加上出版《颂诗集》以及《冰岛魔王》所签订的合同，也会给他带来一些收入。然而沃吉拉街公寓的租金为每年六百二十五法郎，每个月要付给用人十六法郎，还有日常的支出，阿黛尔看医生的费用，以及给未来孩子买小衣服的钱。

每天上午，写作结束以后，他打开账本，计算各项花费，精确严密地算着自己的收入总和。他想要摆脱金钱的烦恼，即使不能发一笔横财，至少也能保证他家庭的生活，做到经济独立。为此，必须存一笔资产，然后靠着资产带来的稳定收益生活，这样就不会因为某个出版商破产或是一个政府决议，而遭遇财务危机了。

然而内阁转变了态度。极端保王派在刚刚结束的选举中，出人意料地获得了绝大多数票。在1815年销声匿迹的众议院之后，如今是1824年的"重新出现的众议院"！维克多看到自己成为众矢之的，自由党人针对他，所有认为浪漫主义是革命催化剂的人，也在针对他。

他在报纸上读到，对于一部分人，他只是一个"哭哭啼啼的圣会^①成员"，但是对于其他人，那些反对圣会这个半公开的，想要将王权和教会合二为一的强大组织的人们，维克多是一个叛徒，每次他在作品里提及拿破仑，都给此人赋予一层史诗的、英雄主义的色彩。雨果，一个极端保王派吗？还不如说是一个叛徒！

他必须为自己申辩。他不想同内阁决裂，他还需要他们的支持。

他拜访了战争部长——克莱蒙－多奈尔公爵，请他提携一下莱奥波德·雨果，让他要么被任命为军队总监察长，要么为少将，总之不要让他退伍。他们在西班牙的时候，父亲难道没有和克莱蒙－多奈尔一起并肩作战吗？

他四处奔走，收获的只是些好听的话，他只能听着部长先生发出的遗憾和愧疚，很想帮他但是又爱莫能助。他从"战争部的院子里出来，感觉到一阵强烈的头痛"。

"我亲爱的爸爸，不管怎样，"他在给父亲的信中写道，"尽快给我寄来你的申报荣誉少将的申请书。这很重要也很紧急，千万不能错过申请的时间……"

他很想帮助父亲，父亲对他的关心和慈爱让他很受感动，每一天，他都觉得自己与父亲又贴近了一些。他在一些出版商那里走走门路，为了让他们出版莱奥波德写的无数叙述性文章，不管是他写的回忆录，还是一部名为《蒂罗尔人的历险或军营圣女》的小说。

但是这些拉关系托人情的事情令维克多变得阴郁起来，他的自尊受到了伤害。

紧接着又出现了一个状况让他担忧，他感觉到自己正在失明，已经有两个星期了，他的双眼一阵阵刺痛，他无法写任何东西。

他让人给他读读报纸，了解到奥热院士在法兰西学院的一次演讲中，以及主教兼大学士弗雷西努斯在给中学优等生颁奖时，都借机大加批判了这一"新的文学潮流"——浪漫主义。

维克多觉得他们在针对着自己。假如立场不变的话，如何能一直保持沉默呢？他必须对此做出回应，恰好当时有人请他，为刚刚在希腊去世的诗人拜伦写一篇悼念他的文章，此人因为自己参加的希腊解放运动没有取得胜利，所以郁郁而终。维克多将借助这次机会，表达自己的观点：

"请诸君不要搞错，一小撮思维狭隘的人，徒劳无功地想把文学思潮又带回上个世纪可悲的体系中……此外，在罗伯斯庇尔的断头台之后，人们不会再写多拉^②式的情歌了，也不是只有在波拿巴的世纪，我们才能继承伏尔泰的衣钵……"

---

① 圣会：法国波旁王朝复辟时期，左右当时政权的组织。

② 多拉（Dorat，1508—1588），法国人文学者，研究拉丁诗歌和希腊诗歌。

这一新的文学流派的领军人物，他盖棺定论地说道，是夏多布里昂。

他想要做到诚恳，自以为做得巧妙。

夏多布里昂难道不是一位无可争议的君主政体拥护者吗？难道不是外交部部长、西班牙战争的胜利者吗？

6月6日，突然之间，一个消息传来，让他觉得简直是晴空霹雳！夏多布里昂被逐出内阁，他，过去一直是拥护君主制的象征！维克多既震惊又愤怒。圣会抨击浪漫主义者、弗雷西努斯和众议院主席维莱尔。他们一道使出各种伎俩，打垮了夏多布里昂。

之后不久，他就发现自己的朋友苏梅和德尚退缩了。苏梅是法兰西学院的候选人，如果《法兰西诗神》卷入这场政治层面和文学层面的斗争，同当权者作对的话，他如何能够当选呢？苏梅渴望拿出表忠心的证据，有什么比让《法兰西诗神》停刊更能体现自己的忠诚呢？

维克多想要去抗争。

6月7日，他发表了一首《献给夏多布里昂先生的颂诗》。

维克多预感到了"谨小慎微者们"的惊慌、苏梅会使的手腕以及他能找到的支持。7月25日，《法兰西诗神》不能再出版了。29日，苏梅当选为法兰西院士。

该如何给忧心忡忡的维尼回信呢："看在上帝的分上，请您告诉我所发生的一切！对于法兰西学院那把破交椅的热情居然还能阻挠本世纪天才们？"

维克多耸耸肩；维尼远在奥伦，他无法知道那些琐屑的阴谋、野心家们的游戏、政治上的复仇以及每个人的虚荣和懦弱。

他看见了夏多布里昂："自从他被贬黜，我们之间的关系密切了很多，在他炙手可热的时候，我们彼此疏远了很多。"

"我高贵朋友的失势间接地杀死了《法兰西诗神》，整件事太不同寻常了，我无法在信里给你讲述清楚。"维克多在信中对父亲吐露。此外，这个真的重要吗？

阿黛尔的健康状况非常理想。再有几个星期，她就要分娩了。"我们可怜的欧仁的情况一直和过去一样。丝毫没有起色，令人绝望。"

这就是真正的希望和真正的痛苦。

维克多坐在阿黛尔休息的床边，握住了她的手。整个八月，他不想再离开她了，这也是预产期之前最后一个月。

8月28日凌晨3点半，解脱的时刻终于到来。他既筋疲力尽又"欣喜若狂"。

"我亲爱的爸爸，

"你添了一个孙女，一个莱奥波蒂娜！我的阿黛尔，英勇地忍受了五个小时的折磨，刚刚把一个胖嘟嘟的女儿带到这个世界上。我们那个可怜的莱奥波德当时有多么虚弱，这个孩子的生命力就有多旺盛……"

他无法将目光从这个"转世"的孩子身上移开。

"我们可爱的小家伙，自从出生的第二天起，就始终健康苗壮。"他补充道，"她开始津津有味地吃奶了，看上去已经下定决心要长久地用莱奥波蒂娜、塞西尔、玛丽、皮埃尔、卡特琳娜这些名字了……"

莱奥波蒂娜旺盛的生命力令他惊叹。"蒂蒂娜①。"他轻声念叨着。他把孩子抱在怀里，想把摇篮就留在夫妻二人的床边。

9月16日，他自豪地抱着孩子，穿过圣叙尔比斯教堂的甬道，一直来到礼拜堂，孩子将在那里受洗礼。

至于维克多，他在从布卢瓦赶来的家长的伴随下，走出教堂，突然之间，一阵阵丧钟的声音传来。国王路易十八刚刚驾崩，他的弟弟阿图瓦伯爵继承了他的王位，成为查理十世。

自从第二天起，他收到了一本题为《国王已死，新王万岁！》的小册子，落款处写着夏多布里昂。他读着这篇宣布归顺查理十世的文章，希望新君能补偿路易十八对待夏多布里昂的种种不公。

为了让别人听见自己的声音，他开始创作一首颂歌。

他想到了拿破仑，另一位已经死去的君王，他的遗体永远地埋葬在一个陌生的岛上。

他无法阻止手中的鹅毛笔提及皇帝陛下。他似乎觉得有人在对他口述这些诗句。他对自己重复道，他只是想要悼念路易十八，而描绘了"一座暴风雨呼啸的小岛"……

人们发出一阵讥讽，自由党人嘲笑这位"极端保王派"，说他只为拿破仑才真正热血沸腾！他想无视这些评价。他忠于自己的君主制信仰，对新登基的国王忠心耿耿。但是这里面有整个民族的历史，人们不能将它忽略。

他收到了维尼的来信，似乎此人懂他。

"您把圣赫勒拿岛和圣丹尼教堂并列起来，真正体现出了思想的宽度；也许有一个事实在这里不得不提：所有民族的公众悲剧只有一个思想母体……在我看来，只有通过这种方式，天才们方能把目光锁定在当前时代的大环境上，因为唯有探求真相，我们才能保持自己的独立和尊严。用您诗歌王冠上这颗新的明珠来装饰您女儿的摇

---

① 译者注：雨果对女儿莱奥波蒂娜的昵称。

篮吧，祝您幸福……"

维克多幸福吗？年末的时候，他问着自己。

"又一年过去了，"他在给舅舅的信中写道，"但是这一年对我们来说，生活得更加幸福：我们的经济状况改善了，我卖新书的钱弥补了上次出版商倒闭给我带来的损失，而且缓解了我们夫妻日常消费的压力，也使我们更容易地拥有了自己的房子。明年我们的收入也许会更有限，但是我希望钱能一直够用……失去了可怜的莱奥波德给我们带来切肤之痛，如今这个损失也被弥补了——我们添了一个小姑娘，她茁壮成长，非常健康……"

但是他们能够生活得与世隔绝吗？

他读了拉马丁写的那些苦涩的句子，后者没有能够当选法兰西院士。维尼则抱怨自己孤身一人留在了比利牛斯山的驻地，对此，维克多回答道：

"您想让我们留在巴黎的人在内阁和法兰西学院之间做什么呢？对我而言，当我走出自己的空间，所能感到的只有愤怒和怜悯。

"因此，我一点儿也不想抛头露面，我待在家里，在那儿我很幸福，我轻轻摇着我的女儿，我还有一位天使，她就是我的妻子。我所有的快乐就在家里，没有任何快乐从外面来，除了几声充满友情的问候，这对我十分宝贵，而在友情的问候里，我最看重的就是你们带给我的……但我所有的观点都烟消云散了，当我看到迷恋的事物和利益牵扯其中，我就立刻投降了。"

12 月 29 日这天。

他重新读了一遍给维尼的信，补充了最后一句话：

"那些细小的伤痕要了我的命。请允许我骄傲地借用这个比喻，我仿佛是阿喀琉斯，因为脚后跟的脆弱而不堪一击。维克多。"

1825 年

维克多打开沃吉拉街一层公寓的房门。这道门正对着笔直如梯子的一段楼梯。他闻到了从底层的木工作坊里散发出的胶水和木头的气味。

在狭窄走廊昏暗的光线里，他接待了阿尔丰斯·拉博和保罗－弗朗索瓦·杜布瓦。他很敬重这两位自由派记者，甚至有一种亲近感，因为他们没有被政治观点蒙蔽了眼睛。他欣赏杜布瓦几个星期前，在他的《环球报》上发表的一篇文章。

杜布瓦写道："法国在文学上，就像在政治上和宗教上一样，分裂成两个派别：一个派别把自由当作信条，就是说寄希望于未来；另一个派别把强权当作信条，也就是说寄信仰于过去……"

但是，尤其令维克多感兴趣的是文章做出的结论。他自称拥护君主制，也就是因袭传统，但是又因为支持新文学，结果反而遭到保守派的抵制。

杜布瓦描述了这种情形：

"我们观察到一个耐人寻味的现象，就是政治上和宗教上的自由思想者们，在文学上是专制主义者，然而抗议法兰西学院的人基本上都属于革新派的敌对政党。"

他把他们让进客厅，一月初的柔和光线像是被过滤过一样，在柔光中，阿尔丰斯·拉博的脸显得更加恐怖。

拉博留着漂亮的金色卷发，但是花柳病啃噬了这个五十多岁男人的五官。他是个独眼，缺了鼻孔和嘴唇，脸上的皮肤像是被利爪狂躁地犁过似的，留下一道道划痕。他在西班牙担任战争特派员助理时，结识了雨果将军。他热情洋溢地说话，目光里透着慷慨。

维克多知道这个男人有点将他看作自己的儿子。拉博写了一篇文章称赞《冰岛魔王》。他是一位低调的朋友，总是害怕吓着小莱奥波蒂娜。

但是孩子睡着了，两只小手握在一起，阿黛尔轻轻摇着她。维克多沉默了好几分钟，静静看着他幼小的女儿和妻子。这一幕对他而言每次都那么动人心魄。

他转向拉博和保罗-弗朗索瓦·杜布瓦。

这两个男人为了不把孩子吵醒，压低了声音。查理十世准备五月在兰斯举办加冕大典，这个决议被两个男人大加抨击，似乎法国大革命就根本没有发生过。还有一些提案同样令人愤怒：给移民拨款十亿法郎，禁演喜剧《达尔杜弗》[①]……皇家绘画与雕塑学院院长——索斯泰纳·德·拉罗什富科——将负责实施许多诸如此类的措施，夏多布里昂的这个死敌将随意支配一个"偿债基金"账户，他以众议院主席维莱尔的名义取走里面的钱，用来收买人心和报纸。

拉博点点头，说起了雨果将军，谈到在西班牙的种种回忆。维克多专注地听着，感同身受。

这两个人也许知道，他和拉马丁通过拉罗什富科从中斡旋，刚刚向国王申请了

---

① 《达尔杜弗》是法国喜剧作家莫里哀创作的戏剧作品，剧中塑造了一位伪君子的典型形象。

荣誉军团骑士勋章。在二十三岁，这可是无与伦比的！

然而拉罗什富科表现出了积极的态度，他说"这两个诗人虽然还很年轻，但是对君主政体的拥护和对宗教的虔诚已经毋庸置疑"，为了他们，他将向国王递交这份奏请，而且相信，国王对于"维克多·雨果在支持教会和王权的伟大事业上孜孜不倦的努力"，是不会无动于衷的。

更好的是，索斯泰纳·德·拉罗什富科告诉雨果，他将被邀请参加兰斯的加冕大典——旅途和食宿的费用自然而然由王宫来承担——以便他能创作一首颂诗歌颂查理十世和大典。

他望着拉博，听他又一次强调自己对雨果将军"最深厚的感情和敬意"。维克多大为感动，拉博是一位"善良又高尚"的朋友。

他走近杜布瓦，他猜想此人一定被阿黛尔的招待和莱奥波蒂娜打动了。

杜布瓦谈起那些文学论战，说到亚历山大·苏梅，此人把席勒①的《圣女贞德》的法文译本搬上舞台，并在奥德翁剧院②上演。他完全屈从于古典戏剧的清规戒律，摒弃了自己的浪漫主义信条。的确如此，在他当选法兰西学院院士的那一刻，他就已经抛弃浪漫主义了。

"在这些信件里，就像在其他地方一样，"杜布瓦说道，"总有一个左派和一个右派，它们联合起来对付中间派，但是在其余方面，它们彼此针锋相对。"

维克多赞同这一点。他已经读了阿尔丰斯·拉博写的《俄罗斯历史》，对于其中的政治观点他并不认同，但是"成就斐然的人之间，应该惺惺相惜，互为知音，哪怕在理念上彼此对立"。

他站起身，送拉博和杜布瓦来到门口，说道：

"有人说我像我们伟大的诗人苏梅那样，摒弃了自己轻狂不羁的文学信条。烦劳两位在你们所到之处，高调澄清这个谣言，这会对我帮助很大的。"

维克多回到客厅。莱奥波蒂娜还在睡着，脸蛋紧紧贴着母亲的乳房……
他很幸福。
他有种感觉，刚刚开始的这一年将会是幸福的一年。莱奥波蒂娜精力旺盛，生气勃勃。阿黛尔毫无困难地用母乳喂养她。在他周围，他感受到了亲人们的关爱。

---

① 席勒（Schiller，1759—1805），德国18世纪著名诗人、哲学家、历史学家和剧作家，德国启蒙文学的代表人物之一。

② 奥德翁剧院是巴黎的一座剧院，法国的六座国立剧院之一。它坐落在塞纳河左岸的巴黎第六区，毗邻卢森堡公园。

关爱来自他妻子的父母，也来自他的父亲和继母。他的心从未像现在这样贴近莱奥波德。此人对他们如此慈祥、如此贴心……他给父亲寄去了自己的祝福："你们生活得安逸，这就像一滴温柔的露珠滴溅在我们身上。"卡特琳娜成为莱奥波蒂娜的教母。维克多对父亲答道：

"你知道，你可以放心地把一切都着落在我们的孝心上，就像着落在我们对你温暖而又情真意切的尊敬上。"

他只是禁止人们提到欧仁。一个去过沙朗东医院的人对维克多说："我一直发现他的情况越来越糟……医院的那些大夫们对我说，欧仁现在处于一种无法被治愈的状态了。如果真的是这样——这点已经没什么好怀疑的了——那么不如让他尽早离开这个世界。"

欧仁对所有向他提问的人，只能回答一句："是的先生，您人真好！"

恐惧、惊惶、内疚。

但是还有阿黛尔、莱奥波蒂娜、这枚荣誉军团骑士勋章，还有去兰斯的旅行，在此之前，他们趁着春暖花开，要在布卢瓦的父亲家里住一段时间。

首先要想到的是这些，要想到的是生活，而不是沉沦。他做到了忘掉欧仁。

莱奥波蒂娜和她的母亲坐在驶向布卢瓦的邮车[①]上，她们昏昏欲睡。这一幕令维克多着迷。他想起索斯泰纳·德·拉罗什富科对他吐露的内情，在国王给他的"优渥关照"之下，他成为荣誉军团骑士，并受邀参加他的加冕典礼。子爵又补充道，维克多·雨果还将得到一千法郎的旅费。

维克多心满意足。他的父亲住在一幢白色的方形房子里，挂着绿色的百叶窗，被两个果园包围。他领着维克多参观了布卢瓦和香波城堡[②]。

维克多心醉神驰。

——这是仙女们居住的城堡啊！

他们又去了拉米尔蒂耶尔，这是雨果将军在索洛涅置下的一块产业。

他坐在一间绿意盎然的大厅里，厅堂内壁点缀着常春藤，藤蔓在他面前摊开的书本上，投射出一道道阴影。他寻着阴影的痕迹，勾画出它们的轮廓。他用铅笔这样涂抹，一些阴影的形状跃然纸上，这让他感受到了一种写作无法带给他的宁静。

---

① 15—19 世纪中叶兼载旅客的邮车。

② 香波城堡（亦称为：香波堡），弗朗索瓦一世派人建造，是法国历代国王度假狩猎的寝宫，也是卢瓦尔河谷所有城堡中最宏伟也是最大的一个。

他把这些涂鸦寄给了他的内兄保罗·富歇。"设想一下吧，"维克多在给他的信中写道，"由阳光和阴影勾画出的图案，会让你看到一些有魅力的东西。正如那些人们称之为诗人的疯子们所做的那样。"

随后，他和父亲在原野并肩散步。莱奥波德按照荣誉军团的礼节，自豪又庄严地举办了一个家庭仪式欢迎他。父亲的自豪之情让他觉得十分幸福。

当莱奥波德被晋升为荣誉少将，且享有每年六千法郎的津贴时，他觉得自己也让父亲感到了心满意足。

一切都是那么美好，这就是为什么 5 月 19 日，维克多在离开父亲家，并把亲人们也留在那里时，心中一阵恋恋不舍。

他动身先去巴黎，然后去兰斯。

他一到奥尔良，就提笔给阿黛尔写信。

"时间对我来说，过得很漫长。一想到这分开我们的十四公里，我就特别沮丧……"

在巴黎空无一人的公寓里，他感到同样的悲伤。

他去了富歇家，同他们共进晚餐，但是婚床是空的，这令他绝望。

他去了几次裁缝店，换换心情。他的确需要一件蓝色的礼服、一双箕形纹的皮鞋和一柄佩剑。最后，是亚历山大·苏梅把自己的军裤借给了他！他试图表现得开心一些，拜访了诺迪耶、画家阿洛以及博物馆协会秘书长凯约，他们也将参加这次旅行。

他们决定乘坐同一辆车出发。

然而维克多一走进沃吉拉街，公寓的死寂就将他压垮了。

"和平时一样，我悲哀又沮丧地回到家里，"他对阿黛尔讲述道，"时间多么漫长啊！已经太久没有见到你了，我急切地想知道分别以来你都做了什么。"

阿黛尔的信迟迟不来，因此只能在不了解她近况的情况下动身了。

通往兰斯的道路已被翻新过了，从首都出发，看到的是一个延绵不绝的车辆组成的车队。"这一路上，所有物品的价格奇高无比，到处都拥得满满的。旅客们潮水般淹没了客栈，车辆潮水般淹没了道路。人们就好像一大片蝗虫，所到之处寸草不生，来得最晚的那些人，估计连骨头都啃不到了……我怀着难以言表的喜悦，离兰斯越来越近了。在那里，我将读到我深爱的阿黛尔给我写的那些信。"

他还是失望了，在兰斯没有她的信！他和博学而又话多的诺迪耶游览了城市。大教堂令他们赞叹。一天晚上，诺迪耶在他们四个人居住的房间里，朗读莎士比亚的剧作，他一边读一边翻译。维克多在一旁聆听，不由得痴了。他刚刚发现了一个辉煌灿烂的世界，和那座哥特式大教堂一样辉煌。

随着时间一天天过去，慢慢地，他的新鲜感、演出表演以及众人对他恭敬的接待——他佩戴着"红色"绶带①——所有这些抚平了他的悲伤。人们等待着国王的到来。阿洛画了一幅油画，将被挂在宴会大厅里。人们还观看了一些戏剧演出。

之后，他总算收到了妻子的来信……但是信中的内容让他深感不安，因为阿黛尔抱怨她的婆婆对待她的态度。

"哦，我亲爱的维克多，她对我的冷淡令我太难受了，"她写道，"我是一个情感丰富的人，也习惯了被人呵护宠爱……雨果夫人很难容下我们，而且在不停抱怨着……我在这里很难过，我们已经待不下去了……你必须给父亲写信说发生了意料之外的事情，使你最后不得不滞留在巴黎……"这样阿黛尔就能回去和他会合了。

维克多在房间里踱着步子，怒火中烧。他有一种被欺骗的感觉。"这个女人"的确是那个他有理由憎恨的人。

他立刻回信："他们怎么能让你一个人孤立无援呢！居然在我父亲的家里，对我深爱的阿黛尔这么冷淡，毫不挂怀！我不是愤怒，亲爱的天使，我是深深地，对，深深地感到痛心疾首……"

随后他又愤然写道："对一个你现在不用依靠，以后更不用依靠的外人，你有什么必要在意她的情绪好坏呢？爱我的父亲就行了，他是那么喜欢你。"

他给莱奥波德写信，告诉他大典结束后，自己不能再返回布卢瓦了。

他观看着大典，有些担心自己能否写出一首令国王和评论界都满意的颂诗。哪怕"典礼令人陶醉"，他也觉得这次的大典已经不符合时代精神了，它呈现出一些可笑的地方，那些军服已经过时，还有那些身着长排扣礼服的议员们，他们已经淡出要职，退居次席了。

他来到夏多布里昂家里，告诉他典礼很庄严，但当国王展开身体横卧在大主教脚下时，他还是受到了深深的刺激。

他感觉到夏多布里昂愤怒了。

"我本以为加冕仪式应该是另一种样子，"子爵说道，"简陋的教堂，国王骑在马上，两本摊开的书……法国宪章和福音书。宗教和自由结合起来。然而不仅不是这样，我们看到的还是草台班子耀武扬威地粉墨登场。我们都不知道该怎么花钱了。您知道发生什么了吗？法国国王和英国大使在马厩打了一场战争，战败的那个是国王……"

---

① 法国荣誉军团骑士佩戴的绶带。

维克多告退了。他看到夏多布里昂被维莱尔侮辱，被所有人抛弃，因为他的权力已经不在了。

如此多矛盾的情感在他内心涌动，他怀疑自己是否有能力赞颂国王和他的加冕典礼。而且拉马丁比他先行一步，发表了《加冕之歌》，然而他本人并没有参加大典。但是查理十世龙颜大怒，因为诗人提到了弑君者——平等的菲利普[①]。

维克多感到自己肩负着重大的使命："责任重大，令我诚惶诚恐。"他给父亲写道，"国王对已经出现的所有颂诗都不满意，他还打听我当时是否在兰斯。现在你明白我的处境了吧。"

6月2日，他回到巴黎。阿黛尔在家里迎接他。他把妻子和莱奥波蒂娜搂在怀里，然后就把自己关在房间里开始创作。

他想起了莱奥波德的回信："好好准备你的诗作，对任何事情都不要绝望，一个光辉的荣耀在等着你。拉马丁先生发表得太匆忙了，我读了他的诗，真的算不上什么。"

维克多开始工作起来。那些词语来得并不容易。他扮演的这个诗人的角色，被众人期待，甚至带有一些官方色彩了。这让他胆战心惊，束手束脚。他划掉先前写的，又重新开始创作。

几天后，颂诗最终定稿。他重读了一遍。

他立刻把写好的颂诗拿给出版商拉德沃卡，为了将它发表，然而从6月14日起，好几家报纸分别转载了这首诗作。

"这首诗的成功超出了我的期望，"他在信中对父亲说道，"有七八家报纸刊登了它。我要把它呈交给国王。"

他描述了那个令他激动不已的时刻，当6月24日，他站在查理十世面前，笑容可掬的国王亲切地对他说道：

"维克多·雨果先生！我欣赏您的才华已经很久了。我将饶有兴趣地重新欣赏您的颂诗，并对您表示衷心的感谢。"

国王俯下身，又说了几句话，他已经记不清了。他也许一味地重复：

"陛下，国王陛下……"

觐见国王后的第二天，他吃惊地收到索斯泰纳·德·拉罗什富科寄来的一封信，信中说他不但会收到许诺给他的兰斯之行的旅费一千法郎，还会收到价值五百法郎

---

① 平等的菲利普：法国波旁王族奥尔良系大贵族，路易十六堂兄弟。原名路易·菲利浦·约瑟夫（Louis Philippe Joseph）。他因热心支持法国大革命而被称为平等的菲利普，并投票赞成处死了国王路易十六，但最后仍在雅各宾派专政时期被送上断头台。

的一整套塞夫尔①瓷器，尤其重要的是"国王陛下为了表达对这首颂诗的满意之情，已经下旨王家印刷厂，用所有奢华的纸张油墨重新印刷这首诗作"。

国王自己一个人就预订了五百份印刷的颂诗！

那一刻令人心花怒放！

随着功成名就一起到来的，就是家庭的幸福。莱奥波蒂娜试着走路了，也开始咿咿呀呀说几个单词。阿黛尔容光焕发。朋友们络绎不绝地来到沃吉拉街。

每个星期天，人们一直在夏尔·诺迪耶的家里，也就是阿瑟纳尔图书馆的大厅里聚会。

诺迪耶甚至提议组织一次去阿尔卑斯山的旅行，他们将去夏蒙尼②，将看到勃朗峰，将去瑞士。众人的妻子们和莱奥波蒂娜也一起去。钱呢？诺迪耶联系上了一位名叫于尔班·加奈尔的出版商，他将承担旅行的一切费用，条件是出版一本书，名为《勃朗峰和夏蒙尼山谷之诗意美景游》。

维克多写四首颂诗，收取两千两百五十法郎。拉马丁如果愿意加入进来，创作四首"沉思诗"，赚取同样数目。诺迪耶负责编辑，将得到两千两百五十法郎。

维克多很陶醉。

他见了一下惯常与他合作的出版商拉德沃卡，后者向他提议再版这两部《颂诗集》，并且出版第三部诗集，收录那些未发表的诗作，版权出让两年，稿酬为四千法郎，以八张面额为五百法郎的汇票形式分期支付，每两个月兑换一张。作者会拿到五十本样书。

他签了合同。他还从未签过条件这么优渥的合同。

他觉得自由、独立，牢牢掌握着自己的未来。

在此之后，忽然一天早上，年迈的拉里维耶尔登门来访。他是小学老师、家庭教师、维克多千叶巷时期的恩师。维克多不在家，但是拉里维耶尔希望他曾经的学生来他家里一趟。

在老师家，维克多看到了几页纸，上面写满了数字，"1813 年 6 月 1 日到 1814 年 12 月 3 日期间，欧仁·雨果和维克多·雨果先生为了购买学习用品，所预支的费用"，这是一笔四百八十六法郎八十生丁的债务，而且已经拖欠了十年！维克多顿时惶恐不安。

一个人支付这笔钱？这在他看来是不公平的。他可以这样做，但是他不想。不

---

① 塞夫尔（Sèvres）：是上塞纳省的一个市镇，以制瓷业闻名，号称法国的瓷都。

② 夏蒙尼（Chamonix）：阿尔卑斯山脚下的一个小镇，是法国的旅游和滑雪胜地。

管怎样，他的父亲在那时应该负担他们的费用。他将给父亲写信：

"亲爱的爸爸，如果我对你解释这种性质的债务有多么神圣，那绝对是多此一举。我们获取的那一点知识，我们具备的那一点价值，在很大程度上，要归功于这位令人肃然起敬的老师。你会急切地满足他的要求，尤其现在他正需要这笔钱，对此我深信不疑……他保持着令人赞赏的风度，已经等了十年。"

维克多已经拿定主意：自己给拉里维耶尔寄去两百法郎。"我存着这笔钱，本来为了给自己买一块表。我亲爱的爸爸，这笔钱能帮你减轻一部分债务……"父亲会支付剩下那一部分的，他有这个把握。

但是，过去时光的突然闪现让他感触很深。他想起了母亲，想起了欧仁，想起了千叶巷。他觉得自己离阿黛尔更近了。在诺迪耶的陪同下，他是如此幸福地带着妻子女儿，踏上前往阿尔卑斯山的旅程。

从旅行最初的那一刻起，当他看见妻子和女儿坐在他的对面，他们搭乘的轿式马车跟在诺迪耶的敞篷四轮马车后面，他的直觉告诉他，这次旅行将是他一生最幸福的时光之一。

他们风华正茂，在这个明媚的夏天。莱奥波蒂娜咿呀学语。幸福令阿黛尔容光焕发。

快乐的日子，令人赞叹的大自然。只有一件事令维克多有点失望，当他们到达拉马丁一家居住的圣普安时，诗人拒绝同他们会合。他的妻子是个谨小慎微的人。他们结果没有在他家下榻，而是住在了马孔。

经过十五天的旅行，他们来到了夏蒙尼，之后前往位于该地区的冰海。

维克多无法将目光从那些高耸入云的山峰上移开。一切都激起他的热情，自然景观的形态使他想起了硕大无朋的纪念碑、巴洛克风格的建筑物。

"在我们的脚下，"他写道，"仿佛流淌着一条地狱的河流，在我们的头顶上，是一座天堂岛。"

然而，出版商预支的旅费要花光了，他们不得不踏上了返回的路。在到达巴黎的时候，他们听说拉马丁被任命为法国驻佛罗伦萨公使馆的秘书……

维克多希望向他表达自己的敬意。他有种感觉，拉马丁会因为他的那首《加冕之歌》没有获得成功，而伤到自尊。维克多想要为他写一首颂诗，也许会令他忘掉失望——谁知道呢——也许还有嫉妒。因为关于加冕大典，他很清楚人们只记住了他自己写的那首颂诗，也许有人会利用这件事来侮辱拉马丁。诗人们之间往往就是这样！

拉马丁能够感受到他的一片苦心吗，还是恰恰相反，他会觉得自己受到了奚落？

维克多没有时间耽搁。

他又开始写作了，甚至连头都不抬，尽管眼睛经常令他痛苦不堪。

他重新拾起《布格－雅加尔》的第一版。当时正值法国政府承认了海地的独立，此事给《布格－雅加尔》带来意想不到的共鸣，促进了作品的销售。维克多重新算了一下账，他需要钱。他从夏蒙尼回来，兜里只有十八法郎，然而伦敦股票市场崩盘引发了金融危机，造成许多企业破产，赚钱的机会很少。

因此他必须工作，存一笔资产，保证经济上的独立。

父亲很久没有收到他的消息，感到非常奇怪，因此他给莱奥波德写了回信。

"我刚刚用了一个月时间写好一部小说。这就给你解释了我为何这么长时间一直杳无音讯。加奈尔出高价买了这本书，我急需用钱。虽然只有一册，但你能想象得到，我肯定是在没日没夜地工作着。我太累了，不过这一切行将结束，我希望明年我会生活得自由自在。"

他觉得和父亲很亲近，即使阿黛尔和婆婆之间的不睦使父子两人的关系有了一点疏远。他们什么都没有说，不过莱奥波德心里应该是明白的。

然而维克多不停地想着父亲，想着那个帝国的时代，雨果将军和他的战友们是那个时代的演员。他感觉自己从来没有这么热爱父亲、这么懂他。

他感到这个男人所经历的一切，以及对拿破仑的忠诚，都在越来越强烈地吸引着他。他已经不能像过去那样，只是简单地抨击波拿巴退了。他渴望欢呼他，同时也渴望诅咒他。

但是他感到，自己身不由己地对这段英雄的历史心驰神往，对这个男人的命运充满遐想。

维克多扪心自问，是不是所有的野心家都会这样？他自己是否也是其中之一呢？

他抬起头。莱奥波蒂娜的小脸让他很安详。

1826 年

维克多闭上了眼睛。他感觉瞳孔上的斑点越来越大，逐渐遮挡了视线。然而他想尽快完成《布格－雅加尔》的序言，因为该书需要在一月初出版。

于是，他重新投入写作中。他想替自己辩护，为何在书中利用了当前的重大事件以及法国承认海地独立一事。

他写道："我们将要读到的这一情节，以 1791 年圣多明各的奴隶起义为背景，话题很沉重，足以让该书作者无法将其发表出来。"

他必须这样说。总不能承认自己其实是想兑现一份能从中获益的合同吧？作家这一职业需要这些小小的谎言，而雨果也接受了这些谎言。毕竟，重要的是他呕心沥血创作出来的作品。

他又一次闭上了眼睛。有时，他觉得自己几近失明。难道这就是天才需要付出的代价吗？他想到了荷马，想到了弥尔顿。但他们都是年迈的诗人，而他才 24 岁呀！

他收到了父亲的来信，父亲十分担心，建议他在书房写作时戴上"绿色护目镜（眼镜），但在其余时间要让眼睛保持自然的使用强度。荷马和弥尔顿他们所经历的危机对于你当下的年龄来说并不构成威胁，但这也是对你的一种警示，提醒你要好好爱护自己的眼睛；千万不要重蹈弥尔顿的覆辙"……

维克多被父亲的关心所感动；父亲作为一个军事方面的专家读者，为《布格－雅加尔》提出了一些修改建议：一个军官让士兵帮自己刷衣服……事情虽小，但仍值得注意，尤其是随着书籍的逐渐大卖（虽然他并没有用一种故装风雅的方式给这本书署名，因为这无法欺骗任何人）。

《布格－雅加尔》的第三版正在准备当中，但维克多却很担心。在他看来，命运总是热衷于剥夺他获得收入的途径。果然，书店遇到了新危机，出版商于尔班·卡内尔宣布书店破产倒闭；对此，该如何回复这位书商呢？

"我损失了三千法郎，这迫使我加倍工作以弥补损失，此外还使我不得不开始其他新的尝试、面临无休止的窘境。"

两三年的时间里，他已成为某种意义上的合同专家，甚至还同意充当夏多布里昂子爵和出版商拉沃克之间的中间人，帮助出版商拿到了子爵全部作品的出版权，他自己也从中获得了五十五万法郎的酬劳。但夏多布里昂会一次性支付给他全款吗？子爵本人也处在破产的边缘。

维克多坚信，不再受经济形势所左右的唯一办法，是对其资产进行合理投资，靠投资收入来维持生计，既不动用老本，反而通过每一份合同的所得增加可用来投资的资本。这是他给自己订立的目标，尤其是随着家庭成员的不断增加。

阿黛尔刚刚向他宣布怀孕的消息，但是她并未表现得十分激动，而是带着一丝倦意，仿佛自己是命运的牺牲品。

这下维克多必须开始写作了。令他欣慰的是，《白旗报》宣布："国王陛下已惠允为其私人图书馆订购 25 册维克多·雨果先生所著的《布格－雅加尔》。"

也许，现在是时候写信提醒索斯特纳·德·拉罗什富科子爵大臣们曾许下的承诺了：他们曾承诺，王室付给他的一千法郎津贴会增加。

维克多需要执笔写信的勇气："从那时起到现在已经过去四年了……只有我的津贴还一直保持不变，子爵先生，我想，我应当有权请求提高数额。如果说我在初领津贴之时还拥有一些头衔，但这些头衔和我如今所能得到的相比，简直是小巫见大巫……"

如今，他同样需要始终对王国保持忠诚的勇气来面对以下这些情况：1825年11月月底，在自由主义者、拿破仑麾下的富瓦将军的葬礼上，十万民众聚集相送！政府提出的长子继承权法案遭到议会拒绝；此起彼伏的"打倒耶稣会会士！"的呼声响彻灯火通明、游行四起的巴黎城。此外，拉斯卡斯记录下其与拿破仑的对话并写成《圣赫勒拿的回忆》，而该书一经出版，便获得了巨大的成功……好友保罗 – 弗朗索瓦·杜布瓦为《环球报》奠定了自由主义基调……1月15日，《费加罗报》的创刊号同样对一个似乎不理解舆情变化的政府持批判态度。

在维克多陷入自我怀疑之时，他不得不承认，拿破仑的事迹日渐吸引着他。他在诗歌《双岛赞》中表现出了这一点。而对于《环球报》刊登了这篇颂歌，杜布瓦也对该诗不吝赞美之词，维克多并不感到惊讶。

杜布瓦写道："可以说，这是一种狂热，一种诗人的狂热……维克多·雨果先生之于诗歌界，就像德拉克洛瓦先生之于绘画界一样……我承认，我欣赏这种年少轻狂又锋芒毕露的活力；我可以冷静地批评作品，但这些作品本身却使我走出了对艺术而言非常致命的冷静。"

在革命时代，当那些出众的英雄人物争相涌现之日，不正是诗人从中汲取灵感之时吗？

他陆续收集了几十本关于英国革命和克伦威尔的著作。通过戏剧的形式回溯英国历史上的这一时刻，也将使法国人回忆起1793年的悲惨岁月，那一年国王被处死，政权被一名战士夺走。

而一旦戏剧上演，就会带来收益，作家可以根据戏剧的成功程度获得报酬。多亏了博马舍，剧作家也拥有了戏剧上演的版权，而出版社只会购买特定时间段内的文学作品的版权。

因此，维克多想写一部戏剧，主角就是克伦威尔。

8月6日起，在一座被高温包裹得无法喘息的城市里，维克多开始投入写作；而已经怀孕的阿黛尔，大部分时间都在躺着休息。

时年秋天，维克多结识了法兰西剧院①王室专员泰勒男爵。后者对雨果此部戏剧的主题很感兴趣，遂安排了一场两人与老演员泰尔玛的午宴，这位演员曾多次为拿破仑出演戏剧。

维克多饱含深情且满怀敬意地看着这位老人，仿佛自己在向拿破仑靠近！泰尔玛抱怨道：演员们通常被忽视、被看轻……拿破仑都不敢给他颁发荣誉军团勋章……法兰西剧院已经没有更多宏伟之作了……维克多确信泰尔玛正饱含激情地听他解释自己的戏剧主题。泰尔玛甚至还催促维克多赶紧将剧本写完。10 月中旬，维克多完成前四幕。然而，就在 10 月 19 日，这名老演员却遗憾离世。

维克多感到自己写作的冲劲被骤然打断。他将剧本的结局部分暂时搁置，此时的他已被卷入一个幸福而虚无的生活旋涡之中。

11 月 2 日，他的儿子夏尔出生。

"我亲爱的爸爸，

"阿黛尔于凌晨四点四十分生下了一个非常健康的男婴。可怜的她真的受罪了：此刻，我坐在她的床边给您写信；她自我感觉状态不错，但可能有一点发烧，我建议她最好先不要说话。

"……这个初来人世的小孩定是来代替三年前我们痛失的那个天使的……"

几天后，在位于沃吉拉尔街的公寓的小房间里，维克多接待了他的朋友们，并一起庆祝了夏尔的洗礼。

有些朋友未能到场，比如维尼和拉马丁，但维克多仍觉得与他们休戚与共。他在《日报》上为维尼刚刚出版的小说《散 – 马尔斯》辩护，还回复了《环球报》上由一位名叫圣伯夫的作者撰写的一篇批评文章，后者是一名新来的专栏作家，维克多并不认识他。一想到维尼的沮丧，维克多便一个劲地赞美小说风格之优美、赞美小说如何通过作者的表达展现出"路易十三统治下的密谋"之突发性，以及如何由此衬托出黎塞留这一人物的魅力所在，从而帮助维尼消除失落情绪。

他总结道："总而言之，我就是想对那些不了解《散 – 马尔斯》的人说：'我已经读过了，也请你们去阅读。'"

维尼十分感激地给维克多回信道："一切都很好，但也许在别人眼里这是你对我的一种过度奉承。那些可怜的人呀，他们认为我们写的不是真心话。我真同情他

---

① 译者注：法兰西剧院（Théâtre-Français）是法兰西喜剧院（Comédie-Française）的别称，因此下文中涉及的两种称呼皆指代同一剧院。

们……"

如今，维克多已然了解文人的圈子。他知道，当他在 11 月出版新版《颂诗集》时，定会受到某些朋友的热情吹捧，同样也会受到那些嫉妒之人的刻意贬低。

不出所料，他收到了拉马丁的来信；信中，维克多既感受到了好友的真诚，又体会到了其含蓄的劝诫之意。拉马丁写道："一条严肃的忠告，不要追求标新立异！既然你生而独特，那就将这些标新立异之事留给模仿者们去做吧……做一些更为简单的创作吧……"

甚至连平时情同手足的阿尔弗雷·德·维尼，其赞誉之词也变得拘谨传统，而不是维克多预想中的真诚赞美！

很明显，大家都嫉妒维克多的成功。然而，新版《颂诗集》很快便一售而空。那些被其诗歌感动的陌生人纷纷来信，维克多深受触动。

例如，年轻诗人维克多·帕维在昂热的某份期刊上发表了一篇赞美文章，文字间散发着才华与率真之气。雨果非常感激维克多·帕维，后者也回信给他，并请他"为浪漫主义、为我们称之为新诗的诗歌奠定坚不可摧的根基"。诗人与真正的读者之间建立的联系，才是最重要的！这种联系不会受到其他任何别有用心的人的影响。

但仍然需要得到"大师们"的认可。11 月 28 日，维克多决定写信给夏多布里昂。

"如果能听到您的掌声，我将感到无比荣幸……您不仅是第一位政论诗人，更重要的是，您还是这个时代最伟大的诗人，而我，我不过是最不起眼的那个；但是我相信您会用天才的宽容来接纳我的这些诗句……"

令他失望的是，这位"大师"并没有回复。他开始反思，是不是因为夏多布里昂被《颂诗集》序言中的那几句话所激怒。维克多重复看了一遍那几行文字。或许是因为字里行间流露出的态度太过武断？也许在子爵看来，这几行文字不像是出自一位初出茅庐的新诗人之手，而更像是出自一个十分自信的成熟诗人？

他写道：

"诗人只能有一个典范，那就是自然；只能有一种导向，那就是真理。诗人不应该用那些已经滥觞的素材进行写作，而要倾注其灵魂与真心。在人们手手相传的所有书籍中，诗人只需要研读两本：一本是《荷马史诗》，另一本是《圣经》……

"从某种程度上来说，诗人能从这两本著作中获得全部创作所需的两大方面灵感：从《荷马史诗》中，诗人能感受到人类的天才之处；从《圣经》中，诗人能感悟到上帝的精神要义。"

1827 年

维克多取出一张白纸，写下标题："我必须要完成的戏剧"。

一股紧迫感向他袭来。再过几个星期，他就 25 岁了（竟然马上要 25 岁了）。而他想搬上戏剧舞台的人物又是如此之多：路易十一或查理五世，铁面人或菲利普二世，以及路易十六。

他把自己想写的戏剧题材一一罗列出来。几经犹豫之下，他还是加上了"昂吉安公爵之死、波拿巴的辩白"。

他想到，1793 年的 12 月，25 岁的波拿巴已经在土伦战役中斩获了荣誉并荣升准将；而罗伯斯庇尔将在几个月后被送上断头台。

那是革命的时代，也是极端的时代。

他打开文件夹，里面放着已经写好的《克伦威尔》前几章——这部戏剧是他回溯革命的一种方式。他翻阅着这些手稿，以及不断往上添加的注释。他要使这部戏剧成为宣告新的戏剧创作方式的宣言。

但他什么时候能完成呢？

今年年初，他被折磨得不轻，以至于二十天内只写出了三十四句！

但他还是成功写完了几个月前开始着手创作的剧本《艾米·罗布萨特》，生动地叙述了在 16 世纪的英国，女王伊丽莎白一世与莱斯特伯爵的故事。这位女王的宠臣深爱着年轻的艾米，却不敢表白爱意……但维克多决定不在该剧本上署名，而是将其当作阿黛尔的弟弟保罗·富歇之作，交给了奥德翁剧院的经理托马斯·索瓦吉。

他敢肯定，如果他现在就用这出戏剧抛头露面、阔步向前，人们甚至会不听文本内容就直接对他进行谴责，从而打倒他们心中那个充当文学新时代旗手的人。

维克多已经树敌无数。他只有占据强势地位，才能迎战敌人的攻击，也许《克伦威尔》是他的武器。但他必须做到心安理得。

他站起身来，走到了阿黛尔的房间。妻子睡着了，满脸倦容，一副烦忧的表情；即使在睡梦中，她的嘴边还是挂满皱纹。莱奥波蒂娜也睡着了，美好而安详。维克多靠在夏尔的摇篮旁，听着儿子规律的呼吸声。

他走出房间。

他低声呢喃道："感谢上帝，他终于得救了。"

前段时间，夏尔可真是让他们担心坏了。他告诉舅舅特雷布歇："我们的小婴儿得了胃炎，差点在十周大的时候不幸夭折。"

难道他注定要再次承受命运的打击？

但上帝还是愿意放他一马。因此，雨果觉得自己有义务去写作，去释放这种能量，去表达上帝赋予他的这些思想。

现在，他知道儿子已经脱离危险，因此是时候加速推进写作进程了。

雨果阅读了《环球报》于 1 月 2 日和 9 日刊登的两篇关于《颂诗集》的评论文章，从中发现了一些保留观点。又是这位圣伯夫再次提到：“无论是在诗歌中还是在其他地方，没有什么比武力更危险的了，如果我们任由武力肆虐，一切都将被摧毁。”但同时，他又补充道：“虽然只有二十句诗，但诗句的自然感和旋律性都非常完美……诗人写下这二十句诗之后，就应该明白，这是让读者看到其思想的一种方式，而不用费尽心机去刻画出来。”

维克多重读了这两篇文章。这位专栏作家的思维方式细腻而不偏激、精巧而又博学，在大多数评论文章当中显得格外出彩。随后，雨果在《环球报》这家已经定调的报纸上写了一篇文章。他知道，多亏了圣伯夫的文章，他才拓宽了读者面。他不再是那个只面向君主主义者和极端保王党人的诗人了，自由党人也开始接纳他。

他想要认识这位圣伯夫。通过《环球报》，雨果得知这位年仅 23 岁的青年记者住在沃吉拉尔街第 94 号。

于是，他前往了圣伯夫的住所，但未能碰上面。第二天，圣伯夫主动来到了雨果家中。

真是个奇怪的人！他脸上毫无表情，显得整个人无精打采；鼻子肥硕，下巴扁平；红棕色的头发包裹着整个头部，在瘦小而虚弱的身子的衬托下，头部显得巨大无比。他不善言辞，快速地看了一眼阿黛尔，只说自己是个诗人。随后，他才渐渐变得放开，谈吐之间展露出智慧。

维克多被这位年轻人吸引住了，向他袒露了自己对于诗歌的想法。圣伯夫带着钦佩的敬意听他讲着，仿佛一位认真听讲的学生；他说，之后会寄过来他自己写的诗。

圣伯夫解释道：“我不会随意给别人看这些诗句。所以请您将它们看成是朋友之间信任的交付。”

他向阿黛尔鞠了一躬。

圣伯夫寄来了自己写的诗。雨果仔细品读，觉得这些诗句定是出自一个敏感的灵魂。

他写信给圣伯夫：“快来吧，先生，我早就猜到你是个诗人。因此，请允许我对自己的洞察力感到骄傲，我也很高兴能够预感到你如此高的天赋。快来吧，我有千言万语要同你讲，或者告诉我在哪里可以找到你。你的朋友：维克多·雨果。"

圣伯夫于是再一次来到了雨果的住所。

有时，维克多能在一天内见到圣伯夫两次，既有些震惊，又感到很欣慰；谨慎又认真的圣伯夫看起来很高兴，也很荣幸能够加入这个让维克多感到被友谊、温情和崇拜所包围的小团体之中。

但是，对于一个有着两个孩子、一个女佣，以及需要在狭小客厅里接待朋友的家庭来说，位于沃吉拉尔街的这间公寓实在太小了。

维克多开始寻找新的住处，他在田园圣母街 11 号发现了一栋双层楼房，房子周围是一个巨大的花园，花园的尽头有一座跨越池塘的小桥。推开花园的栅栏门，就可以直接到达卢森堡公园。不远处就是乡村。穿过沃吉拉尔和蒙帕纳斯，就能置身于田野和农场之中。

房子的主人是一对年迈的夫妻，他们住在底楼，非常热情好客，还允许维克多一家自由使用花园。维克多看着孩子们在花园里玩耍，想起了在斐扬派女修道院的日子。

他接待了维尼、诺迪埃、杜布瓦、圣伯夫和年轻的维克多·帕维，正是后者让他认识了雕塑家大卫·德·昂热。通常，他们都会结伴离开田园圣母街，穿过旺夫街，去到索格大娘开的那家小酒馆。在那里，他们感到无比自由，感觉自己回到了年轻人的队伍中间。50 岁的夏尔·诺迪埃简直像是他们的祖辈！通常，他们会喝点白葡萄酒，点一只烤鸡或一份西式蛋饼。他们谈论着诗歌，分享着各自的计划。

维克多的哥哥阿贝尔也经常加入这一团体，并与朱莉·杜维达尔·德·蒙费里耶一道前来参与活动。

维克多从布卢瓦前往兰斯、途经巴黎时，曾独自拜访过这位年轻女子；现在，他的目光无法从她身上移开。朱莉是阿黛尔的绘画老师，为莱奥波蒂娜画了好几幅肖像画。维克多和她谈论素描与绘画，因为他也热爱画画。他还结识了阿基勒·德韦里亚，这位画家曾为《短歌集》雕刻卷首插图，并且也经常为阿黛尔和孩子们作画。德韦里亚带着自己的学生路易·布朗热来到了圣母田园街。维克多同意当这位年轻弟子的模特，而布朗热也自荐为雨果的戏剧设计布景。最后，欧仁·德拉克洛瓦也来到了雨果的住所，雨果则委托他为《艾米·罗布萨特》中的人物设计服装。

有时，雨果会邀请莱奥波德共进晚餐。父亲经常来巴黎，每次都住在木樨街 9 号，即阿贝尔的膳宿公寓里。莱奥波德很健谈，他曾与一位银行家合作，于是将阿贝尔安排进了"担保互助会"，从而保证了儿子能够获得一份可观的收入。

维克多惊讶而又温柔地看着这个身材魁梧、面色红润的男人，当他不再谈论最近进行的新活动时，便会开始回忆自己与拿破仑帝国军队一起经历过的峥嵘岁月。维克多听着，沉迷于父亲那令人振奋的英勇姿态。

此外，当雨果得知，在1月24日奥地利驻巴黎使馆的一次招待会上，接待员没有按达尔马提亚公爵、塔兰托公爵、特雷维索公爵和雷焦公爵这四种贵族头衔来称呼苏尔特、麦克唐纳、莫蒂埃、欧迪诺四位元帅，认为他们只是"元帅"而拒不承认其帝国封号时[①]，他感到父亲也同样受到了侮辱。他同某些报纸一样，对此事感到无比愤怒。

维克多开始写作。他觉得自己的写作就犹如行动，一字一句都控制着他的情绪，让他激动不已。他表达出所有的心之所想，他的童年生活以及他的观点。

他想象着自己在对旺多姆铜柱诉说。

> 噢！你是复仇的遗迹！不可磨灭的胜利丰碑！
> [……]
> 你是伟大帝国与伟大军队的残骸，
> 铜柱啊，所以你才能久负盛名！
> 我爱你：外乡人带着恐惧赞美你。
> 而我却爱你浮雕上凯旋的英雄；
> 以及所有萦绕在你周围的
> 光荣牺牲的烈士之魂。

但他并不否认波旁王朝……

> 我骄傲地将你与亨利四世铜像视为一体。
> 我爱看着你们彼此融入，成为国家的荣耀……
> [……]
> 我知道：那外敌认为我们没有记忆，
> 他们要一页一页将我们的历史撕毁，
> 那些我们用热血与刀刃写就的光辉历史。

---

① 译者注：四位元帅均为拿破仑麾下的战士，立下战功后被皇帝授予贵族头衔，爵号为他们作战胜利的地点，即奥地利的地名。

[……]

当心！——法兰西已经开启新的篇章，

再也不会死气沉沉，再也不会受尽侮辱！

[……]

人人全副武装，旺代在滑铁卢的磨铁石上，

将宝剑磨得分外锋利……

[……]

正是我应该缄默不言！曾经，我的名字

混杂在战场的呼声中，使我醉心不已！

我，紧紧追随着一面飘扬的胜利旗帜！

我时断时续的声音穿插在军营的号角声中，

宝剑上摇晃的金饰便是我第一个拨浪鼓！

我，早在孩提时代便已成为一名战士①！

维克多冷静地等待着各界的反应。他对这首诗将会掀起的波澜并不感到意外。

2月9日，《辩论报》刊登该诗。在随后的几天里，大部分日报都转载了这篇颂歌，并对其进行了评论。但《环球报》的自由主义者则持敌对态度。

维克多耸耸肩。这些自由主义者，虽然对新文学观念持开放态度，却并不了解帝国的伟大之处，也对英雄主义毫不挂心。对于某些保王派报纸的谴责，维克多也不感到奇怪。他们自认为被维克多背叛了！然而，维克多在颂歌中这样写道：

波旁家族曾一直为我们的胜利保驾护航。

我们的国王曾为你英勇抵御凶狠的敌人，

噢，胜利的丰碑！你的荣誉堆积在他们的脚下；

倘若你的四只雄鹰能够安眠，

那也是因为白旗在为你荫蔽②。

但很大可能，他们不喜欢诗中蕴含的、"波拿巴主义者"为之欢呼的那股热情。

维克多在2月10日的《潘多拉日报》上读到了一篇匿名文章，令他欣喜不已，就好像是他父亲写下的。这位专栏作家断言："现在，我们的语言已经成为他的语言；

---

① 《颂诗集》，第三部，第七首颂诗：《铜柱颂》，1827 年 2 月。

② 同上。

他的信仰已经成为我们共同的信仰。他对奥地利的冒犯感到愤怒，他对外敌的威胁感到苦恼，他站在铜柱前，唱起了神圣的赞歌，使我们这个时代的人回想起了这场运动，想起了我们的战士们曾经在热马普重复过无数遍的老歌和大合唱……"

雨果结识了自由主义哲学家维克多·库桑，库桑抱着他说：

"向伟大的公民致敬！"

维克多解放了。他感觉自己好像已经把体内的各个独立部分都聚集在了一起，从此以后，任何一部分都无法分离出去。于是，他便带着更加充沛的精力开始了《克伦威尔》最后几幕的写作。

他邀请朋友们来到内弟的家里，聚集在图卢兹公馆的巨大客厅内。他想要在朋友们面前朗读《克伦威尔》的每一幕。受邀的有圣伯夫、诺迪埃、帕维和维尼，还有在角落里坐着的阿尔封斯·拉伯。接下来的每个晚上，维克多都会邀请不同的朋友。他需要大声朗读自己的剧本，听到你来我往的对白，得到大家的纷纷认可。

他听到圣伯夫低声对他说，只要经过一些"细微的处理，比如柔化、熔解、修剪，就足以使您的这部作品成为代表作，而不仅仅是一部佳作，因为它本来就已经是一部佳作了"。

他感到愈加坚定，即使这部戏剧场次太多、人物太多，以至于无法上演，但它仍然是大众所期待的那部宣言之作。大众难道不会前往奥德翁剧院以及法瓦尔歌剧院为那些前来演出莎士比亚戏剧的英国演员们鼓掌吗？《环球报》也对《奥赛罗》《罗密欧与朱丽叶》和《哈姆雷特》这些剧作的重演给出了好评。

这一时刻来临。

维克多面向奥德翁剧院的审读委员会宣读《艾米·罗布萨特》，同时他再次强调，这部已被该剧院采纳的戏剧是保罗·富歇的作品。他想隐蔽起来，以便更好地将《克伦威尔》的出版打造成一个巨大的惊喜。

他写了一篇序言，这篇序言将成为联络暗号，成为令"思想把关人员"头疼不已的挑战：

"首先需要摧毁的，是陈旧又错误的品位。我们必须让现在的文学摆脱这种品位。无论该品位如何侵蚀、玷污现行文学，都将徒劳无功。因为现行文学面向的，是年轻、严肃而又强大的新一代年轻人，他们完全不能理解陈旧的品位。十八世纪的尾巴仍然拖到了十九世纪；但我们这些见证过波拿巴光辉事迹的年轻人，绝不会拖着这样一条尾巴。"

所以，维克多认为，事情已经很明晰了。他觉得自己与舆论的动向是一致的。

雨果经常和大卫·德·昂热或维克多·帕维一起在巴黎闲逛。

他也经常能碰到圣伯夫，因为，圣伯夫为了更方便去拜访他，也搬到了田园圣母街，就住在 19 号。

他听到人群的呐喊声、唏嘘声，指责大臣们意欲通过的那项所谓"正义与爱"的法律，实则是对报刊的控制。示威者们高呼："出版自由万岁！打倒耶稣会会士！"查理十世勃然大怒，不仅解散了国民卫队，还通过国王法令强行建立了审查制度。

国王怎么能感觉不到国家正一步步从他手中溜走呢？超过十万名示威者闯入拉雪兹神父公墓，也就是自由党议员马尼埃尔的长眠之地。整个巴黎都在颤抖，面包的价格也高得出奇。

拉伯轻声告诉维克多，反对者刚刚成立了"自助者天助"的社团，这样一来，他们在选举时就会有更大的胜算，因为前不久，查理十世解散了众议院。

国王在期待什么？一个更为强大的大多数？

11 月 24 日，国王会发现，只有 200 名议员有意支持他，250 名则称将投反对票！

维克多反复阅读、查看、斟酌着《克伦威尔》的最后几段对白。他认为反对者组织起来的那个团体需要他写的东西，需要他所宣扬的东西，以及在他心中逐渐升温的情感。

他穿过沙滩广场，看到断头台再次被搭起，刽子手正磨着砍头刀，并将刀反复往地上摔打，还为木质凹槽上油，从而保证整个死刑的执行过程能够完美推进。乌尔巴赫，一个可怜的二十岁男孩，因杀害了其十八岁的女伴将被斩首。维克多阅读了与乌尔巴赫相关的一切报道，心情也被这名犯人的生活、他的幻想、他因爱所犯的罪行以及他的宗教信仰所扰乱。

总有一天，他会表达出自己对于这些注定被处死之人的命运的感受，或者是那些被苦役监狱的锁链所束缚住的人。他和大卫·德·昂热一起去往比塞特尔，去目睹那些被发配到土伦的苦役犯戴上镣铐的全过程。他深入监狱，去感受屋顶落石砸在肩上的潮湿感。

他说，这里的人虽然有罪，却也受尽了苦难。

他觉得自己越来越被人类的苦痛所触动。

也许这就是为什么这些年轻的诗人、年轻的艺术家愿意与他成为朋友，并告诉他"欣赏他那炙热而朴素的灵魂"，比如维克多·帕维和大卫·德·昂热。他曾接待过一位患病在身的瑞士青年诗人扬贝尔·加卢瓦，这名年轻诗人十分钦佩维克多，令维克多感动不已。加卢瓦说："没有人能做到认识您却不爱您。您是我见过的最好的人。"

加卢瓦对雨果的这番吐露与敬重，让雨果觉得义务在身。他不能让人失望，无论代价如何，他都一定要站出来。

他在刚刚完成的《克伦威尔》手稿的首页上写道"致我的父亲。谨以此书献给我的父亲，正如作者本人也完全为他所有"，随后他将作品交付印刷。

12月6日发生了一件出奇的事情：《环球报》竟用了整期的版面来报道已经"印刷完成"的《克伦威尔》！

维克多知道圣伯夫写了两篇分析和批评该剧的长文，但《环球报》并没有将两篇文章发表出来！

他低声埋怨道："'散文派'对我积怨已久。你看，他们对哲学家都不曾宽容，甚至对民主人士都实行审查制度！"

但他同样收到了许多激情澎湃的信。

维尼写道："这是一部不朽之作，一部伟大的作品……《克伦威尔》颠覆了当今所有的现代悲剧。等这部剧登上戏剧舞台，定会引发一场革命，问题也就会迎刃而解。"

然而，这部剧并没有得到上演的机会。因此，雨果需要构思出另一部剧，就把《克伦威尔》当作第一次"进攻"，当作开启猛烈进攻之前打开的第一个突破口。

但是，《克伦威尔》引起的反响无比微弱，并且最终在《铜柱颂》里才能表现出自我统一，因此雨果有时会感到一丝忧郁。

是因为阿黛尔的郁郁寡欢感染到他了吗？阿黛尔在10月失去了自己的母亲，因此受到了沉痛的打击。

是因为朱莉·杜维达尔·德·蒙费里耶与阿贝尔的婚姻让他想起了已经有些模糊不清的快乐了吗？还是因为仍被关在疯人院里的欧仁无法到场参加婚礼？

他厌倦了各种"家庭聚会、家庭宴会、家庭晚会，在这些活动之中，他都会渐渐觉得无聊，因为这些家庭聚会中，总是会有一到两百个多余的人"。

他的眼神追随着父亲，那个总是无比幸福而自豪的男人。这时，维克多又想起了波拿巴。

随后，他看向了已经成为自己嫂子的朱莉。她确实很美，光彩照人。他叹了口气。为了掩盖逐渐涌上心头的心烦意乱之感，他将视线从朱莉身上移开。

1828 年

1月29日星期三的午夜，一位陌生人按下了田园圣母街11号的门铃，维克多的眼神中充满了疑惑。

那人跑得气喘吁吁，站在门前一动不动。过了一会儿，他点了点头，然后以最快的速度说了几句话，声音时断时续，仿佛他很想快速摆脱自己带来的这则消息，并将它忘掉。

"我是来告诉您，您的父亲……"

他犹豫了一下，接着说：

"雨果将军，去世了。"

维克多感到窒息，就好像有人扼住了他的喉咙，给了小腹一记重拳，并反复捶打他。他张开嘴，很想放声大叫。

在这之前，他还在位于木樨街的父亲住处吃晚饭，从那儿离开还不到一个小时。当时他觉得父亲很是幸福、快乐。维克多听着父亲一一列举他的计划。当父亲谈到《环球报》将一整期的版面都留给了《克伦威尔》时，他很是感动。随后，父亲又谈到政府的改组：随着马蒂尼亚克接替维莱尔，新任内阁首脑采取了首批行动，他们意欲与自由党人和解，并试图联合自由党人和极端保王党人一起组建众议院的大多数……父亲还曾询问维克多今后的出版计划，反复强调大家都相信，马尔蒂尼亚克将取消对报刊出版的一切限制，并将抨击耶稣会会士和圣会。马尔蒂尼亚克曾经说过，像他那样的年轻人，终于马上要过上自由的生活了！

离开之时，维克多还曾和父亲亲吻告别。当时的莱奥波德精神饱满，面色红润。

而现在，维克多见到了父亲，就在他刚刚去过的木樨街的这间房间里。父亲变成了一具僵硬的、失去血色的躯壳，衬衫领口的扣子被解开，手臂上还扎着许多针管。

站在床边的医生说，雨果将军死于爆发性中风。他尝试过放血，但也已经无力回天。

父亲就这样走了。

维克多变成了孤儿。他转向哥哥阿贝尔，心里想着另一个哥哥欧仁。

他开始操持各项事务：在死亡名册上登记、撰写讣告。他被封为雨果男爵，阿贝尔为雨果伯爵，欧仁则为雨果子爵。他为父亲写了一个简短的传记，计划在1月31日的葬礼上，在外方传教会教堂里宣读：

"约瑟夫·莱奥波德·西吉斯伯尔·雨果伯爵，13岁成为一名志愿兵，1790年晋升为军官。在大革命的光荣战争中，他用刀刃赢得了其他军衔。他的名字将被铭刻在这段帝国光辉历史的每一页上，而这段历史在后世也将占据几个世纪的版面。"

他和阿贝尔一起操办了父亲的葬礼。

父亲的尸骨被安放在一辆四马牵引的枢车上，"徽章相伴，旗帜相披"。往日的军官们披麻戴孝，跟在枢车后面；走在他们之后的，还有众多当年被调去驻防的军队士兵。

拉萨尔侯爵说道："当时，一道法令折断了一百五十名杰出将领们高贵的宝剑，雨果伯爵便是其中一员，富瓦将军都曾对他们的免职表示痛心疾首。雨果将军已经从现役军人的行列中退出两年了；而死亡重又使他从生活中退役。"听到这些，维克多强忍住了泪水。

他必须继续前行。

他听到自己的悼词被传诵，人们可以把它当成一篇共和党人的文字，也可以当成一个波拿巴主义者的诉说。但归根到底，这只是一个儿子对父亲的致敬。

2月8日，他在《辩论报》上读到这样一句话，深受触动："雨果将军给他的儿子们留下了一个美丽的姓氏……他至少可以很欣慰地死去，因为他那光荣的姓氏将被光荣地传承下去:《克伦威尔》的作者——维克多·雨果先生，就是他的孩子之一。"

雨果得知是阿尔封斯·拉伯，自己的好友拉伯，写下的这篇文章。他对想要安慰自己的维克多·帕维说：

"我失去了这个世界上最爱我的男人，一个高尚而善良的个体；他把自己的些许骄傲和无数的爱都赋予了我，他是一位视线从未离开过我的父亲。"

面对父亲的离世，他认为自己应该承担起生活的重担。

但他知道，自己的伤口很深，永远都无法痊愈。母亲的死、第一个孩子——小莱奥波德的死、欧仁的失智，这些伤口层层叠加在一起，让他感觉自己的内心被掏出一个深渊，给他造成无尽的痛苦；这些痛苦只需要一段记忆就能被重新勾起，只需一个落日景象就能被重新诱发。

他常常和好友一起（帕维或诺迪埃、圣伯夫或维尼），一直散步到蒙鲁日街和旺夫街之外的乡间，尤其是在悠长的夏日黄昏向远处无尽蔓延之时，看着夕阳徐徐消失在地平线尽头，盯着那一轮落日，尽管阳光依旧刺眼。

随后，在《落日》一诗中，诗人提到了这种摆脱焦虑和多舛命运的欲望。

然而，这一年依旧黑暗。

曾为维克多雕塑过肖像的雕塑家朋友大卫·德·昂热，于1月初在街上遭遇袭击，任其死活，无人问津。维克多日复一日地看护着他，为这个慷慨的、才华横溢的人所受的痛苦愤愤不平。而死亡的危机仍然萦绕在他身边。

死神首先袭击了法兰西学术院老院士弗朗索瓦·德·纳夫夏多。维克多满怀感激地缅怀了这位对他有知遇之恩的人；在他还只是一个十五岁的孩子并写下第一首诗时，是这位院士独具慧眼，对他赞赏有加。

　　而后，叔叔弗朗索瓦－朱斯特·雨果也去世了，仿佛哥哥去世之后，弟弟也将命不久矣。因此，他们需要救济叔叔的遗孀。

　　由于亲人的去世，他不得不再次踏入过去的肮脏泥潭之中。

　　维克多绝望地翻阅着父亲生前留下的笔迹。这位心地善良之人竟如此痛恨他们孩子的母亲？

　　26 岁，维克多再一次经历了（已经经历过一次）父母的决裂。

　　他看到那位不受待见的姑妈重新出现，也就是他们跟着欧仁一起叫"夫人"的高通姑妈，心情十分沉重，她还是那个暴脾气。此外，他还必须转而与雨果伯爵夫人交涉，"那个女人"，那个寡妇，想要继承所有的遗产。因此必须要分清楚各自的财产份额，同时还必须给那个一直在抱怨、说自己被忽视、被遗忘的姑妈一个答复。

　　他写道："不要再让我回忆起父亲向一切妥协的这段时光了，包括他自己的和他孩子的财产。我们对他的爱变少了吗？如今，我们要共同面对贫困潦倒的境遇，就认命吧……"

　　但他明白，阿贝尔不会同意。这位兄长把父亲莱奥波德的文件整理好，发现"我们的舅舅特雷比谢一直欠着母亲的钱"。也就意味着，他欠姐姐索菲的儿子们两千法郎！阿贝尔重复道：应该由维克多来写信。

　　维克多照做了，但他觉得很难为情。他在信中写道，这是"最大也最迫切的一笔资产"，使他不得不写信给舅舅：

　　"我是个穷酸的诗人，总是把无私推崇到使它成为一种恶习的地步，我相信在您的记忆里也能证明这一点。所以，我本来希望能让这笔借款继续沉寂下去，就像它已经沉寂了多年一样。但是，我父亲的遗产清算还没有完成，我的家庭正在壮大，最重要的是我们还需要保管好我那可怜的哥哥欧仁的财产，世界上所有的责无旁贷都迫使我将自己和阿贝尔的请求一并向您提出……您的子女会相继给您赡养费，您的负担也变小了，近期的遗产继承也大大改善了您的生活条件。因此，我们十分有信心能够收到您的答复。"

　　他不得不写这封信，因为阿黛尔又怀孕了。很快他们就要迎来第三个孩子了！他注视着妻子，看到妻子，比起兴奋更多的是因身体状况在受苦，让他忧心不已。

　　幸好，他还可以用文字描绘出身边另一个世界的风景。

　　这次，他像是从未写过诗一样，开始随性发挥；他为新版《颂诗集》补充诗作，然后任由自己跟随飘飞的思绪远行，由此创作出很多首诗，集结收录为《东方集》。

　　他忘记了遗产继承的恩怨。叔叔路易抱怨没有收到他的消息，而他总能在叔叔面前自圆其说。

"如果您知道我每时每刻都在做着多么艰难而日常的工作，这些工作是多么耗时耗力但又不可推卸，以至于我甚至都没有时间去处理我们在布卢瓦的事务，您就不会认为我的来信很少是疏忽怠慢之意，这远不是我心中所想。"

写作是他排解忧虑的方式，写作能让他忘记夏尔得了百日咳，忘记自己也开始生病。

那就写诗吧，把遥远的世界通通收入文字编织的网中！来描绘东方、殉道者和魔法师！

他感受到有一种否定世界、隐匿于作品之中，甚至是向死亡的欲望屈服的冲动。

但他抬起头，注视着落日，他看着正在孕育新生命的阿黛尔，想象着自己身边围绕着"一窝小孩"。生活又一次将他拉了回来。

圣伯夫给他带来了自己写的《十六世纪诗歌目录》，以及他曾参与编写的一本精美的龙萨诗歌对开本。维克多越来越弄不懂眼前这个男人，因为他经常用温柔、谦卑，甚至近乎顺从的眼神看向阿黛尔，充满柔情，然后又会刻意掩藏这种眼神，开始变得谨慎，甚至有些过分卑躬屈膝。

埃米尔·德尚也来到了雨果家中，他性格大方而开朗，曾与维尼合作翻译了《罗密欧与朱丽叶》，希望有朝一日能看到这部作品在法兰西喜剧院上演。维克多经常接受他的邀请，去到维勒伊夫克街，在他家客厅内畅所欲言。在那里，维克多朗诵了《东方集》中的诗歌。此外，诗人还敏锐地感受到了与德尚之间那令人愉快的友谊以及他对阿黛尔的微妙情感。德尚经常说："曾经的维克多夫人比她本来的样子还要优雅、亲切。"维克多只是听他读着自己的诗。

德尚用双关语打趣地说"我把你看成是朋友中'最极端的黑人保王党人'"，引得哄堂大笑。

当然也有严肃的时候，当他不再重复"他是戴着木质假腿的公证员……"之后，他为新文学（"浪漫主义"）写了一篇真正意义上的宣言，还提议让雨果指导《文艺改革》杂志。

德尚说："我们的上帝，加入我们吧，一切都将变得无懈可击！"

阿尔弗雷·德·维尼加入了德尚的组织，并且一直在劝说雨果接受邀请。

但雨果仍坚决拒绝。

"我不想成为这个象征着荣耀和友谊的团体里的波拿巴……"

在他看来，时代已经不再属于杂志或者团体斗争了。

他一个人便可冲锋在前。现在，他必须以公开的身份前进了。

2月13日，当他得知自己的戏剧《艾米·罗布萨特》在首演时便遭到观众喝倒彩、演员的声音不断被观众的嘲笑声掩盖时，他没有丝毫迟疑。他让这出戏以保罗·富歇的名义上演是个错误的决定！

他给各家报纸写信：

"我对这部作品完全不陌生。这部剧中有好几句台词、好几个场景片段都是我设计的，我必须承认，也许正是我写的这些桥段被喝倒彩得最多。"

他补充道：

"附言：作者已撤剧。"

但他并不觉得受到了影响。

他告诉维克多·帕维："同理可推测，这群对《艾米·罗布萨特》喝倒彩的、爱耍阴谋的庸俗大众，也定会对《克伦威尔》喝倒彩。这是一个典型的小伎俩，可悲至极，更不值一提。"

雨果觉得自己已经做好了战斗的准备。他可以肯定，战争将最先在戏剧舞台上打响，因为那是古典派组织反抗的传统阵地。他还得知，亚历山大·苏梅以及吉罗这两位与他关系密切的诗人，也都反对德尚与维尼翻译的《罗密欧与朱丽叶》在法兰西喜剧院演出。苏梅和其他诗人联合向国王发起请愿。他们说：让大仲马的《亨利三世及其宫廷》在法兰西剧院上演，我们难道不会感到反感吗？让那群英国演员继续在巴黎的剧院演出莎士比亚的所有戏剧，难道不觉得有些自命不凡吗？

这确实是一场恶战……雨果欣喜地发现，查理十世十分谨慎地拒绝卷入这场战争，他这样回应请愿者们：

"先生们，对于你们所希望的事情，我无能为力；我和所有的法国人一样，在剧院看戏时都只占有一席之位。"

也就是说，国王默许了剧院的所作所为。因此，维克多要趁机创作出一部可以被上演的戏剧！

维克多漫步在乡间小道，搀扶着步履沉重的阿黛尔缓缓前进。这条小道蜿蜒在碧野浮山谷，在其尽头，就是比他年长的朋友贝尔坦的住所——石居城堡。贝尔坦是《辩论报》的经理，一个值得信任的人，维克多对他非常尊敬，因为他作为一名自由主义者，却愿意欣然接纳维克多。他的女儿路易丝·贝尔坦在弹钢琴，肥胖使她行动不便，几近不能自理，但她仍然很开朗活泼，也很富有同情心；她还会作曲。维克多看着石居城堡周围的公园，莱奥波蒂娜和夏尔在那里玩耍，让他又想起了斐扬派女修道院。

他深入林间，思考着自己是唯一一个可以成功挑战古典派权威的人。他积攒起了名声。夏多布里昂年事已高，并且前不久刚刚应允担任驻罗马大使，因此马上要离开巴黎了。至于拉马丁，他刚从佛罗伦萨归来，但他希望从事外交事务，已经退出文学上的争斗了。

阿尔弗雷·德·维尼、德尚，以及正在写《约瑟夫·德洛姆的生活》的圣伯夫，甚至是那个雨果最初只把他当作印刷工，后来其才华和实力给人留下了深刻印象的年轻小说家——奥诺雷·德·巴尔扎克；还有亚历山大·仲马，或者是那些年轻的诗人，比如热拉尔·德·奈瓦尔和他前不久才结识的泰奥菲尔·戈蒂耶，当然还有维克多·帕维，他们都不能成为新一代人的领军者。

应该扛起大旗、进行斗争的只有他本人。

此外，他感觉整个社会都动荡不安。街上的流言四起；面包越来越贵，苦难压倒了穷人。马蒂尼亚克试图与自由党人和解，但实际上能引起动荡的恰恰是这些平民百姓。

雨果打开他的笔记本，他就是在这个笔记本上写下了他的计划。

为什么不把圣母院旁边的那些乞丐、盗贼和罪犯的生活展现出来呢？中世纪时期，这些人就经常在街上游荡，时至今日我们仍能在大街上与他们擦肩而过。为什么不以这座哥特式大教堂为中心写一部戏剧呢？他开始迅速构思大纲。

他暂停思考。这个时候，他需要回到阿黛尔的身边，因为阿黛尔已经初感不适，再过几天孩子就要出生了。

他想到这个即将出生的孩子，想到生命的奇迹，想到死亡的必然。人类凭什么能够夺取他人的生命，仿佛他们就是天命，仿佛他们已经从上帝那里获得了杀人的权力？

在等待新生儿降临的这段时间，他开始思考自己第一个儿子的命运。此时，记忆中所有的死亡场景重又萦绕在他的心头，从童年时代在西班牙的路上所见，到卢维尔被斩首；从贝里公爵被刺杀，到沙滩广场上架起的断头台，刽子手正在给木质凹槽上油。

于是，他将笔浸入墨池，写下标题：《死囚末日记》。

当时是 1828 年 10 月 4 日，他写下了开篇的几句话：

判处死刑！

五个星期以来，我一直生活在这个念头当中，经常和它独处，经常因为它的存在而心灰意冷，经常在它的重压下屈服！

　　曾经，因为我感觉已经过去多年，而不只是过去几周，我还是一个与其他人无异的人……

　　雨果不再是从前那个他了。他成了这个被关押在比塞特尔监狱的死囚。对于死刑犯来说，雨果是一个成了"我"的"他者"。沉浸在这种被囚禁、被判刑的生活中，他几乎快要忘记此时的阿黛尔还怀着孕。

　　直到10月21日儿子出生，他才从这个已经成为自我的"他者"身上走出来。他们给新生儿取名维克多，并于11月5日在圣叙尔比斯教堂为他进行了洗礼。

　　雨果很喜欢小维克多。为了避免混淆，大家都叫这个新生儿弗朗索瓦－维克多。

　　也许是为了填补父亲去世带来的伤痛，这段时间家族里接二连三地传出了新生的喜讯。朱莉和阿贝尔也生了一个儿子，他们给儿子取名莱奥波德。

　　维克多·雨果感动之余，还是想尽快回到自己的书桌前。

　　他继续写《死囚末日记》，当他进入另一个"我"的时候，其他的一切都变得无关紧要。

　　不久他便暂停了写作，因为家里的"一窝小孩"使他不得不停下。

　　但他还是必须要完成新版《颂诗集》的序言。

　　他在结尾处写道："希望有一天，十九世纪的政治和文学可以用一个词来概括：秩序中的自由、艺术中的自由。"

　　当他终于收到《颂诗集》的印刷版样本时，他很想把它放在阿黛尔的肚子上，他说："我和我的妻子几乎同时分娩，我的妻子生下了一个男孩，而我创造了一部书籍。"

　　但此时的阿黛尔仍昏昏欲睡，十分平静，仿佛分娩不过是一种费力又痛苦但又不可避免的习惯。他很失望。

　　对了，是哪本书诞生了？

　　《颂诗集》不过是补充了几首新诗之后的修订版。他读了维尼写给自己的信："你的儿子在《东方集》的声名中降生；愿他如这部诗集一般帅气、有思想、发光发亮，愿他美丽的姐姐们能教他读诗、颂诗。"

　　然而，《东方集》还只是一个手稿呀！

　　那么，究竟会是哪一本书呢？关于巴黎圣母院的那本？目前，它还只是一堆笔记和一个大纲的杂糅体。《死囚末日记》？还没写完呢。

　　但这些书终究都得问世。维克多想逼迫自己尽快完成它们。

11 月 15 日，雨果结识了一位新的出版商：夏尔·戈塞林。

两人之间的商讨非常坎坷，但最终还是达成了协议。戈塞林将出版《东方集》，重印《布格－雅加尔》，并答应出版《死囚末日记》和《巴黎圣母院》。对于《巴黎圣母院》，戈塞林将支付四千法郎，其中一千法郎将在 1829 年 4 月 15 日雨果交付手稿之时支付。

"出版一年后，维克多·雨果男爵将重新获得作品的著作权。"而且雨果今后的作品也会以同等的价格优先考虑戈塞林。

因此，雨果必须投入写作，进入比塞特尔囚牢里，在那里"我等着"刽子手的到来。

然而到来的却是死神。

舅舅玛丽·约瑟夫·特雷比谢，维克多父母初相遇时期的最后一位证人，于 12 月 19 日去世。

接着儿时的伙伴菲利克斯·比斯卡拉也离开了人世。

维克多深陷痛苦之中。

第六章

1829—1830 年

1829 年

父亲已经去世一年了！维克多停下笔，站定在花园尽头的小桥上。他看到阿黛尔怀里抱着刚出生的弗朗索瓦－维克多。她裹得很厚，在这临近中午时分的一月寒光中缓缓前行。莱奥波蒂娜和夏尔手拉着手跟在母亲身旁，同行的还有阿黛尔的妹妹朱莉，自从她们的母亲去世后，她便不得不承担起照顾妹妹的责任。

维克多静静地在桥上站了许久，眼神紧紧追随着他认为自己有责任要照顾的妻子和孩子们。

父亲莱奥波德不在之后，他便犹如一艘船的桅杆和船首，充当起桨手和船长的角色。他必须写作，来使这艘由他掌舵的船不至于偏向苦海，他早已瞥见那片海的危险，绝不想亲自体验一番。

他在想父亲那光辉的一生。关于父亲的记忆一直萦绕在他的脑海里，除了孝敬之外，他还对这个男人充满敬佩，甚至是近乎羡慕。

他试图说服自己接受现实，但他仍然对父亲所经历的英雄时代感到怀念。

小时候在西班牙的所见之景此刻又浮现在了维克多的眼前。

但他现在不过只是一家之主，一家人舒适地住在田园圣母街，他的妻子似乎越来越疲惫，开始躲避他的拥抱与亲热，她辩解道，距离她上一次生产还太近了，弗朗索瓦－维克多还在哺乳期。雨果感到自己和妻子之间的鸿沟在一天天加深、扩大，他觉得自己被欲望所控制，他开始关注那些与自己擦肩而过的年轻女子，因为她们总是给他的目光以积极回应，总是被他的荣光所吸引。

他重新拿起笔，想要完成《东方集》的序言，这部诗集将在不久之后出版。

他已经猜到大家会就其技巧、选题发表一些批评言论，就好像以东方为主题，展现东方的色彩与传说，就意味着他出于一种毫无必要的想象力而罪恶地放弃了西方这片政治或艺术领域一样。

其他人则已经在私下议论，说由戈塞林宣布出版的《死囚末日记》，是一场徒劳的、令人担忧的游戏，也是对道德的攻击。

虽然这些言论还只是某些人的窃窃私语，但仍然令维克多感到苦恼、感到反感："作品到底是好是坏？整个批评界都在讨论这一点……"他说，"但如果从更深入的角度来看，诗歌的题材本就没有好坏之分，只有优秀的诗人和蹩脚的诗人之分。况且，一切都是诗歌的题材，一切都来源于艺术；一切都有权利被诗歌引用……因此，我们就不要再去探究诗人为什么要选择这个题材了……"

当他打开1月21日这一期的《环球报》时，他才发现自己的担心是多么的合理。大家都不讨论他的句法，而是在猛烈地批评他的选题。大家甚至都还没有仔细读这部诗集，就在编辑部开展了一场激烈的批评游戏。

然而，《东方集》的第一版很快就绝版了，戈塞林当即决定尽快推出第二版，甚至在一份长长的广告单上宣布要"认购维克多·雨果的全部作品"，共十卷。但这位先生毕竟精通合同，更何况他还是一名书商兼出版商，因此他擅自提出了对于《死囚末日记》的一些修改建议。

雨果怒火中烧，他给戈塞林回信道："先生，很荣幸能收到您的来信，但您给我写的这封信是我收到的第一封此类信件。到目前为止，那些书商们从我手中拿过作品，都是不曾多看一眼就直接拿走了（我不得不遗憾地回忆起这一点）。我从来没有听他们说过，他们觉得有什么地方不好。我希望您也一样，因为我认为自己也在为作品的销量而努力……"

他的怒火已经平息。

现在，他试图以冷静的态度来看待那些日益增长的对《东方集》和《死囚末日记》的批评。

他为《东方集》的第二版作序。

他写道："在这个危机四伏、文学革命四起的时期，这本书取得了作者所能企盼的唯一一种成功：一方强烈反对，另一方也许抱有一丝拥护、一丝同情……"正如人们所说的那样，他争辩道："我就像年轻的路易十四一样引起了最严重的问题，当时的他穿长靴、戴马刺，手里还拿着一条马鞭。"他放下了笔……

然而，他似乎成了一名学校校长。

他有这种感觉，是因为那些年轻的诗人，比如热拉尔·德·奈瓦尔和泰奥菲尔·戈蒂耶，都相继前往田园圣母街拜访他。

圣伯夫则每天来两次，对阿黛尔·雨果满含倾慕、谄媚至极，不仅在她耳边窃语赞美，还对她的每一处细微举动、她所说的每一句话都极为关注。他给阿黛尔写了很多语气谦卑的信："我的这一点微不足道的才能，全都仰仗您为我树立起的榜样和您赞美之词背后所含的建议。我这样做，是因为我看到您曾经这样做过，并且您也相信我能够做到；但我的底子太薄了，我的才能因您才得以显现，尤其是在经历了一段少许漫长的旅程之后，就像一条小溪奔向了江海。我只有在您身边才有灵感，只有您和您周围的事物才能给我启发。最后，我只有在您身上才能看到家庭生活的乐趣，我只有在您的沙发上或您的壁炉旁才能感受到幸福，在我自己家全然无感……"

维克多观察着这个男人，有时，这个男人的存在会令他感到局促。

他猜测着像维尼这样的"老爷"会如何看待圣伯夫这个人："长得难看、身材普通、腰圆背阔，说起话来像老太婆一样摆出一副阿谀奉承的神态；他故作深沉地表达着自己的看法，在文学评论方面接受过精深的教育，也有很多技巧。凭借着自己的思维，他写出了一些精彩的诗句，但绝不是一个生来就会写诗的人……"

他是一个很奇怪的人，和母亲住在一起，似乎很崇拜阿黛尔，也许这是他唯一敢接近的女人。难道没有人在背后悄悄议论他有畸形吗？他患有"尿道下裂"[①]，只能为了短暂的性爱交易而光顾妓院。但他对阿黛尔产生的是一种怎样的情感呢？

维克多不想纠结于这些流言蜚语。他知道自己被人指责从圣伯夫那里汲取了很多知识和思考，因为人们传言，维克多一生都在从一个人到另一个人身上"搜集观点"。

但是，在反思这个越来越自我闭塞的王朝的演变之时，圣伯夫确实对他有所帮助。查理十世与波利尼亚克、布尔蒙、拉普多内一起建立了一个极端政府。而好友爱弥尔·贝尔坦在《辩论报》上评论道："科布伦茨、滑铁卢、1815 年，这就是他们的三条原则，这就是内阁的三大人物……控制好、看紧这个内阁吧：从内阁里流露出来的，只有屈辱、不幸和危险。"

因为该评论，贝尔坦被判处 6 个月监禁。

---

① 作者注：一种外生殖器先天畸形的疾病，指尿道口开在阴茎下，而不在阴茎的正前方，导致无法受精或受精非常困难。

发生这样的事情，能不改变自己的政见吗？雨果明白，阿尔弗雷·德·维尼被他的摇摆不定所触怒：

"我爱的那个维克多已经不在了……曾经的他对宗教和王室近乎狂热，对待它们像年轻女孩一样贞洁，当然也会有点野蛮，所有这些都很适合他；我们也爱着这样的他。而现在，他却钟爱那些放肆的言论，成为一名自由主义者，但这并不适合他。"

雨果感受到了侮辱。他忍受着渐行渐远的朋友们给他带来的苦恼，他们常常把文学上的竞争和嫉妒之心隐藏在政治选择的背后。

夏尔·诺迪埃在《辩论报》上写道："我不会再读《死囚末日记》：上帝不允许我这么做！这是一个我在白天都不敢回忆的噩梦，这样晚上才不至于重新坠入这噩梦之中……为什么是这本书？……最后，这种类型的作品很难让作者出名。这类书产生的效果太过笃定和可怕，以至于对于大多数读者来说，很难将作者与主题分离开来，也很难认为从中得到阅读的乐趣是理所当然。"

还有更糟糕的事情。

他打开《日报》，儒勒·雅南文章中的这句话像一记耳光拍打在了他的脸上："成功不能为一个作家辩护，才华不能使他处处被原谅；他用尽全力让人类的灵魂枯萎、损害一个国家的和平，无论做什么都不能被原谅……"

打击从四面八方倾泻而下！

现在，诺迪埃又开始批评《东方集》了："在法国，诗歌到底能有多大的权利，以被允许从一处不属于我国领土的地域取色……"

维克多的身体也感到不适。

"我的身体状况不太好……这八天以来，我的五脏六腑都像被疯狂地绞在了一起。"此外，他的眼睛又开始疼了。他戴上眼罩，让眼睛休息，也就不能再读书写作了。

真是一个多灾多难的 27 岁！

但他还是要继续写作，继续处理那些被利益缠绕的家务事，也就是寡妇卡特琳娜奋力争夺的父亲的那笔遗产。他需要去到律师和拍卖估价师的家中，监督着财产清单。"失去亲人的悲伤这么快就变成了交易，真是太可悲了！"

但最大的悲哀，莫过于与亲人的疏离。

阿黛尔将自己封锁在冷漠之中，似乎只有当圣伯夫坐到她的身边喃喃低语、耳鬓厮磨之时，她才能重新焕发活力。

而诺迪埃已经成为一个顽固的批评家。

"您花了多长时间变成这样呢？"雨果问他，"在那段时间里，从四面八方聚集起来的敌人比以往任何时候都要多、都要凶狠；在那段时间里，他们不知疲倦、竭尽全力地在我的四周编织起一张仇恨和诽谤的网……啊！夏尔，在这种时刻，我至少有权利希望您保持沉默。您想破除的东西已经被打破，而我将永远因此活在苦痛之中……这对我来说是一件很悲哀的事，对您来说也是，因为，夏尔，在您的一生中，从来没有失去过比我更彻底地、更柔情地、更绝对地对您保持忠诚的朋友。"

雨果开始奋起反抗。需要活下去！需要与《巴黎杂志》的经理进行谈判……

"我的手稿，不管有多薄，都没有以五百法郎以下的价格卖出过！"

……他会尽全力支持那些选择留下的朋友，例如拉马丁，后者希望通过他来获得一些法兰西学术院院士的支持。

"我亲爱的朋友，"维克多读着拉马丁的来信，"出于信任，我向您求助，就像如若您遇到同样的情况，我也希望您会求助于我一样。我想申请加入法兰西学术院……我知道您认识苏梅，并在他那有一定的影响力。因此，如果他也站在您这边的话，我衷心希望您能帮我争取到他的支持……"

雨果在两者之间交涉，拉马丁在第一轮成功入围！皆大欢喜。

他幻想了片刻。总有一天，他也会成为院士候选人，这是情理之中的事。苏梅不是还曾这样写信给他："亲爱的、伟大的维克多，法兰西学术院正缺少了拉马丁和您，而您的席位就在夏多布里昂的旁边……"

但是那会是何年何月的事呢？

眼下，他觉得"那些不断给各大报社寄送文章的可怜之人（雅南、拉图什），正通过报纸散播着他们的嫉妒、愤怒和仇恨。他们在决定性的时刻，注定从我们的队伍中叛变。一场可怕的风暴正在向我聚集，而所有这些低级报刊散播的仇恨，已经全然不顾及任何后果了"。

"你也看到了，可悲至极，"他对圣伯夫说，"他们使我们要为未来付出高昂的代价……"

有时，维克多对于自己要打的这场仗，既感到沮丧，又感到无比的激动。

他将这种情绪告诉拉马丁：

"至于我，我会迎战，你应该知道。此刻的我，已经和这群'禽兽'打响了炮火，但我仍然任由他们肆意妄为，因为我在考虑其他事情。但是，这群乌合之众仍然穷追不舍。我仍然在被大大小小的专栏文章抨击。前几天我看到了一篇五页长的文章，简直就是故意放大事实的胡言乱语。不会被抬高也不会被放大的，是我对你真诚的友情。"

他必须再一次戴上眼罩来保护自己疼痛的眼睛。阿黛尔给他念她刚刚收到的圣伯夫的来信；远行在外的圣伯夫在去德国之前，在贝藏松停歇了片刻。

"说实话，夫人，"圣伯夫写道，"我当时是出于多么疯狂的想法，才会如此漫无目的地离开您那热情的家，离开维克多那意义深远、鼓舞人心的话语，也放弃了一天两次的拜访（其中一次是为您而来的）？我总是忧心忡忡，因为我很空虚，我没有目标、没有恒心，也没有作品……在那不可思议的烦恼和持续不断的异想天开中，我只能，也将永远紧紧抓住这一点，它坚实而稳定；那就是您，是维克多，是您的家人和您的房子……我为什么要离开您，来住在贝藏松的一家旅馆里呢？"

维克多取下眼罩，站起身来。

他决定去附近的卢森堡公园散散步。这座公园环绕着雨果在田园圣母街的住所，只需打开公园尽头的一扇门，便能直通雨果家的花园小径。

他思考着阿黛尔、圣伯夫和自己之间奇怪的关系，以及用何种方式才能使攻击《东方集》和《死囚末日记》的对手们改变想法。他想到了大仲马的《亨利三世及其宫廷》在法兰西喜剧院所受到的热烈欢迎。

剧院！这里是他曾经试图利用《克伦威尔》夺取下来的阵地，也是他需要再次进军的地方。如果他在剧院获得成功，那么不仅可以让敌人溃败，还可以得到非常可观且有保障的收入。

他回到了家中。

六月初，雨果投入写作。这次要写的是一出戏剧——《黎塞留时代的一次决斗》。戏剧的题材与维尼的《散–马尔斯》类似，但他希望这部剧的中心人物是一个女人——玛丽蓉·黛罗美，一个退隐、从良的风尘女子，被一位纯洁的少年迪迪埃所爱。但她以前的一个情人——萨维尼侯爵找到了她。在两个男人之间，将开展一场决斗；几经波折之后，迎接两人的，是黎塞留的惩处，因为当时胆敢违抗王室禁令进行决斗的人都要接受惩罚。

他把自己封闭了起来。他眼睛尚未痊愈，肚子又开始痛了起来。

6月26日，这部戏剧写成。在这部剧中，红衣主教的"一袭红袍"所裹挟的，是激情与死亡。

雨果已经疲惫不堪。他在写着最后的对白。

红衣主教的大轿在持戟卫士的簇拥下，经过了迪迪埃和萨维尼的刑场，两人被判刑，很快就要被处死。玛丽蓉跪着爬到了黎塞留的轿子前，轿子的窗帘全都放下：

　　大人，看在基督的分上，看在您家族的分上，
　　我请求您的赦免！赦免他们吧！

轿子里传出这样一句话：

不能赦免！

玛丽蓉站起身来，披头散发，向周围的群众指着轿子说：

大家快看！双手沾满鲜红血液的"红"衣主教来了！

……她倒在了铺石路面上。

7月9日，在这个稍许闷热的夜晚，他读完了这最后一句话。

位于田园圣母街的公寓客厅里，坐满了雨果邀请来参加此次读书会的朋友。有圣伯夫、巴尔扎克、缪塞、德拉克洛瓦、大仲马、梅里美、维尼，还有德维里亚一家和贝尔坦一家，以及法兰西剧院经理泰勒。客厅里时不时爆发出热烈的掌声。

亚历山大·仲马走近，伸出双臂搂住了雨果的腰，把雨果举了起来，并喊道："我们将带你走向辉煌！"

随后大仲马把他放下，重复道：

"佩服，佩服！在去吃冷餐之前，在开始大口吃蛋糕之前，我们的嘴里已经被敬佩的话语所充斥，我们会说：真是快活死了，真是令人佩服！"

维克多在一众朋友中来回走动。他看到圣伯夫在和阿黛尔说话，然后朝他走来，对他倍加赞美。

"我们要晕倒了，我们受不了了……"在这炎热的夏夜里，房间里的女人们大声喊道。

黎明时分，朋友们相继离开。雨果已经筋疲力尽，他觉得自己赢了。早上九点，他刚睡下没多久，用人便来通报说泰勒要见他：他十分热情地说，希望这出戏剧能在法兰西剧院上演！雨果怎么可能不答应呢？

但随后，圣马丁门剧院的经理以及奥德翁剧院的经理阿莱尔都轮番赶来争取这部戏剧。他听着两人的邀请之词，但随后都摇头拒绝。因为他早已向泰勒许下承诺，他会遵守的。

现在，他正等待着法兰西剧院正式接受该剧之前的宣读。他又见到了泰勒，泰勒谈论着剧本字里行间给他的感觉。妙极了！但随后，这位剧院经理却压低了声音。他解释说，由于审查制度，肯定要对剧本进行修改。因为剧本里所描绘的路易十三的形象，一定会引起审查者的反对。他们担心观众会联想，剧作者想要借此批评查理十世。

接下来的这段时间，雨果的心情几乎一直在惊喜和愤怒之间来回切换，因为 8 月 1 日，泰勒向他传达了一则消息。布里弗是一位法兰西学术院院士，主持着审查委员会的工作，他曾在一段时间内以浪漫主义者自居，但是他却决定禁演该剧。这可能吗？

雨果给内务大臣写信。

"大人，您一定不会做出如此对我不利的决定，请允许我为您造福增益。"

他不想毫不作为就轻言放弃。随后，他争取到了国王的接见。

但国王并没有答应雨果的请求。这部已经更名为《玛丽蓉·黛罗美》的剧还是被禁演了。他收到新任内务大臣德·拉布尔多内先生的来信，向他宣布"您通过王朝财政部门预算所享受的文人津贴，从今往后将涨到六千法郎每年……男爵先生，我很高兴能将国王的这份仁慈带到您的身边"。雨果收到这封信时，觉得自己受到了羞辱与践踏。

这可能吗？他们把雨果当成了什么人？他们是不是想象着，雨果会心安理得地接受这种"补偿"而不否定自己？

他站在书房里，手里拿着内务大臣的这封信。他看向正在注视着自己的阿黛尔和圣伯夫。他把信递给他们，在圣伯夫还在读信之时，他就已经写起了回信，他在信中回溯，几个世纪以来，他的家族一直对国家忠心耿耿：

"我的父亲和我的两个叔叔披甲执兵，为国家服役了 40 年……"

他抬起头来。这些极端保守分子，这些来自科布伦茨、滑铁卢和 1815 年的人，最好能记住这一点！

"大人，现在的这笔津贴，无论多么微薄，对我来说都足够了，"他继续写道，"我父亲的全部财产确实被西班牙国王代为保管着……但也确实，靠笔头过日子的我不得不依靠《玛丽蓉·黛罗美》这部戏剧给我带来的合法收益。"

他为这次拒绝感到无比高兴和自豪。在接下来的日子里，他也同样拒绝了德·拉布尔多内先生向他提出的"最高行政法院的行政职位和政府机构的职位"。

他给圣伯夫看了自己的回复，他知道圣伯夫会从一家报纸到另一家报纸地报道这一事件，而这些报社又将赋予这几次拒绝以政治意义。因此，对于那些从 8 月 15 日星期六开始陆续刊登出来的第一批文章，他并不感到惊讶。

但人们忽略了这样一个事实：圣伯夫也曾写信给内务大臣："国王能从维克多·雨果身上期待的，只可能是其忠心、忠诚和奉献的证明。"

而《环球报》却说这是"文学界的首次政变"：

"维克多·雨果先生有幸在这场重又开启的、反对思想的死亡战争中受到了第一次政治打击……"

《辩论报》《宪法报》也做出了类似的评论，其中一家报纸写道："让公众知道这位值得尊敬的年轻诗人刚刚获得的新的权利也是件好事。"另一家则补充道："青年人并不像大臣们所希望的那样轻易就被收买了。"

8月18日，《环球报》总结道："至于内阁的机关报对津贴的数额纠缠不休，并指责雨果先生先前已经接受过一份津贴，我们的回复很简单。曾经有那么些日子，有那么些时刻，这份恩泽让维克多觉得荣耀无比；但如今这些日子和时刻都需要翻篇了，因为恩泽已经变成了一种耻辱……"

维克多觉得自己已经赢得了胜利，重新获得了报纸的支持，虽然那些报纸在年初还对他充满敌意。嫉妒和仇恨始终存在，潜藏在新闻界的底层，在那些无能又善妒的作家之中，但这些嫉妒和仇恨的情感在此刻都不得不低头。

此外，他也并没有与国王决裂！

他必须顺势再写一出戏剧，不然拒绝的决定将变得更加艰难。

9月2日开始，他又回到了书桌前。他还记得和母亲、哥哥欧仁一起去马德里时经过的那个西班牙村庄——艾那尼。

他写下标题《艾那尼或西班牙的荣誉，又名查理五世的青年时代》。

他想到了高乃依的《熙德》，想到了这部在1636年成为"震撼"的代名词的戏剧。近两个世纪后，《艾那尼》也定要成为这样一部惊天动地的大作。

他开始闭门谢客。

写作时，他仿佛沉入了一个梦境，梦中出现了流亡者艾那尼、他的情敌堂·吕伊·葛梅兹和美丽的堂娜·莎尔——他们两人都爱着这位姑娘，就连西班牙国王、即将成为查理五世皇帝的堂·卡洛斯也在向她献殷勤；而这两个情敌由于本来不同却趋近相同的政治因素，想要联合暗杀这位国王。

悲剧正在逐步酝酿。堂·卡洛斯很大度，但艾那尼已经向堂·吕伊·葛梅兹许诺，如果葛梅兹想要自己的命，那么他随时都会服从。作品中，命运就这样在不断作祟，对这位英雄穷追不舍，注定要他死亡，尽管众人给了他幸福的权利。

艾那尼知道自己被命运"盯上"了，他把这一点告诉了堂娜·莎尔，而雨果每写一个字，都感觉像是他本人在倾诉。

噢！就当怜惜你自己，快逃吧！——也许你以为我是一个和大家一样的人，一个聪明的人，一个会向着自己的理想目标勇往直前的人。但你搞错了。我是一股横冲直撞的前进力量！……我坠落，坠落，怎么也停不下。如果有时，中途喘息的我要是敢回过头来，就会有一个声音对我说："前进！"而前面是无底的深渊，我看到渊底一片通红，或许是火焰，或许是鲜血！然而，在我拼命前进的轨迹周围，一切都将被破坏，一切都将被摧毁。谁碰我谁就要遭殃！噢，快逃吧！远离我这毁灭性的轨迹。唉！我会不受控制地伤害到你的！

堂娜·莎尔搂住他的脖子，回答道：

> 你就是我骄傲而高贵的雄狮！
> 我爱你①。

9月30日，朋友们聚集在他的客厅里，他又一次听到了他们的喝彩声。雨果刚给他们读完剧本，读到了最后一句台词，堂·吕伊·葛梅兹在确认艾那尼和堂娜·莎尔都已经死去之后说道：

> 死了！——噢，我也该入地狱了！

朋友们站了起来，兴奋不已。

10月5日，剧本在热烈的掌声中被读完，并被法兰西喜剧院接受。

胜利了？

但雨果并没有成功赶走焦虑，他觉得对手还没有完全缴械投降。

布里弗院士曾表态，必须要允许这出戏上演："让观众看到人类的精神可以迷乱到何种程度，能够多大程度地冲破一切规则，这是好事。"

但内务大臣和审查委员会都要求对剧本进行修改，于是，雨果这样回答德·拉布尔多内先生："我必须要对以下这四种修改建议提出抗议。"

这些小冲突，这些圈套使他感到愤怒、感到不安。

他将心中的想法告诉圣伯夫："您知道的，我一直患有该死的肠炎，现在炎症已经开始向上扩散，一直到了头部，再到眼睛。现在，我一连好几天地把自己锁在书房里，窗帘放下，百叶窗紧闭，门也关上；我已与盲人无异，没办法工作，不能阅读，也无法写字。"

---

① 《艾那尼》，第三幕，第四场。

他发烧了。在这一年的最后几个月里，巴黎被一场强烈的寒潮侵袭，塞纳河都结冰了。要想去法兰西剧院，他就必须经过那些被寒风席卷的桥，而想要不滑倒，他就必须穿上软底便鞋。但当他来到剧院演出厅时，他却感到气氛异常紧张。

他听到，大牌演员马尔斯小姐拒绝说出"您就是我骄傲而高贵的雄狮"这句台词。她反复强调不想让自己变得荒唐可笑。

雨果需要警告她，告诉她，她的要求被驳回。她愤愤不平地低下了头，但雨果并不确定她是否会严格按照剧本来演。

他还需要面对一些流言蜚语。人们传言，雨果在背后捣鬼，让维尼翻译的，并一直在剧院保留剧目之列的《奥赛罗》被安排在了《艾那尼》之后才上演，尽管之前已经确定好了上演日期。他们一定是想挑拨他与维尼之间的关系！《环球报》刊登了许多对"浪漫派小人领袖雨果先生"的阴险传言，宣称雨果对维尼的作品不屑一顾。

他反击道："《艾那尼》在《奥赛罗》之前上演，绝不可能！"他给维尼写信："他们想离间我们，但我会在《奥赛罗》上演之日向您证明，我是您前所未有的、最忠实的好朋友。"

这对那些阴险毒辣的人来说足够了吗？

审查员们猖狂至极，雨果很是担心。他交给审查委员会的手稿正在各大报社的编辑部传阅。大家都在嘲笑，都在戏谑模仿。在《巴黎杂志》上，亨利·德·拉图什用一篇长文谴责了"文学界的同袍义气"，按照作者的说法，这是一种为了能为各自作品辩护而在年轻作家之间达成的协议（他知道这么说自己便成了众矢之的）。

"是谁改变了我们的文学风气，以至于我们在文学作品中只能见到王公贵族、帝王将相、伟人和他们的仆人，要么就是一些江湖骗子和他们的同伙帮凶？"拉图什问道，如此，"友谊将会变成一种投机，虚荣心将会成为社交的纽带"，到处都会成立一些"作品生命担保互助会……"

紧张的氛围逐步升级。这的确是雨果介入的一场决定性战争，他必须以全新的方式取胜。他拒绝在剧本上演之时按照惯例雇用专业的"鼓掌捧场的托儿"，他要召集自己的朋友前来支持。

他大举反击：

"审查员拿着一份手稿，随意摆布，消遣娱乐，他们可以对这份手稿肆意妄为。审查制度是我文学上的敌人，也是我政治上的敌人。审查制度是不正当的、不诚实的、不公平的。我控诉审查制度……"

这是一年中的最后几天，塞纳河还处在冰封期。但雨果觉得自己已经获得了成功。

最终，审查逐渐退让，接受了《艾那尼》。

甚至连剧院办公室主任特鲁维男爵都写道："您有权保留手稿上对堂·卡洛斯说的那些话，也就是：懦夫、疯子、不称职的国王……"

但以下这句话绝不能被保留下来："难道你认为在我眼里，那些国王是神圣的吗？"也许可以改为："你认为对我们来说，他属于神圣者之列吗？"或许可以。

不管怎样，最重要的是，这部剧能够上演了，并且所有重要的部分都没有被删改。如果这就是领导战争的代价，那么他愿意为了零星几个词而战斗！因为这只是每时每刻都会发生的战争中的一场。

夏尔·诺迪埃已离他而去，维尼也正因《奥赛罗》的反响甚微而苦恼。各家报社仍虎视眈眈。

雨果需要发泄。

"如你们所见，我债台高筑、身负重担，被打得落花流水、被压到无法喘息，"12月中旬，雨果在圣瓦勒里给朋友们写道，"一方面，法兰西戏剧院、《艾那尼》、排练、幕后的竞争，男演员、女演员们之间的钩心斗角，报纸和警察的阴谋；另一方面，总是一团糟的那些私事、仍没有清算的父亲的遗产……这就是我的生活……既然你们已经身处港口，就要抓紧站稳了！而我，我还在水中沉浮，我还在抗争，还在逆流而上……"

12月31日，在这一年的最后一天中，雨果迎来了最后一击……那就是好友阿尔丰斯·拉伯的死亡，这位被丑化的、英勇的受害者。

1830 年

雨果看着马尔斯小姐走到舞台边缘、成排脚灯的旁边。

从一月初开始，雨果就熟悉了这位女演员每天都会进行的排练演出，马尔斯小姐常常会中断排练，把手放在眼睛上，故意装作寻找雨果的样子，即使她早已知道雨果坐在正厅前座的哪把椅子上。

他站起身来。

马尔斯小姐说出一句台词，并问道：

"您喜欢吗，雨果先生？"

他保持冷静，觉得自己被一股巨大的倦意和笃定所占据：

"我就是这样写的，夫人，所以我觉得很好。"

她摇了摇头，话语中带着傲慢的语气。

雨果答道：

"您在扮演堂娜·莎尔这个角色之时，还是想继续保持马尔斯小姐的特色。但如果您真的把自己当作受叔父吕伊·葛梅兹·德·西尔瓦监护的那个人……"

他继续用平稳的语气说着，因为他必须耐心接受演员们的意见。

《艾那尼》的首演定于2月25日，也就是他28岁生日的前夕。在剧本上演之前，他只有这一个目标，一切都必须服从于它。他意识到自己很久没有见到孩子们和阿黛尔了，很是担心。但他仍要盯着排练，面对批评、闲言碎语，以及老友或是虚心假意的朋友们的好心劝告。

夏尔·诺迪埃这样向拉马丁坦言，雨果也知道这一点：

"我对他的友谊，"诺迪埃说，"让我对他义无反顾的勇气感到痛惜，有了这些勇气，他不顾自己的休息与幸福，沉迷于所有能够掀起风浪、抢占风头的机会，而这次的风头，可能引发一场小型内战……"

雨果则指责诺迪埃曲解了自己的性格。

"二十七岁时，我们成立了一个文学团体，那时还能向理性的冰冷表象投降，这是非常难得的。他那些年轻的仰慕者们，一定会满怀热情地为他制造出一系列迷惑的效果……"

雨果耸耸肩。诺迪埃窃窃私语的那些话语下透露出虚伪与尖酸。"但愿未来能让他免除苦难！"

就连圣伯夫，雨果最亲密的朋友，行为都很奇怪。圣伯夫不曾提到《艾那尼》，似乎很纠结；他时而哀怨，时而叹息。他说，他想逃到"德国的某所大学，柏林也好，慕尼黑也罢，或是那位广受好评的巴伐利亚国王的家里"，在那里生活，教授法国文学，学习德语。

幸运的是，雨果还有梅里美、邦雅曼·贡斯当、梯也尔以及《环球报》所说的所有"知识界权威人物"的来信，他们都在索要《艾那尼》的首演门票。

而当雨果看到所有这些年轻人，这些穿着巴洛克风格的服饰、披着长发、戴着花哨帽子的美术生纷纷拥进他的公寓时，他感到被一股自信冲昏了头脑。他们将和雨果的忠实好友戈蒂耶、德维里亚、奈瓦尔、巴尔扎克、柏辽兹、佩特鲁斯·博雷尔以及德拉克洛瓦一起，占据正厅前座的几十个座位，来支持这部戏剧，用他们的掌声来和阴谋家对抗。

那些"部落"（建筑工作室）的"首领"，也纷纷来到田园圣母街认领位置。

雨果买了好几令红纸。他把纸张剪成小方块，用卡刀在上面印上西班牙语单词"Hierro"，意为"铁"。他将这些"通行证"分发给各"部落首领"，首演当晚，他们也将入座四楼楼座。

雨果发现，对于这样一群"凶神恶煞、举止怪异"的青年人来说，他代表的不仅仅是自己。他遇到了穿着红色的马甲、头发一直垂到腰间的、前来看演出的泰奥菲尔·戈蒂耶！

2月25日首演当天，在那个寒冷的下午伊始，雨果就去到法国剧院，他看到支持者们从三点钟开始便陆续拥进了剧院演出厅。

这群支持者在演出厅等候了四个多小时，一边唱歌，一边大快朵颐地吃着蒜蓉红肠和各式香肠；他们分散在剧场的各个黑暗角落里，为了"释放自己"，并用各种讽刺挖苦的话语来欢迎那些穿着丝绸裙子或是礼服和黑背心前来就座的"大众"；对那些高雅之人来说，这群"奇怪的"、披头散发的人让他感到厌恶不已，食物和尿液的味道也让他们感到反感。

雨果透过台幕的缝隙看了看，然后回到了后台；他仔细听着一波又一波的掌声和呐喊声、喝倒彩声。但首演之夜这一战的胜利，他感觉到了。

演出一结束，马尔斯小姐便走到他跟前。

她说："那么，您不亲吻您的堂娜·莎尔吗？"

当他走出剧院时，几十个年轻人将他团团围住，欢呼着将他抬起，高喊着、歌唱着、鼓着掌，一直把他送到田园圣母街。

大家挤在客厅里。大仲马兴奋至极，戈蒂耶穿着红色马甲，神采飞扬地宣布：

"今晚是决定我们生活的一晚！"

大家窃窃私语地讨论着收入总额：五千一百三十四法郎二十生丁，一个相当大的成功。

雨果从人群中移开了几步，他说，战斗才刚刚开始。最难的几场表演将在几天之后，那时候"朋友们"就不会像现在这么多了，尽管法国剧院经理泰勒愿意给他预留出百余个座位，但这个厅能容纳一千五百名观众。因此，每次演出都要进行战斗，还要维持好收入的水平、重新燃起演员们的热情，因为比起《艾那尼》，他们越来越倾向于古典戏剧。

大仲马、佩特鲁斯·博雷尔、戈蒂耶以及那些年轻的拥护者都承诺，在剧本被明确接受之前，他们都不会离开剧院。

不过在接下来的日子里，雨果越来越感觉到，与对手的交涉永远都不会结束，其中有些对手曾经还是他的朋友。

除了《辩论报》上的一篇文章外，其他所有的专栏作家都批评了该剧及其演出条件：

"作者带来了与他的戏剧相匹配的一群观众：一群强盗，毫无教养、衣衫褴褛之人，平日里聚集在不知什么样的低级酒吧间里，这些人把一间受人尊敬的大厅变成了一个令人作呕的洞穴……"

梯也尔、阿尔芒·卡雷尔于1月3日创办自由派日报《国民报》，雨果苦涩地读到了该报上的一篇文章。一名专栏作家指责他无视一切艺术规则，并称不能将政治自由与不拘一格混杂在艺术创作之中。

当然，雨果也会重视他所尊重之人的意见。

夏多布里昂向他表示了自己的钦佩："我逐渐消退，先生，而您逐渐上升。"而雨果觉得自己终于达到了年轻时的目标——"要么成为夏多布里昂，要么一无所成。"

但当他看到巴尔扎克在《政治报副刊》上发表的文章时，他又被那些严厉的话语所打中："这出戏剧的所有活力都已耗尽，主题不被接受、人物设计不符合实际、人物的行为也有悖常理……在我们看来，到目前为止，比起诗人，作者更是一个好的散文家，比起剧作家，又更是一个好的诗人。维克多·雨果先生只有在偶然的情况下才能遇到一个自然行为……《艾那尼》最多也只能成为一首叙事诗的主题。"

他知道，并不断提醒自己，不应该去担心这些批评，看看剧院的上座率就应该放心：第十场演出仍然获得了四千九百零七法郎八十生丁的收入。他从出版商兼书商马姆那里拿到了五千法郎，因为出版的剧本卖出了两千五百份。至于新版，他则想要与另一家出版社签署协议。此外，剧本还在《阅读室》上连载刊登。

一年下来，他将得到两万多法郎，投资五百法郎，按百分之五的收益比例计算，都足够了！近十八个月的物质保障终于有了着落！

然而，他并不就此满足。

他还想让别人信服、为自己解释。他很想给卡雷尔写信。卡雷尔是一名记者，在这个舆论多变的时代，他始终是一个坚定可靠的人……

国王发表演说之后，有二百二十一位众议员对政府投了反对票。查理十世因此解散了众议院，并派遣军队远征阿尔及尔，试图把选民团结在他周围。但每一位选民都认为，不管有什么样的诱惑或者压力，这二百二十一个投反对票的人都会以更大的数量回归。

在沙龙里，在报社编辑部里，人们都希望能悄悄地进行一场有序的政治变革，由奥尔良家族取代波旁家族。

奥尔良公爵路易－菲利普，他是弑君者，共和国昔日士兵平等的菲利普之子，若是他就可以避免让所有人都担心的暴力革命爆发。

因为不仅有国家机构的部分人在行动，年轻人也在反抗政权里的极端保王党人，以及那些限制新闻自由的白旗党人，但苦难仍然盘踞在法国社会。越来越多的人失业，面包的价格在不断上涨。而这些冲进法兰西剧院为《艾那尼》鼓掌的年轻人，他们对着正厅后排的光头们大喊："上断头台吧，屈膝投降吧！"他们挤对故作风雅之人，表现出对风俗的蔑视，正是他们，让人们不寒而栗。

如果他们的青春活力、他们对现行秩序的敌意与穷人们的愤怒、共和党人的野心联起手来，法国社会将何去何从？重新回到1793年？

雨果感到，民众的苦难以及自由党与共和派的反对情绪正不断升温。他为诺曼底的穷人和失业者写了一首诗，将在《环球报》上发表。

他要劝诫"世界上那些富有的、幸福的人"，煽动他们进行"施舍"，从而避免革命。

但该诗一经发表，他便担心了起来。他身边环绕着多大的敌意呀！他想解释"这些诗句是通过间接的方式才得以在《环球报》上刊登的。否则，就不乏有人说我写这种好的诗词作品（如果这样的东西值得这样一种名字），只是为了有机会发表。危险就埋伏在此处，您最好让我成功避开……"

对付这种由尖酸和嫉妒所滋生的隔阂，能做些什么呢？他对圣伯夫的持续沉默感到惊讶，后者仍然没有写任何关于《艾那尼》的文章。既然他把圣伯夫当作自己最亲密的朋友，他最终还是决定去问问。然而得到的答案却让他心如刀割：

"在这个时候，我不可能写一篇关于《艾那尼》的文章，因为这部戏剧无论是在形式还是内容上都拙劣无比。我厌倦《艾那尼》，我只知道一点：这是一部令人钦佩的作品。但是为什么呢？怎么个令人钦佩法呢？我不再想去思考了。"

雨果读不下去了。

"厌倦"是什么意思？当对这部戏剧的批评和嘲讽从四面八方倾盆而下时，当那帮阴险的观众，特别是女性观众，在每场演出都无情嘲笑时（他们试图在每一句台词之后放声大笑，打断演员的表演），我最亲爱的朋友难道不应该为他所说的"令人钦佩"的作品辩护吗？

当许多剧院都在张贴嘲弄《艾那尼》的戏剧海报，在一些题为"N.I. 尼尼或拉斯蒂耶家族的危险——用散文体写成的、不知所云的五幕浪漫主义戏剧"（*N.I.Nini ou le Danger des Castilles，amphigouri romantique en cinq tableaux et en vers*）、"噢，这位注定倒霉的花花公子"（*Oh que Nenni ou le Mirliflore fatal*），或者"艾那尼或号角声的束缚"（*Harnali ou la Contrainte par cor*）的"滑稽剧"中，堂娜·莎尔的名字被改为"太阳伞小姐"^①，看到这些，他难道不应该在这场永无休止的战斗中进行反击吗？

他继续阅读圣伯夫的信。雨果认为自己已经从这些冷酷的句子中找到了圣伯夫行为的关键，这种冷酷从第一句话开始就贯穿全文："您开启的这场斗争，无论结局如何，都能使您获得巨大的荣耀，正如拿破仑。但是，您不是也像拿破仑一样，正在尝试一件不可能完成的事？说实在的，看到这一段时间发生的事情，看到您的一生总在遭受各种折磨，失去了欢乐，增添了仇恨，与高尚的老友分道扬镳，反而一群傻子和疯子代替了他们；看到您额头上的皱纹和愁容，不仅仅是因为繁重的脑力劳动所导致，看到这些，我只能感到悲痛，只能为过去感到惋惜，只能向您告别并藏身到一个我也不知道何处的地方。对我而言，身为首席执政的拿破仑比身为皇帝的拿破仑更讨人欢喜！"

一段友谊就此结束了？他不能接受。然而圣伯夫的判断里满腹牢骚、态度强硬，没有顾及一丝兄弟情谊。

"您还会取得奥斯特利茨战役、耶拿战役^②的胜利，"圣伯夫继续写道，"也许《艾那尼》已经是您的奥斯特利茨战役了，但当您到达极限时，艺术就会重新退回到原来的状态；您的遗产将无人继承，而您也不过是一个辉煌而崇高的小插曲，最多也只不过是让您同时代的人感到震撼……"

雨果感到嘴里充斥着一阵苦涩。圣伯夫总结道："撕毁它吧，忘掉这一切……"

但开弓没有回头箭，雨果也一样。

后面还有这几行字，斜向地写在信纸边缘的空白处，就像压抑不住的愤怒的呐喊，就像掩饰不住的嫉妒之心的爆发：

"而夫人呢？只有当人们卑躬屈膝地听您朗诵诗歌时，才有机会在您的诗句中听到她的芳名；尽管她每天都要面对很多亵渎的眼光，但她还是在把戏票分给八十多个她在昨天才刚刚认识的年轻人；她身上纯洁而迷人的亲切感、友谊的无价之宝，都被这嘈杂的人群所玷污；展现忠诚的话语被贬低，在您看来，最为有用的、最为珍视的，莫过于高于一切的物质手段！"

雨果重读这封信。他有被如此侮辱过吗？被怀疑是一名利欲熏心的算计者？

这个维护妻子的朋友是谁？他有什么权利这么做？

---

① 译者注：《艾那尼》法语名为"Hernani"，一些人将该词的字母拆分重组或者随意改变拼写（如 Nini、Nenni、Harnali），取出一些带有讽刺色彩的名称；同样，剧中的人物堂娜·莎尔的法语名为"Doña Sol"，人们便将"sol"这一词故意关联到"parasol"，意为"太阳伞"，戏称她为"太阳伞小姐"。

② 译者注：这两次战役都在拿破仑的领导下取得了胜利，充分展现了拿破仑的军事才华。

雨果觉得，大家眼红自己所获得的荣誉以及经济上的成功，他将这些告诉了剧院经理泰勒："尽管风雨兼程，但收入始终保持在四千法郎以上，这是令人钦佩的。"而那些嫉妒的人知道这一点，他们算计着雨果的所得，心中的愤怒和仇恨就会不断加深。

但他们知道这些收入是从何而来的吗？

雨果不得不考虑这些专栏作家的意见。他作品的回响取决于他们，因此他们也决定着其收入水平，进而决定着他的生存。

他对《艾那尼》的出版商说："马姆先生，我请求您明天早上言简意赅地告诉我，是否已经把该剧的成书送到报社去了？我已经收到了好几个投诉，绝不能引起他们的不满。因此，当务之急是迅速将《艾那尼》送到他们手里。我相信，关于此事特别重要的一点是，要把该著作投放给哪几家报纸。当然是所有的政治报纸，包括《环球报》《时代报》《国民报》……"

他回顾了阿尔芒·卡雷尔在《国民报》上评价《艾那尼》的第二篇文章。他对此耿耿于怀！像卡雷尔这样的政治反对派，为什么就不明白在支持《艾那尼》的运动中，也表达出一种和他们所宣称的、相同的政治变革意愿呢？

尽管国王查理十世发出了号召，但选举结果表示，最终还是有二百七十四名反对派代表进入众议院，而不仅是曾拒绝信任政府的那二百二十一名代表。没有人因为远征阿尔及尔而受到蒙蔽。在《辩论报》上，人们可以看到："将征服阿尔及尔的胜利转变成压制民众自由的胜利，将民众所希望获得的荣誉变成腐败和暴力的手段，真是一种极其荒诞的希望。"

至少要让这个卡雷尔知道诗人是谁，他所批判的戏剧是怎样一位作家的作品！

雨果想说服他。

"在这个一切都通过沙龙和报纸来完成的时代，"他给卡雷尔写信道，"我开创了一个不依靠沙龙也没有报纸的先河，并且我将继续在这条道路上走下去。我的全部事业都是孤独的，无论是在意识层面上还是艺术层面上。卡雷尔先生，我请求您注意到这一点：20岁的时候，我已经结婚并当了父亲，我所有的财富就只有我的工作，每天都像工人一样生活；当时，我认为自己注定要在帝国的统治下发大财，但我却错过了帝国和财富……"

这些话能让卡雷尔明白雨果是一个怎样的人吗？

诗人继续写道："我是一个穷人，但我像富人一样修炼着艺术，我对未来的关注多于对现在的担忧，一切都为了艺术。然而时运不济，我必须既写作又为生存而努力干活，但我可以说，生计上的事从未沾染过我的作品。"

这封信暂时让他的心态平和了下来，拿到未来十八个月的收入也终于让他放下心来。从此之后，他大胆坦言："物质方面的事情（关于《艾那尼》），对我来说并不重要。"

当然还有戈塞林那边的事，他已经答应将《巴黎圣母院》的版权卖给这位出版商（然而雨果还只是草拟了一个大纲，收集了一些文献资料），并且戈塞林已经不耐烦了……

戈塞林很苦恼，他想趁着《艾那尼》掀起的这场骚动，来推出《巴黎圣母院》这本书：

"您不能再拖延这本书的出版了，否则将会严重损害我的利益，我决心维护自己的权利！"

雨果很生气。之前，戈塞林就想针对《死囚末日记》给他上一堂文学课，现在，他竟然将合同作为一种法律威胁。他重读了一遍合同的内容，感觉势在必行。双方必须努力达成协议。他与戈塞林见了面，听他细数为了宣传其作品全集而分发的小广告所产生的费用。圣伯夫曾经是该宣传文的作者。他不是雨果的朋友吗？这不就是圣伯夫介入的证据吗？如果雨果不履行合约，他也将被卷入此事……雨果咬紧牙关。

他觉得自己被戴上了镣铐。他必须同意出版商在新合同中提出的苛刻条件，并承诺在12月1日之前交付写好的《巴黎圣母院》，否则，每拖延一周就必须支付一千法郎的罚款，拖延超过两个月后，再追加两千法郎，也就是说，如是拖延到了2月1日，就必须支付一万法郎！

合同一经签署，他便跟这个勒索者说出了心中的真实所想：

"我很难忘记，您是通过某种威胁的手段，再三强调，说是要把我最亲近的朋友之一卷入诉讼的丑闻当中，才使我放弃了自己的权利，同意了您那些过分的要求！"

但是，戈塞林回信道："如果要维持与您的关系，就必须服从于您的任性和您的意志，那么我将非常高兴自己除了那些无法躲避的关联之外，与您再无其他任何关系。此外，如果我在已经接受的友好协商之前就收到了您的来信，那么我将向您声明，法院会在我们之间进行审判……"

他把信揉成一团。啊！再也不想这样被一个出版商牵着鼻子走了！再也不要逼迫自己服从除自己以外的人！难道他如此满怀希望、如此拼搏，是为了在二十八岁的时候，还处于如此这般境地？

他觉得自己的思维被带进了一个绝望的旋涡中，仿佛所有积累下来的作品、所征服的荣誉，都没有任何结果；仿佛他发现面前是一个深渊，但他走得太远了，还不如成为一个目光短浅之人。

也许，这种将他笼罩的痛苦，这种在夜里将他淹没的黑暗念头，来自这样一个事实：他必须投入到写作中，以履行与戈塞林签订的合同，而他又迟迟难以开始《巴黎圣母院》的写作（但他又必须尽快交付，否则就会被出版商扼住命运的喉咙），一切似乎都叠加在一起，使他无法集中精力。

还有圣伯夫的态度，他写的那些信，既令人苦恼，又同时充满着敬意与怨念。他埋怨，是因为自己不再是雨果在田园圣母街的邻居了。

他已经被这个打击气昏了头！圣伯夫是否会相信，雨果一家搬到香榭丽舍大街，让－古戎街 9 号，在蔬菜种植区的中央，在德·莫代马尔先生这栋单独的公寓里（整个郊区唯一的建筑），是为了取乐呢？实际上，随着不断进行的《艾那尼》的演出，田园圣母街那间公寓的房东再也无法忍受房子里举办的各种招待活动、各种集会和喧嚣的声音，即使最后一次（第三十六次）是在 6 月 26 日，他们也没有再续租。

那就去让－古戎街吧！

雨果用目光丈量着这偌大的套间。他用自己的油画、石版画和素描来装饰书房。他的书房里有五六把椅子和好几张桌子，上面放着他要为创作《巴黎圣母院》而需要查阅的大"对开本"。

他打开窗户，就能看到花园、乡村、树木以及远处的荣军院圆顶。他可以，也必须开始写作了。

现在，圣伯夫在写下那些信件后，亲自来访了，要知道信中的他就像一个满怀嫉妒的情人在谈论着阿黛尔。"告诉雨果夫人，请她可怜可怜我，为我祈祷！"

这意味着什么？

雨果看着他那张狡猾的脸，并不想和他说话。他有一种直觉，自己和圣伯夫之间的友谊，已经打开了一道深深的裂缝。而雨果收到一封圣伯夫坦诚这一点的信，并不感到意外：

"昨天，我们是如此的沉闷，如此的冷漠，我们彼此告别的方式如此不堪，以至于所有的一切都让我很受伤；晚上回来的路上，我感到痛苦不堪，夜里也是如此。我告诉自己，既然我不能一直见到您，那么我也不可能频繁地付出这样的代价来见您。我们之间有什么话要对对方说，要告诉对方的呢？没有什么，因为我们不可能再像从前那样分享所有的情感、那样不分你我了……"

雨果看着阿黛尔，想起曾在她和圣伯夫之间捕捉到的情投意合的眼神。而圣伯夫写下的所有温柔情话、对她的密切关注又重新回到了他的记忆之中。

他并不感到嫉妒，而是同情。这个男人一定很痛苦。爱情像厄运一样落在了他身上。为什么要谴责他，更何况他似乎还在挣扎。

圣伯夫写道："我有非常可怕、非常丑恶的想法，仇恨、嫉妒、厌世的情感充斥着我的心灵。我已经哭不出来了；我用阴险恶毒和背负着不可告人的秘密的态度审视着这一切。当人变成这样，就必须隐身遁世，尽量让自己平静下来，放下自己的怨念，不要过多地搅动河底的泥沙，在像您这样的朋友面前自我谴责，就像我现在这样。"而他又再次向"雨果夫人"请求宽恕！

雨果不禁思考，他在与圣伯夫分享爱吗？他再次转向阿黛尔，她低着头。而让她变成现在这样的，不是孕期最后几周的疲劳，也不是难以忍受的夏日酷暑。她的脸上却写满了悲伤……

他很想走近妻子，但持重、局促又让他退缩，也许他也不想知道真实的原因吧。

此外，还有接二连三发生的这些事件。

部队攻进香榭丽舍大街，在大片菜园里放置了成组的大炮。他们将宿营地驻扎在此，在树下安营扎寨。枪声此起彼伏。

雨果走了出来，看到一个少年被士兵团团围住，并被绑在了树干上——也许他曾对着部队开枪……雨果上前阻止，绝对不能向一个孩子开枪呀！

雨果让这个小男孩得以获释，也得知了整个巴黎都在闹革命。查理十世颁布敕令：解散众议院，对新闻报刊实行最为严格的审查，并威胁要没收所有用于印刷违禁报纸的印刷机和铅字。

民众奋起反抗。

也许是从 1815 年开始积累的怨气，到现在终于要溢出来了。这面曾被波旁王朝撕裂、只保留白色的三色旗，如今又重新在这里挥舞了起来。

革命的战火从 7 月 27 日一直烧到了 29 日。

巴黎综合工科学校的学生与工匠们打成一片。为了看到 8 月 1 日，在光荣的三天革命过后，在市政厅的阳台上，拉法耶特将军亲吻奥尔良公爵路易 – 菲利普，《国民报》的资产阶级自由派——梯也尔、卡雷尔暗中施策；最终，路易 – 菲利普成为法国人民新的国王。

"拉法耶特的共和之吻成就了一位国王。"夏多布里昂低声说。

雨果答道：

"1830 年 7 月以后，我们将行'共和制'之实，讲'君主制'之言。"

他不能参与斗争，说自己将为此后悔一辈子。但 7 月 28 日，当远处的炮声轰鸣，他却踱步在夫妻二人的房间门前。当晚，妻子生下了一个小女孩，父母给她以母亲阿黛尔的名字命名。

"好心的上帝刚刚给我送来了巨大的幸福,"雨果激动地宣布,"我的妻子于昨晚顺利产下一个胖胖的、圆圆脸蛋的健康女婴。"

他走近阿黛尔的床。她的表情疲惫却很坚定。阿黛尔举起手,推开雨果,低声说,这是她生的最后一个孩子,八年来的第五个孩子,三个男孩两个女孩(其中第一个不幸夭折),已经足够了。

她转过头来。从现在开始,她与雨果将分居两室。

然后她低声说,她想让圣伯夫做小阿黛尔的教父。

雨果累了。

私生活里的"革命"和他不能参与的政治革命,全都混杂在了一起!他甚至决定带着孩子们一起到蒙福尔拉莫里去避难几天。他意识到,对于寓所的房东来说,他是一个危险的革命分子!

他说:"革命就和狼一样,是不会互相吞食的。"

人们把他归为"好的一方"。

当他回到巴黎时,发现城内仍然没有恢复平静。路易 – 菲利普用三色旗包装着自己,以显示自己是"法国人民的国王",但他首先是"资产阶级的国王"。共和党人觉得他们"光荣的三天"的成果被抢走了,因此他们仍不愿意放下武器。

雨果留心到,"如果法国继续处在枪炮声下,我会找寻到自己掩藏已久的身份,那就是,我也是士兵的孩子"。

而与此同时,他也被政治的转向震惊了。

他呢喃道:"看到这些人把三色标志印在他们每天做饭的锅上,真是为他们感到可怜。"

他不想成为那些侮辱查理十世的人之一,虽然这位曾经的国王已经逃亡在外。

他开始写诗,想庆祝这场革命。

> 骄傲吧!你们和先辈一样立下了丰功伟绩。
> 整个民族通过多少场战争才能取得的权利,
> 都被生气蓬勃的你们从裹尸布里救了出来。
> 为了拯救你们的家人,七月给了你们
> 三轮可以烧毁坚固堡垒的鲜艳太阳;
> 而你们的先辈们只有一轮!
> [……]
> 三天三夜,在这酷暑的七月火炉里,

全城人民都在战争的烈火里沸腾了起来①。

他补充道：

> 噢！让我为这个已经消亡的家族痛哭一场，
> 他们跟着这个流亡的国王回归又再次逃亡，
> 厄运的旋风啊，你已经三次将他们席卷！
> 至少让我们恭送先辈时代那些旧日的国王。
> 弗勒律斯的军旗啊，请将赫赫的战功
> 还给降下的方形王旗②！

他觉得，值得一提的是，三色旗也必须懂得在白旗面前低头。

然而，雨果意识到，尽管历史非常吸引人，但面对窗外的革命，他怎么能把自己关在书房里写《巴黎圣母院》呢！他借口资料在革命的骚乱中不幸丢失，以再次向戈塞林提出一段时间的延期。出版商答应再给他两个月的时间。

于是，9月1日，他裹上一件宽大的羊毛衫，开始写作，试图忘掉一切与"圣迹区"、与"圣母院教堂广场"和那两座塔楼无关的事物；两座塔楼竖立在巴黎的中心，看起来像一个大大的"H"。

几名众议院议员请求将拿破仑皇帝的棺材从圣赫勒拿岛运回，安葬在旺多姆柱下。为了支持议员们的主张，雨果暂停写作，这是唯一一次。是时候再写几句诗了，就好像给写于1827年的《铜柱颂》做一个续写一样。距离写《铜柱颂》竟已过去三年多了！

已经走过了多远的路啊！父亲去世！革命爆发！孩子们接连降世！还有更甚于此的怀疑与焦虑。阿黛尔的心已经不在他的身上，但她仍然尽好了一个关怀备至的妻子的职责，只是，也许她的所爱在别处……圣伯夫则不时地写信过来，他终于承认了对阿黛尔的爱，同时还请求谅解：

"如果您知道我的日子是怎么度过的，知道我被多么矛盾的情感所左右，您就会同情我这个冒犯您的人，也就不会希望我死，不会责备我，不会对我保持永远的沉默……您知道，我的内心充斥着绝望与愤怒，甚至有时候渴望将您杀掉，我说真的……

---

① 《暮歌集》，第一首：《一八三〇七月抒情》，1830年8月10日。
② 同上。

这份爱，上帝可以为我作证，我只在您身上找到过，在对您和对雨果夫人这份双重友谊中；只有当我以为自己的幻想和我的心受到致命误解时，我才开始剑拔弩张，颤抖不已。从此以后，当您已经不再信任我，当猜疑在我们之间悄然而至，当您需要担心不已地处处监视，当雨果夫人只能在没有和您确认过眼神之时才能看我一眼，我还能在您家里干些什么呢？"

雨果犹豫了，因为圣伯夫仍然让他深受触动。他无法想象阿黛尔已经屈服于这个男人，尽管她仍然被他的爱所感动。他觉得自己能够宽恕这个情感的受害者。人类又如何能对抗自己的情感呢？

雨果回信道："我亲爱的朋友，让我们互相宽容吧。我有我的伤口，您也有您的痛处……时间会治愈一切；让我们一起期待，经历了这一切之后，我们只会发现，我们有理由更加相亲相爱了。我的妻子读了您的信。经常来看看我吧，多写信给我。您要想到，毕竟，您再也没有像我一样的好朋友了……"

圣伯夫仍然坚持自己的态度，一直在埋怨。

"所以，这段友谊结束了吗？是因为我而结束的吗？已经成无法挽回的定局了吗？您要相信，我需要重新对未来充满希望，一个我不敢划定期限的未来。"

但圣伯夫到底想要什么？雨果叹了口气，他并不是吃醋。他爱阿黛尔，就像一个路人看向一个年轻女孩的脚踝，这一眼将整夜折磨着他。而圣伯夫是否还爱着阿黛尔？

他需要改变观点，一切都变样了。他准备让阿黛尔自己在他和圣伯夫之间做出选择。

他还是给圣伯夫写信："去吧，我永远高兴见到您，永远高兴给您写信。人的一生不过两三个现实事物，而友谊是其中之一。"

写罢，他重新回到自己的书桌前。他要继续写《巴黎圣母院》了。

过了一会儿，他重读了专门为拿破仑入葬旺多姆铜柱之下这一事件所写的诗句。
在他看来，他这样谈起拿破仑皇帝，父亲听了一定会很高兴。
而正是他所描述的巴黎，已经在圣母院周围蠢蠢欲动。

第七章

1831—1832 年

1831 年

雨果走进书房。他看到《巴黎圣母院》的手稿上放着一张白纸，他能在上面辨认出几个字。他弯下腰，认出了这是今年将满7岁的莱奥波蒂娜的笔迹。他读道：

"亲爱的爸爸，祝你新年快乐，我保证会好好学习，好好上课，变得聪慧，让你更爱我。蒂蒂娜。"

雨果感动得泪流满面。孩子是他唯一的财富……

他无法责怪阿黛尔不爱孩子们，她是个无懈可击的母亲。但她还爱他吗？

当他建议圣伯夫信赖阿黛尔，从而让阿黛尔在他们之间做出选择时，他内心深处其实很确信，阿黛尔不会犹豫，这个男人的热情让她受宠若惊，仅此而已。于是，雨果把自己对圣伯夫说的那些话告诉了她……阿黛尔看着他，觉得他简直疯了。

她怎么能为了圣伯夫而抛弃他呢？而圣伯夫能不顾一切地选择照顾一个母亲和她的孩子们吗？

确实，这的确是一种不会有结果的情感。而且雨果认为自己一定会赢，阿黛尔是要一辈子和他生死相依的。

然而，她在他们之间保持的这种距离，在做好妻子的本分下所表现出的这种冷漠，逐渐削弱了他的自信。

在客厅里，他看到了圣伯夫送给孩子们的玩具。莱奥波蒂娜写了一封感谢信，无疑是阿黛尔叫她写的：

"圣伯夫您好，谢谢您送的洋娃娃。夏尔也很开心，等您来看爸爸妈妈的时候，我们会好好地亲吻您，我的小妹妹也非常开心。

您的小小朋友：蒂蒂娜"

雨果迟疑了。与圣伯夫在家里一起度过的那些时光让他动摇。圣伯夫，他还是小女儿的教父。

难道就不能忘记、抹掉那些曾说出口的话吗？

阿黛尔也同意。

雨果拿起笔：

"您对我的孩子们很好，我的朋友。我和我的妻子都必须要感谢您。后天星期二，您过来和我们一起吃晚饭吧。1830 年已经过去了！

您的朋友，维克多

此外，您收到蒂蒂娜给您写的信了吗？"

他回到自己的书房。

雨果给自己所依靠的那个书商、他所不喜欢的那个戈塞林写信道："我不仅能在 2 月 1 日，即约定的日期，把《巴黎圣母院》交给您，而且我还可以在今天（1 月 12 日）就把它交给您，我只有七八页的结尾待完成了。"

他翻阅着手稿。

他完全沉浸在了这本小说里，也许对于其他的作品，他都没有如此沉浸过。他就是在欲望和道德之间徘徊的副主教克洛德·弗罗洛。有时，他又拥有着敲钟人卡西莫多的灵魂，或是王家警卫队队长菲比斯的骄傲。就像他们一样，他也爱着吉卜赛女郎爱斯梅拉达。这一角色诞生于他的童年和少年记忆，当然还有他的梦境。他相信但又惧怕宿命，因此他设想代表"宿命"的希腊语词"安纳克"（Anankê）就刻在巴黎圣母院的墙壁上，这座"巨大的教堂……宛似一座庞大的双头狮身人面像，蹲在巴黎这座城市的中间"。

他还在弗罗洛副主教身上赋予了自己的观点。

"人类的思想已经被新闻业化为乌有，也将从神权政治的体系中烟消云散……一种强权将继承另一种强权。这意味着：新闻业将致教会于死地……一切文明都始于神权政治，终于民主。"

他将手稿寄给了戈塞林。

现在，他要和这个可能会在发行量上弄虚作假的、狡猾的书商好好谈谈，戈塞林也许会回避这个问题，但雨果必须坚持。"我简单明了、光明正大地要求您提供一份包含确切发行数量的说明……"雨果必须不断地来询问他，提高音量，以展现底气。

"雨果先生认为，向戈塞林先生开列一份他在各大报刊结识的有影响力的朋友名单，让他们写文章或迅速地派人写文章，这对戈塞林先生是有利的……"

在众多出版商中间，只有戈塞林最没有诚意。雨果怎么能将他正在准备的诗集《秋叶集》，以及戏剧《玛丽蓉·黛罗美》的版权再交给他呢？《玛丽蓉·黛罗美》曾被禁演，但如今，圣马丁门剧院决定重新上演该剧。

解决的办法只有一个，那就是告诉戈塞林，如果他想要获得新的出版合同，那就必须向雨果支付一大笔费用。他当然会拒绝支付，然后雨果就可以换一个出版商，转而去找朗迪埃尔，后者提出，将支付六千法郎买四千本的《秋叶集》版权。至于戈塞林，就忘记他吧！

他要把这件事写信告诉一个记者。

"有些事或者人，你不回复，你也不看与之相关的文字，你甚至都不知道他们的存在。对我来说，书商戈塞林就是这些人或这些事中的一个。我不回应他说过的或者他间接传达出来的，我也不看他出版的自己的或者别人的书籍，我不知道他是否存在……"

但发行《巴黎圣母院》的还是戈塞林！

就在《巴黎圣母院》被寄到书商那里的当天，暴动分子洗劫了圣日耳曼奥塞尔教堂，因为拥护波旁王朝长系的正统派聚集在此，正在参加一场纪念贝里公爵的殡仪活动。这座总主教府被彻底摧毁。

此外，巴黎几乎每天都会发生暴动，因为共和党人不接受七月革命的成果尽收于路易–菲利普的囊中。

雨果很担心。大家都很少买书了，去剧院的热情也已消退。

他说，"在书店的经营状况不确定的情况下"，他已经准备好复核一遍他与朗迪埃尔签订的《秋叶集》出版合同中的财务条款，因为这款合同的受益方明显倾向于他。但谁会感谢他这种态度呢？感谢他的大公无私？

他听到一些流言蜚语，把他说成是一个"计算产量"、只关心增加收入的作者。还说他坚决不滥用自己增加的收入，时刻收紧荷包，甚至还逼着妻子过最节俭的生活。

圣伯夫说："真是个可怜之人，"他还补充道："维克多过得很好，但他可怜的妻子病得很厉害，身体每况愈下。维克多因为自己的骄傲变成了一个醋坛子，这就是他妻子的病。"

被人羡慕、误解、厌恶到这种程度，可能吗？难道这就是成功的代价？

尽管发生了动乱，但《玛丽蓉·黛罗美》在圣马丁门剧院的演出仍然座无虚席。《巴黎圣母院》也卖得很好，事实上可能比这卖得更好，因为戈塞林要隐瞒一部分销量！……而这时，维尼又一次黯然神伤，雨果认为："他还没有获得与其才华相匹配的成功。"维尼是女演员玛丽·多瓦尔的情人，后者在《玛丽蓉·黛罗美》中扮演女主角，但这也并没有造成多大影响，维尼从未在剧院里取得过辉煌的胜利。因此，他对雨果心怀妒忌。

拉马丁首先表示自己是《巴黎圣母院》的忠实读者："我认为在我们这个时代，没有哪部作品能与《巴黎圣母院》相媲美。这是长篇小说中的莎士比亚，中世纪的史诗……只不过，作品中不曾提及上帝的旨意，因此这是其略微明显的不道德之处；您的圣殿里什么都有，唯独没有丝毫宗教信仰……"此外，年轻的蒙塔朗贝尔伯爵，一个友好的崇拜者，也做出了同样的指责。

对上帝的信仰，就不能有其他不会被立刻抨击的方式吗？

最让人无法接受的是圣伯夫的态度，他拒绝写一篇关于这部小说的文章！

因为自己错误地迈出了挽回友谊的第一步，雨果十分自责（他也承认，这么做是为了试着得到圣伯夫对其作品的批评）。他曾写道："最近几天的某天上午，我会给你寄去《巴黎圣母院》。请求你不要把它想得太糟糕……"

没有得到回复，雨果便坚持给他写信："您想为《巴黎圣母院》打包票吗？还是您觉得没有太多问题要提出来吗？因为如果有人要说这部作品的坏话，我不希望是您。"

他在等回信。

《前途报》刊登了好几页《巴黎圣母院》，评论文章也出现了，但没有一篇出自圣伯夫。他只给雨果写了这封用来逃避、用来控诉的虚情假意、通篇含沙射影的信。

他写道："我们的这段友谊，缺乏真诚、信任和坦诚，这种状态，您本身也对我有过错……所有的伤口都在那里……在您写给我的每一封信和我写给您的每一封信中，我们甚至都不敢指名道姓地讨论一个真实的主题，这是多么的真实，而这种讨论又是多么的亲切动人。"

然后呢？除了让阿黛尔在他们之间做出选择，他还能做什么，还能说什么呢！他要再次向圣伯夫重申：

"记住我曾跟您说过的话、曾给您提供的思路、曾向您提出的建议，您知道的，我是用多么坚决的语气告诉您的，我将遵守我的承诺，也将按照您的意愿来做！"

而他却被指责为不坦诚！

此刻，他悲伤地读着对方连续写给他的好几封信件，信中懊恼与苦痛的情绪相交织：

"我知道，您怪我没有给《巴黎圣母院》提出任何批评意见，但真正需要表达出来的意见，绝不是我笔下的那种溢美之词……"

圣伯夫接着补充道:"告诉我,朋友,我可以去和您握手吗?"

雨果犹豫了一下。怎么能放弃"自己生命中的一大部分",放弃他们之间的这份友谊呢?

于是,圣伯夫回来了,他看阿黛尔的样子、爱慕她的样子也回来了,一如往常。但阿黛尔对他的客气让他有些难以忍受。自此,他确定阿黛尔已经不爱自己了。

所以,这些拜访、这份虚伪,以及这份痛苦,圣伯夫统统受够了!还不如说出实话:

"这为期三个月的若即若离、似亲实疏的关系弥补尝试对我们来说并不成功,我们的关系并没有得到很好的恢复与缝合……我们与彼此相处不再感到自由……现在的一切对我来说都是一种折磨。那个在这里我不该提到的人,不断在向我强加义务,告诉我只要你在那里,我就必须遵守义务;这项义务在时刻残忍地提醒我,我们的友谊已经回不到过去的状态了……相信我,在今后的一段时间里,我们就不要再见面了,这样至少我们对彼此的爱才不至于消失……"

然而,这一次,圣伯夫坚持己见,表现出自己的诚意,坚决守护他们之间的友谊,就好像什么都没有发生过,但他并没有放弃对阿黛尔的爱,这个时候,雨果该怎么办?圣伯夫竟然承认:"对我来说,这份不可战胜也无法剥夺的情感,它的对象依然存在。"

雨果决定离开几天,到贝尔坦家的石居城堡去住。他在那里找回了平静的感觉,直到阿黛尔寄来这些信的那一刻。阿黛尔一直留在巴黎,信中的冷漠传达出她的镇定,其中一封写道:"再见,亲爱的朋友";另一封补充道:"也许,明天见,亲爱的朋友"。她就这样给深爱的男人写信吗?

他感觉所有关于阿黛尔的爱的记忆都涌上了心头。他的情话已经到了嘴边,就像过去曾对她说过的那些话一样:

"我太想你了……以前你也在的时候,这栋房子对我来说是如此地充满喜悦、热闹非凡,而如今,我只觉空旷无比、凄冷至极……这种感觉也许比十年前更为强烈。我的阿黛尔,没有你的我将不值一提!我活不下去了。噢!尤其是我们彼此分离的时候,我更加这样觉得。这张床,你本也可以躺在上面(尽管你已经不想要了,真坏)!在这间房间里,我本可以看到你的裙子、你的长袜,你所有的衣服,都和我的衣服一起放在椅子上……所有的这一切都让我感到痛苦且心碎。我整晚都没睡;我像十八岁的时候那样在想你;我时常梦见你,仿佛我们不曾同床共枕。噢,亲爱的天使!……

"等我回来,我会让你脱掉长袜,亲吻你可爱的小脚丫。你的维克多。"

过去的时光一去不复返,他懂,只不过还是很痛苦。

他现在相信,圣伯夫和阿黛尔还在相爱,也见过面,也许是在前往教堂集会之时。

关于他们的谣言四起……圣伯夫私下到处宣扬，还写下一些暗示性极强的诗歌，似乎想要通过这些诗句，来使人们确信阿黛尔对他的爱。

为了抑制绝望的心情，雨果继续工作；他开始写这首为 1830 年 7 月牺牲的烈士而作的颂歌。这是政府前不久委托他写的，将由埃罗尔德谱曲，并被吟唱。

他感觉，是他身体的另一部分在写作：

> 那些为国捐躯的英勇烈士的长眠之地
> 理应受到人们络绎不绝的拜访与祷告。
> 那些最辉煌的名字中，你们的名字最为美好。
> 任何的荣誉在他们身旁都将稍纵即逝；
> 像一位母亲那样，整个民族都用歌声
> 将他们抚慰，让他们在坟墓里安然长眠！
>
> 光荣属于我们永恒的法兰西！
> 光荣属于那些为国献身的勇士^①！

但是，颂歌一旦完成，悲伤与怀旧的情绪便又占据了他的心头。

随后，他感到自己内心的欲望之火在上升。

他责怪那个让他无法得到肉欲满足的"坏人"阿黛尔。他需要将这种能量释放出来。他看着那些从他面前经过的女人，他在圣马丁门剧院的后台与她们擦肩而过，女演员玛丽·多瓦尔，或者他曾看到在大厅里跳舞的玛丽·诺迪埃。

她年轻、美丽，令人神往。

然而，面对这种越发觉得难以控制的冲动，他拒绝就此屈服，放任自流。他看着孩子们，首先看了看正在祈祷跪拜的莱奥波蒂娜。她就是雨果的缰绳，是防止他堕落的一道防线……

但他又能与自己的内心抵抗多长时间呢？

在他看来，周围的一切都在颤抖。他变了，连自己都感觉到了。同时，他周围的世界也在改变。华沙沦陷、落入俄军之手的消息一出，一场场暴动便接连爆发。

当局激起了民众的反抗。保守派卡西米尔·佩里埃接替了改革派拉菲特的职位，

---

① 《暮歌集》，第三首：《颂歌》，1831 年 7 月。

并下令监禁反对党人士。当时，任何将路易－菲利普刻画为昏君的行为，都足以被判刑！里昂的丝绸工人拿起武器，一度成为城市的主人。政府派出由苏尔特元帅和国王的长子奥尔良公爵指挥的一支两万人的军队，才将叛乱平定下来。

在巴黎街头，雨果目睹了胜利广场上的一起妇女起义。这个国家的命运，将何去何从？

他正在回复约瑟夫·波拿巴的来信，后者目前住在纽约，在信中向雨果表示了对《铜柱颂》的祝贺。他对拿破仑的哥哥说道，要把自由和化身为"鹰"的对帝国的记忆结合起来，并且应该依靠法国的青年一代，"他们崇拜皇帝的名号，在一个暗无天日但不受束缚的处境下，我也许能在他们中间产生一些影响"。

因为他坚信这一点，但法国还在犹豫。七月王朝仍然飘摇不定。

在这样的大环境下，他是否还有权利创作一本诗集，就像他将在 11 月 30 日出版的那部诗集一样？在国内还在自相残杀之时，谈论自己的过去、自己的情感、自己的怀念之情，是否合适？当报纸上充斥着这些街头巷战的社会新闻之时、当埃米尔·吉拉尔丹大胆地报道了那些在城墙下安营扎寨的"野蛮人"（那些可怜人）之时，谁还会去读他的《秋叶集》呢？

他想在《秋叶集》的序言中为自己辩解：

"政治局势非常严肃：没有人对此提出异议，本书的作者更是比任何人提出质疑的可能性都小。其中，所有的社会解决方案都遭到质疑；政治躯干的四肢都已经扭曲，在报纸的声声锤炼下，被扔进了革命的熔炉里回炉重造……这个时候，出版一卷可怜的、无人问津的诗集简直疯狂至极。疯狂！为什么呢？"然而，他又断言，"艺术将坚持下去，艺术是多么固执，艺术将继续忠于自己……"。

但雨果并非对社会的动乱无动于衷。他不想成为这样的人。

1832 年

雨果将手掌放在自己的眼睛上。他轻轻地按压着眼皮，仿佛这样能让眼睛的灼热和不适感消失，好些日子，这种疼痛感都阻碍了他的工作。他尽量让自己不为这双"坏眼睛""病眼睛"而气恼，但他还是感到担忧。

还有不到两个月，他就 30 岁了。而他已经感觉到自己有些耸肩缩颈，慢慢蜷缩进了逐渐变得笨重的身体里。他觉得自己的长相好像有了变化，眼睛变红了，额头变宽了。他不再是战士波拿巴，倒有点拿破仑皇帝的样儿了。

但他统治的是什么呢？

他观察着阿黛尔。她长胖了，看起来平静而自信，仿佛自己有心爱之人，同时也被人爱着。也许她见到了圣伯夫，把自己的身体给了他，却剥夺了丈夫与之亲近的权利？

他无法想象。但他太怀念抱着一个女人、抚摸着她细嫩的脚腿的感觉了。当这些年轻女演员中的一个在剧院或音乐厅的走廊与他擦肩而过时，他越来越感到心绪不宁。

他已经不知道爱情的滋味了。有时候，他甚至感觉自己从来都没有体会过那般滋味，他还只和阿黛尔亲热过，仿佛一个世界都可以从欲望中产生，但他对那个世界还并不了解。

因此，他并没有统治阿黛尔，她逃离了他的统治。雨果苦涩地写下了下面这段话：

"爱人者却不被人爱是不幸的……看看这个女人，多么迷人呀；她温柔、纯洁又单纯，她象征着家庭的欢乐与爱。但她不爱你；她也不恨你。她不爱你，这就是一切……你将所有的浓情蜜意向她展现，但她无动于衷，只让这万千情思沿着来时的方向原路返回；她不加以驱赶，但也不会挽留……"

他能这样长久地生活下去吗？那么，生活将不再是一场盛宴、一次寻欢……

他开始反思，三十岁，也到了人生中第一个值得进行总结的节点。他已经失去了阿黛尔的爱。但是否可以说，他至少获得了名声，被认可为一流作家？

这也是他的目标之一——"要么成为夏多布里昂，要么一无所成！"是时候验证成果了。和安托南·皮埃尔·封塔内一起走在王家宫殿的走廊里时，他一直重复着这句话；封塔内是雨果在诺迪埃的沙龙里认识的一位作家朋友，他也在苦苦哀求玛丽·诺迪埃的爱情。

他需要倾诉，他要坐上文学界的第一把交椅，他还说，如果他不能争到领先地位，不能比别人更优一等，那么他明天就会成为一名公证员。

封塔内惊奇地看着他，让他放心，还有谁能和他竞争呢？拉马丁？

雨果耸了耸肩。只要有人（包括圣伯夫）提出"戏剧、小说、诗歌，如今的一切都出自这位作家之手，他不仅是伟大的诗人，也是伟大的散文家……"，就足够了，尽管有人质疑他的地位，对他进行非难，甚至与他闹翻。

而圣伯夫的恭维或许只是带着这样的目的：将他孤立起来，引起别人对他的嫉妒，刺激维尼、拉马丁和其他许多作家与之对立！

嫉妒、龌龊的竞争、虚伪以及圣伯夫的伎俩折磨着他。仿佛，突然间，自己的前途都黯淡了下来。

他收到了查宁顿王家疯人院院长的来信，要求他缴纳欧仁的膳宿以及护理费用。他接受了，却觉得哥哥站在了他的面前，正在指责他。

他向疯人院请求允许自己去看望欧仁。1月28日，医务长埃斯基罗尔回信道："职责要求一名医生对委托给自己照顾的病人严格采取合适的治疗方法，先生，您对查宁顿疯人院的设施完全陌生……我可以告诉您，欧仁先生的情况与以往差不多，对一切还是那么无动于衷，甚至是对他自己；因此，这就是为什么，我像前任医生一样，坚持认为您最好不要来看他……"

他不愿意去想象欧仁生活在深渊里的样子。对这个儿时伙伴的记忆，就像一种酷刑，让他撕心裂肺。

随后，他又收到了一封来自查宁顿的信，但完全不解其中的意思。院长写道："您对哥哥的探望将不会被取消。如今，您的探望也许有可能唤醒他的某些情绪，因为，不幸的是，他的行为已经无法透露任何与其精神状态相关的蛛丝马迹；也许您的出现能够拨动他那隐秘的心弦。他的身体状况还不错，但腿还是如往常一样浮肿，这与他的肌肉无力，以及他几乎完全不站起来活动有关……"

该怎么办呢？

由生活来决定……

玛柴林街发现了第一位流行性霍乱患者。疫情迅速蔓延，一些不切实际的谣言也开始四处传播。一定是"有人"在井水和泉水里下了毒；"有人"想要一举屠杀巴黎人民；"有人"私下议论说政府暗中支持"这股邪恶力量"的传播，以清除反动派。大家都闭门不出，焚香祈祷，十分恐慌。

雨果感觉自己孤立无援。儿子夏尔开始呕吐，浑身僵硬，冷得发抖。雨果把他"亲爱的大胖儿子小夏尔"靠在自己身上，为他擦身，试图让他暖和起来。经请来的医生诊断，夏尔轻度感染了霍乱。经历了几个小时的绝望之后，孩子慢慢恢复了过来。死神终于远离了夏尔，但"走近"了雨果在让－古戎街住所的看守人，还带走了马丁·肖宾"夫人"，也就是高通姑姑，在与欧仁一起住的那段时间，非常不喜欢的那个姑姑。

因此，埃斯基罗尔医生又开始重申，禁止雨果去探望欧仁。

生活昏暗无边。

一天晚上，他突然惊醒。

一个头发凌乱、吵吵嚷嚷的女人正试图潜进他的房间。雨果坐了起来。女子冲进来，一边叫喊，一边手舞足蹈地比画着什么。她想要什么？雨果往后退，认出了这是欧内斯特的母亲。年轻的欧内斯特来自萨克森－科堡，在《艾那尼》演出期间曾热情地前往支持，并且非常崇拜雨果，甚至也想搬到让－古戎街附近。然而，他也是疫情的受害者，前不久去世了，他的母亲因此绝望到发疯。她伸出手，雨果明白，她是在指责自己谋杀了她的儿子！必须控制住她，让她冷静下来。

死神在四面八方肆虐。部长会议主席卡西米尔·佩里埃也因感染霍乱去世，与他一起被抬上马车的还有成千上万被感染的巴黎人。雨果感觉，整个社会都摇摇欲坠。

他一直隐居不出，正在为《死囚末日记》写一篇新的序言。

他解释道："过去的社会建筑主要依靠三大支柱，即教士、国王和刽子手。很久之前，就有一个声音在说：'诸神离开了！'最近，这样一种声音响起，并疾呼：'国王们离开了！'现在，是时候让第三种声音站起来说：'刽子手离开了！'……文明不过是一系列连续的蜕变……"

但是，他只要走出家门，就会发现暴力这把杀人的"丑恶的钥匙"无处不在。

雨果漫步在杜伊勒利宫花园，进入了沙门廊道；突然间，花园的铁栅门就关上了。又是一场起义。6月5日这一天，反对派议员、前拿破仑军队战士拉马克将军下葬，共和党人建起了街垒，堵在了圣梅里教堂。巴黎城宣布进入戒严状态。

雨果观察着、记录着。

圣伯夫询问他："《国民报》的记者们想发起反对戒严的请愿，您加入吗？"

他立刻回信道："我全力和您保持一致。面对戒严，您签什么样的请愿，我就签什么。

您忠实的朋友，维克多。"

他绝对不能和圣伯夫决裂！这个"朋友"总是那么让人捉摸不定：他会给孩子们送礼物，会担心夏尔的健康；他还发表了一篇支持《秋叶集》的文章，很有可能，他还见了阿黛尔！

但是圣伯夫能接触到报社的资源，他的文章也很重要。而且，雨果还可以和他交换意见。他选择了正确的阵营，选择对抗那些"可怜的政治诈骗犯"。

雨果对席卷巴黎的暴力镇压感到愤怒。他被圣梅里教堂里起义者的抵抗行为所感动。

他害怕死刑，害怕在格勒内尔墙边对那些"仍然怀着满腔热血、仍然慷慨激昂的年轻人"进行的处决。如果发生了这种情况，他将做好参与暴动的准备。

但他想要保持谨慎、温和的观点。

他说："让我们学会等待。"共和国会回来的，只不过要稍晚一些。

"我们绝不能忍受我们的国旗被一群粗俗之人随意涂抹成红色……没有这些人，政治理念将不断进步，而他们的出现却让政治理念节节后退。他们吓坏了老实的工场主，让他们反而变得心狠手辣。他们把共和国变成了一个稻草人。1793 年是一条可怜的蛆虫。让我们少谈论一点罗伯斯庇尔，多谈一点华盛顿吧。"

然而，他对那些"政治诈骗犯"和统治者的行径感到失望与愤慨。为了发动旺代的正统派重新举起保王党的旗帜，来反对奥尔良王朝，贝里公爵夫人秘密回到了法国，而这些统治者们却以丰厚的报酬奖励了那个背叛贝里公爵夫人，并把她交给警察的小人。雨果谴责了这个告密者——西蒙·德茨，他是一位皈依了天主教的犹太教大司祭之子。

他与整个国家的情感形成了呼应：对外族人和犹太教敌人充满敌意，此外，当民众得知拿破仑之子雷希施塔特公爵去世的消息之时，也感到倍受伤害。于是，一扇门关上了。雨果与约瑟夫·波拿巴保持着书信往来，因为他把对拿破仑的记忆寄托在了他的身上，如今，他再也看不到这一血脉的未来了。

他应该做些什么？把自己锁在书房里，写作。他想到了剧院。一部成功的戏剧所带来的收益是相当高的。而剧作者最高可以获得收益的百分之十二，此外，还可以通过剧本的印刷出版赚取数千法郎的稿费。并且，自《艾那尼》以来，雨果便懂得了，剧院就是一个"讲台"，是一个"论坛"，因为可以从戏剧舞台上直接向底下聚集的观众讲话。并且与书籍比起来，戏剧所引起的反响是更强烈的，也更集中。

他开始写作。他想将国王弗朗索瓦一世的形象搬上戏剧舞台，并且还原他身边的朝臣们。该部戏剧想要展示，当"国王在寻欢作乐"时，百姓们却在受苦。驼背的特里布莱是国王身边的小丑，是宫廷阴谋的玩弄对象，是挑拨离间的弄臣；阴差阳错之下，其女儿白朗雪被国王玷污致死，而父亲实际上成为女儿之死的直接导致者。雨果要刻画那些所谓伟人的残酷的自私自利的性格，他们无情地嘲讽着：

小丑特里布莱，丑陋畸形的特里布莱……

而这个可怜的人，也是命运的受害者。

灵感接踵而至，笔下生风；当特里布莱难抑心中怒火、对着朝臣们喊话之时，雨果心中的愤怒也随之爆发：

一定是你们的母亲和奴仆们私通，

才生出你们这些杂种来①！

他一停下笔，从手稿中抬起头来，便感到了孤独的重量。

他去了贝尔坦家的石居城堡，而阿黛尔则留在巴黎的新公寓里，他们刚从香榭丽舍大街搬到王家广场②6号。

有时，是阿黛尔去到石居城堡，雨果则留在巴黎，留在他进行装饰的那间宽敞套间里，并在那里写作。

偶尔，他也会到广场上散散步。他喜欢去感受被平凡生活环绕的感觉，喜欢听到作坊里工匠们发出的嘈杂声，虽然在这片居住区，频频发出的是暴动的喧闹声；此外，圣安托万郊区就在附近，暴动的滚滚洪流流淌在小巷里。他感到，自己置身于巴黎历史的中心，也就是法国历史的中心。

但当他回到家，看到阿黛尔不在，他的心还是会猛然一紧。

他写信给阿黛尔："当你不在的时候，这间房子对我来说太过空旷。我的阿黛尔，你不知道，我存在的意义有多大一部分是为你；你了解得还不够深刻，你看，你经常会怀疑我，这完全是无中生有。我无所不能，除了不再爱你……"

他还是叹了口气。他忘不了圣伯夫和阿黛尔的冷漠。

他又马不停蹄地投入写作。这次，他要刻画一个罪恶的、肩负重罪的女人——吕克莱斯·波基亚，而命运也将再一次戏弄雨果笔下的这个女主角。波基亚给自己深爱的、她想拯救的儿子格纳罗下毒；而也就是这位格纳罗，在临死之前，杀死了波基亚。

7月20日，他完成了这两部戏剧的写作。8月底，他向法兰西喜剧院宣读《国王寻欢作乐》，泰勒经理决定上演该剧。

雨果监督了演员们的试演，而在王家广场，在他的家中，他正忙着布置公寓。

他给住在石居城堡的路易丝·贝尔坦写信说："八天以来，我一直处在混乱之中，我一直在钉钉子、一直在敲敲打打，我已经被弄得像个小偷一样。真是糟透了！而这一切都要在戏剧排练的间隙中完成，因为我必须前往盯着排练……"

首场演出定于11月22日，在首演之前的几天，他注意到，"整个演出厅都租出去了，而且我不是特别清楚究竟是以何种方式租出去的，也不清楚租给了谁……"

下午4点，剧场里就已经挤满了观众，当他进入剧场时，他看到一部分观众正

_____

① 《国王寻欢作乐》第三幕，第三场。

② 作者注：现在的孚日广场。

在唱《马赛曲》以及《啊！都会好》，他们高喊着："打倒贵族！""打倒小宝贝！""小宝贝"是民众给路易－菲利普起的绰号。

雨果不自觉地往后退。政治已经占据了这场演出、占据了他的戏剧。凭借他的直觉，戏剧定会成为此种局势的受害者。果然，第二天早上，他便收到了剧院舞台经理的信，打开信封的那一刹那，他便预想到了最坏的情况。

他预想的没有错。

经理写道："已经十点半了，我突然接到暂停《国王寻欢作乐》演出的命令。泰勒先生亲自向我传达内务部的这一命令。"

在接下来的一段时间里，该部戏剧都被禁演。

他并不希望年轻人组织"暴力的示威活动"，因为这"或许会导致政府长期以来一直意欲引发的暴动"。

但他心中的怒火即将喷薄而出。这个诞生于革命的政权竟然恢复了审查制度！

"命运磨炼了我，"他说，"我对法兰西喜剧院的行为感到非常愤怒，我需要通过诉讼来使自己摆脱这种情绪。极好的是，据分红演员们说，我肯定会赢下这场官司，政府将支付巨额赔偿。"

为此，需要舆论站在他的立场这边。然而，当他看到报纸时，却大为失望。大多数专栏作家都对这出戏进行了严厉的评价。他必须让媒体明白，这已经不再是戏剧的问题，而是政治的问题。

他给《国民报》的阿尔芒·卡雷尔写信。关于卡雷尔对浪漫主义戏剧的敌意是否减弱，雨果并不抱有幻想，但雨果认为，这位反对派记者必须抓住机会攻击政府。于是，两人见了面。

他告诉圣伯夫："我见到了卡雷尔，我亲爱的朋友。我觉得他很真诚,也很优秀……除了我可以以他的名义向您提出请求之外，他还补充了自己要进行的活动。事实上，我想请求您写一篇延伸到整个问题的政治文章，并且告诉那些反对派们，如果他们不想认输，那么就非常有必要借此次机会全力地支持我。我亲爱的朋友，您知道的，我习惯冥思，习惯宅家，但这场斗争我必须加入也必须坚持到底，因此我需要他们全部的支持。我把自己的全部都托付在了您的手上。

您永远的好朋友：维克多"

雨果把这些写出来，并等待着评论文章的出现。当然，向来扭扭捏捏、拐弯抹角的圣伯夫并没有发表任何文章，他回信道："戏剧方面的法律法规这个问题，我对此没有明确的想法……"

因此，还是得孤军奋战。雨果写信给内务部长，告诉他自己放弃申领两千法郎的王室津贴。更重要的是，雨果必须确保在即将开庭的诉讼中，律师奥迪隆·巴罗会坚定地为他辩护。

但首先，必须谴责在《国王寻欢作乐》的序言中提到的"那些可怜的、政治上装腔作势的魔鬼，他们自以为正在建造一座社会大厦，因为他们每天都在艰难地从杜伊勒利宫到波旁宫，从波旁宫到卢森堡缓慢地运输成堆的法律提案，每天都挥汗如雨，气喘吁吁"！

尤其是，要让他们被民众的轻蔑压得无法翻身。

雨果在位于证交所宫的商业法庭里慷慨陈词。他感觉到，法庭里嘈杂而紧张的人群都支持着他。

他反复推敲自己的陈词："我说，目前的政府正在一步步从我们的手中收回我们在四十年的革命中所获得的一切权利和自由……拿破仑本人既不阴险，也不虚伪。拿破仑并没有像现在的当局者那样，借助我们的麻木不仁，一个接一个地窃取我们的权利。拿破仑一举拿下了一切，一击即中，一鸣惊人。狮子永远都不会具有狐狸的品性……让我们记住，我们的自由在很大程度上让我们获得了荣耀……

"这不是我们想要的法国、自由的法国、对自己来说至高无上的法国；这个法国成了一个男人的奴隶，成为全世界的情妇……所以，我再重复一遍，法国应该是伟大的，而如今，它渺小不堪。我们像当年一样为所欲为地发展，但我们已不再是大国……"

第一次在公众场合这样说话，他体验到了几乎和写作时一样强烈的内心震颤。

他接着说：

"先生们，我只剩下四句话要说……本世纪只有一个伟人，那就是拿破仑；只有一件大事，那就是自由。既然我们已经失去了那位伟人，那就让我们试着去把握住那件大事吧！"

当他从人群中走过时，大家纷纷为他欢呼。在法院的走廊里，人人紧紧挨着，就像证交所宫里紧紧相邻的街道一样。

他被那些认可他的声音以及萦绕在耳旁的喧闹声所鼓舞。他相信自己一定会为这个世纪烙上他的印记，以及他作品的痕迹，也许还会改变某些事情的进程。

12月29日，他前往圣马丁门剧院。阿莱尔经理将亲自为《吕克莱斯·波基亚》起草的合同递给雨果，比起被禁的《国王寻欢作乐》，这部作品更加能够激起他的好奇心。

雨果阅读了各项条款。他将获得演出收益的百分之十，以及按照戏剧的成功程度向他支付的额外奖金。因此，手稿一旦交付，他便可以拿到一千法郎，然后还有两千法郎和三千法郎。

他签署了合同。

他觉得自己很强大、很老练、很自信。

他步行回到了王家广场。

第八章

1833—1843 年

1833 年

雨果注视着并听着这位年近半百的女演员乔治小姐在圣马丁门剧院的舞台上，用强有力的声音说出《吕克莱斯·波基亚》首段台词中的一句：

> 我还会在乎什么？如果他们不知道我是谁，那么我也没什么好怕的。如果他们知道我是谁，那该害怕的也是他们。

乔治小姐依旧那么美丽，她曾是拿破仑的情妇；如今，剧院经理费利克斯·阿莱尔是她的情人，甘愿拜倒在她的脚下。

她想要这个角色，并且还强迫其他所有演员接受自己的存在与表演方式，甚至连弗雷德里克·勒梅特尔[①]也要服从于她，演员们在她面前都有些畏畏缩缩。

工作人员们在舞台上来来往往，他们在为一个月后，即 2 月 2 日上演的首场演出准备布景。在半明半暗的舞台之上，雨果认出了一个熟悉的身影，他在之前的排练中就已经见到过。又也许是在几个月前的一次舞会上见过？这位年轻的小姐名叫朱丽叶·德鲁埃。她身材修长，一袭粉色的塔夫绸连衣裙显得她腰身很细。她黑色的头发修饰着一张完美的椭圆形脸庞。

---

① 译者注：弗雷德里克·勒梅特尔（Frédéric Lemaître），法国著名戏剧演员。

她看起来既落落大方又天真烂漫。

雨果觉得她正目不转睛地注视着他，就像那些想要勾引、征服他的女演员们一样。但她的眼神里又带着真诚与纯洁。

她有着一位自由女性的态度和姿态，也有着少女般的羞涩与优雅。

他内心十分混乱，已经被她吸引住了。他努力不去看她，不靠近她。但他臆想中的肩膀、手臂、乳房，以及他看到的大腿和双脚，都让他着迷。朱丽叶要扮演剧中的内格罗妮公主这一角色，但她要做的就只是在舞台上闪现一下，说几句台词。

她先是抗议，随后，她用一个漂亮的转身动作补充道：

"维克多·雨果先生的戏剧里永远没有小角色！"

他还在努力抵制着诱惑与自己内心的欲望。他喃喃自语，仿佛在为自己给朱丽叶小姐一个角色辩护：

"你想怎样，我不能阻碍这个可怜的女孩自我推销……"

如此评价这个年轻的女人，他感到羞愧不已，甚至觉得是一种亵渎。

但她是谁呢？他询问阿莱尔。阿莱尔是在布鲁塞尔遇到的她，并给了她第一个角色。但她其实并非名副其实的女演员……雨果倾听着，片段式地了解了这个二十七岁布列塔尼女人的生活，她已经是一个小女孩克莱尔的母亲。朱丽叶七岁便成了孤儿，随后被送进了修道院，成为雕塑家亚姆·普拉蒂埃的模特，也就是她孩子的父亲。随后，雕塑家决定和她分开，她便流转于各个男人之间。

这个"女孩"的生活每出现一个新的情节，雨果都会感到感慨、怜悯和愤怒，仿佛他的嫉妒之心已被点燃。

她赤身裸体地为普拉蒂埃摆姿势。普拉蒂埃出售的雕像大都姿态大胆，尤其是应德米多夫亲王的要求雕刻的一对雕像——《农牧神和酒神狄俄尼索斯的女祭司》。正是这位乌拉尔矿场主富豪，在棋盘街 35 号的一间公寓里包养着她。

但是，尽管这位俄罗斯人出手阔绰，她还是负债累累。德米多夫也只是她名义上的"最后一个"情人。在其之后，还有一个意大利雕刻家巴托洛梅奥·皮内利，以及记者兼作家的阿尔封斯·卡尔，后者是一位社会新闻编辑，一贫如洗，还得靠朱丽叶养活。卡尔之后，是法兰西剧院的布景画家夏尔·塞尚，但他的行为也与卡尔如出一辙。

他的目光无法从朱丽叶身上移开。谁会认识所有曾占有过她的男人呢？她是那些老爷们愿意花一晚上欣赏的女演员之一，因为她们迷人、随和、开朗又自由，因为她们都希望有一天晚上能遇到一个爱自己，同时也是自己真正爱的男人。

雨果还在犹豫。他是个好丈夫。但他内心的欲望之火在熊熊燃烧，况且他也不再为阿黛尔所爱了。阿黛尔拒绝雨果上她的床，并且毫无疑问，继续在与圣伯夫幽会。而在这种情形之下，即使孩子们一直在那里，即使阿黛尔还是个贴心的母亲，孤独感还是使他灰心绝望。

他怀念过去被人爱着的时光。

因此，看到朱丽叶·德鲁埃，感受她的眼神，才能让雨果觉得自己又活过来了。他永不厌倦地欣赏着她，再也无法抗拒……

他开始和她说话，礼节性地亲吻她的手，感到局促不安，羞涩得满脸通红。他去了她的化妆间。他能明显地感觉出来，乔治小姐、弗雷德里克·勒梅特尔、阿莱尔，还有其他演员都在嘲笑他，嘲笑他似乎在打这个"女孩"的坏主意。

他被这"端正而精致的美貌、永远保持湿润的肉红色小嘴（即使在开怀大笑时也很小）、白净而安详的额头（就像古希腊神庙的白色大理石门楣）、一头带有迷人光泽的浓密黑发，以及带有完美古典气质的脖颈、肩膀和手臂"所吸引，正如泰奥菲尔·戈蒂耶所说，从来没有哪一场首演让雨果如此焦虑过。

他看着朱丽叶走上舞台，听她念着角色的那几句台词，但他的思绪早已飘走，开始想象这出戏的胜利场景。当欢呼声开始汹涌之时，他向乔治小姐表示了祝贺，随后却又一次去到了朱丽叶的化妆间。他想对她说："好一出无声的演出，好一个圣洁的灵魂！"但他到离开之前，都只是默默地看着她。

众人在剧院门口等他，并陪他走到了王家广场。

他已经无法控制自己的感情了。

表面上，他的生活一如既往。他很愤怒，因为商业法庭已经开始要求他支付提起的诉讼所产生的费用，也就是在针对《国王寻欢作乐》的禁令颁布之后。

约瑟夫·波拿巴对他的辩护词表示祝贺，因为他在辩护词中曾提到拿破仑是本世纪最伟大的人。他这样回信给约瑟夫·波拿巴："说实话，我们正更多地走向一个共和国，而非一个君主制国家；但对于像您这样的智者来说，政府的外在形式并不重要。"

他继续做着那个陪孩子玩耍的好父亲，以及那个不愿意相信流言蜚语、始终和颜悦色的好丈夫，尽管流传的一切闲言碎语都有其妻子的那个情人在背后煽风点火……

而事实上，自从2月16日雨果收到朱丽叶的这张便条后，他就变了一个人。

"维克多先生，

今晚到克拉夫特夫人家来找我。

在那之前，我会耐心等待，依旧爱你。

晚上见。噢！今晚将是全部！

我将把自己的全部都交给你。"

他知道朱丽叶在克拉夫特夫人这位朋友的房子里有一间房间，在圣马丁大道5号乙。

演员们在庆祝狂欢节的这几天里将举行一场舞会，他也受到了邀请。当他在克拉夫特夫人的客厅里看到她时，当他与之眼神交会时，他懂得她所写的那句话："今晚将是全部。"

没有舞会，没有旁观者，也没有音乐，除了终于交融在一起的两人。

他不想去理会一切。他恨自己太晚才和这样一个既美丽又充满了欲望和自由的女子在一起！

所以，他要等到三十一岁的时候，才能懂得什么是爱情，才能让自己的身体与对方的身体产生共鸣，发出时而尖锐时而低沉的琴瑟和鸣的声调；才能让双方忘记时间，除了欢乐，一切都烟消云散。而这一和弦不仅仅是肉体感觉上的和谐，也是灵魂上的合拍。

他看着她。一想到她以前认识的那些男人，他又一次感觉到了愤怒和嫉妒，甚至比以往的感觉都要更加鲜明。然而，她却有着少女第一次献身那般的纯洁。

而他也觉得自己还是个少年，仿佛和阿黛尔一起经历的那些都属于另一个世界，一个灰蒙蒙的、平淡无奇的世界；而他刚刚才发现世界的绚丽色彩和丰富滋味。

他是这么说的：

"1802年2月26日，我获得了生命；1833年2月17日，我在你的怀里获得了生命的幸福。第一个日期只是生命，第二个日期才是爱情。爱情，比生命更重要。"

他觉得自己终于冲破了蚕蛹，获得了自由以及一种他觉得很重要但他从未体验过的力量。

他不厌其烦地看着她，爱着她。

朱丽叶每天都会给雨果写上好几封信，雨果读着，又惊又喜，但也有些担心，担心她似乎太过绝对、太过完全地投入到了这份爱之中，而他却并没有想过要离开阿黛尔，离开孩子们，并改变自己的生活。

她嘴上说着，还在空白信纸的最上面写着："要么拥有全部，要么一无所有。"

他觉得朱丽叶说得对，即使她继续住在棋盘街的那间公寓里，去见德米多夫亲王；即使她还在犹豫是否要离开这个男人，因为她还被人掐着脖子，债主们还会去骚扰她，将她撕裂；因为她还欠着洗衣工人、木器工人和供应商几千法郎。巴黎已有传言说，雨果在德米多夫的公寓里和朱丽叶见面，并且在为她还债。

因此，他非常气愤，也变得很暴力。他很想否认她带着的这段过去，他想让她与过去一刀两断。朱丽叶是他的。

他在嘶吼。

朱丽叶给他回信："我宁愿离开你，也不愿让自己又一次陷入悲伤之中，最终毁掉的，不是我的理智，就是我的爱情。"

而且她也很嫉妒！她让雨果警惕那个"老女人"，也就是那位乔治小姐。乔治小姐知道雨果与朱丽叶彼此相爱后，便逼迫阿莱尔中断《吕克莱斯·波基亚》的演出，尽管这部戏剧大获成功！而阿莱尔最终也让步了，尽管他从未获得过这么高的收入。他和雨果争吵了起来，甚至用决斗来威胁他；随后两人又达成和解，雨果还答应将一个新的剧本也签给阿莱尔；他需要钱，需要帮朱丽叶还清债务！

在 8 月 12 日—9 月 1 日这二十多天里，雨果写出了《玛丽·都铎》，并定于 11 月 6 日进行首演。乔治小姐将扮演被称为"血腥玛丽"的女王玛丽，而朱丽叶则扮演女王年轻貌美的情敌——简。

随后掀起了一阵反对"作者的情妇"、这个"拙劣"的女演员的阴谋活动，她一出场，就被评价为演技可笑、生硬，又笨拙，讲起台词来结结巴巴。第二天晚上，迫于压力，雨果同意不再让她出演这个角色。

于是，两人之间的争吵开始了……

"我亲爱的维克多，

"我的维克多，我爱你。

"我的心已经枯萎，我浑身乏力，缺乏能量。对于我的生活和我的幸福，你想怎么样就怎么样吧。

"所有发生在我身上的可耻的不公正之事，都让我失去了接受你继续忠于我的勇气。

"对我，你可以想怎么做就怎么做。

"无论你做什么，无论会发生什么，我都会秉持着一如既往的信念和热情来爱你，直到咽下最后一口气。

"朱丽叶。"

她的那些信灼烧着他的心。然而她还在写：

"我的维克多，我的爱人，我的天使，在我们的爱情受到威胁之后，我却更加爱你了……我爱你。我将永远只属于你一人，我发誓。"然而，在绝望至极的某一刻和最后一次情绪爆发之时，她把雨果写给她的信全部都撕毁烧掉了！

他感觉到了，就好像自己身体的一部分、生命的一部分正在被撕裂，被摧毁。但他也懂得朱丽叶在与自我作斗争之时经历了多大的煎熬。

他对她说："我爱您，我可怜的天使，您全都知道的。您看起来就像孩子一样年轻，又像母亲一样睿智；我还是会同时用对孩子和对母亲的爱来将您包围。

"亲亲我吧，美丽的朱朱！"

是的，雨果想偿还她的债务，把她从债主、从德米多夫亲王的控制下解救出来！

"这些钱是给您的，都是我最近为您挣来的。我想要把我所剩的每个夜晚都交给您。我和其他男人不一样，我看到了命运对您的不公。即使在您堕落的时候，我也会把您看成是最崇高的灵魂，看成是被命运打击的最有尊严的和最高贵的女子。与别人一道攻击一个被压垮的可怜女性，这绝非我的行为……

"除了我，谁都无权对您进行攻击。如果有人攻击您，那么我一定会挡在您的前面……"

她不是已经撕掉了雨果的信吗？于是，雨果又开始给她写信。

"我希望有一天，能在我的生活里重新找到你生活的痕迹……我想让人们知道，我爱你，我视你为珍宝，我亲吻过你的玉足，我的心里充满了对你的崇拜和爱慕……我可怜的、被轻视的天使，我曾不止一次为你生活中的厄运感到痛心，但我会发自内心地告诉你，如果曾经有那么一个灵魂，它高尚、纯洁、伟大而崇高，那定是你的灵魂；如果曾经有那么一颗心灵，它善良、简单又忠诚，那定是你的心灵；如果有那么一份爱，它完整、深沉、温柔又炙热，它取之不尽，用之不竭，那定是我的爱。

"我在你美丽的额头上亲吻你美丽的灵魂。

"维克多。"

他对朱丽叶感到非常愧疚。他爱她，把她看作一个需要通过爱来救赎的失足圣女。她是如此美丽、如此从容、如此忠诚，又如此热情奔放。她的一切都被雨果占据，而雨果也醉心于她所给予的一切，迫使他的感情步步上升到如此的高度。

她懂雨果，会倾听雨果的诉说。她会一行行抄下雨果献给自己的诗。她非常崇拜雨果，也启发了雨果。

他深感朱丽叶的痛苦，想要缓和她所经历的失望与屈辱：从第二场演出开始，她便被迫走下舞台，由亚历山大·仲马的情妇伊达·费里尔取代她扮演简这个角色。因此，雨果与大仲马之间产生了嫌隙，尽管表面上，他们之间的不和是因为由雨果的朋友贝尔坦担任经理的《辩论报》刊登了反对大仲马的文章。

所谓祸不单行。他知道巴黎正到处流传着闲言碎语。精明老练的圣伯夫则在暗地里故意挑起或者到处传播这些流言蜚语；而缄口不言的阿黛尔其实已经被告知了朱丽叶的存在。也许是为了报复，也许是为了伤害她的丈夫，因为丈夫在别的女人那里找到了她从未给予过的东西，阿黛尔计划把最受宠爱的那个孩子——莱奥波蒂娜送到圣德尼的荣誉军团教育之家，在此之前，她已经把自己的小妹妹朱莉送进了那里。

但雨果不能也不会放弃。

他已经预感到，他将永远与朱丽叶捆绑在一起。她现在已经是他生活的一部分。

他想让朱丽叶看看自己在王家广场住的这所房子。阿黛尔和孩子们一起去了石居城堡。

他把朱丽叶带到书房，并带她参观了所有的房间。他认为通过这种方式让朱丽叶了解到他的私生活，会让她感到很幸福……但他却收到了朱丽叶这样的回信：

"这次参观带给我的，是悲伤和心灰意冷。我比以往任何时候都更加感觉到，我与您之间的距离是多么的遥远，以及我对于您来说是个多么陌生的陌路人。这不是您的错，我可怜的心上人；这也不是我的错；但事实就是如此；如果我把自己的不幸更多地归咎于您（而您本身并不需要承担如此多），那定是不合情理的；不这样做，我便可以告诉您，我认为自己是世界上最可怜的女人。"该如何抚慰她呢？

他不会离开阿黛尔，他的生活将维持原样。她将与另一个女人共存。他不能切去自己的手足，因为他觉得自己足够强大，可以把自己分割成一小部分，分给周围的每一个人。

他又告诉朱丽叶，她是《玛丽·都铎》事件中不公正的受害者。

"您在两千人面前扮演过这个角色，但只有一个人能够理解您，那就是我。那是因为虽有两千名观众，但并没有两千名理智聪明之人……放心吧，总有一天，人们会将正义归还于您。如果我的名字能够留存，那么您的名字也定将永存。

"您拥有深邃的灵魂、高贵的心灵、处理一切问题的智慧，以及能够将角色的一切现实理想化的美貌……您并非需要经过反复敲打才能生出一点火花的小石块。您是一颗钻石，一缕光亮投射过来，便足以让您散发万丈光芒。"

他紧紧地抱着她，又一次在她耳边呢喃："亲亲我吧，美丽的朱朱……"他觉得朱丽叶十分依赖自己。

朱丽叶说："如果您对我有一丝怜悯，我亲爱的爱人，您就会帮我摆脱现在所处的这种卑躬屈膝、受尽屈辱的状态，这种状态让我的身心都受尽折磨。帮助我站起来吧，我善良的天使，我对您和对未来都充满信心！拜托了，拜托了。"

她让他心神不宁，也让他变得强大。

她用一种热情和手段让他感受到了身体的快感，让他兴奋不已，心醉神迷。

他想让朱丽叶在任何时候、在他想要的时候，都属于他；他想要朱丽叶为他而活，甚至在必要时与世隔绝。他甚至不接受她有一丝接近其他男人的想法。

而他的生活将一切照旧，因为这份爱而得到丰富，并且始终蜷缩在洞底。

这就是他想要的样子。

他不在乎耳边时常传出的议论、批评与诽谤。一些人嫉妒他，另一些人则担心这种"双轨"生活。

但愿他们去读读《吕克莱斯·波基亚》的序言：

"让道德感和同情心流通于一切环境，便不会再有任何畸形丑恶的想法。再丑陋的事物，只要加入宗教理念，都会变得神圣纯洁。将上帝绑在绞刑架上，便拥有了十字架。"

但是，当他那些最亲爱的、最真诚的朋友猜不透他的生活方式时，他就会感到烦躁不安。"没有人理解我，"他给维克多·帕维写道，"甚至连您也不理解……这对我来说太痛苦了。"

他想解释自己的作品与意图。

"剧院是一种教堂，人性是一种宗教……有很多亵渎宗教之人，也有很多虔诚之人。我认为我正在完成一项使命……"

还有就是自从 2 月 17 日那个"神圣的夜晚"之后他所发现的、所经历的事物，他把这一晚当作一种诞生或洗礼来纪念。

他继续说道："我从未犯过比今年更多的错误，但过去的自己却并非更好的自己。现在，我更愿意您为我过去'清白'的日子而惋惜。曾经的我是清白的，现在的我是宽容的。这是一个很大的进步。天知道……"

但是，还是不能让他的朋友们太过担心他的作品，要让他们放心。

"来吧！我清楚地看到了自己的未来，因为我将带着信念前行，眼睛也将时刻盯着目标。也许，我会在路上跌倒，但我就算跌倒也会向前。当我走完了自己的一生，也完成了我的作品，我所有的过错与缺陷、意志与命运、好与坏，都将受到人们的评判。

"永远爱我吧，我会将你们拥入怀里。

"维克多·雨果。"

1834 年

雨果打开书房的门。一人站在门前，递给他一封信，随后便离开了。

他认出这是朱丽叶的笔迹，但他犹豫要不要打开。

前些日子里，他们虽然一直相爱，却也在互相伤害。雨果曾狠狠地责骂过朱丽叶，曾表现得嫉妒无比、冷酷无情。因为他得知，朱丽叶曾在当铺里典押过"四十八件细亚麻布绣花衬衫；三十六件细亚麻布衬衫；二十五条连衣裙，其中两条是无袖的；三十一条绣花衬裙；十二件绣花短上衣；二十三条浴袍；一件镶边条纹羊绒衫；一条印度羊绒披肩……"

他不想再继续将这份清单看下去，仿佛每一件衣服都会让他想起她的一个情人、一个夜晚、一个场景、一个卑劣的勾当，以及那段往事。朱丽叶的过去常常在两人之间重现，因为债务就在那里，就像德米多夫亲王曾经坐过的扶手椅和躺过的床一样，一直在那里。

他抱怨朱丽叶，但又为此而自责。最终，他还是决定开启这封信：

"1834 年 1 月 1 日，凌晨 2 点。

"致你，

"我的维克多，我已什么都不敢对你说，任由你揣测，任由你把我当成什么。

"我爱你，对过去的记忆以及对未来的恐惧使我无法像过去那样对你诉说我的爱意，忘记过去吧，学会对未来负责，我会重新找回说爱你的能力，因为我能感觉到自己一直爱着你。

"我爱你。朱丽叶。"

雨果不知道自己还能否继续爱她。无论是透过周围人的眼神还是旁敲侧击，他都无法忽视人们对他这段婚外情的指责。阿黛尔对此缄口不提，保持冷漠，甚至略带挖苦的意味，仿佛她对自己很有把握，因为圣伯夫可以给她慰藉；她的这位情夫经常四处游荡、私下议论，写作并发表了一些直接抒发他对她的爱意的诗作。

雨果觉得自己受到了不公正的对待，甚至近乎迫害。他想到了大革命时期那些曾被诟病的人，在他们之中，有些人微不足道、渺小平庸，有些人则光彩夺目、勇敢无畏。他阅读了最近出版的一些关于米拉波的"回忆录"，开始为这位多次被监禁的演说家写传记，因为他觉得自己正在经历人生的新阶段，他想为自己做一个小结，并且收集一切还未出版的资料，分两卷编成《文哲杂录》。

他在介绍这本文录时写道："在每一位踏实经心的作家的生命中，都会有这样一个时刻，让他觉得自己有必要对过去予以重视……"他在这两卷文录的结尾处插入了自己苦心钻研写出的《米拉波研究集》。

他需要通过写作来让自己安心，当然也因为他想在政府停滞不前、肆意削减民众自由和权利之时发出自己的声音。

"法国大革命为所有的社会理论谱写了一本巨大的书籍，是一份伟大的遗产。米拉波在这本书上写下了他的名字，罗伯斯庇尔是如此，拿破仑也是如此。路易十八在上面画了一道杠。查理十世则撕掉了自己的那一页。8月7日（1830年）建立起的议会随后将那一页粘回书中，但也仅此而已。书就在这里，笔也在这里。但谁敢写呢？"

如果敢拿起笔的那个人是他呢？如果他的未来就在那里呢？

他任由自己继续幻想，并对比了一下：

"伏尔泰和政党对话，莫里哀和社会对话，莎士比亚和人对话。"

那他为什么不能和人性对话呢？

他在这个幻想中陶醉了片刻，仿佛有人对他说："你就是文字界的米拉波。"还有人补充道："当你进入人生中的政治阶段时……"

有何不可呢？

但他不知道该如何行动。如果这一时刻注定到来，那么当它到来之时，他定会为此全力以赴。到时候，那些"表面正人君子，实则阴险小人"的批评也就无关紧要了。"民众不会心生嫉妒，是因为他们伟大，因为他们支持米拉波。"有一天，民众也可能支持维克多·雨果。

他去到朱丽叶的住所，又是新一轮的情感大作、大发雷霆。但听到朱丽叶的这些话，雨果又觉得内疚不已：

"昨晚，您竟然用卑鄙中伤的话语、用那个乔治和我过去生活中的不幸遭遇来凌辱我……也许我要再次听您说，我是一个没有灵魂、不知廉耻、铁石心肠、虚荣自负的女人，说我背负的债务都来自我的品行恶劣和巧言令色……但我还是要告诉您，我们之间不再有任何可能……我请求您不要抗拒我对您那纯洁又炙热的真爱。不要学那些孩子，他们看到一位年迈的老人路过，都会怀疑他是否曾经年轻力壮过。

"我呀，我曾经用灵魂的全部力量来爱您。"

雨果拿起笔来准备给她回信，突然看到1月13日晚上11点半自己在笔记本上写下的一句话："今天我还是她的情人，但明天……"他对此感到羞愧。他无法和她分开，无法抗拒她给予的爱。

他终于动笔给她写信，来庆祝他们初夜的一周年纪念日：

"信任、希冀、享受、生活、梦想、感受、向往、叹息、意志、力量，所有这些词都可以用一个词来概括：爱情。同样，我的朱丽叶，天空的所有光亮，无论它是来自太阳还是来自星辰，是夜晚的微光还是白天的明媚，都融入了你的一个眼神……我爱你，我深深地爱着你。一想起你，我便会心潮澎湃，就像想起孩子们一样。可怜的灵魂！我真心希望！虽然命运与你为敌，但爱情与你为伍。

"亲亲你的小脚丫和大眼睛。维克多。"

朱丽叶的债主们不断以扣押、驱逐、上轻罪法庭诉讼的方式来威胁她，雨果很想帮她摆脱债主们的威胁，他知道自己对朱丽叶的这般境遇负有部分责任，因为他要求朱丽叶与德米多夫断绝一切关系；而朱丽叶也接受了如隐士一般的生活方式，但仍然被自己的过往还有那些无法摆脱的债务穷追不舍。

他们再次陷入互相中伤的境地。

朱丽叶对雨果说："多亏了您的慧眼，这一切都变得无迹可寻。时至今日，您看待我的方式还是和一年前大家看我的方式一样，还是认为我是一个轻浮的女人，只要有需要，便会投向愿意为我花钱的顶级富翁的怀抱……"

雨果勃然大怒。他可不是个富翁！每天，他都要拟定一份家庭开支清单，要求阿黛尔提供一份详细的购物清单；每月只给阿黛尔三百五十法郎，如若有剩余，她还需退还。但那些指责他的人是否知道，他花的每一块法郎，都来自他在昏暗的夜里写出来的每一个单词？

他坦言道："在给您写信的这个时候，我几乎处于失明状态。写《巴黎圣母院》的每一个夜晚，我的眼睛都好似在灼烧！"

他需要用钱来使自己安心，因为钱能让他独立，无法实现独立就无法自由写作。他近乎情不自禁地抗拒自己必须承担朱丽叶的债务这一想法。这是一种本能的拒绝，他并不引以为傲。

他想找到一个解决方案。最终，他成功将朱丽叶安排进了法兰西剧院工作，剧院每年支付给她三千法郎的工资。这样，她就可以继续从事她的演艺事业，并且能够缴纳棋盘街公寓的房租。

接下来的那几周，雨果不再感到那么压抑。他可以沉醉于爱情之中，纵情于肉体的兴奋之中。他在朱丽叶耳边呢喃："我愿意用在天堂的一个世纪来换取在你怀里的一个小时。"

朱丽叶也是如此沉醉，令雨果心满意足。他觉得自己对于朱丽叶来说，已经变得如呼吸的空气一般重要。

他略带惊讶地读着朱丽叶写给自己的信。信中，她毫不掩饰，心无城府，赤裸裸地表达出对雨果的爱意：

"您好，我亲爱的心上人；您好，我伟大的诗人；您好，我的上帝……我的多多，我爱您，昨晚，您让我感到无比幸福，如果那个夜晚能和我的生命一样长久，我也将不再有任何遗憾，也别无所求……"

但是，他担心这种幸福只能用更多的敌意、嫉妒和谄谀来偿还。

圣伯夫就雨果的《米拉波研究集》发表了一篇评论文章。文章居心叵测，混合着明显的恭维和尖酸刻薄的语调。雨果抬起头，看着阿黛尔。人们曾在他耳边嚼舌根，告诉他阿黛尔和圣伯夫经常在敞篷马车里或是一间小房间里私会，而当阿黛尔住在石居城堡时，圣伯夫每天都会在城堡附近等她。

雨果并非苦于他们之间的这份私情，而是受不了圣伯夫的虚伪。他给妻子的这位情夫写道："我宁愿少一些溢美之词，多一些发自内心的认同。这些溢美之词用意何在？我们现在的友谊是这种状态吗？请扪心自问……"而对于圣伯夫又一次的避而不答，雨果也并不感到奇怪。

必须就此了断这段虚假的友谊！

"如今，您与我分享的，只有无尽的仇恨和卑劣的迫害。我明白，即使是那些经历过百般磨难的友谊，都有可能破裂和走散。因此，再见了，我的朋友。让我们各自默默地埋葬那些已经消逝的东西，我身上那些被您的信件所毁灭掉的东西。再见。"

而阴险狡诈的圣伯夫再次含糊其词：

"您回归您的作品，我也回归我的工作。我没有圣殿，也不轻视任何人。而您却有一座圣殿；规避一切丑闻吧。"

圣伯夫就是这样利用朱丽叶的！

"圣伯夫变得尖酸刻薄、满心仇恨。他攻击我，我却同情他……在他那些软绵绵的句子之中，我能感觉到一丝嫉妒的意味。"

但他还是受到了伤害。怎样才能坦然接受萦绕在他身边的重重误解呢？

似乎没有人愿意去把握他文字里传达出来的反抗，反抗这个步步惊心、悲惨遍地的世界。他想揭露这个世界，以此讲述那个"穷苦工人"克洛德·格的生活："关于那个偷窃者……我所知道的是，为了自己的妻子和孩子，他偷了仅能维持三天的面包和柴火，却给自己招致了五年的牢狱之苦。"然而这个"悲惨之人"在社会机器的步步紧逼下，杀死了典狱长并试图自杀，却未果，最终被判处死刑。雨果的心中对死刑的恐惧又增加了一分。

"问题就在于每一位平民百姓的脑袋……你们可以锻炼它、灌溉它、丰富它、点亮它、教诲它、使用它，但完全没有必要砍断它。"

然而，就目前来看，让民众的人头落地是如此轻而易举！里昂丝绸工人发动起义，于是政府便从里昂的山丘上空轰炸工人们的聚集区；又或是，巴黎发生暴乱，于是特兰斯诺南街的居民都惨遭屠杀！

他对政府的行为感到愤慨；在这届政府中，历史学家、曾经波旁王朝的反对者，现任内务大臣梯也尔，领导了残忍而无声的镇压。

如何才能让那些大臣们明白，"在社会的心脏里，流淌着邪恶的血液"，因为民众没有受到良好的教育，所以社会上的"苦役犯太多、不良娼妓太多"。而要治愈这些，不能靠开炮，也不能靠在特兰斯诺南街那样，用龙骑兵的铁蹄践踏人的尸首。

难道他应该参与政坛，像拉马丁那样成为一名议员？又或者，需要像他写《克洛德·格》时那样，放声呐喊，以便让人们听到他所说的话？

他开始怀疑，开始对七月革命那"光荣的三天"所诞生的政权感到失望：

"在那不勒斯，撩起裙子、露出臀部是女孩子们。而在法国，做出这种行为的是政府！"

他行走在离王家广场不远的马莱区的街道上。

他想一睹这个街区的风采。在这里，到处竖立着街垒，凶狠暴躁的士兵和国民自卫军四处巡逻。突然间，他被包围了。他没有证件。他胳膊下夹着的那本书是什么？他们从他手里拿过书去。

"圣西门？"

他们来回翻阅着这本书。这样看来，他一定是一个"圣西门主义者"，是那些在民众头上点燃反抗之火的"社会主义者"中的一员！雨果试图为自己辩解。他解释道，这些是圣西门公爵写的"回忆录"，他是路易十四时期著名的回忆录作家，非彼"圣西门"。他重复道，自己是维克多·雨果，是《艾那尼》和《巴黎圣母院》的作者。最终，他获释了。

动乱平息了，炮火熄灭了。他和朱丽叶一起漫步在蒙马特高地的街道上。他在一家小酒馆的院子里歇下，在茂密的树叶下坐定。他们幽会于乡间，天朗气清。他开始朗读《克洛德·格》的手稿。当他抬起头来，隐约看到了朱丽叶的表情，她眼里噙满泪水。

他在手稿的第一页上写道："致我心爱的朱丽叶，1834年6月24日，下午三点至四点之间，在蒙马特高地的小山坡上，我一写完这几页，就立即读给她听。当时，有两棵小树为我们遮阴，在我们的头顶上还有一轮美丽的太阳，但远不及她美。"

他度过了一段悠闲幸福的时光。夏天要来了。

他决定带着朱丽叶离开巴黎几天。通常，他会选择去碧野浮山谷，这个地方离贝尔坦家的石居城堡不远，而阿黛尔和孩子们每年夏天都会去到石居城堡避暑。他和朱丽叶谈起路易丝·贝尔坦，正是她为《爱斯梅拉达》这部歌剧作的曲；这部歌剧取材于《巴黎圣母院》，雨果还为其写了剧本。他吟诵着，朱丽叶紧紧依偎在他的身旁；他发现，在梅兹，在一片栗子林之外，在石居城堡的不远处，有一栋白色的小房子，他准备在这栋房子里为朱丽叶租下一间房间。这样，当他与阿黛尔和孩子们住在石居城堡时，他还可以每天过来找她！

朱丽叶没有表示异议。这是一种双面生活。她接受了隐秘的那一面，但并非阴暗的一面。因此，当她和雨果在一家位于茹伊昂若萨、名叫"法兰西盾牌"的旅馆度过了一晚之后，她写道：

"我，朱丽叶，是世界上最幸福也最自豪的女人；我还要声明，在此之前，我并没有完全感到爱你和被你爱的幸福。这一封形式上类似案件笔录的信，实际上是一封表明我心意的证书。这份证书虽然落成于今天，却对世界上的每一个角落、我余生中的每一天都有效力。它奏效的每一天、每一个小时、每一分钟，我都将全心全意让自己的心境保持今天这般状态，也就是说心里只装着对你的爱和对你的思念。

"1834 年 7 月 4 日，下午 3 点，写于巴黎。

"朱丽叶

"我在信纸上印下的这无数个吻，便是公证人们的签名。"

雨果感到很幸福，也很兴奋，却又带着一丝隐约的不安，仿佛这份爱太过绝对、太过伟大，以至于其中蕴藏着一丝危险，需要他付出代价来换取这份爱，但他并不知道代价为何。

因此，雨果心中的焦虑依然存在，甚至在与朱丽叶有肌肤之亲时也不曾消失。

爱情能够成功统领世界吗？

朱丽叶离开了棋盘街。

雨果说："让我们永远记住这个曾经让我们快乐也让我们不快的房间；归根到底，我还是喜欢这个房间的；毕竟，房间的天花板曾多次成为我的天空。

"我的朱丽叶，让我们再也不要带着沉重的心情，回到这条街上、回到这扇门前以及这些窗户下。

"让我们向这栋房子告别，永远向爱情问好！"

朱丽叶搬进了天堂街 4 号乙的一个狭小又肮脏的房间里，但雨果对她说："这条街的名字起得真好，我的朱丽叶！就在这间屋子里，在这张床上，天空都为我们所有。我们将开启新的生活。让我们用不变的爱开启全新的生活吧！但愿除了我们周围的环境，一切都不会发生变化。但愿我们两人都能像过去一样，温柔、善良、忠诚、相互体谅、相互爱护！我永远都想和你过同样的生活……"

在把这封信寄给朱丽叶之前，雨果一边反复阅读，一边思考。这一切不是不言自明吗？他不断重复这些话，难道不就是为了说服自己去相信，就是为了平息心中的不安吗？

因为，债主们重又发现了她的踪迹，张牙舞爪地前来追债。她竟然欠下了两万法郎的债！雨果感到一阵慌乱将他占据。他刚与书商朗迪埃尔签订了一份合同，约定将他的一些作品重新出版，他因此得到了九千法郎！对于一个作家来说，这可是一笔不小的数目！而现在，在他的脚下，一个两万法郎的无底洞正张着血盆大口。

怒吼过后，他沮丧地离开了。随后，他才开始看朱丽叶写的信：

"这几行字将是我灵魂、思想和爱情的冰冷尸体，正如我的身体将是我有血有肉的生活的尸体。

"我写信是为了坦诚我的信念。

"我写信是为了我的罪行能够得到宽恕。

"我写信是为了放声哭泣，因为我的泪水让我窒息，因为我的泪水将我毁灭。

"今晚，我将在街上游荡。只要我的体力还没有耗尽，我就会一直待在那里。

"我会不抱希望地待在那里。虽然绝望，但我不会离开。"

雨果开始犹豫，他需要给这段爱情下一个结论："看来，您和我的一切都还算比较圆满地结束了……我不想让自己给您写的这最后几行字太过苦涩……"于是，他提议进行"最后一次谈话，这对共同处理您的利益问题来说十分必要……"

是的，就用这种激情与焦虑结束这段关系吧，结束这一切，重新平静下来，安心写作。

突然送来的这封信，写于"8月2日星期六中午"，朱丽叶回信道："再见了，再也不见。既然是你说出的再见，那便就此别过吧；我现在一蹶不振，深陷不幸之中，但愿你能够一直幸福快乐、受人敬仰……再见，这个词包含了我全部的生活、全部的快乐和幸福。再见。朱丽叶书。

"我带着女儿走了，我现在就去接她，回到本属于我们的位置上。"

雨果的整个世界都崩塌了。为了拿到一本通行证，他从一条街跑到另一条街，准备前往布雷斯特，去追回逃到其姐姐科克夫人那里躲债的朱丽叶。他在通行证上登记：28岁的妻子和他们的女儿克莱尔。他会把她们带回来的，分手的想法简直太疯狂了！

"朱丽叶！朱丽叶！我的爱人！我收回曾说过的所有决绝的狠话。不，我不会诅咒你，我心疼你、我原谅你、我爱你、我祝福你……我处在无边的黑暗之中，亲吻你的玉足。虽然天色很暗，但我知道自己为什么还抱有希望。你是我量身定做的另一半，朱丽叶。不能再见到你，对我来说简直是不可能，我们很快就会相见的。"

他满脑子都在想着这件事情。他责怪自己，内疚不已。他不该如此伤害自己的另一半，让她痛苦。

必须想办法筹钱。于是，他去到了亚姆·普拉蒂埃的家中：

"我已经和普拉蒂埃推心置腹地交谈过了，并且我们都说好了，我和你女儿的父亲都会想尽办法救你。如果有必要，他也像我一样全力以赴。"但朱丽叶必须回到巴黎……

"为了指引我，为了让一切回到正轨……我呢，前不久，我用自己的双手攒下了一千法郎。你看，爱情的力量多么强大。我会乘坐邮车去见你……我已经三十个小时没吃东西了，但我依然爱你……"

他的手臂受伤了，仿佛这揪心的疼痛是他心灵上的痛苦在身体上的印记。

出发之前，他一一拜访了那些债主们。他清偿了在部分债主那里欠下的债务，并向其他债主做出了承诺，交了保证金。

"我不想被别人评头论足，说我在你最窘迫之时将你抛弃。我不希望天底下还有任何证据，能够证明我没有对你倾尽全部。当务之急是把你从债务中拯救出来……"

他搭乘邮车，途经雷恩到达布雷斯特，最后抵达朱丽叶居住的圣勒南镇。

如今，雨果终于体会到，他们再也不能分离。他们的爱情刚刚经历了艰难坎坷，那个他差点就此沉沦的坎坷。

8月9日，雨果给朱丽叶写信道：

"现在是晚上七点。今天的天气就像我们的命运一样，在经历了一天的阴霾和狂风暴雨之后，终于守得云开见月明。在我们分离的这段时间里，天空和大海都变得忧郁而灰暗，现在终于回归了蔚蓝和宁静；它们和我一起在对你微笑。美丽的灵魂，上帝爱你！

"在这里，我们在庄严承诺的见证下结合，并盖章为证。在这里，我们永结同心，白头偕老。让我们永远记住，从今往后我们彼此亏欠对方的东西。你欠我什么，我不知道；但我欠你的，我很清楚，那就是幸福。"

他们不紧不慢地回到巴黎，依次经过了南特、昂热、图尔、昂布瓦斯、奥尔良、埃唐普、蒙丽瑞和凡尔赛。

每经历一个阶段，雨果都要独自思索片刻。与朱丽叶的海誓山盟已经盖章为证，但与阿黛尔的婚姻关系也不能打破。因此，他必须写信给阿黛尔："你看得到，你也知道我有多爱你……你的生命就是我的生命，你的快乐就是我的快乐。回头见，我的阿黛尔，我比以往更加爱你了。我爱你，长此以往……回头见，我的爱人。记得经常想我，我一直在想你。"

她在做什么呢？圣伯夫也许正在石居城堡附近转来转去吧？而阿黛尔每天下午都会前去赴约吧？

雨果终于收到了阿黛尔的一封回信，他把信读了又读，因为在话里话外，他隐约感受到了一种近乎轻蔑的高傲感：

"我可怜的朋友，既然我不能在你身旁安慰你，我也就不想说出任何可能让远方的你伤心的话。此外，我相信你内心深处是爱我的，但既然你迟迟不愿意回来，我也相信此刻的你在纵享欢乐。而实际上，对这两点的确信让我感到很高兴。我希望我们以后再也不要分离，也希望你和我这样一位既真心又忠实的朋友以及你亲爱的孩子们在一起时能够感受到幸福，他们是那么爱你，你也那么爱他们；因为比起父亲，你更是一位母亲……"

尽管如此，这段话还是让雨果放下了心来。

让他更幸福的是能够再次见到朱丽叶，并把她安置在梅兹的那栋小房子里的那间房间里。雨果将在石居城堡和家人一起度过8月和9月，而朱丽叶的这一住处离石居城堡只有不到一个小时的步行路程。

雨果终于可以在这栋美丽的城堡里安安静静地写作，看着莱奥波蒂娜、夏尔、弗朗索瓦－维克多、小女儿阿黛尔和路易丝·贝尔坦一起在公园里玩耍。

然后，他转身离开，走进森林深处，把一封信塞进一棵大栗树树干的缝隙里。这里是雨果与朱丽叶见面的地方，即使雨果不便在此停留，朱丽叶来到这里之时也会发现这封信。有时，如果雨果能够在此等她来，他们便会在树荫下，在茂密的草丛中难舍难分。雨果也常常与朱丽叶一起去到位于梅兹的房子里。

到了晚上，雨果回到石居城堡，有时阿黛尔不在。也许她去和圣伯夫幽会了？不能继续往下想。

他有把握能够去理解、爱护他人，也能让自己被别人所爱，并且让宽容大度成为自己的行为准则。当阿黛尔终于回到家时，当他看到阿黛尔亲吻孩子们时，他知道，自己永远都不可能切断自儿时起就将他与阿黛尔联系起来的这根纽带。

而当朱丽叶在房间里紧紧地抱住他，当他亲吻并抚摸她的双脚，当他从她的眼睛里读出满满的爱意与崇拜之时，他也知道，只有死亡才能结束自己与朱丽叶之间的关系。

他知道自己必须要保护朱丽叶，她是时局的受害者。就像朱丽叶自己所说的那样，她将没有资格拥有"一个幸福的家庭，一个温馨的家庭"。因此，他不能在她的伤口上撒盐。

雨果在与朱丽叶一起散步的路上看到了一座教堂。

黄昏时分，我们走进一座
阴暗又寂静的教堂；
祭台前没有供奉者，宛如一颗心灵缺失爱意，
心中的火花早已熄灭。

朱丽叶跪下来祈祷：

上帝！我的周围没有任何站得住脚的事物。
我整日哭泣，苟且过活；
我犹如被人抛弃的垃圾，
在一切废墟中间被人遗忘！
然而，面对这个冷酷无情的世界，我却无能为力……

他动情地听她诉说着：

啊，夫人！为何忧愁总是追随着您？
您的心灵美妙动人，
您深沉如黑夜，
您温柔如晨曦，
可您为何还在哭泣？[①]

为了让朱丽叶能看到他创作的这首诗，雨果随后将其塞进了栗子树的"树干信箱"里。

他在这首献词的首页写下："致我尊敬的您，致我心爱的你。"

随后，他又回到了石居城堡，看到了阿黛尔……

他坐下来，双手捧着头，眼睛仍然很疼。他的三十二岁即将走到终点。他有一个妻子、四个孩子、一个情妇，以及一份可观的收入。很明显，他的生活已走向安定。

---

① 《暮歌集》，第三十三首：《在比埃弗尔教堂里》，1834 年 10 月。

1835 年

雨果独自待在书房。他一直把父亲的画像摆在眼前，这幅画像是他在好几年前画下的。在 1 月 1 日的这天夜里，他任凭自己被回忆淹没，开始用水墨随意描摹出一些剪影、山水和城堡废墟。他越来越能够体会到绘画、描摹、勾勒所带来的愉悦和沉迷之感，他喜欢用笔勾勒人物的脸，无论是他作品中的人物还是曾在梦中闪现的人物。通常，时间就这样悄悄地溜走，他不得已强迫自己停下画笔。

他拿出一张白纸，想给朱丽叶写信。他想把父亲莱奥波德·雨果的这幅画像送给她。

"1835 年 1 月 1 日

"现在，我把父亲也交给你；你已经拥有了他的儿子。

"十五分钟之前，我们步入了 1835 年；再过一个月零十六天，就是我们的两周年纪念日了，我们互相拥有已经两年了。我不知道哪一天会是终点，因为谁知道自己的死期会是哪一天呢？

"尽管这一切会结束，但也只意味着在别处的重新开始。天堂只是爱的延续。"

他补充道："我无数次亲吻你身体的每一个部位，因为在你身上的每一处地方，我都能感觉到心脏的位置……"

每次想到她，雨果都心潮澎湃，但也许，他也需要勇气去承认：朱丽叶带给他肉体上的吸引已经有所减弱。这段感情很快就两年了，是否足以耗尽身体的热情？前期的火势是否太猛？

雨果前往他为朱丽叶新租的公寓与她见面——天堂街的那间寓所太过狭小，因此他在图尔内斯街上新租了一间。在新公寓里，朱丽叶还可以放置债主们留下的几件家具。

她躺了下来。这些天，她一直在抄写雨果带过来给她看的以及其他一些他想收录进《暮歌集》里的诗。雨果想让她忙起来，让她闭门不出，放下所有的欲念；不用精心打扮，也没有消遣娱乐。她必须过着严谨、节约的生活。

朱丽叶除了雨果给她的钱，再无其他经济来源。因为她再也不会站上戏剧舞台了。

雨果则一直精打细算。每次他来看朱丽叶，都会留下一些小钱，但算下来，每个月总共也才八百法郎左右！

因此，朱丽叶完全依赖于他，但雨果感到这种依赖的方式有些奇怪。朱丽叶是他生活的一部分，就像他的孩子一样深深地融入了他的生活。他对她有绝对的权威。

而同时，雨果对她的欲望却已减少，仿佛两人生活的交融改变了他们之间的关系。

他依旧是朱丽叶的情人，但对她肉体的热情已经部分消退。当朱丽叶毫不掩饰、坦率大方地对他说出下面这些话，他竟感到有些局促：

"我爱您，您散发着无限魅力，令我十分渴望。我从来没有像今晚这样感觉如此好过。如果您有想法抓住时机去享受它，那定会非常有趣；但您却比姜饼人还要迟钝，您甚至还不如姜饼人，至少它能带来随机选择的惊喜之感。"

当她坚持如此露骨地表达感情，又该说些什么呢：

"我们的行为完全荒谬。是时候该让'一对恋人清清白白、规规矩矩地生活在一起'这种丑闻消散了……我们已经很久都是半夜才见面并且隔着三床双人被了，如果我们能早一点见面，再近一点互相欣赏，也就不会觉得一切都是例行常规、毫无新意了。"

此外，朱丽叶的嫉妒心也在作祟。

她总是重复说："我告诉您，我爱您；如果您离我而去，我便会杀了您。清楚了吗？"

雨果自己也嫉妒。

他想利用自己嫉妒的心理状态创作一部戏剧，法兰西喜剧院的新任经理茹斯林·德·拉萨尔愿意为这部戏剧提前支付四千法郎，而出版商朗迪埃尔也承诺将给出九千法郎的剧本版权费。此外，他还可以分得一定比例的剧院演出收入。

于是，他写出了《安日洛——帕多瓦的暴君》，讲述了这位暴君的故事。安日洛的妻子卡塔琳娜爱着一位年轻的男子洛道尔福，但这位年轻男子同时还被女演员拉·蒂斯贝深爱着。安日洛妒火中烧，两个女人也同样如此；在深陷复杂情网的一个个人物中间，有一个伪君子、间谍霍莫代，他抱着摧毁一切的想法揭露了四人之间一层又一层的关系。

雨果在不到一个月的时间里就完成了这部戏剧，并在玛尔斯小姐和玛丽·多瓦尔面前进行了朗读，两人将分别扮演拉·蒂斯贝和卡塔琳娜。雨果说，霍莫代会"根据时间和地点的不同而变换外形，但他在本质上始终是一样的：威尼斯的间谍、君士坦丁堡的宦官、巴黎写小册子的作家"。

他还想到了那些专栏作家以及记者，其中就有曾多次发文反对过他的居斯塔夫·普朗什，以及圣伯夫，他竟然评论了《暮歌集》中收录的诗歌，指出其中"缺乏文学上的分寸"。

圣伯夫无法忍受的是，在多首颂扬朱丽叶的诗之后，雨果还加入了一首赞美阿黛尔的《送我一束百合花》。

雨果接着往下读圣伯夫的评论，他感到一股怒气将他牢牢攥住：

"可以看出，作者在诗集的末尾处想要在读者的眼前撒下一把百合花。遗憾的是，作者认为这一设计十分必要……然而他没有预见到，大家的印象都是，如果完全省去这首诗，这个令人尊敬的歌颂对象将得到更好的尊重和赞美。"

难道要让这个伪君子来给自己上道德课吗？他有资格为阿黛尔辩护吗？

雨果本想向圣伯夫发起决斗，随后又改变了主意，不如在心底里蔑视他。但他心中的苦楚依然存在，朱丽叶的责备更是加剧了这一情绪：她嫉妒起了玛丽·多瓦尔。

"除了我之外，竟还有另一个人可以诠释您最崇高的思想……我无法演绎出您的想法……无法鲜活地呈现女人思想与男人思想的结合，这种女演员的智慧与作者智慧的结合，我被排除在了这份幸福之外，您难道不会为我感到心酸吗？"

他厌倦了争吵，以及那些阻碍他写作的批评话语，因为他需要安静。

他不能让朱丽叶扮演《安日洛》中的角色，否则又将引起新一轮的阴谋诡计，只有这样，这部戏剧才能大获成功！她为什么不明白这个道理呢？每晚的平均收入提高到了两千二百五十法郎，而且还将上演六十多场！

大家都为玛丽·多瓦尔鼓掌欢呼。

朱丽叶低声说："你要是知道我有多么不带任何私心地在为她鼓掌就好了。"但随后又开始表达自己有多遗憾。

他被朱丽叶的忠诚与诚实所感动。但是，新闻界、沙龙里对他的敌意依然存在……仿佛，在他的成功所引起的嫉妒之外，又加上了一层对他道德的谴责。

人们可以容忍他与朱丽叶这样的"女孩"有短暂的私情，却不能容忍他们之间出现真爱并且建立几乎正式的交往关系。批评的声音从四面八方倾泻而下。

他就是那个奥林匹欧；他讲述了奥林匹欧的痛苦，在对他诉说，就像对自己诉说那样：

> 让这时常将我们团团包围的
> 狂风骤雨，在底下肆意怒吼；
> 让我们在惊涛骇浪之上仍然保留内心的平静；
> 就像山顶的积雪一般处变不惊[①]。

他知道，只有和朱丽叶一起离开巴黎，才能拥有平静和快乐。任何事件都只有在其风头消退之后才能传到他的耳边。

就连刺客菲耶斯基在 7 月 28 日七月革命纪念日当天袭击了路易－菲利普这样一则新闻，在几天之后传到雨果的耳边之时，也不过变成了一起横生枝节、近乎不真

---

① 《心声集》，第三十首：《致奥林匹欧》，1835 年 10 月。

实的事件，因为他当时见证了发生在庇卡底和诺曼底的一场场战役的发展。他以朱丽叶的快乐以及重新找回的平静而日常的欢愉为幸福。阿黛尔趁着参加维克多·帕维的婚礼之际，与圣伯夫先是到了南特，随后又去了昂热。雨果与阿黛尔重逢于石居城堡，并再次将朱丽叶安顿在位于梅兹的小房子里。

但是秋天已经来临。回巴黎的日子近在咫尺，更加令人意外的消息也纷纷传来。菲耶斯基和他被捕的同伙很快就会被审判，并判处死刑；9 月将投票通过限制出版自由的法律。和社会主义者路易·布朗一样，雨果也认为"菲耶斯基的袭击吓得整个法国都变得不知所措，却因此强化了君主制"。在雨果看来，法国比以往任何时候都更像一个遥远的政权，国王则看到自己的康庄大道正在一系列有利的征兆下徐徐开启；他将不得不生活在这个政权之中。

或许，雨果还能接受在这样一个政权之下成为一位"名流显贵"，被冠以头衔和官职。

基佐大臣曾鼓励他成为"揭秘法国通史的文学、哲学、科学和艺术遗留古迹委员会"的成员，雨果对基佐的这一建议做出了积极回应，他自己也为此感到高兴。他还在该委员会里重逢了维克多·库桑和梅里美。雨果也因此第一次成为机构成员，他对此很是满意。

当时，法兰西学术院有一席位空缺，有人坚持认为雨果应当成为候选人，他认真地听取了这一建议。

年底，他开始拜访法兰西学术院的成员们，这是所有候选人都必须完成的必要过程。朱丽叶则蜷缩在敞篷马车里等他，对于能够陪伴雨果一起出来拜访感到十分幸福，因为在梅兹，她只能一直幽禁在那栋白房子里。在梅兹的那段日子，她甚至再一次想要离开他，并在绝望中给他写了这封信：

"我跪求你放我出去吧，我没有足够大的声音，没有做足够多的祈祷来请求你让我出去；你看，我可怜的朋友，我是如此的不快乐，如此的卑躬屈膝，我希望离开你，尽管你不会同意。你最好能答应我，这样在我永远离开之时，我虽悲伤却也感到满足，因为我没有违抗你的意愿。"

雨果自然没有答应，他开始加倍地向朱丽叶立下誓言、表白爱意、书信传情。但他没能说服朱丽叶，反而完全说服了自己去反思，是否还像曾经那样热烈地爱着她？

朱丽叶写道："我观察了半年有余，清楚地看到了你对我的爱正一天比一天少。"

但他不肯让她离开，为了她，也为了他自己。他不能分手。当他结束那些"学术拜访"，从院士们的家里走出来，看到朱丽叶还坐在马车里，便会感到非常安心。

每一次，他都会向她诉说，说他刚刚见到的院士——无论是内务大臣梯也尔还是维叶门先生，所表现出来的态度都有所保留。当然也有像亚历山大·苏梅、拉马丁和其他一些支持他的院士，但支持的并不占大多数，即使夏多布里昂也向他表示了支持。

他曾对雨果说："主动申请加入法兰西学术院的选择是正确的。这是一件傻事，但每一个天才都曾经为此头撞南墙。拉辛和高乃依都曾是学术院院士，我们不能对他们矢口否认。此外，让有才华的人挡住阴谋家的道也是件好事……雨果先生，我也和您一样，也曾自荐加入法兰西学术院，现在已经是一名院士；我曾经也有这一缺点……"

朱丽叶紧紧依偎在他身旁。

他既觉得自己有决心坚持下去，去争取荣誉和地位，同时又对自己、对这些方式途径不满意。他嘟哝道："我心中的防线已经坍塌了不知多少！"

但至少，他没有亏待那个愿意为他付出生命的女人，尽管她有不堪的过往，但她的慷慨与高贵还是令他感动不已。

1836 年

雨果正慢慢地翻阅着《巴黎杂志》。有人告诉他，该报的 1 月刊中有一篇"对他进行无情抨击的反对文章"，由一个叫尼萨尔的作者所写，正是他看的这篇。

他看到文章的题目：《1836 年的雨果》。这位作者竟花了如此大的篇幅，写了如此多的文字来说明雨果是一个"逝去的"诗人！……一个随意倒戈、从正统派变为奥尔良党人甚至近乎共和党的人；此外，雨果的私生活也令人不齿。

他越往下读，便越觉得这篇充满仇恨的文章简直是对他的一种玷污。竟有人如此恨他。

当然，他也不乏忠实的朋友，例如拉马丁和贝朗瑞，后者刚给法兰西学术院院士勒布伦写过信："至于雨果，既然他如此真心诚意地向您寻求法兰西学术院的一席之位，看在上帝的分上，请不要将他推开！"

还有这位年轻的诗人奥古斯特·瓦克里，他给雨果送来自己的作品，想和雨果见面；他还总是提到：

"我不知道您是否已经忘记了那个可怜的年轻人，但他没有忘记您，而且他还愿意为您付出生命。"

当充斥在雨果身边的，只剩下羡慕、嫉妒、仇恨或责备之时，他又怎么会不记得这样一个人的存在呢？

2月18日，法兰西学术院宣布杜帕蒂当选，他是一位平庸的滑稽剧作家，也是格鲁西元帅的内弟。雨果对这个结果并不感到意外。他在第四轮投票中只获得了两票，毫无疑问来自拉马丁和夏多布里昂。

杜帕蒂还给雨果写了信，但这并不重要了……

……他将再一次进行申请。毕竟，他确实才三十四岁！但他能否成功让人们忘记他的才华、他的成就，以及已经被杜帕蒂认可的"不朽者"的名声？朱丽叶该怎么办呢？

她是否衡量过他们之间的私情对他造成的影响，是否想到过，这在很多院士的眼里都是"伤风败俗"之事？

然而，朱丽叶并不满足。雨果能够理解她，但她每天的骚扰以及每周给他寄来的那几十封信，仍然加剧了萦绕在他心头的纷乱，这种心烦意乱的情绪使他无法开始新的创作。

起初，朱丽叶表示自己放弃了重新加入法兰西喜剧院的想法："这样，您就可以自由地让您以前的戏剧重新在法兰西剧院上演，也就不必再创作新的剧本了。"

但后来，她又改变了主意：

"我想要成为一名大牌女演员，主要是为了能够扮演您笔下的角色，其次是为了赚更多的钱，再让您变得更富有，这再好不过了。"她开始研究玛丽蓉·黛罗美这一角色，并重提旧事："我感觉，您在当时就已经爱上我了……玛丽蓉对我来说不仅仅是一个角色，她就是我本人。"

朱丽叶让他感到窒息！

她抱怨雨果对她的专横霸道。但是在巴黎，雨果确实不想朱丽叶出现在他的身边，也不希望她受内心欲念的支配在街头闲逛！也许，虽然让朱丽叶闭门不出、隐忍顺从，但他还是会适当补偿他身上所流逝的欲望。

她埋怨道："我不得不在这种只有无止尽的等待的生活中受尽折磨，也不由自主地想要反抗你对我实行的一切专横霸道的控制，关于一切，为了一切。"

他想放声呐喊："够了！"但当朱丽叶斩钉截铁地向他诉说之时，他只能倾听：

"在我身旁，确实有一个忠心耿耿的维克多，但往日那个深情的维克多，我已不再拥有。如果情况真如我越来越相信的那样，那么你一定要马上离开我，因为除了作为你心爱的情妇，我从来没有打算过以其他的身份与你生活在一起，我不想成为一个依赖旧爱的女人。我不要求也不想要你给我生活费，我想要你心里属于我的那块位置始终是完整的……"

他很感动，不断向朱丽叶表达爱意。他是爱朱丽叶的！尤其是在巴黎之外的时候。

阿黛尔和孩子们住在位于福尔克的一栋大房子里（在马尔利森林深处），他们将在此度过春夏。而雨果也终于可以和朱丽叶完成这次已经成为一种仪式的旅行。

朱丽叶刚搬进圣阿纳斯塔斯街 14 号一间狭小而简陋的新公寓。雨果去这里找她。

她说："房间的陈年灰尘与污垢使我头昏脑涨，我变得如此丑陋与邋遢……您会看到，天堂里的我将如您一样干净爽朗……"

雨果于是将她带了出来。

他们驰骋在诺曼底尘土飞扬的道路上，在圣马洛和勒蒙 – 圣米歇尔的旅馆下榻，也在瑟堡、巴约、蓬莱韦克和翁夫勒短暂停留。

雨果感到无比幸福。就让巴黎那些嫉贤妒能之人从脑海里消失吧！

偶尔，他会感到一丝空虚。因为他想念孩子们：莱奥波蒂娜、小阿黛尔、夏尔和弗朗索瓦 – 维克多。

他写信给妻子，阿黛尔陪自己的老父亲、孩子们"慈祥的外祖父"一起住在福尔克，似乎已有些厌倦，因为父亲的身边全是神父。

夫妻俩开始为莱奥波蒂娜初领圣体做准备，仪式将于 9 月 8 日举行。而莱奥波蒂娜穿的那条白裙是朱丽叶用自己的一条旧纱裙裁剪而成的！

从阿黛尔信中的语气，雨果猜测妻子应该和圣伯夫断绝了往来，除非圣伯夫已经厌倦了。七月初，雨果收到阿黛尔写给他的一封信，令他十分惊讶。她的善解人意不禁让人怀疑：

"你无须放弃任何东西——我不需要欢乐，只需要平静。从外表来看，我的容颜已逝，尽管无忧无虑却始终一副愁容。此生还有什么需要做到更好的呢？……生活的幸福已经离我而去，我只能从别人的快乐中寻找幸福……在这个世界上，你可以做任何事情，只要你觉得幸福，我也会感到幸福……不要认为这是一种敷衍冷漠，对我来说，这是对生活的奉献与超脱。"

他反复读着这些充满了宗教虔诚、牺牲和克己精神的句子。

"此外，"阿黛尔继续说道，"我永远不会在你身上滥用婚姻赋予我的权利。我可怜的朋友，在我心里，你仍然如少年一般自由；你在自己二十岁之时便步入了婚姻殿堂，我不希望你把一生都捆绑在像我这样无趣的女人身上。至少，若你想给予我任何事物，你都可以毫无顾虑、随时随地给予。不要为此苦恼，要相信我灵魂中的一切都不会改变我对你的柔情，我的柔情将一如既往地坚定，'依旧'完全为你而生。再见，我的好维克多，尽可能多地给你的老朋友写写信吧……"

阿黛尔给了他自由，他却因此感受到了对她从未有过的依恋！就像对朱丽叶一样！有时，他甚至认为自己有两个妻子，对她们有感情，有回忆；但也许，这种设定既吸引着他，又让他感到害怕，他的激情在别处；他的生活中一直有一处、定会有一处，用来投入他更加强烈的激情。

在索姆河畔圣瓦莱里，雨果沿着沙滩漫步，看着船只徐徐离开海岸。

但雨果必须回去，去福尔克与孩子们和他们的母亲重逢，去清点家里的存款，去听阿黛尔的抗议。

阿黛尔说："你应该看到我在尽我所能节省开销，而不是摆出一副责怪我花钱的样子……"

阿黛尔继续埋怨，雨果则低下了头：

"我请求你，扮演好自己的角色、做点实际的事情吧。我不经常跟你说这些，但我很难过，因为在我看来，现在的你为这个家庭付出得太少了……我的朋友，我很希望看到你继续写作……"

事实确实如此，今年里，他只写了寥寥几页诗句。取材于《巴黎圣母院》、由他撰写剧本、路易丝·贝尔坦谱曲的歌剧《爱斯梅拉达》，也只在王家歌剧院演出了五场！尽管有音乐大家的加持，例如为其创作管弦乐曲的柏辽兹以及李斯特，但反对贝尔坦（路易丝的父亲，一直担任《辩论报》的经理）的阴谋组织所制造的喧嚣声，仍然盖住了歌剧演员们的声音。

这部歌剧并不能让他财源滚滚。他正在努力构思一部新的大作。

有时候，他会感到怒从心生。这个社会、这个政权都让他反感。太多的苦难者！太多的不公正！但他不赞成巴贝斯和布朗基的"火药阴谋"，这一阴谋很快就被镇压；更不赞成对路易－菲利普的袭击，其中的一名刺客已被处决。曾向国王开枪的阿利波，在临死之前，头上被蒙上了一层象征着弑君者的黑纱；他大喊："我为自由而死！"

至于拿破仑的侄子——路易－拿破仑·波拿巴，于 10 月 30 日试图发动斯特拉斯堡的驻军造反，结果反遭驱逐，又该怎么看待呢？

暴力和犯罪都不会有好结果，即使是政治性活动。然而雨果仍然常常会有呐喊的冲动！

他坚信有一天，自己的声音将变得足够洪亮，以至于历史进程和人民的命运都可能被改变。然而目前来看，他觉得自己仍被湮没于偏见之下。

雨果写信给好友圣瓦勒里：

"您再也不了解我了，您一直在猜测我。这是连最仁慈的人都会常常对我犯下的错误。总有一天，您和其他人会还我一个公道。"

但他其实知道，这一天永远不会到来。

然而，在 12 月的最后几天里，还是要坚持下去。

他又开始拜访院士，因为他已决定争取成为老院士雷努阿尔的"继承人"，正是这位院士，在青年雨果初为诗人之时帮助了他许多。

然而他当选的希望不大。

12 月 29 日，投票结果揭晓。在第四轮投票中，雨果只获得了 4 票，历史学家米涅以 16 票当选！

他很失望。

大家安慰他，此次的结果与第一次相比已有进步。但是还需要多少年，他才能被法兰西学术院接纳？他到底需要提供怎样的证据才能证明自己的聪明才智？

12 月 31 日这一天，他有必要给朱丽叶写一封信，告诉她，他知道他的情妇将独自一人；每到年末的这一天，雨果都要抛下她，这令他感到十分内疚。同时，他也需要跟一个忠实于他、可以让他依靠的人说说话。

"我可怜的天使，我希望今天，在我这里，这一年以我对你的思念结束；而明天，在你那里，崭新的一年又将以你对我的挂念开启……对于即将到来的这一年以及今后的每一年，我对你唯一的祝福，就是幸福；而我对自己的希冀，那就是得到你的爱。我已经拥有了，不是吗？"

1837 年

雨果在随意地写写画画。他写下一句诗，随后又将它画去。

他本想听"文学财产委员会"成员们的讲话，但此刻的他只能听到自己内心深处发出的声音；他遵从自己的心声，写下了这些诗句：

噢，充满怀疑与不安的未完的世纪……

[……]

在这个世纪里，探索的国王们靠问路踟蹰前进……

[……]

在疑虑重重的未来里，忧郁的诗人

看到了国王的宝座在昏暗中逐渐倾斜，

倒在一堆摇摇欲坠、错综复杂的事件之中[①]！

雨果抬起头，看着围坐在内务部一张长桌边的作家们以及内务大臣。

谁会相信秩序受到了威胁？然而他却有一种感觉，在整个国家以及他个人的生活中，一场场动荡正在酝酿，即使在这一年的头几个月里，"动乱重又沉睡"。虽然他早已经历过多年的动荡、阴谋和攻击，但这次的感觉却很陌生。

奥尔良公爵与梅克伦堡－施威林的公主大婚，国王为其儿子在凡尔赛宫设下晚宴，邀请了1500位嘉宾，雨果即在被邀请者之列。他在犹豫是否前去赴宴，随后给奥尔良公爵写了一封信，大意为：大仲马和巴尔扎克没有被邀请参加此次宴会，他们没有被授予荣誉军团勋章；他本人也没有被晋升为军官。这不就是其诗歌、信件中经常表现出来的不屑一顾的证明吗？在这种情况下，他不能应国王之邀。

令雨果惊喜的是，奥尔良公爵竟然给他回了信。大仲马和巴尔扎克将被授予荣誉，并被邀请参加晚宴。因此，雨果前往凡尔赛宫，看到年轻的埃莱娜·奥尔良公爵夫人正向他走来，她留着一头漂亮的金发，从容不迫、气质优雅，雨果很快就被她吸引。公爵夫人说，自己读过雨果先生写的诗。她开始背诵雨果的诗，并且补充道，她曾去参观过"您的《巴黎圣母院》"。最后，她总结说，自己经常和歌德先生谈到雨果。

雨果被这份重视所感动。

公爵夫人邀请雨果参加在马尔桑宫举行的晚会，以及她组织的一些小型私人聚会。在小型聚会中，她将召集一些诗人朋友和艺术家围坐在壁炉旁，因此她为聚会取名"壁炉聚会"！想到这，她不由得笑了。她是如此年轻，举手投足间尽显优雅。雨果感到受宠若惊。

一天早晨，在王家广场，几个仆人送来了画家圣艾弗尔的一幅巨型画作，这是奥尔良公爵和公爵夫人送给雨果的礼物，他感到无比惊讶和困惑。画作题为"伊内斯·德·卡斯楚遗体的加冕礼"，曾是巴黎沙龙里最受欢迎的一件作品。

为了答谢，雨果准备给公爵和公爵夫人送去一本他正在准备的最新诗集《心声集》。他想在诗集的序言中表达"诗人的力量来自独立……诗人必须既能够向三色旗敬礼，又不侮辱百合花饰……诗人可以因其大度而加入所有派别，也可以因其邪恶而不成为任何派别的一员……"

他希望自己能坚持这一立场。确定了这一点之后，他便经常出入公爵夫人组织的沙龙，甚至想过邀请公爵夫妇到他位于王家广场的家中去。有何不可呢？

[①] 《遗诗集》，第四十七首：《噢，充满怀疑与不安的未完的世纪》，1837 年。

这并不意味着盲目归顺君主制。但是哪种政体是可行的呢？共和政体仍然是一个遥不可及的梦想。至于暴动，只值得人们的蔑视，要懂得灵活运用"对民众的极大尊重和对乌合之众的轻视"。

为了充分展现诗人的独立，雨果意欲将这部《心声集》献给自己的父亲……

"致约瑟夫·莱奥波德·西吉斯伯·雨果伯爵，王家军队少将。出生于1774年，1791年成为志愿军军官，1803年成为上校，1809年成为旅长，1810年担任外省城防司令，1825年晋升为少将，1828年去世。

然而他的名字却没有被刻在凯旋门之上。"

雨果签上自己的名字："对他万般尊敬的儿子：维克多·雨果。"

这一字一句都让回忆涌上心头。

他只有三十五岁，但在2月20日，当他得知哥哥欧仁在查宁顿疯人院去世之时，他却感到一段千古往事正在重生。痛苦和内疚完全将他占据。

他就是那个压制、关押、谋杀亲兄弟的该隐①吗？

雨果记得他们之间是如何互相嫉妒、互相挑衅，以及当他超越欧仁、排挤欧仁，把阿黛尔从欧仁身边抢走时，自己是何等的满足与欣喜。

而如今，除了嫉妒和羡慕，雨果还懂得其他情感吗（当然，对朱丽叶和年轻诗人奥古斯特·瓦克里的情感除外）？

前不久，圣伯夫依托《巴黎杂志》刊载了一篇记叙故事:《德·潘蒂维夫人》，露骨而直接地揭露了自己和阿黛尔的经历！当雨果在聚会上，或是有时在朋友的葬礼上碰到圣伯夫，他都能感受到圣伯夫的仇恨。

"如果不及时清理伤口，将会血流成河！"

雨果已经和亚历山大·仲马和解，但他绝不可能和圣伯夫和好如初。至于阿黛尔，她也终于和这个男人断绝了关系，她对圣伯夫的评价是：嫉妒心强、迂腐固执、怨天怨地又软弱无能，完全符合他本人。

这就是他身边的生活。但难道欧仁就没有占据过他生活中美好的部分吗？

他很受伤，但也觉得自己很卑鄙。

他无法控制心中的惶恐不安。

瓦克里给雨果寄来了几首诗，雨果回信道：

"我很伤心，有时甚至觉得不堪重负；我失去了一个哥哥，在他生病之前，他一

---

① 译者注：该隐与亚伯是亚当和夏娃的两个儿子。其中，该隐是神话史上第一个谋杀他人的人类，他杀害的，正是自己的弟弟亚伯。评论家通常假设该隐的杀人动机是嫉妒和愤怒。

直是我童年和青年时期的伙伴。也就是说，我的父亲、母亲、一个孩子，以及现在的这个哥哥都已离我而去！我痛苦不堪、眼睁睁地看着死神将我身边的人一一带走，让孤独在我身旁扩散。多给我寄来一些优美的诗句吧！您那高尚而温柔的诗歌拥有一种魅力，能够沁润我的心田……"

他听着朱丽叶的安慰："对于你的悲伤，我感同身受。让你伤心的一切，也会让我伤心；你所爱的一切，我也都爱；你所惋惜的一切，我也会感到惋惜……"

但朱丽叶的安慰真的有用吗？

朱丽叶还是一如既往地讲究、黏人。她的枕头下放着一本"纪念日手册"。她希望每年的 2 月 17 日，雨果都能在上面写下一句"我们的爱情纪念日"。雨果也照做了，因为他爱朱丽叶。

朱丽叶对他说："我看清楚了你的本质，也就是说，你是上帝特意创造来将我救赎的生命……上帝为全世界所做之事，你只为我一人而做；就像上帝一样，你牺牲了自己的休闲以及整个生命来拯救我的灵魂。"对于这样一个女子，又怎么忍心责备呢？

这个女人一整年都把自己幽禁在自己的房间里，只要求一次仪式性的旅行，又怎能拒绝？

"我，我只想要一次旅行，否则什么都不必给我了……我的上帝，我别无所求。我只希望在半个月的时间里，能与你一起过上真正幸福美好的生活，这比世界上的其他任何事物都更美好，比拥有一间房间或是一张床要更加有必要，更何况你也几乎不会睡在我的床上……"

尽管从此以后孤身一人的阿黛尔（她已与圣伯夫分手）极力反对，但雨果还是屈服于朱丽叶的苦苦哀求。

为了度过夏天的那几个月，雨果将妻子和孩子们安顿在欧特伊镇的布瓦洛街，自己则和朱丽叶一起去到了比利时，从蒙斯到奥斯坦德、从伊珀尔到布鲁日，他们还在旅行途中第一次见到了连接安特卫普和布鲁塞尔的铁路！

在比利时，雨果游历了那些中世纪城市，参观了教堂，每天，他都会给"我的阿黛尔，我可怜的天使"写信，并反复叮嘱她要"爱我"。阿黛尔也会给他回信："再见，我的朋友，我亲吻你，我爱你，玩得开心。"

但他真的开心吗？

此时的朱丽叶已经满心遗憾，因为再过一个月，即 9 月中旬，旅行就该结束了。她又一次感到孤独，于是，两人之间的冲突、发怒、和好的戏码又周而复始地上演着。

"我最亲爱的心上人，昨晚我们彼此都伤害到了对方。我们都是傻瓜、都是坏蛋，甚至可能比这还糟：我们都是疯子。至于我，我再也受不了了。我已经伤痕累累，无论我触碰心脏哪一个位置，都会让我痛不欲生。你的残忍和你的缺席给我可怜的内心造成了极大伤害，我需要用休息和爱治愈我所有的伤口。我爱你，我最崇拜的维克多，但同时，对你的爱也使我处在最深刻的痛苦之中，我不否认这一点……"

他知道这一点，他再也不能忽略朱丽叶的付出，但两人之间总是因为同一个问题而反复进行的争吵也逐渐侵蚀着雨果对她的爱。他很悲伤，仿佛生活从此将永远黯淡。

他请人将母亲的遗体从沃吉拉尔公墓里的临时墓地转运到了拉雪兹神父公墓，葬在了雨果家族的坟地中。

法兰西喜剧院违反了与雨果签订的合同条款，拒绝将《安日洛——帕多瓦的暴君》纳入保留剧目，雨果因此起诉了该剧院，并赢下了这场官司。

但是，既然人生如此短暂，时间将冲刷一切，那么为何他要处处与人针锋相对、互相争抢、相互撕扯呢？

就连激情都是如此短暂。

他想起了碧野浮山谷，也就是在 1834 年以及 1835 年的这两个夏天（这两年已经让人感觉如此遥远），他和朱丽叶待在梅兹时经常去的那个地方。于是，他又重走了一遍他们的爱情之地。

他就是这个悲伤始终萦绕的奥林匹欧。

1838 年

奥尔良公爵和公爵夫人缓缓从敞篷马车上下来，维克多·雨果迎上前去。护卫队的骑兵们占据了整个王家广场。雨果鞠了一躬，侧身让路，随后在上楼梯以及进入客厅之时走在了公爵殿下和公爵夫人的前面。雨果的两个小女儿在唱歌，路易丝·贝尔坦担任指挥，由此组成了《爱丝梅拉达》的一个小型合唱团。

雨果环顾四周。

艺术家、作家、记者、院士，巴黎所有的名流学者都拥进了这间公寓的客厅。他感到无比自豪。他终于做到了，在一年前发表的《心声集》里，还有一首歌颂巴黎的诗，尽管这座城市的中心仍被嫉妒与批评包围。

他的眼神跟随着阿黛尔，这位母亲正在向奥尔良公爵夫人介绍自己的孩子们。

她满怀敬意、庄严郑重地介绍着，丝毫不失作为雨果子爵夫人的优雅（欧仁去世以后，子爵的头衔便从哥哥转移到了弟弟身上）。前不久，阿黛尔还收到了国王的妹妹阿德莱德夫人的邀请。

雨果欣慰地笑了。他冲破了所有的阻碍，终有一天将当选为法兰西学术院院士。谁能拒绝给他一席之位？也许之后，他还会被国王任命为法国贵族院议员。谁说得准呢？

法兰西剧院重新开始排练《艾那尼》和《玛丽蓉·黛罗美》（因为该剧院必须遵从法院的判决，即遵守合同条款，否则就必须向其承诺上演剧目的作者进行赔偿）。雨果走进剧院后台，受到了经理韦德尔和一众演员们的热情迎接，仿佛他就是一位作品占据了剧院所有舞台的著名剧作家。"艾那尼之战"的时代已经结束！

玛丽·多瓦尔将扮演堂娜·莎尔以及玛丽蓉·黛罗美这两个角色。雨果轻声将她赞美，她回以喁喁私语。这两部戏剧，每一部都将上演超过 10 次，将带来至少五千法郎的收入。

今年注定是不平凡的一年，他对此深信不疑。自此以后，他变得风度翩翩，时刻注意自己的仪容仪表要保持优雅；他上半身穿着丝质背心，下半身穿着紧身裤，头发则梳得细致整齐。

他不仅吸引了玛丽·多瓦尔，还有其他围在他身旁打转的年轻女演员们，她们都希望能在雨果的下一部戏剧中求得一角。奥尔良公爵认为，像雨果和大仲马这样的作家，必须拥有一个能为他们所用的舞台，于是一所新的剧院——"复兴剧院"被授权成立，安特诺尔·乔利担任经理。如此有利的条件，雨果又怎能不全身心投入写作呢？一切都在好兆头的预示下顺顺利利。

但还有朱丽叶。

他不想与朱丽叶出双人对，也不想再将这段私情开诚布公地在世人面前炫耀。但朱丽叶却对此心怀不满："我想，你不愿意在公共场合和我一起露面，是因为你想让别人或者说别的女人相信，我们的情谊已经不复存在！"

他必须矢口否认，必须让朱丽叶相信，是因为嫉妒才逼迫她待在家里闭门不出。

朱丽叶拒不接受这套说辞。

"我很清楚，你在工作，你有你自己的事业。但是为什么要用这种借口将我关在这牢笼里，而且一关又是一整年？"

雨果反问自己。他不能也不想分手。更何况，她还能去哪儿？还能靠什么生活？朱丽叶带给他的这份爱让他感到满足，但她必须要顺从，必须要满足于他施舍给她的一切。

因此，两人之间的小摩擦永无休止。他不断给朱丽叶灌输："越是被人所爱，越是能够爱人。"但朱丽叶仍然耿耿于怀，以至于将他们初夜的 5 周年纪念日忘之于脑后（雨果也忘记庆祝了）！可见，雨果再也无法掩饰朱丽叶不再吸引他的事实。至少可以说，对他的吸引在逐渐消减。

朱丽叶说道："我不想因为你今天上午没有过来而责备你，在今后我甚至都不想与你提起这件事，因为没有什么比一个女人无法得到情人的宠爱更加不切实际、更加荒诞无比的事情了。因此，我的爱人，既然我以后需要以兄妹之道与你相处，那么我在今后也会克制自己不以任何方式让你回想起我们曾经作为夫妻的那段时光，你会满意的……"

然而，她还是会情不自禁地嫉妒，不禁嫉妒玛丽·多瓦尔，还有奥尔良公爵夫人。确实，面对这位有朝一日可能成为王后，并对他无比关注的年轻公爵夫人，雨果无法做到心中毫无波澜。

因此，他去看望朱丽叶的次数越来越少。为了写成这部复兴剧院期待已久的戏剧，他将自己封闭起来。是的，他将西班牙王后堂娜·玛丽亚·德·努布尔搬上戏剧舞台，就是想要塑造一个他能够爱并且也爱他的王后形象。剧中，掌权大臣堂·萨留斯特·德·巴赞设下阴谋陷害王后，因为他曾经被这个女人羞辱、排斥、拒绝；他将自己的仆人吕伊·布拉斯打造成堂·塞扎尔，让王后爱上这位仆人。之后，王后将吕伊·布拉斯任命为大臣！

度过了几个月漫不经心的日子之后，雨果觉得自己又重新陷入了对写作的狂热之中。写到剧终之时，字词、诗句的争相迸发就像刀剑相撞一般急促而铿锵有力。结局，吕伊·布拉斯为了保护王后，揭下了自己的面具；他在杀死堂·萨留斯特并最终服毒自尽之前，对堂·萨留斯特喊道：

> 大人，我们两人的组合真可谓穷凶极恶。
> 我披着奴仆的外衣，您拥有奴仆的灵魂！
> [……]
> 大人，当一个叛徒、一个鬼鬼祟祟的骗子，
> 犯下了世上罕见的滔天罪行；
> 任何一个人，无论是贵族还是平民，都应该在那个罪人经过之时挺身而出，
> 不吝其词、向着他的脸破口大骂，
> 甚至拔出所有的武器相向，无论是刀剑还是斧头！……

当然！我本就是个奴仆！但是，难道我就不能成为一个刽子手吗[1]？

8月11日，他写下剧本的最后一个字。从他开始写作到如今停笔，还不到一个月。

他已经有半个月没见到朱丽叶了。他需要在一个定会热烈捧场的听众面前朗读、校阅自己的作品。于是，8月12日的上午，雨果去了朱丽叶的住所。他开始朗读……

雨果每读一句，朱丽叶就不由得颤抖一下。

当雨果读到最后几句，当吕伊·布拉斯紧紧地搂着王后之时，朱丽叶激动得浑身发抖。最终，王后认出了吕伊·布拉斯，并爱上了他本来的样子。然而，吕伊·布拉斯说出的"谢谢"，是他的最后一个词，也是他的最后一口气。

怎样才能让朱丽叶相信，这不是在暗示她能够扮演堂娜·玛丽亚·德·努布尔这一角色呢？

当她说出这些话，又该如何让她醒悟过来：

"我就像一个可怜的梦游者，被人灌下大量香槟酒。我看东西都出现了重影。我看到了荣誉、幸福、爱情和崇拜，所有的一切都那么的庞大又不切实际……"

雨果陪朱丽叶到香槟区游玩了几天。他让安特诺尔·乔利负责角色的分派，并没有特意说明王后这一角色需要留给朱丽叶。8月底，当两人返回巴黎时，角色的分配已经尘埃落定。王后将由路易丝·波多安扮演，而她的情夫弗雷德里克·勒梅特尔则将出演吕伊·布拉斯。

雨果并没有太大的反对意愿。毕竟，在《玛丽·都铎》的演出中，朱丽叶曾被喝倒彩！他还能够承受再一次的失败吗？此外，他也猜测，在复兴剧院经理的选择背后，有阿黛尔的推波助澜，她定是介入了此事，写了信给经理，要求他将朱丽叶排除在外。因为，阿黛尔重新做回了管家婆式的妻子，关心着家庭的利益，决心让那个不择手段的"女孩"朱丽叶离开自己"那可怜的朋友"、她那盲目的丈夫。

因此，雨果又需要忍受朱丽叶绝望的呐喊，听她呻吟：

"我很伤心，我可怜的爱人。我为这个美丽又令人赞叹的角色服丧，对我来说，她永远地死去了。

"堂娜·玛丽亚·德·努布尔从来不会因我而活，也不会为我而活。我的悲伤之深刻，你永远都无法想象。这最后一丝希望的破灭给了我沉重一击。

"正是在这种时刻，你才更应该保持善良和宽容，因为我很痛苦。爱我吧，爱我吧，爱我吧，如果你想让我活下去……"

---

[1] 《吕伊·布拉斯》：第五幕，第三场。

该怎么回答她呢？

但是，雨果没有时间可以停留，去体会她的悲伤。

《吕伊·布拉斯》于 11 月 8 日首次演出，已经不再是《艾那尼》首演之时那般哄闹嘲弄的场面了。朝臣们纷纷来到了剧院，簇拥着奥尔良公爵和公爵夫人。演出之时，偶尔会传出几声喝倒彩的声音，但完全能被掌声掩盖。这部戏剧一共演出了 50 多场，每一场都座无虚席、人满为患！

但是，仍然有充满敌意的批评。巴尔扎克写道："《吕伊·布拉斯》是一部极度无意义的作品，不过是用优美诗句包裹着的肮脏话语。"居斯塔夫·普朗什则谴责"雨果先生厚颜无耻，过早地懂得了追名逐利。他在自己的大本营里故步自封，沉浸在对自己的崇拜之中……从这种过度骄傲到疯狂，只有一步之遥，而雨果先生在写下《吕伊·布拉斯》之时，就已经迈出了这一步"。

雨果发现，自己对于某些人的批评、嫉妒以及仇恨，或是另一些人的误解，都不再那么敏感了。他知道，有些人憎恶这部戏剧描绘出来的一幅腐朽而注定衰败的王朝图景。在《吕伊·布拉斯》的出版纸质本序言中，雨果写道："奥地利家族的太阳在《艾那尼》升起，在《吕伊·布拉斯》落下。"

如此多的丑闻败坏了路易 – 菲利普的统治风评，雨果便可以趁机假定，是那些国王的拥护者中头脑最清醒的人在指责这部戏剧，他们也借此谴责那些点头鼓掌赞同剧中这段王权屈辱历史的亲王殿下以及朝臣们。

但自此以后，他便不用再受到审查制度的制约，因为他成了亲王们的朋友。杜瑞兹出版公司意欲出版他的二十二卷作品，并承诺向他支付三十万法郎，其中十八万法郎为现金，剩下的十二万将在 1840 年之后，连续分四年付清。当他与该出版公司签署合同之时，他便知道已经为自己和家人们获得了独立。

他委托一个证券经纪人购买了十一万六千八百二十四法郎零三十七生丁的年金债券。

在这个 12 月，他终于成了一个富豪。

1839 年

维克多·雨果感到一丝寒意。新的一年，开年不利。昨晚，朱丽叶用怪声怪气的语调向他转述了"从那些肮脏的剧院后台流传出的、充满仇恨的闲言碎语"，无非是一些演员们的八卦和嫉妒之谈。现在，雨果在想她——那个在 1 月 1 日的夜晚，只能孤身一人的朱丽叶。他感到既悲伤又内疚。他要将这些诗句送给朱丽叶，这些当他行走在"蒙着一层白霜的路面上，空气中冰冷的雾刺痛着我的脸"时创作的诗句。

> 冬天将坚硬的路面都变得雪白。
> 你的生活被奸佞之人无情摧毁。
> 凛冽的北风侵蚀你娇嫩的双手；
> 仇恨的寒风吹走你无忧的笑容。
> [……]
> 请让你的爱永垂不朽。
> 漫天的星宿是否会在冬天黯然无光？
> 上帝不会从天堂里带走任何美好；
> 也不会从你的灵魂里带走任何美德[①]！

他在诗句的后面写下：

"人们怨恨我们，实则应该爱我们。

"这就是支撑我们新的一年的精神食粮。我用'怨恨'还是'爱'开启这一年，也将用同样的情感结束这一年，不是吗？

"我爱你。"

他来到朱丽叶的住所。对于朱丽叶给他的爱意以及奉献给他的身体，雨果一直都满怀感动。他紧紧将她抱住，感到欲火难抑，于是便任由欲望控制，享受着期待被满足所带来的喜悦。

几个小时后，雨果收到了朱丽叶的信：

"刚才，我们经历了多么美好的爱情的狂热呀，要是当场兴奋得死过去，那该有多甜蜜啊！对我来说，我的态度就是：要么拥有全部，要么一无所有。尤其是在爱情里，这一箴言显得格外合适而真实……"

他接着往下读，不由得笑了，仿佛全身都在扩张，重又想起了那份快感：

"晚上好，我的犀牛，我的老虎王……在你面前，我的心态就像一个即将被鞭策的小女孩。事实上，当我回想起自己以前的模样，再看看自己现在的样子，我简直认不出自己了。"

但雨果知道，她的心情将再次发生变化，因为他的欲望已渐渐消散。

---

① 《静观集》，第二部《心花盛开》，第二十首：《天冷了》，1838 年 12 月。

其实，当朱丽叶反复向他强调，他应该"为了爱情牺牲灵感"，或是充满责备地质问他时，她就已经将他激怒了："真是见鬼！竟然有人不愿意点燃一个女人的热情，让她继续发光发亮；而是让她像圣菲利普节上的灯笼一样独自熄灭！"

因此，雨果不断给她写信、为她读诗，试图用充满柔情和爱意的话语让她冷静下来。他向她保证："六年的爱情长跑启迪了我所有的思想。我的生活是一个字谜，而你的名字就是那谜底。我的天使，爱上你的那一天，我便已明白一切。爱，既是手段也是目的，既是生活也是幸福。"

> 抬起你时而阴云密布的美丽额头；
> 要笑口常开，因为春天的脚步近了；
> 四月是金黄的季节，因为和煦的微风中，
> 夹杂着芳香，带来歌声，将你轻吻，令你微笑；
> 在低声呢喃的所有甜言蜜语之间，
> 爱情重回心田，仿佛一片绿荫[1]。

他一遍遍读着这首诗，但仍不满意。因为他写这首诗，并非出于一种难以抑制、急需发泄的冲动；但明明前不久，这股冲动还指引他写下了《吕伊·布拉斯》。

但这是从何时起，又因何而起呢？

是因为他被这段一波三折的私情所困扰，还是被他近来担任的职务所干扰？他加入了新成立的作家协会，该协会由巴尔扎克担任主席；此外，他还经常参与遗留古迹委员会的事务。

然而这一切事务都不是作品。此外，他觉得自己的身体也发生了变化，他变胖了，开始头疼、暴疔疮，眼睛则还是老样子地疼。在他看来，他需要在自己的内心重新找到一处喷涌的灵感来源，就好像第一个灵感喷泉已经干涸。

五月中旬，雨果游走在大街上，看到一群年轻人在巴尔贝斯和布朗基的带领下抢夺武器，袭击了市政厅周围的几个警察局，随后前往马莱区开展了抵抗活动。他观察着在王家广场安营扎寨的军队；他在街上游荡到半夜，目睹了炮火齐鸣，还加入了一队轻骑兵的行列。

这场"季节性暴动"不会持续太久。

暴徒们如此瘦弱，几乎连枪都拿不起来，更难扛起枪炮的后坐，他们是怎么与"整

---

[1] 《遗诗集》，第四十一首：《抬起你时而阴云密布的美丽额头……》，1839 年 1 月 13 日。

个营"的兵力对抗的呢？"士兵们随处点燃的营火将周边建筑临街的一面映得通红，泛起大片火光。"

雨果记录下来，把在街上目睹的各种场面都印在自己的脑子里。

"一个男扮女装的人刚刚从我的身旁快速掠过，他戴着一顶白色的帽子，帽子边缘垂下一层厚重的黑纱，完全遮住了他的脸……"

他不相信革命，也不相信现行的政治。

"我们的政治活动总是那么平庸而低级……不过是针对一些鸡毛蒜皮的小事而进行的小打小闹……"

在复辟党和革命党之间，还应该诞生一个"文明党"。雨果说：

"我强烈呼吁，有朝一日，我们能用社会问题代替政治问题。"

但有谁会听他的呐喊呢？即使没有，如此这般呼吁也仍然是他的责任……

但当下，要接受审判的，是这些被逮捕的暴徒。巴尔贝斯被判处死刑，布朗基则仍然在逃。

雨果感到自己有必要介入，利用自己在国王和众亲王之间的威望，把巴尔贝斯从刽子手的刀下拉回来，甚至也可以借机拯救布朗基。

7月12日，他写下一首致国王路易-菲利普的诗，这一天也是巴尔贝斯死刑判决令下达之日。雨果想触动那位至高无上的国王，让他想起自己刚刚痛失的爱女以及刚刚出生的孙子。他一笔一画地写着：

> 以您白鸽一般展翅飞翔的天使的名义！
> 以您芦苇一般娇嫩纤柔的皇孙的名义！
> 再赦免一次吧！以坟墓里逝者的名义！
> 以摇篮里初生儿的名义[①]！

当有人将国王的回复带给他的时候，他感到异常满足，仿佛很久都没有过这种感觉：

"我的思想走在了您的前面。在您向我请求赦免的那一刻，这一想法便已在我的心里成形。现在我要做的，就是践行它了。"

接下来的那几天，雨果都感觉心旷神怡。他感到，写作的冲动重又出现。他与奥古斯特·瓦克里见了面，这个年轻诗人是目前王家广场雨果寓所的常客之一。瓦

---

① 《光影集》，第三首：《一八三九年七月十二日宣布死刑判决令后致国王路易-菲利普》，7月12日，子夜。

克里与阿黛尔和莱奥波蒂娜闲聊，他向母女俩建议夏日里去维尔基埃避暑，与他的家人们一起住在塞纳河畔的一栋房子里，就位于勒阿弗尔和鲁昂之间。他的弟弟夏尔和父母定会非常高兴地接待他们。阿黛尔答应了，雨果则说自己需要待在巴黎写作。

他向奥古斯特·瓦克里解释道："您想，我为了找到一个更好的突破口，一直在心里左右斟酌，为这部作品绞尽脑汁；现在，我已经处在了关键时期。去年，您已经见识到了，我在开始写《吕伊·布拉斯》之后是多么地投入。在一个伟大的灵感完成接舷之前，我的心里总带着一股忧伤，夹杂着一丝恐惧。这些您都懂的，不是吗？我正处在这样的时刻。难道只有灵感才重要吗？我想是的。有朝一日，您也会这么想的。"

他投入写作。这次，他想展现路易十四的孪生兄弟——那位被隐瞒身份的铁面人的故事，同时生动地塑造马扎兰这一形象。他知道，这一主题已是老生常谈，但他会加以创新，并取得成功。他将自己封闭起来，每天晚上的睡眠时间都不超过2个小时。一个月之后，雨果焦虑地发现，写作的动力再次枯竭，身体的疲惫将他压垮。他无法完成《孪生兄弟》的写作，仿佛剧中两兄弟之间的决斗让他的思绪变得极为混乱，以至于他无法将其写成一部戏剧；又仿佛其中的剧情勾起了他心中与欧仁相关的记忆，令他麻痹。

他去朱丽叶那逃避了几天。

渐渐地，雨果的头疼消退了，疔疮也不再发作了。不如趁着好时节，满足心中的突发奇想，踏上一段漫长的旅程。于是，他和朱丽叶开启了两人的旅行，从斯特拉斯堡到巴塞尔、从苏黎世到洛桑、从日内瓦到土伦。他们在土伦参观了苦役犯监狱，以及监狱中的浮动牢房。随后，他们去到尼斯，在勒兰群岛寻找铁面人的踪迹，再乘船沿罗讷河而上。两个月之后，他们才回到巴黎，雨果的脑子里满是一幅幅画面，记事本上则满是一行行笔记。

朱丽叶十分感激。

她说："我并非忘恩负义，也不是漫不经心。我很清楚，你带给了我近两个月的幸福时光。我的嘴唇上，还留着你每一天、每一个夜晚印下的甜蜜亲吻……"

如何才能彻底让她安心呢？

他向朱丽叶提出，要给她一段秘密的、精神上的婚姻，这是一种灵魂的承诺、一种诺言的交换。为此，朱丽叶将永远放弃登台演出，而雨果也永远不会抛弃她和她的女儿克莱尔。

这一承诺简直让朱丽叶脱胎换骨，她表现出来的感激之情，让雨果感到无比震惊：

"你那神圣又善良的灵魂呀……"她低声说，"今天早晨，我醒来，我祈祷，这些都是作为一个新娘的身份完成的。噢！是的，我已是你的妻子，不是吗，亲爱的？……然而我的首要头衔、在所有的头衔中我最想保留的，也是我最重视的，是你的情妇这一头衔，你开朗、热情、专一的情妇；我只依靠你的眼神而活，只依靠你的笑容而获得快乐。

"祝福你，我慷慨的丈夫，因为你还考虑到了我的女儿，我可怜的女儿，如今她也成了你的小甜心……"

当他回到家的时候，阿黛尔已经在家。她向雨果讲述了他们在维尔基埃的生活，以及夏尔·瓦克里和莱奥波蒂娜之间的融洽相处，也许他们之间还不止于此。当时，夏尔二十五岁，而他们的蒂蒂娜才十五岁。

雨果并没有太在意妻子的这段讲述。

"学术院空出了一个席位，"阿黛尔继续说道，"你要申请吗？你希望我知道你的胜算有多少吗？"

他成了候选人，毫无疑问！他可以依靠拉马丁、夏多布里昂、苏梅，可能还有诺迪埃的支持。前不久，雨果遇到了巴尔扎克，发现他也想竞选由于历史学家米肖逝世而空出来的这一席位；但当巴尔扎克得知雨果也参与竞选时，便决定退出。

雨果坚持道：

"看在上帝的分上，相信我，不要退出！"

然而，巴尔扎克还是放弃了。

但这都不重要了。12 月 19 日，七轮投票过后，仍然没有结果；雨果在第一轮投票中获得了 9 票，最后一轮获得了 8 票。结果还算体面，但他还是很苦涩。

他看着朱丽叶。

朱丽叶对他说："再也不要去向学术院提交申请了！经历了三次失败之后仍然选择愚蠢而可笑的第四次，这并不是好笑的事情，这是我从文学上来看的观点。至于我的政治观点，您是知道的：我觉得您比路易-菲利普更帅气。但这不是我的错，观点是自由的。"

雨果笑了，朱丽叶成功赶走了他的坏心情。

然而，12 月 31 日，当他得知巴黎大主教奎伦去世，因此学术院又多了一个席位空缺时，他知道自己将再次申请成为候选人。

1840 年

1 月 2 日，朱丽叶的信如期而至。雨果浏览着这封信，不禁思考：有朝一日，朱丽叶的热情也会消退吗？

朱丽叶写道："我爱你，我的上帝，我伟大的维克多！"

她的真诚、热情与主动总是让他深受触动。他很感动，因为朱丽叶谈到了克莱尔："这个可怜的孩子很清楚，你对我们的付出是多么高尚而慷慨，一说到这，她的眼里便噙满泪水。噢！我会加倍地爱你，因为我理解你，也爱你。"

她有必要向克莱尔吐露心声吗？

她确实需要表达出内心的全部感受。然而她是否意识到，她的这种行为让雨果无法找到写作所需的平静？

朱丽叶继续抱怨："我很痛苦、我很焦躁、我很无聊。"她想让雨果带一些作品过来给她来抄，然后又像往常一样责备雨果"过分冷淡"。每当雨果被拆穿，都会感到非常不快……

"我说出这件事，既悲伤又辛酸，就像一个可怜的女人认为自己发现了一个可怕的真相一样……我不应该抱怨你的尽心尽力和慷慨大方；但这一切，都不是激情，也不是爱情。"

她还说自己"腰酸背痛、疾病缠身，简直想就这样死去"，因为她看到了用达盖尔银版法①给自己拍摄的照片初样。"说真的，我就是一个丑陋的怪物……我太爱你了，所以才会让我变得如此丑陋。"她再一次提出分手。用她的话说，她责怪雨果"控制我的消费……你可能很难甚至永远都想不到，要为我买一点胡萝卜来炖汤、要修修家里水池的管道、有机会的话可以给我买一双长筒袜，更看不到我很需要一件白衬衫"。

雨果感到疲惫。

更何况，阿黛尔这边也在兴风作浪。

"我承认，我很担心你未来生活的物质条件……我把自己看作是一个替你监督家庭开支、操持料理家务的女管家……我以你的一个妹妹、一个朋友的身份跟你说这些话……考虑考虑你的未来吧！想想用什么方法才能减轻自己的负担……不要等到一个明明可以治愈的伤口变成不治之症才开始悔改……"显然，阿黛尔在逼雨果与朱丽叶分手！

但雨果并不想这样做。有时，朱丽叶那过于绝对的爱，她的崇拜，她的指责、抱怨和非难确实会让雨果感到窒息，但为什么要拒绝一个因你而存在、为你而活，

---

① 译者注：一种摄影技术，由法国巴黎一家歌剧院的首席布景画家达盖尔于 1839 年发明。该摄影方法大大缩短了曝光时间（达盖尔银版法只需约为 30 分钟，而之前的尼埃普斯需要花费 60~100 小时的时间）。用这种方法拍摄出的照片影纹细腻、色调均匀、不易褪色。

并愿意为你付出生命的人呢？谁又能成为这种世间罕有的人？更何况，雨果偶尔会感到，朱丽叶是他唯一一个可以完全依靠的人。

而其他的人，那些挚友，甚至他是最忠实的朋友，也都会在重要的时刻互相推诿。

在2月20日的法兰西学术院上，那些将自己的承诺抛之脑后、不将票投给雨果，反而投给生理学家弗卢龙以及莫莱伯爵，从而让他们俩成功当选新院士的人，他们又算什么朋友？最后，还是留他一人独自站在靠近康蒂码头的宫殿门口！

雨果必须掩饰自己的失望，当大仲马对结果愤愤不平的时候，要装出一副无所谓的样子；当大仲马叫住老院士内波米塞那·勒梅西埃的时候，也还是要保持微笑：

"勒梅西埃先生，"大仲马招呼道，"您刚刚拒绝将票投给维克多·雨果，但有一样东西您迟早要给他，那就是您的位置！"

大仲马将一份《时代报》递给雨果，发出了报复性的笑声。报纸上，另一位院士维埃内写道："我一如既往地将票投给了雨果先生，尽管我曾经发表过对浪漫派作家进行讽刺的文章，而且这也不妨碍我继续讽刺。《颂诗集》以及《东方集》的作者不与他们为伍，这是一个天才，完全值得法兰西学术院的一把交椅。"

朱丽叶暴跳如雷，气愤地大喊：

"魔鬼将他们带走吧，这群老獾们！"

雨果知道朱丽叶想要的是什么：将他封锁在爱情的城堡里，让他拒绝社交、远离尘世。

朱丽叶继续说道："我呀，我希望世界上既没有法兰西学术院，也没有剧院，更没有书店，只有宽阔的马路、宽敞的驿车和旅馆；只有相亲相爱的朱朱和多多！"

他要是能学会如此知足就好了！相反，他觉得自己有朝一日定能扮演更重要的角色，不仅仅是作为一个诗人，而是作为一个实干家，用自己的决定来影响他人的命运。

他同意接替巴尔扎克成为新一任作家协会的领头人。在领导辩论之时，他感到自己的权威受到了认可。

雨果也看到一些年轻人纷纷向他靠近，不仅有奥古斯特·瓦克里或是保尔·莫里斯这些已经比较熟悉的，还有很多陌生的年轻才子们。因此，在雨果身旁，崇拜的话语不绝于耳。

虽然巴黎的各大报刊以及各处沙龙里对他的仇恨和嫉妒之声依旧挥之不去，但来自全法各地的信件仍然纷至沓来。雨果收到一封19岁少年写给他的信，少年说："我像崇拜英雄一般膜拜您……您也曾经年轻过，定能理解我们这种出于对一部书籍的喜爱而崇拜其作者的行为，以及我们想要用最热烈的声音感谢他，甚至想要谦卑地亲吻他的妙手的这股冲动。"

这个年轻人就是夏尔·波德莱尔；尽管这位年轻人的话语触碰到了他的伤疤，但雨果还是非常感动；他确实不再年轻，已经三十八岁了！他从照片中就可以看出自己的年龄，照片里那个面部臃肿的男人，就是他自己……

他去拜访巴尔扎克。这位作家虽只比雨果大三岁，却已经出现了呼吸困难的问题，仿佛被自己沉重的身体压得无法喘息。而拉马丁，虽比雨果大了十二岁，但岁月似乎渐渐抹平了这一年龄差距。

雨果给两人送去了 5 月出版的《光影集》，巴尔扎克则在《巴黎杂志》的一篇文章中对该诗集大加赞赏。

他写道："雨果先生无疑是十九世纪最伟大的诗人。如果我拥有权力，我定会赋予他，另外将荣誉与财富一并附上，以请他写一首史诗……"

这让雨果感到很暖心。

"谢谢，无论如何都要感谢您，感谢您所做的一切，"雨果回复道，"感谢您才华横溢的文字，感谢您真挚动人的友谊。"

雨果对巴尔扎克怀着一股真切的敬佩，同时也抱有同情。因为人本身应该拥有一股散发魅力的力量，而他却总是痛苦不堪，债务缠身。前不久，内务大臣雷米札宣布巴尔扎克的戏剧《伏脱冷》将被禁演，理由是饰演该剧男主角的演员弗雷德里克·勒梅特尔的发型和国王路易 – 菲利普非常相似！

雨果感到干预此事义不容辞，他试图推翻这一决定，但仍是徒劳无功……

尽管巴尔扎克的书很成功，数量也很庞大，但雨果还是察觉到了他的困难，债主们张着血盆大口在他耳边叫嚣。因此，雨果得出这样的结论：必须不惜一切代价保护自己，只靠自己的资本收入生活，并且尽其所能增加收入；让自己的家人、朱丽叶和她的女儿免受巴尔扎克这般的折磨。

雨果很清楚，巴尔扎克在把他当朋友的同时，也认为他是"万古不变的、想尽办法最为算计的人"。算计点又有何不可呢？生活也是一场战争，在这场战争中，必须取得胜利，保障供给、建立或攻克要塞，有了要塞才能抵御敌人。至于那个走到哪儿都会说"雨果就是个独眼巨人……他只看到自己"、满口都是对《光影集》的批评却不敢写文章的圣伯夫，可能是在为自己未来的法兰西学术院席位考虑，还在等着雨果当选之后能够获得他的一票呢！他承认了这一点，同时谴责《光影集》中存在"品位上的错误，满篇的不成熟"，这些错误与不成熟"可能看起来像是一个天资聪颖的孩童的疏忽之举，但他对浮夸艳丽之风的喜爱确实有点过头了。如今，这个天才少年已经长大成人，这种错误却仍然存在并且不断发展壮大，逐渐变得根深蒂固。再见了，成熟"！

有人把圣伯夫的这些言论转述给雨果，他无奈地耸了耸肩。"独眼巨人"？有何不可！

阿黛尔在位于圣普里（离巴黎不远）的露台城堡的花园里看书，她将带着孩子们在这里度过整个夏天。雨果看着正在读书的妻子，心中只留下一丝苦涩。但是转念一想，阿黛尔竟然曾经爱过圣伯夫这个男人！雨果仍为之所伤、为之所惊。现在，她只是雨果的妻子，是莱奥波蒂娜口中的"好妈妈"。

雨果用目光追随着他的女儿，莱奥波蒂娜长相俊俏、五官清秀，一头乌黑的秀发盘在了脑后。她十六岁了，似乎曾经对夏尔·瓦克里的关注十分在意……难道在男生眼里，她已经具有了成熟女子才有的魅力？

这个念头让雨果感到惊愕，便赶紧将它从脑海中赶走。他看着自己的儿子们：夏尔和弗朗索瓦－维克多。他们都已经初长成人，都是好学生，还在拉丁文翻译大赛中获得了奖项。小阿黛尔则十分虚弱，整天要么垂头丧气，要么愁眉不展。小女儿的状态让雨果很是担心，他想起了欧仁。

他很想和妻儿待在一起，但还有朱丽叶需要照顾，还有她期待的那几周自由时光需要兑现。雨果自己也需要与朱丽叶一起完成这一仪式性的旅行，因为旅行能够让他远离拘束、摆脱必须时刻保持的小心翼翼，而且还因为，他想去探索新的风景。

这一年，他们去到了德国，游览了莱茵河河谷，从科隆到美因兹、从海得尔堡到图宾根。

雨果在游览的途中也不忘写写画画。他将看到的这些主宰着潺潺江河的悬崖峭壁，以及耸立在悬崖顶峰的巍峨城堡都画了下来。在他看来，处在莱茵河左岸的法国仿佛近在咫尺，仍然清晰地呈现在他眼前。

这片带着中世纪历史以及拿破仑传奇深刻印记的风景，正在向他诉说。他们延长了旅行。两个月的游历过后，他们才回到巴黎。雨果翻阅着自己的旅行日记本，里面全是笔记和图画。他会将它们写成一本书。

雨果高兴地回到王家广场，但巴黎仍然是那么自相矛盾。

路易－拿破仑·波拿巴再次企图在布洛涅发动军事政变，前不久被关押在哈姆堡。他被判处无期徒刑的消息并未激起人们心中的任何波澜。但当其叔叔拿破仑一世的骨灰将从圣赫勒拿岛运回巴黎并葬于荣军院的消息一经发布，人们却迫不及待、兴奋不已。无疑,这是路易-菲利普收买"波拿巴主义者"和"革命党人"的巧妙计谋。

雨果不仅想成为这一事件的见证者,更想成为一名参与者。

他写出《皇帝的归来》一诗,并于 12 月 14 日,即典礼的前一天,以小册子的形式出版。此外,他还将自己所写的所有关于拿破仑的诗歌汇编成《某部拿破仑史诗》,定于几天后出版。他亲自写下编者按,来介绍这本"如此光荣地将维克多·雨果的显赫之名与拿破仑的肃穆之名相提并论"的书。

他觉得自己与这段帝国历史相关,因为其父亲,甚至因为朱丽叶。要知道,朱丽叶的前任庇护者以及情人——德米多夫亲王,前不久在罗马迎娶了玛蒂尔德·波拿巴公主①!

雨果将此事告诉了朱丽叶。朱丽叶做出一副不解其中之意、苦涩又愤慨的模样。

她低声埋怨:"事到如今,我一直傻乎乎地任凭自己像一条家狗一样被牵着走;一点汤汤水水、一个狗窝、一条铁链,这就是我命运的全部。当然还有其他女人,她们也像狗一样被自己的主人牵着。但我并没有那么好的运气,我的链子拴得太紧,以至于您永远都不会想到去解开它!"

那一刻,雨果并不想听朱丽叶说话。他需要执笔抒情。

12 月 15 日,雨果从早上 6 点半开始就听到街上敲响了集合鼓声。他于 11 点出门。街道上荒无人烟,店铺大门紧闭。天气很冷,小溪都已结冰。雨果在街上走着,直到抵达朱丽叶的寓所。

他并没有过多地思索,就是希望这一刻朱丽叶能在他身旁,和他一起站在广场上。前来参观仪式的众人冷得直跺脚,而无情的风雪仍时不时地横扫着荣军院前的广场。

接着,礼炮声响起,载着皇帝骨灰的枢车缓缓驶过。

"可以说,那辆枢车的后面拖着全巴黎城的欢呼声,就像火炬拖着长长的烟雾。"

雨果摘下帽子。他对周围还没有摘帽的人大喊:"脱帽!"

他紧紧盯着枢车,这辆车里"藏着我们都想看到的、法国要求收回的、民众期待的、无数双眼睛都在徒劳地寻找着的拿破仑棺枢"。

朱丽叶倚着雨果的胳膊,他能感到朱丽叶的感激之情。

她说:"目睹了这位如此崇高的逝者的枢车从身旁经过,靠在这位世界上最崇高的生者的臂膀上,我是多么地高兴和自豪。谢谢你,我亲爱的多多。我从心底里感谢你,让我能够在你身旁见证我们伟大皇帝的凯旋。你不知道,你自己也无法察觉,当枢车从我们身边经过的时候,你那双美丽的眼睛里散发着多么耀眼的光芒:仿佛你的目光穿透了所有的木板和帷幔,带着尊敬和钦佩定格在逝者的额头上。当我说,

---

① 译者注:拿破仑的侄女。

在这场典礼上，有两个上帝的杰作，一个已逝并且已经成为圣人，另一个则在世但已成为不朽者，你很清楚，我说的这些都是事实。"

雨果听着朱丽叶诉说。他大概很想让朱丽叶一直陪在他身边，让她能如这般想，如这般说，与他心灵相通；因为只有朱丽叶才能理解他的感受。

他独自一人回到了王家广场。

这场仪式激起了他的斗志，坚定了他的抱负。他将再次成为法兰西学术院的候选人，正如大仲马曾经预言的那样，接替今年去世的内波米塞那·勒梅西埃的位置！但这只是一个通往更高处的台阶，他想要成为法国贵族院议员，或是大臣。

谁又能懂，是因为朱丽叶献给他的无穷的爱和无尽的崇拜，才让他有了如此抱负，以及对自己命运的这般笃定？

正值 12 月 31 日晚，雨果准备给朱丽叶写信。

如往常一样，她还是独自一人。

"所以，我的天使，就像往年一样，新的一年也要幸福。愿你坚强、忠诚、善良、伟大、深情。你的美德，就是我的生命。

"我从众人手中将你抢来，让你成为我的妻子；我也定会让你成为天使，再交还给上帝。

"我无数次亲吻你那美丽甜美的嘴唇。

"维克多。"

1841 年

1 月 7 日下午 3 时左右，院士选举投票正在进行当中，雨果等待着结果出炉。昨天，他确定有十七位院士愿意为他投票。为了坚定院士们的投票意愿，雨果整日都在他们之间奔波拜访。但现在，他不再有十足的把握。也许，这又是一次失败，又要经历一次失望。

突然传来一阵开门声和喧闹声。莱奥波蒂娜冲进书房，搂住了雨果的脖子。他以十七票当选为法兰西学术院院士！

他推开刚在上面写下诗句的那张纸。他感觉自己的呼吸都变顺畅了，他的生活重新被开启了，一股新鲜空气流进了他的身体，扫除了所有的担忧、遗憾和烦扰。

访客们接踵而至，其中一个带来了一封信，雨果认出这是朱丽叶的笔迹。所以说，她也已经知道了。雨果读着信：

"我亲爱的院士，您终于当选了，我替所有人高兴。现在，您已经是一个拥有一席之位的人了，我向您保证，在您地位不断稳固的这段时间，您不会走向衰老，反而将在生命的长河里逆流而上。现在的您比我第一次见到的您年轻多了，所有人都可以证明这一点。最后，尽管有十五个长着丑恶嘴脸的人把票投给了您的对手，但还是多亏了您那十七位好友的支持，您终于成为院士啦！何其有幸呀！"

他被卷进了旋涡之中，生活重又将他拉出。大家纷纷前来祝贺。夏多布里昂对雨果说："您不亏欠任何人，先生，是您的才华造就了这一切，是您亲手将属于您的王冠戴在了自己的头上。"

他有些飘飘然，想起了加冕之日的拿破仑。

而那些怀有私心的奉承者们也回来了，例如圣伯夫。

美丽而纯洁的莱奥波蒂娜在一袭白裙的映衬下显得肤色更加白皙，她去参加了人生中的第一场舞会（其实已经参加过了）。回来之后，她讲述到，圣伯夫在整场晚会期间都对她百般殷勤！这个圣伯夫肯定是在为自己未来的竞选铺路呢！他会说："雨果虽然当选了，但并不意味着赢得了一切。雨果将他最为欣赏也最为重视的四位杰出作家推举为候选人：亚历山大·仲马、巴尔扎克、维尼；我是第四个，我相信，虽然我与其他三个中的任何一个相比，都是最不够格的那个，但我却是最有可能当选的那一个。"

世界就是如此。

德尔菲娜·盖是雨果的一位年轻旧友，在嫁给了《新闻报》的老板埃米尔·吉拉尔丹之后便成了一方权势。她邀请雨果参与沙龙。

当时，比若将军也在场，大家谈论着对阿尔及利亚的征服。

雨果谈道："这就是一群开化之人，想要找寻仍然身处黑暗的人民。我们就是历史上的希腊人……"

雨果行走在一月的寒夜里，天空下起了雪。一位风尘女子在街边揽客。他看到，一个年轻的中产阶级男子往那女人的背里扔进了一个雪球。女子尖叫，随即追打男子。那男子也开始还手，于是两人殴打在了一起。接着警察赶来，将那女子带走，却对那名挑事侵略者视而不见。

雨果跟着这群人一直走到了警察局，看到那个女孩被欺侮、被关押。他走进警察局，报出了自己的名字并为她作证，要求他们将其释放。然而，这一事件随着媒体的添油加醋愈演愈烈；媒体声称，雨果和一个妓女混在了一起，并且作为一名院士，竟卷入了这样一场肮脏的斗殴中！

世界有多面。生活在光明之中的人，也不能忘记那些仍然身处黑夜的人。

但代价就是那些更为嚣张的恶意中伤、敌对文章以及嫉妒猜疑。

雨果得知《喧嚣报》^①将刊登一篇恶毒至极的文章，而巴尔扎克在这份日报中享有特权。于是，他写信给巴尔扎克："如果您能够阻止这篇文章发表，那可真是帮了我一个大忙。"但他们还是没能阻止。

巴尔扎克回信道："我什么都没能做到，我无能为力了……敌人给我们造成了一个伤口，我们便还之以十。"

雨果觉得自己没有这个能力。但是，他不会放弃不用遭受攻击的任何一天甚至任何一个小时；他也不会放弃那个经常满腹牢骚、总是嫉妒猜疑的朱丽叶："您好，三十九岁的坏男人；您好，老家伙；您好，院士……我会在屋顶上这样大喊；您的年龄应该教会您对我望而却步。"

因此，雨果决心站起来，过更高等的生活、写作，保持雄心壮志，不去理会周围人的吵嚷。

6月3日，雨果在马扎兰宫的半圆会场（即法兰西学术院）发表入院演说，同时向内波米塞那·勒梅西埃致敬（雨果正是接替了他的席位）。当他站起身来准备演讲之时，内心感到一丝激动。

他看到朱丽叶坐在第一排，他很希望自己的情人能坐在那里。在朱丽叶的不远处，坐着阿黛尔和孩子们；后面是巴尔扎克和其他许多支持他的人，其中包括奥尔良公爵和公爵夫人，他们的出席也就代表着王室支持雨果的候选人资格。

雨果开始宣读这篇演讲稿，为此，他已经准备了好几个星期，直到最后一刻仍在修改润色。因为他想把此次演讲变成一种政治行为，向世人表明他的抱负不仅限于作为一名作家该有的抱负，即最终进入不朽者之列，还有作为一个准备为国效力的人想要履行其伟大职责的雄心。

雨果说："对于其他各国来说，本世纪初的法国是一道壮丽的风景。后来，出现了一人统治法国，让国家变得如此强大，以至于法国统领了整个欧洲。"

当他一步步勾勒出拿破仑的形象时，他猜测台下的听众定是满脸惊愕。

他继续说道："整个欧洲大陆都向拿破仑俯首，所有人，除了6位诗人，先生们，在全世界都跪倒在拿破仑面前之时，只有那6位思想家依然挺立；我迫不及待地要

---

① 译者注:《喧嚣报》（*Le Charivari*），是一家带插图的法国讽刺日报，于 1832—1937 年在巴黎发行。

在诸位面前大声喊出他们光荣的名字，他们就是：杜西、德利尔、邦雅曼·贡斯当、斯塔尔夫人、夏多布里昂、勒梅西埃……"

他猜测在场的听众们应该松了一口气。他们定会想，终于要开始对内波米塞那·勒梅西埃进行赞美了。雨果进行了这项必要的环节，不过他还补充道，拿破仑"在变成一个国家的耀眼明星之后，又成了这个国家的太阳。我们可以毫无负罪感地让他闪耀"。最后，在结尾部分，雨果还提到了曾担任国王参事的马尔泽尔布，如果当初路易十六听取了他的意见，也许就能避免那场大革命。雨果看到听众们为之一颤。大家大概都理解为，如今，他雨果，也想成为路易－菲利普身边的这样一名参事。

随后，雨果回到座位。轮到萨尔万迪院士就雨果的入院演说发表意见了。这位院士用生硬的语调表示："老一辈们为了扬眉吐气，会在家里的四壁挂满家族祖先的画像。但是先生，拿破仑、西埃耶斯以及马尔泽尔布都不是您的祖先。其实，您有不少杰出的先辈可以列举：让·巴蒂斯特·卢梭、克莱蒙·马罗、品达、大卫王。我们不知道还有什么比这更辉煌的家谱了。"

雨果希望开启的这条政治道路，别人却想将其封锁。

雨果碰到了罗耶·科拉德，后者讽刺地说道：

"先生，您在一场如此小型的会议上，发表了一次如此大型的演讲……"

"一名记者称，您提出的简直是一份部级纲领，您简直能进入我们国家的两院之一！"

大家已经开始想象，奥尔良公爵接替路易－菲利普，并组建一个雨果在其中任职的政府。

雨果还了解到，贝朗瑞也为此感到惊讶："我觉得很奇怪，维克多·雨果进入学术院，竟是为了有朝一日成为一名政治家，甚至是未来的大臣。他这是得了一种病。"有人也将圣伯夫的挖苦转述给雨果："这只不过是从伟人嘴里说出的一种冗长而沉重的夸张辞藻……在斗兽场里，在罗马人、色雷斯人和凶狠的猛兽面前，这种嘶吼都过于冗长；在法兰西学院的穹顶下、在高雅的众人面前，也显得极不协调。"

谁才是真正的、忠实的朋友？

瓦克里、莫里斯，当然还有朱丽叶。

朱丽叶说道："噢！我的爱人，你真的很英俊、很高贵，也很崇高，你是我眼里的光，是我灵魂的火焰，是我生命的生命。我可怜的心上人，看到你如此苍白，又如此激动地走进法兰西学院，我觉得自己快要死了……谢谢你，我的爱人，谢谢你在如此庄严甚至对我来说至高无上的时刻，还能想到我这个可怜的、一直爱着你的女人，尽管在场的大多数人都是些狰狞的白痴和丑陋的恶棍……"

但朱丽叶的幸福并不能让雨果忘记那些批评的声音以及路易 – 菲利普的不满，这位国王并不满意在雨果的演讲中被描述为"迪穆里埃的副官"。因此，在该演讲稿印刷出版之时，雨果必须接受将称谓修改为：为瓦尔密战役和热马普战役的胜利发挥了重要作用的"迪穆里埃和凯勒曼的中尉"。

雨果也听了阿黛尔的意见，她还是不遗余力地想要雨果和朱丽叶断绝关系，虽然没有明说。

阿黛尔说："你的房子有必要比现在更舒适一点。你能够取得的收入应该和你实际拿到的收入一样多。我知道，我们目前拮据的生活方式无伤大雅，但你一定要相信，它定会阻挡你前进的脚步，让你不能如愿地快速达成自己的目标。"

因此，"管家婆阿黛尔"——那个笃定"自己已经在心里放弃了与财产相关的各种权利，只要是你能拥有的财产"的人——希望雨果不要再为朱丽叶付出任何东西，为了他的事业着想，当然！

雨果走遍了王家广场这间公寓里的每一间房间，发现到处堆积着古玩、字画，以及一些名贵家具。还需要什么呢？位于王家广场的瑞士乳业店寄来的冰淇淋、咖啡和三明治的账单越来越沉重，因为他必须回请一些宾客。这些还不够吗？

但他不会去动用老本，因为那是独立的保证。1840 年秋，圣马丁门剧院重新上演《吕伊·布拉斯》，但由此带来的这笔收益并不会用来作为日常开销，而是与老本一起存起来。应该要靠存储本金所产生的利息过活，如此未来才有保障。

他允许自己的自由消费仅限于购买衣服和去理发店烫发。想要成为一名法国贵族院议员或是大臣，就必须懂得如何看起来像一位贵族，衣服剪裁要体面，头部梳妆要精致。怪不得朱丽叶总是拿他打趣："多多像穿粗布衣服的妇女一样束紧衣裳；多多像缝纫店的小伙计一样烫着卷发；多多长着一张标准的洋娃娃脸；多多很滑稽；多多是院士！……"

除了苦痛，雨果一概不为所动，但他又对苦痛无能为力。

"一想到你比我年轻貌美多少，我就会情不自禁地流泪……我愿意用我剩下生命的三分之二来换取以前的那个多多。你通过梳妆打扮所得到的一切，就是我在爱情中失去的一切。这真的很可悲。"

除了向朱丽叶反复承诺自己永远不会离开她，除了一直亲吻"你的额头，以及如你的额头一般高贵而神圣的玉足"，雨果没有其他回应朱丽叶的办法。

他给朱丽叶带来了刚刚完成的《莱茵河》两册手稿，在这部游记散文集中，雨果利用了去年旅行途中所写下的随笔。朱丽叶很高兴能成为他的"抄写员"。至于其他的，雨果无法改变自己的身份、无法改变自己的欲望以及生命的轨迹，也无法改善朱丽叶的生活状况。

诚如朱丽叶所说，她过着"牢笼般永世隐居的生活"。她还说："爱你的同时就为自己宣判了此等惩罚。"

"我要你把所有的衣服都尽量弄脏弄破，我要只有我一个人有资格帮你缝补并清洗干净，无人能代替我。

"你懂了吗，我的多多？只有这样，我才能接受自己被奴役、被监禁。"

1842 年

雨果看着大卫·德·昂热刚刚给他送来的大理石半身像。原来他在这位雕塑家的眼中是这样的：嘴边挂着几条苦涩的皱纹，脸部显得阴沉而悲伤，那双凹陷的大理石眼睛则流露出近乎绝望的表情！

他转过头去。

雨果觉得自己恬不知耻地败下了阵来，而大卫·德·昂热，虽然在雨果的头上雕刻了一个象征着成功的月桂花环，但其实对一切都心知肚明。

他承认这一点，有一种难以言喻之物在侵蚀着他。是不是因为今年是他的不惑之年，在这个节点上，可以回顾自己从年少轻狂一直到如今的中年有为，都付出过哪些，又失去了哪些？

雨果被认可的迹象是有目共睹的！

他拿着拉马丁刚刚给他写的信。这位诗人在读了新近出版的两卷本《莱茵河》之后，指出："这本书让你成为一名政客。国王会封你为贵族，而我们则将推举你为大臣。但这一切与大自然造就的那个雨果又有什么关系呢？"

他还想要什么呢？

巴尔扎克将该作品称为杰作；报纸上也遍布着对这部作品的反响与猜测。人们含沙射影，推测该书的结论部分是受奥尔良公爵夫人的启发，并以其丈夫的名义发表的观点。雨果很震惊，在他看来，自己并没有发表什么非同寻常的观点。他断言："法国与德国的联盟，是欧洲团结的基础。"自 1815 年以来，英国和俄国便一直在竭力阻止法德结盟，为了促进两国的结盟，德国必须将莱茵河左岸归还给法国，作为交换，法国也将帮助普鲁士王国成为欧洲北部的大国。如此，欧洲才能完成自己的使命，因为"教育人类，就是欧洲的使命"。

但雨果对这些赞美也好，讽刺也罢，统统都不放在心上。一部分人笃定，雨果的方案慷慨激昂又高瞻远瞩；另一部分人则反驳，称该方案简直疯狂至极：强化普鲁士的实力，法国的未来简直一片光明呀！

为什么他对自己挑起的这场论战如此麻木？甚至对别人向他承诺的政治前途都漠不关心？是因为四十岁的负担吗？

雨果很焦虑，病魔也在蠢蠢欲动。他有一种不祥的预感，担心命运会对他进行报复，仿佛他文学上的成功、他进入法兰西学术院、他那似乎正要被实现的政治方案，这一切，都需要以残酷的苦痛和个人生活的悲剧为代价。

他听到医生诊断小儿子弗朗索瓦－维克多患有胸膜炎。

雨果抚摸着他的"天使"，他的"小家伙"那发热冒汗的额头，看出了这个十四岁少年的身体十分虚弱。疾病在历经数周数月之后仍没有消退，仿佛死神一直在旁边窥伺着，静静等待着。

他想起了自己的第一个儿子莱奥波德夭折，也是在病魔阴魂不散的持续折磨下无能为力，没能坚持下去。

雨果来到朱丽叶的住所。朱丽叶也生病了，一直卧床不起，甚至都无法进食。其实雨果自己也发烧了，被迫在家休养了好几天。

他的不惑之年就注定要烙上死亡的印记吗？

瓦克里的儿子夏尔想要迎娶莱奥波蒂娜，可是要雨果怎么接受，生活已经让他们的小蒂蒂娜蜕变为了一个充满魅力的女人？此外，雨果还得知，瓦克里家族前不久遭受了一记重创。夏尔·瓦克里的姐姐——勒菲弗夫人，失去了两个年幼的儿子和丈夫！

雨果想起几天前，苏尔特元帅在蒙塞元帅去世后说的那句话："他定是在天堂敲着集合鼓呢！"雨果的朋友贝尔坦（石居城堡的主人、《辩论报》的老板），以及司汤达，都于不久前相继离世。

他感到一丝危机。此外，一想到莱奥波蒂娜小小年纪便要出嫁离他而去，更是心生不安。

雨果接待了夏尔·瓦克里，注视着这个比莱奥波蒂娜年长了近十岁的年轻人。他在不停地询问这个未来的女婿，想为女儿未来的家庭生活争取财务方面的保障。他说，一个诗人是拿不出一大笔嫁妆的，因此夏尔和莱奥波蒂娜的未来，就得靠瓦克里家族了。

激烈的讨论过后，雨果最终同意将女儿的婚期定在明年年初。这个决定，意味着女儿的离开已成为板上钉钉之事，让雨果心情沉重。

这也是四十岁时需要面对的事情！过着与儿女们分离的日子，尽管他们正满怀信念与爱向着生活奔去，但父母们都明白，有一天爱情也会变质、也会消逝。

朱丽叶掷地有声地说出："你有着上帝般的慈悲与宽容，对我却没有了男女之爱。不要反驳了，因为那些甜言蜜语已经无法再欺骗我。"雨果该怎么回答？

阿黛尔这边也在抱怨：

她写道："我的朋友，我打从心底里告诉你，过去的我并不快乐。为了让自己快乐起来，我试图从你的幸福中找寻一丝欢乐，我也祈求上帝将我这么多年来缺失的幸福都赐予你……留着这封信吧。如果有一天你再次伤了我的心，请你记得回想一下，我对你只有毫无保留的奉献。"

她已经完全忘记了圣伯夫！现在的阿黛尔只想让雨果感到内疚，因为她发现朱丽叶的名字与维克多的名字一起出现在了自己常去的瑞米耶日修道院的登记簿上，她为此痛心不已。

雨果厌倦了这些责备或是强行给予的善意，它们自诩为无私奉献，而雨果从中领会到的却是一丝殷勤和虚伪。

但他又能做些什么呢？这就是生活，时常苦涩的生活。

雨果觉得，所有关于这一年的阴暗预感都在 7 月 13 日这一天得到了证实。这一天，由于马匹受惊溜缰，王位继承人奥尔良公爵从马车上坠亡。对于这位豁达、友善，又处处支持他的年轻公爵，雨果充满了敬意。

他赶往事故现场，就在马约门圆形广场的不远处。

雨果指出："亲王的头撞到了左侧路面的第三块和第四块石板上，非常靠近路边。如果他再被多抛出半米，就能够摔在旁边的土地上。"

这就是命运的捉弄。

雨果走得很慢。在他看来，周围的每一处细节——路旁的树木、旅店的招牌——都让人心情沉重。

雨果发现，如今的事故现场已经新铺上了两块铺路石，因为国王已经命人取回了那两块沾有他儿子鲜血的石板。而奥尔良公爵所坐马车的马匹，正是在这条被称为"造反路"的路上"造反"的。

征兆？巧合？偶然？命运？

怎样才能不去想，"自从君主制存在以来，规定就是国王的长子永远即位；而现在，一百四十年以来，事实却告诉我们：国王的长子从来都无法在位"？

回到王家广场之后，雨果写了一篇献给国王的致辞，明天，他将代表法兰西学院宣读（这一年雨果被任命为院长）。在这篇致辞中，他想传递出自己对于君主制的忠诚。他这样写道：

"您的太子不幸逝世……国家为亲王哀悼；军队为战士哀悼；法兰西学院为思想家哀悼……陛下，您的血脉也是国家的血脉；您的家族与整个法国心灵相通。您家族的心灵受到了打击，法国的心灵也将受到伤害……十二年前，整个法国一致拥戴您为国王；今天，法国举国同殇共同承受您的悲痛。"

雨果动情地宣读完毕。7 月 23 日，国王命人转告雨果，他"深受触动……这篇饱含深情、才华横溢的文章为他伸张了正义，是对他心灵的极大慰藉"。

雨果重读了这封信。时局开始对他有利；国王已经对他赞赏有加。

这就是生活，一连串的事件总是环环相扣。他之所以受到国王的感谢，是因为他的发言，代表的是法兰西学院；而也许，今天的他已经向贵族爵位、向大臣官衔迈出了一大步。他从来没有算计过，但好处总是"从天而降"。

雨果决定去看望奥尔良公爵夫人，以示慰问。他同意让朱丽叶陪同前往，坐在马车里等他。他看到公爵夫人戴着丧服黑纱，端庄大方，仍然一脸和善。看到这位年轻女子在此时仍能保持如此高贵，雨果很是感动。

雨果回到朱丽叶身边时，仍然感动得无法开口说话。朱丽叶则生起气来：

她说："我，不修边幅、蓬头垢面，而这个女人顶着遭受了巨大不幸的声名，也就是说，如果不论外表的美貌，她肯定更加吸引你！"

雨果没有回答。

他对朱丽叶的感情确实发生了变化。多年前雨果便有了这种感觉，但是朱丽叶并不甘心。因此，雨果只能一遍遍地试图让她安心。

朱丽叶垂下头，说：

"我那被压制得太久了的爱，已经退化成了一种疾病，甚至是一种极度疯狂。我容忍所有，几乎受尽了所有苦难。我对一切都充满了恐惧。最终，我不过是一个因为过度爱你而被人同情的可怜女人。"

面对如此令人绝望的嫉妒，雨果能做什么？心中如此多的纠结让他左右为难，他又如何能写作、继续完成他的作品呢？此外，还有莱奥波蒂娜即将到来的婚礼、自己始终难酬的政治抱负、阿黛尔整日的郁郁寡欢、孩子们的健康，以及需要精打细算的钱财。

然而，他必须要投入写作了。

于是，他闭门谢客。

雨果想用一部戏剧来表达自己深处莱茵河河谷之时的感受，来尽情幻想那些坐落于河流蜿蜒曲折之处的中世纪古堡。他想要呈现善与恶、野蛮与一位公正皇帝的权力之间的对立。

他生动地刻画了剧中两位人物的形象：君主若布软弱无比，被几位热衷于囚禁与压迫人民的封建领主百般侮辱、暴虐对待。而若布的兄弟、被认为已经去世的弗雷德里克皇帝，却突然归来，重建了秩序与文明、恢复了法律。雨果准备将这部三部曲命名为《城堡里的爵爷们》，其中也将插入很多自己的画作（该剧的三个部分分别为"祖父""乞丐""偏僻的墓穴"）。

现在，为了让自己坚信能够彻底完成写作计划，雨果必须开始写这部剧了，虽然先前的《孪生兄弟》那部作品还没有完成。

10 月 15 日，雨果写下最后几行文字。

在法兰西剧院的舞台上，雨果很高兴地重新见到了那些愿意出演该剧的演员们，并向他们朗读了这部作品。1843 年年初，这部戏剧将正式上演。

即将到来的这一年，也是莱奥波蒂娜的出嫁之年，也许会顺利一些……雨果希望自己能这样想。然而，不安的情绪却始终萦绕在心头。

他晚上睡不好。

他经常从睡梦中惊醒，发现自己满头大汗，随后梦里的情节开始一点点浮现。

他梦到自己在一栋未曾去过的房子里，房子的客厅很奢华；他看到奥尔良公爵正向他走来，身边围着一群他不认识的人，他在其中认出了拉法耶特。然后，他便感觉自己的鼻子流血了。

血液从鼻子一直"流到了嘴巴和脸颊，呈暗黑色、无比浓稠"。

"从 11 月 13 日进入 14 日的那天晚上，我做了这样一个梦……也就是为亲王服丧期满的那一晚。"

1843 年

雨果看着他的女儿。莱奥波蒂娜哼着歌，从一个房间走到另一个房间，时不时走近他、亲吻他。他被女儿的欢快感染笑出了声。再过几周，也就是 2 月 15 日，她就要出嫁离家了，而他也马上要步入四十一岁。他不由得叹了口气。

这些天的每一个夜里，噩梦一直困扰着他，让他无从逃避。难道是"嫁女儿这种令人不快的喜事"才让他如此烦恼？他竟有些想哭。

在王家广场，面对着阿黛尔和孩子们，他拼命克制；但当他来到朱丽叶家，便卸下了伪装。尽管他想隐藏自己的情绪，但朱丽叶还是能在第一时间看透他的内心。

她不停地问他问题。

"你怎么啦，我可怜的天使？你不会对我有所隐瞒的，对吧，亲爱的？昨天，我跟你说我很看好今年，今年似乎要比往年都要顺利，可你好像并不认同我的这种信心与期望。你是不是有什么我不知道的烦心事？"

他自己又能说得清楚吗？

一来是他女儿的婚事，二来是他想到无法再对文学界甚至戏剧界有所指望。他本希望《城堡里的爵爷们》的首场演出能成为一场新的"艾那尼之战"。他计划找来一批优秀的年轻人前往剧院保证戏剧的顺利演出，为这部剧喝彩，但当他把这件事委托给奥古斯特·瓦克里和保罗·莫里斯后，两人却纷纷从画室和雕塑室空手而归，未能找到愿意支援的青年。这些艺术家对两位来者说：

"小伙子啊，回去告诉你们老师，现在已经没有年轻人啦！"

那么，那些浪漫主义者都去哪儿了？他们都老了，都重新回归到中规中矩的生活中了。

但他还要继续热爱着，重温自己的激情（可这些又该如何向朱丽叶坦白呢？）。也许正是爱情中欢乐的缺失让他失去了动力，陷入这种绝望的沉寂之中，这种绝望甚至超越了看着莱奥波蒂娜出嫁的忧伤。

他转过头去，不愿回答朱丽叶的问题；因为朱丽叶始终保持着警惕的、敏锐的观察力，让他不愿面对。

她说："我能感觉到，你有强烈的好奇心和欲望，想要仔细观察和了解那些关心你的女人们，她们讨你喜欢是因为她们维护你作为一个成年男子和一个诗人的自尊心。我不想阻拦你。我只知道哪怕是你第一次于我不忠，我都会因此而伤心死去……"

见况，雨果谈起了他的女儿，朱丽叶则试图安慰他。

"亲爱的，不要为你的蒂蒂娜而担心，她会是最幸福的女人。这是我预言的，你知道我的预测永远都是对的，尤其是涉及你以及你所爱之人的事……"

雨果觉得女儿的这场婚礼让朱丽叶很受触动。她不会去参加2月15日上午9点在圣保罗圣路易斯教堂的小礼堂举办的结婚典礼（公证结婚将在前一天举行）。这一切都只在至亲的小范围内进行，最后会在王家广场的家里举办一场家庭晚宴。

朱丽叶低垂着双眼，已经有些灰白的头发凌乱散开，低声说她想要一件莱奥波蒂娜的纪念物，"一件属于年轻女孩的小物件，既然她马上要成为一位夫人了，这些东西对她而言也不再有什么用处，但对我而言会是一件值得留念的东西"。

雨果犹豫了一下。他从未在家里提过朱丽叶的名字。但谁又能忽视她的存在呢？他在莱奥波蒂娜的耳旁悄悄说了几句，女儿随后便把自己做弥撒的书给了他。

他心里一团乱麻，抽泣的欲望令他窒息。他的情感过于充沛。他好想让爱把所有家人、所有爱他的人都聚在一起。

但尽管准新娘洋溢着喜悦，他却无法从悲伤中、从死亡的想法中抽离出来。

在市政厅、在教堂的时候，他想保持微笑，但他总有一种感觉：他身体的一部分正在远离他，有人将这一部分从他身上夺去，他再也无法继续保护他的莱奥波蒂娜，他的孩子、他的天使。他看向小小的婚礼圣台，当牧师致婚配降福时，他低下了头。

晚宴时，他努力表现得高兴一点；但第二天，当朱丽叶递给他"他们的"周年纪念小册子时，他写道："昨天，我送女儿出嫁了，我心爱的孩子，她离开了我。我为此感到悲伤，这种悲伤应该是，或许是（谁知道呢？）一朵玫瑰被一个路人随手摘下花瓣时会有的。我刚刚哭了，你让我将头埋在你胸前，在那个痛苦的拥抱中，就像是十年前我们第一次爱的拥抱一样，我感觉到你对我是多么温柔，我的天使，我也知道自己是多么爱你。"

当他和朱丽叶在一起的时候，当他在朱丽叶的怀里之时，他就像一个被母亲抱着的孩子一样平静了下来。但一离开圣阿纳斯塔斯街的小公寓，他重又感到焦虑、困扰、失落。

《城堡里的爵爷们》首场演出很失败。每晚的收益才刚刚达到一千五百多法郎。嘘声反倒促使了一些相似的作品的产生。出于嘲讽，人们在王宫剧院上演了一场名为《城堡里的仆人们》的戏剧。此外，在奥德翁剧院上演的某位弗朗索瓦·庞萨写的《吕克莱斯·波基亚》被公众和媒体大加赞赏，这是一出具有浓厚古典主义色彩的戏剧。雨果觉得他已经无法再让大众听到自己的心声了，浪漫主义戏剧的时代已经结束。

人们不再能够理解他。因此，他想在《城堡里的爵爷们》出版本的序言中试着向人们解释自己的想法。

他写道："《城堡里的爵爷们》不是……一部纯属幻想的作品，不是心血来潮时的产物。"而是以埃斯库罗斯歌颂希腊的方式来谈论欧洲，这是一种"伟大的民族性"，直到人们能够"以世界为家园，以全人类为同一民族"。

但谁能听进去这些话呢？连亨利·海涅都表示不赞成。他说，《城堡里的爵爷们》"极其无聊，令人昏昏欲睡，是一场凄惨的木偶游戏……没有什么比雨果先生的这种激情更让我反感的了，他指手画脚、东奔西跑，不停折腾，他外表似火焰绚丽燃烧，而内心却是如此可悲地清醒和冰冷"。

人们都是这样看待他的！

不过，他很高兴得到巴尔扎克和维尼的支持，维尼写道："别管这些奸诈之人，我亲爱的维克多。《城堡里的爵爷们》决不能因此而倒下，这是一部不朽之作。"

但各大报纸却嘲讽说：人们说，他把自己戏剧的失败归结于彗星经过。《喧嚣报》也嘲笑：

> 雨果，透过小型望远镜看着蓝色的苍穹，
>
> 低声问着上帝：
>
> 为什么彗星有尾巴，
>
> 而《城堡里的爵爷们》却没有？

对于这些讽刺，他保持微笑，无动于衷。他能承受得起，资产的收入让他不虞匮乏。但《城堡里的爵爷们》的失败，弗朗索瓦·庞萨那个版本的《吕克莱斯·波基亚》的成功让他大受影响。即使巴尔扎克愤愤不平，说这是"针对巴黎人的骗局"，即使泰奥菲尔·戈蒂耶宣称"人们总是毫不费力地就能用一个才华平平的人去损害一个天才"，但他还是非常痛苦。他陷入怀疑。也许他作为诗人、剧作家、作家的生活就此结束了？

同时他也很孤独。

莱奥波蒂娜和丈夫一起搬到了勒阿弗尔，但也经常去到位于塞纳河畔维尔基埃的祖宅。雨果很想念她……他想到她的青春、她的优雅以及她的感情曾让他多么安心。她需要知道这些。

"一个月来，我深陷旋涡之中，被重燃的仇恨所包围，排练、审判、各种麻烦、律师、演员让我不堪重负，既疲惫又困扰，眼疾依旧顽固，心灵还要受到来自各方面的纠缠。经历了这些，我可以说，我亲爱的孩子，我没有一刻钟不在想你，不在我心里向你倾诉。我知道你是幸福的，我在远方为你感到高兴，带着一股略带忧伤的甜蜜……

"我有一颗宽大的心，但也有一颗饱满的心……孩子们，请保持团结；只有那些严肃的、正确的、美好的、真实的事物……当你收到《城堡里的爵爷们》时，你会在第 96 页和 97 页上读到我在看他们排练时再也听不到的句子……这些句子令人想起父亲和女儿的分离。我要去角落哭泣，像个动物一样，像我这个父亲一样……我爱你，去吧，我可怜的小蒂蒂娜。"

阿黛尔和孩子们也将搬到勒阿弗尔度过春夏时光。雨果则被矛盾的情感所困：

孤独压得他喘不过气来，但同时，他也享受着这种自由，这是顺从而隐忍的朱丽叶所无法损害到的自由。幻想雨果答应过她的下一次夏日旅行就能让她心满意足。但他怎样才能避开她呢？

他给家人们写道："我想你们了，我亲爱的孩子们。我在这里就像一个深陷痛苦的可怜的灵魂。我不停地工作，但我还是更想你们。我的蒂蒂娜很幸福，你们的妈妈很开心，你们也都很快乐。一想到这，我就感到欣慰，让我倍感甜蜜。"

雨果很诚恳。他带着封好的信，愉快地穿过王家广场。他不会去看望朱丽叶，朱丽叶仍然愁眉苦脸，不停地在说她"非常肯定你不再爱我了，或者你没有以前那么爱我了，两种情况都是一回事"。

如今，他没有勇气再去反驳她。况且，她不是也对他说："怎么让你最快乐你就怎么生活，这太对了，我保证二话不说就接受所有这些安排，不管是什么。在此期间，我亲爱的，我会保持理智、保持沉默。尽量照顾好自己，好好休息，你真的需要休息。"

雨果耸耸肩。朱丽叶当然不会闭嘴，只是自欺欺人罢了。但那天早上，他不再感到疲惫。

他甚至重新找回了他以为失去的那股冲劲、那股力量、那股意志。他约了一个几周前经人介绍认识的年轻女子。整个巴黎都在谈论这个莱奥妮·多内，因为她曾和丈夫画家比阿尔一起赴斯匹次卑尔根群岛探险。雨果在萨穆瓦的一栋房子里看见了她，房子的主人哈梅林夫人是克里奥尔人，她在督政府和执政府时期曾是拿破仑的第一任妻子约瑟芬·博阿尔内的亲信之一，因此也是巴拉斯和波拿巴的亲信。

当他看到这个差不多二十二三岁的年轻金发女郎时，他心花怒放。莱奥妮·多内个子很高，眼神清澈又充满活力。在这个五月时节，当雨果慢慢向她走近，他感觉到自己心中掀起了一阵惊涛骇浪。自从他遇到朱丽叶之后就再也没有这种感觉了，而且和莱奥妮在一起时，这种感觉更为强烈，或许是因为他更年长而她如此年轻，又或许是因为他认为这是个有胆识又能独立的女人。和莱奥妮在一起时，他既不是丈夫也不是儿子，既不是兄长也不是主人，仅仅只是一个成熟的、光荣的男人。除此之外，雨果还感受到了欲望，当他想到莱奥妮时那种强烈燃烧着的欲望，以及由此带来的心灵新生。

不过，莱奥妮还没有任由自我放纵。况且雨果也得先安顿好朱丽叶，向她隐瞒自己心中萌生的想法，因为他怕朱丽叶知道了他的不忠，会做出不可挽回的行为。但他确实有过几次稍纵即逝的不忠，虽然令人失望，却如及时雨一般令人解脱。为什么要指责这些"女孩"，她们的灵魂"不纯洁、疯狂、阿谀逢迎、被贬损、经常迷失，但和其他人一样有价值……"

但他想要的更多，他需要激情。他确信莱奥妮·多内肯定也和自己一样，正在寻找点燃生命的火焰。

他思念着莱奥妮·多内，即使是在 7 月 9 日，在他和家人们一起待在勒阿弗尔的时候。莱奥波蒂娜在那，还有夏尔、阿黛尔和一些孩子们相伴。他"这一天过得真开心"！但是当所有人都坚持让他再多待几天时，他却不想答应。他说自己还要工作，还要去趟法国南部的科特雷，去参观古迹、欣赏风景，以丰富自己的作品。

事实上，他想在巴黎单独待几天，去看看莱奥妮，然后再和朱丽叶一起出发，因为他又一次答应了朱丽叶这场旅行。

7 月 10 日早上 6 点，他带着遗憾和热情离开了巴黎。因为他要去经历一些不同的事物，他也需要这些新发现。但是他得掩饰自己的想法，只是重复"我很难过"。而他确实伤心。他写信给阿黛尔，语气诚恳地告诉她："我在勒阿弗尔度过的那一天，是如此的快乐！如此完美而充溢的幸福！我在你们身上看到的满是美丽、活力、快乐和健康。在这灿烂的家庭氛围之间，我感受到了被爱。阿黛尔，你的美丽完美无瑕，对我来说，你是如此的善良、温柔且充满魅力。我由衷地感谢你。"

在同一天，也就是 7 月 18 日，他又写信给莱奥波蒂娜：

"在勒阿弗尔的那一天，是我心中的一束光，我这辈子都不会忘记。拒绝你们留下来的请求让我付出了多大的代价呀！但这是必须的，我揪着心离去。那天早上，当我路过池边，我透过窗户看到了我可怜的蒂蒂娜还在睡梦中。我从内心深处祝福你，并呼唤上帝保佑你。我的女儿，一定要幸福，要一直幸福，这样我才会快乐。两个月后，我会再次拥抱你。在这期间，记住要给我写信，你妈妈会告诉你寄到哪里……"

他和朱丽叶的旅行从巴黎出发到波尔多，然后到巴约讷，后来又到了西班牙，在西班牙游历了托洛萨、圣塞巴斯蒂安和潘普洛纳。每到一处，他都会给阿黛尔写信：

"我童年时代所看到的所有西班牙的景色如今都在这里出现……"

只看到一个绿色拱门、拱廊或广场的铺路石，他就能想起来。

"过去多么神秘呀！而当我们自己置身于周遭事物之中时，过去又是那么的真实。"

是重回童年的所到之处让他如此忧郁吗？还是对莱奥妮·多内的思念才让他这样？哪怕现在有朱丽叶陪伴在身边，如此幸福，都无法抹除对她的思念。

他重回比利牛斯山，在科特雷驻足，泡泡温泉，疗愈身心。他想到了自己的生活，想到了他所招致的仇恨。

夜里，他被噩梦惊醒，全然没了睡意。

雨果感到，他越往北走（佩里格、雅尔纳克、科涅克、桑特、奥莱龙岛），就越无法摆脱这种悲伤、绝望以及恐惧。

9 月 8 日，在奥莱龙岛上，他与朱丽叶肩并肩坐着，看着远处的地平线。他在笔记本上记下："没有风帆；没有飞鸟。苍穹之下，日落时分，水面上升起了一轮巨大的圆月，在这青灰的雾气中，仿若月亮留下的橘红印记，失去了原有的金黄色泽。我的灵魂死气沉沉。今夜，所有的一切对我来说都是如此地阴沉而忧郁。在我看来，这座岛屿就是浮在海面里的一口巨大棺材，而月亮则是在它周围燃烧的火烛……"

9 日，他们乘坐渡轮去往罗什福尔。"可怕的蚊子、长腿的灰色马蝇"在脸和手的周围转来转去，饱吸人血。

从罗什福尔前往拉罗谢尔的驿站马车出发时间定在下午六点，他们将搭乘这趟班车。还要再等上四个小时，于是，朱丽叶提议去一家欧洲咖啡馆坐坐，顺便在那看看新闻。

雨果跟着朱丽叶走进大厅深处。老板拿来一瓶啤酒。旁边的桌子上放着报纸，于是他顺手拿起一份《世纪报》。

突然，他的双眼变得模糊。他感到脸颊失去了血色，血液仿佛都从脸颊穿过喉咙流回了心脏。

他努力镇静下来继续阅读，这篇文章先由《勒阿弗尔日报》刊登，随后被《世纪报》转载：

今天上午，发生了一件将令法国文坛某一显赫家庭陷入巨大悲痛的可怕事故；这一晴天霹雳，除了受害者及其家属，也会让我们法国同胞深陷痛苦之中。

昨天中午时分，住在位于塞纳河畔维尔基埃的祖宅的勒阿弗尔前船长和商人皮埃尔·瓦克里先生行水路前往科德贝克办事。他对河道航行和船只驾驶操作很熟悉；在这一短途旅行中，他还带上了自己 10 岁的小儿子、侄子夏尔·瓦克里先生及其新婚妻子，正如我们所熟知的那样，这位年轻的妻子就是维克多·雨果先生的女儿……

仅仅过了半个小时，岸上就有人传话说一艘小船在绕过一个我们称之为"驴背型"沙洲时在河对岸翻沉了。人们立即赶去事故现场……

皮埃尔·瓦克里先生的尸体被发现时是倾斜着躺着，头偏向岸边。而其他三位遇难者尚未找到……

人们对事故现场的周边进行了疏浚，第一次下网时，打捞上了那位不幸的年轻女子的尸体，人们将其捞回地面并放置在一张床上……

维克多·雨果夫人今天上午现身勒阿弗尔，以往的某些时候，她和另外两个孩子会到此地住上一段时间。这个不幸的消息对这位母亲来说是一记沉重的打击。不久，她便起程回到巴黎。而维克多·雨果先生目前还正在旅行，据称他在拉罗谢尔。

他转向朱丽叶，哽咽着说："太可怕了①！"她惊恐地看着雨果，"毫无预兆地，我发现他像被雷劈般地震住了，双唇发白，美丽的双眼黯淡无神，失魂落魄……"她拿起报纸，看着那篇报道。

雨果并不希望看到她哭。他必须马上离开这个"该死的咖啡馆"，因此拽着朱丽叶离开了。

他们走在街上，随后上了马车。车轮从地上散发着刺鼻气味的静止水坑边缘碾过。

雨果感到"被踩躏"。

9月4日，莱奥波蒂娜便已离世。也许他几个星期以来低沉的悲伤情绪正预示着这个结局。但9月7日他给阿黛尔写信时还对所发生的这一切一无所知："不久，我就可以回到你们身边了。也许再过十二或者十五天，我会拥抱你们每一个人，我们终将重聚。"

而现在，在9月10日，他再次给阿黛尔写信：

"我偶然读到了一份报纸。我的天啊，我到底对你们做了什么？我的心都碎了……我可怜的妻子，不要哭泣，让我们顺从天意吧，她是天使，我们要把她归还给上天。哎，她之前的生活是多么幸福。噢，可我现在是多么痛苦……但愿这可怕的打击至少能让我们的心紧紧相连。"

他需要找个人倾诉衷肠。但他不想去找朱丽叶，因为朱丽叶也备受打击，也许他还会怨她。

他写信给路易·布朗热，这位画家曾给莱奥波蒂娜画过很多幅肖像画。

"上帝带走了我们生活和家庭的灵魂……因此我经常做与她有关的梦、在梦中我经常为她如此多的幸福而担忧不是没有道理的……我心如刀割。"

他向路易丝·贝尔坦讲述："我走进一家咖啡馆，侍者给我送来一杯啤酒和一份《世纪报》。我看了报纸，这才知道占据我一半生活、占据我半颗心的女儿已经去世了。我对那个可怜的孩子的爱是无法用言语来表达的……上帝啊，我到底做了什么让你对我如此残忍？她一直都很幸福，她本拥有一切，美貌、智慧、青春和爱。"

他再也无法忍受这段旅程，无法忍受这些若无其事闲聊的旅客，无法忍受驿车

———————————

① 朱丽叶·德鲁埃日记。

经过的这片墓地以及这扇已经碎成几百块碎片的玻璃车门，它就好像爆破的生命。

9月12日，他们回到巴黎。

家人已经将莱奥波蒂娜安葬在维尔基埃，与她的丈夫夏尔合葬。雨果紧紧抱着阿黛尔，妻子不停地用手抚摸着从莱奥波蒂娜头上剪下的头发，泣不成声，快要窒息。

他在棺木内看到了莱奥波蒂娜生前穿的那条裙子。

雨果快速浏览了一遍朱丽叶每天写给他的信。

"我就像一个疯女人，我的担忧和悲伤是如此地无以复加……"

"我的上帝，我什么时候能见到你？我要怎样才能见到你？可怕的恐惧将我笼罩。我觉得，像你这样痛苦不堪，不可能不会影响身体。"

他最后还是给朱丽叶回了信。他试图让她讲述最近几天的情况，以让她冷静下来。

他把自己锁在书房里给拉马丁写信，拉马丁也曾目睹自己唯一的女儿逝世："和您一样，我也失去了我未来生活的天使。"

他对奥古斯特·瓦克里说："我被这种痛苦摧毁了。"他又对诗人爱德华·蒂埃里说："于我而言，我想我在等待另外一种生活。我怎么会不相信呢？我女儿本就是我生活的灵魂，这个灵魂，我见过、触碰过，她已经在我身旁十八年了，直到如今，我的眼里还满是这灵魂所散发的光芒。即使在这个世界上，她也显然过着更有价值的生活……"

雨果注意到，圣伯夫一直保持沉默。

但他不得不面对朱丽叶的又一次绝望，她是如此担心他的健康："我亲爱的，你知道有多少血液会猛烈地涌入你的脑袋中……可怜的父亲，最重要的是你不应该像现在这样任由自己陷入无尽的痛苦和绝望中……"

莱奥波蒂娜的肖像画、她的裙裾、她的呻吟以及阿黛尔压抑的哭声，当一切都令人想起莱奥波蒂娜，要怎样才能摆脱这哀伤？怎样才能不因悔恨而心痛欲裂，不怀疑女儿的死亡是因为自己不道德的爱情（朱丽叶、其他的露水情缘，以及现在的莱奥妮·多内）而付出的代价？

因为这是他唯一犯的错误。

他怨恨上帝，因为上帝不仅夺去了莱奥波蒂娜，同时也攫走了夏尔·瓦克里，这个年轻人"将自己的生命献给了我那纯洁如白鸽的女儿"，因为夏尔曾想尽一切办法将自己的妻子从河里救出来……

雨果把自己一个人锁在王家广场好几天，在那里，只有哭泣声划破寂静。随后，他慢慢感觉到，痛苦已经在他心里找到了属于它自己的一隅；它永远不会消失，但不会吞噬他的整个生命，他要遏制心里苦痛的发作，使它成为一种灵感来源。

所以，他要继续活下去，他很明白这一点。

他重又想起了莱奥妮·多内，渴望再次见到她；他需要遇到一位和之前经历的那段"心碎的日子"毫无瓜葛的女子。

他终于出门了。他参加了法兰西学术院的会议，以及一些关于法语发展方面的讨论。

就好像他在经历了几个星期、大病初愈之后恢复了体力；又好像一位残肢永远会伤痛的残疾人。但他会带着这份残缺、这份记忆顽强地生活下去。

在 12 月份的最后几天，他终于见到了莱奥妮。见到的那一瞬间，他竟有些不知所措；她是如此美丽、年轻又充满生命力。他想要爱抚她的脸蛋、她的金发；亲吻她的嘴唇；抚摸她的双腿、她的玉足。

他想为莱奥妮写诗，想在这一年的尾声开启人生新篇章。这一年将他的命运分成了两部分，因为莱奥波蒂娜去世了，但他又重新开始了爱情。

他再次陷入爱情。生活让他充实且振奋。

而爱情使他变得豁达。

正值是 12 月 31 日，他要给朱丽叶写信。他要将她揽入自己的怀抱，把她从绝望和痛苦中拯救出来。

"要记得我是爱你的，让我爱慕地亲吻你的玉足，就像我第一天亲吻它们一样，就像我最后一天要亲吻它们一样。"

他相信，爱的语言，从来都不是谎言。

……我就是最后一名！

第二卷

如果还有一千人，那好，我一定是其中一个！
即使只有一百人，我仍会和暴君拼命！
如果只剩下十个人，我就是第十个人！
如果仅有一个人，我就是最后一名！

——雨果《最后的话》

第一章

1844—1847 年

1844 年

在圣克卢宫的沙龙里，雨果看到国王路易－菲利普向他走来；国王会定期邀请他前往这座王家宫殿，与王室成员、王后和国王的妹妹阿德莱德夫人一起参加晚会。他看到首相基佐"一身黑衣，扣眼处有一条装饰链和一条红丝带，上衣处佩戴着荣誉军团的徽章，脸色苍白且严肃"。

国王拉着雨果的胳膊，把他领进大型会客厅，请他在壁炉对面的红色沙发上坐下；这一位置刚好处于两扇门之间。

国王开口说道："雨果先生，很高兴见到您。您对这一切怎么看？这一切都很严重，尤其是它看起来很严重。"

国王说的是发生在塔希提岛的一起事件，即当地的英国领事被法国官员逮捕。

"我知道，在政治上，"路易－菲利普继续说，"有时不仅需要考虑到表面，还要考虑到事件的内涵实质……"

雨果认真听着君主所讲的话，这位友善、单纯、直接又真诚的君主。

"雨果先生，民众对我的评价很不好。他们说我很狡猾，这意味着我是一个叛徒。这让我很受伤，我只是个诚实的人，简单实在。我直奔前方，不会走旁门左道，了解我的人都知道我有一颗开放的心……"

晚会延长了一段时间，雨果努力记住国王所讲的每一句话。

回到家后，他把国王说的话，还有梯也尔、基佐和卡西米尔·佩里埃当晚的形象都记在了笔记本上，"银行家的灵魂就像被封存在保险柜里一样被封印在尘世之间，"接着又记下他的叹息："唉，一个真正的大臣是多么难得啊！他们都像小学生一样，数小时的咨询困扰着他们，最重大的事件都处理得匆匆忙忙；他们急于回到自己的部门和委员会去，急着回到他们的办公室里，继续他们的闲聊……"

这些晚会、这些推心置腹的交谈让雨果确信，他很快就会被任命为贵族院议员，或是大臣。他也被自己的雄心壮志弄得有些晕头转向，唯有这样才能将那些与莱奥波蒂娜有关的回忆埋葬几个小时，抑制内心的痛苦。

但只要有片刻的孤独，一切就会重新浮现……

他总是相信她会再次出现：

自 1843 年 9 月那噩梦般的几日以来，他对于世界的看法就不一样了。之前他总是怀疑这一点，但现在他确定了，那就是：事物还存在其隐秘的另一面，人还有来世。莱奥波蒂娜引导着他接触到这一如此神秘的现实，他说："不幸使人明智。自我遭遇不幸以来，我看到了许多藏于我内心和外在的东西。"

同时，他也觉得自己很脆弱。他向阿黛尔承认了这一点：

"你知道，前不久的那场打击让我变得脆弱而胆怯。"

他还对一些征兆更为重视，近乎迷信。

他对自己的孩子们讲："我不想在周五和你们见面。"

人们对事物的另一面又了解多少呢？

在他看来，死亡无处不在。

死亡降临在了夏尔·诺迪埃身上，那个已经变成对手的老朋友。但当一切都变得如此脆弱之时，又怎么能真的去责怪这些人呢？

他接待了圣伯夫，后者需要他的选票来帮助自己当选法兰西学士院院士。雨果观察着他，聆听着这正在恳求的温柔的声音。为什么要拒绝给他投票呢？他们之间有一段漫长的过往，当然也可以算作一段友谊。雨果感觉，自从莱奥波蒂娜死后，强烈的痛苦推动着他，使他不得不变得大度、宽容并学会原谅。

他做了一回中间人，组织了一次圣伯夫与同样是候选人的维尼的会面。他说服维尼，目前圣伯夫更占据优势，他得再等等。

他并没有弄错：3 月 14 日，圣伯夫以 21 票当选，同一天当选的还有梅里美，他将接替夏尔·诺迪埃的席位。

这是谁的胜利？悔改的浪漫主义者？还是那些有野心的、长袖善舞之人？

雨果看了一些评论，但他已不再关心阵营、帮派，甚至党派。他只想听从自己的内心。如有必要，他愿意承认自己之前的错误。那时候他不过是一个十五岁的诗人，谴责着"篡权者"和臣服于这个篡权者的人们，比如被君主派谋杀的布律纳元帅。

现在，他开始悔过。他给布律纳元帅雕像委员会的主席写道："近二十年来，所有因爱国而产生的仇恨、所有对于派别的偏见都从我的脑海中消失了。当我还只是个孩子的时候，我曾站队某一阵营。而自从我长大成人，我便只属于法兰西。"

他从来没有像今年这样觉得自己已经超越了那些在肮脏的斗争中将人与人对立起来的小矛盾。痛苦以及残酷的失去让他对自己的要求变得严格。但今年也有新的爱情产生，并且他深陷其中。

噢！朱丽叶已经无法使他心醉神迷。即使他努力掩饰这一点，但她还是清楚地觉察到了这一令人痛苦的事情：

"有时候我甚至以为你并不爱我，你是为了残忍报复才让我过这种严酷的囚徒般的生活……我不能再这样下去了：要么会疯掉，要么将死在血泊之中。"

她责备他："对身边所有人都会保持开朗、精神、轻松；而对我，你却总是忙忙碌碌或心事重重。"

这怎会不让她感到痛苦呢？

雨果在圣阿纳斯塔斯街 14 号给朱丽叶租了一个带小花园的底层公寓。他对朱丽叶大加赞美："如今，这世上没有任何一个女人能将头昂得比你还高……命运在你面前都不值一提。"

但雨果知道，这并不是朱丽叶想从他那里得到的。她想要的东西，比如激情、欲望，她已无法再从雨果身上激发出来。

但另外一个女人可以，那就是莱奥妮·多内，比阿尔的妻子。他只消看她一眼，就能感受到爱情的喜悦向他袭来。

正是这种对于莱奥妮的爱意，才让他得以在创伤过后还能感受到生命的活力。

他永远不会厌烦这个"眼神如此温柔的年轻女人"，不厌倦她的眼睛，以及她那"动人的、骄傲的、独特的吸引力"。

他在马车里等着她，两人依偎在一起。有时，他也会同她一起散步在夜里无人的街道。内疚的情绪让他心乱如麻。

莱奥妮有时会去到王家广场。在雨果的住宅里，有一条狭窄而隐蔽的暗梯，可以直通其书房，莱奥妮便经常从暗梯溜进。无论是仆人还是家人，都不允许进入这暗梯。

他狂热地抱住她，忘了此时自己身在何处……

云雨之后，他坐起来，莱奥妮穿好衣服走了。他静静地站了一会儿。这样做是不是有罪？

生活即爱。就应该抓住它，拥抱它……

莱奥妮才刚走，雨果就已经开始想她了。他走出门，再次找到了她。除了这股冲动、这种欲望，其他什么都不重要了。他在莱奥妮的耳边呢喃："你的嘴唇是多么娇艳红润……"雨果缓缓跪倒，莱奥妮慢慢解开腰带、解开胸衣……

是心中的欲火让生活得以继续。

1845 年

雨果惊魂未定。仆人们想将这封盖有王室印章的信件交给他，却差点当场撞见莱奥妮。他们敲了许久书房的门。莱奥妮慌慌张张地溜走了。

雨果飞速写道："我一整天都将在想你，想我们在一起的时光。我迫不及待要寻找一处'秘密基地'，哪怕只是一个临时住所，你也一样。我会经常见你。看看我是多么急不可耐。"

他在巴黎城四处奔波。一切都交织在一起：他既想要尽快找到一处爱巢与莱奥妮幽会，还要面对议会主席的来信，信中，主席向他宣布，国王刚刚"将您擢升至法兰西贵族院议员之列"。

终于，终于！现在，只要他愿意，便能征服一切。

他去看了一所家具齐全的公寓；公寓位于圣洛克小巷，离圣奥诺雷市郊路不远。他幻想着："噢！一想到这里，我的心就雀跃不已！我的天使，我可以和你共度一整夜了！你明白这意味着什么吗？你是否感受到了这个词所包含的一切？不久后的某个夜晚，我便可以看着你在我怀里安然入睡……"

他控制不住内心的喜悦，这些话语不自觉地脱口而出：

"你就是一个天使，我要亲吻你的玉足和你的泪水……最热烈、最温柔的爱抚都不足以表白我对你无法压抑的爱慕……"

他一想到这位"金发女郎"、一触摸她裙子上"可爱的褶皱"，就会欲罢不能，因欲望而浑身颤抖。他甚至忘记了一直困扰着他的事情，也就是他的戏剧《吕克莱斯·波基亚》的抄袭版本，竟被歌剧家多尼采蒂改编成了歌剧《林格塔》！既然这又是根据弗朗索瓦·庞萨的那版进行的改编，几乎没有修改过（而雨果已经将庞萨告上了法庭），是否应该再一次提起诉讼？

泰奥菲尔·戈蒂耶劝说雨果宽恕处理：

"如今，所有的笔尖所写以及画笔所画，都或多或少会从您这儿蘸取一些笔墨或者取您一些染料。这是否会让您变得一无所有呢？因为一个可怜的魔鬼跪在河边，喝了一口水解渴，河流是否就会因此而少了一股河水呢……"

雨果犹豫了，随后便听从了这些论调。他无暇顾及这些徒劳的争吵，也无暇顾及文学界那些卑劣的行为。

他必须在法兰西学术院里对着众人，就圣伯夫的当选演讲做出回应；他非常认真地准备了这次新院士的欢迎典礼，不带一丝刻薄情绪。

他说："对于文学，很少有人比您做出更多的承诺。诗人，在半明半暗的混沌中，您已经懂得如何探索出一条属于您自己的道路，并创造出属于您自己的挽歌……"

当他收到圣伯夫的感谢信后，便叫人将这两篇演讲稿装订成册，随后送给了阿黛尔。他看到妻子既惊讶又感到受宠若惊，有些尴尬地读着他刚刚写的题词：

"献给我的妻子，其中包含双重敬意：一是怜爱，因为她很迷人；二是尊敬，因为她很善良。"

为什么要再次触碰嫉妒和受伤的虚荣心这般表面的伤口？为什么不把他爱过的和爱过他的所有女人团结在爱里呢？在他的生命中，一边是代表着青春激情的肉体与心灵的莱奥妮；另一边是兼具母亲和青梅竹马双重意义的阿黛尔；然后是如此敏感、如此专一地爱着他的朱丽叶！

朱丽叶离开了圣阿纳斯塔斯街 14 号，搬到了 12 号。雨果说："我想带走所有东西，哪怕是地板上的灰尘，因为它们曾经碰到过你美丽的小脚丫；哪怕是壁炉里的灰烬，因为它们经常带给你温暖。"

当朱丽叶说自己变成了"一个狰狞丑陋的老太婆，毛发尽失"时，雨果心生怜悯。但当她又说："为什么仁慈的上帝要让我满头银发，却同时慷慨地赠予你一头乌发和旺盛的青春？——年纪摆在这儿，这青春模样也丝毫无用啊……"雨果则低下了头。

雨果决定不再禁止朱丽叶离开自己的房间。现在，他没有任何理由这样做了。况且，朱丽叶还得回到她的小克莱尔身边，这个可怜的小女孩自从她的父亲将她抛弃，并剥夺她使用普拉蒂埃这个姓氏的权利后，就一直在生病。

他很想保护朱丽叶和她的女儿，帮助她们，让她们生活得更轻松。因此，他必须一再重申自己对朱丽叶的爱意，告诉她自己很快就懂得了她"宽厚诚实的本性"。"如果说我今天有一种幸福，那就是我对你的爱……"他完全可以用这几句话，来换取朱丽叶继续的奉献。

她向雨果索要手稿，因为她想抄写，想为他工作。雨果把自己已经开始写的那部小说的开头给了她；这是一个关于苦役犯冉·特雷让的故事、一部关于穷人的小说，雨果欲取名为《苦难》①。他一有时间就琢磨这部小说,甚至在贵族院开会时也会草草写上几笔。

他也想成为一个勤奋又细致的贵族院议员。但是,当他观察着他的同事们——那些高贵而呆板的人时,他常常会想起朱丽叶和她的女儿克莱尔。她们当中的一个已经得救了,却只经历了碎片式的幸福,因为她的爱太过苛求、太贪得无厌,她说:"没有什么能比我一个人走在大街上时更为伤心。十二年来,我从未发现过比这更令人伤心的情况。"

而另一个人,也就是她的女儿,也过得很不开心,甚至已经写好了遗嘱!遗嘱中的这几句话让人心碎:"即使我走了,也只意味着我和最爱的母亲的距离更近了。人生不过是一场旅行。终有一日,我们都会在港口再次相见。"

当雨果读到这些话的时候,当他看着周围金碧辉煌的贵族院半圆会场时,他感到非常不适。

"诗人,光是努力让自己上升还不够,"他写道,"还需要知道人们都在天上做些什么。有的人像气球一样升空,有的人像雄鹰一样翱翔。"

现在,他已经四十三岁了,会选择成为哪样的人呢?

共和派报纸纷纷对他加以嘲讽。

他在《国民报》上看到了阿尔芒·马拉斯特的文章:"帕斯基耶先生宣读了那道授予维克多·雨果子爵先生以法兰西贵族院议员头衔的敕令……我们捧腹大笑……我们还不知道,原来他还是子爵呢!我们只是曾经为他的诗歌而颤抖;我们只曾被他颂诗中的热情所攫取……维克多·雨果已死,让我们向雨果子爵、向诗意的法国贵族议员致敬!曾被他讽刺的民主,从此可以尽情地取笑他,民主可以大解心头之恨!"

还有一位专栏作家补充道:"维克多·雨果先生被任命为法兰西贵族院议员,这是国王在寻开心……"

他想无视这些讽刺或是圣伯夫的背叛,后者一成功当选学术院院士,便出版了百来部《爱之书》,诗集中的每一首诗无不让人看出阿黛尔的影子。

正如阿尔丰斯·卡尔所写的那样:无耻卑鄙之徒。

但如若雨果抗议,就相当于给这部"仇恨之书"制造了更多的回响。所以雨果对此避而不谈,他试着在那间位于圣洛克胡同的、家具齐全的公寓里忘记此事并重新找回生活,因为莱奥妮正在那里等着他。

---

① 编者注:《苦难》为《悲惨世界》雏形,后雨果对《苦难》做了重大修改和调整,增添大量新内容最终完成此书,定名为《悲惨世界》。

在那里的夜晚都很短暂。

"我爱你，你知道吗……"雨果低声说，"我爱你，所有的言语、眼神和热吻都无法帮助我传情达意……"

他抱着莱奥妮，抚摸着她，在她耳边窃窃私语。

7月5日，他们大概睡了很久？

突然，一阵剧烈的敲门声让整扇门都摇晃起来，响彻已经完全明亮的黎明。一道专横而粗鲁的声音不停重复着：

"开门！我们是奉国王之命前来的！"

莱奥妮的丈夫弗朗索瓦·比阿尔曾派人跟踪妻子，因此这时警察出现在了公寓门口，正是为了在法网恢恢之下，当场抓住妻子通奸的罪行。

雨果感觉到地面正在他的脚下裂开。

他想走近莱奥妮，却被人一把推开。根据法律规定，她将被监禁，因为其丈夫已经提出申诉并寻求警察帮助。

雨果提出抗议。警察本还想逮捕他，但碍于他是贵族院议员，因此享有豁免权！于是，他们带走了莱奥妮。

他想象着莱奥妮被囚禁在圣拉扎尔监狱，被扔进牢房；在那里，她只有妓女做伴，在那里，她将与社会的乌合之众同流合污。她可怎么办啊！雨果的眼泪不住地往下流，他感到一阵恐慌向他袭来。他猜测着报纸将如何大肆报道这件事，这一丑闻简直是对他的嘲笑！所有嫉妒他、恨他的人，所有如今谴责他既是诗人又是贵族院议员还是国王的朋友的人，都会将他撕碎。

他沿着圣奥诺雷大街走着，一直走到了朱丽叶家。但他该怎么开口向朱丽叶坦诚刚才所经历的一切，以及她还不曾知晓的这段感情呢？

雨果甚至都没有叫醒她就离开了。

他回到了王家广场，急需找人倾诉。于是，他跪在阿黛尔的面前，对着这位既是朋友又似妹妹，同时也是善解人意的妻子的女人讲述了所发生的事情，阿黛尔很乐意扮演这样的角色，很乐意以包容之心对待丈夫与其他女人的私情。雨果终于克制不住，泣不成声。

她抚摸着丈夫的头发。甚至，她还要去圣拉扎尔监狱看望那个女人……

雨果抬起头来。阿黛尔说自己当然会原谅和理解！有那么一瞬间，雨果觉得妻子一定是恨极了朱丽叶，所以才会利用莱奥妮来打压这个强劲的对手，这个丈夫漫长夏季之旅的同伴。

他不断重复：一定要把莱奥妮从监狱里救出来，并努力掩盖这则丑闻，不然有人会借此来打击他这样一位贵族院议员。

他又一次奔走于巴黎城，拜访了所有对各大报纸有影响力的人。但还是有一些日报写道："巴黎有很多人都在谈论一桩可悲的丑闻。昨天，我们最有名的作家之一被一位丈夫当场撞见在进行一场犯罪会谈，据称这位丈夫得到了警长的协助。那位不忠的妻子将会被囚禁，而她的情人依靠其可悲的政治头衔优势才得以保住自由，保证其人身不受侵犯，这多么万幸又多么不幸。"

最后，人们获知，比阿尔已经撤诉；因此几天后，莱奥妮得以释放，但是被要求在内夫贝里街的奥古斯丁女修道院待满 6 个月。

据说是国王将壁画绘制项目委托给了比阿尔，才让他宽恕妻子并撤诉。而君主派的报纸则对这一"可悲的案件"慎之又慎，只字不提对比阿尔夫妇分居而治的审判。

雨果从朱丽叶那里只看到了些许反应，她还对这起丑闻毫不知情！因为他躲在朱丽叶那里装病。而朱丽叶也乐此不疲地宠爱着他、照顾着他，以至于没时间浏览报纸。

所以她没有看到这则报道："根据他对国王路易－菲利普的承诺，在 × 先生个人的请求下，其诉讼被撤回；雨果先生于昨天拿着他的护照，启程前往西班牙进行为期三个月的旅行。"

因此，他得躲起来。他声称自己下腹疼痛，连他自己都不知道这是欺骗朱丽叶的借口还是真的疼痛……

朱丽叶远在布列塔尼的父母从报纸上看到一些谣言，他们十分担心，于是便问了女儿几句。面对朱丽叶问到的谣言一事，雨果要怎么回答？她一笑而过，真心实意为雨果辟谣。这里边肯定有一些东西没说清楚，对吧？雨果消除了她的疑虑，随后与之告别。

他离开巴黎，前往蒙费梅伊去见莱奥妮；因为后者从出狱到进入修道院的这段时间里，有几天的自由时间。

莱奥妮就在那里；经过此事，她受了伤、遭了玷污、受到羞辱、做出了牺牲，却也变得坚强。雨果更爱她了。

随后，他把自己关在王家广场的房子里，在那里，肮脏的评论不时地会涌向他。人们私下议论，说圣伯夫非常开心地大肆传播他对雨果的敌意："你们也许知道维克多·雨果一事以及这场轰动的通奸事件。人们指责他、可怜他、嘲讽他。而我，我只会这样说，这也是我就其最近一些作品常说的话：太愚蠢了，做得太愚蠢了。"

还有人轻蔑地说，他只是"怪人中最可怜的一个"，他有"一颗拾荒者的内心"，看到他沦落到"河流最低处、最肮脏的地方"，还挺大快人心。

他知道拉马丁定会露出一丝微笑，暗自心想："这种事不久就会被人淡忘。法兰西是有弹性的，人们就算陷进了长沙发里，也能重新站立起来。"

是该无视那些流言蜚语，继续创作《苦难》这部新的小说了。

他不禁想起朱丽叶的女儿克莱尔，她的病情逐渐恶化，似乎只求一死。然后，他的脑海里又浮现出自己曾出面为其作证的那个妓女的模样；那是几年前的一个雪夜，在泰布街，他极力反对那个骚扰她的年轻中产阶级男子，而警察却对滋生事端者睁一只眼闭一只眼，只一味指责这个不幸的女人。此外，莱奥波蒂娜的事情也始终萦绕在他的心头。他写信给前去扫墓的阿黛尔，雨果至今还不知道女儿的墓地在哪儿。

"我刚刚在为你、为我、为我们的孩子，也为我们远在天堂的天使而祈祷。你知道我是多么看重宗教的祷告仪式。对我来说，这类仪式是不可能消失的。我们活在神秘之中。生者和游魂的区别在于，生者是瞎子，而游魂是看得见的。因此，生者的祷告会直接奔向他们而去。"

然而，他又开始工作了，他收集了一些有关这位迪涅城主教米奥利斯先生的资料，据说他十分慷慨、公正和善良。他写着写着，觉得自己对那些穷苦之人充满了同情。

他去到朱丽叶家，给她带了几页小说，她要重新誊抄。然后，雨果带她去了碧野浮山谷，逐渐走近在梅兹的那栋房子，他们之前在那儿度过了一段美好的时光。幸福来得很容易，快乐让朱丽叶容光焕发。

第二天，她就给雨果去信："我真想再重走一遍十一年前我们一起走过的所有小径……我看着你，我心爱的维克多；我发现你还是那么年轻，那么英俊，甚至比十一年前更英俊。我看着自己的心，发现心中充满了狂喜和爱慕，一如我爱你的第一天……"

雨果动情地思念着她。朱丽叶，她拥有一个如此美丽的灵魂！她是如此无私！她拒绝接受雨果想要买给她的那幢位于梅兹的房子。

他拿起一张纸，在页面最上方写下《哀伤》，然后他任由自己被涌上心头的文字推着走。

> 你们听着。一个女人看上去瘦骨嶙峋，
> 脸色苍白，怀里抱着一个受惊的小孩，
> 就是那位在道路中间悲号痛哭的妇女。
> 为了听清她的哀号，人群纷纷围上前去。
> [……]
> 她哭着离开。当这幽灵般憔悴的妇人离开之后，

这群聚集起来的人，他们乐此不疲地

前来围观别人内心深处撕心裂肺的苦痛，

思想者们啊，你们在这群乌合之众之间，

都听到了些什么？定是长久的放声大笑。

[……]

这时，出现了一位天才。他温柔，

他能干，他伟岸；他乐于助人……

[……]他来了！——人们应该给他戴上花冠！——但大家却对他嘲骂！

毫无创意的录事、故装博学的学者、辞藻夸张的作家、故作风雅的贵族以

及乌合之众，

那些锱铢必较之人，那些怀疑一切之人，

那些奉承国王之人，那些讨好乡痞之人，

所有人都在同时大叫，发出阴沉的声响。

如果他是一个演说家，或是一位大臣，

人们只会轻声嘘他。但如果他是一个诗人，他会听到

齐声合唱："荒唐！虚假！可怕！令人反感！"

[……]他前进，他斗争！唉！他每向前一步，

激烈而可悲的污蔑就会变本加厉，也更加持久。

[……]他播撒荣誉的种子，却收获羞辱的果实①。

雨果放下笔。他激动不已，仿佛刚刚进行完一场忏悔。

1846 年

雨果感到惶惶不安，他觉得自己没法穿过黑暗笼罩着的王家广场了。他有些喘
不过气来。他停了下来，看看四周。

从这天早上开始，他确信他明白了随后将突然发生的一切。

那一天，雨果再次走上图尔农大街。天气晴朗但又寒冷。虽然阳光耀眼，他还
是突然瞧见一个脸色苍白、身材瘦弱、神色惊恐的金发男人，穿着粗布裤子，光着

---

① 《静观集》，第三部《斗争与沉思》，第二首：《哀伤》。

的脚被木鞋擦出了血，脚踝周围缠着些带血的布。两个士兵押着他。他胳膊下面夹着一个面包。周围的人说这个面包是他偷的，因此，士兵们把他抓走了。路过宪兵队时，这个被抓的人被留在门口，留下一个士兵看着他。一辆装饰有徽章的四轮双座马车在几步路外停着。一位头戴粉红色帽子，身穿黑色天鹅绒长裙的女人正在马车里逗弄一个可爱的小男孩。这个女人皮肤白皙，十分迷人。"这个女人没有看到这个正盯着她的可怕男人。"

雨果想起来，就是在这个时候，这个想法，确切地说，这些画面充斥着他的脑海。"这个男人，是悲惨的幽灵，是一场仍处于黑暗之中但已然来临的革命，在光天化日之下丑陋又阴郁的化身。当这个男人发现这个女人的存在，而这个女人却并未意识到这个男人的存在时，灾难是无可避免的。"

整整一天，雨果都在试图逃避这不祥的直觉。

他走上贵族院的讲台，发表讲话。但他已经对自己演讲的影响力不再抱有多大幻想了。雨果在演说中讲到波兰的命运，讲到波兰民族又一次英勇地抵抗沙俄的侵略。但是首相基佐什么也听不进去，他万分谨慎。他为什么就看不见一个世界行将崩塌的这些征兆呢？

在华沙，哥萨克人正在屠杀波兰人民。在法国，在埃尔伯夫，制呢工人砸毁了抢夺他们工作的机器。在圣安托万郊区，人们暴动反抗面包价格的上涨。年初的这数月，已经有两人试图刺杀国王。

法国贵族院对这两个刺杀者进行了审判。雨果还看见了第一位罪犯皮埃尔·勒孔特的脸。路易-菲利普和他的妻子及家人在一起时，勒孔特向国王开了枪。

雨果听了勒孔特的辩解，他想要救他。"我不认为，"他说道，"这个人清楚自己的想法，明白自己的行为。"他没有投赞成死刑的票。只有两名贵族院议员和他一样。贵族院原本设想路易-菲利普会赦免这个死刑犯。但他还是被砍了头。

雨果感到全身战栗。他回忆起审判时的场景，咕哝道：

"这就是被告和总检察官之间的细微差别：勒孔特先生凶狠，而埃贝尔先生残酷。"

接着，他又想起今天早上看见的那个胳膊下夹着面包戴着镣铐的男人，以及他"那光光的难看的脸"。

还有"那些偷桃子被抓起来的孩子们"。

他继续向前走，离家仅有几步路了。

或许他想要参与到这错综复杂的政治当中是错误的。他当选为贵族院的议员，在基佐府邸为突尼斯贝伊举办的宴会上，由英国部长帕麦斯顿陪同用餐，在宴会上与法国最重要的人物们交谈，发表他对世界局势、新教皇庇护九世、法国在阿尔及利亚殖民政策的看法。

他曾对比若元帅表示欣赏对方"刚毅的性格和伟大的战功"，并向元帅推荐自己的兄长阿贝尔，后者是那些准备好"支持阿尔及利亚"的人中的一员。

他是国王亲近的人。明天他或许要成为部长。他能做什么呢？

他感到疑惑。他坦诚地说：

"此时此刻，我正投入那些人们称之为'实用的事情'中。但我依然是理想与美的虔诚思考者。"

他的交谈对象——加斯顿·德·弗罗斯男爵高傲地笑了。

"维吉尔的二十句诗，"雨果继续说道，"在人类才华中占有更多的位置，而我为文明的进步添加了所有这些已经和将要发表的演讲。"

但他知道，无论他有什么疑惑，也不能半路折回了。命运将做出选择，他必须向前。他觉得自己的生活不受控制。他任凭自己随着时事沉浮，对于这些事，他毫无办法。

在这个五月的月末，他能为路易-拿破仑·波拉巴的命运做些什么呢？关于这一点，他长篇大论。路易-拿破仑·波拿巴刚从他被囚禁的哈姆堡逃出来。

而此时，朱丽叶的女儿，面颊潮红，满身汗水，正在拉封丹大街56号，欧特伊的房子里濒临死亡，她是被人抬到那里去的。

她的母亲已经在那里安置好了。朱丽叶夜里守在她身边，心如刀割，认为死神将至。克莱尔咕哝道："永别了，多多先生，请您照顾好我亲爱的妈妈，她是这么的善良，这么的迷人，请您相信，您的克莱尔将为此而心怀感激。"

他本该每日陪守在克莱尔·普拉蒂耶的床边，握着她滚烫的手，拥抱绝望的朱丽叶。但他得参加贵族院和法兰西学院的会议。

他应该在孔蒂王宫门口质问圣伯夫，表达对他的蔑视。或者写信给拉马丁。拉马丁因在议会讲台谈到戏剧革新时列举了《吕克莱斯·波吉亚》的作者弗朗索瓦·蓬萨尔的名字，忘记了《艾那尼》的作者，而请求雨果的原谅。

"我那时宁可少说一些话，也不应该说出一句否认或是损害这二十多年辉煌友谊的话啊。"拉马丁懊悔地说。

必须这样回复他："您是一个伟大又可爱的人啊！"

生命就是这样被浪费的。

"我啊，从我这方面来讲，"雨果对朱丽叶说，"我身处难以描述的事物与力量的旋涡之中，一切都同时急速地冲向相同的时刻，我甚至快有些抱怨上帝了，在这个我哪怕一分钟都不能不想你的时刻，给我派来这些分散注意力的事情。"

好像他能一刻不停地念着朱丽叶似的！

人们迫使他参与到时局之中。他是伟大的诗人。其他那些大人物呢？拉马丁吗？潜心政治，当选为议员，可除了戏剧方面，从未斩获大的荣耀。维尼吗？他刚入选学士院，但声望仍有限，直到当选为学士院院士仍备受争议。至于夏多布里昂，他现在不过是一个瘫痪且盲目的老人，人们每天下午把他送到雷卡米耶夫人床边。

因而，人们转向雨果。大家等待着他发言。要向"工人赔偿评审委员会的创立者"讲话时，人们甚至也去请求他。

他践行了这些事。他觉得必须完成自己的责任，这项新任务，直到命运了结这一切。

但他不能欺骗自己：他在这些敬意中感到骄傲——当他的友人保罗·莫里斯和奥古斯特·瓦克里冲他喊道："您还想如何呢？您是属于我们的拿破仑！"他有时会有些飘飘然。

唉，生活又一次扼住了他的喉咙。克莱尔去世了。得把她安葬，经由她，又要再体味一次莱奥波蒂娜过世的痛苦。

克莱尔的离世折磨着他，让他痛苦不安，他的孩子们也令他忧心。夏尔，刚通过中学毕业会考就病了。医生诊断他染了伤寒症。他的弟弟弗朗索瓦－维克多脸色异常苍白。这仅仅是因为他开始刮胡子了吗？小阿黛尔也沉默寡言，疲惫沮丧。

雨果不禁觉得自己被黑暗窥探、环伺着。

他第一次来到维勒基耶，莱奥波蒂娜的墓前。朱丽叶小心翼翼地在科德贝克的商业旅馆里等着他。

他在墓前待了很久。

他祈祷。

他想从维勒基耶给孩子们写信。他们必须明白"一切力量和幸福都源自我们相互的爱意。此外，相爱，几乎是我们生命的全部"。

他爱人，亦被爱，他知道这点。他在旅馆与朱丽叶重聚了。

朱丽叶低声说：

"你看，我亲爱的人啊，你一不在我身边，什么都对我不再有意义，什么都与我无关。我对什么都没兴趣，除了想见你，需要见你，我什么也看不见……"

既然不会离开她，就得让她相信她是个幸福的女人。

"我爱慕你，"雨果说，"请想着我吧！时时刻刻，我温柔的天使……"

可雨果，他并不满足于朱丽叶一人，就是这样。他需要再见莱奥妮。

他和莱奥妮在巴黎重逢了。她笑着讲在奥古斯丁的修道院里，人们是如何摘选雨果的诗来做听写文本的，几周前她才终于得以离开修道院。

他聆听她。他注视着她，依然那么美丽。

她来到王家广场，受到阿黛尔友好的招待。雨果听着两位女性交谈。莱奥妮就阿黛尔订购的裙装颜色或者是女式短上衣的绣花给些意见。之后就安静无声，莱奥妮便离开了。

他将去莱奥妮家再和她重聚，为了疯狂地爱她。

然而，尽管爱她，他却发现只要有另一个女人与他擦肩而过，他就又被吸引了。

这让他气愤，烦恼，却又吸引着他——这些在圣马丁门剧院和马戏团的活人画表演中裸露且卖弄风情的英国年轻女子们。

"有天晚上，我好奇地想去那里看看，走近些看看……这些女人中有一位不只是漂亮，她很美，美极了。没有什么能美过她那黝黑悲伤的眼睛、倨傲的嘴角，以及她那迷人又傲慢的微笑。我想她的名字应该是玛丽亚。"

他离开剧院的后台，却对这七八个女人难以忘怀，她们"带着或天真或堕落的温和笑容"。

莱奥妮第一次埋怨起来，仿佛她已经感到，尽管他仍然爱她，渴望她，他却不满足于她一人。

当他回到王家广场时，觉得局促不安。他是谁？竟能如此贪得无厌、"恣情纵欲"？这是他逃离恐惧、焦虑的唯一方法吗？

他猜想周围的人，几个关注他的真诚又忠心的朋友正担忧地看见他现在的模样，方方的脸庞，宽厚的胸膛，卷曲的头发，成为法国贵族院议员和名人，出入杜伊勒里宫，与国王和基佐交谈，当选法兰西学院院士，收入丰厚且极具魅力，《艾那尼》在法兰西剧院上演再获成功，更增加了他的进项。

他就是这样，他承认这一切。可奥古斯特·瓦克里、保罗·莫里斯抑或是路易·布朗热难道忘记了他那典礼服饰下真实的样子：臃肿的身躯和肥胖的脸颊？

> 不，路易，我丝毫没有改变；你的心欺骗了你。
> 我仍是从前那个沉思者。
> [……]我生而受苦，靠爱存活，
> 有两种音乐在我身上轮番演奏：
> 脑海里是管弦乐，灵魂中是里拉。
> [……]

我愿人民强大，我希望人们自由；
我期盼女性拥有更好的未来；
我倾向于穷人和工人，
内心里把他们视若手足；
如何引导这些骚乱不安又备受折磨的民众，
如何赋予法律更多的基础与更广阔的范围，
如何减少这尘世间的痛苦，
饥饿，艰辛的劳作，不幸与苦难？
这一切问题将我困扰其中；
虽然容易欢欣鼓舞，也冥思苦想，
我忽然觉得心花怒放。
在我的近旁，我用语言，
用一些出乎意料的疯狂想法，
在我的周围，在夜晚的炉火边，
逗笑了孩子们，而这笑声又令上帝微笑。

这便是你曾经认识的我。我一直如是。
现在只是，让那些我爱的人们伤了心，
哀伤常常出现在我痛苦的面庞，
我在幸福中停留的时间少了。

1847 年

突然，雨果觉得疲惫不堪，他闭上眼睛，双手撑着额头，仿佛千钧重担压在肩上。

几天之后他就要45岁啦！拿破仑45岁这个年纪时是1814年，他第一次退位的时间，在他远征俄国遭到报应之后。

他重新坐直，拿出一张纸，写道：

天下着雪。有人被自己的胜利击垮。
雄鹰第一次垂下了他的脑瓜。
阴沉的日子啊！皇帝慢慢地往回走，
把冒着滚滚浓烟的莫斯科留在背后。

天下着雪。严寒的冬天化为了雪崩。

前面皑皑雪原无穷无尽。

既认不出军官，也识不出旗头。

昨日是声势浩大的军队，今天沦为了牲口①。

他停下笔。把纸张拿开，晚些时候再继续。现在他得接着创作小说，完成冉·特雷让的一生。《冉·特雷让》是他选定的题目之一，另一个是《苦难》。

可他放下笔，他写得并没有他希望的那么快。朱丽叶也来打扰他。

"既然现在你又开始创作你的《冉·特雷让》了，不能马上给我几个小章节来誊抄吗？"

他叹了口气。他将完成这本书，但写作对他来说，常常像今晚一样，是"如此的乏味，如此的沉重"，以至于他试图逃离。然而他不能允许自己有太多消遣。他不打算去剧院看《哈姆雷特》了。保罗·莫里斯先前邀请了他，当自己跟他说下面这些话时，他会理解吗？

"现在我脑海里的想法都堆叠在一起，我害怕这些堆叠的想法被摇动……影响了我的创作，这伟大而又阴郁的诗篇。"

或许困难正源于此。他所刻画的世界，他所描述的悲惨生活，这个苦刑犯的生活，小女孩的生活，以及她那可怜母亲的生活，把他带回到他周遭看到的这个世界。当他写作时，他听到这个时代的暴力与残酷在更猛烈地咆哮。

在比藏赛发生了一次暴乱。面粉厂被毁，富人被残杀，接着，城镇广场上竖起断头台，三名暴乱者被砍了头。几乎每个星期，不是在这里，就是在那里，如米卢斯，如巴黎的圣奥诺雷大街，爆发一次次暴乱。因为面包价格高昂，人们没有工作，孩子们被饿死。

他看见了这一切，这道横亘在富人和穷人之间更深更宽的鸿沟。

他想起当他前往蒙庞西耶公爵在万森纳森林举行的宴会时，那些注视着他的目光。"里外三层观众。每一刻，这群人都冲着四轮豪华马车内穿着绣有花边服饰的过路者骂出恼怒的话。仿佛一团仇恨的乌云笼罩在这瞬间的炫光之上。当人群以这种目光注视着富人时，这不是每个人脑海中的想法，而是事变。"

一想到这些，他又战栗起来。

怎么办？杀了这些穷人？

---

① 《惩罚集》，第五卷，《权威得到尊重》，第十三首，《报应》。

他曾经参观监狱，遇到一个死刑犯。

"人民，"死刑犯说，"在这样的社会状况下，承担着如此多的负担，也承受着比其他阶级更重的刑罚负担。这并不是他们的错，因为一方面，他们缺少知识，另一方面，他们缺少工作。一边是需求在推动他们，另一边，没有任何火焰照亮他们。堕落便源于此。"

他还希望人们保护那些从五岁便开始工作，最悲惨最受剥削的孩子们。他愤怒地说："有些实现优势和达到繁荣的方法，于我而言，我是拒绝的。当涉及孩子时，法律不应该再是法律，它应当成为母亲！"

但他确信，当他写下这些有关监狱和儿童劳动法规的言论时，他的心声不会被听到。人们甚至没有给他发表这些言论的机会。

贵族院太忙了，根本没有对它进行评判。

雨果惊恐地听着针对法兰西贵族院议员库比埃斯将军、前任部长泰斯特以及他们同流合污与腐败的控诉。议员们因此将他们判了死刑。

与此同时，一个叫舒瓦瑟尔－普拉斯兰的议员杀死了他的妻子，然后服毒自杀。仿佛这个社会日益腐朽，正给了那些想要摧毁它的人行动的理由。

他想要大声疾呼："必须当心啦！"

"上个月，军队在库比埃尔将军身上遭受了打击，法官在泰斯特院长身上遭受了打击；现在，贵族们在普拉斯兰公爵身上遭受了打击。然而这一切必须结束了！"

他发现基佐还在继续统治，面对反对者们毫无畏惧又漠不关心。这些反对者举办"宴会活动"要求改革，希望将选举权的纳税额由两百法郎降至一百法郎。宴会在巴黎，在马孔举行。刚刚发表了《吉伦特派史》的拉马丁在马孔的宴会上进行演讲。

雨果读完《吉伦特派史》后，给拉马丁写信说："您用符合这些特大时事规模的观点记述了它们……"但他也担忧大革命，即暴力似乎对谨慎的人，如拉马丁产生的吸引力。路易·布朗、米什莱也在这时候发表了他们的《革命史》。

他们都在期待什么？难道他们不明白"当所有人的贫穷夺取了某些人财富的那一天，黑夜便来临了？大家都变得一无所有，这充满危险"。

他向拉马丁坦承："为了你我二人都热爱并效劳的人民的这项神圣且正义的事业，我希望您能更严苛一些。"

但阻止事态加剧是否已经太迟了？在夏隆，路易·布朗和莱德律－洛兰在一次宴会上要求全民普选。然而，于他们而言，这场政治革命仅仅是达到"社会主义革命"目的的一种手段。

他对这些夸张的文辞感到陌生。他觉得自己是为数不多了解这个世界方方面面的人之一，也是为数不多的并不仅仅看到这个世界一面的人之一。

他直视苦难，并描绘它。苦难是他创作小说的灵魂。但他也与富人往来，接近权力，出入杜伊勒里宫和圣克卢城堡……

他在王家广场的家中为育儿所筹款举办乐透抽奖活动。大家都来了，包括德卡兹公爵夫人、亚历山大·仲马、拉马丁和蒙特伯爵。乐透活动产生了两千法郎。这是设立二十来个摇篮所必需的。

太少啦？可能选什么呢，1792 年 9 月的大屠杀和罗伯斯庇尔的断头台吗？

当他为波拿巴家族求情，希望国王热罗姆·波拿巴和他的儿子们能被准许返回法国时，他在贵族院的讲台上说：

"我心中没有任何东西不是平静且温和的。"

他重申那些他担忧的事情，以及他对"道德沦丧，金钱统治，腐败蔓延"的看法。他大声说道：

"现在来谈谈皇帝吧，这对我们有好处！"

他知道人们要把他说成波拿巴王朝的拥护者。可又有什么要紧的呢？

"当前的危险，先生们，你们想知道在什么地方吗？请不要把你们的目光投向君主们，而是投向群众……那里有如此多有用的萌芽，但同时，我痛苦地指出，那里也存在许多可怕的因素……一定不能让人民遭受痛苦！一定不能让人民挨饿！严肃的问题就在那里，危险也在那里……比藏赛的暴动可以猛烈地撕开一个裂口。"

他继续说：

"我的这项警告是向政府发出的！"

但谁会听他的呢？基佐吗？

雨果摇摇头：

"基佐个人并不腐败，可他通过腐败进行统治。他让我觉得像是一个正直的人经营着一家妓院！"

他想要摆脱这焦虑，可悲伤、苦恼仿佛黏着他一般。

马奎斯被砍了头，雨果同这个杀人犯在死刑犯牢房里聊了很长时间，还记得这个二十来岁年轻人的脸以及他讲的话。他正值夏尔的年纪啊！夏尔要求独立，需要钱，为了让他不去服兵役还得找个替代者。替夏尔·雨果参军的那个人要一千一百法郎，得付给他啊！

至于弗朗索瓦-维克多，他病了：妄想，面红，身体颤抖，得了伤寒。而曾经如此强壮、坚不可摧的妻子阿黛尔也病了。

死神再次盘旋。朱丽叶试图让他安心，然而她也忧虑起来，她安慰道："你知道，除了爱情的嫉妒，我所有的敬意和同情都献给您尊贵杰出的夫人……我有勇气等着你，亲爱的。"

可他无法摆脱面对命运的无力感：

"如果阴影继续笼罩着我，我会结束我的生命，并且这不会如我本以为的那么悲伤。哦，我的上帝啊，我希望死在没有人再爱我的那一天……"

已经离世的莱奥波蒂娜和克莱尔也萦绕在他心头。每个逝去的孩子都再次揭开了他的伤疤。

我们是命运的苦役犯，他对刚刚失去独女的作家阿尔塞纳·乌赛耶说："我们去，我们来，我们工作，我们仍然微笑。但无论做什么，我们心里总感到阴郁沮丧。"

他专心工作。为了能持续创作,他决定凌晨一点再用餐。然后他出门了,头脑发热,疲惫却又兴奋。

他来到朱丽叶的住处。这时，她常常是在睡觉或是满腹抱怨："我悲伤地想着你不愿在午夜之前来我这里，午夜是我睡第一觉的时候，让我在我经受的孤独中去逃避这一觉，是不可能的。"她不想再听他讲"他的工作"！

"我不明白你的大脑怎么能像钟摆一样规律地运行，也不明白你每天晚上为何直到午夜才有空。这更像是在掩盖私通，而不是工作。"

他不做回答。

她指责他"可恶的背叛"。

"你必须善良地顺从这单调永恒的爱慕……在街上的每个角落，每一层楼您都会得到回报，我不怜悯您。"

只得继续沉默，离开她，去找莱奥妮，并爱她。然后再离开，任凭欲望侵吞身体，赶走脑海中的一切想法。为了征服随便一位女性，和她讲需要的话：

"女士，我只是条狗，但我爱您……"

跟着一个姑娘，并付钱给她。

或是试着得到和埃斯苔尔·基蒙一夜抑或一小时的约会，这个女人从一个男人的怀抱投入另一个的怀抱，她是埃米尔·德·吉拉丹的情妇。这是个亲近的朋友，雨果刚刚在贵族院为他做了辩护，他被指控在一篇文章中质疑政府腐败。

但欲望推翻了友谊。

雨果写信给埃斯苔尔："天堂定于何时呢？您愿是星期一吗？您愿是星期二？您愿是星期三？星期五这天您怕吗？我啊，我只怕迟到了。"

每次他拥有一个女人，每次欲望得到满足，他都觉得更加的贪婪。一个身体不足以满足他。他想要拥抱、抚摸、进入她们。沉沦其中就像人坠入深渊，心跳停止一般。

他收到爱丽丝·奥兹一封奇特的短信。她是个喜剧演员和舞者，25岁。大家说她的身体是巴黎最曼妙纤长的玉体，褐色的卷发，紧致的双胸，宽宽的胯骨。

她流连于许多不同的床笫之间，包括一位亲王，国王的儿子和一位银行家。她向雨果解释她买了一个富丽堂皇的卧床，她希望见见诗人，并能得到他的几行诗。

他的大脑和身体都激动起来。她说："我必须这样写给他的不是一个男人……而是一个半神。"

他满脑子只有她。

他来到她家。一切都不能阻止他得到这个女人……

爱丽丝转了个舞步，笑着对他说自己认识夏尔，夏尔·雨果，对，他的儿子！

他看见了夏尔写给爱丽丝抱怨但又不失尊严的信：

"您选择了父亲与光荣。我不责怪您。任何女人都会像您这样选择的……永别了，谢谢，愿您与他在一起幸福，但您要记着他永远不会像我从前爱您那么深，而我依然爱着您。谢谢，谢谢，谢谢……"

命运就是如此。雨果毫无悔恨。他知道只有让欲望得到释放，他才能活着，继续活着。朱丽叶对他谈起夏尔，完全忘了他为何不幸，雨果向朱丽叶低语道：

"许多事情让我悲伤……"

朱丽叶，总是像平日那么宽厚，担忧他并让他放心。"这可怜的小夏尔，"她说，"十五天的缺席当然会中断这段还不曾有时间深深扎根于这可怜孩子生命中的关系。过些时候，他从那里回来时就会痊愈，至少平静下来……"

他什么也没有说，为什么要让人痛苦呢？他慢慢地走回王家广场。

这是十二月的最后一天。国王的姐姐，他的顾问，阿德莱德夫人，夜里离世了。

雨果回想起今早前往杜伊勒里宫时，看到国王的痛苦。

他在工作的小屋安顿好，正值深夜。他照例给朱丽叶写信。他不由自主地写道："靠那些在天堂的心爱的人们活着吧！我爱你！你是我的欢乐！啊，愿你幸福！"

然后他拿出记事本，记录下今天得知的事情。他记下：

"阿德莱德夫人是国王的'守护神'。这对一个老人来说，是多么的空虚啊！……看到他痛哭，我很难受……议员们走出杜伊勒里宫，既为国王的痛苦感到难受，又忧心国王将受到的冲击。"

"今晚，所有剧院暂停演出。"

"1847年就这样结束了。"

第二章

1848—1851 年

1848 年

雨果停止了读书。他喉咙有些干。他拿着朱丽叶递给他的水杯。他连喝水的时候眼睛都没有从他的手稿上挪开。他急着继续他的阅读，跟随"马德兰先生，滨海蒙特勒伊市市长"进入阿拉斯刑事法庭的大厅。

他仿佛觉得，尽管经过深思熟虑，写了这么多行字，他还是对接下来将发生的一切都一无所知，对马德兰将做出的选择一无所知，这个男人隐瞒了他做过苦役犯的过去，并且献身于救苦救难。

他隐约听到了朱丽叶轻声询问的声音：

"你读书还没有读疲倦吗？"

他从晚上开始就一直高声朗读……他摇了摇头。他继续向下读。

先是从杀害幼儿开始，现在我们已经到了苦役犯，到了惯犯，到了"悬崖勒马"。这个人曾偷过苹果，但这件事好像并没有被完全证实。已经被证实的是他曾在土伦做过苦役。就是这个事让他的案件变得很糟。

他的声音顿住了。他被即将要进入审讯大厅的马德兰先生的命运深深吸引，并且喊道："代理检察长先生……您即将犯下一个大错误，请放了这个人……我隐姓埋名，我赚了很多钱，我还当上了市长；我原想重新做个正派人，看来这已经行不通了……"

他忘了自己是这部小说的作者，是化名为马德兰先生的冉·特雷让的创作者，是芳汀的创作者，这个可怜的姑娘被一个有钱人欺负，往她裙子里塞了一个雪球。

他终于抬起了头，他回想起许久之前台布街的场景，和他为这个姑娘提供的有利于她的证词，那时他刚刚当选为法兰西学院院士。

他将他的生活经历作为小说的主体。

他从朱丽叶的眼神中仿佛看到了激动、仰慕之情。他离不开她大概就是这个原因吧，也因为他们两人之间的心意相通，维系这心意相通的不是欲望，而是温情。

"我感受到了这个勇敢的冉·特雷让所遭受的难以忍受的折磨。"她说，"我情不自禁地为这个饱经磨难的可怜人的命运落泪……我不知道怎样给你说这些，但我知道我所有的理智，我的整个心，我的全部灵魂都被这本你恰如其分地称之为《苦难》的杰作所吸引。我相信每一位将读到这本书的人都会和我有一样的感受，它的文学价值先撇开不谈，况且我也无法对此做出评判。"

但是他要怎样才能完成《苦难》这本书呢？政治、层出不穷的事件和欲望将他拉出了书房。

他没有反抗！恰恰相反！他被这群围住市政厅的人所吸引，他们掘起铺路石，他们抗议并且发起暴动，因为基佐政府禁止了一次宴会和 2 月 22 日为要求改革而展开的游行。

在贵族院里，一些同僚来到他的议席旁，请求他质问政府。他犹豫了。他得知为了反对基佐的政策，要求改革，反对禁止宴会，拉马丁已经参与了议员议会。并且埃米尔·德·吉拉丹，他的一位朋友，也这么做了。

二月阴暗的街道上，不时有一小群人穿行着，他们高喊着："打倒基佐，改革万岁！"

他发现远处有一群武装着长矛、大刀、枪械和斧头的人。他们正通过新桥。他朝协和大桥走去。一群凶悍的士兵将桥拦住了，并且时不时地攻击广场上一些分散开来并且喊叫着，要求推行改革的人们。一些声音传来："共和国万岁！"

他去了爱丽丝·奥齐家，她如今和画家夏斯里奥生活在一起。

她正在那里，在枝形大烛台散发出的金黄色的烛光中微笑着，肩上紧紧裹着一条红色羊绒披肩。她向他询问。

他讲述了他所看到的，他又用低沉的声音补充道："贫困导致人民发动革命，而革命又使人民重新陷入贫困。"接着又说道："暴动将被镇压，但革命终将胜利。"

但此时此刻，围坐在餐桌边，不应该谈这些。爱丽丝拉开了她的披肩，俯下身来，解开了胸衣，将脚后跟踏在桌上，掀起了裙子，露出大腿。夏斯里奥气晕了。

突然，一阵枪声传来，接着是警钟声。

雨果从空旷阴暗的大街上往回走。路灯都被打碎了，王家广场如同军事区一样戒备森严。许多士兵埋伏在连拱里。圣路易大街上，一队士兵正悄无声息地沿着城墙背墙而立。

2月23日到24日的一整个晚上，开火激战的声音不绝于耳。火把发出的微光照亮手推车，旱金莲大街枪战后死难者的尸体被扔进了车里。军队曾逼近并朝着游行示威的人群开枪射击。

星期四早上，警钟声又响了起来。他看见许多街垒阻挡了军队在马莱区街道上行进。一个孩童用尖锐的声音声嘶力竭地唱着：

> 听说在九三年，
> 他投票处死路易十六
> 啊！啊！啊！确实如此，
> 鲁塞尔是个好孩子！

> 公民"平等"
> 希望人们称其为"陛下"。
> 这位公民跳起了卡马尼奥拉舞……
> 毫无疑问，我觉得很有趣。

他有一种感觉，这首欢快的歌揭示了君主制的结局。

在第八区的区政府，他遇见了区长。人们已经聚集在区政府大楼前面。消息相继传来。国民自卫军反戈加入了暴动，士兵与暴动分子称兄道弟。勒伊军营被占领，米尼默的军队投降了。基佐被国王免职，议会被解散。短短几个小时之后，国王退位了。

历史就是这样子。

雨果感觉自己处于一种奇怪的状态。他观察着，如同旁观者一样观看这场革命，同时，他又很焦躁不安。自由将会变成什么样？人们唱起了卡马尼奥拉歌。他看到一些使人回想起恐怖时期和断头台的人。该行动了。

区长邀请他在区政府大楼的阳台上发表讲话。他俯视着喧闹的人群，他宣布议会解散，并且路易－菲利普退位。欢呼声盖住了他的声音，他高喊："奥尔良公爵夫人摄政！"

只听到一些零星的拍手叫好声，中间夹杂着一些低声抱怨。

他还得去巴士底广场重新宣布一遍。人们已经重新聚集在这里了。连他自己都惊讶于他的信心和推动他前行穿过武装人群的一股力量，这些人用惊讶，且大多都是敌视的目光看着他。

他登上了七月铜柱的基台，重述："国王已经退位了！"

一个声音回复道："不行，不要退位，要废黜！要废黜！"

这些人并不欢迎他，他已感觉到了。他说："摄政……"辱骂声爆发出来："打倒波旁王朝！不要国王，不要女王，不要统治者！"一名身穿蓝色工衣的男子端起一支枪，瞄准他。在闹事者高喊"法兰西贵族院议员闭嘴！打倒法兰西贵族院议员！"的时候，必须盯着这个闹事者，双眼直直地盯着他。

雨果走开了。

他觉得已经完成了他的职责。人群散开来。突然，穿工衣的男子出现了，重新端起他的枪，瞄准，喊着："去死吧，法兰西贵族院议员！"

不能停下，继续前进。他看到一个年轻工人将手放在枪管上，压低枪管并且说道："不要这样，要尊敬伟人！"

他默默地回到王家广场。他发现墙上有一个标志牌，上面写着"孚日广场"。王家广场被抹去了，革命带走了它！

在波旁宫里，拉马丁宣告了共和国的成立。他成了临时政府的一员。在诸多想要使用红旗的暴动分子中间，他成功地保留了三色旗，他高喊：

"市民们，它已经和共和国与帝国一起，带着你们的自由与荣耀，举世闻名了！"

该去见见拉马丁了。

2月25日，雨果去了市政厅。人们挤得水泄不通，以至于他无法前行。一个国民自卫军指挥官过来了，喊道："给维克多·雨果让条路！"人群让开一条道。

拉马丁在这里，站立着，在一个挤满人的会客室，拿着牛排大口地吃着。他的三色肩带披在胸前，他张开双臂迎接他："啊！您到我们这里来了，维克多·雨果，您是一个让共和国引以为傲的新成员！"

雨果被拉到窗户边。

"您看，这可是无边大海啊！"拉马丁低声说道。

他听到拉马丁建议他担任一个区的区长，但为什么不是一个部长呢？教育部部长？雨果摇摇头。他不愿答应，这群人让他感到害怕。人民真的就是这样？而且成立共和国难道不是为时过早吗？

他离开了。他本可以成为奥尔良公爵夫人的顾问，但摄政制度已经随着国王一起离去了。

然而他不想这么快就放弃，他想起了下台的国王曾向他展现的友情。现在还不是时候。他写信给刚刚通过废除政治犯死刑法令的拉马丁：

"……这是件高尚的事。我拍手鼓掌并且发自内心地欢呼。您拥有诗人的天赋，作家的天赋，演说家的天赋，您睿智并且勇敢。您是一位伟人。

"我仰慕您并且爱戴您。"

拉马丁决定让夏尔·雨果到他的内阁工作。

他在如同一座火山的巴黎隐藏起来。这场革命，这个共和国诞生在他46岁生日的这个月。对他来说是太早了，还是太迟了？

他听到一阵叫喊声，一阵歌声："为祖国献身！……""让我们跳起卡马尼奥拉舞……"空气中充满了火药味。他坚信有别的大事情将要发生，而且还是更加可怕的大事情。可能就要到时候了。

此时，他需要莱奥妮的身体。迈着轻快的步伐，像平日晚上一样，他去了她家，拉费里埃大街12号。

她在那里，美丽、热情并且健谈，同时也爱嫉妒，她嘲笑"年迈"的朱丽叶，责怪他还去见她。他只好回答他和朱丽叶联系只是因为同情甚至是怜悯。如果他再也不去见她，她会变成什么样呢？

他不喜欢自己说的这些话。他试着转移话题，提起了在巴黎开设的专为穷人提供工作的国家工场，接着他又讲了这场撼动了所有欧洲国家，如奥地利、意大利的革命。最后，她听着他讲，并向他解释她的朋友阿姆兰夫人是多么希望波拿巴家族的一员重新执政，以及这个人为什么不能是还处于流放之中的路易－拿破仑呢，但是必须让他回到法国，让人民来决定。

他说："我是保留所有意见并且同意，最终完全拥戴拿破仑的人之中的一个。"

她朝他走去，而他也喜爱这主动送上来的身体。

孚日广场，他发现在他的办公桌上，有一封来自第九区人民联盟的信，他们想着他已经接受了区长的职位，提出抗议。他读了一遍又一遍。为什么那些人也恨他？

"我们一点都不相信您会献身于法兰西共和国的民主的建立，因为我们很早以前就知道您目空一切，神情倨傲，一副贵族气派。因为毕竟您之前的行为并没有给我们提供任何值得称道并且让我们能够坚决信任的保证。"

但他不再追求什么！他只是同意在孚日广场主持种植一棵自由树的典礼。

他毫不掩饰自己的想法："第一次革命在于摧毁，"他说，"第二次革命应该在于组织。第一棵自由树就是耶稣基督为了人类的自由、平等和博爱而在上面用自己当祭品的十字架……共同的自由万岁！共同的共和国万岁！"

尽管如此，他并不愿意参加制宪会议的选举。然而大家都力劝他参加。但要让人民理解他可能还为时过早。许多充满敌意的目光盯着他。朱丽叶，他信赖的人，为他准备了一条腰带，如果他要逃走时可以将财物藏在里面。曾有人在巴士底狱广场威胁要杀死他！

尽管如此，一些市民坚决认为无论如何他都是候选人。再一次地，他心动了。他难道没有设想过这次政治行动吗？他还在犹豫，接着他决定了。

"我不自荐，但我也不拒绝。"

只要人们愿意，就可以投票给他。

"所有在自己人生中写下一页的人，如果他在这一页里倾注了他的良知与他的心，他便自然而然地被这一页展现出来！"

他伫立在一旁，一些队伍还在街上穿行着。人们喊着："社会主义共和国万岁！"

他注视着这些国家工场的工人们，这些人懒惰，酗酒，打牌，每天从早到晚只会争论，并且不用做任何实事就有人给他们发工资。他听到了正直的人们经过时发出的愤怒的议论。"君主制度曾经养着一帮游手好闲的人，"他们说，"而共和国也将不乏无所事事之辈。"他意识到这些国家工场，"白白消耗掉了巨大的财力"。

他忧心忡忡，因为他意识到威胁正在增加。但要怎样对抗它们呢？

他在等待选举的结果。可以肯定，他不是候选者，然而他本能地希望人们投了票给他。但是拉马丁获得了巴黎市民的259800张选票，整个法国的1600000张选票，因此成了首都的第一当选者，而他只获得了59444张选票，他失败了。选民们将他排在第48位，仅仅比尚加尼埃将军多200票。

这次选举失败，仿佛让他挨了一记耳光。

他没能成为在制宪会议里决定国家未来的议员。

他读了朱丽叶安慰他的来信，也高兴不起来，信中写道："您好，我亲爱的，您好，我心目中的当选者。我宣布您是我的共和国的第一位公民，并且我将您放在我的终极政府的首位……这样，我想要知道投票的结果，以便了解是哪些最幸运的代表被指定由优秀的布朗基先生的朋友们打破嘴巴，甚至是打碎下颌骨。"

她责怪他有"搅和进暴动的嗜好"。她希望"闹事者都被消灭掉……只要再也没有革命，没有变革，没有欺骗，我就赞成这个政府。因此，请您帮帮我，求您了，请您尽量按时出席我房间的会议……我想要您把我吻死，就这些……"

但他需要亲吻的是莱奥妮·多内！然而即使是她也无法让他忘掉只有五个成员的行政委员会的成立，拉马丁位于其中。

他感觉河水流淌着，而他仍待在陡峭的河岸，毫无价值，且不为人知。

水流淌得越来越急。5 月 15 日，以布朗基为首，由极端主义者和狂热分子组成的游行示威队伍袭击了议会。

"一个不是来自人民的闹事者，"雨果说，"脸色阴森，双眼布满血丝并且长着一个鹰钩鼻的人，大叫道：'明天，我们将在巴黎搭建起和我们栽种的自由树一样多的断头台！'"

国民议会议员们奋起反抗。巴尔贝斯和拉斯帕伊被抓起来了。布朗基躲了起来。卡韦尼亚克将军被任命为陆军部长。

这一次，为了阻止这些人想要像 1793 年那样制造流血伤亡，就得这样做。

他要把它写下来，将这个思想作为他忠心的声明。并且他去请五大艺术和工业协会大会帮忙，他们愿意向选民们推荐他。

"一个月前，"他说，"我曾以为，出于对选举活动的尊重，应该放弃我个人的候选人资格……危机已经显露出来了，我自荐。"

大家为他鼓掌欢呼。他与大厅里的人交谈。

"5 月 15 日的游行是一场谋杀，是一场灾难，在此之前，候选人资格仅仅意味着权利。今天，这是义务，而我没有放弃这个义务。放弃这个义务，就是背叛。你们都看见了，我没有背叛……我全部的想法，我可以只用一句话来总结：恨无政府主义痛心疾首，爱人民柔情厚意……"

大家一致宣布他成为联合协会候选人，6 月 4 日，他当选了，排在第七位，获得了 86965 票。排在第八位的是阿姆兰夫人和莱奥妮·多内谈论的路易 – 拿破仑·波拿巴，他比雨果少获得 2500 票。

他走进议会大厅，登上主席台发表他的第一次讲话，他激动且极度兴奋。关键不在于运用计谋解决国家和首都面临的问题，即国家工场的问题。

"在无所事事的四个月里，勇敢的工人已经变成充满敌意的游手好闲者，并且对文明产生怀疑……这些拿破仑曾使之成为英雄的人们，我们的抨击性文章的作者称之为野蛮人！有时我发自内心地为此哭泣。

"高尚且可敬的人民在被毒害和欺骗！游手好闲，懒惰懈怠，有组织地无所事事。街垒，没完没了地赌博，惹麻烦，打架。让人感到绝望的施舍取代了使之满足的薪水。诽谤的文字，抨击的文章，令人憎恶的布告，等等。哎！你们毁掉了人民，并且使他们迷失了方向。什么时候你们才能不再用红色的共和国和蓝色的美酒来麻痹他们啊？"

他心痛欲裂，因为要阻止国家工场的这些被煽动、因贫困而被迫反抗的工人和全国其他人之间的冲突，已经太晚了。

他希望这些被称为"民主主义思想家、社会主义思想家"的人明白将会突然爆发的事情,并且停止"挑动一个苦难攻击另一个苦难,煽动一个失望攻击另一个失望"。

议员们为他鼓掌,然而他双手紧紧抓着议会主席台的边缘,他料想到那些渴望在这个六月末重现1793年恐怖统治的人们会斥责他。

"当心啊!"他说道,"两个害人精正在你们家门口,两个怪物正在那里等待并且咆哮,在黑暗之中,在我们身后也在你们身后,内战和奴隶战争,可以说是狮子和老虎;不要解开它们的锁链!以上帝的名义,帮帮我们吧!"

太迟了。他清楚这一点。他投票赞同废除国家工场,同时知道这些工人只能选择被解雇、应征入伍或者离开去外省,去做一些大工程的雇员,如索洛涅地区的排水工程。他们不会接受的。雨果已经看见在孚日广场周围,在大街小巷里,突然涌现出第一批街垒,叫喊声已经回荡起来:"面包,工作或者死亡!"

他对军队的消极被动感到震惊和愤怒。卡韦尼亚克将军让军队在军营之中待命,然而暴动迅速蔓延,整个巴黎东部很快被暴乱者控制了。铺路石、家具、手推车挡住了圣安托万市郊和圣殿街区街的马路。

他经过这些街道,他也到了国民议会。这真的是一场革命,一场暴动!他猜到卡韦尼亚克的阴谋和他那不可告人的想法,卡韦尼亚克同意了出兵,但是是为了他自己的利益,为了获取全部权力,然后剥夺执行委员会的权力,继而成为首脑,行政权力的唯一指挥官。满足了这些条件,他才会对暴乱者发动军队。

这一切,雨果都注意着。他走近街垒。为了组织恢复秩序,他是从议会议员中被挑选出来的60个特派员之一。

他和前线的士兵在一起。他看见一些可怜的孩子为了捡子弹而在大街小巷之间穿梭奔跑着。他看见一个女人爬到街垒上,"一个年轻美丽,头发蓬乱,令人畏惧的女人。这个女人曾做过妓女,她将她的裙子掀起到腰部,用妓院里那种很难听懂又可怕的语言朝国民自卫军喊道:'胆小鬼们,开枪啊,要是你们敢的话,朝一个女人的肚子开枪啊!'"

"一通射击把这个不幸的女人打翻在地。她发出一声刺耳的尖叫,倒下了。街垒和开枪的士兵们陷入了一阵可怕的寂静。突然,第二个女人出现了。这个女人更年轻而且更漂亮,她几乎还是个孩子,刚刚17岁。"

他闭上眼睛。"多么深的苦难啊!"他听见了她的声音:"开枪吧,强盗们!"接着一通巨响。

他已把这一切记了下来。这些将出现在他的小说中。

他继续前行。他想去孚日广场，阿黛尔和她的孩子们还在那里。到处都在杀人。

他认为"两边阵营流出的血都是勇敢和崇高的血"。

他站在被三个街垒拦住的圣路易大街上。国民自卫军和游击队互相射击。时间是 6 月 24 日下午两点。

雨果看着远处这些相互开火厮杀的人。必须尽快停止战斗！他没有多想。他感到有一股力量推动着他，必须行动起来。他走出了队伍，他独自一人站在马路中间。他大声喊道：

"该结束了，我的孩子们，前进，前进！"

越是冒着危险前进，伤亡就会越小。

街垒一个接一个地倒塌了。他看见横躺在地上的尸体，许多人被逮捕了，连续地开枪射击。因为在枪决……

他以前经历过更加悲惨的情境吗？

"没有什么比这更加冷酷更加阴暗的了。这是一件丑陋的事情：卑鄙的英雄主义在弱小面前闪耀着力量；文明被厚颜无耻攻击，又以野蛮来自卫。一边是人民的绝望，另一边是社会的绝望。"

他已筋疲力尽。他走着，他仍然身处混战之中。

他去了国民议会。一个人朝他走来，告诉他暴动者袭击并烧毁了他家的房子，但他的家人被救出来了。他突然感觉一片空白。

他去询问拉马丁，但拉马丁此刻已经没有权力了。他脸色苍白精神萎靡。卡韦尼亚克已经成为形势的主宰。

雨果一直跑到孚日广场。

暴动者确实试图烧毁房屋，可木头太湿，火没能点着，他们只是进入了房屋。

他回到自己工作的小屋，然后又去其他几间房间看了看："我欠他们这份公正，我乐意将之归还他们，他们在我家尊重了一切。他们从这里出去，就像他们之前进到这里来一样。"

但阿黛尔不愿继续住在这位于暴风中心的房子里。必须搬家，先在伊斯利街临时落脚，后来又在奥弗涅塔楼街三十七号的一间大房子里安了家。这幢房子的窗户朝向犹如平静海洋的蓝色巴黎。

这里距莱奥妮·多内家不远。正是她建议搬到这个区，也是她负责搬家事宜，阿黛尔没法安排和做决定。还得瞒着她，朱丽叶也将搬到附近的罗迪耶城。莱奥妮和阿姆兰夫人一样不停地夸奖路易－拿破仑·波拿巴的优点，称他是个正直的人，路易－拿破仑·波拿巴就《消除赤贫》写了本书，他完全没有参与当前对叛乱者的残酷镇压，这一铁腕行动是由卡韦尼亚克将军领导的。路易 – 拿破仑·波拿巴不断重复着"秩序战胜了混乱"。

现在的危险，是卡韦尼亚克。

雨果看着一队队俘虏在士兵的看押下前往苦役犯监狱。既没有人对被逮捕的两万五千名叛乱者进行审讯，也没有人对背靠着铺路石筑起的街垒被射杀的叛乱者加以判决。死亡仿佛笼罩着巴黎。

夏多布里昂于7月4日早上8点去世。

雨果走进他的房间，看见他那挂着白色帷幔的小铁床，他的脸上"带着平素生活中的高贵表情，同时还伴有死亡的庄重。嘴巴和下巴用一块细亚麻布手帕盖着。头上戴着一顶白色棉质无边软帽，露出鬓角花白的头发"……

如何能不坚信一个时代刚刚结束，这血色的七月和这场震动整个欧洲的革命标志着另一个时代的开端呢？

历史新旧两面的转折点正位于法国。这点毋庸置疑。他，在这里，在这个人们可以对议会施加压力的地方，议会即将讨论一部新宪法。

但当前，必须起来反抗镇压，反抗卡韦尼亚克。共和国的总统将通过全民普选产生，而卡韦尼亚克渴望成为未来的总统。

必须保护那些"被监禁者"和"流放犯"。

"昨天，我与你们为敌，今天，我保卫你们！"雨果大声说。

还得捍卫新闻界的自由，要求取消封锁。为此，他和他的两个儿子，以及保罗·莫里斯、奥古斯塔·瓦克里创办了《时事报》，该报的题词为"恨无政府主义痛心疾首，爱人民柔情厚意"。

他现在平静下来了。他的选择非常清楚，他不会听任自己受人影响。他是只属于他自己的力量。

在议会，他按照自己的意愿投票。即便被归类为普瓦捷街委员会的保守派议员，他却站在"左派"这一边。但他又同保守派一同投票反对那些不希望路易·拿破仑·波拿巴成为共和国总统候选者的议员们，他说："自二月以来，他除了支持共和国什么也没做，那么将他排除在外的理由是什么呢？"

在议会和在法国，人们需要明白这一点：

——我的政治行为不取决于掌声或是抱怨。无论你们做什么，我将站在秩序的阵营内，但是，请搞清楚，为了避免你们的政治称之为错误的事，我永远不会做我的良心认为是罪恶的事。

渐渐地，他在奥弗涅塔楼街的新居所创建了他的"洞穴"。但他并未获得安宁。

他知道法国和巴黎仍处于动荡之中，仿佛二月和六月的震动还在造成影响。

他看见朱丽叶也十分不安。

"如果共和国，"她说，"不立即解决这恐怖的苦难，我担心像六月这样可怕的日子还会出现的。"

他在议会活动。他希望不仅仅是取消政治方面，而且是所有犯罪行为的死刑。他注意到路易－拿破仑·波拿巴先生，谨慎、苍白，坐在自己的席位上，显得无足轻重。

他觉得这些宣称"人民主权"的议员们并不关心压迫着人民的苦难。当前法国的情况主要是"苦难与主权相互掺杂，这种畸形可怕的情况想要毁灭一切，因为它的名字是饥饿，它能够毁灭一切，因为它又名力量"。

人们会听见他的这些警告吗？他希望坚持履行鸣响警报的职责。

然而必须选择好在共和国总统选举中支持谁，候选人有卡韦尼亚克、拉马丁和路易－拿破仑·波拿巴。

他感到失望。二月革命有什么用呢？由此建立的政体，在流血的六月之后，又是什么样的呢？

然而，必须在"共和国的幽灵"卡韦尼亚克和"拿破仑的影子"路易－拿破仑·波拿巴之间做出选择。

雨果发现保罗·莫里斯、奥古斯特·瓦克里和他的两个儿子在《时事报》该投入到支持哪一位竞选者的新闻活动这件事上犹豫不决。

然后，有个人来到了奥弗涅塔楼街。是路易－拿破仑先生，他在雨果新居内四处散落的行李箱中间走着。他脸色暗红，十分腼腆。他讲话声音低沉，带有日耳曼口音。他解释他是来向常常颂扬拿破仑的诗人致敬的。但他只是一位公民，他的雄心与其说是希望与皇帝比肩，不如说是希望像华盛顿一样卓越。他站在那里随时准备听取诗人的意见、观点……

好了，必须做出选择了！此外，舆论、人民、农民全都倒向了路易－拿破仑·波拿巴。怎么能支持卡韦尼亚克呢？

"如果卡韦尼亚克将军被任命为共和国总统，那就必须把伏尔泰和卢梭从先贤祠移出，代之以阿里博和菲斯奇（谋杀路易－菲利普的人），并将先贤祠三角楣上的铭文改为'杀人犯啊，祖国感谢你们'！"《时事报》以此作为标题。

雨果之前未被提醒。

当他到达议院时，人们围住他，要求他斥责《时事报》。有人悄悄告诉他卡韦尼亚克的打手们已经准备绑架他，杀死他。

赌局已经开始。莱奥妮搂着他的脖子。"他选择了路易－拿破仑，未来之人！"她说。他仍然非常焦虑。

路易－拿破仑邀请雨果以及他的几个支持者奥迪隆·巴罗、雷米扎、托克维尔共进晚餐时，他一直保持沉默。

然而《时事报》代他发声了：

"人民信任路易－拿破仑·波拿巴。路易－拿破仑·波拿巴信任天才和人民，这是上帝的两个声音，我们只会选择他而不是其他人作为当选者。"整整一个版面上，都在不断重复一个名字：路易－拿破仑·波拿巴，并冠上标题："拿破仑没有死！"

必须信任。必须投票支持他，相信并重复这位拿破仑先生"懂得同时看到过去和未来；在他前进的步伐中，他没有遗留下任何珍贵的东西，他允诺给予秩序与自由、文明与进步、行为与思想相同的尊重，并以同样的警惕性去捍卫它们"。

然而，当雨果得知选举结果后，他并没有任何喜悦。路易－拿破仑·波拿巴的胜利是碾压性的：5434226 票，卡韦尼亚克获得 1448107 票，拉马丁获得 17940 票。

12 月 20 日，人们在议会欢迎路易－拿破仑·波拿巴，雨果听到议会主席宣布向共和国总统致以敬意，这敬意源于他的排名。雨果不假思索地反驳："源于他的职责！"他立即感到同僚们的目光都避开他，仿佛在躲避一个刚刚"失去和无视担任部长机会"的人。

他才不在乎呢！

"我是，"他说，"我愿意成为并始终是信奉真理、热爱人民、遵循自己良心的人。我并不渴求权力，也不追逐掌声。我既没有当部长的野心，也没有成为演说家的抱负。"

他想忘掉这一切，回到自己的家中。

他与他的编辑迪里耶再次会面。

"这一年，商业和出版业都不景气，不是吗？"他说。"因此，"他耸耸肩，"在我看来，不同您结算是对的……请允许我完全自愿并乐意在 1839 年 9 月 2 日我们签订的您购买我书籍版权年限的合同基础上增加一年。"

同一天晚上，12 月 23 日，他在爱丽舍宫用晚餐。他迟到了，共和国的新总统起身迎接他。

"您向我走来，和我向您走去一样，"路易－拿破仑说，"我向您表示感谢！"

大家谈起艺术、报刊。

雨果力图说服他支持艺术和报刊业，并使之保持自由。总统听着他讲，"更像是个尴尬的陌生人，而不像这房子的主人"。

宾客们同总统交谈时,犹豫着该怎样称呼他:有些人称他"先生",有些人称他"亲王""亲王殿下""殿下",另一些人称他"公民"。

人们最终会接受哪个称呼呢?

这是一年的最后一天。数月之间发生了许多大事和动乱。

他去到拉马丁家,后者颇有尊严地与他话别:"全民普选对我发出了嘘声。我既不接受也不拒绝这个评判。我在等待。"

但雨果观察他,自二月以来,拉马丁背部佝偻。他在十个月里老了十岁!

现在,在夜晚的孤独中,他将照例给朱丽叶写信。

"当你收到这封信时,1849 年将已经开始,这将是我们共同度过的第十六年。啊!愿这一年像第一年一样远离我们爱情的尽头啊!"

"我的天使,我祝福你!"

1849 年

雨果希望自己不只是念着莱奥妮·多内的身体。

他拿出一张纸,快速写着,仿佛他想这样在自己和烦扰他的挂虑之间筑起一道语言的屏障。

"啊!假如你在此时突然走进我的房间,假如你带着绝妙的微笑对我说:我来和你共度良宵,我认为我会幸福得发疯。你想象得到这些吗?就这一个想法,仅仅是个想法,已让我着迷。啊!拥有你,和爱你一样,是天堂般的幸福。当我拥有你,怀中揽着赤裸的你,你看,我不再是男人,你不再是女人,我们是两个天堂的统治者和皇帝。我疯狂地爱抚你……从头到脚亲吻你,让你全身变得绯红。"

他闭上眼。他想立即去她家,就在几步之外。她等着他。但她将指责他还没有与"老女人"断绝关系!好像他能做到似的。然而,莱奥妮清楚他渴望的是她,把他与朱丽叶联系在一起的是过去,首先便是回忆与精神。

他在与莱奥妮合谋时,她如何能怀疑这一切啊?几天前,他对她说:"这是你知道的那个可怜女人写来的信,我把这封信连同我的回复一并寄给你……让人把它送到邮局去吧……这张邮票将让她确信我在乡下。"

但莱奥妮没有平静下来,反而大发雷霆:

"不!"她说,"我不能忍受这一切……"

她威胁要去警告朱丽叶。她讲到"深渊，屈辱""可恶的高等妓女"。在怒火中她是那么美丽，她说道："我将我的鲜血，生命献给您，但不是我的良心……我扮演了一个不体面的角色。"然后嫉妒占了上风。"她对您有多么大的影响啊，"她说，"您对她葆有何等的激情啊，既然您完全拒绝让我们的状况变得可以忍受。我只是需要一丁点儿坦诚与爱。"最后她说："我把所有您的东西归整到这里了，您可以派人来取。"

他叹了口气。他曾成功地说服她耐心些，接受目前的境况。对一个女人的爱与欲望，加上与另一个女人维持关系的愿望，而这层关系又不再是由爱滋养时，天知道是多么不容易。

他觉得不安。他背叛了朱丽叶，把她写给自己的信透露给了莱奥妮。但她们为什么不能接受他可以爱，爱过和被爱呢？

他们住在同一区，相互离得近，当他与朱丽叶并排走在街上时，他每走一步都害怕被认出来。他知道这样羞辱了朱丽叶，她为此痛苦。她也非常恼怒地说：

"我宁愿待在家里安静地，用我深厚的诚意爱你，就像人们爱上帝那般，也不愿与一个因害怕被遇到而担心并且感到羞耻的男人忍受这可怕的心理和身体的折磨……我不想你否认我，我更不想制造丑闻。我不想让你感动，然而我不愿意在某些出乎意料的时刻，你待我还不如只狗好……今后，我就待在家。这样，我就不会让你感到为难，你也可以毫不内疚地立刻跑开，并向你遇到的女性打招呼而不用脸红。"

他理解她。然而她能设想他的生活是怎样的吗？当激情推动他时，为什么他没有权利去渴望，去爱呢？

朱丽叶和莱奥妮，她们知道他还得想着挣钱吗？他还得操心他的收入，操心《玛丽·都铎》的重新上演和这部戏剧的进款吗？

因为她们都需要钱。朱丽叶没有金钱来源，莱奥妮需要帮助，多亏了他，她在《时事报》上发表了一些文章，但他为此花了两千法郎。

"为此，对我来说一切都是可能的……我愿意抽出血管里的血，但鲜血不是金钱。"

朱丽叶没那么苛求，他必须承认这一点。莱奥妮，或许因为她更年轻，更美丽，经常反抗，指责他没有真正地归附于路易－拿破仑·波拿巴。

至于朱丽叶，如果他需要，随时准备奉献她的生命。这一点，他很确定。

"我是，并且永远是，"她说，"你可怜的朱朱，十分顺从，并且谦卑地爱你，欣赏你。"

还有阿黛尔，他同她一起参加总统的宴会，爱丽舍宫的舞会、晚宴。

阿黛尔总是招待莱奥妮，现在她俩成了邻居，他时常听她们聊天，阿黛尔为共和国总统身边没有诗人、艺术家而遗憾，而莱奥妮为总统辩护。

这个有着皇帝著名姓氏的总统是谁？他希望如何呢？雨果感到忧虑，因为他逃走了。有一些关于政变的传言。尚加尼埃将军可能准备解散议会，抓捕那些自称为山岳派或社会民主派的人士。

"我们不呼吸，我们没有活着，我们处于旋涡之中。"雨果说。

怎样找到必需的平静来继续创作《苦难》呢？"一些日子以来，政治的天空又重新变得相当黑暗。"他记录下。

他观察总统，每一次他的评价都变得更加严苛："路易－拿破仑·波拿巴属于人们称为亲王的无知者阶层，属于人们称为侨民的这一类外国人。……他一点儿也不像波拿巴家族的人，既没有他们的样貌，也没有他们的风范；或许他本就不是吧……"

他听到一些人和另一些人的心声。每个人都提及"奥坦丝皇后自然的仪态"，路易－拿破仑的母亲，她与荷兰海军上将费尔韦尔的关系。

总统？"这是荷兰的纪念品。"人们窃窃私语。

但这不是最严重的！首先需要对抗蚕食人民的贫穷，当他走在圣安托万郊区的小巷中时，他必须克制反感与恶心的冲动。

"不久之前，在巴黎，在巴黎的这些郊区，暴乱之风如此容易地刮了起来，一些家庭，全家人杂乱地生活在这些街道、房子或是垃圾堆中，男人、女人、年轻女孩、小孩子只有用从城市化粪堆、烂泥中捡来的许多恶臭发酵的破布做床和蔽体之物，我几乎要说当作衣服呢，人们躲在化粪堆边躲避冬天的严寒。"

他看见"一位母亲和四个孩子在蒙福贡尸体堆里污秽恶臭的残骸中寻找食物"！他听说一个文人八天没有吃东西，饿死了。面对这苦难，人们能做什么？"可怕的政治"有什么用？为什么这动乱、演讲、革命什么也没有改变？难道生命只是指手画脚与幻象吗？

就如同他的儿子们和他讨论之后在《时事报》上发表的那样，他觉得"一年足以侵蚀掉所有这些思想和去年2月24日人们信任的所有人"。

一年刚刚过去。雨果47岁了。比他年长的拉马丁，曾经是一场迷茫革命中头脑清醒的人，曾经藐视红旗，废除死刑的人，现在一文不值！

独自一人，不参加任何党派，就是这样。然而政治不允许这样。

雨果思考了拉马丁的例子。他相信如果他不靠近秩序党人，靠近这群在普瓦捷街设立选举委员会的"城堡卫戍官们"，他将不会再次当选。而他希望自己获选。

然而，左翼社会民主党把他视为对手。

当左翼希望延长议员的任期时，他难道没有要求解散议会，重新进行立法议会的选举吗？

左翼不原谅他曾大声疾呼："怎么？共和党人，你们对共和没有信心吗？"投票已经进行，议会被解散。那么，现在必须加入普瓦捷大街的秩序党。

"孤立一人，在选举的时候是不可能的。这并不比战场上单枪匹马的可能性大。"他说，"在内心深处，我不与这些人为伍，我与他们信仰不同，然而当船舶下沉时，所有的乘客都变身水手或是飞快地奔跑起来！"

他希望再次当选。

他来到联合委员会的委员们面前，曾经他也是该委员会的候选人。他想要解释自己在议员任期内做了些什么。

"一年来，我所有的政治行为可以总结为一句话：在惨痛的巷战中，在议会严峻的斗争中，我顽强坚定地捍卫我的胸膛和我的话语，我捍卫秩序，对抗无政府主义，捍卫自由，对抗专制。"

人们欢呼和赞叹"是的，确实如此"，他等这些声音平息下来之后，接着说：

"我尽了最大的努力，做了一些我不想做的事，也做了一些我不能做的事，我带着完成责任的严肃泰然地回到你们当中。"

5月13日，他以117069票成为巴黎排名第二的当选者。秩序党——正统主义者，奥尔良党人，天主教徒和一些波拿巴主义者，获得了3310000票和450个席位！另一边，社会民主党共有1955000票和180个席位，中间派仅获得75个席位，一败涂地！

在这样一个议会中做些什么呢？雨果觉得"头脑清醒的人们"如拉马丁，已经被排挤在外。

"我的再次当选毫无意义，法兰西的痛苦，马孔的耻辱，是拉马丁的落选！"

他感到自己被秩序党的议员们孤立，后者虽把他视为他们其中的一员，却带着点儿侮辱的嘲弄：他是位诗人，不是吗？

他主持一次和平代表大会，在一片欢呼声中，他说道："告诉人民：你们是兄弟！"或者"愿这一天标志人类流血伤亡的结束，屠杀与战争的结束，愿这一天开启世界和平与和谐，愿我们可以说1572年8月24日圣巴托罗缪大屠杀被抹去并消失在1849年8月24日！"

他料想到所有"大腹便便者"的冷笑。

在议会，他们不允许他站起来反对乌迪诺将军在罗马进行的法国军事远征，将军恢复了教皇庇护九世的权利，使得教廷得以抓捕、审判、惩罚那些先前攻克了罗马并期望将它变为他们祖国首都的意大利爱国者们！

当他发言时，他只需要看看多数派议员们的脸，当他批判教皇时，他只需要听听他们指责的声音，他就能猜到他已与秩序党渐行渐远。

他不会退却。

"与这些多数派为伍吗？选择命令，而不是良心，绝不！"他大声说道。

他用手指着右翼的议员，质问他们：

"那么，你们任凭绞刑架在三色旗的阴影下，在罗马竖立起来吗？"

左派为他鼓掌。

他不愿意参加 6 月 13 日反对法国在罗马远征的示威游行，但当他得知军队破坏了对立派报纸的印刷厂之后，他加入其中表示抗议。

"德·蒙塔朗贝尔先生曾说这些掌声是对我的惩罚吗？我接受这些惩罚，并为此感到光荣……德·蒙塔朗贝尔先生先前为波兰辩护，现在已转到压迫者的一方，而我，我依然站在被压迫者这一边。"

左派再次爆发出雷鸣般的掌声。

他觉得过去的每一天他都在靠近一条边界线，而他一旦跨过这条边界线，便再也不可能折返回来。

他回想自从他发表最初的保王主义诗歌以来所走过的漫长道路。他曾获得由国王路易十八和查理十世出资的赏金。他曾亲近路易 – 菲利普。他曾是法兰西贵族院议员。他曾渴望当部长。他曾在 1848 年 6 月带领军队应对工人们街垒战的攻击。

现在，他在谈论苦难，跟议员们讲述他在郊区的所见。

"先生们，思考一下吧，无政府主义掘开了深渊，但苦难加深了深渊，你们制定法律对抗无政府主义，现在请制定法律应对苦难吧……"

议员们打断他。指责他曾说"我们可以摧毁苦难"并对此抱有幻想。他接着指明：
"先生们，我并不是那些相信我们能消灭世界上痛苦的人，痛苦是上帝的法则；但我是那些认为并承认我们可以摧毁苦难的人！"

关于这一点，议员们不会原谅他。

一位议员向他大声嚷道：

"这是个巨大的错误。我们可以减轻苦难，但不能以一种绝对的方法摧毁它。"

他重新站起来。

"苦难将会消失，"他说，"就像麻风病已经消失了一样！"

边界线已被越过。路易 – 拿破仑·波拿巴似乎赞同在罗马的自由政策，但他怎么能抵抗秩序党这个多数党派和天主教派的压力呢？最终，他认为乌迪诺将军的士兵们是正确的，这些人把武器放在脚边，看着教皇的警察逮捕、审判、流放意大利爱国者。

路易－拿破仑·波拿巴接见了雨果。两人的关系殷勤有礼又有些紧张。在雨果看来，总统更会玩弄权术，更加狡猾，在此之前，他没想到这一点。他从这次令人不安的会见中脱身。这位毫无财富，靠在交易所投机确保自己收入的总统，会接受在不能连任的四年任期期满之后离开权力中心吗？或者是……

一切皆有可能。总统身边的人——莫尔尼、富尔德等人——让人不安。

他将这些告诉了自己的儿子，弗朗索瓦－维克多和夏尔在《时事报》上写道："路易－拿破仑先生难道没有意识到，他的顾问都是些可恶的顾问，他们以扼杀他身上崇高的热情为己任吗？……"

雨果清楚这次与秩序党和路易－拿破仑决裂之后，他将被孤立，并遭到污蔑。当人们指责他之所以反对总统，不过是因为总统拒绝许给他一个部长的职位时，他并不惊讶。

他对此予以否认：

"在我和路易－拿破仑·波拿巴先生的关系中，在我和他之间，绝没有任何近期或长远的问题与这类可能性相关。我看谁能拿出一丁点儿与此相反的证据来……"

污蔑者们丝毫不在意这些否认，然而这些诽谤也并不能伤害雨果，他只向自己的良心解释。

朱丽叶感到气愤：

"我的心被这些残暴、嫉妒，充满仇恨的人们的恶意和愚蠢伤害了。当你在每件事和为所有人捍卫真理、自我牺牲并忘我奉献时，你却遭受了卑劣言行，我替这些人从灵魂深处感到羞耻。"

他被她的信任打动。如何还能与她断绝关系？他试着让她安心。"要对人民有信心。"他低声说。他又说：

"不信任人民，就是政治上的无神论者。"

1850 年

维克多·雨果走下公共马车，来到鱼船街区，贝勒封街的街角。突然出现一队重骑兵，他对此感到惊讶。骑兵们手握军刀。刀刃在冬夜中闪耀着光芒，几家店铺在夜色中星星点点地亮着光。

他向后退了退。一辆四轮双驾马车，在其他骑兵的簇拥下，带着门童驶来了。骑兵们紧挨着马车，仿佛有祸事将要发生一般。

"看啦，"公共马车的驾驶员说，"这应该是总统吧！"

两个仆从，穿着如拿破仑帝国时期般的金色与绿色衣服，跟在马车后面。接着来了第二辆车，两辆人们称作"蜗牛"的小车和一辆有篷双轮轻便马车。

他看着它们驶远。

"这像是有人前往万森纳，又像是去往爱丽舍宫。"他嘟囔道。

他继续散步，眼睛还看着这支"以皇帝的四轮华丽马车为首，出租马车做尾的奇怪队伍"。

他听见穿工作衫的人们在高呼"共和国万岁！"，还有一个孩童"皇帝万岁"的愉悦声音消失在黑夜里。一位老妇人对那个孩子说："等到他干出点儿成绩吧！"

雨果慢慢地向回走。他要去莱奥妮家，然后再去朱丽叶的住处。

他还惦记着与年轻姑娘克莱尔的约会，克莱尔写信给他说："您跟我说，您觉得我漂亮，可有那么多女人和我一样，甚至比我更漂亮，但您明白吗，我的诗人，没有谁像我一样懂得欣赏您，这一点我很确定……有时候，我害怕在我家人不知道的情况下这样见您不好……如果您有一点点儿爱我，您不会滥用一个十七岁女孩的全部信任的……"

只要一想到克莱尔柔软的身体，天真的目光，他就发抖。他将去见她，再去与她会面。她会快速钻进出租马车，然后放下护窗板，他们一同驶远。

他想他的敌人一定在监视他，渴望当场抓住他和一个这么年轻的女孩儿在一起，爆出一条丑闻，任何人都保护不了他。每天当他去一个年轻女人，或是子爵夫人，或是法兰西喜剧院的分红演员，或是平民妇人，或是女诗人那里时，都能为他铺设一个陷阱。

就是这样。无论有怎样的风险，他都不能放弃与这些女人的相会。恰恰相反，他似乎越来越需要女人的身体。爱，首先是抚摸，拥抱，进入一个新的生命，他自己承认，实际上他拥抱的是哪个女人无关紧要。无论她是怎样的条件，智识，甚至美貌，她就是生命。她使他迸发出活力。是因为他今年已经 48 岁了吗？是因为他每天都需要这证明自己男子气概的新证据吗？

他甚至不愿去想这些行为的原因。他听任自己顺从这难以抑制的欲望，对他来说，满足这欲望和呼吸、吃饭、写作一样是必需的。

他去见朱丽叶。他需要她在生命中每个时刻所给予的柔情与馈赠，需要她为他带来的支持。当他走进朱丽叶的住处，他觉得自己被她的爱与崇敬保护着。

他刚刚在议会经受了暴风雨。

他发言反对将学校交给教士、耶稣会会士的教育法案。国家教育部部长法卢伯爵希望尽快投票通过这一法案。

当他表示："我希望教会在教会该在的地方，国家在国家该在的地方……你们的法案是一项戴着面具的法案……这是种奴化思想……你们是教会的寄生虫，你们是教会的病根。你们不是信徒，而是你们自己也不理解的某种宗教的宗派主义者。你们是宗教神圣的导演者。请不要把教会扯进你们的花招、你们的阴谋、你们的教义和你们的野心中去。请不要把教会称作你们的母亲，却为了把它当成女仆来使唤！"他看见这些因仇恨而扭曲的面孔，听到来自秩序党的叫喊。

秩序党人大发雷霆，向他吼叫说：

"您跟谁过不去呢？我跟您说，您是在跟人类的理性过不去。为什么？因为理性创造了光明！"

恐惧指引着这些人。他们提出的所有法案都是为了钳制、约束和限制言论。雨果每次发言，都赢得左派的欢呼，他不喜欢、不信任这些社会民主党人，但他们却支持他。

他给朱丽叶写道：

"五年前，我差点儿成为国王的宠臣。今天，我就要成为人民的宠儿。我当年做不了国王的宠臣，日后也成不了人民的宠儿，因为我独立的本性早晚会暴露出来，因为我对良心的忠诚早晚会在街头激怒这一方，或在杜伊勒里宫激怒另一方……"

但他不想操心这些。他只说遵从自己思想与良心的话。

他怎么能够接受一项限制报刊自由、重建戏剧审查、禁止某些报纸公开销售——《时事报》便是其中之一，以及将六月起义被指控者们流放到阿尔及利亚去送死的法案呢？

"啊！请放弃这些语言上的谨慎吧，"他大声疾呼，声音变得嘶哑，"请停止虚伪的套话吧，请至少真诚些，跟我们说：死刑恢复啦！"

事实上，当他看着这些议员，当他听见这人，与其说是质问，更像是谩骂他时，他十分清楚是对人民的恐惧在驱使着他们。每次补选，都有一些新山岳派和社会民主党的代表当选，巴黎地区有 3 名，全法国有 10 名，在巴黎，通俗小说家、极左派的花花公子欧仁·苏也当选了！秩序党害怕了，议员们和政府认为只要限制全民普选就可以阻止事态的演变。

他们来了！

他读了亚历山大·仲马给他寄来的信。

"我亲爱的维克多，明天，您将要发言，不是吗？在那里，您是全世界智慧的代表……告诉他们他们是疯子，告诉他们他们进行的斗争是失去理智的……这些人既在历史中一无所见，也在未来一无所见吗？民主，他们不明白您从哪里来，又要往哪里去吗？……如您这般盲目，也能清楚地看到拿破仑、路易十八、路易－菲利普失败的地方，有一个深渊，看到三个君主政体覆灭之处，再也没有君主政体的可能……这就是我不仅说而且二十年来一直在书写的内容……将这份代表我们所有人发言的荣誉献给我们中首屈一指的您……"

雨果回想起这封信，当他在议会讲台被打断时，当他用力以低哑的声音发言时：

"来啊，动手吧！削减三百万选民吧，削去四百万，从九百万选民中削掉八百万吧！……你们削减不去的是你们的错误……是时代在前进，是时间在鸣响，是大地在旋转，是思想向上的运动……是时代与你们、年轻一代与你们、自由精神与你们之间愈来愈大的距离。"

仇恨的叫骂之后，他还得忍受来自个人攻击的恶毒语言，《论辩报》的专栏编辑在报纸上撰文：

"曾经有一段时期，雨果先生似乎在忍受社会的不公正，这个时期几乎正是维克多·雨果先生成为法兰西学院学士和法国贵族院议员的时候……"

在《环球报》上，路易·弗约这个"短袍记者"，就像耶稣会的世俗参与者一样，几乎每天都抨击雨果："自1848年起，在秩序党内，人们对他说：闭嘴吧！请不要让您自己变得可笑！"

接着还有蒙塔朗贝尔，曾经的亲近者、朋友，他在全民普选辩论的翌日走上议会的讲台。雨果没有出席，他精疲力竭，病了。但他愤怒地读到蒙塔朗贝尔这个"阴险小人"宣称："要是他现在在场，"这位秩序党的议员说，"我将提醒他所有他曾为之鼓吹的事业，和所有他曾背弃的事业……他逃避为失败的事业效力……"

雨果将做出回复，提醒人们他以前的作品，以及在王朝没落之后，他是怎样忠心于查理十世、奥尔良公爵夫人的，为了让波拿巴家族有权从流放地返回，他是怎样调解的。

但他觉得自己受到了伤害。蒙塔朗贝尔曾是个老练的政客。

"你们在雨果先生的语言中将总是，"蒙塔朗贝尔继续说，"找到相同的措辞，却又总是讲给不同的对象……他力图使未来的专制主义明天能够享受今天他对人民的奉承，正如他曾经对两个王朝溜须拍马一样。"

议会多数派不断爆发出的欢呼犹如一记记耳光。

"为民主而战，为自由而战，你们且看看那时候我缺席了吗！"这是雨果的回答。

他草草地写了几行诗痛斥蒙塔朗贝尔。

然而还有更刻不容缓的事情。人们在谈论政变、暗杀。

他耸耸肩……"审查，警察，镇压，欺骗、迟钝又愚蠢的政府像极了虔诚的教徒和下士。哨所监视着你，告解座窥视着你。"

议员沙拉斯，曾经是一名上校，拥护共和政体，拉住雨果的胳膊。

"此刻我有一种说不清楚的感觉，"雨果对他坦承，"为我对面有如此强大愚蠢的对手感到耻辱。"

他谈到"虚伪的政党，专制主义、僵化、愚蠢、沉默、黑暗、使人像修道士般迟钝的政党，他为法国期冀的不是法国的未来，而是西班牙的过去"。

沙拉斯一边听他讲着，一边低声说着这是另一码事。

"倘若发生暴动，您要小心啊，人员已经安排妥当。如果暴动没发生，警察会制造暴动。当您穿过香榭丽舍大街时，会有人开枪射杀您，至于卡韦尼亚克，他过不了赫尔德街街角。您要当心啊！"沙拉斯重复道。

一个梯也尔有什么好怕的？这些像小丑的小人有什么好怕的？

"如果他们的果月、他们的君主主义政变爆发了，我会笑得直不起腰来。您知道我将怎么回应这阵雷声吗？用我的笑声！"

然而渐渐地，他感到不安。

这是"过去重新变得残暴"的时代。这个时代有耶稣会会士的党派和中产阶级的自私，"这个中产阶级在国家中占据的位置犹如腹部在人体的位置：中央"。这些人在自己通过之后，拿走了梯子，他们不愿意让人民登上他们已经到达的地方。

他走进伟人巴尔扎克养病的房间，这位天才就要死了。

他看着他"紫红色的脸庞，几乎发黑了，歪向右边，乱糟糟的胡子，剪短的花白头发，眼睛睁着，目光呆滞。我从侧面看着他，他这样很像皇帝"。

"他夜间过世。享年51岁。"

雨果需在墓地发表讲话。

他走在灵柩右边，手执柩衣的一根银色流苏，亚历山大·仲马走在另一边。

"送葬队伍穿过巴黎，越过大街，去到拉雪兹神父公墓……这一天，老天似乎也流下了眼泪……"

他在墓穴边发言说："这部庞大而又奇特作品的作者成了革命作家强大队伍中的一分子……"

8月21日，从墓地走回时，他确信巴尔扎克的去世，和这部"从各方面揪过来一些东西，有虚像，有希望，有呼喊，有假面具"的作品的结束标志着一个时期的终结。巴尔扎克的作品"抓住现代社会进行肉搏"。

但现代社会,在政治秩序中能使什么诞生呢?共和还是宗教裁判?未来还是历史?

10 月 10 日,雨果获悉在萨多利的军营里,军队在路易 – 拿破仑·波拿巴面前列队走过时,高呼"拿破仑万岁!皇帝万岁!"现在,路易 – 拿破仑·波拿巴越来越常被叫作"亲王总统"。

这个苍白的人他敢吗?

他听着朱丽叶的讲话。

"我感到愤怒,"她说,"像你这样的人竟遭受各党派的卑鄙言行。那些毫无才华、毫无思想、毫无勇气的混蛋竟敢同你斗争,我觉得恶心、可恶、下流……我钦佩你的勇气、牺牲与奉献……"

"必须笑对这些虚伪小人,"他回应说,"蔑视路易·弗约在《环球报》上的攻击。"

朱丽叶摇摇头。

"自从政治占据了你的全部生活,"她低声抱怨,"幸福便抛弃了我。它还会回来吗?我对此很怀疑,正是这种情况让我绝望。"

怎样回答她呢?

1851 年

雨果想要发言。他必须发言。但是他的喉咙一直疼痛难忍,好几个星期他几乎都说不出话,这是因为这段时间在发言台上他一直歇斯底里,所以嗓音早已嘶哑。然而,现在他必须加入这场争论中,而这场争论已经持续好几个小时,国民议会第12 届委员会的议员们各执己见,争论不休。

他听着其他议员的发言。

局势从今年年初就已经发生了变化。

自元月 9 日起,路易 – 拿破仑·波拿巴免除了尚加尼埃将军作为国民自卫军司令和巴黎卫戍司令的双重职务。

不过,尚加尼埃,这位抹着粉,喷着香水,留着卷发的将军,是秩序党的一把利剑。据说他准备发起一次反对共和国和路易 – 拿破仑的政变。他就是一个"皮什格鲁",1797 年被伟人拿破仑·波拿巴击败的那位。

所以,一切似乎又重演了,而参与者却是一些庸才!

尚加尼埃被免职之后,由秩序党把持的国民议会投票通过了对政府的不信任提案,而路易 – 拿破仑组建了另外一个内阁,然后就如同什么事都没发生一样,让议会给他增加将近两百万法郎的年俸！之前议会通过的年俸金，已经被他挥霍一空。美女，宴会，舞会，娱乐消遣，收买人心，控制舆论，这一切都花费昂贵。

雨果犹豫着。他要站起来吗？他小声对邻座的共和党议员米歇尔·德·布尔日说："我倒不担心爱丽舍宫，我担心的是多数派。我没见到拿破仑，却看到了皮什格鲁。"

另外，他确信今年将会是平静的一年。一切则会在明年发生，即明年五月根据宪法规定，路易－拿破仑任期已满，而届时他无权再次参加总统竞选。除非他获得修订宪法权，但是大多数秩序党成员将不会为此投同意票。而共和党人是与路易－拿破仑处于敌对阵营的，所以他会试图发起政变，不过时间应该会是明年。

他回忆起朱丽叶曾跟他谈起的那个梦："晚上，我梦见被火焰笼罩的一辆公共马车在飞驰，马儿们狂速奔跑着。"

他回答她："您在梦里看见了 1852 年的场景！"

从现在起到政变发生前，他们将准备面对冲突。那么对于一个共和主义者来说，如何在路易－拿破仑和尚加尼埃将军之间做出抉择呢？

现在他只确定一件事情：有人恨他！在法兰西学院，蒙塔朗贝尔那个阴险之徒以 25 票击败了只有 2 票的阿尔弗雷·德·缪塞，缪塞的两票，一票是他投的，另外一票有可能来自拉马丁。

"在资产阶级眼中，我是一只怪兽，"他说道，"其中还有些人说应该像杀掉一只狗一样给我一枪！可怜的资产阶级！他们害怕的就是他们那一点点钱财！"

有人无法饶恕他，因为他曾捍卫所有的自由思想，因为他曾为反对虚伪、无耻、褊狭、不容异己和不公正而战斗。

当他获得国民议会的席位时，他感受到敌对的目光，听到了冷笑声。

这是他信仰自由所必须付出的代价，而他接受这一切。

他要求发言。他站了起来。

"我并不想被任命为这届委员会委员，我现在喉咙仍然疼痛难忍而无法发言，而我本不打算说话，即使我站在这里，我本来也是想保持沉默的。"

然而他必须揭露路易－拿破仑的阴谋诡计，还有他的反共和言论，他的那些所作所为只有一个目的：让他被一致欢呼推选为皇帝，他还要揭露 12 月 10 日协会①的

---

① 12 月 10 日协会：协会主要成员为支持路易－拿破仑·波拿巴的帝国军队退役军人、小商人、工人和失业者。在 1848 年 12 月 10 日，路易－拿破仑·波拿巴当选法兰西第二共和国总统，故因此命名。

资金情况，此协会曾请愿要求修订宪法。

必须要结束这一切。

"我，正在与你们说话的我，"他忍着喉咙的疼痛，用勉强可以听见的声音继续说道，"我曾投票给波拿巴先生。并且，在我的活动范围内，我曾力促其竞选成功……这个政治犯曾经表现得很聪明，这位王子曾经表现得很民主。我们将希望寄托在他身上。"

他咳了咳，想提高嗓门。

"我们的希望都落空了。我们曾经对他的期待都是枉然……是这位王子一个人需要两百万。如果没有年俸，你们本不会有未来将共和国变成帝国这样一个支持暴君的意图……没有钱，没有帝国……先生们，让我们结束它，还要结束这些王族做派，结束这些可怜巴巴要来，大手大脚花掉的年俸……让我们接受共和国吧！"

他知道，他丝毫没有减轻秩序党对他的仇恨，而且激起了波拿巴派以及路易－拿破仑这位亲王总统的亲信的盛怒，这些人想不惜任何代价地保留自身的权力，因为正如夏尔·德·雷米扎所说的那样，他们"贪图享乐，有一半是逞强好胜之人，还有一半是狡诈滑头之人"。

而且在治安方面，除了骚扰和迫害，对政府也没有什么可期待的。

"对于这个政府，"他继续说，"我只有一句话形容：到处都是警察，但公正却无处可寻！"

他刚刚获悉，在法兰西学院，米什莱的课被暂停。安丰勒议员不能在国民议会发言，但他仍然想要给予安丰勒支持。他在给安丰勒议员的信中写道：

"之前，疼痛一直将我牢牢钉在我的坐席上，没有站起来发言，这并非我的意愿。我寄信给您，向您表达我对您所遭遇到的事情的抗议。"

示威的学生们曾来找过他，请他帮助米什莱。"思想的自由已经被压制在你们的身体里面了……"他做出结论说。

必须得斗争，同样也必须要接受那些人对他所拥有的最珍贵的事物进行打击，比如，对他的儿子们。夏尔在《时事报》上发表了一篇揭露死刑的文章，因此被判刑。

他在法庭上为夏尔辩护：

"啊是的！的确，我们是危险之徒，我们想要废除断头台！真骇人听闻啊！"

他转身面对正坐在被告席的夏尔。

"我的儿子，今天你收到的是一份十分伟大的光荣，你被认为是一个值得对战的对手，同样也是一个有资格为真理这个神圣事业而受难之人。从今日起，你就进入了我们这个时代真正的男子汉的生活，也就是说，进入了为公平和真理而战的斗争中。

为自己而自豪吧……"

然而判决最终公布下来：六个月监禁。

他们将他的儿子夏尔关进巴黎裁判所的附属监狱，意图借此来伤害他，也有可能是为了让他闭嘴。几个月后，又轮到弗朗索瓦－维克多，他也是因为在《时事报》上发表了一篇文章。保尔·莫里斯将和他们一同被监禁，而《时事报》则被禁刊一个月，现在它应该停刊了。不过《人民降临报》替代了它。

"我曾打算为弗朗索瓦－维克多辩护，就像我给夏尔辩护一样。"雨果解释说。考虑再三，他明智地放弃了辩护的想法。"我可能会激怒陪审团和法官，他们对我有着如此深的恨意……这些身居高位的无耻之徒们，什么事都干得出来。"

奥古斯特·瓦克里也被拘捕了，而这次是因为《人民降临报》。

唯一一件令人欣慰的事：老亲王热罗姆·波拿巴给他写了一封信，亲王在信中表示，当他知道夏尔和弗朗索瓦－维克多被判刑时，他十分愤慨。

"受到这种不公正的、恶毒的打击，对您来说其实是一种荣耀，不过您应该明白，当我看到我们的国家正遭受苦痛，而我们家族逐渐衰弱，我是多么的痛苦。"

"我为此而痛心。看到代表法国荣耀之一的您的家族蒙受迫害，看到您——我们流亡时为数不多的朋友，受到迫害，这太令人愤慨了！"

然而仅此而已。

雨果认为，只要看看自己周围，就能发现，现在的法国已被不公正、不人道，还有残暴所笼罩了。

他曾经和革命家的哥哥经济学家阿道夫·布朗基一同去过里尔。当时他想要了解工人们的生活状况。

那时，他走在穷人街区泥泞的街道上，回忆起路易－拿破仑提出的增加几百万法郎年俸的要求。当他发现里尔这些家庭的悲惨生活时，他似乎重新找到了吕伊·布拉斯在揭露大臣们的腐败罪行时的腔调！

他如此不留余地地揭露不平等和不公正的现象，他们怎么会宽恕他？这个时代是"炽热斗争"的时代，是"风暴"的时代。只有那些已经选择用真相和公正的火焰燃烧自己生命的人们才会赞同他。

他收到朱塞佩·马志尼的一封信。他非常敬重这位意大利爱国人士，他读着这封信，心情激动："自从我成为您的学生起，我就爱上了您，诗人。如今，我欣赏您，关于人民和他们的主宰这两方力量之间的界限，您发布的言论非常尖锐。"站在人民一边，还是和他们的主宰站在一起，这也是他目前的处境……

然而，人们想象得到他所承受的压力吗？他确信，只有遗忘、梦想和激情才能让他面对那些仇恨和威胁。因为有人再次警告他，想要谋杀他的阴谋正在策划中。他已经抨击了王子总统，并重返山岳派。他现在将他的名望用作政治武器。有些人无法接受这些。

　　他无法忘却这些危险，这种压力和这种痛苦，即使是躺在女人的臂弯中，他身边的女人众多，例如莱奥妮·多内，阿尔芒斯·迪瓦隆和她三个如花似玉的女儿，挑逗他的那些轻佻的女人们，给他写信并献身于他的女读者们，女演员们，或者有个名叫克莱尔的女人，她害羞地承认："我每个晚上都梦见您，我为此而开心不已……"

　　他被这种几乎可以称之为稚气的天真给打动了，非常愉悦。"我已经按时回来，现在我已经想着要重新开始了……我的诗人，您以前总对我说，"她在信中写道，"当您和我在一起时，您就忘记了一切……"哦，那些幸福而抚慰的时刻！

　　当他被某一个女人拥入怀中时，他不仅遗忘了政治现实，而且也忘记了所有其他女人。然而，每一个女人都有她自己的位置。阿黛尔，他与她在奥弗涅塔楼街重聚；莱奥妮，她一直被他妻子所承认并尊重；而朱丽叶，他必须要把她隐藏起来，而且也不能让她知道他还有其他女人。

　　6月28日，他去找朱丽叶。她不在家，但他突然在桌上发现了这个包裹，还有这些信件，这是七年来他写给莱奥妮·多内的所有信件，以及这封莱奥妮刚刚寄给朱丽叶的信，目的是让朱丽叶明白，在这样一份深沉又根深蒂固的爱情面前，她应该退出。莱奥妮想让朱丽叶读这些信。

　　朱丽叶应该已经读过这些信了。

　　他非常清楚，他给这些女人写的信中有重复的内容！他猜测着她应该已经察觉到了一些事情，之前她一直不知道他和莱奥妮之间这段情，不管在各种沙龙，还是在他奥弗涅塔楼街的住所，莱奥妮的身份几乎是公开的，对此她也毫不知情！

　　他害怕最糟糕的事情会发生。

　　他想到了丑闻。

　　然后朱丽叶出现了，她看上去蓬头散发，惊慌失措。她刚刚独自一人，漫无目的地在巴黎街头走了许久。她说道："不用对我虚假地慷慨大方……我更想要为你不再爱我而哀悼，而不是看着你假装爱我，做出这种亵渎爱的丑恶行为……现在，一切都毁了。"

　　他试图向她表明，他准备与莱奥妮断绝来往，而只有她……朱丽叶打断了他："你的牺牲毫无用处，我觉得，不久以后，你就会觉得它如此可恨，就像我从现在开始就觉得它可恨一样。"

他无法做出回答。

"我感谢你，你愿意违背自己的内心来试图抚慰我的内心。"她继续说。

她垂下头。她声音低沉，继续说道："我谢谢那位女士，感谢她在发现你背叛她的证据后毫不宽容。我们在一起七年了，什么都无法将这七年从你生命中抹掉，在我的生命中亦是如此，在这七年里，你是多么深爱着那个女人，在这七年里，我隐隐约约感觉到她的存在，并为此而饱受痛苦。"

她指着这些信。她读出其中的几句话："你是一个天使，我亲吻你的双足，我吻去你的眼泪……你是我眼中的光芒，你甚至为我的心灵注入了生命。"

为什么莱奥妮会将这些信寄过来？是因为她的老朋友阿姆兰夫人去世了？阿姆兰夫人之前一直阻止她做出这些过分的行为，阻止她有这种报复的欲望，夫人的去世让她解放了？

"她十分无耻地将这七年来你对她的爱深深地刻入了我的心里。"朱丽叶小声说，"她厚颜无耻，又十分残忍，可是她丝毫没有掺假。这个女人不愧是我的刽子手。所有这些打击都恰到好处……"

他绝望了。之前，他一直不愿让大度的朱丽叶痛苦，她还要求他不要同莱奥妮断绝关系。但是现在她无时无刻不在表现出她的嫉妒和痛苦。

既然她说的都是事实，既然她已经成为一个不公平命运的牺牲品，而他就是始作俑者，他该如何自辩？

他默默地听着朱丽叶说下去。

"我正因这最令人羞耻、最令人悲伤的嫉妒而忍受着痛苦和折磨。我知道，这七年来你深爱着一个女人，你觉得她美丽、年轻、优雅，而且完美。我知道，如果这个女人没有做出这次突如其来的揭发行为，她现在可能仍然还是你最偏爱的情妇。我知道，你把她介绍给你的家人，她生活在你的世界中，你随时都能见到她，你曾向她允诺至少表面上一直维系这样亲密的关系。我知道所有一切，而你还希望我毫无危机感地活着？不过要我毫无危机感地活着，那么我必须是一个最愚蠢、最没有理智的女人。唉，可惜我只是一个最敏感、最不幸的女人……"

他试图安慰她，向她保证永远都不会离开她。而且他感觉到他说服了她，就像她所说，她重新变得"理智"起来。

生活重新回到轨道，他很欣慰。

因为他现在必须准备 7 月 17 日在议会上的发言，必须要讨论宪法修订的问题。路易－拿破仑·波拿巴为了永久延续其总统一职，自然希望能够修订宪法。

雨果清楚这将会是一场激烈的战斗。对抗政府，同样也与秩序党对抗，秩序党态度不明，其成员在这个问题上产生了分歧，它因为与路易－拿破仑敌对而反对宪法修订，但仍然更有可能反对共和制。

他登上议会大厅的发言席。他开始发言：

"君主制，还是共和制，问题摆在我们面前。"他说道，"任何人都不再能够，也不再有权利去逃避这个问题。"

几乎随时都有人打断他的发言。

"延长意味着什么？"他大声说，"是终身任期。而终身任期会把我们带向哪里？是帝国！先生们，这里有阴谋！我告诉你们，这是一个阴谋。我有权利去揭露它。我正在揭穿它。来吧！关于这一切的伟大的日子。当某一个晴朗的早晨，法国惊讶地发现它拥有了一位帝王，却不明白为什么，这种情况不应该发生！

"一位帝王，"他继续说，"让我们来讨论一下这个阴谋的目的吧！"

他站直了。他准备痛斥这群庸人。他说话的时候感觉到自己愤慨激昂，就如同他撰写长篇小说时那样激动。这里，这个半圆形大厅就是一个舞台，而在这个舞台上演的就是一个民族的命运！而他，雨果，是作者，也是演员！

他提起了拿破仑一世，然后说：

"军权和裁判权，你们，你们想要继拿破仑一世之后包揽过来，你们想要将巨神族的权杖掌握在你们弱小的手掌之中，那可是巨人之剑啊！"他大声说道，"为什么这么做？什么？继奥古斯都之后，是小奥古斯都！什么？因为我们有了拿破仑大帝，就应该有拿破仑小人！"

议会厅一片哗然，仇视的尖叫盖过了赞赏声。

他清楚，因为这些言论，他已经成为权力机构攻击的靶子。如果他们可以的话，他们将杀了他，他确信这一点。但是，他非常高兴他已经把他所想的全部说了出来。

他走下发言席，坐回到自己的位置。他注视着正在辱骂他的那些议员们。

他的演讲持续了三个小时，中途不下上百次地被人打断。为了让自己的精神状态活跃起来，他动笔写起来。

> 这一群卑鄙、粗鲁、终将死去的狂徒，
> 他们就是一团污泥，终将化成尘土……
> [……]他们善妒，幼稚，脾气暴躁，
> 因为感到自己无能，所以更加怒火中烧，
> 对于走在他们前面的人，他们都会扑上去咬脚跟。
> 他们无法掩饰自己的心胸狭隘，
> 只能羞辱地狂吠和咆哮。
> [……]他们统统叫你娘，只要你有权有奶，

今天是波拿巴，明天是尚加尼埃！

[……] 当远离大众的沉思者，

昨天还在深深孤独中沉思冥想，

突然他从容不迫地出现在此地，

来到你们中间，宣讲和颂扬真理，

保护失败的弱者，安慰受伤的祖国，

你们发怒吧！大肆喊叫、辱骂和发泄怒气，

争先恐后地，仿佛在掠夺财物般地诋毁他的名誉！

你们得到的是他鄙夷不屑的微笑，

他甚至不屑一顾！——因为他泰然自若，

不屑你们的看法，欣赏你们的仇恨[①]。

　　他走出议会厅。他瞥见了朱丽叶。她来做什么？她似乎已经接受了自己的命运。他想躲开她，当然，她开始埋怨起来：

　　"我来找你，却看见你匆匆忙忙想返回大厅里面，根本不愿花时间跟我说什么或解释什么，我心慌意乱，一个男人因遇到我而感觉不快和惊愕，这似乎是世界上最尴尬、最令人羞愧的时刻。"她似乎陶醉在一种自我毁灭的状态当中，并补充说："我的内心有一座地狱。"接着，她为自己说了这些话而自责，并发誓说她将"服从于你工作上的所有要求，以及你作为政客所必需的一切安排"。

　　接着，她又开始抱怨起来，即使她根本不承认自己是在抱怨。

　　"我自认在你那里，我没有任何权利。你在我生命中的十九年，是我生命中最具活力的时光，但和你的休养和幸福相比，它无足轻重。"

　　最后，她自己提出来愿意帮助他。而他知道，他能够指望她。此刻压力逐渐增大，路易-拿破仑·波拿巴已经任命圣阿尔诺将军为陆军部长，这位将军闻名于阿尔及利亚，每个人都说他非常残暴，做事不择手段。显而易见，尽管路易-拿破仑·波拿巴在国民议会处处受挫，议会已经驳斥了其增加年俸的要求，拒绝修订宪法，以及驳回其重新实施普法权的提议，但是，这次任命表明，他并没有放弃，这位与秩序党对立的王子总统一直自我标榜为人民权利的捍卫者。

　　现在不是他们再次争吵的时候，怎么朱丽叶不明白呢？夏尔和弗朗索瓦-维克多，还有保罗·莫里斯、奥古斯特·瓦克里，他们都被监禁在巴黎裁判所附属监狱。而猎狗们还在继续狂吠……

---

① 《惩罚集》，第四卷，《宗教得到颂扬》，第六首，《1851 年 7 月 17 日走下讲坛后成诗》。

……人在进入坟墓之前就已经死去了；

生前的每一次堕落都让他逐渐衰亡，

悭吝，高傲，仇恨，谎言，

淫乱的激情，疯狂的谬误，复杂的本能；

所以我们根本不知道首先腐烂掉的到底是什么[①]。

在读这些诗句时，他惊讶地发现自己充满了苦涩，难道是因为秋天这样阴沉的天气让他如此忧郁吗？

国民议会的会议推迟到 11 月 4 日。他想要安慰朱丽叶，并说服她，她真的没有必要如她所说的那样自我牺牲。他想要和她保持频繁的来往，以及深切的爱恋关系。他知道他能够指望她，而她应该也会支持他。

"你可以将你写的所有东西都放在我这儿，交付于我，不用顾虑我会因为好奇或嫉妒而将其中任何一页打开看一眼。"她小声地说。

她说的是真心话，他相信这一点。当他同她一起在枫丹白露森林里散步的时候，他觉得她是非常感激的，并且情绪平静，甚至几乎可以说她当时是非常幸福的。这么简单就让她感到满足了！她紧靠着他，对他说她害怕政变，但不是因为她自己，而是因为他，此时，他十分感动。

"我此生的梦想可能就是，"她补充说，"就是为你牺牲。然而，我深爱的维克多，我卓尔不凡的爱人，上帝恩赐的情人啊，当我一想到要看着你陷入一次恐怖革命引发的危机和危险中，即使我勇气十足，也唯独没有看着你受苦的勇气。"

她给予他的这份爱，还有这种牺牲，让他充满了力量。他从来没有动过与她分手的念头，这份爱和牺牲就好像是奖赏一般。可是，他为何不能再见莱奥妮，要放弃对莱奥妮的爱呢？他同样也需要莱奥妮。

不过，虽然莱奥妮仍然会去奥弗涅塔楼街，但她已经变得更加冷淡和易怒。屋子里的气氛非常沉重。他的儿子们，还有莫里斯、瓦克里，他们还在监狱，他该如何避开这些忧愁，这些怒气呢？

当然只能通过写作，通过颂扬牺牲精神来逃避这些了：

[①] 《全琴集》《思想》，第二十六首，《"啊！人类一文不值，而上帝您则是一切……"》，1851 年 8 月 9 日。

我的孩子们，高兴吧；荣誉就在你们所在之处。

而你们，我的两位朋友，啊，高尚荣耀的诗人们，

你们受到的侮辱，为你们的姓氏戴上荣耀之冠；

对于卑劣的法官，那帮愚蠢下流之人，

你呢，送上无畏的温柔，

你呢，送上愤慨的微笑。

……

时世艰难；非常好。苦难也是安慰。

啊，比起任何耀眼的荣耀，

我更欣赏的是真理，

……

还有，监狱的铁窗

投在你面容上的阴影[①]！

现在可能是时候再继续他的创作了。而且，朱丽叶坚决支持他继续创作这部小说，小说主人公的名字已由冉·特雷让改为冉阿让。不过他忧心忡忡……

他再次见到朱丽叶时，她看上去平静多了。

"我挚爱的维克多，我求求你，对我，也对你怜悯一点，不要对我隐瞒任何事情。"

他答应了。

回到奥弗涅塔楼街，他收到朱丽叶的信，信中写道：

"我来到你身边，庄重地，双手合十，灵魂安宁得如同一个已经安息的人一般，我对你说：我的维克多，我爱你。"

他感觉暴风雨正在远离。理智而宽容的爱击败了嫉妒，伤口在慢慢结疤。一个月后，又是新的一年。他将要满五十岁了。

12 月 2 日这一天，光线仍然晦暗的早晨，雨果正在重读和修改《苦难》。早上八点钟，家中已有一位拜访者到访。

他认识这位年轻的议员韦尔西尼。看着这个脸色苍白的年轻人，听他说了几句，雨果明白了。政变了。

他站起来，一边匆忙穿着衣服，一边继续听着韦尔西尼讲述他所知道的情况：波旁宫被军队团团围住，议员们被拘捕，路易-拿破仑·波拿巴发布的公告在巴黎

---

① 《惩罚集》，第四卷，《宗教得到颂扬》，第十二首，《致四位囚徒》，1851 年 11 月。

城内张贴得到处都是，公告上宣布重新恢复普选，议会解散，12月14—21日民众将进行投票，最后就是全城戒严。

所以路易－拿破仑已经选择了与法律背道而驰！必须拿起武器进行反抗。韦尔西尼解释说，决心反对政变的代表们要到布朗什街70号集合。

被雨果接济过的一位木器工人也过来了。雨果站着一边吃午餐，一边端详着这位工人，工人解释说，人民赞同路易－拿破仑，因为他们恨议会限制了他们的普选权，恨共和国在1848年6月大肆屠杀穷人。

"我们将要进行战斗。"雨果坚持说。

此时他想到了被监禁的儿子们，想到一帮阴谋家们可能会对他们不利，这帮阴谋家们可能会因为他所决定进行的事而意图报复在他的儿子们身上。

他在布朗什街70号的房子里表达了战斗的想法，当时房子里挤满了民众代表，还有米歇尔·德·布尔日、维克多·博丹、欧仁·苏等议员。在人群深处，他看见了科庞男爵夫人，这里是她的家，是她提供了集会处所。他的目光在男爵夫人脸上停留了一会儿；他想起了朱丽叶，她也有着一头灰色的秀发，如果她知道他将要遭遇到危险，她应该已经惊慌失措了。

"必须要号召大家拿起武器！"他再次说道。

不过代表们没有支持他的意见。他们希望留给民众时间去镇定下来，然后明白其中道理。

他走出房子，想去了解一下街上的情况。街上聚集有一群人，还有一队步兵在行进，鼓手打头。他猜人群中有人认出了他。这群年轻人过来围住他，问："应该怎么办？"

他转身面对他们。这些围住他的人等待着、期盼着他的回答。

"请你们撕毁那些宣布政变的煽动性的布告，高喊：宪法万岁！"

"要是他们朝我们开枪呢？"

"那你们也拿起武器！"

他察觉到人们的犹豫和怀疑。

"路易－拿破仑是一个叛徒。"他继续说，"如今他满身罪恶。他无法无天，他背信弃义。公民们，你们有两只手，一只手请紧握你们的权利，另外一只手请拿起你们的枪，从波拿巴身上踏过去！"

这时，一个商店老板靠近他，一脸惊恐的样子。

"请您说话小声点，如果有人听见您这么说，会朝您开枪的。"

雨果依然高声说道："你们可能带走的将会是我的尸体，但如果上帝的正义能因此而降临，那么我的死亡可能是一件好事。"

人们高呼："维克多·雨果万岁！"

他回应道："应该喊'宪法万岁'！"

人们重复着他的话，又继续高呼道："共和国万岁！"

雨果看着他们。他们非常振奋和愤慨。他犹豫着。此时此刻，在他做出决定的最初时刻，他有能力推动这群人去加入战斗。

但是有人拦住了他。这些可怜的人们手无寸铁。步兵队就在那里，而大炮也快抵达……他觉得，他必须建议大家做出抵抗，他必须与布朗什街70号房子里的其他议员团结起来。

他回到屋子里，讲述了他刚刚在街上的经历，再一次劝告大家拿起武器。而当他发现他的同僚们反感立即行动的时候，他很后悔已经延误了时机。他走到博丹议员身边。他开始向博丹口述一份告人民宣言书。

他凝视着他身边的议员们，在说每一句话时都会加重语气：

"路易–拿破仑是一个叛徒。"

"他违背了宪法。"

"他逍遥法外……"

"人民永远享有普选权，他们不需要任何一位君主来把普选权归还给他们，人民将严惩叛徒。"

"让人民行使他们的权利。"

"共和派的代表们要站在人民的前列。"

"共和国万岁！"

"拿起武器！"

欧仁·苏、博丹、舍尔歇、米歇尔·德·布尔日，还有其他几个议员在告人民书上签署了名字。不过他们必须离开这些受军队威胁的地方，转移到位于热马普堤岸街上一名代表的家里。

于是雨果赶紧去往热马普堤岸街。一分一秒的时间都不能耽误。他将口述另外一份给部队的宣言书，在这份宣言书上面他只准备签署自己的名字，也就是说在这件事上只有他全权负责。如果政变方占上风，那么就让他一个人被枪杀吧！

"士兵们，"他口述道，"请你们将这个罪犯交付于法律！一个真正的拿破仑可能会让你们再次经历著名的马伦哥战役；而他，让你们经历的会是特兰斯诺南街事件！"

他们想要朝民众开枪，屠杀民众吗？

"士兵们，法国的军队是人道主义的先锋队，请你们不要再做罪恶的帮凶了！"

他从未感受过如此愤怒的情感，还有如此坚定的决心。他觉得，这是他生命中至关重要的时刻。12月2日，这个日子与他的命运息息相关。而他整个生命将会因为今天的行为要么辉煌，要么暗淡。他应该可以操控自己的命运。

他想要回家。他登上公共马车。当马车与街上的士兵相遇时，他情不自禁地朝他们大喊："打倒独裁者！打倒叛徒！"他这是在顺从自己的本能冲动，而他惊讶地发现军队和民众们态度消极，沉默不语，没有反应。

他从马车上跳下来，朝奥弗涅塔楼街走了几步后，有一个男子靠近他并提醒他："警察把你的房子包围了。"

雨果转身钻进夜色中，朝朱丽叶家跑去。她紧紧抱住他。他不能在此留宿，但是她想照顾他。

他们去到一位酒商家中，他在1848年6月曾为这位酒商作证，救了商人的命。

"我的房子归你们了，白天晚上都是你们的。"商人说。但是他握着诗人的手补充说道："圣安托万区的民众将不会起来反抗。整个区非常安静，士兵巡逻队在这里巡逻。"

现在鼓动民众起来反抗也许为时过早，抑或是为时已晚？谁知道呢？他必须离开，最后终于躺到了科马丁街一间公寓的沙发上，这间公寓的租客是一个年轻人，他收留了雨果。他和他的母亲德拉罗埃勒里夫人同住。

他怀着感激之情向这位美丽的女士打了招呼，"她有着一头金色的头发，头发披散着，穿着睡裙的她满脸惊愕，而这种惊愕的表情让她的优雅和美貌锦上添花"。

这就是生活。

明天，他们将战斗。

他一夜无眠。12月3日早晨他匆忙回到家中，但是警察已经在夜里来过，想要逮捕他，所以他不能久留，必须逃走。

他走上街头。这儿，那儿，有几处街垒。他向一群工人发表演说，他们多次以嘲笑来回应他。他在巴士底广场向一群军官呼吁，要求他们不再服从于一个罔顾法律之徒的命令，这时有人从后面拉住了他。

是朱丽叶。

"您会被枪毙的！"她说。

她跟他保持着一定距离，一直追随着他。他知道她在那儿，监视着周围，随时准备为保护他而挡住子弹。一旦可以的话，他将会把装有他所有手稿的大箱子托付给她，那是比他生命还要珍贵的财富。

他看看他周围。到处是军队，民众踌躇不决，他们好奇的心态多于愤怒的情绪，而他必须得承认，民众普遍对此漠不关心。人们来来去去，在士兵队伍中穿梭，就好像什么都未发生，就好像政变并未进行。

而就在不远处的一处街垒，维克多·博丹议员被杀身亡。当时，他正站在堆积起来的石堆上做宣传，工人们嘲笑他，指责他就是为了二十五个法郎补贴的利益，他做出回应："你们将会看到，有人是怎样为了二十五个法郎而死的！"

亚历山大·雷依将博丹的遗体看护起来，周围还有其他几位代表。

他看着博丹的遗体，他的决心更加坚定了：这次政变是一宗罪恶！他了解到军队对所有反抗者进行射击。杜马曾去往奥弗涅塔楼街对他进行监视。也许有人曾许诺，谁逮捕他或杀死他，就能得到两万五千法郎。

他高喊："一方是军队和罪恶，另一方是少数人和法律。战斗吧！"

现在他必须要找到一处晚上栖息之处！他钻入黎塞留街 19 号的一间公寓，这是朋友的住所。

他没有灰心。

明天，他们将战斗。

12 月 4 日早晨，天气寒冷。他感觉，具有决定性的这一天拉开了帷幕。街垒数量增多，噪声和人声简直令人窒息。

他从一个集会赶到另外一个集会。可是他感觉到代表们的决心在逐渐变弱。民众并没有追从他们。

突然，有人获悉，在意大利大道和蒙马特大道，军队朝行人开火了，那就是一群在人行道上闲逛，有点爱开玩笑的人。可能造成了好几百人死亡。

他必须去往提克图尼路，到那里去向其中一位牺牲者鞠躬敬礼……

这个死去的孩子将代表罪恶的真实面貌。而这也促成了《惩罚集》的诞生。他想到了莱奥波蒂娜，想到了朱丽叶的女儿克莱尔，他们这两个已经去世的孩子。

这些天朱丽叶一直都陪在他身边，而她的存在就像一位天使保护着他，当他想要朝着士兵们前行去慷慨赴死时，她先是对他怒吼一顿，然后又紧紧挽住他的胳膊，与他一同前行。

同样也是她，让雅克·菲尔曼·朗万申请了一张护照，如果需要的话，当他能够去比利时的时候，就可以给他。朗万是她的一个朋友，一个印刷工，住在青年路 4 号。

还是她，她找到了一处新的安顿之所，位于纳瓦兰街 2 号萨拉赞·德·蒙费里耶的家。他让人把他装满手稿的箱子放置在那里，他将在那里过夜，这些天他一直在街头游荡，意识到抵抗势力已经被瓦解，最后那些议员们四处逃散，一些人逃到了国外，还有一些人则尽力躲了起来。

12 月 7 日，他获悉法兰西剧院上演了《玛丽蓉·黛罗美》，剧院座无虚席，掌声雷动。在观众席中，新内政部长莫尔尼赫然在座，面带笑容，可能就是莫尔尼下达的谋杀他的命令，并示意将这起谋杀歪曲成一场事故。

现在，他待在蒙费里耶家中。朱丽叶带来了食物，她十分平静，勇敢而从容，她容光焕发，就好像竭尽全力、冒着生命危险为他做事，这让她变得幸福感十足。

她说，她不在的时候，有人搜查了她家，而且想要逮捕她。她也必须躲起来了。

不过，纳瓦兰街的这处住所也不再安全了。12月10日周三，蒙费里耶解释说，他主管的报社是支持王子总统的，报社里有人知道他是雨果的仰慕者，问他是否有藏匿诗人。

所以，雨果必须要离开这个地方，离开巴黎，12月4日的枪战已经将巴黎这座城市征服了。

"12月2日失败了。"雨果做出总结，"12月4日拯救了12月2日……巴黎做出屈服让步；巴黎几乎不再是巴黎；第二天，我们会在阴暗中听见这位惊慌失措的巨人牙齿打架的声音。"

莫尔尼宣布，这是"正直的人们的胜利"。

流亡生活必须要开始了，他必须要离开被监禁的儿子们，把妻子和小阿黛尔丢在这座被罪恶所操控的城市了。

然而，巴黎一切如常，就像人行道上从未躺有几百具尸体，就像那个孩子的头部从未被两颗子弹击中……

12月11日晚上8点，在离开巴黎开往布鲁塞尔的火车上，雨果想起朱丽叶，她应该在两天后，带着装满他手稿的箱子，来与他会合。

"假如我没被抓走，从而没被枪杀，假如我现在还尚在人世，我觉得这都应当归功于朱丽叶·德鲁埃夫人。她冒着失去自身自由和生命的危险，使我免遭危险，她一刻不松懈地照料着我，为我找到安全可靠的藏身之所，拯救我……她随时保持着警惕，哪怕是夜晚，黑夜里她独自一人走在巴黎街头，骗过哨兵，甩掉间谍，在枪林弹雨中勇敢地穿过街道，她总是能猜到我身在何处，而且每当我需要帮助的时候，她总会出现在我身边。上帝知道这一切，上帝将善报她！"

在这些恐怖的日子里，他只是让人去瞧了瞧莱奥妮。他觉得她已经远离，只属于他在12月2日之前的生活了。不过，他依然想念她。

他的护照刚刚接受了审查，护照上的名字是朗万（雅克·菲尔曼），"书籍排字工……"。而在不费吹灰之力地通过海关之后，在布鲁塞尔火车站的站台上，他认出了吕特罗夫人——朱丽儿时的朋友。

她把雨果安置到维欧莱特街 31 号的威尔特门旅馆，而雨果一安顿好就开始写信报平安。

　　当时是 12 月 12 日早上 7 点钟，他必须让阿黛尔放心，告诉她"未来是属于好人的"，而且还得操心他的一些"证券"。

　　"你将在一个钱包里找到公债证券，而钱包就在我漆质衣橱里的红色纸盒上。好好保管它们。"

　　他必须要考虑流亡时的生活资金才行。

　　他之前所写的东西，该如何出版发行，跟谁签署发行合同，而钱又该找谁去领呢？

　　想着想着，愤怒涌上心头……他回忆起在土伦曾见过的那些苦役犯，1793 年，年轻的拿破仑上尉就是在土伦这座城市从籍籍无名之辈成为赫赫有名的将军。

　　朱丽叶于 12 月 13 日抵达布鲁塞尔，带着装手稿的那个箱子。他觉得重新找回了他生命中非常重要的部分：这个深爱着他的女人，还有他的手稿。

　　他从阿黛尔的信中得知，有人搜查了拉弗里耶尔街莱奥妮的住处，而阿黛尔为了不暴露莱奥妮的身份，称呼她为"那个可怜的老太婆"。就这样，他把身边的人都拖入到风暴中了！然而他并不后悔他的所作所为。"十二天来，我在生与死之间徘徊，但我的思想没有一刻混乱，"他向阿黛尔倾诉，"以前我对自己非常满意。而现在我知道，我已经履行了自己的职责，并且竭尽全力。这让人感到满足。在我周围，我只感受到全心全意的奉献和牺牲……"

　　他不能与阿黛尔谈起朱丽叶。"省着点花。"他补充道，"拿着我留给你的钱，尽可能维持得久一点。在这边，我的钱足够生活几个月的。"

　　不过的确需要操心钱的问题了，很快。

　　"如果公债持续下跌，也许我要把我的公债证券卖掉，然后重新投放到更加可靠的地方。你觉得如何？如果需要，我会给你寄一份委托书。你了解一下这方面事务办理的方式。如果要让我在法国境外成功拿到资金，以便我能使用，可能必须要找到一条十分可靠的途径。"

　　阿黛尔会来布鲁塞尔一趟。他卖掉了法国的公债证券，购买了比利时国家银行的股票。这样一来，他就独立自主，没有束缚了。因为那些罪犯可能有过扣押他的财产和证券的想法。

　　一切正常进行，他算了一下账，安下心来。

　　"确实，我们的证券减少了差不多三千法郎，不过几乎全部的资产都被我们挽救回来了……"

　　他感觉非常好。

据他猜测，比利时宪兵队受到巴黎方面的施压，查验了他的护照，对护照的真假提出了质疑，既然它本来就是假的，但是很快，他们就道歉了，还以非常尊重和殷勤的态度关照他。在威尔特门旅馆住在他隔壁的是那个名叫韦尔西尼的年轻议员，12 月 2 日去奥弗涅塔楼街找他的就是这个年轻人。雨果想要开始工作，创作《一桩罪行的始末》，他认为自己是唯一能够汇报这次事件的人。他是这次事件的目击者、参与者和牺牲品。他的儿子们、瓦克里，还有保罗·莫里斯仍被监禁着。

"告诉我的夏尔，他必须要成为一个真正的男子汉。在我的生命随时都岌岌可危的这些日子里，我一直想念着他。他随时都可能成为一家之主，他必须要做好准备。"

他从来没有和亲人们如此贴近过。艰苦的时刻开始了，但他相信阿黛尔，相信他的儿子们，而朱丽叶当然是站在他这边的，一直如此。

至于莱奥妮，他通过阿黛尔写信给她：

"在空白信封上写上这个地址：波尔多，多内夫人，留局自取。然后投到邮局。"

他清楚，被他看重的人都是理解他的，而犯下罪恶的同谋犯们则仇视他。

"日子开始变好了。"阿黛尔在信中写道，"共和党人很惊讶。他们说：雨果可能是一个进步人士，一个杰出的演说家，一个才智出众的人，然而到了关键时刻，他会是一个行动派吗？在很多方面他们都怀疑过你。现在，你经受住了考验，他们对你非常满意，他们正后悔曾经怀疑过你。"

"除了你的才华，你坚定不移的原则，还有两个因素帮助你现在在德行方面赢得了如此崇高的地位。你不追求物质需求，你懂得等待……"

他满足了。在布鲁塞尔，一次宴会中，印刷工人们高举酒杯，高呼："为马志尼、科苏特，还有雨果，干杯！"这三个人可都是抵抗专制的代表人物。

贝朗瑞在巴黎曾对阿黛尔说："雨果是政界的新兴力量，他代表了时代的理念，他是时势造就之才。我们需要他。他不应该置身事外……"当阿黛尔来到布鲁塞尔准备逗留两天时，他告诉她，他并没有这种想法。

看到阿黛尔，他心安了不少。她意志坚强地面对各种困难，这是以往他从未在她身上看到过的。她经常去探望他们的儿子们，还有照料他们那个常常任性的女儿。

他感觉到，从此，他的生活会井然有序，就好像他在 12 月这些日子里所完成的一切已经赋予了他生命的意义。

"我刚刚战斗过，我已经向大家证明了一个诗人是怎样的……这些资产阶级终将明白，有智慧的人也一样英勇。"

他写信给保罗·莫里斯："一个像您这样杰出的人被关在巴黎裁判所附属监狱，而那个野蛮人却在爱丽舍宫！"

"亲爱的朋友，我希望这一切是短暂的。假如这一切持续很长时间，那么我们要更长时间地保持微笑。多么可耻的事！幸运的是，左派勇敢地举起了旗帜。罪行一个又一个，苦难不断堆积，背叛加凶残，卑鄙又残酷。如果我没有被枪杀，这不是他们的错，也不是我的错。我将在这里继续创作……"

他开始创作《一桩罪行的始末》。他确信这是他的职责所在，他获得文学荣誉的目的只有一个：作为一个陈述事实的诗人，站起来面对罪恶。

"每天，我与死亡的距离都在减少。我看到永恒的透明度。"

12月31日，他获悉，公民表决的结果公布出来了：7439216张同意票，表示赞同政变这一罪恶行为，而只有646000张反对票，36880张弃权票，1500000人未参与投票。

他耸了耸肩。

多亏有他，事实将公布于众。

1852年，他将满50岁，但他觉得自己精力充沛。路途可能遥远，但道路已经被开辟出来了。他曾说过："谁战斗，谁才活着。"

他将战斗。所以用前所未有的热情创作起来吧。

"今天，这一年结束了，它给了我们所有人一个巨大的考验，"他在给阿黛尔的信中写道，"我们两个儿子在监狱，而我在流亡。"

"这很艰苦，但很好。"

"些许严寒将会带来更大的收获。"

"而我，我感谢上帝。"

第三章

1852——1853 年

1852 年

雨果独自走在布鲁塞尔大广场旁边的小巷中。

透过小巷半明半暗的灯光，在小酒馆几步之外的地方，他隐约听见一阵阵笑声，还闻到油脂的味道，在那里的女孩们鲜亮的袖衫下罩着沉重的乳房，百褶裙下是宽阔的臀部。

他停下脚步。

她们抬起腿，挑逗性地露出她们的脚踝和小腿。

他犹豫了。他刚刚离开朱丽叶，这个为他担心、反复叮嘱恳求的女人：

"千万不要落入波拿巴先生手下那些可怕的恶棍手中，"她给他写道，"关好您的门，提高警惕。我最亲爱的爱人，我很认真地请求您听一听您房门周围会发出的哪怕一点点声音。如果因为一些短视的自信而让自己被带走，那该有多绝望！即使只是这样想想，我的心便要停止跳动。"

不过他还是想对这些女孩中的一位说："来呀，一起欢笑，一起纸醉金迷！"

他屈服在自己的欲望之下。一个女孩靠过来，他便跟上去与她共赴身体的欢愉。

然后，他感到有力而又充实。他觉得，这个女孩似乎被他的热情吓到了。

儿子出狱后，来到布鲁塞尔跟他会合。几天前，他看到了儿子眼中的惊讶。毫无疑问，夏尔想象中的他是消沉的、愈发消瘦的，然而实际上恰恰相反——这是比利时啤酒的影响吗？——他长胖了。他的身体和心灵都很舒适。他甚至从来没有感觉到自己有如此的活力，仿佛经过多年的隐匿之后，终于打破了一点点压迫着他、慢慢让他窒息的大石。

12 月 2 日的政变，以及这十几天随时可能出现的与死神的斗争，将这个躯壳打得支离破碎。

他对夏尔说："流亡生活是穷苦的，但是自由！住得不好，睡得不好，吃得也不好。身体处于狭窄的空间有什么关系，只要思想可以在广阔的天地遨游……"

而且，当他打开位于布鲁塞尔大广场 27 号二楼房间的窗户时，他感到非常高兴。这栋楼的一楼住着一位烟草商人。

他看着钟楼，雕刻装饰过的外墙，细雨中闪闪发光的石板路。对那些垂花饰，那些中世纪的房屋，那如同弗拉芒花边一样精工制作的建筑，他百看不厌。

他相信命运是眷顾他的，使他能够在威尔特门旅馆住了几个星期后，便搬到大广场 16 号居住。

当他在这个虽然有点儿小但层高非常高的房间里工作时，只要抬起头来就可以看到钟楼，这会让他兴奋起来。因为他想要思考《一桩罪行的始末》之外的其他事情，搜集证据，从其他流亡者那里收集资料，这些事情将使他能够完成这本书，不仅仅是起诉状，也是"标本解剖"。

"我努力记述 12 月 2 日的事情。每天都收到一些材料，我掌握了许多不可思议的事件。这将是历史，而人们却会以为在读一本小说。这本书显然会在欧洲受到欢迎……我打算创作一本直白又奇特的书，以事实为起点，以空想结束。从来没有这么好的机会，也没有如此丰富的主题。"

如果"拿破仑小人"以为放逐他就能除掉他，那么到 1 月 9 日，他会意识到自己错了！

"如果能让上帝欣喜，我可以离开法国，"雨果再三表示，"但是我感觉无法靠近法律的充实和良心的平静。人民总有一天会清醒，而到了那一天，每个人都将重新找到自己的位置，我还是在我的房子里，路易 - 波拿巴先生则在示众柱上。"

毫无疑问他将成为命运之手，并为命运发声。

"我会以合适的方式对待波拿巴。我负责这个小丑的历史未来。我将带领他走向后世。"他一个字一个字地说。

他的房间里只有一张可以变成床使用的黑色马毛沙发，一张既可以工作也可以吃饭的圆桌，壁炉上面有一面老镜子，插着小炉子的管子，这些都不重要。

在这里可以写作，可以心平气和地独处，抬眼就能看见钟楼。尽管有波拿巴先生，尽管有流亡，我们还是很高兴。

然而还不到为了探寻石头的美，和它们身上随着时间的韵律而刻下的历史，而分心的时候。

"12 月 2 日的污水坑已经淹到我的脖子了，"他解释道，"把污水排完后，我将洗涤我心灵的翅膀，并发表诗歌。路易·波拿巴将是我的笔尖擦。"

但是墨水很浓！雨果急不可耐。

"每天我都会得到新的信息，迫使我重新创作已经写过的部分内容。这让我感到难受。我不害怕工作，但我讨厌浪费掉的工作。"

他希望累积"熟悉的细节"。"你们知道我就是这样热爱历史。"

有些时候的晚上，一些"被放逐的人"来到他的住所，他被他们热情的赞赏所牵动，好像他对他们读的那些句子都是激发勇气的灵药。

"是的，人们将清醒过来！"他掷地有声地说道。

"是的，人们将摆脱麻木的状态，对于这样一个民族，麻木就是耻辱，而且当法国醒过来的时候，当它睁开眼睛的时候，当它能仔细分辨的时候，当它看到面前和周围的一切的时候，面对竟然敢在黑暗中拥护它并且与它同床共枕的重罪怪物时，这个法国将会带着可怕的颤动后退。

"所以，至关重要的时刻将要到来。"

他停下来，享受着那些目光中带有的赞美和友善，说道：

"我的书即将完成，对此我很高兴。墨水瓶对抗大炮。墨水瓶将粉碎大炮。"

他还不知道如何命名这本书。《一桩罪行的始末》或者《拿破仑小人》？他欣喜地发现比利时报纸经常以这种方式称呼路易-拿破仑。他永久地"命名"了这个人物。言语播撒未来的种子。

他有时会惊讶于这种停留在他身上的沉闷的快乐，仿佛是流亡使他快乐。

这不仅是一种完成责任的感觉，他还感到自由、美好、解放。也可能是因为朱丽叶几天以前从巴黎过来，就住在离大广场不远的圣于贝尔长廊 11 乙号的王子长廊里面。这种空间上的靠近减轻了流亡的严酷性。朱丽叶让人安心。和她在一起，他有自己的习惯。

极少的时候，他会留在她的身边过夜。当然，欲望已经消失了。他知道这一点，她也知道，但没有打破他们之间达成的永远的约定。她知道他喜欢的是那些被人抛弃的女人，人们抛弃这些女人，只留给她们几个硬币。

他假装不理解她的情绪波动，甚至在她说出一切的时候：

"我的不耐烦和痛苦来自回忆。想要忘记是徒劳的，我会想起你只爱我的时候，我也会想起，我的上帝啊，在你以健康为借口告别我身体的那一天，你喜欢上了另一个女人。"

而当她继续说："除了你的意愿，我没有其他意愿，我把我的幸福和生命的责任无限制地交付于你。"他显然感受到了她的嫉妒和不满足。

阿黛尔则无法接受朱丽叶在布鲁塞尔的事实。

雨果可以想象他的妻子，抿紧嘴唇，脸色凝重，写道：

"在这场关系中，有些人很快乐，因为你是严肃的领导者，对某些犯错行为并不宽容，而只得在你自身寻找错误。我本来希望对你足够奉献而不跟随在你身边，但我已经知道她去到你那边了。请原谅我再次触及这样一个微妙的话题，但我以我在这个世界上最爱的东西，以我的女儿阿黛尔的名义向你发誓，我谈这个棘手的问题，完全是为了你的利益。为了提出这个问题，我作为朋友、作为妻子的责任要求我必须义不容辞地这样做。"

这种态度让他很生气。这些质疑朱丽叶的人，他们对朱丽叶的角色了解些什么呢？

自十二月的这些日子以来，他再也不能接受更多的批评。她很得体，谦逊，懂得拿捏分寸。

"她救过我的命，没有她，在艰难的日子里，我会被困住、迷失自己。"他不断对阿黛尔重复道，"这是一种二十年来完全无私从未动摇过的奉献精神。更深一步说，是深深的忘我和屈从一切。我可以对你说，正如我对上帝说的一样，如果没有这个人，我可能已经死了，或者被驱逐出境。在这里她完全是孤独的。她从不出门，化名一个别人都不知道的名字。我只有在夜幕降临的时候才会见到她。我生活中剩下的部分都是面对公众……自从我来到这里，我只被女人挽着手臂出去过两次……在我的处境之下，我怎么会去在布鲁塞尔的大街上招人耳目呢！这是多么荒谬而愚蠢。"

他有些恼火。既然阿黛尔如此在意自己的名声，就让她去见见莱奥妮·多内，后者想来布鲁塞尔，但必须说服她留在巴黎。

"她是个冒失的人，但又是高尚和宽容的！不过她还是不该来这一趟。"

而对于阿黛尔对自己守护者的身份感到自豪，他也不感到惊讶。阿黛尔保证说："不用担心，我马上就去多内夫人的家。我告诉你她不会离开。"

阿黛尔将去恳求泰奥菲勒·戈蒂埃，这样莱奥妮就可以在各个地方发表文章，或者是她去斯匹兹卑尔根旅行的故事。

"你那方面，"阿黛尔补充道，"我想你最好给她写信，即使不能满足她的心，至少也能满足她的骄傲，让她成为你心灵的姐妹。我知道你的空闲时间不多，但偶尔的只言片语也许就够了。亲爱的朋友，我一直守候着。请安心工作，心平气和。"

此外，他也希望他自己无法收留莱奥妮。在布鲁塞尔，一切都众所周知。

他感觉自己被盯上了，甚至是被监视了。毫无疑问，有波拿巴或比利时政府的间谍，他们想知道他是如何生活的，他在准备些什么。在法国的干预威胁下，他能在这个小国出版他写的书吗？

他开始怀疑这件事，就像他怀疑能否完成这本《一桩罪行的始末》一样，想着不如描写"拿破仑小人"这个人，这样可能更成功。

他去见了出版商赫泽尔，这个出版商准备在英国印刷这本书，并从比利时传到法国。这或许会是一笔丰厚的收入。

因为需要钱。雨果计算着。他必须满足自己的需要，满足阿黛尔和她女儿的需要，满足夏尔和弗朗索瓦－维克多的需要，在热罗姆·拿破仑的儿子主动但有效的干预下，弗朗索瓦－维克多也刚刚从监狱中获释。这个不幸的弗朗索瓦－维克多立即躲到了一个满身债务的女演员阿纳依斯·李文娜那里，这是一个被人供养、痨病缠身的女人，他疯狂地爱上了她。他开始玩股票。他也不比夏尔更勤奋！

除了这些，还必须加上朱丽叶，还有莱奥妮·多内，她请求援助，更别提她们的仆人们。这些都超过十几个人了！所以必须用文字，也只能用文字，筹集到必需的钱财！

当然，他的资产并没有受到损失，年金也得到了保障。不过他希望对每个人、对儿子们、对阿黛尔、对朱丽叶说，"必须对支出进行严格的控制"，而对莱奥妮，他有些犹豫，他不得不慷慨。

"收入还没得到保障，我们生活得入不敷出，收入会有的，但现在还没有。"他解释道。

他反复计算着。

"我会在一个美好的早晨想念你，"他对阿黛尔说，"在我走了以后，一定设法拿到资产。"

事实上有的时候，他有些担心自己的健康。

他感觉有一只手紧握他的心脏，在疼痛的胸膛中将它碾碎。他觉得恶心。是因为工作过度，"龌龊"的心事，"百般琐碎的小事"让他不堪重负？夏尔直到凌晨三点才回家！弗朗索瓦－维克多被这个阿纳依斯连累，在巴黎受人嘲笑，因为他利用了这个女孩得到的好处，她负债累累，只能靠其他情人提供的物质生活！

对于未来，禁令会比他想象的时间要长。正在实行的制度似乎会是持久的。他得到了无数的支持。证券市场蓬勃发展。部长之间的争斗，有的人辞职，有的人回来，这可笑的一切，似乎都是可以接受的。

所以他有时候会感到很苦恼。当然了，他也会不停地说："我喜欢流亡，我喜欢流放，我喜欢大广场上我的陋室，我喜欢贫穷，我喜欢逆境……昨天，一只喜欢我的小狗跳到了我的腿上；它在我的腿上不是很舒服，但还是愿意待在这儿。我说：心是愉悦的，尽管腿不舒服。这就是我的处境。"

不过，他也注意到，有些人已经打算返回法国，他的朋友埃米尔·德·吉拉丹对路易 – 拿破仑·波拿巴的敌意一天比一天少，亚历山大·小仲马在巴黎上演自己的作品，并把它们献给莫尔尼公爵……雨果害怕这种对决心和意志力的慢慢消磨。

也许他也担心收入不足？不管他自己怎么说，他害怕贫穷，这会让他丧失独立性。

"倒下，不算什么，"他喃喃自语道，"倒下犹如一个大火炉，而逐渐消弱是小火星。"

所以他继续投入更多的精力在工作中。困难和无法预料的事物使他更加强硬。他希望变得冷酷。

他觉得他的怒火永远无法熄灭，这是一种内在的火焰，它使熔岩涌出，反对"这个正襟危坐的政府，这个在证券市场得到犹太人福尔德支持、在教会得到天主教徒蒙塔朗贝尔支持的政府；被想要成为妓女的女人和想要成为长官的男人所推崇的政府"……

他对这种道德沦丧的做法和人们的争吵感到反感，人们之间的争吵只是为了利益的对立，争论的原因是他们想要分享偷来的财富。

但是他们经过多年的努力终会成为主人。

他感觉比利时政府越来越重视巴黎施加的压力。当可能是《拿破仑小人》而不是《一桩罪行的始末》的手稿面世的那一天会是什么情况？

他必须先做筹划，为离开布鲁塞尔的流亡做准备，接受"流亡中的流亡"，定居在一个"拿破仑小人"无法威胁的王国，甚至连拿破仑大帝都无法征服的英格兰！

他想到泽西岛，在这个盎格鲁 – 诺曼底的小岛上可以看到法国海岸，这里的人说法语，而且从 1848 年开始有许多流亡人士在此处避难。

阿黛尔和孩子们将前往泽西岛的首府圣埃利尔，在那里与他团聚的想法使他放心。这样他便可以真正开始一段新的生活。

不过因此必须与过去告别，懂得放弃，把这三十年积攒下来的所有家具、古董、字画、物件、书籍统统出售。

结束吧！为了避免遗憾。决裂，为了不要陷入回忆里。

阿黛尔需要来处理这一切，负责家具展览和拍卖。他在布鲁塞尔接待了她两天。

他被她的勇气和决心所感动。

"我被众多事物缠身。"她回到巴黎后写道。她开始准备拍卖。可她既舍不得那些银器，也舍不得各种衣物。她担心是否在家具里留下了隐秘信件。

"我得说说你了。你怎么会在床头柜没有上锁的抽屉里放了隐秘信件，而且数量还那么多。这样，仆人们随时都可以阅读和窃取这些信件……"

她翻找了其他家具，发现了"各种各样的文件和私密的东西"。

他感觉被背叛了，尤其是当一个陌生人，也许是一个书商写信提醒他有家具商人在出售他的一些文件和书稿，家具商人说是从雨果家的仆人那儿买来的。里面有很多机密信件，甚至还有雨果的出生证明！

雨果在决定出售自己的家具时，断然没有想到会遭受这种掠夺，让他生命中一些重要的东西散落在四面八方。

也就是因为这样，当他在《新闻报》上看到，泰奥菲勒·戈蒂埃评价此次拍卖的文章时，他受到了触动：

"如果是死后的拍卖，这是一片可悲的景象，充满了阴郁的想法和痛苦的沉思……但更令人沮丧和难受的是，一个活着的人的家具却被卖掉了，尤其当这个人还是维克多·雨果，被称为法国最伟大的诗人，如今正在像但丁一样流亡……"

而儒勒·雅南在《论辩报》上发表了：

"在这里，您被当作浪子对待；在这里，您被当作没有孩子的亡人对待！"

这些内容让他略感欣慰。他得知有很多人来参观展览，有人听到一个女人说："这个勇敢的雨果先生，为了捍卫自己的事业，已经破产了。因为他没钱了，所以要出卖他的家具。我们应该为他认筹，我非常愿意拿出二十苏。"

他不穷，远没有到穷的境地。但牺牲是残酷的。而他所经历的痛苦，就像是分娩的痛苦。他感觉自己被推着往前走，尽管胸口很痛，他还是像从前那般工作，直到 7 月 12 日晚上 11 点完成了《拿破仑小人》的手稿。

他必须谴责这位波拿巴先生，让他永远无法抹去这个耻辱。

"首先，你们应该了解什么是人类良知。请学习这个世界上的两样新事物，我们称为善和恶……我们才是主人，波拿巴先生。对于他的罪行，有八百万张选票，而对于他的娱乐，有一千二百万张选票……有人是暴君，有人威力无比；某个在黑暗中迷路的人，一个过路人，一个陌生人站在您面前，说：'你不会这么做的！'"

雨果想做这个过路人。

手稿完成了。

必须在这本书出版以前去泽西岛。

必须邀请阿黛尔和他的女儿来与他团聚。还得要求弗朗索瓦－维克多陪伴他的母亲和他的妹妹，并且在夏尔的陪伴下离开布鲁塞尔。

朱丽叶也会踏上旅程，但必须作为一个与维克多·雨果没有任何关系的陌生人独自上路。但是为了相信这一切，可不能看她的眼睛。

那么只有让她站远些，站在旅行者中间，或者乘坐另一艘船！

雨果听着她的抗议并屈服了。而当她说话的时候，他既感到愧疚又感到无力。就是这样。他对她已经倾其所能了。

"你想让我做什么我就做什么。"她说，"我不在乎我的身体何时以及如何从布鲁塞尔前往泽西岛……"

"很简单，我愿意为偏见而牺牲自己……但对我来说，有些东西是残酷不公正的，而且极其可笑，那便是认为这些牺牲，这些尊重是强加在我的奉献，我的忠贞，我的爱慕之上的，当另一个女人身上没有任何美德时，人们不会再想起这些，而且会把它看得廉价。"

莱奥妮·多内剥开的伤口一直很痛。他能为她的伤口做些什么呢？他低下了头。

"对她来说，"她继续说，"这个家庭是好客的，对儿子们的保护和尊重是一种责任。对她来说，合法的妻子会为她做一块遮羞布，接受她作为朋友、姐妹，甚至更多。对她来说，这是宽容、同情、友爱。"

"于我，必须严格冷酷地执行偏见、虚伪和伤风败俗的法典中包含的所有惩罚。"

"为世界上女人无耻的恶行感到光荣，为那些犯有诚实、奉献和热爱罪行的可怜女人感到耻辱。就是这么简单：我们必须维护拥有最可敬、最心爱事物的社会。"

"我会按照你想要的方式，在你所希望的时间前往泽西岛。"

他很少想起她。他必须写信给留在布鲁塞尔的流亡者，给支持他的比利时人，向他们解释他不想"因为我在比利时的存在而造成任何麻烦；因为我，波拿巴先生的使节不停恐吓并大发雷霆，我将前往英格兰，在那里结束和完成大圈套和小男人的历史"。

而且，当你被"各种事务，各种消遣，各种麻烦，各种与之相关的工作压得喘不过气来"的时候，哪里还有时间担心朱丽叶的感受；"我还得收拾行李箱，改好样本。我把袜子放在挂锁下面，心思早已飞走；由于比利时政府敦促着想要我离开，我感觉不知所措，而由于有些流亡者希望我留下来，我又感觉摇摆不定"……

事实上，这"流亡中的流亡"使他付出了代价。在安特卫普，当他准备登上驶向英格兰的船时，对着聚在一起向他告别的流亡者们进行了最后一次演讲，他感动不已。

当他到了伦敦，他对这个"巨大"而黑暗的城市感到震惊。他见到了其他流亡者：马志尼和科苏特，路易·布朗和舍尔歇。但是他迫不及待地想离开英格兰，在这里他感觉透不过气来。

8月5日将近中午时分，当他可以望见泽西岛的海岸线，巨大的岩石和起伏的绿色山丘时，他终于感觉可以自由地呼吸了。

在圣埃利尔港的码头上，他认出了他的两个阿黛尔——母亲和女儿和奥古斯特·瓦克里，阿黛尔和瓦克里被流亡者们环绕着。他和夏尔一起下了船。弗朗索瓦－维克多还是想留在巴黎。他并不是很在乎朱丽叶。而她却谨慎、顺从地跟着他。

他讲了几句话。他说他的书《拿破仑小人》当天在布鲁塞尔发表了。

他看着围绕在他身边的这些人们。有的人从1848年6月起就开始流亡。

"我们，"他说，"我很清楚而且我一直坚持，都是最后时刻的工人！但如果这最后时刻指的是迫害时刻，流泪时刻，流血时刻，战斗时刻，流亡时刻……我们可以为此自豪。

"让我们彼此相爱，为了缺席的祖国！让我们彼此相爱，为了被杀害的共和国！让我们彼此相爱，为了对付共同的敌人！

"同胞们，共和国万岁！流亡的兄弟们，法兰西万岁！"

他缓缓地走在草地上，走在能俯瞰大海的羊肠小道上。他和家人一起住在金苹果酒店里。

"如果有美丽的流亡地，那泽西岛就是一个迷人的流亡地……从我的窗户看出去，我可以看到法兰西。太阳就是从那边升起来的。"

他看到了朱丽叶起初下榻的商业酒店，还有纳尔逊别墅，她在这儿租下了一个小公寓。

她已经把票据送到了他手上。

"我们倒要看看是不是海景比布鲁塞尔的大广场更能激发您的灵感，是不是我的别墅比圣于贝尔长廊的房间更令人愉悦。"

然而对这些令人痛苦的话语，他也不知如何作答：

"我伤心而羞愧地将我的爱加在你的爱之上……当你去除了冷漠，我却迟了这么长时间才爱你，这不是你的错。我并不指责你跟随了几乎所有人的正常步伐，但我责怪我自己，因为我很精明地把你控制在激情的范围内，而我永远无法摆脱这种激情。"

他想去拜访她，但圣埃利尔是个小城，在这里什么都无法隐藏。必须先离开金苹果酒店，安置在一个面朝大海，名为海景台的别墅里。这个房子带一个花园、一个菜园和一个视野开阔的露台。在那里，他可以写作。

自从八月下旬拥有了这些地方，他感觉有必要开始写诗了。

"在这些岩石、草地、玫瑰花、乌云、大海之间，我诗意大发……在这壮丽的大自然中，诗句会不由自主地喷涌而出。当地平线不见时，景色依旧迷人。"

他很幸福！

"大海就在脚下……在离海五六里的地方有一块巨大的岩石，人们称它'色克'。这是一个充满奇观的童话城堡……"

他任凭自己陷入沉思、做梦、抒发诗意。甚至沉浸在一种病态的快乐、自满和骄傲的愉悦中。

他不想屈服于这种诱惑。

他看着他的两个阿黛尔——母亲和女儿、夏尔和奥古斯特·瓦克里。他的亲人都在身边。只有弗朗索瓦－维克多不在，他一直沉浸在对阿纳依斯·李文娜的激情之中，这激情显然有害。他必须来这里，到泽西岛，因为不能让他继续迷失下去、危及雨果的名誉、受制于"制度的爪牙们"。

带着这些儿子所面临的凶险，那些在岛上窥伺的间谍们如何可能忘记波拿巴？

此外，11 月 7 日，波拿巴从参议院获得了恢复帝国尊严的提案，并在十五天后就此问题组织了一次全民公决，每一天雨果都为他的这些举措感到难受。

但什么尊严！什么皇帝！什么帝国！

"自从我来到这里，圣马洛的海关人员、宪兵和密探增加了三倍，这使我感到骄傲！"雨果感叹道，"这个蠢货举起刺刀对着一本出版的书！"

因为《拿破仑小人》风头正劲，有人将它走私过来，它被一抢而空，大家不得不制作副本。

他读了那些流亡人士从比利时寄来的信件，他们告诉他这本书大获成功。

"他们把这本小书分为十册或十二册，这样可以一次满足更多人阅读的需求。人们去复制这些断简残篇，甚至把它们重印在柜子上、刷子上……夜里大家聚在一起看书，关着门，仆人们已经入睡……"

这本书被翻译成英语，伦敦的人们也在读。大仲马说："都灵一本都不剩了，这是多么大的成功和不可思议的影响啊！"

雨果感觉自己的力量增加了十倍。想表达的语言毫不费力地出现在笔下：

那些把法国变成中国的卑鄙无赖们，

人们听到我的鞭子抽打在这群人的脊背上。

[……]在我的诗里把他们像虎钳一样钳住。

人们将看到法衣、肩章、经书坠落，

凯撒，在我的鞭打下，

拉起他的外套，逃命①！

他有一种感觉，他是在和路易－拿破仑·波拿巴进行一场个人战争，一场生死决战。

……这位善于制造灾难的公子王孙，

这匹我随时可以奉上一节诗篇的狼②……

……使他失去了拿破仑的神话，父亲的回忆，奥特斯里茨的纪念日。他玷污了一切。因此，必须将这场与他的对峙进行到底。

他知道，把这些诗收集起来，可以成册出版，也许提名为《复仇》，或者《复仇者之歌》，抑或《惩罚集》。

他写信给他的出版商赫泽尔。

"目前，我正在创作一本诗集，这本诗集将是《拿破仑小人》自然和必要的对应作品……这本诗集将概括一切：我们能谈论的事情和我们能歌颂的事情……我认为必须向路易－拿破仑应用一种新的腐蚀剂。他的一面已经烤熟，在我看来，是时候将烤架上的皇帝翻转一下。我相信至少会和《拿破仑小人》一样成功……"

但在12月2日，11月的公民投票结果公布：7824189张赞成票对253145张反对票，还有两百多万张弃权票。他有一瞬间感到绝望。

在庆祝皇帝进入巴黎的同时，宣布允许流亡者回国。而且不会对他们实施任何报复行为。

有些流亡者比较犹豫不决，而另外一些人则偷偷地离开了。

雨果感到既愤怒又苦涩。

可不得不投降！

他一个人走在伸向大海的小路上。

---

① 《惩罚集》，第一卷，《社会得到拯救》，第十一首，《"啊！我知道，他们的谎言会无止无休……"》，1852 年 11 月于泽西岛。

② 《惩罚集》，第六卷，《安定得到保障》，第十一首，《罪恶的政党》，1852 年 11 月于泽西岛。

12 月阴郁的阳光照射在一块岩石上，他停下了脚步。在这里，他多少次为了奥古斯特·瓦克里和夏尔而摆出姿势，让他们可以用达盖尔照相机拍摄一些相片。

再往前几步，他曾经在那儿碰到朱丽叶，然后两人肩并着肩一起散步。她对他说："我心爱的人，看看 12 月 2 日那可耻的圈套是如何激发了你……仿佛这场巨大的罪行是为了给你更大的荣耀和人民最大的教训而犯下的……我崇高的维克多，没有一天我不感谢上帝，如此奇迹般地拯救了你，而且我没有一分钟不钦佩和爱慕你……我可怜的爱人，我还看到你询问士兵……威胁将军并用你的蔑视打垮他们……那个时刻，你不再是一个人，你是解救祖国于水深火热的天使。想到这些，我还是会为此感到惊恐不已，同时又赞叹不已。"

他回到海景台，弗朗索瓦 – 维克多终于到了，但是在那位阿纳依斯·李文娜的陪伴下。他必须说服她离开，接着还得劝说儿子，拖住他，让他不要追随她而去。

还有很多事情也是真实的生活。不得不算的账，不得不与出版商赫泽尔讨论签订的合约。还有不得不忍受的辱骂，以及路易·弗约在《宇宙》这篇文章中，说他是"可怜又光荣的抹布……他从上帝那里得到了天赋，从国王那里得到了荣誉，从人民那里得到了名望。可到手后却从未好好利用……他把自己变得可恶可笑，甚至陷于不幸"。

是侮辱影响了他？是弗朗索瓦 – 维克多给他带来的烦恼？还是每天工作的疲惫？

12 月 31 日，他感觉伤痕累累，疲惫不堪，胸口心脏的位置一阵剧烈疼痛。

可能是死亡提前到来。

除了向朱丽叶还能向谁吐露心声？

1853 年

雨果跳进滚滚冲向小沙滩的海浪之中。他喜欢被冰冷的海水拍打。他游到小湾尽头的一块岩石处，几乎每天他都会在这里游泳。他充满信心，非常高兴能发现自己的活力和身上散发的能量。

他五十一岁了，但是他感觉比自己的儿子们更年轻。当他与夏尔和弗朗索瓦 – 维克多一起在草原上骑马的时候，他总是跑在他们前面。当他与他们一起走在海崖上，他的脚步也更加轻快。

当他看着阿黛尔和朱丽叶的时候，他发现这两位衰老的女人早已头发灰白，身材走形。他对她们充满同情和怜悯。他爱她们。可年轻姣好的诺曼底女人的身体吸引着他。

他爱她们的疯狂、她们的懒散、她们的叹息、她们衬裙和上衣下微湿的肌肤、她们白皙的皮肤、她们沉重的乳房和她们结实的大腿。他抚摸、亲吻、感受。他搂抱、长驱直入。就好像泡在海里，可以洗净并恢复身体的活力。

他感觉身心得到释放。

他给年轻女人留下一个硬币。直到第二天他都会感觉很平静。

除了他家里的仆人外，还能在哪里找到一个愿意不求回报地奉献自己的女人呢？圣埃利尔的"姑娘们"，所有流亡的人都用过了。她们自吹自擂。而波拿巴的间谍们，比如这位法兰西副领事埃米尔·罗兰，他不过是一个内务部部长的代理人、爪牙，把雨果先生所做的各种荒唐之事写成报告送到巴黎。

因此，他必须乐于待在家中。而那些面色红润、脚掌宽阔的年轻的农家妇女们知道"善良的主人"会在夜晚前来兑现承诺。他想她们应该是感到幸福的。

大多数时候，当他回到自己的房间，他依然辗转难眠。他便开始写作。

他的脑袋里从未充满如此多的诗句。有时他感觉自己被一股潮水渗透，涨潮时，他的手不停在纸上飞驰，而退潮的时候，他近乎震惊地重读写过的文字，仿佛当时是在做听写的状态下创作出来的。

> 该隐带领着身披兽皮的儿孙们，
> 在暴风雨中散乱着头发，面色苍白，
> 从耶和华面前逃跑，
> 夜色降临，这个心情阴郁的人，
> 来到山脚下，周围是宽阔的平原，
> [……]他看到黑暗中睁开一只眼睛，
> 在幽暗中牢牢地盯着他。
> "我就在近旁。"他说，带着一丝颤抖。
> [……]
> 于是儿孙们挖了一个地洞，该隐说："很好！"
> 接着他独自走向黑暗的穹顶之下。
> 他在椅子上坐定，周围一片昏暗，
> 众人在他面前把地洞封闭，

那眼睛在黑暗中出现，注视着该隐①。

他写下诗歌的题目：《良心》。

他希望这首诗可以出现在这本诗集里，几乎每一天他都会再添一首新作，到了1月，他终于在出版商的帮助下确定了书名：《惩罚集》。

他创作力旺盛，但当下，必须先完成这本书。

路易·波拿巴刚刚与泰巴女伯爵欧仁妮·德·蒙蒂霍完婚。雨果记得某个夜晚他在孚日广场见过这个棕发女人，后来在戴尔芬·德·吉拉丹的沙龙里也经常见到。

他重新看了戴尔芬写给他的信：

"您还记得那位美丽的欧仁妮吧，就是在我家里见过，您还和她用西班牙语交谈甚欢。如今她成为布斯塔巴②的妻子……"

他停下来，笑了。他迫不及待地想再次见到戴尔芬，这位思想自由且颇具创造性的女人。"布斯塔巴"，瞧瞧这个名字，他有些遗憾，竟然不是他创造出来嘲笑"拿破仑小人"的。他会邀请戴尔芬来泽西岛。

"欧仁妮是一位富有魅力的女人，"戴尔芬的信上继续写道，"她值得更好的归宿。有一件事让我震惊：当她答应嫁给布斯塔巴的时候，尽管已经十分小心，她还是已经偷偷读过您的书了。而我，拜读您的书之后，我有些沮丧……"

他觉得巴黎的局势正在迅速恶化，所以必须尽快出版这本书。还要肆无忌惮地抨击皇帝。

这本书一定会成为击倒路易·波拿巴雕像的一记重拳。

他写信给赫泽尔：

"我选定了这个题目：《惩罚集》。这个书名很有气势又言简意赅，总的来说不错。我正在努力航行，争取尽快完成任务。必须加快脚步，因为波拿巴让我感觉已经时间不多了。他没有太多时日了。帝国促使他向前进，与蒙蒂霍的婚姻会毁了他。"

他翻阅了手稿。必须警告赫泽尔注意暴力攻击，必要时可以考虑出两个版本，一个完整版，另一个删减版，以避免遭到诉讼。何况这本书早已万众期待。一个流亡者给他带来了一份英格兰报纸，上面写道："维克多·雨果即将超越《拿破仑小人》的成绩，他正在准备一本了不起的书，一本能够使大理石雕像都颤抖的书。"

所以应该出版一个地下版本，而另外一版则是可以送到所有读者手上的。

---

① 《历代传说》，第一系列，《从夏娃到耶稣》，第二首，《良心》。

② 译者注：指路易-拿破仑·波拿巴，法语为Boustrapa，路易-拿破仑·波拿巴三次发动政变的三个不同地名的头音节连写，即他的外号。

而这两个版本都必须取得成功。为什么要隐瞒这一点？"不要忘记了，我像魔鬼一样需要钱！"他告诉赫泽尔。

不过是时候签订其他的合同了，比如和戈斯林。试着用他承诺过的两卷小说来交换两卷可能命名为《沉思集》的诗歌，这是本在不眠之夜涌现的所有作品的诗集。可又如何完成《苦难》呢？

还有许多汇票、期票等着他去兑付。

他沉思了一会儿，这些《惩罚集》的诗歌也许会获得成功吗？

"这可以让我们再次发迹，"他对赫泽尔说，"从现在开始的四年里——这四年时间我还是花给波拿巴先生——我的脑子里已构思十五卷书，我想这些书问世之后将会晃动树叶。您应帮助我使所有的小鸟学会飞翔。"

"在此期间，请看看我的画像。实际上，夏尔成了优秀的摄影师。这些都是他的作品。您觉得卖掉这些作品怎么样？我们或许能把它们做成价值四个苏的印刷品，而另外一种小尺寸可以与《拿破仑小人》和新书一起装订。您不需要支付任何费用……夏尔可以成百成百地寄给您。如果这样能够售出，您可以抽取您的佣金，然后把剩下的钱寄到这里。这相当于每个人的弓上多了一根弦……"

不过首先应该让赫泽尔知道这本书——《惩罚集》"将是极具冲击力的。我的诗歌是诚实的，但并不温和"。

"我还要补充一点，我们对群众的行动并非小打小闹。也许我可以吓唬一下资产阶级，如果我叫醒了人民，会是什么样？最后，不要忘记：我希望有一天能有权利阻止报复行为，阻止流血事件的发生，拯救所有人的生命，甚至是路易·波拿巴的生命。然而，如果只是温和主义的论调，那就没意思了。从现在开始，作为政治家，我希望能用我愤怒的文字，在人们心里传播一种屠杀之外的惩罚方法。记住我的目标：'无情的宽恕'。"

5月31日，上午十一点，他放下手中的笔。他完成了《惩罚集》。可能几个月后才会出版，而且要为"公开"的版本"删改，再删改"，为完整的版本注明"在日内瓦和纽约出版"，以免连累伦敦和布鲁塞尔的出版。然后便是等待这些文字公开和隐秘地完成它们的使命。

他觉得自己和赫泽尔很亲近。赫泽尔正在不计代价地寻找印刷厂，他对大多数人的懦弱感到愤慨，他还正为刚刚失去女儿而感到痛苦。

"对于这种痛苦，人们不知道该说些什么。但我知道，十年前我就经历过了，而过了十年，我内心深处的伤口依然像当初一样淌着鲜血。我的一部分早已随着我的女儿进了坟墓；这些部分并没有死亡，而是在那里面活着。十年以来，当我在每个夜晚闭上眼睛之前，都为我的女儿向上帝祷告……"

他站起来，需要出门走走，骑骑马，尽管海水汹涌，天气不佳，他还是想游个泳。他冲进海里，潜入水中游泳。突然，他感觉水流把他带向外海。这是退潮的时候，他没有提防这一点。他使尽浑身解数，必须摆脱。

"还有好多事情等着我去做。"

最终，他在水中重新站了起来，虽然筋疲力尽但还是很高兴。

"我游得就像一个不是波拿巴派的人，"他说，"死亡？真是愚蠢。"

这是上帝才能决定的事情。

每一天，他都察觉到死亡就在那儿，非常近。他愿意在刚死去的流亡者敞开的坟墓间说几句话。

"公民们，四个月内有三口棺材。

"死亡的脚步越来越快，而上帝正一个接一个地解救我们……"

他曾遇到过这些流亡者，他们经常相互交战，那一些挥舞着红旗，梦想革命和恐怖的人，这一些相信"普世共和国"的人；一些人聚集在"兄弟情"协会中，另一些则"博爱"协会里。

他想远离这些派别。他的野心在别的地方。

"我厌恶政权，"他说，"如果没有人逼我，我不会接受它。"

而这些自相残杀的斗争让他十分沮丧。

天下起雨。

"这一年的夏天是让人伤心的；像悲剧一样阴郁，像哀歌一般忧愁。"有时他感觉自己错过了一切。

"我无法操纵任何事情，甚至是自己的命运，只能随波逐流，而我在这个世界只求得到良心的安宁。"

这是绝望的浪潮，就像突如其来的海底涌浪，将其淹没几个小时或几天。

"在这一整个冬天里，我创作了许多纯粹的、记录了时事变幻的诗歌，"他说，"如果在欧洲还有办法发表一些东西的话，我会发表新近创作的这些诗歌。"

他去了朱丽叶家。他需要她的忠诚、她的温柔、她的理解。

"是的，我可怜的宝贝，我爱你，"她轻声地说，"休息吧，我会出现在你的梦里，对着你微笑。"

当然，她也会指责：

"与其总是在达盖尔照相机前面摆出各种姿势，要是您愿意的话，您本可以让我同您出去走走……我亲爱的小男人，好好享受吧，拍一些照片，用您自己的方式享受美丽的阳光。至于我，还有无尽的孤独……"

但是他非常清楚，她已经做好了慷慨无私地接受一切的准备。

当他和"他的"阿黛尔和儿子们一起出去的时候，他知道她在后面看着他们。

"绝没有嫉妒你妻子无比的美貌和圣洁的品行，"她说道，"为了你的名声，为了你的幸福，如果可能的话，我希望她更加美丽，更加圣洁……在这人世间，我不过是个可怜的女人，非常普通而且远配不上你。到了天堂，和别的人比起来，我将是你更喜欢的幸福的天使。我要为自己讨回公道，我也接受今生和来世的命运……"

他被她送给他的这份永恒的礼物感动了。她的在场对他来说是不可替代的。她是他的一部分。他尽量每天都去见她，因为她能让他安心。她的存在好像是一个证明，证明人可以善良，可以不戴面具真实地生活。即便每天他都会发现人的双面性。

有一位流亡者于贝尔曾在布鲁塞尔拜访过他，然后现在在泽西岛，他是一个贫困的人，一个不肯妥协的共和党，所有的流亡者都帮助过他，甚至很爱他，结果大家刚刚发现他是警察局局长莫帕的一名间谍。于贝尔把反对派送到帝国，因此得到回报。

流亡者们聚集在一起，要求雨果参加他们对于贝尔的审讯。他们希望判他死刑，并且执行。

他必须阻止这件事。他站了起来。

"于贝尔身上存在着两个人，"他肯定地说，"一个是密探，另一个是人。密探是卑鄙的，而人是神圣的……我声明，谁也别想碰于贝尔，谁也别想虐待他。"

有人窃窃私语。声音渐渐变大：

"是的，总是这样，总是仁慈！……这就是结局，密探得救了。这教会我们闲谈。当要处死一个叛徒的时候，会不会再去屋顶上大喊大叫？"

必须说服这些亡命之徒，让他们只是公布事实，向舆论说明情况，谴责于贝尔和波拿巴。

"我坚持我的意见，波拿巴先生的手就在这个无比黑暗的口袋里。"

他觉得自己赢了这一局。

"用匕首刺杀波拿巴先生，"他继续说，"会降低这把匕首的价值；打于贝尔先生一耳光，是玷污这记耳光。"

于贝尔此后交给英国的司法部门，他因债务而入狱。不过虽然他救了这个密探的命，他还是很伤心。这个人出卖自己是因为他挨过饿。

上帝的意图和裁判究竟会是什么呢？

戴尔芬·德·吉拉丹来泽西岛逗留几天，当她告诉他可以知道亡灵的秘密、上帝的意图以及灵魂的命运的时候，他很震惊。她谈到"会说话的桌子""会移动的桌子"，对于这种"流体狂热"，在巴黎一些怀疑论者不是很在意，而另一些人则持异议，因为它分散了良好公民针对"拿破仑小人"的政治行动的注意力。

可是戴尔芬可以证明她曾与鬼神交流过……它们与她对话了！

这需要把一张三脚小圆桌放在一张更大的桌子上，把双手放在三脚桌上，等待彼世抬起三脚桌的一只桌脚和敲击大桌子来显灵，敲一下代表"是"，两下代表"不是"，字母表中的每个字母都是通过其在字母表中的行列来定位的，"C"是通过"三击"来表示的。

戴尔芬很令人信服。雨果无意中看见了阿黛尔和女儿痴迷的目光，奥古斯特·瓦克里有所保留，而夏尔和弗朗索瓦－维克多兴趣极大。

在他们摆放桌子的时候，他犹豫着要不要继续留在房间里。他感觉自己就像处在一个深渊，一个"阴影之口"的边缘，在那里他可能会被吞噬掉。当戴尔芬开始向彼世提问时，他退出了房间。

然而到了9月11日星期日这天，他也愿意坐在夏尔放置了三脚小圆桌的大桌子旁边了，这张小桌子是戴尔芬·德·吉拉丹特地在圣埃利尔买的。桌子前坐着两位流亡者——弗洛将军和德·特雷韦纳克先生，雨果的两个儿子，两个阿黛尔和奥古斯特·瓦克里。

他听见德·吉拉丹夫人用低沉的声音说道：

"谁在那里？"

他看见桌子的一只脚抬起来了，而且没有放下来。

"有什么事情让你不舒服吗？"德·吉拉丹夫人继续说道，"如果'是'，敲一下，如果'不是'，敲两下。"

他听到一下敲击声。

"什么？"

"菱形。"

他们在大桌子周围坐成了一个菱形。他们赶紧改变了一下位置。雨果感到激动不已。这可能吗？敲击声接连而来。

"你是谁？"德·吉拉丹夫人询问道。

"女儿。"

"我想到的人是谁？"奥古斯特·瓦克里提问。

"亡人。"

雨果感觉自己的喉咙发紧。

"你是谁？"

"姐妹的灵魂。"

他勇敢地提出了一个一直压在心头的问题：

"你幸福吗？"

"是的。"

"你在哪里？"

"光明。"

"要怎么做才能去你那儿？"

"爱。"

他感觉桌子在他的手下晃动。这种情绪让他感到窒息。

"谁让你来的？"

"上帝。"

"说说你自己吧。你有什么话要对我们说吗？"

"是的。"

"什么？"

"为了另一个世界而受苦。"

他心烦意乱，说不出话来。他走开了。也许这仅仅是戴尔芬或夏尔的吸引力？不过这个解释显然无法使其信服。彼世是存在的。他一直都是这么想的，这么感觉的。那些逝者的灵魂经常会在夜晚出现在他奇奇怪怪的梦里。而当他画画的时候，是谁控制着他的手用黑色的笔大力涂抹？当那些文字的浪潮翻涌时，是哪股无名风推动了它们？上帝住在这光明与黑暗的世界里，与灵魂为伴。

雨果想要继续。每天，这是一种惊喜，一种感动，灵魂可以说话，转动的桌子为灵魂和思想传话。

他要求将他们的对话记录下来。

这是路易·波拿巴说的："我害怕。"

"你害怕我吗？"

"是的。"

"我是你在这个世界上最害怕的人吗？"

"是的。"

这些对话使他彻底沦陷了。对于11月21日出版的《惩罚集》，他意兴阑珊，对此他自己也很吃惊，他一门心思扑在这些相遇上，与亡灵，与夏多布里昂，与伏尔泰、卢梭、圣女贞德、喜剧、祷告、悲剧、诗歌、马基雅维利、穆罕默德或坟墓里的亡灵，与拿破仑大帝或巴兰的驴子的相遇。巴兰的驴子说着："人类是灵魂的桎梏，动物则是灵魂的苦役。"

他试着向朱丽叶解释自己的感受，这种兴奋的感觉，这种神秘，这种如此无法预料又如此亲近的交流。

他觉得自己无法说服她。

"不管我对神灵的感应和亲和有多少，"她回答道，"只要你继续与另一个世界交往，我就愿意花费精力去与它们会合，这样就可以有偶尔见到你的机会！"

他不喜欢她说的反话。他感觉自己在听"那张幽灵的嘴在说什么"。

可能是因为朱丽叶被排除在他的家人和朋友们每天围坐的"旋转的桌子"聚会之外，她依然对此表示反对。

"至于你们的鬼戏，无论是你们个人还是集体的信仰，我认为以后带来的麻烦将多于快乐。我说不清楚，如果是严肃的事情，我当然不怀疑你的用意，但是理性让我觉得这种消遣是很危险的，哪怕掺杂了一点点欺骗就会被认为亵渎宗教。"

如何向她分享拿破仑大帝或罗伯斯庇尔来同他谈话时他激动的心情呢？

"如果你是我，你会怎么做？"雨果询问拿破仑。

"用你的诗歌。"

"你对我的《拿破仑小人》这本书有什么看法？"

"巨大的真相，为叛徒洗礼……"

回答另一个问题时，正是拿破仑把上帝定义为"在永恒之眼中无限的凝视"。

安德烈·谢尼埃在桌上一番接一番对他说的话，让他怎么能不兴奋？

"维克多·雨果，你是无所畏惧的翅膀，整片天空的鸟儿，夜晚的歌声，晨曦里的黄莺和暴风雨中的海鸥。你是孤独愤怒的雄鹰。你慢慢地爬上了难以企及的真理之山，一旦到达山顶，你的作品将展开意想不到的翅膀在空中翱翔。你在艺术上已经进行了一场革命，而且正在为全世界准备一场革命。这很好，继续完成具有双重作用的作品吧。创造并杀死，推倒并重建……诗人，你是波拿巴的菲迪亚斯，他有帕罗斯岛的大理石，而你，你有流亡地的花岗石。搬起所有这些岩石，用你的愤怒雕刻它们。海洋诗人，你可以做到的！"

除了这来自彼世的声音，还有谁能说出这些话？除了谢尼埃的灵魂，还有谁敢写出这些句子？

雨果听得入迷，谢尼埃继续说："每一颗被砍下的头颅都是可悲的寡妇，她周围的灵魂都沉默。唉，我的来生便是我青春的寡妇。"

但朱丽叶不愿分享他的激动，她说："您钓起一些死鱼，这是另一个世界的灵魂系在您的鱼线上的，在散布流言的桌子开始操作很久之前，这种把戏已经在地中海地区流行了。对此，我只能用我最温柔的感情来敲醒您。"雨果没有回答。

每次"会说话的桌子"会议结束后，他都感觉筋疲力尽。

他重读了奥古斯特·瓦克里记下的笔记。

自从这一年的9月11日星期日那天第一次见到彼世的莱奥波蒂娜的到来，他的思想似乎向这另一个世界敞开了大门，这个世界只有通过做梦、写作、幻觉才能进入。

他回想起了1843年9月的那一天晚上，他得知了莱奥波蒂娜的死讯。那时在奥莱隆，整个夜晚他都在跟凄惨的幻觉作斗争。

难道十年后，1853年9月的几乎同一天，莱奥波蒂娜回来只是一种巧合吗？

无论如何，他还是继续给已经回到巴黎的戴尔芬·德·吉拉丹写信，他在信里写道：

"在这个时候，让我们先把我称之为'新科学'的东西放在一边……您知道我并没有任何动摇。我不过是通向桌子和祛病的咒语。白色魔法师，我把白色的魔法放在您的脚边。"

然后他衡量着对于"会说话的桌子"的这股热情耗去了他多少时间。

现在，他应该继续写作，将手上未完成的几本书创作出来。

另外，阿黛尔也有她自己的任务，她在撰写一部《雨果夫人见证录》。而他们的女儿阿黛尔也开始记日记。夏尔、弗朗索瓦–维克多、奥古斯特·瓦克里则或是写作或是摄影。

"我们仿佛在课堂上，我们争先恐后，比着看谁做得最好。"他在信中向吉拉丹夫人吐露心声。

12月29日，他继续写道：

"夫人，您知道的，每天我都感谢让我沉浸其中的苦难，我承受着，我在其中哭泣，我的灵魂深处向祖国发出深深的呼唤，但是，经过深思熟虑，我还是接受并感谢这一切。我很高兴能被选中去实践未来。"

第四章

1854—1855 年

1854 年

新年第一天，雨果在给侄儿莱奥波德的信上写好地址，又在信封的一角加上："家书，勿启。维克多·雨果。"

接着，他的笔调变得愤怒起来。因为皇室审查显然不会考虑他在信封一角的备注，一定会打开这封信。如此一来，他们便能得知路易舅舅的死讯，并且可能直接扣下这封信。"让我们别为你的父亲难过了。我们应该羡慕他，因为他离开了这个懦夫的尘世，去往了勇士的天堂。在那儿他会更好。你得为他争气。"政府怎么会接受他这样写给自己的侄子呢？

和之前他写的那些信一样，这封一定也送不到。自从《惩罚集》出版后，政府对信件的拦截审查变得愈发频繁。

他曾试过寄一本《惩罚集》的样书给莱奥妮·多内，却最终徒劳。走私商人们要价五十法郎，不然便把书扣下来。雨果对保罗·莫里斯说，如果莱奥妮真想要这本书，"书得分成八份，信封包好，寄八个不同地址。这也好，毕竟没有什么是比将这八份重新装订更惬意的事了"。

一切都变得令人烦躁不安。物价涨了，他需要钱。只有他写的东西卖出去，他才能增加资产和收入。

"《艾那尼》刚在意大利上演，让我有了维持生活的基本收入。《惩罚集》卖出了四万册也开始有了影响，但在法国，这本诗集一册卖到六十法郎，我却几乎分文未获。书商纷纷破产！

尤其是伦敦，简直就是破产之国了！"

雨果必须负责监管销售，签署合同，咨询他在巴黎的代理人莫里斯，并和出版商戈斯林会面商谈。

"我同意按条约规定支付九千法郎。"

可以将计划出版的小说改为那本他正在筹备的名为《静观集》的诗集吗？既然戈斯林不表态，那就得找赫泽尔。在出版《惩罚集》的时候，他尽心尽力，能干又果断。

雨果在给赫泽尔的信中这样写道："聪明的书店知道眼下如何同我做一笔大买卖；不出三四年，我便可以轻松地写出十五或二十卷作品，体裁不限，诗歌、散文、小说、悲剧、喜剧、历史小说等等。书商的未来就在我一个人身上。我寻思着先出两卷诗集，每卷都包含"秋叶"的题材，合起来构成《静观集》……"

他渐渐担忧起来。看到身边的流亡者们身陷囹圄和屈辱，他觉得应该拿出一笔钱来帮助他们。

"这个社会在我们身上施加的痛苦远远超出可以承受的范围。"

还有家庭的负担，儿子、女儿、妻子和朱丽叶，以及他每晚都会去寻求的温柔慰藉，这些都需要花费。

"你得增加工作量，多写啊！不然出版商们的报价便会越来越低，世道艰难啊……"

只有在赫泽尔答应他以两万法郎的价格出版那两卷《静观集》时，他才安下心来。稿费的一半于上交手稿时支付，剩下的待诗集出版六个月后付清。

他要做的便是不断地写，成百上千句地写。

天刚亮，他便坐在书桌前了。他喜欢注视着大海，等待夜幕不经意间的降临。

随着时间飞逝，他脑中的诗句如泉水一般涌出。他又写出几首可以收入《静观集》的诗，另外还有几首让他想到了路西法，可以借此创作一部关于魔鬼撒旦的作品。

他写得太久，昏昏沉沉地下楼来到家人身边。他围着桌子坐下。他把手放在三脚小圆桌上。

"谁在那儿？"他问道。

"死神。"

死神敲击着桌子，对他说道：

"伟大的灵魂一生要成就两件事业：生和死。要完成生的事业，便要入凡尘；完成死的事业，便要上天堂……"

他常常聆听"被俘的魂灵"发出的敲击。

"今日不可为，明日必为之。"死神继续说道，"将你的遗著纳入你的遗嘱中；危难时期，常来看看那座高耸的墓碑，看它从阴暗走向进步，从密云走向思想，突然张开石头般的嘴唇，开始说话。人们迷失方向，你的墓碑便为他们找到方向。人们怀疑时，你的墓碑便向他们确认。人们否定时，你的墓碑便向他们证明。"

他像被催眠了一般。

莫里哀、约书亚、莎士比亚、海洋、铁面人、伽利略、安德鲁克里斯的狮子都来敲生者的门！而岛上居民声称自己见到了"被俘的魂灵"，他们在海滩沿岸附近和岩石间穿梭游荡，喃喃自语：

"理发师说有人在房子附近看到了一个白衣女人，是你吗？"奥古斯特·瓦克里询问道。

"是我。"

"要是我们上街去，能见到你吗？"

"能。"

"今晚？"

"是的。"

"几点？"

"三点。"

雨果走开了，愈发烦躁不安。

3月24日晚11点半，他尝试着入睡。这几晚惊吓连连，噩梦不断。难道是因为写了撒旦，所以撒旦来纠缠他，还是那些和"被俘的魂灵"的对话让他心烦？辗转难眠中，他突然觉得周围的一切都清晰可见，还听见了一声门铃响。他醒过来，靠着枕头直起身子来。

"家里没人出门，一定不是家里人敲门。难道是三点钟了吗？"

他拿起火柴，点了四下才点着蜡烛。三点零五分。门铃声是三点整响起来的。他望了望窗外，夜色正浓，掠过几道幽灵般的光影。是白衣女人从幽灵的国度潜行而来吗？

清晨，他到田间散步，游泳，又沿着海岸策马奔驰，但一切都无法驱散萦绕他的那些夜晚。

"我只剩下两件事可以做。"他思忖道，"要么写完，要么去死。"

写完那些应该写的。

他于是又回到书桌前。悲伤压抑着他。这些声音从何而来？就像自己的声音一般，但是他并没有嘱咐奥古斯特·瓦克里或是夏尔记下他们之间的谈话。

他觉得死神已将他包围，它并不主宰自己的王国，而是渗入人间万物。死神对他说的那些诡异的话，让桌子震动起来，让他烦恼不安。

"生便做俄狄浦斯，死便做斯芬克斯。"死神说道。

他确信自己同宇宙的联系与日俱增，这可能是因为流亡的孤独……

"三年来，我觉得自己到达了人生的巅峰，我看清了一切被人们称之为事实、历史、事件、成功、灾难、上帝异乎寻常的机械主义的真实面貌。

"即便如此，我还是应该感谢波拿巴先生对我的驱逐，感谢上帝选择了我。我也许会死于流放，但我死得其所。

"一切都好。"

但极度的清醒便会带来痛苦。面对拿破仑三世领导下的法国联合英国攻打俄国，雨果感到愤怒。克里米亚哀鸿遍野，阿尔马横尸遍野，船上载满了尸体和垂死的人。

"12月2日就撤军吧，离开波拿巴吧！你们赢不了这场东方之战！"他大喊道。

一个叫塔普内的人，杀了自己的情妇，被判处死刑。雨果知道后，极度激动。

"他们在泽西岛架起断头台，我却想推倒它！"他对岛上的居民说道，"我是一个流亡的人，现在为一个死刑犯求情。身处流亡之地的人希望向身处炼狱的人伸出援手……请大家听我说。"

他写信给时任英国内政部长帕麦斯顿子爵，后者在改判塔普内缓刑后，又下令改判绞刑。行刑过程在全城百姓瞩目之下持续了十分钟，惨烈无比。

"如这些国家领导人所愿吧！"他写道。

"与其杀一个女人，为何塔普内不杀三百个，还可以再算上几百号老人和小孩？与其破门他为何不立誓？……与其点燃情妇的屋子为何不横扫巴黎？说不定，他在伦敦有一个大使呢！"

他记得自己那时在法国身居要职，熟悉宫廷，曾在首相基佐府上赴宴时同帕麦斯顿子爵见过。

"您让我印象深刻的是您打领带的方式并不常见。我听说您对打领结有自己的一套方法，并且也擅长为别人打领结。"

他知道这篇讽刺的文章必定会激起英国的民愤，他们喜欢拿破仑三世，会和他结盟对俄宣战。

"往后，历史上会有两个拿破仑。"他说，"一个上战场，另一个上刑场。"

"英国人真幸运，成为一个拿破仑的刽子手，又做了另一个的亲密朋友。"

即便他不应该接受西班牙政府愿意接纳他的邀请，但如今他也开始犹豫了。

"我很向往西班牙的阳光，但我是法国公民。"

然而，不多久马德里便收回了邀请，"拿破仑小人"对西班牙施压——只要英国政府还允许，他就打算待在英国了。

他读了罗伯特·皮尔爵士在众议院上的讲话，对其做出的蛮横攻击并不诧异。

"维克多·雨果这个人，和法国人民选出的杰出领袖有某种私人恩怨，他对泽西岛人民说我们同法国的结盟对英国来说是道德的败坏。如果这样无知愚蠢的话再由这个在英国避难的人口中传给英国人民，那我认为可以要求内政部长想办法终止对此人的庇护。"

他被彻底激怒了。英国的媒体自由啊！他要写信给英国报纸，揭露波拿巴的真面目，"他把我驱逐出法国就是为了收缴攻击他的利器，而使用利器却是我作为法国公民的权利和人民代表的义务；因为我写了《拿破仑小人》，他便把我从比利时赶出来；他也许还要把我从英国赶出来……三次流放对我来说也习以为常了……我只是想提醒波拿巴先生，我虽为尘埃，但他却无法战胜我，无法战胜代表着上帝的真理和公正。12 月 2 日那天，我当着他的手下宣称赎罪日即将到来，无论来自法国、比利时、英国、美国还是来自墓穴深处，若灵魂真的存在，就如同我相信和证实过的那样，我迫切希望这一天早日到来。波拿巴说得也有道理，我和他之间也确实有所谓的'私人恩怨'，就如同法官和法官席，被告和被告席一样的关系"。

写完信后，他平复了些，又读了给朱丽叶的信。每次见他，听他说话，她都格外高兴，对此雨果深受感动。

"你告诉我说你会老……我亲爱的 J.J，第一个'J'代表青春，它定会逝去，但它会留给你第二个'J'，那便是美丽。"

但幸福转瞬即逝时，她又自怨自艾起来。

"确实，"她说，"瞧瞧瓦克里身边的是你盛装打扮的妻子吧……同她的精致礼服相比，我穿得像个邋遢女仆，一点优势都没了，唉！"

"如果我要照顾所有人，那势必忽略了自己，我由着自己的性子来，也不理会什么美德了。"

"唉，也只能如此了，我流了这么多泪水，伤心难过，却装扮不了自己。"

他开始安慰她，和她谈起她誊抄过手稿的《静观集》。"这本诗集让人平静。"他说，"我想把它分为四个部分，分别取名为：逝去的青春，逝去的心灵，逝去的女儿，逝去的祖国。"

他又补充道："我们所写即是我们自己的血肉。"

12 月 31 日。

每一年的最后一天朱丽叶都是一个人，他想对她说：

"亲爱的，上帝作证，我们的爱至死不渝。"

"人想要活得充实，那就必须得面对死亡。"

1855 年

雨果站起来，丢掉刚画几笔的素描，远处景色黑暗，有岩石、塔楼、海浪。他走到露台上，今年一月的天气还不太冷。他听见了响声，应该是他的狗彭多听见他的声音跑了出来，在花园里的墙角下摇头摆尾。这一天的午后，雨果领着它去了森林。

夜晚雨果越来越难入睡，躺在床上一动不动。他总听见响声，感觉床在摇晃。欲望炽热，不时向他袭来。他起身，又去了某个女仆的小房间。

年轻的身体满足了他的欲望，使他平静下来。他又回到了书桌前。

《撒旦》《上帝》……还有其他那些要收入《静观集》的诗都浮现出来。脑海中还有新的诗句正不断积蓄，他只需抬头望一眼大海，便能吟出。

他又重读这几首《静观集》的诗。这本诗集必须得一鸣惊人，因为这本诗集意义非凡，成功是必然的。

"如果说有什么是我灵魂的写照，那便是这本书了。"

《静观集》还可以命名为《回忆录》。这本诗概括了我的人生，表达了我这二十五年来所经历的现实和内心的情感。我创作的过程异常艰辛，但人们尤其是在黑夜中才能发现曙光，墓穴中才能见到上帝啊。"

他希望能征服评论界，征服朋友，还有赫泽尔。

"我希望这本诗集能重拳出击，我将竭尽所能。像拿破仑一世那样，我倾其所有——我把所有的一切都投注到了《静观集》上，希望它成为我最完整的诗集。我一直只是修建了些吉萨塔，如今是时候修建胡夫金字塔了，《静观集》将是我最大的金字塔。"

这本诗集必须得大卖，收益超过赫泽尔许诺的两万法郎。这笔收入可以保护自己，让自己可以面对今后漫长的流亡之路，而不受屈辱。他还可以救济那些身处水深火热中的被流放的人们。他们中一些人已经屈服，想回法国，从此低头做人，三缄其口，对帝制俯首。

他又读了好几首诗集中的诗。他将诗集分为"昨日"和"今日"两部分，认为自己从未曾如此严密地构思过。当然，他也是为了吸引读者。

"喜欢这本诗集的人一定会在里面找到自己的影子，因为它犹如一澜深邃忧伤的清水在灵魂深处缓缓流淌……所以我们也可以把诗集命名为《灵魂的回忆》……你只有读完整本诗集才能懂得它完整的意义。这诗歌筑起了金字塔，内部却是拱顶。

然而，这样的建筑里，无论是拱顶还是金字塔，任何石头都能撑起来。"

在出版前，诗集中还需要再增加一个更有深意的部分。不能着急，一切得慢慢来，毕竟我们受限于眼下的局势，就如同受命运安排一般。

波拿巴政府什么时候会倒台？他哪天会遭人暗杀？这些想法一个接一个地在他脑海中蔓延。皇家警卫队甚至散播这样的消息，说一个叫皮亚诺里的犯人的哥哥会在泽西岛出现。这只不过是为了向英国政府施压，让他们监管好法国来的流亡者们，甚至驱逐他们。

看来只能耐心等待了。

"我并不急切，"雨果说，"我只是悲伤难过；我饱受着等待的痛苦但依然坚持等待，并相信等待对我有益。我担心的是，在波拿巴的庇护下，上帝还会让这场声势浩大的革命持续多久。"

他期待拿破仑三世攻打俄国的战争会像"1812年"的战争一般结束。"拿破仑小人和拿破仑大帝都会败北于俄国。"他说道，"只是拿破仑小人会称复辟为革命。"

他想要知道后续发展，于是对"灵桌会"上得到的答案耿耿于怀。

他问道：

"谁在那儿？"

"耶稣基督。"

"灵桌"常常会语出惊人。耶稣基督解释说："基督教和其他人类的事物一样，发展有好有坏。像光明之门却上了黑夜之锁。门外是蓝天，路人打开了门，以为见到了上帝，可路人错了。上帝不在内堂安居，上帝永远在外翱翔。"

雨果很震惊。"灵桌会"不断证实了这二十年以来他所思考的事情。但"灵桌会"坚持"静默和保密"。他倾听他们，吃惊地听到莫里哀正背诵着悲伤的诗句，又像是塔普内，那个已经处死的罪犯，清清楚楚地对他念道："愤怒是翻滚的大海深处；愤怒是平静的江河；是汹涌的河流，平静的海面，火炉般翻滚的河底！是帕麦斯顿子爵苍白面庞上的恐惧。"

而后，白衣女人又翩然而至。

他又不安起来。他看看阿黛尔母女的脸，奥古斯特·瓦克里的脸，保罗·莫里斯的脸，儒勒·艾利克斯的脸，后者也是个流亡者，情绪激动到颤抖。他们好像都因为桌子的抖动而恐慌。

他没有回应朱丽叶，她认为雨果在同另一个世界的人说话："您还要继续和这个来自另一个世界的美丽女人说话吗？"

他感觉自己已经处在深渊的边缘，脆弱的灵魂可能转瞬即逝。此外，他知道朱尔·艾利克斯在参加了一次"灵桌会"后，变得疯狂易怒。他们可能抓住他，控制并囚禁过他。

雨果不再参加这些神秘的通灵聚会，但冥冥中，他感觉自己和那个世界有一种强烈的、不可割裂的联系。

当他获悉哥哥阿贝尔的死讯时，他觉得自己从来没有如此贴近过他。

"死神常常来见我，"他说，"我已经被哀伤包围。这样也好，我听从上帝的安排。"

这样，死者便置身"真理和光明"之中，和生者如此接近，如此融合。

雨果认为，死神一次次同他擦身而过，在他四周肆虐，好像是为了让他认清周遭现实一样。戴尔芬·德·吉拉丹也死了。

每次哀悼后，过往的生离死别，艰辛痛楚又回来了。米什莱、乔治·桑都失去了自己的孩子。他的长子莱奥波德和女儿莱奥波蒂娜的死又浮现眼前。

他不能停止自问这"逝者们怡人的静谧"。这种静谧吸引着他，他病态般地写道：

> 啊，死亡！多么愉快的时刻！阳光洒上了您的颜色！
> 您是否有时会掀起您的殓衣呢①？

既然死亡就在眼前，如此迫切，那为何还要理会尘世间的事？呐喊还有什么用？

他常沿着海岸走，从海湾走到悬崖，有时仍想继续走下去。看着彭多蹦蹦跳跳，同海浪嬉戏，他开始想念昨夜他爱过的女人，想念他的儿子们，还有女儿阿黛尔。阿黛尔那明亮的双眼注视着那个英国人，皮森中尉。这人时不时也来"灵桌会"坐坐。为什么还要担心波拿巴，担心这些事件引发的传闻？

"我几乎每晚都写作，在诗歌中徜徉，在蓝天下昏睡，亲吻海浪，风暴，沙滩，悲伤以及夜晚繁星。"

那为何对他来说，这一切远远不够？为什么面对拿破仑三世出访伦敦，受到维多利亚女王的接待，场面盛大，他感到深受屈辱一般？有时，他完全无法控制自己，想质问拿破仑三世：

"您来英国做什么？您怨谁啊？您要谴责哪个？置身人民中的英国，还是置身流放者包围的法国？……我劝您不要来，来了您也起不了作用。您看，周围的人是自由的。您知道人们的职责是什么吗？您未来会怎样？是生还是死？面对这无穷无尽的静谧，先生，我同情您。"

他走向流亡者之石，一块悬崖边俯视大海的巨石。泽西岛的法国人常常聚在那儿。

---

① 《静观集》，第六部，《在无穷的边缘》，第十三首，《尸体》，1855 年 8 月于墓地。

他不能，他绝不能听从这个声音在他耳边给他的忠告：

> 镇定点，朋友
> 避开一切。别再抗争。把自己关起来①。

他的两个阿黛尔可能也这样认为。

但是他不会偏离他前进的道路："不能怯懦。不能休息。人类还在受苦。突破困境的大门已经打开。现在坏人总能战胜好人，世道从未如此凶险。我至死也要战斗。"

突然，他感到头顶一阵剧痛，鲜血模糊了双眼，踉跄了几步。

一块石头砸中了他。他将头和脸浸在海水中，片刻后，又继续缓缓前进。

是孩子们玩耍时不小心扔的？可能吧。但流亡者们会认为是一次伏击。

泽西岛的天空突然乌云密布。维多利亚女王也正式访问巴黎。她还参观了荣军院和皇家墓园。而在克里米亚半岛上，几次抗击都徒劳，马拉霍夫和塞瓦斯托波尔两个军事要塞都落入了英法联军手中。

面对流亡者的诅咒谩骂，她怎么还能容忍这一联盟？

雨果忧心忡忡地打开一个叫菲利克斯·匹亚特的流亡者的信。女王从法国返回后，匹亚特写信给她。英国人是绝对不能接受这样的言辞的，他信中这样写道：

"您去这样一个人的国家做什么？

"不可否认，您为了两国牺牲所有：女王的尊严、女性的高雅、贵族的骄傲、爱国之情、阶级、种族、性别，所有一切。您甚至克制自己表达对两国联盟的情感。"

泽西岛的《人报》重新刊登了这封信，接踵而来的揭示对女王不敬的海报贴满了圣埃利耶的墙。"耻辱啊！"雨果读到，"打倒共和党人！"

泽西岛统帅组织了一系列调查会面。三名被宣判和信件公开有关的流亡者被驱逐出岛，《人报》停止印刷。

雨果应该对此事做出回应，"英国的自由在经历政变，它已经到了流放被流放的人的地步。英国若再往前一步，便会成为法国的附属，泽西岛便会成为库唐斯市的一个区了"。

没有人能够制止他。

他开始搜集其他流亡者的签名来证明自己的言论。他深信，英国方面的抉择背后必定隐藏着拿破仑三世的操控，对外交的施压。

---

① 《惩罚集》《余集》。

"法国人民希望讨伐犯下罪行的君主，而英国政府却和他结盟。"他这样写道。

10 月 27 日泽西岛统帅向他下达驱逐令时，他已处之泰然。

"我们正在创造历史！"

他唯一担心的是那一箱子手稿，其余一切便由上帝来决定吧。

雨果准备去泽西岛相邻的根西岛。弗朗索瓦－维克多和他父亲一起。朱丽叶和女仆苏珊娜远远地跟着。随后，夏尔会去那里。再晚些时候，阿黛尔和女儿、奥古斯特·瓦克里都会跟着去。他们来负责操办搬家的事宜。

驱逐令会在 11 月 2 日正式生效。

"我不想等到最后这一天，"雨果说，"我明天就动身。"

10 月 31 日清晨 7 点 15 分，他离开了泽西岛。

10 点，他便到了根西岛。

"巨浪翻滚，风雨交加。"

泽西岛已经变得模糊，雨果担心很难靠岸。"这里浪很大。满载旅客和行李的小船，向岸边驶去。"

船上那个系白色领带的人是法国领事。

"我在人群中穿梭，大家都脱下了帽子……"

他一下子便被根西岛的美丽迷住了，但还需尽快安顿下来。

朱丽叶选定了家庭式旅馆，而雨果一家在圣皮埃尔租了一处家具齐全的房子，"位于高城街 20 号，像海鸥的聚集地一般"……

11 月 9 日，他要去接阿黛尔母女和瓦克里。在岸边，他忧心忡忡地看着装满自己多年心血的箱子在巨浪中颠簸。幸好一个水手抓紧了箱子，把它放回船上运回岸上。

他得重新开始工作，完成《静观集》，希望它卖得出。雨果已经开始担心起来，怕自己再次被驱逐。拿破仑三世趁着战事告捷，举国上下大肆庆祝，高唱赞歌，游行欢呼，便想用这次泽西岛的事再向伦敦施压，并封杀《静观集》。

"他们什么都做得出来！

"到时候怎么生存下去啊？

"目前，我暂时手头还宽裕，可如果再生事端，便会让我捉襟见肘。不过这些都微不足道，我的热情冲劲仍在，该做的已经做了！我们已经寅吃卯粮了，每况愈下。我只是担心……"

他必须提醒阿黛尔：

"我们目前的经济状况非常艰难，因为从流亡以来，花钱便如流水，如果两个月后我们再被英国驱逐，我也不知道我们该如何是好了……"

他很高兴得知英国和苏格兰的好几个城市举行了一系列集会和晚宴，反对政府对他做出的决策。他镇定了下来，感谢这些"亲爱的欧洲的爱国人士"，这才是自由的英国人民和自由的法国人民之间"真正的联盟"。两国政府间的结盟不过是徒劳虚假的炮灰而已。

12 月 31 日，他开始散步，周围的路他才刚熟悉了很小一部分。在这里，他一定会受欢迎的，毕竟这个岛"比起泽西岛来说没有那么英式"。

至于将来……

"我坚信，仁慈的上帝一定会赐给我们一处和前四年同样的居所，我听从上帝的安排。

"心甘情愿。"

第五章

1856—1861 年

1856 年

重读朱丽叶的信，雨果深受感触。

"在我们永恒人生最精彩的阶段，一切都充满了自信、希望和确信，"她的信里写道，"我能感受到自己爱着你，也必须去爱你，并会爱你直到永远。这是我做一切事所依赖的准则。"

朱丽叶天生懂得用词，因为她从不掩饰，不掩饰自己的热情、嫉妒和绝望。

每次，雨果都为她的用词准确，也为她的情绪多变而惊讶不已。她从不闲庭自若，情绪总起伏不定。

1 月 1 日星期二这天，她很高兴。

在 12 月 31 日写给她的例信中，他偷偷塞进去每日画的素描中的一幅，让人平静的梦境又浮现于指尖，生出那些长着翅膀的亡灵的面孔、塔楼、江河、海洋，还有戴着面纱的女人的脸庞。他没有想到，这幅画让朱丽叶为之震撼。

"我是多么着迷，欣喜，幸福得发狂一般。"她说，"每天我只盼着你的来信，这是我快乐的源泉。想不到这次，你竟给我带来这幅金闪闪的画，让我像沉浸在爱的光芒中一样……"

有时她也会被嫉妒迷了心窍。一个雨果的仰慕者——贝尔多夫人来泽西岛拜访他，现在准备动身来根西岛。为了"让你的良心免受道德的责备和痛苦的折磨"，朱丽叶口口声声说"奉献"和"勇气"，又怎么能相信她会坦然接受？

还有那些夜晚的放纵之爱，总有年轻女仆主动献身。雨果并不承认这些，但朱丽叶知道他的需要，知道他总能满足这些需要，不管是同什么样的女人，因为欲望对他来说便是生命！

雨果不敢将写在日记本上的情感对朱丽叶倾诉："爱的自由和思想的自由同样神圣。今天我们认为是通奸的事和过去的异教邪说并无二致。"

想起自己让朱丽叶痛苦，他便辗转反侧，心生内疚。

但他是一个自由的灵魂啊！"我感觉内心烦恼，沮丧不已，"她承认自己越绝望便也越清醒，"你不必强迫自己觉得每天抽出几分钟给我是一种责任和义务，还要避开你的工作、家庭、朋友和名誉，这些努力并不足以让我对自己在你心中的分量产生幻想。我们都竭力尝试掩盖我们之间幸福已逝的事实，但却最终欺瞒不了对方。也许是怜悯，或是人性虚假的尊重让你不愿意承认这点……我衷心地恳请你能让我远离这里，在某个角落过完此生。"

他不能接受她的决定，事实上，她真的怀疑过他的感情吗？他甚至在想，她是不是一直都在有意无意地要挟他。

因为他需要她，散步时需要她陪伴，这岛上的路比泽西岛更崎岖陡峭。难道她不知道，她若离开了，流亡的岁月将更加沉重？

因为他已经证实，自己正在从顶峰坠入深渊。

他望着大海，阳光把海面照亮，海浪不停拍打着岩石。

"请体谅我所身处的无尽痛苦吧，就像栖身在岩石的一端看四周巨浪翻滚，窗前乌云密布。我身处在海洋宽广的梦乡，渐渐地在海水中梦游，我沉浸在这些奇特景象和强烈的思绪中，最后只能做上帝的见证人。"

于是他开始创作一首长诗，取名为"上帝"。

他任凭诗句的韵律和思想的节奏牵引着自己。

怎样才能不再沮丧？

"流亡的日子，"他说，"不仅让我远离祖国，甚至让我远离尘世，有时觉得自己像死了一样。"

他继续说道："流亡的人某种程度上已经死去；他可以给您死后世界的建议。请您一定要相信所有这些人类的面纱下吐露的自由思想和进步，它们来自精英也来自大众。"

他这样想到，又重复了一遍自己的想法。他觉得自己总是站在"真理、宏大、公正、美丽"这边。

直到现在，他仍在积极参与。马志尼请他支持意大利爱国人士，他毫不犹豫地做到了："魔鬼和暴君，无论大小，他们的统治不过转瞬之间，已近尾声……你们只用坚信,在自己的国家用自己的生命为自己而活。成就意大利。在心里不断对自己说：意大利若不为人民，也就不配为人。"

有时，朱丽叶陪在他身旁静静地散步时，或是自己游泳、冲浪、攀岩、在寒风中抖擞衣衫，经受灵与肉的煎熬时，他不禁自问身边的流亡者是否相信暴君的末日将至，是否相信头一个就轮到拿破仑三世。

可这个"拿破仑小人"，却越来越自信，乘着胜利的风不断翱翔。

俄国人被打败了，巴黎议会指出和平已归来，并称赞拿破仑三世的国际影响力。他废除了 1815 年签署的《巴黎条约》，任命拿破仑一世的私生子瓦莱斯基伯爵为外交大臣。

雨果希望为反对路易－拿破仑·波拿巴的胜利和永久统治而斗争。

"这个人，"他说，"玩弄权术，见风使舵；整个人丑恶至极；他就是鼠疫；无论和平抑或战争都会加速他的腐坏。不久的将来，他便会自食恶果，分崩离析，留下满目疮痍的国家。我们拭目以待吧。"

但是试想一下，对俄战争的胜利，巴黎议会取得的胜利使他信心倍增。当局的管控又有所松懈。有什么能让一个大获全胜的皇帝忧心呢？

为什么只在比利时出版《静观集》，不在法国也出版呢？这样发行量大了，收入增加了，也可以扩展读者,让他们不仅仅只读自己的檄文《拿破仑小人》或《惩罚集》，也能读到自己的诗歌。这本诗集将会带来一定的政治反响。

雨果和保罗·莫里斯达成了协议，后者同安全总局局长皮埃尔－艾克特·科莱－梅格雷会面。此人在归顺路易－拿破仑·波拿巴之前，是《时事报》的编辑。"他很崇拜雨果。"莫里斯又说道。

"那我能为你们做什么？"他问保罗·莫里斯。

梅格雷负责审查，可以决定《静观集》是否能在法国出版。

莫里斯积极为雨果争取，因为作为法国最伟大的作家，他已经有十年没在法国出版过任何作品了。只是雨果不接受预先审查。

梅格雷想知道，保罗·莫里斯能确保《静观集》里没有一句抨击现制的诗句吗？保罗于是对此起誓。

"那就付梓吧！"这位安全总局局长说道。

雨果现在脑中只想着在法国出的这两卷诗中的诗句。这些诗是他二十五年生活的写照，他还要想想怎么答复保罗·莫里斯的问题，毕竟他负责对自己的样稿校对以及书的发行。他还得同布鲁塞尔的赫泽尔，巴黎的巴涅尔、米歇尔·莱维两方出版商商议。

他十分焦急，觉得这本诗集的出版将是他人生的转折。

"书未出便声名大噪，"保罗·莫里斯给他写信道，"已经有十家报纸报道……"

他得抓紧时间行动起来。赫泽尔好像有些拖延。

"尊敬的出版商先生，书得立刻出版。立刻！周围各种声音都在催促我：出版！出版！出版！千万别错过了关键时刻，成功近在咫尺！快出版！一刻也不能延误了！但愿巴黎出版商们下定决心，成不成给个答复。成的话，您就将书印刷好给他们；不成的话，我们印好给自己。3 月 1 日到 5 日我们都得准备好面对媒体，我自认已经不对法国有任何承诺，我提醒您我已经发觉……"

但即便这样言辞急迫，赫泽尔还是迟迟不出版。现下已是 4 月初，不管势态如何发展，都不能再等下去了。但愿国家和平！无论局势怎么变，书不会变。

他得给保罗·莫里斯一些建议："选一个特殊的日子让新书上架，如果可以，就和《巴黎评论》这本杂志一起面世。这天，让所有书店和报刊选段摘录（朋友们一定会用）一起发行这部作品。最好头天晚上就把样稿寄给……"

雨果仔细回想，尽量不漏掉任何一个人，从莱奥妮·多内到拉马丁，从米什莱到大仲马。

他在头几页上签了名字，将其偷偷塞进样册，准备寄给莫里斯。

在 4 月 23 日拟定好的发行日到来前的十几天，他还在担心："谁会在《新闻报》和《世纪报》上为我撰文？希望会有开明之士发表新颖的评论。"

而后，他便只能等待了。

4 月 24 日，出版后的第二天，莫里斯寄来了第一封信。

"我希望咱们一举成功！昨天早上，巴涅尔收到了他负责销售的一千册。早上五点就全部卖出。"

书到处都脱销了。巴涅尔和莱维建议再印三千册，因为很快又会售完……

莫里斯这次希望定价 1 法郎一卷，印 1 万册："我向您保证一年内可以卖掉六万本。这是人心所向，民主趋势。大学生和工人们都会像买面包一样来买。他们中很多人，昨天十二法郎一本都买了。亲爱的大作家，这次成功是巨大而毋庸置疑的。"

雨果这才安心了。5 月 20 日再版。书的利润得马上结清才是。他得写信给赫泽尔。"请您在预售第二天支付给我的经纪人古尔芒先生三千法郎。"

这也是为了确保第二版的成功。

"鉴于时间紧迫，新一轮的宣传必须启动。需在第四页加一些说明，制作一些宣传海报。我请求您仔细考虑一下，这些至关重要！阿歇特先生写信告诉我……我们得加强销售攻势。"

他仍然有些犹豫不决，但还是相信赫泽尔会做得好。他继续写道：

"我知道您一定能感同身受，所以我要对您明言。《静观集》有它的政治意义，不能因为我们的倦怠，让被我们唤醒的人又沉睡过去。"

每天，他都盼望着邮轮给他送信来，赫泽尔给他带来了两万法郎的酬劳，亚历山大·仲马和米什莱的来信也热情满满。

但关于新书的文章却很少，敌意的评论多于善意的。他试着搜寻拉马丁的公开评论或是圣伯夫的专栏评论，都没有找到。

拉马丁并未直接正面评论，他认为："我们都读了维克多·雨果先生新出的这两卷诗。我作为诗人也作为他的老朋友评论这一作品就有些不合时宜。评论难免会有敌对之嫌，赞美之词也可能是对这两种我们在世间能辨认清楚的力量的谄媚：天才和不幸。"

至于圣伯夫，他公开表达自己虽然赞同"这是个才华横溢的诗人……但这本新诗无非是让他今后背上战士的名号"。

雨果愤怒了。这几位"先生"完全是出于嫉妒或是不认可他的政见罢了。

他饱含深情地读了乔治·桑的赞美之文，文章这样总结道："是时候冲破黑暗了，您为此勇敢战斗，是时候逃离墓穴了！"

当他读到巴尔贝·多尔维利、居斯塔夫·普朗西、路易·弗约在拥护波拿巴的报刊上发表的恶意评论，读到他们嘲笑他，戏仿他，抨击他的私生活时，他又怎么能做得到呢？

巴尔贝·多尔维利在《国家》上写了两篇长篇评论文章："大家得赶快谈论《静观集》，因为这就是一本很快会被世人所遗忘的书。他也会被他这一万两千句诗所淹没。事实上，这本书是维克多·雨果先生沉痛的回忆录，而我们是用绘画的方式来写回忆录。《静观集》后，雨果先生将不复存在。"

雨果被这些"自鸣得意的庸人"彻底激怒了。他恨居斯塔夫·普朗西，这个人他早就认识，《两极世界杂志》一直对自己的公诉审判紧追不舍。

他慢慢走着，往海浪中的一个岩石顶端走去。那些同海浪斗争所耗尽的体力和寒冷渐渐平息了他的怒气。

他从未感觉自己如此精力充沛，斗志昂扬。有了收入就保证了自己的将来，也决定了他是否独立。

何不买下高城街38号这幢空置的三层大宅？这将成为他自己的第一幢房子。他可是等了54年才等到啊！

他去看了房子，靠海。房子曾经属于一个隐居在此的英国船员。

几百米不远处，便是拉法吕别墅，朱丽叶就在这儿安顿下来。他会请人从巴黎把那几件拍卖会上没被卖掉的艺术品和她的家具寄来。

5月16日他满心激动地签了买房协议：高城居。他住顶楼。奥古斯特·瓦克里和他们住在一起多年，便在一楼选一间房给他。阿黛尔母女住二楼，两个儿子住三楼。

仆人们住在四楼，他隔壁的一间小房间。之后他在这间温室花房一般的书房里工作，他称之为"观景台"。从那儿可以看到圣皮埃尔港口和大海。

"我是这房子的主人了。"他不断重复道。

他再也不会被驱逐了。他只需要每年给英女王两只鸡就行了……感谢这古老的税收法！

这部作品为他建起一个防御的城堡，让他得到了保护。高城居就是他作品的一部分，这部作品孕育了它。

"这房子，"他说，"是《静观集》的两次出版带来的。我将它视为法国对流亡者的馈赠。祖国给了我安居之所，若没有豪华的大房子，这一处栖身之所也好。"

现在要做的便是让这幢房子真正成为自己的。他亲自主持了装修工作，让人制作家具。扶手椅、长沙发、桌子、雕像都得成为诗歌素材一般，还有陶器和壁炉。一切必须体面，像熟悉的风景或是书籍一样。这样，再不会有谁驱逐他了！

朱丽叶买来一些旧箱子和其他杂物，填满了屋子，这样他只需等几个月，10月17日便可以搬家，11月5日便是他入住的第一天。

屋子闹鬼？几晚上，他都听见脚步声，比人的脚步轻些，而比动物的脚步又要重。有时，一阵刺耳又奇怪的歌声突然响起，又或是，他感觉到近处谁的呼吸声。

难道是这夜晚出现的怪物或是无间断的工作让他头疼，脖子僵硬？他只能每天清晨敷冷水再用鬃毛刷子摩擦身体来减轻痛楚。然后，他跟朱丽叶打招呼。朱丽叶正从自己住的拉法吕别墅看着他。

"我终于做了你们的邻居，"她写道，"我觉得我们的住处离得近，我们之间灵魂也相近了，我们能更近距离地爱着彼此，再也没有什么阻隔。

"我觉得我又向你靠近一步……我们的命运又更加紧密地交织在一块儿，我真幸福，真的！真幸福能住在你身边……"

雨果他幸福吗？

他读了儒勒·雅南发表在《论辩报》上的文章，对《静观集》赞赏有加。这并不是首先让他感动的事。

"如今，"儒勒·雅南写道，"形势是这样的：说出我的名字，就意味着反对；说出我的名字，就意味着否定专制；说出我的名字，就意味着认同自由。而这个名字，这个战士的名字，被诋毁的名字，被驱逐的名字，您却如此勇敢地说出来……您为他吹响号角，您将这个名字中关于斗争的一切丢到这个国家和它的统治者面前。我不为此感谢您，我为此祝贺您。"

然后是高城居，他的骄傲。

"泽西岛的这幢三层住宅，屋顶、花园、台阶、地窖、庭院、'观景台'和露台，每一草一木皆出自《静观集》。从第一根柱子到最后一片瓦，都由《静观集》支付。这本书给了我容身之处……"

幸福？

还有他亲爱的孩子，阿黛尔。雨果对她没有给予足够的关心，不久前，疾病压垮了她。她完全消沉，不再进食，两眼空空，仿佛丧失了任何求生的欲望。

是他的错？

命运又一次想让他屈服吗？命运还会像溺死莱奥波蒂娜那样伤害年轻的阿黛尔吗？

烦恼忧愁何时才肯散去？

"观景台"里摆着几块桌板，他常常站在那儿面对着大海写作。他在其中一块桌板上发现了妻子的一封信。与其面对面说，她选择用写信的方式来和他说最重要的事情。

"我看着我的女儿日渐忧伤，"她写道，"这儿的生活一成不变。没有消遣，没有新鲜事，没有一张新面孔。"

"现在的环境，她也许还能适应；但流亡时间越长，环境就越艰难。我早就提醒过你这些。我一直观察她，觉得她又开始萎靡不振，所以我决心履行我的职责，为她的将来打算。我对自己说：你还有儿子们陪着你，你们三个在一起，生活也会忙碌充实。而我的女儿一个人，如果没有了自己的生活，对未来便无能为力。我要对她负责。种花刺绣对一个 26 岁的女子来说不足以支撑她的生活。"

又是一年的最后一天。

该做什么呢？

他不愿离开泽西岛。他绝不背弃自己写下的诺言：

"如果只剩下一人，那个人就是我。"

1857 年

雨果心中的焦虑挥之不去。

他从清晨到午后在观景台伏案写完几百句诗,走下楼来时,看着女儿阿黛尔坐在饭厅,蒙着脸,两眼空空,安静地一动不动在等待着谁。每每此时,焦虑便会一把将他攫住。

阿黛尔身边的人吵吵闹闹。夏尔完成了一本书,弗朗索瓦-维克多帮他校正了初稿,自己完成了莎士比亚十四行诗,由米歇尔做出版商在巴黎出版。奥古斯特·瓦克里,在一旁读着他刚写的诗,时不时看看阿黛尔的母亲,眼神充满了倾慕和忧伤。他曾经爱上了他大哥娶的莱奥蒂娜。这些年过去了,他可能对雨果的夫人抱有柏拉图式的爱慕之情。自从哥哥俩夫妇溺水而亡之后,这个情深义重的男人就再也没有离开过阿黛尔。

他和雨果家住在一起,每月支付两百四十法郎的生活费。

午饭后,有时雨果想邀请女儿和他一块儿散散步,可她已经起身回房了。要么就是和等待他的朱丽叶一块儿散步,短短的几步成了他每日的欢欣。

雨果越走越远,但内心的不安却一直折磨着他。他觉得阿黛尔可能得了一种精神疾病。他偶尔对阿黛尔发火,指责她太封闭自己了,但这时母亲立马会维护女儿。

"你今天早上吃饭时对我们说,觉得女儿只爱自己。正值青春的阿黛尔随你流亡异乡,从来没有抱怨,从来没有要求你感激,而你却觉得她很自私。她现在似乎看起来很冷淡无情,但谁又知道她看着抓不住的未来时,经历过怎样的痛苦,现在又承受着什么……面对流亡,我们身不由己,可我们要寻求避难的地方是否更应该慎重考虑呢?"

雨果了解他妻子时常这样辩驳。她总是到处对别人说:"我先生喜欢这个岛。"

他觉得妻子从来不尊重他对重修高城居付出的努力。她不喜欢他设计的家具,餐厅里摆满彩釉陶盘,壁炉是由他亲自设计,监督施工的,还有橡木画廊,还有那些叫作"加里波第"的黑色灯架。她一定觉得非常可笑,那些先祖的扶手椅上面刻着"自我雨果"。两边的扶手上一边刻着"乔治,1534",这是雨果家族的第一个男性,另一边刻着"莱奥波德,1828"以纪念他的父亲。

他也非常珍视刻在饭厅门上的格言:"生命即流亡①。"

---

① 原文为拉丁语 Exilium vita est.

他妻子总说："我们花了太多钱了。买下这房子又大肆装修，真是花费太多了。"

他妻子原本已经准备接受在根西岛的生活，她承认说这是自己的责任。儿子们都长大成人，各自有各自的事业。

"但是对于阿黛尔来说，一切都不公平。"

最后她又一语双关地说道："一个正直的男人会为自己付出了多年青春的情妇做出补偿。如果为情妇尚能做到，那为自己的女儿又何尝不可呢？"

她是在试探他的底线。

她很清楚每晚四楼女仆房间里发生的事。她知道雨果给她们一间房就是为了晚上能去撩开她们的裙子，抚摸她们的乳房和大腿。

事后每次回到自己的房间，他都觉得有必要用记事本记下他做的事情。因为他认为没有白纸黑字记下的事情就像没有发生过。他的文字就是他的生命，而他生命的存在也仅仅是因为这些文字。最开始他只记下动词。

然后他开始写下每个女仆的名字。她们的命运已经如此悲惨了，有个避难之所，能得到主人的眷顾，让她们接受主人温柔和善意的爱抚，还有房屋遮风挡雨，又何尝不可呢？

至少他宁愿这样想。

他在笔记中写道："康丝坦斯，玛丽安娜，苏菲。"他写下了和她们缠绵的具体日期，还用西班牙语来隐藏这个秘密。"见了并得到茱莉娅。""见了并抚摸洛塔林贾。""卡丽娜打扫了红色天花板：相见。"

这便是生命所需。女人是开辟鸿蒙的造物者，是一切能量的来源。

阿黛尔看着他，他听见她用一种尖锐细弱的声音对他说：

"他经常泡海水浴，现在变得容光焕发，精力充沛。"

可她转而又说起自己的女儿，"阿黛尔必须离开根西岛，至少离开两个月。"当然，她自己会陪着她：

"你可能觉得我让阿黛尔去旅行，是有一种什么阴谋在里面，是一种好让你……我只是想让她去解解闷，至少快点走出自己的房间。她也可以散散心。"

他知道这一点，但是羞于承认。难道不只是女儿，她们母女俩都需要这所谓的散心吗？

想到这儿，他被彻底激怒了，为什么她不去巴黎呢？那儿正一片"盛宴"的景象呢！

"我觉得此时此刻在法国将更加幸福快乐吧，我倒不羡慕这样的幸福，我更希望流亡。流亡的生活虽苦，但自由。此时的法国一片歌舞升平。羊群、牧羊人、屠夫都纷纷起舞。一切都嘈杂喧闹，但不过是各种小提琴声、鼓声、军号声的混合，还有戴着花环的人、奏响铜管乐器的人，到处是琴声、马蹄声、旋涡、欢快的汗水，人们蹦蹦跳跳，不跳奥弗涅舞，只用腿画圈，凌空起跳和跳西索纳步。"

也许他再也不能回法国了？

这样一个连《包法利夫人》和《恶之花》都禁止的国家……他写信给福楼拜和波德莱尔，这两位作家都寄过自己的作品给他，他也曾经被他们的文字打动。

在这个国家里，有一个叫作奥古斯特·玛盖的人起诉大仲马，说他抄袭自己的作品。

与此同时，威尔第的新剧《弄臣》上映了，抄袭了他的《国王寻欢作乐》。

怎样才能终结这灵魂的阵痛啊？

拉马丁作为朋友，在他的文学访谈中这样写道："对这些愤怒的作品会有一种不自觉的反感，因为作品中恶劣的诗句侮辱了生者的名誉。"

这样一来，所有的读者便会想到《惩罚集》。

真令人失望愤怒啊！他们曾经的友情到哪儿去了？

雨果曾给拉马丁写信："我亲爱的拉马丁，我希望我们之间没有误会。我身边的流亡者朋友们都认为您评论里提到的人是我。我对此保持沉默，直到您回复我为止，在此表达我的祝福。请您回复我。我们三十七年的友情应该长存，要结束也必须得坦诚。"

当然，拉马丁将为自己辩白，极不情愿，但否认事实。

这让人心感悲凉。路易·波拿巴身边围绕着载歌载舞的人群，为自己的荣耀准备好了选举。难道因为有共和党候选人，所以他采取了选举投票的方式？流亡者们纷纷询问雨果。

"面对波拿巴先生，只有两种态度：弃权或起义。我们不能二者兼得，只能采取一种。"

但是谁会起义呢？

明显国王取得了胜利。他修建公路，打通了穿过赛尼斯山的隧道。巴黎的街道上，一片欢乐的气氛。大家一起来参加国王的庆典吧，即使华丽幕布后面是"张开血盆大口的斯芬克斯们，他们的题目都是无知、淫乱、神秘。这世界从未如此艰难。参议员们喊着奏响牧歌！跳起双人舞步！带着你们的女士们起舞吧！立法委员会又接着喊：背靠背！骑士上"！

《上帝》和《撒旦的结局》两部作品已经完成并准备出版了，但在这样的形势下，怎么让人能读得下去？

赫泽尔建议推迟出版。"另外，"他解释道，"之前大获成功，但也不乏嫉妒的恶评。《上帝》和《撒旦的结局》说不定还会再次痛击那些曾被《静观集》打败的敌人……"

人活着就是写作，写作也是为了活着，必须另寻出路，创造一些未知的事情，就像赫泽尔说的那样，"也是为了对敌人进行新的打击"。

在观景台的一个小桌板前，雨果停下脚步。他站立着，手上拿着笔，身穿宽大的红色长袍——不分昼夜工作时，他穿起来觉得很自在。

他要继续写诗。这次，他把话语权第一次交给公认代表着愚蠢的动物：驴子，让它向那些自称强大又反对上帝存在的人，进行忠告和劝诫。

或者他应该创作《小史诗》，构思《历代传说》，创造一个叫艾勒西斯的比萨老汉，身为无名路人，却要去揭露国王和教会的罪行。

每一次待在观景台上长时间写作后，他都觉得自己更加平静了。他走下观景台，想去看看高城居的工程进展得如何。

"我的房子还未完工。"他对大仲马说。大仲马来泽西岛拜访他，会在邻近的一栋住宅里待两天。人们总是说慢工出细活，但是泽西岛上的工人们慢到令人疯狂。

可是渐渐地，每一间房间都成了一个杰作。大仲马也饶有兴趣地欣赏起来。

雨果想让他见见朱丽叶，但朱丽叶拒绝了。

"我不想让你把大仲马带过来，因为这艰难的岁月把我折磨得不成样子，我此刻羞于见他。

"精神的衰弱让我感受不到年轻时的心境，也不能再将心中那团火焰点燃。所以我还是不露面的好。"

雨果了解这种痛苦、自尊和骄傲，但他坚持，最后她退让了，但他知道她的痛苦并没有退却。

"不要让我再觉得屈辱。"她说，"我不想让你再看到我这衰老的躯体，虽然我的灵魂永远年轻。如果需要，请让我为你倾尽生命最后的激情和力量。不要让我变成你讨厌烦恼的东西。"

他拥抱住她。激情和欲望都回来了。

他感到她的颤抖和痴狂。

"这是多么美好、动人的一天啊，"第二天她给他写信说，"又是这首即兴田园诗多么美妙的收尾啊！"

"我远没料想到会有圣马丁节这天如此宝贵的馈赠，和这个秋天如此炙热的夜晚……"

他回到高城居，看见自己的女儿郁郁寡欢，如此忧愁，如此冰冷。他想起曾经的小阿黛尔，如今变成了一个忧愁妇人。

1858 年

雨果觉得那些字词在脑中翻滚，像石子儿在浪涛中相互碰撞一般。

1858 年 1 月，清晨的阳光照亮了桌子，他站在那儿奋笔疾书。风呼啸着，海浪震耳欲聋，拍打着圣皮埃尔港的堤岸。他把这首诗取名为《至高的怜悯》。

> 深渊黑暗又阴沉；
> 一阵声响，猛烈阴沉，混入黑暗，
> 在这知晓黑色秘密的无尽之中轰鸣；
> 这声响像某个宽广深暗的灵魂划过夜空时
> 发出的惨叫一般，
> 直击深渊，振翅飞翔……
> [……]
> 这是历史悲痛的哀鸣。
> 这是永恒人类的惨叫、愤怒、庄严、
> 悲怆，控诉那无休无止的暴君[①]。

他停下来，他本想将这如同历史一般悲怆的悲剧描述出来，但与此同时他又想请求原谅。

可谁又听见他的声音呢？

他听到了这样一个消息，1 月 14 日一个名叫奥尔西尼的意大利流亡者在拿破仑三世走过的地方投掷了三枚炸弹。拿破仑三世安然无恙，却导致 8 人死亡，142 人受伤。奥尔西尼和他的同谋们被判处死刑。法国出台了一项极其苛刻的安全法令，禁止一切游行示威活动，并将所有共和党人视为罪犯。镇压和反抗的声音比比皆是。

雨果得知，里昂的检察官声称，警察已经在法瑞边境截获了一封署名维克多·雨果，日期为 1 月 10 日的信，呼吁民众诉诸武力，也向刺杀拿破仑三世的凶手喊话：

[①] 《至高的怜悯》，第一首，《"深渊黑暗又阴沉……"》，1858 年 1 月 1 日。

"法国公民们醒醒吧，请诉诸武力！"信可能写在奥尔西尼刺杀案发生4天前，"今天任何有良心的公民都会发出呐喊和复仇的声音，要求杀死恶魔……复仇的时刻到来了"！

雨果感觉极其厌恶。与其说他呼吁谋杀，不如说他主张的是无情的宽恕和至高无上的悲悯。

他又开始担心起来，奥尔西尼是在英国策划准备的刺杀，而帕麦斯顿子爵政府因此倒台。英国会不会把这件事情归咎于流亡者？

而就在这段烦心的日子里，阿黛尔和女儿还有奥古斯特·瓦克里，想离开根西岛两个月，经南安普敦岛和勒阿弗尔港口去往巴黎。

这是否是冒失之举呢？

可阿黛尔仍然坚持。

"你选择泽西岛作为住宅，我跟着去了，"她说，"泽西岛没办法待了，你在没征求我意见的情况下又选择了根西岛。我什么也没说，跟着你去了，如今你在根西岛长住下来，买了房，你也同样没有问过我对买房的意见。我跟着你又住进了这栋房子，完全听从你的意见，但是我绝对不是你的奴隶。这个时候我去巴黎，是为了一件神圣之物——我的妹妹。我会速去速回。说到这儿，我就再多说一句，我并不介意在这一年中最阴沉的月份，让阿黛尔换换环境。"

1月16日9点20分，雨果目送她们上船，心里十分难过。

夏尔和弗朗索瓦-维克多也想离开这里，这让他更难受了。他们的抱负和对雨果的指责和刁难使他备受伤害。他们觉得他是一个"暴君"，而这座体现雨果力量"自我雨果"的住宅如今充满了悲伤。

他无意中看见了弗朗索瓦-维克多写下的内心话。

弗朗索瓦-维克多说："这次这个小团体恐怕也会出事儿，毕竟目前我们是在流放时期最黑暗的阶段，我也不知道何时才能结束。"

弗朗索瓦-维克多正在翻译莎士比亚，时不时会去伦敦。夏尔正在创作一部奇幻小说，也受不了寂寞的折磨。这样一个多情又追求享乐的人在根西岛上遇不到理想的对象，找不到自己需要的女人。

至于弗朗索瓦-维克多，他一回到根西岛便觉得难受。他觉得在"忧郁伯爵和乡愁女士"的陪伴下自己的观念过于狭隘。他叹息道："冬天起雾了，我们会像泡在水桶里一样被关上6个月。"

他们到底想怎么样呢？回法国吗？就这样屈服吗？

他想问问儿子们，但当他听到弗朗索瓦-维克多说："这房子是你的，我们就留你一人在这儿。"又痛心不已。

有时他觉得朱丽叶也心不在焉。

他趁阿黛尔走了，带她参观了高城居，带她见见自己的儿子。他们甚至决定每周三雨果三父子都到她家吃饭。可现在他们都想离开这个岛，这样的计划又还能持续多久呢？

"你的家人能出去散散心，呼吸一下外面的新鲜空气是有益处的，也是公平的，"朱丽叶说道，"哪怕是让他们体验一下流亡生涯当中的*丝丝光亮*也好啊！"

也许他们并不能理解他内心的煎熬吧。

比起自己的两个儿子来说，他同米什莱更亲近一些。重要的是，他们具有同样的战斗精神，寄托着同样的希望。

他在米什莱的作品当中会发现有些章节语句，他可能也想写或已经写过。

"我们有时在同一个墨水瓶中蘸墨水。请不要怪我炫耀，这个墨水瓶是我们共同的无穷无尽的思想源泉。我的思想并非从流亡中诞生，而是从冥想中萌生。面对这无尽深渊，我愿意沉入这孤寂中，而我知道你愿意为我做伴。"

但想到只有一个米什莱，他不禁又失望起来。

面对一些像皮埃尔·勒鲁这样的流亡者，他感到内心煎熬和失望。他没有再和拉马丁联系。还能向谁诉苦呢？向朱丽叶吧！她会即刻怒火中烧，指责"拉马丁，这个叫犹大·勒鲁的忘恩负义的家伙"。"他们俩的背叛如此地相同，真令人惊讶啊！"她接着说道，"出发点都一模一样，皆出于文学上的嫉妒心，政治上的嫉妒心，用来诋毁牺牲和奉献的自私主义的嫉妒心，用恶意打击善心的嫉妒心，用灯火掩盖星光的嫉妒心，这一切恶毒的嫉妒心混合在这一群邪恶妒忌之人的大熔炉里，产生出我们现在所见到的丑恶。一切像我这样淳朴真诚的灵魂都会厌恶他们。"

他想逃出这样的困局，发现唯一可行的办法就是让自己深陷工作中，加紧创作《历代传说》，这部作品他原本想命名为《人性的传说》或《人类传说》。

但什么时候发表这些诗句呢？还有未完成的散文、小说，《苦难》《悲惨世界》，冉阿让的命运。

此刻他又想继续写《至高无上的悲悯》。6月19日，他高声朗读了作品中的几段，四个月没见的阿黛尔从巴黎回来，两个儿子坐在奥古斯特·瓦克里身旁，都在聚精会神地听他朗读。他很欣慰。

突然，他停下来，喉咙一阵发紧，一股剧痛袭来，穿过脖子，直达耳朵，蔓延至胸口和背部。他拃着桌子，想要喝点水，但却发现自己吞不下去。这是怎么了？

不到几天，他便觉得自己全身上下都被病痛袭击了。他的皮肤到处都肿胀，皮肤上的疮都起了脓；双腿无力，一只脚肿了起来，十分痛苦；而且他高烧不断，脉搏快到脑中都能听见节拍似的；背上的两处暗疮又起了脓，他便只能坐着，不能躺下。

"真应该用手术刀把这块东西切除了。伤口又大又长在不该长的位置，都已经两个月了，我完全动弹不得。"毒痈留下了很大的一个伤疤。

几星期过去了，他再也不能工作。儿子们在他床边坐下读书给他听，他感觉声音很遥远。他开始想念朱丽叶，从她最初的几封信看出，她已经惊慌失措了。

"我亲爱的人啊，我们到底做错了什么，上帝要对你的健康和我们的爱情做出如此严酷的惩罚？"

他向她保证没事。7 月 29 日那天，他起身走到阳台上站了一会儿。

他试着想象她的不安。他又一次掂量了他对于她的意义。她让人给他送来了新鲜鸡蛋，还有她花园里品质珍稀的葡萄。她每天都给他写信。他知道她想进入高城居。

"天空下起细雨，落在你的床单、阳台的斜坡上，我又不敢让苏珊娜去提醒你的仆人们……为什么你亲爱的妻子不能了解我的心意呢？"

她远远地看见了他，激动不已。

"你看起来受了好多苦。健壮高大的身躯消瘦了许多，脸色是那么苍白，我还担心你在阳台上会不会难受。"

雨果觉得时间像停止了一般。

他给朱丽叶写道："再等等，勇敢些，我可怜又可爱的战士，痛苦即将结束。医生已经向我证实了。"

这天，他终于能到她家吃晚餐了，但身体还很虚弱。背上的创伤痛得让他觉得肩膀都被刺穿了似的。经过四个多月的煎熬，终于在 11 月 11 日这天，他可以摘下包伤口的纱布团了！

但是，在观景台的桌子前站着重新开始写作却实属艰难。

他告诉赫泽尔："请不要相信因四个月的痛疮疖肿而中断的工作能在四周内就弥补回来！"

不久后，他便渐渐觉得恢复了过来，慢慢有了气力。冬季又至，冷冷细雨下，他又开始散步。

然而高城居的气氛却很沉重。他的女儿更加阴郁。妻子阿黛尔再次说要离开。她收到了圣伯夫的信，应该是上次去巴黎的时候他们见过。

夏尔也时常低声埋怨：

"在根西岛我们能做什么呢？日复一日，迟早会烦闷至死。"

弗朗索瓦 - 维克多也毫不掩饰自己的烦躁不满。奥古斯特·瓦克里决定离开根西岛回法国。

只剩忧伤。只有不停写作。不停想象。不停幻想。

他觉察到身体的欲望也回来了。夜晚来临,他又起身溜进了某个年轻女仆的房间。

生命充满了能量。

而后,在一年的最后一天,他又写信给朱丽叶。

"可爱的天使,我又给你写信。它会向你表达我对你的爱。我从来没有像现在这样爱你,你也是我生命的必需,你对我来说,永远那么年轻,美丽,令人崇拜,你是我的妻子我的天使。和你在尘世一起度过的时光,是我内心所愿;和你在天上度过的时光,将是我灵魂所求……让我们因为彼此而幸福吧,你的微笑是我的阳光,我爱你。明天见。希望永远都能相见。"

1859 年

雨果又提笔开始写起来。他写得太快,笔都被折断了,在纸上留下数笔黑色粗线条,这使得有时他写的东西更像是停笔后随性地涂鸦。

但这并不是内心涌动的思绪,而是一种近乎愤怒的不良情绪在推动着他。

他刚刚又收到了赫泽尔的信,信中他焦急不安。赫泽尔担心战争会爆发。拿破仑三世已经公开表态支持皮德蒙领导的意大利爱国志士。他们的国王维托里奥·埃马努埃莱二世,内阁首相加富尔和加里波第主帅希望赶走奥地利人,统一意大利。拿破仑三世到处散播这样的言论,称自己听见了"意大利日益高涨的痛苦呼声",希望自己能促成"意大利人民的解放"。

维克多·雨果震怒了。一个罪犯竟然以解放者的姿态自居。这个人在自己的国家扼杀人权,却在别人的国家声称维护人权!真是个好大喜功的人,他以"亲戚"的名誉身份重塑了自己的名声,承诺还意大利美好的家园。

赫泽尔自然就开始担心《历代传说》的出版:"六月就要开战了,现在时机刚好,未来一切都不确定。我们一定要抓住现在。"

他难道以为按照他的意愿就能完成一本书吗?"我已经全力以赴了,您还有什么好说的?书写完了吗?可以说写完了,也可以说没有。还有一些重要的部分要补充。书在不断扩充也在不断取得成功。我没有您这么害怕战争……我几乎从不担心自己的书什么时候出版。短暂的成功对我来说不重要;如果一个人的作品是有良心的,那这些作品的销售量必定相当。要是真要爆发战争,那就让它爆发吧!……"

但是赫泽尔很固执,肯定是因为担心收入。而且,他坚持这样也不无道理:"您延期推出您的作品是为了丰富它……您文如泉涌,随意几句都能成书。亲爱的大作家,求求您,从您的大作中挑出一些更胜那前两卷的诗,寄给我吧。

"以上是我的恳求。

"但也可能很快成为诅咒。"

雨果觉得自己一定会被说服,而且他也受不了赫泽尔的命令和施压。

他简直是"暴君"!

他让步了。

"赫泽尔拽着我的旧衣衫不肯撒手,我怕他最后撕碎了它,于是决定把《历代传说》给他。"他对保罗·莫里斯坦白道。

和《静观集》一样,他要负责校对样稿,给报纸送稿,给他的知名朋友们、女性朋友们送书。但愿他们别再拿这些没意义的修改和他不愿意遵守的规则烦他了!

"我有自己的书写方式和标点习惯。每个作家都有自己的规矩,从伏尔泰起就这样了。印刷工人若是聪明,就该尊重这套体现作家风格的拼写。我写的是"百合"而不是"佰合"……校对员有两处不妥:大写字母和逗号,这两处修改完全曲解和截断了诗句。我会尽我所能挑出这些失误……"

既然决定要出版了(鉴于印刷的时限,应该不会在九月前),那就得写序言和题词了。

雨果迟疑了,然后他写道:

> 献给法兰西
> 这本书啊,让清风带你去
> 法国,我出生的国土
> 一棵被连根拔起的树
> 将它枯黄的树叶献出。

然后他需要将这几万句诗的意思解释出来。

他想"在这一宏大的诗歌组曲中表达人性……将人性在阴暗又清晰的镜面中投射出来……它的形象日渐丰满,充满哀伤又光芒四射,如此的宿命却又神圣,这便是人的形象"……雨果将《历代传说》和另外两首诗合并在一起。这两首差不多是这一时期创作完成的,一首作为收尾,另一首作为圆满的句号:《撒旦末日》和《上帝》。

整部诗篇是"一首千节颂歌,字里行间表达深深的信仰,高潮处一种神圣的祷告"……

雨果又重新读了一遍,不满意序言的写法。他想表达的是"产生这本书的梦境",因为在"构思"这本书前,他首先是在梦境中"看到"了什么。

> 我做了一个梦:无数世纪组成的墙横亘眼前。
> 它是由鲜活的躯体和着花岗岩做成
> [……]
> 有时雷鸣电闪,苍白的岩壁上
> 千万张面孔光辉熠熠。
> 我看到了我们称之为"万物"的"虚无";
> 国王,诸神,光荣与法律,通道
> 一代又一代在岁月中更迭流逝
> 灾难、痛苦、无知、饥荒、
> 迷信、科学、历史,
> 在我眼前无尽地蔓延开来
> 犹如无边无际的黑墙。
>
> 这面墙由所有坍塌的东西堆砌,
> 如此陡峭、悲怆、整齐地矗立在那儿。在哪儿?
> 我也不知。或许在某个幽冥之地吧[①]……

他看着他的手稿,一页页皆是汗水辛劳。大教堂的竣工便只差这部作品这样的石头了。他想起了"H"字样的巴黎圣母院塔楼,这个"H"也让他想起在高城居里他让人制造的那些家具、壁炉。

可他知道无论是作品还是房子,他都还没有完工。

"要做的事还多着呢!"他呼喊道,"我们得抓紧时间。我觉得我永远都不可能完成了。我快死了。"

每天他都必须坚持写作。写作就像雕琢璞玉一般。

"我驾驶着马车,满载着印刷好的《街道与园林之歌》《历代传说》,我正构思的剧本《托尔克马达》,还有高城居装修工程的大师莫格尔。我像在驱使着这四只魔鬼并驾前行一般。"他对弗朗索瓦 – 维克多说。

但他儿子相信他的话吗?雨果觉得弗朗索瓦 – 维克多常常心不在焉,忙来忙去,

[①] 《历代传说》,新系列,《16世纪》,1859年4月26日。

深陷在自己的莎士比亚翻译中，对流亡的日子也厌倦不堪。

雨果觉得很孤独。

"去年，疾病缠身，"他喃喃道，"今年，魂不守舍。"

阿黛尔母女和夏尔去了伦敦，他只能接受。他们可能会在那儿待一个月。他们会去戏院，去舞会。阿黛尔仿佛时常想起那个皮森中尉，除非她再见到他，否则她可能会在母亲的祝福下另寻归宿。

在高城居待了几天后的一天晚上，弗朗索瓦－维克多与父亲玩了好几盘桌球，接着便离开根西岛。

然而这一切代价不菲！他们出门旅游，花费不小啊！这些出游的人们意识到这一点了吗？

可目前没有新书出售，资金紧张。

"亲爱的，像我们之前预计的那样，省着点花吧！"雨果写信给自己的妻子。她们若想在伦敦多待上几天，除非阿黛尔把一个月的预算开支省着点花。不然他就得动用他的资产了！

他还记得两年前印度起义时自己的焦虑不安。

"我现在收入来自多种渠道，但有朝一日都可能破产……英国的破产倒闭会牵连到欧洲各国，我也不可能幸免。"

命运如此脆弱动荡，他不可能不去想这些。周围的人包括他的家人都觉得他贪财。

甚至有时朱丽叶都觉得他是守财奴，埋怨他复活节礼拜也不给她买一顶新帽子。

但他自有考量。

后来，他决定要去邻近的赛尔克岛待半个月，朱丽叶和从伦敦回来的夏尔陪同前往。这次他便仔细制定了旅行的预算。

他对这次旅行感到很高兴，既可以拉近儿子同朱丽叶的关系，又可以领略赛尔克岛的风景。这个岛屿"像一只无名巨兽，像一条塞拉门尼斯的七头蛇盘踞在海中央"。

只需要一个小时就能跨海到达目的地。他看着岛屿在往前移动，想象着有一天自己可能置身于这些岩石上。他一边往桥上走去，一边构思着。

然而他焦急地回到高城居。这房子是他的心血。也是在这儿，也只能在这儿，他能陶醉于美人乡。

他清楚，尽管朱丽叶对赛尔克岛上度过的亲密时光十分欢喜，但她很难接受目前的处境。

"有太长一段时间，你都不属于我，以至于我对你的生活感到近乎陌生。"她重复道。这不是真的。她在他生命中的位置一直没有改变。

但雨果又怎么能向她坦白自己同年轻女孩在一起时爱抚的快乐，不管这种快乐是否需要金钱，不管对方是不是丰乳肥臀、皮肤粗糙、举止粗鲁、目光狭隘的乡下姑娘。

他走出房间，感觉自己精力充沛，文思泉涌，仿佛是女人给他能量一般。

八月中旬，夏日正浓。他常常到岩石磊磊的海湾游泳，海水凉爽。游完后又慢慢踱回家。

周日在圣皮埃尔港口大街上会集了一些人，安静有序。他看到一个女人经过，"面色红润的善良面孔"，那是维多利亚女王在访问泽西岛。

"因为是礼拜天，欢迎仪式比较冷清。她向我身边的人群挥手致意。向女性行礼致敬是我的习惯，于是我抬起了帽檐。我也是唯一一个向她行礼的人。"

可这个女人和"拿破仑小人"联盟，并在伦敦接见他，又去法国拜访他。

毋庸置疑的是，这位波拿巴表面上确实是个"成功"的人。

正如他之前宣称的那样，他加入了对奥地利作战。他说过："这场战争是为了将意大利还给意大利人。"

血腥的战争一场接一场，从帕莱斯特罗到马真塔再到苏法利诺，还别忘了米兰大捷，就在维托里奥·埃马努埃莱二世身边。

大势所趋，拿破仑三世放弃了意大利，背弃了他的承诺，和奥地利签署了维拉弗兰卡停战协议，并从皮德蒙那里讨了点"甜头"，拿了尼斯和萨瓦。

尼斯是爱国志士加里波第的故乡！

可是举国上下为拿破仑三世的胜利奏响了欢乐颂歌！

8月16日，他做出了"最后的傲慢之举"，宣布大赦流亡者。

"杀人犯原谅死者，罪犯赦免无辜。"

雨果观察那些根西岛上的流亡者们。他并不是尖刻，只是觉得"在这儿不可能讲团结一致"。三分之二的流亡者决定回国！他并不指责他们。他们回国后会继续革命。但是他自己必须留下。他要在英国报纸上发表一份"声明"：

> 没有人期待我对这次的赦免有何看法，我只就自己的部分发表些看法……在法国目前的形势下，我的责任便是毫无保留，不屈不挠，自始至终地抗议。面对自己的良心，忠于自己的责任，我要在这保持自由的流亡生活中坚持到底。
>
> 直到法国恢复自由，我便回来。

维克多·雨果

高城居，1859年8月18日

字里行间都充满了自豪、激奋。无论付出多大代价，他都将忠于自己的命运，从 1851 年以来一直未曾改变。

虽然应该继续前行，但是前路真的很艰难。九月的这几天以来，《历代传说》的出版带来的反响又一次令雨果惊讶、感叹不已。当然，仍然是成功。

"这书卖得非常快，很快便会脱销了！我们有什么可怨的呢？"赫泽尔说。

他不过就是一个出版商，在乎的只是书的销量。

但是圣伯夫对这本书发表了一些恶意的评价："这本书可谓是用力过猛！各方面表达都极尽夸张！也许是借助了基克洛普斯和波吕斐摩斯的力量吧，只是情感、敏锐、轻重、品位，在书中却乏善可陈了。"

法国的所有作家，被授予骑士勋章的，才能卓绝的，比如梅里美，对这本书都不置可否。拉马丁也装腔作势地评论一番。

"这些对我不过是温柔的打击！"雨果对自己说。

他重新振作，准备直面这些评论。福楼拜、波德莱尔，还有年轻的魏尔伦为他喝彩鼓励。赫泽尔和他汇报说收到了乔治·桑的一封信，信中对作品表达的力量进行了一番赞扬，并补充说道："他的缺点是因为优点太多。我觉得必须得对他说：您一定会登上高峰的。他们也许会打击他，想办法摧毁一个伟人。多么可笑啊！"

也许像乔治·桑说的那样，现在他要改变已经太迟。其实他也不想改变。

他就像这本已经写好的书一样，促使他必须对自己忠诚；就像江河终须注入大海一般，不断壮大，滚滚前行。他只需要向前，迎接死亡！

"听着，"赫泽尔说，"您是知道的，这个时候，我给书定了一个便宜的价格。无论是成败，一本书有它应有的归宿。这种时候，成败关系出版商，也在某种程度上取决于它。我生来便习惯受打击和谩骂。"

他相信命运，相信它会为公正和真理而存。但人们无时无刻不在自相残杀，他又怎么能信命？

十一月末，他得知一个叫约翰·布朗的美国白人因为发动黑奴起义而被判处死刑。这是真的吗？那可是在华盛顿的国家啊！

在执行死刑前，他必须得介入此事。他认为"正因为起义为了反对奴隶制度，才使得它成为一项神圣不可侵犯的权利。约翰·布朗希望解放弗吉尼亚的奴隶，来完成一项拯救他人的事业"。

他预言："处死布朗将会是一个无法挽回的错误。这将给美利坚合众国埋下分裂的祸根……比该隐杀亚伯更可怕的，莫过于华盛顿杀斯巴达克斯。"

而后消息传到根西岛：12 月 2 日约翰·布朗被执行了绞刑。

雨果用黑色的粗线条绘出了绞刑架和被吊起来的尸体。他还记得在泽西岛处死塔普内的情形。他的笔握得太紧，都折断了，在纸上写下：

"为了基督杀死基督。"[①]

他的灵魂正在受到煎熬。

他写信给乔治·桑："宣布缓刑不过是为平民愤的一种卑劣手段。而这手段竟出自共和之手！还有什么比主宰人更疯狂邪恶的呢？看看这邪恶已发展到何种地步！一个自由的国度谋杀了主张自由解放的人！亲爱的女士啊，我的心如此沉重。国王的罪行比比皆是，但国王犯罪实属正常；但对于思想家来说，最不能忍受的便是人民的犯罪。"

他时常绝望，内心同信仰煎熬，觉得死神将战胜意志，很快会将他带走。

面对这样的局势，12 月 28 日，他准备对自己的身后事做些交代。

"如果真的走到死亡这步，毕竟死在所难免，而我还没有完成已经构思好的作品，"他写道，"那将由我的儿子将我所写的那些尚未命名的章句，无论篇幅大小，尽其所能归纳整理，以《海洋》为题成集出版。"

写完后，他便安心一些。

他用手轻抚观景台的弯脚桌，他在这张桌子上完成了《历代传说》。他想把这桌子留给朱丽叶。

12 月 31 日，在写给朱丽叶的信中，他又补充道："明天，我就把一直陪我写《历代传说》的墨水瓶给你带过来。"

"你还记得吗？那是我们刚到根西岛时一起去买的，一个简陋的石质墨水瓶……这四年来我写的所有东西包括这封信的墨水都从这儿来。希望写完这封信，墨水也刚好为你用完。从今以后，我也不会再用了。你替我收藏好，就像收藏我们之间的点点滴滴一样。"

"这为你用完最后一滴的墨水瓶，正如我的生命一样，最后一秒也为你而活。"

1860 年

雨果把墨水瓶放在朱丽叶房间一角的桌子上。他看着她。朱丽叶的面庞和身体

[①] 原文为拉丁文：Pro Christo sicut Christus.

都像打上了时间的烙印。她在咳嗽，已经病了几天了。进入1月后，天气变得阴冷潮湿，寒风凛冽，她的病迟迟未愈。

可否有一天能让她离得更近些？

他拿起笔。他需要在一年的第一天记录下自己的感恩心情。

"1851年12月的时候，法国已经下令一逮捕我就枪毙我，"他写道，"今时今日我还能活着，全靠朱丽叶·德鲁埃夫人冒着生命危险，不惜以自己的自由为代价来保护我，不让我落入任何陷阱；夜以继日地守护着我，为我寻求安全的避难所。她已经收到了法院的传票，她将为流亡的生涯献出自己的赤诚之心。

"她并不愿意我们讲起这些事，但我认为，她做的事情应该被人知晓。

"我请求她允许我从内心灵魂深处为她作证……

"维克多·雨果……写于高城居，1860年1月1日，流亡的第九年的年初。"

雨果觉得自己应该为她这样做。比起和他渐行渐远的妻子阿黛尔来说，他感觉和朱丽叶更近一些。阿黛尔日益和他疏远，不再像个忧心忡忡的母亲那般担忧自己女儿的健康。她承认自己越来越无法忍受流亡的生活。她想要去巴黎，去见见妹妹朱丽·舍奈。2月4日这一天，她独自出发去了法国，把女儿留在了高城居。

雨果打开了自己的记事本，写道：

"我妻子要去巴黎。我们说好了，这次旅行的费用从我付给她的生活费里扣除，不会再有其他的特殊补助了。"

她是否爱过他？

毕竟他已经多年没有问过这样的问题。妻子要离开一个多月，她会去见她的妹妹，还有可能见圣伯夫。

他还有朱丽叶，和那些年轻又充满活力的农家少女们。她们肤色不均匀却红润，光着胳膊赤着脚。

然后便是根西岛住着的那几个女人。还有那个魅力十足的恩格尔森太太，一个"被皮埃尔·勒鲁欺骗过的"有钱的俄国寡妇。他还想着也许阿黛尔从巴黎回来，会带着小姨子朱莉·舍奈回来，她是多么年轻啊……

他承认，高城居的生活适合他。伏尔泰有费尔奈，他有根西岛。他甚至不再惦念着巴黎。有时照镜子，他觉得自己的装束和为了应对喉疾而蓄的长须，这一切都不再像那个巴黎作家，那个法国贵族，那个希望有所作为的议员。

他穿得像个老工匠，甚至像个工人，说他是一个印刷工人，也未尝不可呀！

为什么他还缺乏行动力？

他想起大仲马在热那亚租了一艘船,取名为艾玛,为的是加入加里波第的军队。意大利的冒险兵刚刚登陆西西里岛,就是为了驱赶拿破仑的军队,将那不勒斯王国重夺回意大利。这便是英雄的慷慨壮举。

除此之外他还想要做什么呢?

"我骄傲,但善良,为山石而生,却落得流亡他乡,但为爱而生,余生别无所求。"他这样对乔治·桑写道。

人们的批评、抨击、鄙俗之论,仍旧激怒着他,刺伤着他,但他觉得自己可以迎击他们。

"我存在以来,人们就狠心将我撕碎,并未曾在我身上唤醒除却蔑视之外的任何东西。"他又补充道。

他不怨恨自己的敌人,也不怨恨那些自称为他朋友的人,因为他们也经常被迫卷入卑劣之中。他心中没有任何仇恨。他预订了拉马丁作品全集,因为别人告诉他,拉马丁如今生活拮据,需要用钱。

当他收到拉马丁的感谢信时,心中对这位诗人同情不已。这就好像上帝,早就决定惩罚那些曾经被嫉妒心冲昏头脑的人,这样的人如今坦白:"除了在一小部分难以察觉的精英群体里,在其他地方法国没有善待我。面对它想摧毁我而给我的凌辱,鼓励也好,摧残也罢,我都丝毫没有隐藏内心的反抗。"

当他读到拉马丁的最后一句话时,他的心微微抽搐了一下。

"我的作品全集出版反响平平,而此刻我是站在两个等着领日薪的执达员中间给您写信。

"多么悲惨的生活啊,再见。"

雨果不禁颤抖起来。现在看来,他打理好自己的资产而不让自己沦落到如此令人屈辱和恐慌的地步,是多么明智。

他得继续写作。

他必须得创作一部大的作品,不仅仅为了保证自己和家人的生活,更是为了证明自己的文学才华,毕竟他已经 58 岁了。

他创作的诗歌当中,《静观集》将他的地位推至高峰。现在是时候选择叙事了。"小说,可以说是对现代艺术的一种征服,小说是一种有力的进步,是 19 世纪人类才华体现的一股力量。"

他决定放弃完成《撒旦的末日》,转而去完成之前已经开始的小说。他走近观景台里摆放书稿的箱子,打开它,看着里面摆着的一堆衬衫。

他取出衬衫。

"今天我从手稿箱里取出了《悲惨世界》，我要开始重新读它。"

12 年前，也就是 1848 年 2 月 21 日，他中断了这部作品的创作。朱丽叶至今还记得里面的每一个人物，就先从珂赛特讲起吧："每次想到这部作品，我总是充满了温情和愉悦，仿佛在期待同现实中也有一个与我们被迫分开了 12 年的小姑娘重聚一样。我迫不及待地想重新见到这可怜的小女孩，再次了解她那漂亮布偶的命运。自从上一次搁置这本书，我便一直迫切地想要知道沙威这个恶魔，是否跟丢了可怜又亦正亦邪的市长先生的踪迹；蒙帕纳斯大道上的那处可怜的避难所，是否点亮了幸福的灯光。"

雨果也是，他也在想念着珂赛特、冉阿让、马吕斯和沙威。听了朱丽叶的话，他深受鼓舞。

他重新开始仔细地阅读之前写的部分。

"我现在正全心全意地进入《悲惨世界》当中，但这本书在我面前慢慢地延伸开来，将我带到难以想象的遥远地方，所以我认为 12 月前自己无法完成这部作品。"

更不用说，他还要写序言，用于表明这部作品的意义，他将序言命名为《哲学，一本书的启程》。

因为他饱受着所有这些以进步、科学甚至共和为名却背弃了上帝的思想家和作家们的侮辱中伤。《悲惨世界》想要传达另一种哲学。

"我信仰上帝，我相信灵魂，我相信行动所需要负的责任。我向天父乞求援手。现在，宗教没有履行它对人类和神的职责，因此我不会允许任何神父参加我的葬礼，我将我的心留给我深爱的人们。"

在《悲惨世界》当中，他便想要传达以上这种精神。

"各位读者面前的这本书是一本关于宗教的书，"他在序言中这样写道，"通过哪种观点来表达宗教呢？用一种理想化却又绝对、无法界定却又不可动摇的观点……这本书的作者对宗教的理解和现行的宗教都不一样，虽然他一面攻击这些宗教滥用职权，一面又惧怕它们展现出的人性和神性的不同面，但他接受并尊重它们……在这本悲伤作品的开端，作者便明确地宣称自己也是信仰上帝的。"

他希望冉阿让符合这样的形象。他现在必须把精力全身心地投入冉阿让、珂赛特、马吕斯和其他人物身上。但尽管故事早已形成，不断鞭策着他，他却觉得很难开启那扇门。

加里波第在意大利战斗，希望征服那不勒斯。他让大仲马做那不勒斯博物馆的守护者。全世界热爱公平的人，都为加里波第的功绩而感动。

有一封泽西岛寄来的几百个人签署的请愿书，希望雨果回来谈一谈加里波第。

怎么能拒绝这份邀请呢？毕竟他曾是被从这个岛上逐走的。

他又一次来到了岛上，惊讶地发现墙上贴着的大幅海报写着："雨果到来了！"

他一开口，人们便热烈欢呼起来。他说："加里波第，什么是加里波第？他是一个人，不过如此，但他是一个值得最高礼敬的人，一个主张自由的人，一个主张人权的人。"这个人是高尚的，因为对他来说只有原则可言。没有武力。只有公正和真相，只有人民。只有灵魂，理想的力量。只有人世间的良心，天上的神意。

距离泽西岛将他驱逐已经五年，这一次他感觉人们对他的欢迎像是上帝对他做出了补偿。

他开心地回到根西岛，但这几天对《悲惨世界》的远离，却让他又心烦意乱了起来。生活的琐事让他烦忧，他也想赶快重新投入工作。

他的女儿轻蔑地拒绝了一个年轻人的求婚，那人名叫安德烈·布斯格，和父母一同从鲁昂来。她还想要什么呢？她已经三十岁了，难道还想着那个皮森中尉吗？那个英国人！

然后某一天他的喉咙和背部突然疼得厉害，要么是心脏出了问题，不然便是喉疾又犯了。他觉得像发烧一般，满身大汗，又开始焦虑起来。

他去看了医生，医生让他平静了下来。

也许这些身体的不适都源于他还没有将芳汀、冉阿让、珂赛特、马吕斯、沙威和德纳第一家的生活重新安排上正轨。12 月 30 日之前他必须得下定决心了。

"今天，我重新开始写《悲惨世界》，"他在记事本上这样记录道，"我花了 7 个月，静心思索，理清这部作品的头绪，以便能将 12 年前写的和现在将要写的东西连成一体。我将继续开始写这部 1848 年 2 月 21 日中断的作品（希望这一次再也不将它丢下）。"

他收到了来自赫泽尔的合同建议。

"在完成这部作品之前，我不会下任何结论。赫泽尔做中间人，阿歇特出版社给我的这十五万法郎，维持四五年的版权经营，尚属勉强，十年便不可能了。"

可是他并不想同赫泽尔翻脸，他得让自己的出版商知道自己在继续写。

"我依旧病痛缠身，"12 月 31 日，他给赫泽尔这样写道，"但我这一辈子，每次病痛袭来，我都在同它们斗争，坚持写作。思想不应该屈服于肉体的痛苦。"

1861 年

雨果记起来他曾在那幅代表约翰·布朗的素描画像上写道："为了基督杀死基督。"

而如今，形势和他预计的一样，林肯已经当选为美国总统，美利坚合众国分裂为南北。

他觉得内心恐惧，但又夹杂着一丝知识分子的苦楚般的满意。他低声说道："我从来没有想到，事态会如我想象中那样发展。"

他会和保罗·舍奈——他年轻的小姨子朱丽的丈夫——签订协议，用版画的形式出版这些素描作品。

"让我们把夏尔顿的断头台，这一系列重大事件的导火索像教书一样展现给世人吧！"

然而，他又写道："只能在《悲惨世界》完整出版之后，才能出版这本画集，一定要完整。"他希望在画册出版前四天，就能拿到三千法郎的预付金，还有 1/3 的利润。

他得保护好自己的权利，保护好自己的名声，因为他周围的人即使是出于好意，也会利用他的名声，为自己所用牟利。保罗·莫里斯和奥古斯特·瓦克里就是这样想，好像是因为专制帝国为了树立一个自由帝的形象，放松了管控，重新开办《时事报》。但他们可以发表点什么呢？还是满足于"文学事件"？雨果拒绝参与。

"时事就应该有时事的样子"，就是说，应该像 1850 年前那样自由言论。"文章发表出来，不能被任意剪裁。您曾经也深入虎穴，现在和您的两个儿子一起，你们应该发声，诗人应该赞叹你们，发出愤怒的咆哮！"

他觉得十分困惑。但他仍旧专心写《悲惨世界》，对自己写的也十分满意。朱丽叶急于知道她抄录的那部分后续结局，这反而促使他创作，而书中人物的命运也让他辗转反侧。

"我要谢谢你给了我这本珍贵的副本，"她说道，"今天我可以重新再读它便觉得很高兴了，这样也能督促你写得越多越好。"

出于爱，她对他也施加了某种压力，只是所有这些苛求和必须完成小说的责任感让雨果精疲力竭。

他觉得自己病了。他觉得有一种剧烈的痛苦从气管蔓延到喉部，于是他去看了医生。他不相信医生们的诊断。万一他们不想让他知道喉炎会导致肺结核呢？

这个念头在他脑中挥之不去："我得镇定面对厄运。"他试着"不要惊扰身边任何人"。但他瞒不了朱丽叶。她称他为"我可怜的受苦之人"。

于是，他放弃了，说道："我本想竭尽所能完成我开始写的小说。我祈求上帝保佑我的身体能撑到思想停止的那天为止……若我能完成这部作品，那健康状况就任由其自行发展，我也顾不得了。我深知人固有一死。上帝啊，请帮助我做这两件事吧：快点写完，快点超生。"

每天晚上，他都担心黑夜来临，担心侵扰他的那些失眠和梦境。梦里，一个戴着黑纱特别高大的女人，面色苍白，全身黑衣，一把抓住他，将他从其他女人中间拉拽出来。她们惊慌失措却贪婪放荡，张开双臂向他走来。

他向他死去的女儿祷告："让我睡去吧。"不一会儿，他便觉得宁静将他包裹起来。

可是3月的一天，他得知自己从前的一个女仆，科莱娜，几个月前回乡，现在死了。他痛苦不已，仿佛又看见她年轻又柔顺的身体，听见她充满欢乐的声音。《悲惨世界》难以继续了。

他必须得听医生的劝告，离开这个岛。这也是1852年以来，他第一次离开岛屿。

3月25日，他出现在阿奇拉桥上，朱丽叶和夏尔在身旁陪伴。他看了看装满《悲惨世界》手稿的防水包。他将返回大陆完成这部作品。

岛屿渐渐消失在地平线下，风更加猛烈了，他觉得痛苦渐渐消散，呼吸顺畅了许多。

伦敦的医生在他身上没有检查出任何病，至多也是一种良性的神经痛，换换环境便好了。

几天之后他去了布鲁塞尔、安特卫普，辗转流连于为向他致敬而举行的宴会中，感觉自己又重生了。他碰见了几次小提琴家伊莲娜·德·卡托，她深深吸引了雨果。他像逃出避难所的流亡者，也像逃离圣赫勒拿岛的帝王，发现自己还有一定吸引力。四月、五月，他走到哪儿都有人拍照。他很高兴脱下了自己的工人服，穿上了黑色西装和白色衬衫。

他对恭维有些不屑，但又兴奋不已，受宠若惊。

"人们对我说，您留的胡子太漂亮了，我还被称赞说我白衬衣上的卷毛狗似的黑色斑点好看。"

他又得想方设法不让朱丽叶怀疑！

"我不希望任何人来破坏我在这世上最珍视的爱情，我寄希望于我爱的人，"她说，"我认为你不愿也不会欺骗我，但是因为我深爱着你，所以我害怕。"

他没有回答。可他感觉现在已然是最好的境况了。

"他喝酒，吃饭，睡觉都像一个真实的人了。"周围的女人更让他觉得自己充满了力量！

"我一直在海上漂泊，"他说，"努力离开海洋便是为了能靠近陆地。我翻山越岭，是上帝让大自然治好了我。"

他又重拾了完成《悲惨世界》的信心。他和朱丽叶在蒙特圣吉恩的科隆大酒店住下了，这里是滑铁卢战场的遗址。他想在这里住两个月，用以创作小说中以此处为故事背景的篇章。他的故事就是在这儿发生，在这乌哥蒙牧场的篱笆间，在果园里，荆棘丛林里。

他得四处观察，于是爬坡上坎儿，去拜访村民。他们中有些人童年时经历过这场战争。

"我要说的都是真的，"他坦白道，"但可能就是我自己的真实。每个人只能够说出他所知道的真相。不过，我不知道还有什么比重游战场更令人激动了。"

"我越来越清楚拿破仑大帝和拿破仑小人之间的天壤之别了。"

他奋笔疾书，"多么艰难又费时的工作。"

有时，夜晚来临，诗兴正浓，他趁势将梦境中的诗句记下来：

> 啊，不安的暴君啊，你的命运是怎样？
> 你做过凯撒，也做过伟大的所罗门。
> 你驾驶着点亮了烽火的马车，
> 你在人间发出了上帝般的声响，
> 当你驱策战马
> 从这叫作奥斯特里茨的战场上呼啸而过时，
> 响声如雷贯耳①。

不知不觉中他又写了很多。他在"滑铁卢战场上已经驻足"六周了。"6 月 30 日 8 点 30 分，这天清晨美丽的阳光洒在我的窗上，我终于完成了《悲惨世界》……我就是在滑铁卢的平原上开战的，希望这场战争不会失败……书什么时候问世呢？这又是另一码事儿了。我还有很多细节问题要处理。我得从头到尾仔细再检查一遍我的作品。这是我要投向大海的利维坦……它不会轻易驶入任意一个港口，而会迎接暴风雨的洗礼，应当在海上漂流。它必须完美无缺。但丁曾描绘过地下炼狱，我竭力描绘的是人间炼狱。他描绘的是地狱里的苦难者，我描绘的是人间的苦难者。"

他觉得自己自由了，可以带着朱丽叶游览比利时、荷兰的不同城市。

"我觉得自己像在逃学一般。"他对夏尔这样说道。夏尔和阿黛尔母女都待在了布鲁塞尔。

他时不时会收到信。出版商拉克鲁瓦和韦尔贝科文催促他签订《悲惨世界》的出版合同。夏尔是中间人。赫泽尔早已退出，出版的预算金额对于他来说太高了。

他得让出版商们争抢这本书。

---

① 《见闻录》，1861 年 6 月 7 日至 8 日夜（创作于梦境和睡眠之间）。

9月3日，他回到了根西岛。他很高兴又重返自己的"洞穴"，他想翻新观景台，把它筑成一栋"水晶宫"。他又来到阳台上，俯身看周围。突然，他发现紧邻高城居的邻栋住宅的一间房里，月光洒进来，照亮了地板上的一条裙子。

他被眼前的一切所吸引。

"一个年轻的女人出现了。她是我的新邻居。"

邻居是个34岁的年轻女人。丈夫总不在家。

他没办法克制自己，每晚都在窗前窥视着她。

这是他重获新生的兆头。上帝给了他时间和生命。他要听从自己的意愿，首先便要出版《悲惨世界》。他积极地同出版商议价。

10月4日，拉克鲁瓦接受以三十万法郎买这本书十二年的版权，包括翻译权。但是绝对不能发表在非自由的报纸上，无论如何，版权最后是五十万法郎！

"我们可以用这笔钱创办一份新的民主报刊了！"

万事小心……

"《悲惨世界》会在巴黎印刷，我们将分为两个版本，一个是8开本的版本，另一个是18开本的版本，如今时兴这样。但是得小心那些厚颜无耻也来势汹汹的盗版。"

他建议出版商在宣传语上，需要言简意赅，不能喧宾夺主。他们应该谈起《巴黎圣母院》，这样说："中世纪之后，我们进入了现代——维克多·雨果在《巴黎圣母院》中为哥特世界付出的笔墨，将在《悲惨世界》中为现代世界所用。这两部作品将会成为反映人性的两面镜子。"

他审视着给他寄来的校样稿。他的目标已经完成。他开心地在稿件上涂画修改起来，想象着伽弗洛什奔走于巴黎的街头，唱道：

> 乒乒乒
> 锣鼓敲起来啊，敲啊，
> 乓乓乓，
> 叮咚作响，
> 迎接欢乐的曙光吧！
> [……]
> 这个商贩是个格里默……
> [……]
> 他教他的孩子们
> 怎样笑对疾病；

对他来说，人民和法国，

自由，希望，

人和上帝，都没有

这铜钱重要。

我哼起了小调，

你们快唱起民谣吧！

咚咚咚！

咚咚咚[①]！

最后他庇护的家人也会得到保障？

"《悲惨世界》大卖让我们声名大噪，"他写信给阿黛尔，"从今往后，我们便可以收支平衡了。生活会富裕起来，我也有时间休息一下。我也不用每年都想法子去解决入不敷出的问题了。终于可以喘口气了！我再也不用被迫工作而熬坏身体了。如今一切都好了。你要是知道这一年我们的开销超出收入的金额，你可能会被吓到。

"不管怎样，现在就是我的结论：一切都好了。我们肯定会过上舒适一点儿的生活，只是颠沛流离的生活会让我们破产。我们必须注意这一点，请千万记住：哪怕只能改善一点点，我也不愿夏尔在法国生活拮据。我今天已经给他写信，跟他说从 12 月 1 日起，我将会在他不在家期间，每个月赞助他一百二十五法郎。

"《悲惨世界》销售得好，对我们的孩子不无裨益，它为他们创造了美好的未来。"

因为夏尔不愿意回到根西岛……

"我为我的文学事业做出了政治牺牲。"他这样说道。

他希望同保罗·莫里斯一起创作一幕源于《悲惨世界》的五幕剧。但愿能成！但首先得给他一笔钱作为资助，当然还要给弗朗索瓦-维克多一笔。

最后他想起了要给阿黛尔准备一笔五万法郎的嫁妆。既然她想要嫁给皮森中尉，那就必须为她准备好。

12 月 25 日在高城居内，雨果接待了皮森中尉。他不动声色地观察了这位英国军官。他很惊讶，皮森中尉对他宣布自己翌日清晨便将同部队一同启程回加拿大，因为美洲可能有战事发生。

那婚事刚开了个头该怎么办？

---

① 《全琴集》，第三卷，《幻想》，第二十四首，《加夫罗契之歌》，1861 年 10 月 18 日。

雨果再次感觉焦虑不安。但阿黛尔似乎很坚定。她满怀欣赏地拿起画笔，勾勒着皮森中尉的样子：

"他经历了这么多年的辛酸苦楚，鼓足了勇气，才敢向我靠近，向我求婚。"

但12月25日这天他仍旧没有正式的行动！可又只能听阿黛尔的一面之词。

"你所鄙视的这个默默无闻的年轻人，可能就是我心之所属，"她说，"摒除那些怀疑吧：那些出身低贱、地位低下、品德有缺陷的女婿们，也许配不上你女儿，但在他们的卑微之中隐藏着丝丝光亮。

"为了纪念莱奥波蒂娜，我向你推荐阿尔贝特。"

雨果激动地回忆起自己的大女儿。他同意这桩婚事，并愿意给她一笔嫁妆，只要阿黛尔幸福，既然她那么想嫁皮森中尉！

可是，万一阿黛尔会错了意怎么办呢？

雨果宁愿是自己想错了，在一年最后的这几天，他觉得很悲伤。可明明"一切都好了"的想法已经回来了。

也许是那只每天蹦蹦跳跳朝他跑来的母狗苏格纳的死亡影响了他吧。

又或是这隆冬季节的冰冷风雨让他忧郁？

他拒绝接受自己的死亡，还有朱丽叶的死亡。

"我在上帝面前跪下。我请求他让我们一起生，一起死，死后再一起重生，我请他告诉我们剩下能在一起的时日，把这些时日分成两半给我们，要分得精确仔细。真希望他能满足我的心愿。"

也许仅仅是因为《悲惨世界》出版在即，焦虑折磨着他。朱丽叶有自己的见解，她仿佛大声说出了雨果的心声。

"《悲惨世界》会带来怎样的反响呢？"她不禁问自己，"一想起它，我便内心激动，双手会颤抖。我想擦亮双眼，竖起耳朵，全身心迎接它为世人点亮的曙光，迎接它获得的赞叹和喜爱。"

他祈祷一切能像她说的这样。

第六章

1862—1867 年

1862 年

"这是十年来我第一次如此地与世隔绝。"

他得对《悲惨世界》的校样给出"同意付印"的意见，不时修改这些文字，有时还会考虑挪动一个章节的位置，或者让冉阿让工作的修道院位于右岸而不是左岸。

他必须小心所有的细节，并烦扰出版商拉克鲁瓦给出建议。

"在我没有复核校样的前提下，我的任何一本书都不会发行第一版！"他一直强调这一点。

他决定将《悲惨世界》分为五部、十卷。他放弃发表他所写的长篇哲学序言，并决定用他一气呵成的两页文字取而代之，因为他认为现在这本书的意义已经很清晰。

然后，他还必须与拉克鲁瓦就这本书将会获得的收益力争。如果拉克鲁瓦以为一个诗人就不懂如何计算，那他就错了！

"您弄错了，"他在给拉克鲁瓦的信中写道，"你们只有将每卷定价为五法郎才可能有折扣——便宜二点五法郎——想想吧……"

突然，他不得不停下手头的工作，他收到一位比利时图书管理员的来信，他承认以雨果的名义发表了一些自己写的诗文，以此请求比利时国王对被判处死刑的罪犯的赦免！而且《布鲁日日报》将其刊印了！

雨果犹豫不定。

"这些诗文不是我写的！"他惊叫起来，"然而动机是好的……"

"无论这些诗文的作者是谁，我都感谢他。如果能拯救生命，我认为使用我的名字是非常好的，哪怕是滥用！"

当得知九个犯人中的七个被赦免时，他的整个身体都放松了。他闭目休息了一会儿。他想起革命家巴尔贝斯，也是因为写信给路易－菲利普而得到赦免。他还回忆起《悲惨世界》中的这个片段。

他觉得这本书包含了他所有的经历、所有的回忆、所有的想法、所有的诗歌。在他看来，《悲惨世界》发表在 1862 年，在他生命的第六十年，是作为四十多年劳碌工作的褒奖。

"我的信念是，这本书将会是我作品的巅峰之一，或者是唯一的巅峰之作。"

他绝不可能同意，如拉克鲁瓦所要求的那样，缩减某些部分。他无法允许"阉割"任何章节："这本书是一座山，"他对拉克鲁瓦如是说，"只有在远处，我们才能测量它甚至更好地欣赏它。只有整体才是一切。在第一部分和第二部分中可能看起来很长的一个细节是为结束所做的准备，并且在开篇看起来很长的东西将会增加结局的悲剧性效果。"

他对这种校对工作感到不耐烦和疲惫不堪。他越是深陷其中，他就越认为这本书是一生的杰作。拉克鲁瓦必须明白他手中掌握的是什么。

"意识的戏剧，灵魂的史诗，这本书就在于此。这本书也在于它的新奇性和未可知性；我并不是说此刻的成功，而是未来的确定性……这里有对于所有人的实际行动，也有哲学家和改革者精神戏剧的所有曲折。"

他试着逃离这种烦扰还有焦虑，因此在 3 月 5 日这天，他邀请了十二个贫困儿童来到高城居为他们提供午餐。

他计划每周重复做一次这件事。

"他们的饭菜将和我们的一样。我们会为他们服务。他们上桌时会说：'上帝保佑。'起身离开时会说：'感谢上帝。'"

但现在，他必须面对夏尔的指责，他反对这些强制性的祈祷。夏尔仍留在巴黎，负债累累，坚信雨果从根西岛让人监视着他。

"应该让教堂在它自己该在的地方，"夏尔写道，"而不应该把它带到家里来。高城居弄得和牧师住宅一样并不会为它赢得什么……"

怎么他的儿子会这么不理解他？他怎么能认为他的父亲在监视他？

"我们爱你，我们想你，"他回复夏尔，没有一丝责备，"这是这里所有人内心的想法……"

但是他无法接受这种不理解：

"我相信基督也相信苏格拉底，相信上帝比相信自己更多。"他不停地重复。

他在《悲惨世界》里表现出了这种信仰，这本书的读者们是否会认同它，或者他们是否会被这种信仰所震惊，他们会认为这是天真抑或保守？

4月3日开始发售，他焦急地等待着该书出版后大家的第一反应。

同时，他还必须继续修改后续部分的校样，因为拉克鲁瓦还等着6月30日可以出版全部十卷书。邮轮靠岸，有人将装有信件的包裹扔在圣皮埃尔港的码头上。

但是还要再等几个小时，这些包裹才会派送。现在，4月10日写出的信就在那里：小说第一部分的第一版已经售罄，重印已经开始！

"校对员在读到校样的时候就哭了。"工厂里的工人们一起凑钱买书，所有伙伴都读完以后，他们会抽签决定谁最后成为这本书的拥有者。

针对这本书，只有少数人发表文章加以评论，其中一篇是波德莱尔写的。年轻的诗人对这本书表示赞赏。路易·弗约在《天主教世界评论》里则持反对意见，甚至在《世纪报》这种被划分为左派的报纸上，某一个叫勒卡斯的人撰文持保守意见。一些评论家声称这本书"将革命推进了十年"！

而在《论辩报》上，一位接近政权的专栏作家——库维利·弗勒里，写道："雨果先生没有制定社会主义条约。他做了一件我们根据经验可以知道的更加危险的事情——通过其表露的趋势，可以看出这本书不仅是作家的作品，还是一个人的行动，我要说的是一个党的行动，是对1848年的真实揭露。"

雨果感觉他期待的事情正在发生，正如他所希望的那样。人们正疯狂地阅读这本书。而敌人在谩骂。

"四月真是美好！"他低声地说道，"《悲惨世界》大获成功！"

他可以与朱丽叶一起分享这份喜悦。阿黛尔在巴黎。她听到了各种传言，并在来信中表示担心可能会遭受审查。当局没有禁止保罗·莫里斯和夏尔由《悲惨世界》改编的剧目上演吗？

雨果做好了战斗准备。

"如果波拿巴迫害《悲惨世界》，法国国内的文学对我关上大门，我将重新开始在国外的文学战斗，而且我将重启《拿破仑小人》和《惩罚集》的战争。"

但是波拿巴不敢！

至于那些讨伐文章，有什么好惊讶的呢？

拉马丁像往常一样谨慎，在一通友谊宣言之后，给出了"被天鹅咬了一口"的礼节性评论。他将自己的评论命名为《关于一部杰作或是天才的危险的论述》，并且宣称他想"为捍卫并不完美，却神圣而必然的社会，去对抗这世上微妙的所在：朋友"……他说他的责任是揭露"一本危险的书"。

没什么关系！

"当一个男人，"雨果说道，"就像我一样，创作了或试图去创作一本有用且诚实的作品，然后遭遇到巨大的恶意，仇恨会在他周围被煽动，他会成为所有疯狂举动的焦点……"

不过，拉马丁和其他人都没有错。

"如果激进分子就是理想主义，那么是的，"雨果说道，"我就是激进分子。我倾向于没有国王的社会，没有国界的人类，没有书籍的宗教。是的，我与出售谎言的牧师、制造不公的法官作斗争。我希望通过消除寄生现象来普及产权。我希望摧毁人类的宿命，我谴责奴隶制，我驱逐苦难，我教导无知的人，我治疗病人，我点亮黑夜，我厌恶仇恨。

"这就是我，这就是我为什么创作了《悲惨世界》。

"在我看来，《悲惨世界》只是一本以博爱为基础，以进步为顶峰的书。"

5月19日10点，他放下他的笔，完成了《悲惨世界》的全部修订工作。

他对朱丽叶说：

"你的节日就是我的节日。它与这本书的交付日期刚好重合。明天，我就把手稿的最后部分寄出去。明天，我就自由了。我完成了《悲惨世界》。这便是送给你的花束。"

他知道把这些感受告诉她，她会感到欣慰。现在他确实离她越来越近了。阿黛尔已经离开根西岛，过着她的生活，签下合同以出版她与奥古斯特·瓦克里共同撰写的《雨果夫人见证录》。她以一万五千法郎出售了她的回忆，即他们共同生活的一部分。其中九千法郎归雨果夫人，六千给了瓦克里！

在他看来，朱丽叶比以往任何时候都更忠诚。

"感谢你将我微不足道的回忆与你生命中的辉煌时日联系起来，与《悲惨世界》联系起来……我想要亲吻你那踏遍人性依旧满是灰尘的脚，我想要用手遮住我的眼睛，以不要过分靠近你神圣的光环。我想要跪下来亲吻你。"

他可以和她一起去阿登高地和莱茵河沿岸进行一个多月的长途旅行。

他知道，随着各卷书的陆续问世，读者们会争相购买。

坐落在塞纳河街道上的邦盖尔印刷出版商店门前从早上六点就挤满了书商、代理商。商店开门后，人群拥挤得非常严重，警察不得不过来维持秩序。商店里放满了《悲惨世界》摞起来的书堆。"它们占据了整个商店，从地板一直到天花板。这些金字塔形的书堆代表了四万八千册的可观销售数目。"他在从巴黎寄来的信里读到了这些内容。

在比利时，这本书也同样受欢迎，而且计划在大多数国家发行译本。

谢谢你，我的上帝。

在布鲁塞尔，准备动身回根西岛的前几天，他参加了由他的出版商组织的宴会，他不禁哽咽。

"我激动的心情无法形容。"9月16日这天他公开表露。

市长和流亡者们围在他的身边。他将颂扬新闻界的自由权，称其为"进步之巨大而神圣的火车头"。

他被那些为他欢呼的热情、那些成千上万的读者所感动，他们比专栏作家更好，他们懂得《悲惨世界》是"一本关于爱和怜悯的书；是和解的呐喊"。他重申这一点。

至于那些装腔作势的人们，比如，批评他对滑铁卢战役太过英雄主义的看法，他们没有明白这是一个"丧失国籍的党派的错误。这个错误，我绝对不会犯"。

9月29日，他回到了根西岛，坐在还未完工的观景台"水晶宫"里，看着大海，秋天的风把它吹得潮起潮落。他仿佛觉得自己随着这波涛起起伏伏，伴着云层在广袤天际不断地聚集散开。

他坐在桌子旁边，读起了巴黎的来信，信里向他转述，在布鲁塞尔的宴会上圣伯夫引起了皇帝身边亲近之人——玛蒂尔德公主的注意。圣伯夫在那里看到了"一个可怕而得意的科布伦茨……那就是我们明天的入侵者，我们下一批返回的流亡贵族吗？这人在今天非常荒谬，到了明天便不会了"……

雨果觉得这种谴责叫人恶心。他怒不可遏。

对抗这些令人厌恶的事物，只有一种方法，就是让更多的人阅读他的作品。

他写信给拉克鲁瓦，后者还没打算重印，因为他要等着"定价特别高的最后部分，必然却缓慢地售出"，而不会推出流行版。

"打铁要趁热，"他对拉克鲁瓦说，"您却让它冷却！今天通过发行便宜和小开本的版本，您以更大的强度重新开始活动，并且享受最初这些天的效果；您让这本书渗透到了人们更深的无穷无尽的层面！您让购买者从社会精英转到了普罗大众，虽然以前的销量很庞大，现在还将会更多……"

当人民大众为芳汀和珂赛特的命运哭泣时，跟着马吕斯走在街垒上时，对冉阿让的命运感到不安时，圣伯夫们、路易·弗约们还会做什么呢？

他将是不可战胜的。

作为独立甚至是富有的作家，他反而更多地受到了苦难的保护。是的，他必须承认这一点。

在 1862 年这一年，他能够购买比利时国家银行的 231 份股票。他自己和家人的生活宽裕得到了保障。他可以毫无畏惧地死去。

1863 年

雨果知道每个黑夜都是难熬的。他感觉有东西使他心神不宁并且把他拉下床。

他经常起身，并径直走到把他的房间和仆人的房间分开的隔墙边。他在隔墙上开了个"钉孔"。他把一只眼睛贴在墙上。他看到年轻女子脱下衣服，她的脚搁在床边，腿裸露着。

欲望占据了他的心，噩梦逐渐消失。他又重新躺下来。但是他听到了声音。听起来像是莱奥妮·多内。她在叫唤他，并向他走来。当她俯身看着他时，他觉得看到了死神。

"晦暗的梦。持续不断。这是警报吗？总是相同的梦，几乎没有改变形式。"

他恳求莱奥波蒂娜，只有她，也可能还有克莱尔——朱丽叶的女儿，可以帮助他。

"噢，我温柔的天使，上天，而不是这噩梦会带走我的生命！"他喃喃地说道。什么使他如此痛苦？他不害怕堕入坟墓里。这是一次重生，他对此深信不疑。而且上帝已经给了他如此之多。

那么是害怕什么呢？害怕失去活力？害怕只是一个没有激情和欲望的行尸走肉？

他走到阳台。他望向邻近宅子的房间。有一天，他曾瞧见"一个年轻的英国女孩，非常优雅，穿着靴子，真正的全皮软靴，拉到齐膝盖的位置"，这足以让他全身一阵战栗。

他需要看到并触摸女人的身体。

他弯下腰。他在拉法吕别墅的阴影中猜测，这个房子朱丽叶只住了几天时间。这所房子太潮湿了，他希望她能搬到高城街 20 号去住，那里是他来根西岛的头几周短住过的地方。

只有想起朱丽叶才能让他平静，他想起了她刚刚寄给他的信，就像每年的 2 月 17 日那样，这一天是他们相遇的纪念日。

"这充满爱情的三十年在我的生命里就像不断爱慕的一天那样过去了，"她的信中写道，"因为爱你，我感觉自己更加年轻，更加充满活力，更加勇敢，我从来没有过这种感觉：心灵、身体和灵魂，一切都属于你而且只为你而活。我对你微笑，我祝福你，我崇拜你。"

他回信说：

"永远在一起！愿上帝赐予我们这个天堂，噢，我温柔的天使，让我们相爱！"

但是，她也明白，如果没有一个年轻的女性身体，一条若隐若现的腿，一个美好的乳房，一个新的女人，在他身上创造欲望的推动力，他就活不下去。

而且似乎对他来说，年龄越大——他已经六十一岁了——这种欲望在他身上就越强烈。

只有大量的工作消耗，才能让他忘记对女人的无法抑制的渴望。

这一年的年初，他对自己的手稿进行分类。他打算撰写《历代传说》的第二部分。但重要的是，他越来越被本世纪初的法国大灾难所吸引。

他翻阅了他在这些非凡人物身上积累的作品，如丹东、马拉、罗伯斯庇尔及他们的受害者，路易十六和那些贵族们。他走向他年轻的姨妹朱莉·舍奈，她站在凳子上，正在将他的书籍分类，并将它们排列整齐。他看着她，被她吸引，何况她的丈夫还是个骗子，想要剥夺他有关约翰·布朗的版画专辑的权利。很好的教训！雨果决定现在拒绝出版他的一切画作。

"我不应该出版那些出自我笔下的潦草画作。"他确定地说。

他走进房间，时不时看一眼朱莉。而在同时，他想象着1793年在布列塔尼的荒野之上，一座城堡被烧毁，他看见了被追逐的朱安党人。他想到了"他们的"死亡，他的母亲，他的父亲，都是这段历史的参与者。

如何摆脱这段往昔？

"十九世纪的诗人，十九世纪的作家，都是法国大革命之子，"他说，"这座火山有两个火山口，89年和93年。两股熔岩流从那里喷涌而出。"

他在信封的背面草草地写上一些名字，并乱画一气。

他给询问他计划的出版商拉克鲁瓦回信说：

"我正在着手准备一个非常宏大的作品。我站在无限的可能性面前犹豫不决，而这可能性同时也是吸引我的地方。这个作品就是《九三年》。是否写这本书，我春天时才能拿定主意，我必须专心致志。在我完成之前不可能发布任何内容。我不可能束缚自己。我有绝对的毅力，但您看我也只能推迟。"

《悲惨世界》成功以后，应该冷却一段时间，不过新闻界还在讨论，但总是充满敌意。据说，他写的是"乌合之众的史诗"。他变成了"社会主义的马蒂厄同志"，还有人认为他以巨大的轰动推出了这本小说，以及多年以来，他作为股票投机者，总能抓住经济上恰当的事迹。即使他出售"社会主义"，他讨好穷人，但仍然生活得像一名领年金的银行家。

他消除不了人们对他的仇恨，如果出版了《九三年》，会是什么样呢？

他觉得自己比以往任何时候都更加受到关注。不仅在法国，在国外也是。这些关注之中还夹杂着友爱、钦佩、不得体和不正常的好奇心，同时还有嫉妒、肮脏的利益或希望获得其帮助的意愿。

在那些人之中，有一个请求帮助的寡妇。

"我给她寄了一张二十法郎的票据。在我看来，老人和穷人都值得关注。"

在这里，波兰人刚刚反抗俄罗斯人，并且正在寻求支持。他可以做些什么呢？难道不能发出呼吁？

"俄国的战士们，重新做人吧！现在这个荣耀摆在你们面前，紧紧抓住吧。

"俄国的战士们，是波兰人激励了你们，不要与他们斗争了。你们在波兰面对的不是敌人，而是榜样。"

加里波第是这么写的："我还需要一百万支步枪供意大利人使用。我相信您会帮助我筹集必要的资金……"

应该赞成、帮助加里波第，他被皮埃蒙特君主制利用，并且还被流放到卡普雷拉的一个岛屿！现在他也是个流亡者。

然后，还有墨西哥人，拿破仑三世对其发动了战争，意在把奥地利的马克西米利安强加给墨西哥人，做这个民族的统治者。美国南北战争，削弱了美国的力量，他尤其利用这点希望能在美洲站稳脚跟。

他了解到，被法国军队包围的普韦布拉的居民，出版了一份报纸，上面每天都会有一页《拿破仑小人》的节选！

"你们相信我与你们一体，这是对的，"雨果写给他们，"不是法国向你们发动战争，而是法兰西第一帝国。我们反对帝国，你们有你们的战场，我也有我的，你们在祖国的怀抱内，而我在流亡地……共和国与你们同在。"

他坚信他再也无法摆脱人们的目光，或许他正希望如此。这也迫使他坚强不屈，让他必须建议参加 5 月立法选举的共和党候选人拒绝宣誓就职。但是这些候选人并不理睬，他还嘲笑这种不妥协的立场。而且可能确实他们更有道理，因为共和党的反对派取得了巨大的成功。

不过，权利和机会对普通大众来说更有价值。就像他在《莎士比亚论》中写的那样，他是一个"海洋般的男人"。他不会妥协的。他像莎士比亚一样生活在"至高无上的艺术区"。而他必须为所有人行动和写作，给他们树立榜样。

"一切为了所有人"，这是艺术家的座右铭，他必须投入到城市的战斗之中，而不是进入政治阴谋的迷宫之中，以保持诗人和先知高高在上的姿态。

"今后，文明这个伟大的女性所需要的，就是人民的文学……啊，精神，请发挥作用！……活着，就是要介入生活！"

这就是他会再次关注大革命这座火山的原因，这个由九三年、恐怖统治、旺代战争、断头台、大屠杀、火灾、朱安党的英雄主义共同构成的熔岩流！父亲和母亲！

有时候，不管怎样，他也会犹豫："要推动这些大山，我已经有些老了，多么雄伟的大山呀！《九三年》也是一样！"

然后他继续写《莎士比亚论》，拉克鲁瓦作为一个贪婪的出版商，想要购买拉马丁同一主题书的版权，雨果很愤怒。"我感觉受到了冒犯，"雨果说道，"这让人觉得时间紧迫！"他一直在思考这部小说。

他给保罗·莫里斯写信：

"请帮忙用我账户的钱购买您向我提到的那本书并寄给我，也就是《大革命之下的艺术》。里面是否有某处雕刻或关于国民工会审判路易十六时所处大厅的详细描写？如果有的话，您可以把它寄给我吗？莫蒂默·泰尔诺有关恐怖统治的作品是什么？"

但他还是想先完成《莎士比亚论》，同时也以这种方式向弗朗索瓦－维克多致敬，后者完成了剧作家作品的法语翻译。雨果为他担心，看到他爱上了一位年轻的英国女人艾米莉·德·普顿，她曾帮助他翻译，但她的虚弱，苍白和咳嗽无不表明她正被肺结核折磨。

我的上帝啊，孩子是快乐和痛苦的源泉！

夏尔留在了大陆上。他经常出入赌场，过度享乐。他和他的母亲计划很快在布鲁塞尔定居。但是现在，阿黛尔在巴黎享有盛誉，因为她出版了《雨果夫人见证录》。

雨果第一反应是谨慎："大家得知道，我没有插手这本书的任何事宜，这一点非常重要。奇特的是，我甚至都没读过它。"

他浏览了一下。

"整体来说非常好。"他向阿黛尔指出，阿黛尔在根西岛上小住了几个礼拜，然后返回到巴黎和布鲁塞尔。他甚至没有尝试讨论这些旅行的益处。每个人都远离另一个人过着自己的生活。年纪已经到了能够缓解这些压力、嫉妒、斤斤计较的时候。

他发现阿黛尔也不再评论他有朱丽叶陪伴的长途旅行。就像每年一样，他都会和朱丽叶在阿登高地、比利时和莱茵河谷进行长途旅行。

她甚至给了他一本《雨果夫人见证录》，让他交给朱丽叶。他打开了书，在上面亲笔题词：

"致德鲁埃夫人，流亡中所写，拜流亡所赐。

"阿黛尔·雨果，高城居，1863 年。"

他很高兴时间已经完成了智慧与和解的工作。在高城街安置朱丽叶的新房子里，当他把这本书拿给朱丽叶时，他对她的激动并不感到惊讶。她感谢上帝，并展示了他送到家里来的所有家具。

"必须把这些退还给你的家人……在我去世之后，我会把生命中你慷慨馈赠给我的一切归还给他们。"

终于和谐了吗？焦虑继续折磨着他,雨果开始失眠和做噩梦,这些"阴郁的噩梦"，只有当雨果这个偷窥者看到女人的身体，或当他钻进女仆的房间，调戏和爱抚她时才会停止。

不过当他又独自一人时，在文字的浪潮还没有把他拖到思想和想象的辽阔海洋中之前，他不安地想着他的女儿阿黛尔，6 月 18 日她离开了高城居，甚至都没有向他道别，还借口说是去和母亲重聚，然后从伦敦写信说她要去马耳他，和她的未婚夫皮森中尉重逢，并结婚。当她后来写信说她在加拿大的哈利法克斯，与这位英国军官、她的丈夫在一起时，雨果怎能不难受呢？雨果有所怀疑。她嫁给了他吗？

他注意到她的行为有些古怪：

"阿黛尔的整个行为是一个谜。我们同意这场婚姻。她却从家里逃走了。她应该在她的父亲、母亲、兄弟、亲人和朋友面前，在家里有尊严地结婚。她让她的婚礼变成了一次逃离。突然，她就来信说自己结婚了，而且三言两语就交代完了这件事。剩余的十页内容都是在要钱。甚至都没有喊出我的名字。在信里，我只是被暗示了一下，还是被当作出纳员。现在，她是在哪里、怎样、在谁的面前、根据哪条法律结的婚？绝对的沉默……她大声宣布了这场我们没有证据的婚姻……"

他感到不舒服，几乎是觉得被背叛了。这件事传遍了根西岛。有人在街上招呼他，向他打听他女儿的消息。她是真的结婚了吗？

但是这个有幸进入维克多·雨果家庭的"粗鄙的英国小士兵"，他在哪里？他真是雨果的女婿吗？

"我竟被迫问自己这样一个问题。然而他的沉默表示不是。"

这件事情让他备受折磨："疲惫和焦虑使我感到不堪重负……我们经历了十分痛苦的一年。"

他并不感到惊讶，但妻子对他的谴责让他难以忍受。

"阿黛尔曾经是自由的，"她对雨果说，"她的生活难道不是因为政治的严酷而被牺牲了吗？流亡地的选择难道没有增加严酷的程度吗？当你履行所有的职责时，我们是否履行了对孩子的责任？难道她不是生活得很不幸吗？……"

必须让谣言停止！他在 10 月 1 日的《根西小报》上写了一篇公告。在那上面他宣布了这场婚姻，"1863 年 9 月 17 日，在巴黎，阿尔伯特·皮森先生，英国第 16 步兵团中尉，与阿黛尔·雨果小姐结婚，阿黛尔·雨果系居住在根西岛圣皮埃尔港的荣誉军团官员、前法国贵族院议员、共和国前人民代表、法兰西学院院士及西班牙查理三世骑士团骑士维克多·雨果子爵的女儿。"

他试图通过完成《莎士比亚论》来忘记这些。但他还是经常停下来，仿佛他正在等待暴风雨的来临，仿佛他预感到了飓风。

接下来的事情就如预期的霹雳和闪电一般。几周之后，弗朗索瓦–维克多在一封信中告知，阿黛尔承认她并没有结婚，她在哈利法克斯强迫皮森中尉娶她，通过给他催眠，她本可以成功，但是她为此需要五千法郎，她父亲应该提前从嫁妆中为她支付这笔钱的！

"可怜的孩子！"

他为阿黛尔担心。他无法忍受这个英国士兵对她施加的羞辱。

必须采取行动。

"所有男人和女人，重新振作起来吧。"他写信给他的妻子。

"这男人是个混蛋，最卑鄙的混蛋！他傲慢而冷酷地假装了十年！这是一个黑色而又愚蠢的灵魂！好吧，让我们祝贺阿黛尔。她没有嫁给这个混蛋真是天大的幸福。"

"不要沮丧，"他继续写道，"一切都可以补救……六个月以后，阿黛尔会重新回到高城居；她会被称作阿黛尔女士。就是这样。她已经到了被称作女士的年龄，我们也不必再解释什么……这个可怜的孩子还没幸福过，现在是她享受幸福的时候了。"

他想起她拒绝的所有求婚，最后一位求婚者加尼扎诺是个意大利诗人，他来到根西岛，向她求婚，但是她拒绝了。

他担心自己钻牛角尖，害怕去想象她得了和他哥哥一样的疾病。

"我会弥补一切的，"他补充道，"如果一个蠢货能毁人名誉，那么维克多·雨果就有恢复名誉的能力。以后，等她痊愈并且又面带笑容的时候，我们会把她嫁给一个诚实的人……她还没有结婚虽然很遗憾，不过避开了这样一个丈夫也是一件好事。上帝保佑。让我们用爱来治愈她……"

然而，他无法驱赶焦虑和内疚的感觉。

他试图在写作中驱散这种苦恼。

"我不懈地工作。这就是流亡的好处。每天时间都不够，我天亮就起床了。我有一间'水晶宫'，从那里可以看见大海。喧闹伴随着我的工作。"

但是海洋在冬天是灰色的，而且湿冷的风不停地吹。

"衰老来临，死亡也在靠近。另一个世界在召唤我。所有人都离我而去，这样很好。每个人都去处理自己的事情。现在是每个人离开我的时候了；我也一样，我也要去处理自己的事情。"

他并不害怕即将到来的死亡。

他在"至高无上的沉思"中注视着它，这是他在这一年中的最后几天拿出好几页的篇幅所描述的主题。

"我会知道这个影子到底是什么——坟墓，而且我确信我清晰的愿望不会被误解。"

1864 年

黎明来临。雨果继续创作。他想在《莎士比亚论》中加上一些批注，和一幅贝多芬的肖像，"这个聋人听到了无穷无尽的声音"。他把朱莉·舍奈刚刚抄完的手稿复看了一遍。这本书将会迎接怎样的命运？

正如出版商拉克鲁瓦想象的那样，这部作品不是一本"纯粹的文学书籍；为了艺术而艺术对我来说是不可能的"，雨果说道，"特别是在经历了重大考验之后……这本书适用于所有问题"。

他还有题献待写。他没有犹豫：

"致英格兰，

"我把这本书，即诗人的颂歌，献给她。

"我将告诉英格兰真相；但是，作为一块杰出而自由的土地，我赞美她，作为一个庇护所，我爱她。"

然后他把书寄给了拉克鲁瓦，并允许自己休息一些时间。

他仔细绘制了两块大的龙饰板，用来装饰他的观景台。

夜晚来临的时候，他溜进女佣的房间，要求看她的乳房，然后在他的小本子上记下"鲜干酪"，他知道，这样可以让他以后回想起这乳白色的皮肤。他给了女佣一法郎。然后回到他的桌子旁，草草地写下两行诗。

就这样结束了休息。仿佛他的笔也成了苛求他身体的一员。

他脑海里始终构思着《九三年》，这部小说萦绕在他心头，但他还是不敢真正地开始动笔。还得考虑《海上劳工》这本书，是另外一个故事，他也在设计情节。

不久前，他收到了纳达尔的一封信，信中写到他将所有财产都投到了他称之为"直升机"的机器上。然而直升机却坠毁在地上，吞掉了摄影师的钱财！

雨果被纳达尔的这个号称"空中机车"、用重型机器征服天空的空中航行计划震慑住了，还有这件事所代表的进步意义也让他吃惊。

"啊！机器是解放者，"他回信道，"让它做吧。这个机器飞起来，它战胜了人类。它会降低导致阻碍的表面不平等，它会减少对无用的愤怒的迷信和偏见……世界上奇妙的东西加入了这一远景：翱翔的进步……直升机，就是这样。"

他写这封信给纳达尔，希望他能继续重视这件事，找到支持以便重新开始他的尝试。

但与此同时，怎么能不让机器进入小说？

《海上劳工》或许可以这样做！一个拥有汽船的船主，做着圣马洛和根西岛之间往来的生意。传统的渔民们——也就是"海上劳工"非常担心这种进步。他们使船沉没。船主承诺谁能救出汽船就把侄女嫁给谁。孤僻的吉利亚特，救出了汽船上的机器，却放弃了年轻的姑娘，最后成全她与自己心爱的人在一起。

雨果坐在面朝大海的工作桌旁。他眼前看到的就是这些"海上劳工"的世界，他将把他们带上舞台，赋予生命。

"诗句和散文在我脑海中不断闪现出来，"他说道，"我从来没有写过比今天更多的东西。我从来没有像今天这般迫切地去创作。"

他不可能换一种方式生活！

"在这块土地上我不是为了自己快活而存在的，"他补充道，"我像一种需要承担责任的役者。现在时间对我来说很短暂，我不知道我是否能完成我必须做的事情。"

是这些让他生活得像一股无法流动的忧虑的黑暗之水吗？

在他看来，从来没有比《海上劳工》更让人绝望的作品，即使他不过才写了第一部分。吉利亚特是一个孤独的人。而他，不是吗？他的房子都是空的！

他的妻子阿黛尔已离开16个多月！比起对流亡的憎恶，她对他的爱意更少。

儿子夏尔在巴黎。必须将他每月的膳宿费从一百二十五法郎增加到二百法郎！

至于弗朗索瓦－维克多，他经常居住在欧洲大陆或者在伦敦，而当他回到根西岛时，悲伤使他无法自拔，因为他的爱人艾米莉快要死去了。

只剩下朱丽叶留在她的新居，她取名叫作高城仙居……但是充满激情，为爱燃烧，并被置于痛苦的黑暗之中，朱丽叶她曾经开心过吗？

如果她今天知道了每天晚上他都和年轻的女佣做了什么，甚至他是如何看着女厨师苏珊娜的，这会是击倒她的新的不幸啊！

然后还有阿黛尔——他的女儿。

在加拿大这个无情的冬天，那些居住在哈利法克斯的人寄回一些"悲惨的消息"。

"这个可怜的孩子完全忽略了自己的健康，她几乎不怎么吃饭；当她在这个国家的酷寒的冬天里外出时，她几乎没穿衣服。"

而那个英国中尉——"卑鄙的军人"已经完全把她抛弃了。

怎么能不亲眼看看阿黛尔到底变成了什么样？"这个可怜的孩子已经完全偏离正道，"雨果想着，"让她恢复理性，这是我们唯一可以努力的。"

他有时被这件事折磨得头痛欲裂，极端不安。他的夜晚重新又被噩梦所笼罩。

他得知这个"无耻的皮森不遗余力地羞辱阿黛尔。他假装带着一个女人开车从她的窗下经过"。

阿黛尔如何能忍受这一切？

"她的自尊心最终会令她反抗吗？她对自己的亲人是如此的高傲，固执。可在那种情况下，她怎么如此卑躬屈膝？可恶的卑鄙小人啊！想到她要面对的是她自己身上那样的敌人，真是让人伤心！"

他希望救她："如果最终能够痊愈就好了……一旦把她带回来，特别是带她远走高飞，就可以救她。这样的未来一定会到来的。我希望。"

他强迫自己相信她会逃离她的疯狂，但这也是因为他必须与渐渐损毁他的绝望作斗争。

"在所有这些痛苦之中，我的精神必须行动起来。我还必须处理一个出版物。"

《莎士比亚论》4月15日发行，却并不受欢迎。拉克鲁瓦含蓄地抱怨了一下。

"我必须出售一万五千本才能抵销无利润的各项费用。"他写道。可是只卖出去了八千本。

拉克鲁瓦认为，在这本"面向文人的高度哲学和美学批评的书之后，有必要出一本面向群众的书，人们可以在街道、在园林对其传诵。更多的人了解了您的作品，您的思想将会更受欢迎，并且在不久之后，《九三年》的发表也将引起轰动"。

他有必要让拉克鲁瓦安下心来，告诉他在十二年的合同到期时，一定会出售一万五千本。

"一切都在那里，我还有未来。"

"他们会回到我身边的，但在此期间，我应该先了解我的孤独。"

像往常一样，文学仇恨纷纷出现。

这本书是一本"噩梦和偏头痛集锦"，《法兰西报》的一篇文章如是说。

"这本书可以题名为'我'。"另一篇文章如此评论。

人们批评他，讽刺他，甚至宣称"伟大的潘（希腊神话里的牧神）已经死了"。

"传统的共和党报纸都在攻击我，"雨果确认道，"而非传统的波拿巴主义报纸则在支持我……"

不受欢迎和对他想表达的意思的不理解，比平时更易影响他，因为阿黛尔的处境使他变得脆弱。

"我的悲伤不是来自大海，"他对夏尔说，"而是大海之外的地方。只要阿黛尔还处于这种可怕的危险之中，在几乎沉船的海难之中，在其道德感和理性的丧失之中，我总会时不时感到深深的痛苦。"

他不愿意和他们谈论《莎士比亚论》的命运。然而他很清楚这件事更加深了他的绝望。

有的时候，夜里，他会突然醒来。

"我梦见拉马丁疯了！甚至还梦到了最奇怪和最细微的细节！"

也许是因为拉克鲁瓦希望在出版雨果《莎士比亚论》的同时推出拉马丁相同主题的作品？

所有这一切都让他陷入深深的悲伤之中。他还要忍受牙痛、神经痛的折磨。

他自问：

"我想我开始成为多余的人了。我相信我的尊严可以保持很长、非常长时间的沉默……无须再发表任何作品，我只要更努力更好地工作，我没有多少时间了，我更希望把这些时间用在创作上而不是用在印刷书本上……"

同时，他有好几个计划要实施。《海上劳工》，诗集《街道与园林之歌》以及小说巨制《九三年》。"我余生所剩不长了，还有好几部宏大的作品等着创作或完结。这就是促使我吝啬我的时间的原因。"

8月15日，他带着《海上劳工》的手稿，与朱丽叶一起离开根西岛去进行两个多月的年度旅行。莱茵河畔，城市和城堡，从布鲁日到海德堡的中世纪教堂始终吸引着他，它们的美妙之处总是无穷尽的。

他利用途中休息的时间看书、写作、算账。拉克鲁瓦刚刚为《莎士比亚》支付了版税，他决定用这笔钱购买比利时国家银行的八股新股，金额为一万六千四百五十法郎九十生丁①。他现在持有两百三十九股，这为他带来了可观的收入。他因此可以购得朱丽叶居住的新房子"高城仙居"的虚有权。他还可以帮助莱奥妮·多内。

"尽管您是这么的严厉和不公正，"他写道，"当我得知您或您身边有麻烦时，请允许我尽我所能来缓解这种情况。您愿意接受这五百法郎吗？永远听从您的安排。"

他帮助加里波第，这个人正在英国旅行，为了"解救"意大利在英国四处劝说人们。

"根西岛向卡普雷拉岛问好……在此期间，请让我们友爱吧。"雨果在给他的信中写道。

他继续为根西岛上贫穷的孩子们提供餐食，一周一次。

他为所有向他求救的"好事"付费。甚至在路易·布朗的支持下建造了一座莎士比亚的纪念碑。

金钱可以做到这一切。因此必须继续工作、出书。也是因为金钱，他可以感谢在她们的房间里对他百依百顺的女仆们。

即便阿黛尔将于 11 月 25 日返回根西岛，并计划在高城居住不到两个月，几个星期的时间，他仍然打算晚上去造访那些女仆们。

他和阿黛尔之间还剩下些什么？友谊，对孩子们相同的爱，对他们的女儿、儿子弗朗索瓦－维克多相同的担心，以及此后他们对于夫妻间感情的极大包容。

然而，当朱丽叶在 12 月 22 日递给他刚从阿黛尔那收到的那封信时，他感到很惊讶。这是"穷人"午餐的一天。

我们今天庆祝圣诞节，夫人。圣诞节是孩子们的节日，也是我们的节日。您会非常开心前来参加这个小型的庆祝仪式、这个您内心盼望的节日。

夫人，请接受我最崇高真挚的敬意。

阿黛尔·维克多·雨果

朱丽叶很不高兴。她给出了答复。

夫人，这个节日是您给予我的。您的来信有一种甜蜜而慷慨的快乐，我感受到了。您知道我的习惯——孤独，不过不影响我今天为您信中的所有幸福而高兴。这份幸福足够大。我待在阴影之下也很好，可以在您做好事的时候为您祝福。

---

① 一个工人的工资为每周接近二十五法郎；按日支付，失业经常发生。雇员一个月的工资约一百二十法郎。

温柔而深刻的忠诚。

朱丽叶·德鲁埃

雨果紧紧地抱住了朱丽叶。

"我把我的灵魂寄给你。你是一个令人钦佩的可爱的人。"他在 12 月 31 日的信里写道。

而在信封上，他只注明了：

"给我的夫人。"

他在自己身上感受到平静的反思与爱。

"我是那些需要内心思考的人。"

1865 年

雨果将嘴巴贴在年轻女子的耳朵上，低声说道：

"玛丽，我不知道为什么你是女仆，而我是主人。在那背后一定有一些原因存在。这就是为什么作为主人，我会这般待你，就如同我自己若是仆人，用我希望被对待的方式那样来对待你。"

他爱玛丽的闷笑，在臣服之前，她冰凉的双手会假装把他推开。他忘记了他已经是六十三岁的男人，厚厚的白胡子遮住了轮廓，因为嘴巴四周的胡子还是黑色的，而且他自己，当他看到和朱丽叶一起旅行期间在布鲁塞尔拍摄的一张照片时，每次都很吃惊，还想要寻找曾经拥有细致面容的年轻男子，已经……已经半个世纪了。这可能吗？

他拥抱住自嘲的玛丽。

他写好的这些诗句和放在手稿箱、纸箱或小本子里的其他诗句，还有当他瞧见一个"曼妙灵活的女仆"时，灵感激发他创作的诗句，他一直打算把它们汇集到《街道与园林之歌》之中，他还想要继续充实这本诗集，把撰写这部作品作为小说创作之间的一种休息。

他希望在他的序言中让读者理解这次忙里偷闲。

"人的心脏正面写着年轻，反面写着智慧，"他解释说，"这本书大部分是与梦想有关，一小部分有关回忆。"

他想要提醒，意义就是生命。毕竟，要是读者们——那些任由自己陶醉于"帝国盛宴"的人，那些在商业剧院大厅里大笑的人，那些被自由主义诱惑的人，能被《街道与园林之歌》吸引，为什么不呢？而这些人其中的一部分，将来就会读《海上劳工》，再过一段时间就会读《九三年》了。

而且他还打算把《街道与园林之歌》和《海上劳工》捆绑出售，一共十二万法郎的版税。在 9 月底最迟将完成的手稿交稿时，出版商先支付八万，书籍销售后六个月再支付四万。拉克鲁瓦同意签订这样的合同！

为什么会犹豫呢？

1 月 14 日深夜，有人敲响了高城居的大门。

雨果放下笔。他听到欢快的唱歌声愈来愈远，歌声消失了。有人在前厅说话。他走下楼。见到的面孔都布满了绝望。

弗朗索瓦 – 雨果的爱人艾米莉·德·普顿，刚刚去世了。

雨果转向他的儿子，只见他痛苦不已，低声地说道："我不配得到这些。"接着号啕大哭，用拳头捶打胸口和脸庞。可怕的危机。弗朗索瓦 - 维克多不能再留在根西岛了。他没有力气去参加葬礼。他只有离开小岛。他的母亲将陪着他。

1 月 18 日，雨果望向港口，在他的记事本上写下：

"八点半，从我房间的窗户，我刚刚看见他们的汽车开走了。班轮出发的信号响起。八点四十五分，我看向远处，他们的汽车已经到了码头上。九点一刻，我看见装着来自根西岛的包裹的轮船。九点半，他在码头上。十点，运送包裹的轮船驶远。他们还在那里。过一会儿，烟雾便会消散。今日，出发，明日，葬礼。灰暗的生活。"

他得在这个新坟之前讲话。

起风了。下雨了。天气寒冷。

"我的兄弟们，请向严峻的命运鞠躬吧。满怀希望地鞠躬……去吧，灵魂……死亡之美就是圣体存在。无以言表的爱的灵魂的存在，眼中含泪，脸上带笑。我们为之哭泣的人逝去了，却未离开……让我们公正地对待死亡……"

他带着无比坚定的心说着这些，以抹去那些"刚被诵读的新教礼拜仪式祷告，这祷告还在可怕的一天献上了死亡。上帝的愤怒的脸庞。永恒的复仇，死亡中神圣的愤怒，等等。这种可怜的死亡，看看我们是怎么对付它的！我的演讲曾经很有帮助。它曾让那些害怕的人哭泣。我曾为死亡平反。它离我非常近，我打算好好与它相处"。

他没有感受到任何对于死亡的恐惧。但是，他说："我还有如此多的事情要做，但我眼前的时间是如此的少。看吧，大家都离开了，蒲鲁东，查拉斯……"

朱丽叶就这样带着憔悴的面容、衰弱的身体庆祝了她的五十九岁生日。她试图去面对这一切：

"随着岁月的流逝，我的外表发生了变化，但我感觉时间在我身上留下了一个天使的洞穴，为了在永恒中成为配得上你的灵魂伴侣，我的灵魂在这个洞穴里进行塑造。"

夏尔和弗朗索瓦－维克多开始向善良英勇的朱丽叶表达敬意。但是，"以我对你的家庭和我自己家庭的三十年的谨慎和尊重的名义"，她拒绝来高城居，虽然阿黛尔已不住在那里了！

有些人怎么会认为人类的全部尊严、激情、爱情和忠诚都会随着死亡而消失呢？

对于这个想法，他整个身心都表示反对。死亡只是个开始。他对朱丽叶说：

"那些看似停止的事情，实际仍在继续。而死亡只不过是一年的结束，很快又会再次开始。"

不过一年总是很短暂！我们只有不断奔跑，尽量不让死亡加快脚步。

所以必须写作，而且如有必要，为了不浪费时间，不要出版！

"出版一本书，要花费我写书一样长的时间……我宁愿用这时间再写一本书……"

他完成了《海上劳工》，补齐了《街道与园林之歌》，还创作了一小部能让自己放松的喜剧《祖母》。人们了解他是怎么生活的吗？有时，他情不自禁地吐露心声。

"我几乎完全处于隔绝之中，现在是暴风雨的月份，白天下冰雹，夜晚起风，我需要工作，这是我的力量。"

但日子很短暂。他双眼疲惫，还有顽固的失眠。"我几乎在晚上刚躺下去就又起床了，根本未合眼。接着我便起身、工作。"

他和朱丽叶一起去旅行，这已经成了习惯，但这一次只去几个星期。他们去了比利时，莱茵河谷。他带上了《海上劳工》的手稿，想要修订。他看了《街道与园林之歌》的校样，这本书在 10 月 25 日就会出版。10 月 18 日在布鲁塞尔，他修改了这本书的最后一页，这一天是夏尔和爱丽丝·勒阿艾纳举行婚礼的日子，爱丽丝是共和党议员儒勒·西蒙的教女，铁路工程师维克多·布瓦的遗孤。

雨果很激动。这个十八岁的孤女使他想起了莱奥波蒂娜。生活便如此展开了，就像一波来来往往永不停歇的浪潮。年轻的新婚夫妇正在天文街阿黛尔和弗朗索瓦－维克多住的房子里等他。

"我拥抱并且亲吻了他们。"雨果向朱丽叶说道。

然后他们便离开前往根西岛，尽管 10 月底那里的风暴还在持续。

"在我的书面世的那个时候，"他写下，"我将会消失。明天，书将在巴黎而我在海洋上。它将承担所有光明的危害，而我则需承受阴暗的危险……"

他收到了初期的信件。仅仅过了一天的时间，《街道与园林之歌》已经卖了五千本！

"第一版和第二版已经售罄，我们今天将去拉克鲁瓦那儿，开始印刷第三版……

销售量很可观……"奥古斯特·瓦克里通知了这个消息。

他赢了吗？看看这些最初的评论。于勒·瓦莱斯，一个共和党人，带着激励他的毫不妥协和破坏性的暴力，在《费加罗报》上写下：

"如果一位初出茅庐的作者将相同的作品带给出版商，出版商会大笑着将书还给他，不然就是怜悯的笑……这是一本拙劣的书。雨果先生为了他的荣耀，多年以前便应该更好地甘心于沉默是金……"

雨果觉得受到了伤害。

还有路易·弗约，在《巴黎的气味》中写道："我在这里要称赞的优点，便是真诚。雨果先生把它完完全全献给了第欧根尼。"弗约还谈到了这本书中表达的老年人的灵魂，"这是叫人难受的。"他总结地说。

对批评而言，雨果不过是老年的浪子，"因为放纵而衰老，头上不再有一根头发"。

巴贝尔·多尔维利很乐于承认"天才在这里触碰到了奇迹"，并补充道，"灵感是虚假和单调的……"

阿尔芒·德·蓬马丹在《新周六》中写道："也许雨果先生出版这册书，就好像老的男高音在走上舞台之前，戴上了一顶黑色和红色的假发。"

尽管这本书的销售大获成功，可雨果并不受欢迎。

他又重新投入到了工作中。他试着自我安慰："我终于让自己对任何事物都失去了兴趣，除了意识和才智的伟大启示。我从来没有过仇恨，也不会再生气……"

但他还是绝望了。

他思念他的女儿阿黛尔，她还没有恢复理性。

噩梦、失眠、眼睛疼痛一直纠缠着他。他总是梦见莱奥妮·多内。不过是十几年前他见过的年轻的莱奥妮，他多情的情人。

他走遍了高城居这个寂静的大房子。他想念他的孩子们、他的妻子、所有离开的人。

"当我回到你们空荡荡的房间时，我的心充满了阴影。"

1866 年

雨果睡不着，但他还是闭上了眼睛。他感觉在床边听到了"敲击声"，然后是"奇怪的声音，好像野兽发出的吱嘎吱嘎的声音"，他感觉床好像"坠入了水中"。

他想睁开眼睛。他想呼喊出来。可他没有成功。他感觉有人在他耳边窃窃私语。

最后他终于可以起身，听到自 1 月 1 日以来的一场狂风呼啸着。

房间里空空荡荡的。像每个早上一样，他吃了两个生鸡蛋，喝了一杯黑咖啡。但是在去观景台开始工作之前，他必须记录下夜里发生的这些纷繁之事。

"这一点儿也不像梦，"他写道，"这应该是某种未知的现实，但还是现实。"

为什么他会受到这些夜间的折磨？

"哈利法克斯。失眠。"他写道。

"当我想起哈利法克斯时，我很伤心……"

阿黛尔不在身边让他很受伤，他的妻子今后会在巴黎和布鲁塞尔两个城市之间生活。她刚刚和她的儿子们一起搬到了比利时的首都，住在街垒广场 4 号。她生病了，充血的压力使她视力模糊。她害怕自己会失明。

她已多次写信给他，让他到布鲁塞尔来定居。

"说真的，你必须快点过来与我们团聚。我不明白现在根西岛上有什么牵绊了你……父亲的缺席是灵魂的缺席，你过来会有美丽的房子和你喜欢的家具。"

他环顾四周。他的行李箱，装满了手稿和初稿的纸箱子，他设计的家具，他的书。这里有他所有的生活习惯。他站着工作。"因为必须以某种方式死去的话，"他说道，"我更愿意是因为腿而不是头！"

到 11 点钟，他满身是汗，因为观景台中的炉子已经烧红了，他把一桶整夜放在外面的冷水浇在身上，然后用马尾手套用力地擦着自己。

在布鲁塞尔，一个城市之中，他可以做这些事情，以这样的节奏生活吗？

"我所有的工作用具都在这里，"他只能这样回信给阿黛尔，"这一大堆东西支撑着我的灵感。把这些都带走是不可能的。因此我只能被困在工作的巢窝中。因为思想家也需要一个工作室。你看这就是束缚。我下一封信里会给你们带上一些钱。"

再者这里有朱丽叶，这里有年轻的姑娘们。

而且他每天都需要女人，需要他的女佣伊莉莎·古皮约，或是她的姐妹奥古斯汀。他会在夜晚的某一段时间躺上伊莉莎的帆布床。奥古斯汀"十七岁，她没有钱又无家可归，我说过会在我家安置她。一直到她可以很好地生活"……

在布鲁塞尔，他"曾经"有菲洛墨娜，他儿媳爱丽丝的女佣。当有一天伊莉莎离开高城居时，他又将重新和玛丽 – 让娜开始。

"所有女人。"他在记事本里写下这些。因为他想要记住这一切，所发生的事情只是通过记录其痕迹的文字而存在。

是女人的腿和乳房给了他生命。或许也是这些女人让他在夜里听到了从黑暗中诞生的诗文：

他需要这种力量，因为他感觉自己越来越孤独多疑。"我如此受人嫉恨，以至于我最终相信了我可能在本世纪占有尴尬的一席。"他对他的一个出版商如是说。

他甚至怀疑人们是否会再读他的新作：

"成功今后似乎会粗暴地将我拒之门外。路易 – 拿破仑先生把他的文学当作他的军队组织了起来。思想正统的批评随心所欲地赞赏和侮辱。他们为帝国宴会的常客——马萨先生的诗歌欢呼，他们嘲讽《街道与园林之歌》。甚至出现标题为《鹤与蟒之歌》的模仿之作！

"他们就是这样！不过，我必须继续写作，因为我缺少时间，缺少光明，缺少明亮的眼睛"……

但是绝对不能放弃！《海上劳工》必须尽快出版。他写下了这本书的序言：

"三重宿命——命运、必然性——压在我们身上，教理的宿命，法律的宿命，事物的宿命。在《巴黎圣母院》中，作者揭示的是第一种；在《悲惨世界》中，他提出了第二种；而在这本书中，他指出了第三种。

"在束缚着人类的这三种宿命中，还交织着内心的命运、至高无上的宿命，即人类的心灵。"

他又继续写道："这本书不是写给当下，而是写给后世的……这就是它的弱点，也是它的力量。"

读者会对吉利亚特感到同情吗？当他们看到孤独者被巨大的章鱼抓住时会胆战心惊吗？他们会发现他想要"对大海和女人同时瞥一眼，或者，更好地说，是把双重的潜水探头投入这两座深渊"吗？

他在 2 月 15 日交出了他的付印样，3 月 12 日出版。他很快就取得了成功。这本书被抢购一空。对于近处顽强的敌人，新闻界不会抱有敌意，而是嫉妒。

拉马丁，在一个沙龙被提问时这样回答："这是一个变得愚蠢的疯子的作品。"但是拉马丁随后让人在《时事报》进行了辟谣。孰真孰假？

《太阳日报》曾经给出五十万法郎，希望在该报提前刊出《海上劳工》，但雨果拒绝了，他并不后悔。

有人说他贪财！他给报社主任的信中写道："我的文学良知迫使我在五十万面前害羞地垂下了眼睛。"

这本书一面世，他不得不接受连载出版的既定事实。这是由出版商拉克鲁瓦商定好的。在巴黎和布鲁塞尔，刊印了《海上劳工》的报纸的印刷量增加了数万份；读者们是如此地充满热情。

他惊喜地读到，在巴黎，人们只谈论章鱼。在巨大的水族馆里展示活的章鱼。在餐馆人们也会点餐。还有人为优雅的女士们制作"章鱼帽"。

成功使他平静下来，仿佛有人松开了压在他胸膛的大手。他可以在几天内写两部小戏剧，《一千法郎赏金》和《干预》，在这些作品里他谴责时代的虚伪。但是他不想把这些人物搬上舞台。这些人物包括《一千法郎赏金》中的从前的罪犯格拉皮尤，《干预》中由情人供养的女人，这些人物表明，在诚实人的良好礼仪之下，金钱和性是世界的原动力。

这两部戏剧在奥芬巴赫取得了成功，但他只是想轻松一下，尤其是他觉得有必要让他的文笔更欢快一点。

《海上劳工》成功以后他担心什么？他很富有。出于谨慎的考虑，他必须继续收紧自己的钱包，但是他甚至不担心金融危机会爆发，因为战争的传言正在放大，普鲁士与意大利结盟对抗奥地利。

他说："为了让家人安心，我不会在活动的地方放置任何东西……我所拥有的一切，是欧洲最坚固的财富……因此，我的内心深处十分平静。"

他是安全的。他很富有。

但他现在有点绝望地看到用俾斯麦来反对拿破仑三世的外交手段，看到这些战争，在库斯托萨，意大利被奥地利人击垮，还有在萨多瓦，维也纳的士兵在和普鲁士人的战斗中一败涂地。这些人是新的危险的军人！拿破仑三世，对俾斯麦叫嚷着要收回莱茵河左岸，然后是比利时和卢森堡，他真是十分可笑！

"我同情这些不幸的人们。他们总是任人摆布，让他们感到幸福是很容易的！没有欲望没有权力；没有认知何来欲望……看清这些吧。"

因此，必须让人们听到他的声音，那边反对在根西岛的死刑判决，这边支持加里波第和意大利的完整统一，以及希腊的完全独立。

这始终是善与恶的斗争。怎么能对这些漠不关心呢？

和每年一样，六月，在带他驶向大陆的船上，有朱丽叶的陪伴，雨果一点点地构思出了一部新的小说。

这是《笑面人》的故事。他为主角取名叫格温普兰。他会生活在十七世纪末的英国。他在小时候被绑架，绑架犯用手术破坏了他的容貌，使他无法被别人认出，而且无论他的情绪如何，他的脸上都无法停止呈现笑容。一天，他发现了自己的真实身份：他本是克朗查理爵士的儿子。他变得富有，成为上议院的成员，他还是试着对曾经和他共同生活过的穷人保持忠诚，为他们辩护，却只是引来嘲笑，因为他的灵魂会被他咧嘴笑的脸永远隐藏起来。

在布鲁塞尔街垒广场的房子里，他朗诵了一些段落。朱丽叶也在那里，终于参加了他的家庭聚会，终于出现在他的妻子和儿子们之间。

他很高兴看到她满意，听她说道：

"像我这样可怜的老妇人本不可能如此地高兴、感动、骄傲、幸福。对于我刚拥有的所有这些幸福，我真的无以言表……我爱慕你，我祝福你们。"

不过他们如今都老了。

他很担心他的妻子，疲惫和疾病表现得很明显。而朱丽叶，她不停呻吟身体疼痛，而且在十月底回到根西岛之后，她就不能再每天与雨果一起散步了，因为疼痛让她无法行走。而他走路步伐很快，大衣搭在左肩上，坚定而笔直，双手插在口袋里，肩膀缩进去，手肘收起来，脚尖轻轻地着地。

一天，他接待了一位法语老师保罗·施塔普费尔的来访，这位老师在根西岛教书，这个年轻的男人是一个开放的保守党。雨果不情愿地得知施塔普费尔称他为"钳子腿的男人"，他看到雨果每天两个小时在根西岛小路上走路的样子后，给他起了这个名字。施塔普费尔还说："他可以按照自己的意愿穿着，也会为乞丐的破衣服叹气。"

雨果笑了。

他在高城居把穷孩子们聚集起来过圣诞节。一起品尝食物、分发衣物、装饰圣诞树，还有许多礼物相送。他本该觉得很平静。可恰恰相反，他心乱如麻。他刚刚收到了两封信。

在其中一封信里，一位记者告诉他，一名生病的少年要求在他去世后将雨果的照片放在他的棺材里，"对他来说，您几乎相当于上帝。"

而另外一封让他得知，他的女儿阿黛尔已经离开哈利法克斯，离开加拿大，去了巴巴多斯岛，一直追随着"卑鄙的英国兵"的脚步。

他走在根西岛刮着风的田野上，这座小岛被朱丽叶称为"我们口袋里的小家园"。

他看着低沉、黑压压的天空。

只有爱才能为世界辩护，"靠近死亡才会增长精神的力量"。

1867 年

雨果聚精会神地听着亨内特·德·凯斯勒讲话。这个负债累累的流亡者，雨果已收留他在高城居住了几天，他用颤抖的声音说，他听到自己房间的隔壁整夜都有"敲击声"。

"是我女儿……"雨果说道。

凯斯勒看起来担忧，不安，雨果让他安心。这些敲门声和喘气声，甚至还有这些光线几乎每天晚上都会出现。

"你知道，"他接着说道，"我不停地回忆逝去的人，思念他们，这使他们来到我们身边，当我们的记忆呼唤时，他们的亡灵渐渐靠近。比起活着的生命，我离那些亡灵更近。而且在我看来，在我的灵魂之眼前面，我时常看到我生活之外的那个光明世界清晰的影子。"

他停了下来。再过几天他就六十五岁了。死亡是他的邻居。

"我是那些不担心夜晚的人之一，"他好像在为自己低声说道，"我相信明天会到来，实话实说，我不相信黑夜也不相信死亡。我只相信黎明。"

他走了几步，看着纵横交错的田间小路，在悬崖和沙滩的边缘蜿蜒着。

"我经常进到我的遐想中，沿着大海思考，看着天边的地平线会想起法国，还有自己的理想，"他说道，"有时我会带着一本书。我有一些身边必备的书。"

他转身朝着凯斯勒，继续说：

"因此我对死亡深信不疑，这是最大的希望。这使我非常容易地爬上被称为老年的黑暗斜坡。"

然而，尽管他都六十五岁了，他并不感觉自己老了。

每个夜晚，他看着身边的某一个女人，抚摸她。欲望仍使他激动不已。

1月初，拜访者稀少，有人敲响了高城居的大门。他把头伸出窗外看了看，立刻兴奋起来。原来是一位漂亮的女人等在门外，这是一位法国女人，女作家路易丝·容。他想引诱她。她答应会回来的，然后，他将把她带到小溪边上，可以躺在被岩石遮挡的沙滩上或草丛中。在他的记事本上他将写下"管道上的炉子"，如果以后再翻看时，会懂得是"生殖器上的阴毛"的意思吗？

不过这就是他的想法，作为抵抗死亡和衰老的力量。收到朱迪特·戈蒂埃——泰奥菲勒·戈蒂埃女儿的一本书，就足以让他又重新振奋起来。他了解她的美貌和放荡不羁。朱迪特·戈蒂埃难道没有把她用中国汉字写了他名字的《玉书》献给他吗？这难道不是一种邀请，一种挑逗吗？

"我收到了您的书，"他立刻回信给她，"而且在第一页上，我看到了您书写下的我的名字，是发着光的象形文字，就像是女神的手写下的……

"您是诗人的女儿，国王和王后的女儿，您是女王。您是缪斯，更胜女王。

"您就像曙光照亮了我的黑暗，谢谢您，女士，亲吻您的双足。"

他幻想了一下将来遇到朱迪特·戈蒂埃那天的情形。

但是现在，他不得不欢迎他的妻子。阿黛尔在这个 1 月 18 日回到了高城居，她离开这里已经整整两年。过几个星期，也就是 3 月初她又得再离开这儿，不过她还是想拜访一下朱丽叶，为了感谢她不在时朱丽叶对其丈夫的照顾。

她可能也知道朱丽叶住在高城居已经近一个月了。但是再没有嫉妒和敌对的感觉。

雨果观察着她们俩，发现朱丽叶对于阿黛尔的来访非常重视，而阿黛尔则充满掌握了主权的感觉。这两位女人都已经老了，他爱她们，他要对她们负责。

可是他需要"女人的胸部""鲜干酪"，那些年轻女仆的胸部。每当其中一个蹲在那里打扫观景台的地面时，他总是情不自禁地望向她的屁股和她赤裸的双臂，看着她的脚踝和小腿会猜测她的大腿怎样。

然后他忘了烦恼，欲望就消失了。他把自己的精力投入到喜剧《他们会吃吗？》人物的创作上：一个女巫，冉奈；一个自由的人，阿里奥洛；一个国王；情人们。他为这部喜剧构想了如下情节：女巫告诉国王，囚犯阿里奥洛死后，国王也会随之死去。阿里奥洛因此将获救，他还将解除施加在情人们身上的诅咒，情人们被关在水果都被下毒了的花园里。最后其中一个情人成为国王。

无论他做什么，他都不会对人的命运失去兴趣。

况且，他还想让别人拉着胳膊把他带到公共广场。每天，他看到这些来自世界各地的信件堆积起来，还不得不回复，就会因为这些事情占用了时间而恼火。

"我一天四分之一的时间！"他惊呼道，"有二十封信等着写！"

在此之后，怎样写出二十页的内容？

那儿，有一个女人需要钱为她的孩子买衣服。这儿，《世纪报》的编辑们希望他能加入他们发起的捐款活动，为了树立一尊伏尔泰的雕像。他都付了钱。

"伏尔泰是先驱，"他写道，"他是美好清晨的星星。祭司们称他为路西法是正确的。"

人们要他为克里特岛起义反抗土耳其人的事情发声，土耳其人离开村庄时在他们身后留下了"在一堆大大小小的尸体上摇摇欲坠的废墟"。拿破仑三世的一位亲信要求他尽力拯救马克西米利安，后者本以为他可以统治墨西哥，但是法国军队离开后，他却被送到了华雷斯。

他必须将一条生命从死神手中抢夺过来，他写道：

"马克西米利安应该给华雷斯偿命。那么惩罚呢？惩罚就是：马克西米利安将因共和国的宽恕而活下去。"可是太迟了，马克西米利安已经倒在了行刑队的枪下。

雨果还为了被判处死刑的爱尔兰芬尼亚运动成员呼吁，在这件事上，他感到了正义，他成功地救下了这些人。

尽管如此，他还是确信未来还有其他囚犯，其他无用的死亡，这一切让他绝望。

他感觉欧洲将要经历新的屠杀。拿破仑三世当然要"解放"他的帝国，第三派别形成，他的领头人是前反对派埃米尔·奥利维尔，各个国家之间的紧张气氛日益增长。

意大利人得到了威尼托地区，现在又想占领教皇国，法国军队已从这些教皇国撤回。从奥地利直到萨多瓦都是战胜方的普鲁士，希望统一自己周围的整个德国，而且俾斯麦是一位精明又无情的政治家。

"对我来说，民族的观念应该融于人性的观念中，"雨果说，"我只知道一种政党，就是光明。我憎恨将要发生的无耻的战争，一个德国人和一个法国人都一样是我的兄弟。"

对于正在酝酿的事情，怎么才能警醒舆论呢？而舆论可能比以往任何时候都更相信"帝国就是和平"！当他读到人群聚集在战神广场上，向着庄严地宣布世界博览会开幕的拿破仑三世欢呼时，他充满了愤怒和绝望。

通过锻造设备、冲压机、轧机、机车，当然还有武器，可以看出进步就在那儿！夏塞波发明了一种新型的快速射击步枪。压迫波兰人的俄罗斯统治者，沙皇亚历山大二世来参观世博会。非得一声枪响才能提醒人们俄罗斯是"人民的监狱"。这是一个波兰流亡者开的一枪，他试图枪杀沙皇。而这个流亡者，别列佐夫斯基，只是伤害了一匹马！

"这便是在巴黎发生的大事！一匹受伤的马，真是悲哀！我不喜欢枪声，即使是针对沙皇。但是这个波兰人在我看来很英勇。"

他为这样的巴黎景象感到羞辱，因为它沉醉于对皇帝的屈服，欢迎所有受邀参加世博会的殿下，他们的随从人员走遍奥斯曼男爵在首都新建的林荫大道。

"我们对法国的看法是错误的，"雨果低声抱怨道，"我们把它当作一种物质力量，但其实这是一种精神力量。"

他希望借《巴黎指南》的出版，在出版商拉克鲁瓦要求他写的介绍文字中，表达自己对巴黎的思乡之情，以及他的梦想：一个摆脱了帝国的巴黎。《巴黎指南》是专供参观世界博览会的游客们使用的。

他谴责"这个充斥着假面舞会和纵酒狂欢的巴黎"，颂扬 89 年大革命时期的巴黎。

"巴黎，是思想的扩散地……巴黎是一个枢纽城市，历史曾在这里发生改变。"

同时，他又有些担心。他接受了《艾那尼》重新在法兰西歌剧院演出。他们向他保证，这是自 1830 年以来，审查机关第一次允许上演这部剧！拿破仑三世对此有自己的盘算：这将表明帝国已经很开明，在世界博览会期间，这次上演将具有国际性反响。他为《巴黎指南》写的几句话是否又会成为禁演的一个借口？要是这种对帝国巴黎的批判能"及时唤醒仇恨"？即便这仇恨会"伤害并不需要这种复兴的《艾那尼》"。

保罗·莫里斯、奥古斯特·瓦克里和阿黛尔的来信让他感到安心，阿黛尔来到巴黎观看《艾那尼》重新上演。

读到他们对第一次演出现场氛围的描述：热情的人群，年轻人比 1830 年更加充满激情，叫嚷着"雨果万岁！""流亡者万岁！"，他情绪激动。瓦克里说："所有的演出结束后演员们又被叫回重新谢幕。一个晚上谢幕了五次。这在法兰西歌剧院是从未有过的！"瓦克里又接着说："他们已经赚了五千二百法郎，对于同一个剧目的再次上演，这是一个前所未闻的数字。我想除了精神和文学上的惊人成功，您还将在金钱上获得非常大的成功。"

这真是满意的时刻。上帝决定为他带来喜悦与和平了吗？

几个星期之前，雨果刚刚有了一个小孙子乔治，是夏尔和爱丽丝在布鲁塞尔所生。他感到心满意足和骄傲，即便如此，他还是说："我不重视家谱问题。每个人都是独立的个体，他对自己所做的事负责。"

但这个新生儿可是雨果家族的一员。他写信给他庆祝他的出生，表达自己对他的寄望，并给他留下这些寄望的痕迹：他写的每一个字都让他自己激动不已。

"乔治，为责任而出生，为责任而成长，为自由而成长，在进步中生活，在光明中死去！愿你血液里流淌着你母亲香甜的乳汁和你父亲慷慨的精神；请善良，请坚强，请诚实，请公正！并在你祖母的亲吻中接受祖父的祝福。"

不久以后，乔治就会读懂这些话，在他的生活中这些话会伴随着他。这将是他的遗产。

雨果急着见到他，便离开根西岛与朱丽叶一起去布鲁塞尔。他希望在礼物之前到达，因为《艾那尼》赚了这么多钱，他给他的每个儿子提供五百法郎，为小乔治也提供了五百法郎。

他想着在街垒广场的房子里居住时，会有服侍阿黛尔和儿媳爱丽丝的年轻女人们。应该好好安排一下每个夜晚该如何度过。

"把我的房间安排在房子最里面，尽量简单点，"他写道，"有一个或两个女仆（两个比一个更好）睡在邻近的隔间里。我一直有夜间痉挛症，我觉得不是很严重，但如果在绝对的隔离环境中难免还是会有危险。"

这样他就可以呼唤。两个女仆其中的一个过来帮他按摩……

7月17日他离开了根西岛。

"我有点想吐，但是我喜欢晕船的感觉。所以我高兴得吐了；帝国同样也让人想吐，却是悲伤得呕吐。"

他一到，就想看看那个熟睡的孩子。

"他看起来很英俊，而且睡得很可爱。"

他想起他的第一个孩子，莱奥波德，走得那么快，心里很是痛苦。然后他又想起了莱奥波蒂娜，两个儿子的出生，想到这个可怜的阿黛尔，还在远方的巴巴多斯岛流浪着。

7月25日，他去了圣古都勒大教堂，乔治在那里接受的洗礼。他祈祷。

"我相信永存、相信理想、相信不朽、相信绝对、相信真理、相信美好、相信正义——总之我相信有自我的无穷尽。没有自我的无穷尽会受到限制，它缺少了某些东西，就会结束。不然就是无穷尽。

"因此我相信这个深渊的自我就是上帝；

"对上帝的信仰不仅仅是我的生命，也是我的灵魂。

"可能超过我的灵魂，是我的良知。

"我不是泛神论者。泛神论者说：万物是神，而我会说：神是万物。"

他带着朱丽叶一同旅行了几天，这是她一生中最幸福的时刻。他们穿过泽兰，然后来到绍丰泰恩和阿黛尔会合。阿黛尔累了，在那里休息。他激动地看着朱丽叶，她正在给他的妻子读书，阿黛尔眼睛越来越没有光泽，快要失明了。

他犹豫了。或许有必要留在她身边？但是根西岛还有工作在等着他。他必须完成《笑面人》，并为下一本书《九三年》做准备。

当他到达根西岛时，他得知加里波第作为一群爱国者的头儿，从卡普雷拉岛逃离后越过了教皇国的边界。在他的记忆中，乔治的笑声，还有当他带着这个小孙子在布鲁塞尔的大街上散步时他的叫声，又或者当向他展示"一辆汽车和一匹马，就是我"时乔治发出的欢呼声，这些声音都已经遥不可及了！

当他读到11月3日，由法利将军指挥的一支法国师降落在奇维塔韦基亚，并击败了加里波第在明塔纳的红衫军时，他很愤怒。

"步枪创造了奇迹。"看到步枪在加里波第红衫军中造成的大批死亡，将军如是说。

雨果对以法国名义进行的大屠杀感到恶心。他知道，如果他将愤怒诉诸笔端，如果他表达出他的厌恶之情，那他本应在奥德翁剧院上演的戏剧《吕伊·布拉斯》，将会被撤除海报。谁在乎呢！他开始创作《根西岛的声音》，也可以叫《蒙塔纳》。

这场针对意大利的罪行的罪魁祸首是教皇和拿破仑三世。他首先要讨伐的就是庇护九世。

几天以后，当他收到奥德翁皇家剧院的经理希伊的来信时，他并不感到惊讶。信的内容为："《吕伊·布拉斯》的重演被禁止了。"

他回信：

> 致杜伊勒利宫的路易－拿破仑·波拿巴先生。
>
> 先生，我确认收到了希伊署名的信。
>
> 维克多·雨果

他很平静。

"正如我所预见的那样。"他写信给他的儿子们，《根西岛的声音》让我付出了《吕伊·布拉斯》被禁演的代价。一切都很好。应尽之责已经完成，且出色地完成了。

"这件事可以作为流亡十六周年最具意义的事件。

"莫里斯写信对我说：'《根西岛之声》里的每一句诗文都让你付出了五百法郎。'

"我知道。当我寄出这五十封信时，我告诉凯斯勒：这里有五十封信，每一封都会让我花掉两千法郎。然后我就把它们丢进了邮箱。

"你知道我对波拿巴很了解。不过，他同样对我也很了解。"

现在是秋天，却是冬天的色彩。昨天，有三名芬尼亚运动成员在曼彻斯特被绞死，他们是拉尔金、奥尔顿和古尔达。英国女王，波拿巴的盟友，这一次并没有赦免他们。

幸运的是，新的生命正在萌芽。夏尔在 12 月底的来信里写道，他的妻子再次怀孕。

在这一年的最后一天，雨果写下："乔治是巨大的成功之举；我希望爱丽丝第二次还是一样成功。"

第七章

1868—1869 年

1868 年

雨果在高城居红色客厅的大镜子里看着自己，这就是一个六十六岁的男人！他把小胡须和大胡子都剪短并修整好，不过现在这些胡子都白了，就像头发越发稀少一样。他向后退了几步，想离镜子远一点，以试着让肿胀的眼睑、黑眼圈、布满皱纹和苍白的皮肤能够模糊一些。

他转过身来。他的姨妹朱莉·舍奈在那边看着他。

"我老了，"他说，"我没有资格再拥有'帅气'这个词，所以请叫我'我的兄长'。"

他回到观景台。当他在办公桌上看到每天收到的几十封信——每周差不多两百封时——他的心情很复杂。它们吞噬了他的时间，但又是它们让他保持年轻。他还是充满生命力，因为通过他的文字，他与几十万读者，与和他通信的人们联系在一起。还有那些为《艾那尼》喝彩的观众，这部剧的第七十二场演出刚刚在巴黎进行，收入一如既往地丰厚。

布鲁塞尔剧院上演了《吕伊·布拉斯》，并且大获成功。"尽管有霜，尽管有冰，尽管有雪，尽管有霜冻，尽管是在比利时。"弗朗索瓦－维克多给他的信中这样描述道。这部戏剧带来的收入也很可观。

但是不能因此就把积累的一部分资本投到有风险的事情上。

他必须与阿黛尔、他的两个儿子还有奥古斯特·瓦克里作斗争，因为他们总是想得到更多。

他读了阿黛尔写给他的信。她说，有必要"增加我们的预算……我把我的账单保管得非常好，如果你需要，我可以将它们寄给你"……

行吧，他会努力。但他是管家，是未来生活的保障，因而他必须要理性谨慎。

如果他听取他的儿子们和瓦克里的意见，他可能会投入到在巴黎创办一家报纸的冒险中去，可新的有关出版物的法律比以前更糟糕。他相信，在自由帝国和蔼可亲的粉饰之下，藏着独裁统治的铁拳。发起《灯笼报》的罗什福尔刚被判刑，他不得不逃到了比利时，这一切不过是因为他在报纸上发表言论："法国有三千六百万国民，还不包括那些不满的国民！"

"再来说回报纸，"雨果答复道，"在任何情况下，我都不应该出现在那里，既不作为出资者，这不言而喻，也不作为发起者，因为斯芬克斯的脖子立即就会被扭断。他们的法律制定得太好了……"

然而，这些施加在他身上的压力，迫使他一次又一次地介入、发表意见，或是为了反对死刑，或是为了告诉西班牙人他们必须建立共和国，而且，他们的国家将是伟大的。这些压力让他忘记在他脸上留下皱纹、双目流泪的年龄。

他需要这一切，需要那些聚集在泽西岛和根西岛的人群，他们为来自法国的巡回演出团上演的《艾那尼》喝彩。每次演出结束的时候，观众们会站起来呼喊道："好哇，雨果！"而且英国新闻界现在是宽厚的，赞扬他为贫困儿童所做的一切。称他是"伟大的好人"。

有时，他觉得他的"孤独感是一个旋涡"，他被要求得太多。

然后有新的仆人玛丽埃特，一个来自圣布里厄的女孩，孤儿，没有家人，二十八岁。他每个月花十七法郎雇用她。他期待看到她在隔壁房间安顿下来，他开始等着夜晚的到来。第二天他就可以记下："玛丽埃特……钟……亚里士多德。"他"看过"她了。他很满足。几天后他又在记事本里继续写下："玛丽埃特……钟……清洗炉子……心满意足。"

他不想因此把她们当作下等人。他希望她们摆脱蒙昧："我开始教我的两个女佣玛丽和玛丽埃特读书写字。我还亲自为她们制作了大号字体的临摹本。"

看到她们在那里，如此年轻，并排坐着，这激起了他的欲望。

就好像他身体里的欲望无法满足似的。他又见到了那个女作家，路易丝·容。他再次把她带到其中一条隐秘的小溪边。到了晚上，他梦见了她，梦见了所有其他的女人，她们的小腿，她们的大腿，她们的双脚，她们的双乳。

但是他必须隐瞒，他很清楚，大家会谴责这样的生活。所以，他拒绝创作一本分为五册或二十册呈现，题名《名人爱情故事》的作品。

"这个想法很吸引人，很受欢迎，也会成功，"他对保罗·莫里斯说道，"当然，不需要我也会成功。到我这个年纪，有些话只好不再讲出来了，至少不能高声讲。尤其是几个人之间的爱情……对那些回顾性的关于爱的故事，即《街道与园林之歌》，我已经受到足够多的辱骂啦！"

他们以为他是一个老人，没有欲望，没有欢愉！他们把他写得已经瞎了，毁了！而且他还想起来在布鲁塞尔的一个晚上，一位年轻的女人看着他觉得很像维克多·雨果，但是她紧接着就说："他已经死了。"

他继续生活，继续创作。他还没有完成《笑面人》。但他已经开始让朱莉·舍奈和朱丽叶重抄手稿。他感觉已经在盘算着下一部作品《九三年》了。

"我想我会实现真正的革命。"他既不想创作沃尔特·斯科特那样的历史小说，也不想创作仲马写的那种历史剧。

"当我来描绘历史的时候，"他向拉克鲁瓦解释道——但是，除了书的成败之外，出版商是否了解其他内容？——"我从来没有让我的角色做他们做过或可以做的事情，他们的性格已经给定，我尽可能少地用他们来实现目的。我的方式是用创造出来的角色来刻画真实的东西。"

如今，拉克鲁瓦必须接受合同条款：用四万法郎购买五卷书的版权，《笑面人》占其中的四卷。拉克鲁瓦同意了，并立刻支付了十万法郎，还另外支付了十万法郎用于作品的出版。

一切都很顺利。

可是突然雷电闪过。

一封信送来，说乔治，第一个孙子小乔治于 4 月 14 日死于脑膜炎。他遭受到和雨果第一个儿子莱奥波德一样的命运。雨果想起他在《静观集》第三部中发表的那首诗，他曾将该诗命名为《重回人世的灵魂》。这也正是他想要相信的，因为现在爱丽丝怀有身孕，腹中的孩子应该会在八月出生。

他想要相信这些。他对夏尔和爱丽丝这对吃惊的父母说："我相信重回人世的灵魂。乔治也是一样，我可爱的小乔治，几个月以后，爱丽丝会把他送回给我们的。"

然而，绝望还是经常会回来。他试着说服自己，但是他也需要向人倾诉。他给保罗·莫里斯写信：

"他会回来的。是的，我相信这一点……他是那么可爱又柔软！我觉得在我身上可以看到他小小的灵魂。我在无形中听到了他发出的细微的声音，如鸟儿一般。我向上帝讨还他！哎呀！有时，我很煎熬。不要告诉我那可怜的妻子。我不能在这里的路上看到有小孩乘坐的小车经过。因为这会让我想起小车里的乔治，我曾经在布鲁塞尔的大街上推着他漫步。

"爱我。"

他听到朱丽叶的声音。他看到她受折磨，痛苦，内心激烈，然而她却安慰他，支持他：

"我祈求你，让我的爱成为平复你伤痛的良药，直到那个让你哭泣的孩子复活的那一天……我的吻是想要淹没你双脚的眼泪。"

他和朱丽叶一起到布鲁塞尔去。

据说他去那儿是为了举办他的家庭聚会。

"今年，没有属于我的节日。只有当小乔治回来的时候才是我的节日。"

当他见到爱丽丝时，他恢复了平静。现在他非常确定另外一个男孩儿将要出生了。

生活还是得继续下去。

他和爱丽丝的女佣菲洛墨娜重新相聚了。菲洛墨娜代替另一个用人阿林，睡在他的身边。他望着她，抚摸她。

是的，生活就是这样，8月16日他以自己的方式庆祝了一个新的乔治的诞生，"重回人世"。

"小乔治回来了……爱丽丝把他还给了我们。"

他相信这个小孩会活下去。仿佛是他的诞生给了他完成《笑面人》的动力。他不停地写作，在8月23日这天终于完成了这部小说。

他觉得一切重新回到井井有条的状态。朱丽叶被邀请来看看这个"吃两边奶"的孩子。很长一段时间他只吃左边的奶。

雨果笑了。他抱了抱阿黛尔。他让她乘坐马车游览布鲁塞尔。她很高兴。她说今后会一直陪伴在他身边。

可是突然，雷电又一次降临。阿黛尔身体僵硬，两眼翻白。这是中风的发病特征。医生说恢复的希望甚小。阿利克斯医生通过电报得到通知，从巴黎赶来。到了8月27日，早上六点半，她去世了。

雨果为她合上了双眼。

在她去世前不久，她按了一下他的手，似乎认出了他。

"上帝会接收这个温柔而伟大的灵魂的，"他低声地说，"我把她交给了上帝。愿上帝降福于她！"

她曾经希望被葬在维勒基耶，葬在莱奥波蒂娜的旁边。因此需要把灵柩运到那里，而出了基埃夫兰他便不能再陪着她了。

"我拿了一些放在那里的鲜花，把它们放在她的头周围。我在她的头周围摆了一圈白色的菊花，没有遮住脸，然后又在她的身上撒下鲜花，填满了棺材。接着我亲吻了她的额头，轻声地对她说：'上帝保佑你。'我一直跪在她的身边。"

他看着她的家人走近，亲吻她，哭泣。

在合上橡木棺材之前，他想要用他刚刚在口袋里找到的一把小钥匙，在她所躺着的第一个棺材的铅板上刻下"V.H."，就在她的头顶上面。封棺时，他先吻了吻铅板，然后是橡木。

"棺盖上有二十二颗钉子。我在 1822 年娶的她。"

然后他护送她的灵柩，一直到基埃夫兰。

"出发前我穿上了黑色的丧服，我再也不会脱下它。"

在基埃夫兰，他在当地一个居民家里过了一夜。他已经五个晚上无法入睡，眼睛灼痛。在房间里，他发现有一卷《悲惨世界》。"我在上面签下了自己的名字和日期，想要给主人留个纪念。"

布鲁塞尔街垒广场，他长时间盯着一张相片，这是他希望为死去的阿黛尔拍的。这张照片只拍了一张。他在底片上写下："亲爱的被宽恕的故人……"

有太多的记忆涌现，这些记忆都很痛苦。

他希望在基埃夫兰的墓碑上刻下：

阿黛尔
维克多·雨果的妻子

10月9日，他和朱丽叶一起回到根西岛，朱丽叶写给他："我的灵魂已经成倍地长大，我爱你，以你逝去的爱人的伟大灵魂和我自己的灵魂爱你。我请求她，你尘世生活的杰出见证人，愿意在天国的上帝面前做我的见证人。我请求她允许我爱你，在这个世界和另一个世界一样多……愿她的珍贵记忆永远被人们尊敬和祝福……"可是当他回到高城居的时候，空荡荡的房间还是让他感到难受。

房间和里面的物件都似乎让他沉浸在悲哀之中。他思念他的女儿，这个"可怜的流浪者"。

"已经五年了，因为她，我的心一直不能放松，"他说，"如果她回来了，我的心会乐开花，我的双臂会向她张开。"

但是他绝不能屈服于悲伤。"来吧，必须重新投入到工作中。"

然后晚上，他听到年轻的女仆在她的帆布床上翻身、叹气。

他起身，溜进她的房间。他必须触摸到这健康、充满活力和青春的生命。

他在他的记事本上记下："查士丁尼法典，三法郎。"

他从她身上得到了他想要的东西。

现在，他可以重拾自己的任务，可以为公开募捐提供他的支持，募捐是为了竖立一尊博丹纪念碑，然后也可以支持募捐活动发起人们，他们被司法起诉，一位年轻的律师莱昂·甘必大替他们辩护，他的辩护词引起了轰动。

他可以为贫困儿童准备圣诞晚餐。"让我们痛苦的丧事并不能阻止穷人的存在。如果我们能够忘记别人正在遭受的痛苦，我们自己所遭受的痛苦将会成为回忆；悲伤是对责任的呼唤。"

但是他每写下一个词语，每次看到一件家具，所做的每一个动作都让他想起已故的阿黛尔，还有他的女儿阿黛尔，以及她们周围所有逝去的人。

他经常觉得为了他的作品而牺牲了他爱的人们、他的孩子们、他的妻子，还有朱丽叶。

"我在这里……我工作着。我独自一人。放弃是老年人的命运。我只能在这里工作。我的家人是我的幸福。我必须在我的家庭和工作之间，在我的幸福和责任之间做出选择。我选择了责任。这是我生命的法则。"

1869 年

他翻了翻他的记事本。想起那些身体，那些臀部，那些抬起的胳膊，那些打扫"水晶宫"的女人们。这一个，他给了一法郎，那一个，三法郎。他摸过这个新人的"鲜干酪"，也摸过那个女人的屁股。

就是这样。当她们在那里，在观景台，或者在她们小房间的帆布床上，他就无法想别的事情。他只能看着她们，抚摸她们："炉子……柱子……亚里士多德……鲜干酪……钟。"

他的欲望和他的需求必须得到满足。为此他给她们付了钱。而她们也很愉快地接受了。她们一旦结了婚，会在丈夫和孩子的陪同下回来。当丈夫带着孩子在公园里散步的时候，有时会很快地重新开始一次。之后，只要给孩子两法郎就够了。

是的，就是这样。他无法抗拒。他是以什么名义做的这些呢？他并没有强迫这些女人接受。如果她们拒绝，他不会解雇她们。当她们同意时，他会赠予她们一小笔钱。

有时，他会有一个想法，但转瞬即逝。要是她们是受到需求的约束呢？

他拒绝这种想法，这种悔恨，这种罪恶感。他从不羞辱她们。她们不是被人蔑视的芳汀。最经常的情况，他只要求她们展示自己的身体，让他能够抚摸它。他的动作如此温柔，以至于他清楚地看到她们的惊讶之情。

他觉得她们明白他是一个非凡的人，他从她们身上可以汲取力量和活力。他给她们看"这三个装满手稿的箱子"。当女佣们在"水晶宫"和他工作的观景台来来去去打扫的时候，他会观察她们。她们在摆满了戏剧手稿的小桌板周围转悠，这些手稿他想全部收集到《自由剧场》里。那桌板上有《剑》《玛格丽塔·埃斯卡》《侯爵夫人扎贝斯》《托尔克马达》《韦尔夫》《卡斯特兰·奥斯博尔》，其中《剑》和《玛格丽塔·埃斯卡》组成《"公鸡"的两个发现》。这是 1869 年 1—7 月，这样面朝大海站着工作好几个月的成果。有时候，当女佣蹲着的时候，她们的臀部会跟着抹布来去的节奏摆动，他说了《剑》的几句韵文，这个作品讲述了三代人的故事：族长，儿子斯拉吉斯特利，一个流亡者和代表未来的孙子阿勒博斯。

她们停下来，上半身抬起来，背部弯曲，乳房隆起。他朗诵起阿勒博斯的大段台词：

> 啊！男人是愚蠢沉睡的瞎子！
> 为了给他看深渊，需得有坍塌，
> 为了让他明白荣誉和正义，
> 需得幽灵的耳光警告他！

然后阿勒博斯自问：

> 但这男人很悲惨，赤裸裸的。他紧握的手
> 没有力量。他还没有指甲。

斯拉吉斯特利"从剑鞘里拔出剑身并将其举过自己的头顶"，答道："有剑！[①]"

---

① 《剑》，第 5 场。

这是一幕反抗的戏剧，反抗专制。当他在 1869 年 2 月 24 日，也就是他六十七岁生日前两天，写下结尾的日期时，他注意到这一天也是 1848 年宣布成立共和国的纪念日。他于 1 月 21 日开始创作《剑》，那一天是历史上路易十六被处决的日子！

这些巧合难道不仅仅是巧合？他是被指引了吗？

但这些作品会被阅读吗？他觉得"同时代人与他之间存在差距"。

《笑面人》刚刚在巴黎出版。他在序言里写下了"这本书真正的名字应该是《贵族》。接下来的另外一本书可以取名为《君主制》。这两本书，如果笔者能创作完，那么这两本书在前，将会引出另一本名为《九三年》的作品"。

人们会理解这本书吗？

"唯一真正的读者是会深思的读者，这本书就是写给这类读者的。"然而，在这个把"法国放在耶稣会和警察之间"的帝国里，是否还存在这种读者？但是他确信《笑面人》是他写过的最好的作品。

"这是《悲惨世界》的对称物。"

人们还是需要了解这一点！

他对拉克鲁瓦发火了。出版商已经想到要利用《笑面人》来出售其书目中的其他书了！只要用一百法郎买了书的任何顾客都可以免费得到《笑面人》！这本书可是在伦敦值三十法郎，在巴黎值四十的！在这种条件下如何能有读者！拉克鲁瓦甚至没有回复他的抗议信！这等于是和他决裂了。他试图掩盖这种失望。

可伤口没有愈合。没有取得成功，评论者像往常一样充满敌意。

雨果耸了耸肩，用手移开了那些批评的文章。

他说："你们知道，我终于让自己变得有抵抗力，三十八年以来，我已经习惯每两周被《两个世界杂志》'杀死'。"

但是他记住了巴贝尔·多尔维利的话，因为他嘲笑《笑面人》的大头钉风格，已经最快最好地嵌进这个夸夸其谈之人的所有作品中了，他无法默默地做一些蠢事，即便他希望如此……笑面人，就是我们……这口痰将治愈盲人。维克多·雨果，二十年以来都是一个幸运的赌徒，可最后还是输了一回……他的名字是维克多（获胜者），这个名字曾经很适合他！从今以后，应该叫他维克图斯（失败者）"！

必须重整旗鼓，与失败共存。也许是因为"浪漫主义，这个由我们的敌人强加并且被我们不屑地接受的空话，是法国大革命成就的文学"。而在这个"流脓的帝国"中，面对这只是一个"瘦小的维特利乌斯①"的波拿巴，如何在不受到攻击的情况下

_____

① 译者注：罗马帝国第八位皇帝，公元 69 年 4 月 16 日—12 月 22 日在位。

去依靠大革命呢？

他还是受到了攻击，他说："我总是全身心地投入我所做的事情！"

他也知道，他不得不面对失败的原因。因为"成功走远了。难道我把我的时间用错了位置？还是我的时间在我身上出了错？……如果我相信我错了，我会保持沉默，这对我来说会很愉快。可是我已经注意到，我存在并不是为了自己的愉悦，我已经指出过这一点了"。

必须走得更远。

"我还是应该审视《笑面人》不成功的原因。这个不成功包括两个因素：一个是我的出版商；另一个是我自己。我的出版商：荒谬的投机者，无故延期，错失良机……我自己：我想要过分地利用这本小说，我想把它变成一部史诗。我想迫使读者思考每一行字。因此，引起了读者对我的愤怒。"

然后还要考虑钱的事情。得找拉克鲁瓦要回欠下他的钱，约四万法郎。随着花费的增加，更加有必要这么做。他的儿子们需要知道他当前的境况，尤其是夏尔，身负债务还去斯帕玩了几个星期，并且去赌场里赌博，这种情况下必须支付年金。

"半年以来，"他解释道，"我已经为你们可怜的母亲偿还了超过一万法郎的债务，还不包括我在布鲁塞尔向她的债权人支付的款项。其中许多债务显然被索取高价了，但我还是付了钱给他们。所有这些意外之事都使我今年的收入不堪重负。"

还有一直在流浪的阿黛尔。

"如果她能像她承诺的那样回来，我会为她的旅行提供五百法郎作为礼物。可如果她没有回来，她会在随后的几个季度里报销这笔钱。"

他算了又算。因为夏尔的妻子又怀孕了，他希望他的儿子和他的孙子能够生活无忧。他希望自己在金钱上能够自由，一直到生命的尽头。

他还会活多久？他还能继续创作很久吗？

拉马丁在 2 月 28 日去世。波德莱尔，1867 年去世。圣伯夫、梅里美、大仲马都已经病重。死亡笼罩在周围。

"我希望有时间完成我的想法。完成我脑海中的所有作品，这是不可能的，因为我脑海中的戏剧和诗歌雏形比我已经发表的还要多……"

想起所有这些心中盘算着的计划，他有一种自己还正值壮年的奇特感觉。

"噢！我清楚地知道我不会变老，我会越来越年轻，"他向奥古斯特·瓦克里倾诉道，"这就是我对死亡临近的感受。这是灵魂多好的见证！我的身体在衰老，我的思想却在成长；在我衰老的表象之下，正经历羽化之变。我感觉要升入未知的黎明中。

我是追求无穷的少年，我在这青春的坟墓中已经拥有了灵魂。那些认为精神是肉体合力的人，都是盲目的！我的肉体消失了，可我的精神还在生长。原谅这些形而上学吧。请爱我！"

通过与他的儿子和那些还年轻的人，如保罗·莫里斯、瓦克里、罗什福尔的联系，他感觉自己还充满生命力。虽然雨果对创办报纸持保留意见，这些人还是一起创办了《集合号报》。是雨果建议他们使用了这个标题。

"这将是一份光明而敏锐的报纸，"他给他们写道，"你们将会笑着战斗……你们将为今天优秀的年轻人发出希望的口号，这些年轻人脸上带着向往未来的纯真。"

当他读弗朗索瓦-维克多和夏尔的文章时，他感到自豪。他们中的一个预言"1869 年的明天，就是 89 年"，另一个发起活动支持罗什福尔竞选，5—6 月的立法选举期间，罗什福尔已经向选举委员会自荐。反对派共和党获得了近 3350000 张选票，而"波拿巴派"只有 4458000 张！法国所有的大城市都将票投给了共和党。拿破仑三世被迫将政体从自由帝国逐渐转向议会制帝国，埃米尔·奥利维尔和希望"给皇帝一个快乐晚年"的第三派别成员都要求拿破仑三世实行议会制。

法国和普鲁士之间的紧张局势升级，他们怎么能认为未来没有风险，尤其是在拉里卡马里，在欧班，在矿井的方石板上，在高炉前面，军队竟朝饥饿的工人和罢工者们开枪射击。罗什福尔谴责这个用步枪杀死几十名工人的政权，他在《集合号报》上写道："帝国继续消灭贫困……这不就又少了一些穷人。"

《集合号报》被禁止公开出售，被查封，编辑也被起诉。

怎么能不愤慨，不描述这个年轻工人的命运呢？

他希望去见一见战斗中的儿子们，他们可能会再次入狱。

"我是如此热烈地爱着你们，我的两个孩子，我需要见到你们……7 月 31 日—8 月 5 日期间我将在布鲁塞尔……在我逗留布鲁塞尔期间，你们为我准备午餐，也就是我的咖啡和牛排，而我，我为你们提供晚餐，也就是说每天我都邀请你们，你们四个人（包括长了 6 颗牙齿的乔治），在邮政酒店共进晚餐。这样可以让招待简单点儿。"

"别忘了需要一个女佣睡在我卧房（房子最里面的那个房间）的隔壁；我一直有夜间痉挛症，现在还并发了特别糟糕的牙痛……"

他又回到了布鲁塞尔街垒广场的房子里。他急着去看看他的房间，注意到厨师维吉妮还在忙着，就像菲洛墨娜一样。他看见还有一个新的女佣，泰雷兹，她被安排在他房间的隔壁就寝。

"她很丑。佛拉芒人，金发，而且不知道她多大年纪。可能已经三十三岁。我问她：

'你结婚了吗？'她带着一种完全是巴黎人的神态回答我：'多可怕呀！'"

两天以后，他可以在他的记事本上写下：

"早上五点。泰雷兹。鲜干酪。埃菲斯城。"

以后如果有人打开这个记事本，有谁会理解这些词的意思是"丰满的乳房，晶莹洁白的，女佣"，并暗示艾罗斯特拉特在埃菲斯城焚烧阿耳忒弥斯神庙呢？他合上记事本。厄洛斯[①]，性爱，他不能也不想逃避。

然后，从黎明到午餐之前，他必须得工作。这是他的责任。

他必须谈谈过去，因为帝国正经历蜕变，而且如果记忆消失，帝国能顽强地走出它正面临的危机吗？但是会有人听吗？还有人记得1851年12月的那些日子吗？

但是，除了这种怀旧之情，这种思乡之情以外，他感到有一种怀疑在渗入，不是在他身上，而是在有时候与他交错而过的那些人身上，还有他的读者们身上。

他被邀请前往洛桑参加和平大会，每到一个车站都听到人们的欢呼，到洛桑时参会者把他当英雄一样热情接待，他的疑虑消失了。

人们理解他的战斗。他在开幕式上讲话，又在闭幕式上致辞。

"人的第一需求，"他说道，"他的第一权利，他的第一责任，就是自由。"

他经常被打断，全场起立为他欢呼。

"我们想要建立欧洲大陆上伟大的共和国！"他说道，"我们想要欧洲的美利坚合众国，自由是目标，和平是结果。"

人群高呼："雨果万岁！"在这一刻，他确信他的生命，他的作品，他所做的牺牲都在这些欢呼声中，在围绕自由、和平和共和国的思想共融中，找到了它们的最终目的。

在朱丽叶的陪伴下，他平静地离开洛桑，前往伯尔尼、巴塞尔、卢塞恩、康斯坦茨。

路途中他经常让马车停下来，这辆两匹马牵着的马车是他租的，马车行进时每日支付二十五法郎，休息时二十法郎，所有费用都包含在内。他画了湖岸、莱茵河岸和纪念碑。弗朗索瓦－维克多也和他们在一起。雨果对他的儿子们能和朱丽叶和谐相处感到开心。

又到了布鲁塞尔。

"刚一到，我就见到产妇爱丽丝。这次是一个美丽的小女孩，怀胎八个月就生下来了，以后会取名叫莱奥波蒂娜、阿黛尔、克莱芒斯或是让娜。乔治已经可以独自走路，他亲吻他的妹妹。"

小让娜抓着他的手指时，他很激动。他想起了莱奥波蒂娜和阿黛尔，他的女儿们。

---

① 厄洛斯，古希腊神话中的小爱神，爱神阿佛洛狄忒的儿子。

已经过去这么多年啦！他爱这新生，这血脉的延续。他为两个儿子、朱丽叶、所有的家人朗诵他的作品《托尔克马达》中有关大法官的一幕，这幕剧中，爱情获得胜利。

他在布鲁塞尔耽搁了一段时间。秋天已经来了。

他在街垒广场有自己习惯待的地方。他欣赏这个城市，以及那阴暗的街道和女人的身影。他可以在不被人认出的情况下去邂逅一些新的女人。

然后来自巴黎的消息让他留在了大陆。

拿破仑三世推迟立法机构召集的固定日期，违反了他自己的宪法。立法机构内反对派的代表人数众多。

夏尔在《集合号报》里，邀请所有共和党人在 10 月 26 日组织一场盛大的和平游行。

对于是否参加游行，左派犹豫不决，因为很有可能遭到严重的镇压，就像 1851 年在林荫大道上的镇压一样。

雨果焦虑不安。他读到《世纪报》上的一篇文章，据说巴黎每个人都在谈论这篇文章。

记者路易·乔丹写道："现在，位于政治世界两个极端的两个男人，承担着人类良知所能承担的最沉重的责任。他们其中的一个坐在御座上，就是拿破仑三世，另一个就是维克多·雨果。"

他感到责任沉重。他得知左派拒绝参加游行，因而他回复说："左派弃权，人民也必须弃权。人民缺少支点。所以，没有游行……假如人民弃权了，那么步枪就会失去作用；假如代表们发言了，誓言就会废除……最后一句话，未来我建议起义的那天，我会在那里。但是这一次，我不建议。"

他准备返回根西岛。

他觉得时代在改变，他认为尽管帝国表面稳定，但是灾难正要来临。他会是在新时代中扮演一个角色的人吗？或者他只是一个声音，一个证人，为他的儿子们保留的股票？

夏尔替两名被送往纪律营的士兵辩护，因为他们参加了选举会议，为此，他自己也将被起诉、判刑。

"我的儿子，这是你第二次遭到打击。"他给他写道。

1851 年，夏尔已经进过一次监狱。尽管有甘必大和儒勒·法夫尔为他辩护，他刚刚经历的新诉讼势必让他再次遭受牢狱之灾。

雨果犹豫不决，然后补充道：

"你去他们的监狱是一件好事。这将是非常勇敢的行为，你要有最自豪和最高傲的态度。你的姿态必须与你伟大的才华和精神相匹配……你的姿态将会因此变得更美好。对于无限期的流亡来说，你应该宁可坐这四个月的牢。尽快完成这额外的惩罚工作后，你就回来享受根西岛美妙迷人的春天。"

这一年的年末，小岛笼罩在轻雾之中。11 月 8 日，雨果回到高城居，他感觉肩膀很凉。他不得不放弃去观景台工作。下雪了。他走路很困难，风湿病使他行动不便。他只好叫来一个女佣帮他脱下靴子。

他必须设法忘记这些痛苦。

他对朱丽叶说：

"感谢上帝，我温柔的天使。我们健康地过完了这一年。爱情顺利时，身体上的一点疼痛就不算什么了。"

他小声嘀咕："我又独自一人在这里，与工作和大海为伴。"

第八章

1870—1871 年

1870 年

雨果握紧笔在空白纸张的上端写下"1870 年 1 月 2 日",并用粗线强调刚刚写下的这几个字。

他必须用这个标题。这样将来人们读到他即将创作的这首诗时,就会想起 1 月 2 日,拿破仑三世选择了前反对派埃米尔·奥利维尔作为政府首脑,皇帝显然打算通过这种策略赋予帝国新的生命力。

尽管有人发表讲话,尽管宪法发生了变化,但这种把权力交给皇帝,交给杜伊勒里宫亲近之人和军队的把戏,谁会上当呢?

面对这些被欺骗的"善良的孩子般的人民",他心中涌起怜悯之情,还夹杂一丝苦涩。不过他也确信这种伪善将被拆穿。需要时间,真相将会占据上风。

1 月 11 日,他看到一个挥舞着电报的人向高城居走来。泽西岛的信号塔收到了法国的消息,又把这消息转发到根西岛的信号塔。

前一夜,在巴黎,波拿巴亲王,拿破仑三世的堂兄皮埃尔·波拿巴,在他自己家里杀死了《马赛曲报》的一名记者维克多·努瓦尔。作为保罗·格鲁塞特与波拿巴亲王决斗的证人,维克多·努瓦尔和报纸的另一位合伙人一同来到了亲王家。保罗·格鲁塞特也是《马赛曲报》的记者,这份报纸是由罗什福尔创办的。

雨果得知爱德华·洛克罗伊在《集合号报》上针对此事撰文，这篇文章中写道："皮埃尔·波拿巴先生虔诚地保留了家庭的传统。"

罗什福尔在《马赛曲报》上继续抨击："法兰西人民，难道你们真的不认为这已经够了吗？"

雨果为自己流亡海外，无能为力而感到痛苦。1月12日，在奥特伊，十万多人聚集在维克多·努瓦尔的葬礼上。

只需一句话，人群就会跟随弗卢朗斯、布朗基，走到巴黎市中心举行示威游行。但罗什福尔和戴尔斯克鲁兹反对暴动，并设法阻止了游行。

为什么呢？

"奥特伊的激烈场面本可以而且应该成为对帝国致命的一击，"雨果写道，"12日，我们错失了一个绝佳的机会。还能找到这样的机会吗？我们本可以一下子就结束这个帝国。革命意识造成了失误，并导致了致命的影响。"

他谴责罗什福尔和戴尔斯克鲁兹，和莫里斯、瓦克里以及他儿子夏尔一样感到愤怒。

夏尔抗议皮埃尔·波拿巴被无罪释放，被判处六个月监禁，但他选择流亡。至于罗什福尔，他被逮捕并拘留了。

如果暴动真的发生，它可能会导致大屠杀，就像1848年6月那样。巴黎有超过六万名配备了步枪的士兵，像路易丝·米歇尔这样只有匕首的示威者能做些什么呢？

而且，这个波拿巴的案件不应该掩饰事情最重要的部分。

但是，当他在这块岩石上，只能靠想象猜测巴黎发生的事情时，他真能在圣马丁门剧院赢得《吕克莱斯·波基亚》重新上演的成功吗？

他激动地读着乔治·桑和泰奥菲勒·戈蒂埃写给他的信，他们是剧目的热情观众，是忠诚的朋友。

但是谁能知道审查能够容忍多长时间的重新上演呢？

"二十年来，我处于隔离之中。救世主们没收了我的财产。政变又封杀了我的所有剧目。我那些患鼠疫的戏剧都在检疫站隔离；黑旗在我身上。三年之前，《艾那尼》被放出监管所；可是又以最快的速度回到了那里……如今，轮到了《吕克莱斯·波基亚》。它被释放了，可还是被告发检举；甚至被怀疑有传染病。它还能在外面待很久吗？"

帝国毫无悔恨之意，它肮脏的灵魂也不会改变。对这样一个帝国，他没有任何期待。

所以他必须为《惩罚集》未来的新版本重新创作一些新诗，这样人们才能永远记住这"一桩罪行的始末"，记住"拿破仑小人"掌权的条件。

雨果觉得这是他的使命。他是见证人，也是控诉人。

因此他不停地写作。而且为了能在小桌板前保持站立，他还必须克服有时会让双腿麻痹的疼痛。

"我现在患有坐骨神经痛，"他说，"但我使劲地压制它……我的治疗方法很恐怖但是有效：先泼冷水，然后在大火前干摩擦……"

这个二月，他就要满六十八岁了。为了忘记这病痛，忘记六十八岁这个年龄，他需要许多年轻的女人，女佣，访客，他需要时间去欣赏她们、抚摸她们、爱她们。他感觉被这种近乎青年人的欲望征服了，而不再想起痛苦、年龄，是如此地令人陶醉，以至于他越来越贪婪。他会付给那些女人们五法郎、七法郎或者两法郎。焦虑、绝望、痛苦的迷雾便会因此消散。

当然，他还必须向朱丽叶隐藏他的这些乐事。即使言语不足以打消她的疑虑和嫉妒，它们也可以抚慰她。因而他给朱丽叶写道：

"二月。我出生之月 (1802 年 2 月 26 日)。《艾那尼》之月（1830 年 2 月 28 日）。《巴黎圣母院》之月（1831 年 2 月 13 日）。《吕克莱斯·波基亚》之月（1833 年 2 月，1870 年 2 月)。《悲惨世界》完成之月（1861 年 2 月)。共和国之月（1848 年 2 月 24 日)。爱之月（1833 年 2 月 16 日)。

"这些标记过的二月对我来说代表着光明，我把它献给你，送给你，噢！我温柔的天使。"

然而平静不过持续一小段时间，每一次平静的时光都比上一次短暂。这时就需要另一个女人，另一份更亲密的享受来让他忘记那些不公正，忘记只剩下如此少的时间来写《九三年》，和收录所有分散的诗歌。他准备把这些诗歌集结成册，取名《灵台集》。他已经构思好提纲，分为两部，每一部包含两本书，分别为《世纪》《爱情》《命运》《革命》。但是他还有时间吗？

死亡已经如此靠近。他必须安葬之前收留的流亡老人亨内特·德·凯斯勒。当凯斯勒低声说他不想要任何其他牧师只要雨果时，他怎么能不感动呢？

雨果在墓穴前讲话，他说道："再见，我的老伙伴。你将过上真实的生活……"最后，他以流亡者们和"自愿牺牲者们"的名义做总结："我们决心永不屈服，带着我们的信念和他们的灵魂，直立在这个人们称为流亡的巨大缺口上。"

遵照凯斯勒的遗愿，葬礼没有举行宗教仪式。这招致了人们的谴责和异议，他回到高城居，面对这一切。

周围人对你的误解，这也是流亡。

但他仿佛觉得凯斯勒的去世让他恢复了力量。所有这些逝者都不会是没有意义的。

夏尔和他的妻子爱丽丝，以及他们的孩子乔治和让娜来根西岛居住，这仿佛是点亮生活的恩赐。

他迫不及待地想见到他们。

"这个时候的小岛很迷人，"他给夏尔写道，"就像一大朵花。如果弗朗索瓦－维克多来的话，我们可以一起暂时忘记波拿巴。"

当他看到他的孙女并听到她的声音时，他就满足了。

这样高城居仿佛又充满了生机：

他看着让娜，自阿黛尔逃走以来的痛苦忽然变得更加强烈了。为什么阿黛尔要如此固执己见？

"我的双臂一直向她敞开。我已经老了，你们都在我的身边，便是我的幸福……我的口中永远不会说出会令她伤心的词。在我的心里，对她只有无限的温柔，就像对你们一样。"

每个季度他都会给她一笔钱，让她得以生活。但这并没有消除经常让他难受的内疚感。同时他很清楚自己不得不介入到政治生活中，这就是他的命运，并因此导致他的亲人们需要忍受他介入的后果，正如他妻子责备他的那样。

这样值得吗？

对这个问题，他有一刻感到不确定。因为面对拿破仑三世抛出的狡猾问题：法兰西人民赞成在自 1860 年确立的宪法范围内进行改革吗？7358000 名法国人在 5 月 8 日举行的公民投票中，给出了肯定的答复。

然而他曾经呼吁公民们投否定票。但是只有 1572000 名法国人投了否定票，还有 1300000 张弃权票。他又渐渐重拾信心。投否定票的人在大城市和塞纳河省占多数。人民会醒来的。

或许已经是明天了。人们似乎忘了埃米尔·奥利维尔的话，他们对公民投票的结果感到满意，一再重申这样皇帝便能安享晚年，并且断言"在任何时代，都无法保证一直维持和平"。

相反，雨果预感到战争正在逼近。霍亨索伦即将登上西班牙王位。拿破仑三世的外交部部长表明"法国不会接受一位德国王子登上西班牙王位"。即使几天之后，莱奥波德·霍亨索伦王子宣布放弃西班牙王位继承资格，法国仍然要求他必须对此保证。而 7 月 13 日，来自普鲁士国王威廉一世所在的埃姆斯的一封电报，似乎表明法国大使受到了羞辱。雨果感到焦虑不安。

然而他仍心怀希望。7 月 14 日，他在高城居种下一棵橡子，这将长成一棵"欧罗巴合众国橡树"。

他对《灵台集》做最后的修改。"我无法再做得更好了，我已经倾尽所有。"

随后，战争的阴影笼罩着他。

"我相信普鲁士会被击垮，"他说道，"不过混乱的局面会由于冲突不断地升级，直到演变为革命。"

7月19日，战争爆发了。法兰西第二帝国向普鲁士宣战，然而普鲁士联合了所有德意志邦国。

雨果毫不奇怪地看到一场爱国运动似乎将整个民族团结起来对抗德意志。他试图想象随后会发生什么，又应该期望什么。

"我希望莱茵河能够成为法国的，因为我们必须在物质上和智力上建立最强的法国集团，以便它能够在欧罗巴合众国议会与德意志国家相抗衡，并且让欧洲联邦使用法语。如果欧罗巴合众国讲德语，那将是三百年的落后，一次落后，就是一次倒退……可通过波拿巴什么也不能得到，通过这场可怕的战争什么也不能得到！"

他对即将到来的"皇室和帝国的杀戮"感到无比悲伤。

怎么办？阻止他们为时已晚。如果帝国获胜，它将更强大，更糟糕，更合法。

8月9日，埃米尔·奥利维尔刚刚辞去职务，库赞-孟托邦将军接替他的工作。因为皇帝随军队出发开往前线了，所以由欧仁妮皇后摄政！

每一天都有令人不安的消息。法国军队在弗罗埃斯克维莱和福尔巴克被击败！斯特拉斯堡被包围！梅斯受到威胁！

他不能再留在根西岛，不能再只是满足于鼓励岛上的女人们制作包裹伤口的旧布纱团：

"我们将分成两个相同的部分，我们将一个派往法国，另一个派往普鲁士。"

他必须回到大陆，即布鲁塞尔，再由那里做好准备进入法国，"如果形势在如我所想的革命方向上继续加剧……我要把装有我手稿的三个箱子重新整理一下……你们想象不到有多混乱。将手稿全部整理好是费时而艰难的，但是我不能让这一切在我死后还是一团乱麻"……

或许，这会是流亡的结束？如果帝国瓦解，他必须在巴黎。只有他能作为抵抗拿破仑三世的象征。他可能会扮演一个至关重要的角色。他终于可以采取果断行动的那一刻快到了，因为人民将转向他。雨果可能成为新共和国某种意义上的缔造者，这个新共和国将从战败的帝国的废墟之上诞生。

朱丽叶已经开始担心了，他听她说道：

"如果到了巴黎，你将面对各种危险，我永远适应不了这一切：从你失去健康到你不再爱我，失去你的爱，就是我灵魂的死亡。一想到我在那里将遭受的各种折磨，我就不寒而栗，丧失了勇气，我提前求饶。"

当然，8月15日，九点三十分，她还是在他身边，在起锚驶往南安普敦的"布列塔尼包裹号"的甲板上。他看了看他身边同行的人，有让娜、乔治、夏尔、爱丽丝、奶妈和女仆们、苏珊娜、玛丽埃特、菲洛墨娜。

8月17日，两天的路程之后，他们抵达布鲁塞尔。雨果安排一部分人下榻邮政酒店，另一部分人住在街垒广场。"玛丽埃特每天都会到那里来为我提供个人服务。"

他回想起这些年，差不多十九年，他一直在流亡。现在结束了吗？从法国传来的消息尚不确定而且矛盾。梅斯沦陷了吗？在此期间，必须重新开始工作。他冲了个冷水浴，然后开始写作。

晚饭的时候，他在夏尔的盘子里放了卷成一卷的一千法郎，还有一张纸条："我的夏尔，我请你允许我支付小让娜的旅行费用。爸爸爸，1870年8月18日。"

"爸爸爸"，小让娜就是这么叫他的。

他无法再等下去，便去了法国大使馆，向代理大使申领护照，以便能够回到巴黎完成他守护祖国的使命。代理大使对他说："首先，让我向本世纪伟大的诗人致敬。"次日便为他送来护照。

现在他只需确定回国的时间。他指望保罗·莫里斯发来一封电报，告诉他是否可以返回巴黎。

但是一定不能声称他是要去"拯救帝国"。

"拯救法国，拯救巴黎，放弃帝国，这就是目的……与巴黎共亡，这将是我的荣耀。这将是一个伟大的结局，但是我担心所有这些可怕的事件会导致一个渺小的结局。普鲁士停下来了，这是一种可耻的和平，一种瓜分，一种妥协，我对此感到憎恶，如果人民不行动起来，我将继续流亡。"

军事情况正在恶化。拿破仑三世为首的一支军队聚集在色当，意图解救梅斯。

但是，人在布鲁塞尔，他很难掌握在法国和前线以及色当发生的事情。

"我去巴黎只想为了一种情况和一项事业，英雄的事业，"他说道，"如果巴黎请求帮助，那么我会赶到。否则，我留下……只有战争结束，才能走出这场战争，只有建立欧罗巴合众国，才能摆脱这种可怕的君主制冲突！你们将会看到这些，"他继续对保罗·莫里斯说道，"我是看不到了。为什么？因为我预测了这些。1851年7月17日，在一片嘲笑声中，我第一次讲出了这个词语：欧罗巴合众国。因此，我将看不到这一切了。摩西从未见过圣地迦南。"

但是，9 月 3 日，"卖报人举着巨大的招贴报在街上跑，招贴上写着：拿破仑三世被俘"，这个时候怎么还能犹豫不决？

皇帝在色当被击败，并向普鲁士国王威廉一世投降。

流亡者们在大广场 15 号集会，他听到大家争论，争论的问题是：保留三色旗还是采用红旗？

就好像应该问这个问题一样！

9 月 4 日，皇帝被宣布废黜，共和国宣告成立，临时政府组成，其成员包括梯也尔、儒勒·法夫尔、甘必大、儒勒·西蒙、特罗胥将军、罗什福尔。他必须尽快回到法国。

他不能再等下去了！终于在流亡了十九年以后，9 月 5 日，下午两点五十五分，火车开动了。布鲁塞尔渐渐消失在视线里。

下午四点钟，火车进入法国境内，雨果想看看列车窗外的风景。每到一站，人们都在站台上高呼："维克多·雨果万岁！"途中，他发现铁路附近的树林里有一队士兵在那里扎营。他向他们喊道："军队万岁！"他忍不住热泪盈眶。

晚上九点三十五分，火车抵达巴黎北站，人群唱着《马赛曲》和《出征歌》，伴随着歌声，他们欢呼着、高喊着"雨果万岁！"还有人在背诵《惩罚集》里的诗句。

他看见了朱迪特·戈蒂埃，如此美丽，这个年轻女人的面容仿佛就是法国的面貌。

他必须讲话。他在一家咖啡馆的阳台发表了讲话，又在他的马车上发表了三次讲话，身边是如潮的人群。

"有两件重要的事情召唤着我，"他说，"第一件，是共和国。第二件，是危险……面对侵略，让我们紧紧围绕在共和国左右，像兄弟一样团结在一起。我们会取得胜利。只有通过博爱，我们才能拯救自由。"

人群簇拥着马车朝弗罗绍大道 5 号走去，这里是保罗·莫里斯家，他将暂时住在这里。

他听到有声音呼喊他，人们想把他带去市政厅。

他站起来，回答道：

"不，公民们！我来不是为了来动摇共和国临时政府的，而是为了支持它。"

然后他接着说：

"你们用一个小时的时间偿还了我十九年的流亡生涯。"

一切都不容易，他料想到了这一点。9 月 6 日，亚历山大·雷伊来拜访他，建议他与勒德律－洛兰和舍尔歇一起组成三人执政班子。他还记得，1851 年 12 月，罗讷河口省的议员雷伊在博丹被杀的街垒处欢迎他。雨果给他朗诵下面的诗句：

街垒在破晓时染上铅灰色，

当我到达时，它依然烟雾弥漫；

雷伊握着我的手，说：博丹牺牲了①。

回忆起这些，雷伊流下了眼泪。但是雨果必须拒绝加入三人执政班子的建议。"我对他说：'我几乎不可能与人共事。'"

即便临时政府的组成人员全部向帝国宣誓就职，他也必须支持临时政府。这些人或许害怕那些绝不妥协的流亡者回到法国，害怕维克多·雨果回到法国。雨果受到由他儿子们主办的报纸《集合号报》的支持，这份报纸一直发声反对儒勒·西蒙、儒勒·法夫尔、儒勒·费里一派，这些人今天成为部长，昨天还是温和的反对派。梯也尔和特罗胥将军又如何呢？但无论如何，他不想与他们作斗争，更何况现在帝国已经灭亡，他必须尽力让战争结束。

他对德国人说：

"德国同胞们，现在对你们说话的这个人是一个朋友……"

"这场战争是因为我们吗？这场战争是帝国的意愿，也是帝国发动了它。帝国灭亡了，这很好。我们与这具尸体没有任何相同之处……我们现在是法兰西共和国……我们在我们的旗帜上写的是欧罗巴合众国……你们已经杀死了你们的，也是我们的敌人，你们还想要些什么呢？"

他希望德国人听到这个呼吁，希望人们在巴黎的街道上用法语和德语两种语言张贴《致德国人书》。

在弗罗绍大道，或者在朱丽叶住的雷沃利街174号的罗昂小楼里用晚餐的时候，他听到他的宾客们，那些部长、喜剧演员、记者，还有老朋友泰奥菲勒·戈蒂埃提及德国的要求：将军队继续推进。而德军已经开始包围巴黎了，当他们占领了查蒂隆和瓦莱利山的时候，这件事就算完成了！他知道没有人将会听到他的呼吁了。有人告诉他，德国报纸用这些话回复了他的去信："把诗人挂到桅杆上！②"

他首先说："我用微笑回应威胁。"

然后他拿起他的笔，写下《致法国人书》。既然德国人并不想听取理智与和平的声音，他就必须起来战斗。

"愿所有的市镇都能奋起反抗！……普鲁士人有八十万，而你们有四千万……让我们日夜作战，去山里战斗，去平原战斗，去森林战斗。起来吧！起来吧！……狙

---

① 《苦岁集》，第四十二首，《博丹》。

② 原文为德语：Hoengt den Dichter an den Mast auf.

击手们，去吧，跨过灌木丛，穿过湍流，趁着暮色和晨曦……"

接着他对巴黎同胞们说："一起上前线吧，公民们！……先贤祠寻思如何在它的穹顶之下接收这些有权安息其中的人……"

现在普鲁士人正在包围首都，雨果希望拿起武器。他买了一顶军帽，一件国民自卫军大衣。他写信给特罗胥将军：

"一个老人什么都算不上，但是榜样能有些意义。我希望去赴险，我希望不带武器去那里。有人告诉我必须要有您签名的通行证。请您寄给我。

"将军，请相信我诚挚之至。"

他并不想参与到政治领域中。然而临时政府无力解决巴黎被普鲁士人围困的问题，特罗胥将军也没有给他答复，他对临时政府和将军越来越不信任了。

10月31日，弗卢朗斯和布朗基这些人占领市政厅，想要推翻临时政府，并渴望建立一个革命的巴黎公社。雨果没有跟随他们一起。

他写下："有人把我的名字加入政府名单中，我坚持拒绝的态度。"他也不接受成为区长的候选人。人们为此请求了他好几次。但是这并不是他在流亡时所希望的角色。

他清楚地感觉到自己让临时政府的成员们不安了。10月31日之后，他们已经变得强硬起来，可能已经开始与普鲁士人进行谈判，因为他们畏惧巴黎的革命运动。看到加里波第为了保卫法国而听从他们安排，他们一点儿也不高兴。

在这种混乱的局势下，他不想插手这些充满盘算的政治策略。他回复那些邀请他成为候选人的人们：

"在我们所处的危急关头，我规定自己必须忘却个人，以便更好地履行公民谦逊而伟大的职责。"

他只希望他的作品能在剧院被朗诵，《惩罚集》的版权费可以捐献，用来筹款购买保卫巴黎的大炮。

他说："人们不再征求我的同意在剧院朗诵我的作品，人们在没有得到我许可的情况下到处朗诵我的作品。他们是对的，我写的东西并不属于我个人，我是个公共产物。"

经常他走在大街上，发现他已经不认识这个巴黎了，这些林荫大道，这些街区都被奥斯曼的工程搞乱了。每当这个时候，都有人认出他。他知道在首都的街上有人出售他的照片，知道人们会拥向朗诵《惩罚集》的剧院，知道有三千人来到歌剧院听他的诗歌，还知道人们读了贴在墙上的《致德国人书》《致法国人书》和《致巴黎人书》。

他去了斐扬派女修道院故居，希望能够在那里看到那些儿时迷恋的地方。朱丽叶陪着他。可惜却是徒劳："我童年时的房子和花园都不见了。取而代之的是一条街道。"

仿佛帝国已经毁灭了他的过去，仿佛岁月已经抹去了他的记忆。

他离开故居，带着朱丽叶走向罗昂小楼。他知道她不喜欢离他这么远，因为他还住在弗罗绍大道。可他却感觉很自由，可以远离嫉妒和不安的监视。当他独自一人时，这个崭新的巴黎会突然使他兴奋……

女人们漂亮、年轻、诱人。他从来没有像在这个被包围的巴黎城中那样贪婪，即使这里的生活条件日益艰难。

人们吃"各种方法做成的马肉。我看到一家肉铺橱窗上的广告：马肉红肠"。还有各种不知用什么做成的咸肉。不过一只老鼠也得花八个苏。一个洋葱，一个苏，和一个土豆一样的价格。

"昨天，我们吃了鹿肉；前天，是熊肉；再前天，是羚羊肉。这些都是植物园的礼物。"

他看着他无忧无虑的孙儿们；让娜刚刚满一岁。

这两个孩子吃饱了，但是还有多少孩子处于贫困之中啊？他收到一些年轻母亲的求助信。有的说："我是芳汀，可我有三个孩子。"有时，他会去她们家。他会给几个硬币，对这些悲惨的女人们来说是一小笔财富。她们向他露出自己的胸部和腿。他记下："援助康斯坦斯·蒙托邦小姐。亲吻。五法郎。"每天，他都需要一个年轻的女人，有时需要好几个，好像抱着她们，他就能努力不让自己落入痛苦的深渊。

"援助戈多夫人。炉子。十法郎。"

"玛格丽特·赫伊考特小姐。亲吻。炉子。援助五法郎。"

还有妓女们……

他在纸上记下："昨天，我吃了老鼠肉，我打嗝时写了这首四行诗。"

"二十年后，再次见到 A. 皮托女士。全部。"

"奥兰普·奥杜阿尔德夫人。乳头。亲吻。"

最后这位是小说家，而大部分都是女佣，几个是妓女，其他的是演员。她们多情，被诗人吸引。他再次见到了朱迪特·戈蒂埃，美艳迷人。他接待了革命者路易丝·米歇尔，她用《悲惨世界》里"安灼拉"这个人物的名字给自己的文章署名。

"见到安灼拉（一个小时的车程，两个法郎五十分）。"

当得知她被捕时，他通过临时政府干预使她获得释放。

"她来感谢我。"他记下来。

巴黎使他感到眩晕。这是座为他提供女人的城市。好像他的晚年终于可以毫无限制地沉醉在他的欲望之中，好像这座被围之城中的一切都供他所用。

朱丽叶如往常一样抱怨的时候，他没有给出回应。朱丽叶写道：

"就是为了服从你，我才来住在这里，也就是说，这里完全离开了你的心。我不抱任何幻想，我觉得你正一点一点地通过一切办法疏远我……另外，我早就知道在你回到巴黎的那一天，我的幸福就结束了。这对我来说并不意外。上帝给了我们的爱情十八年的喘息时间。感谢上帝。现在轮到你依照你精神的爱好和内心的需要去幸福了。"

确实如此，他承认这一点，他感到满意，几乎是高兴不已。他并不怀疑最后的胜利。

他喜欢这座被围之城的英雄气氛，这个紧张的城市里有军人、国民自卫军、别动队经过，他们开赴前线要塞，这使他想起几句诗文：

> 他们是巴黎的巨型护卫犬。
> [……]
> 那些在黑暗中怒吼的堡垒多么美丽①！

他喜欢听黎明时巴黎的起床号，先是鼓声、喇叭声，"旋律优美且充满战斗气息"，然后是一声高喊："拿起武器！""太阳升起，巴黎苏醒了。"

他出去了。

"给马尔泰勒，拉费里埃街，以前的圣乔治街，第四区，12号（我想这是个老房子……），两个法郎。"

返回的路上，他对连续的炮轰感到意外。现在，在12月的最后几天，普鲁士人轰炸了巴黎。为了解除普鲁士人对巴黎的围困和遏制，法国军队实施了强行"突围"，但在尚比尼，在布尔热均告失败。尽管巴黎第九区的年轻区长克莱蒙梭要求加强战斗，特罗胥将军和军队的其他领导人却宣布任何新的进攻都是不可能的。

那么他们想要什么？签订投降条约吗？雨果十分确定，即使做出所有牺牲之后，巴黎也不会接受这种羞辱之举。巴黎的公民们倾其所有购买大炮，他们来听《惩罚集》的朗诵，购买入场券的收入用于捐献购买这些大炮，他们绝不会不战而逃。

但是他觉得这座城市开始让人害怕。愤怒的群众经常聚集在街上。国民自卫军指责胆怯的将军、不指挥战争的临时政府以及所有那些曾经效忠帝国现在却指挥军队的军官们！

---

① 《凶年集》《12月》，第六首，《强者》。

他感到焦虑和反抗之情！

"噢，城市！无与伦比的巴黎！……哦，当我看到你受到伤害，被大肆损毁、扫射、杀害……我哭了，哭得喘不过气来，我的胸口肿胀，我无法用言语表达，我想与你一起死，我的人民！"

他感觉自己被割裂，甚至是被撕碎了。他从担心变成了激愤。他对朱丽叶说：

"1870 年快结束了，1871 年就要开始。这两个年头，一年是恐怖，另外一年是未知，我为你把我的心置于这两年之间。它让你远离了过去一年的恐怖，也将守护你一起揭开来年的神秘面纱。"

然后他梳头，整理胡须。他等着朱迪特·戈蒂埃来共进晚餐。时间已经过了。或许是轰击阻挠了她来见他，因为她早已答应了这次相聚。

他回想这即将结束的一年，想起他故去的朋友。大仲马于 12 月 5 日离世。还有那么多在战斗中牺牲的人！

他拿起他的记事本。他继续写作，没有任何准备，心情愉悦。他想象那些女人，那些巴黎为之提供的无数身体，他感受到了欲望，而且觉得永远不能平息它。

"被杀是幸运，可能发生在每个人身上，"他在本子上记下，"在这方面，我无意比其他人更受青睐，但我也不想少受垂青。人不应该故意自寻死路，但也不要故意苟活。"

1871 年

1 月 1 日，雨果看着小乔治和小让娜跪在"玩具筐前面"。他们两个目瞪口呆。乔治似乎"高兴得发狂"。夏尔看着他的儿子小声地说："这是高兴到了极点！"

据说普鲁士人每天向巴黎投下六千发炮弹。然而有那么几分钟，雨果觉得这轰炸停止了。好像两个小孩的存在和幸福能让人忘记不幸和罪行。

普鲁士人轰炸的目标是医院，特别是瓦尔－德－格拉斯的医院。炸弹落在盖－吕萨克街上。雨果想起来，他之前有一次去了斐扬派女修道院大街，在那里差点儿被其中一枚炮弹击中。

他请路易·布朗、罗什福尔、杜米埃共进晚餐。

"儒勒·西蒙夫人给我捎来了格鲁耶尔的奶酪，真是够奢侈的。我们桌上有十三个人。"

他不喜欢这个数字，有时他会觉得它就像一个巫术一样跟着他。到了夜里，他听到敲门声。他在做梦。他似乎感到朱莉·舍奈在靠近。他的姨妹俯下身来。他记下："本能。及时停止。"他几乎要高潮了。

他很早就起床，出了门。他要为几个女人送去援助。

"援助马蒂尔寡妇（四个孩子）；炉子，鲜干酪。亲吻。"

因为这些他在巴黎拜访了许许多多人家。每一次，他都得到了他需要的东西，他尽情满足他那贪得无厌的欲望。而且回家后他会记下看到了什么，做了些什么：

"一个鸡蛋卖两法郎七十五生丁。大象肉卖四十法郎一斤。一袋洋葱，八百法郎。"

"路易丝·大卫小姐。

"玛格丽特·赫伊考特小姐，蒙托隆广场 14 号；亲吻。"

"普雷瓦尔夫人。鲜干酪。"

他所有的感官都清醒了。这种奇异的氛围——他几乎不敢想——很适合他。但他饥寒交迫。

"这好极了，"他低声说，"我在经受民众所受的苦。"

他像一个旁观者那样观察着。

他与那些希望军队胜利突围的巴黎人看法一致，他们对儒勒·法夫尔在凡尔赛会见俾斯麦并进行谈判感到愤慨，就在那里的镜厅，1 月 18 日刚刚宣布了德意志帝国成立！我们会投降吗？

他看到部队向要塞开进，为了进行一次新的突围。

可是谁指挥他们？临时政府正在商议投降。这些将军，如特罗胥、勒弗洛什、勒孔特、托马斯仍继续指挥着军队！而巴黎各区区长，以克莱蒙梭为首，刚刚要求罢免这些将军。如何战斗，如何在这些条件下取胜？

他理解这些国民自卫军和公民们的愤怒。1 月 22 日，这些气愤的公民由革命领导人带领，企图夺取市政厅。他们被击退了。六天后，儒勒·法夫尔和俾斯麦签署停战协议。协议签订得如此之快，如此盲目，法夫尔甚至忘记考虑继续在东面战斗的军队的命运！

雨果对此感到恶心。他走在这个饥寒交迫的巴黎城中。他认真听着周围的一切，然后回到家创作。

他看了看周围这些人的脸庞，他们力劝他成为反市政厅游行的领头人。他拒绝了。相反他说道："我请大家保持冷静与团结。"

他感到街上紧张的气氛加重了。对于投降条约，一部分人民无法接受。

但他还是拒绝暴乱，拒绝在敌人的目光之下，发生法兰西同胞之间的内战。他很担心。他感到愤怒。接着让娜生病了。他继续写作，下雪天，他走在结冰的地面上。

"路易丝·佩嘉小姐，亲吻。援助 C. 多班女士。亚里士多德。十五法郎。"

他回到家，把自己的文稿分类放好。立法选举将于 2 月 8 日举行，如果他当选，他将不得不离开巴黎前往波尔多，那里将召集国民议会。对于选举的结果，他已有把握。

他没有弄错。他获得了 214169 票，名列巴黎议员入选名单的第二，仅次于路易·布朗，在加里波第之前。这足以表明巴黎的感受是怎样的！

他把他的亲人们聚集起来。"小让娜非常开心。"2 月 13 日，星期一，他们将于九点出发前往波尔多。

又是一个 13！

2 月 14 日，十三点三十分，抵达波尔多。需要先找到住处。

"一间房每月租金三百法郎。"他和女佣玛丽埃特住在拉古尔斯街 37 号。房东很亲切。朱丽叶住在圣莫尔街。她冷着一张脸。

"这是因为我想起了我们在根西岛失去的珍贵的小天堂。"她小声地说着。

可就是这样了。他不希望她第二天陪他去议会。

议员们聚集在广场上，大剧院的前面。他们刚刚选举梯也尔担任行政首脑。议会由儒勒·格雷维主持，雨果听到人群高呼："共和国万岁！雨果万岁！"

筑成人墙的国民自卫军脱下他们的帽子，向他致敬。

他看到代表们走出议会。他料想到了他们敌视的目光。这些人大部分是名流显贵，他们之所以当选，是因为他们反对继续战争，反对共和国。

梯也尔与他们商定了《波尔多条约》：有关政体的问题，即君主政体还是共和政体，将不再提出。

代表们真正想要的，不是共和国，而是秩序，是让那些选择了共和派议员的大城市就范，是解除巴黎人的武装。过去，他们曾将步枪和大炮交给巴黎人，让他们与普鲁士人作战，现在巴黎人可以利用这些武器进行革命。

不管付出什么代价，即使放弃阿尔萨斯和洛林，即使这两个地区的代表们极力抗议，反对放弃和背叛，也必须签署和约，因为俾斯麦想要这两个地区。反对无果，这两个地区的代表均辞职。

雨果在主持极左派会议的时候感受到了这一切。

"现在的形势十分可怕，"他在写给保罗·莫里斯的信中提到，"国民议会是一个无双议院：我们在那里的比例是五十对七百，是结合了 1851 年的 1815 年（唉，相同的数字次序有点颠倒）……"

在这个国民议会之中他还能做些什么呢?

反对放弃阿尔萨斯和洛林,高喊"不,法兰西不会灭亡……"吗?

喊出"我不会投票给这种和约,因为可耻的和约是一种可怕的和约……"吗?

还是告知:"法兰西将要失去的一切,革命会重新赢回来!"

然后再宣告未来:

"噢,这一刻将要到来。我们感觉它,这惊人的复仇,即将来临。从现在起我们已经听到我们胜利的未来在历史的道路上大步向前的声音。是的,从明天起,这一切即将开始;从明天起,法兰西将只有一个念头:沉思,停留在绝望的可怕默想中;重拾力量……锻造枪支和训练公民,建立一支人民的军队……研究普鲁士方法,就像罗马研究布匿人的方法一样;变得强壮,牢固,获得新生,再次成为伟大的法兰西,92 年的法兰西,充满思想和豪气的法兰西。"

从国民议会的一些席位上发出了肯定的声音:"非常好,非常好!"

"突然,有一天它将复兴,"他接着说,"噢,它将非常出色,我们会看到它一举收回阿尔萨斯和洛林!这就完了吗?不,不是的!还要占领,听我说,占领特里夫斯、美因茨、科隆、科布伦茨……"

而在国会的另外一些席位上,有人喊着:"不!不!"

"听我说,先生们,"他回答道,"法国的议会以何种权利打断爱国主义的爆发呢?"

几个代表说:

"请说吧,请完成您思想的表达!"

"占领莱茵河整个左岸,"雨果继续说道,"我们会听到法兰西喊出:轮到我了!德意志,我来了!我是你的敌人吗?不是!我是你的姐妹。我已经从你那里拿走了一切,但在一种条件下我会把它尽数归还:那就是我们组成一个民族,一个家庭,一个共和国。我将拆除我的堡垒,你也拆除你的!我的报复,就是博爱!不再有国界!莱茵河属于我们大家!让我们成为同一个共和国,一起成为欧洲的美利坚、欧陆联邦、欧洲自由之地,拥有永远的和平!……"

离开议会的时候,他听到一个代表小声地说:"路易·布朗是个混蛋,但是雨果更糟。"不过他对此并不感到惊讶。

他感觉自己被仇恨和嫉妒围绕,还有怯懦。

议会决定将议会迁移到凡尔赛,因为他们害怕巴黎。他反对,就像反对放弃阿尔萨斯和洛林的时候一样。

"先生们,"他说,"我们不要侵犯巴黎。普鲁士人分割了法兰西,但没有毁掉主要部分——不要做这个梦也不要犯这个错!"

可是他被打击了。

"我们之中，"他说，"左派已经四分五裂——我可能最终会独自辞职。"

3月8日，当他走上主席台，面对议会时，他有了这个辞职的想法。议会刚刚对加里波第当选代表一事提出了异议，并且在没有听取这位意大利爱国者意见的情况下，准备取消他的代表资格。

他提醒议员们加里波第是怎样一个人，但不断遭到打断，这让他有一种身处1850—1851年的感觉，那时他遭受了同样的仇恨攻击。他每说一句话，都有人打断他。他挺起胸，说道：

"三个星期以前，你们拒绝听取加里波第的意见……今天，你们又拒绝听取我的！我受够了这一切，我辞去国民议会代表的职务。"

他走下主席台，在议会一位速记员办公桌的桌边站着写下了他的辞职信。

无论路易·布朗和其他左派代表如何施加压力，他都决心辞去职务。

他开始为离开波尔多做准备。和每天早上一样，3月13日这一天，他收到了房东太太送的一束花。接着是先前在布鲁塞尔遇到的女演员法盖尔小姐来访。她离开时，他在记事本里写下："法盖尔小姐。亲吻。"

不过快乐很短暂。他想到了13这个数字，想到夜里让他不安的敲打声，想到痛苦的朱丽叶，想到他和儿媳爱丽丝关于女佣玛丽埃特和菲洛墨娜问题的争执。他还想到了他的儿子夏尔，有一段时间，父子俩并不和睦，今晚，夏尔要来朗大饭店和他们一同吃晚饭，所有的客人都已经到了，他还迟迟未到。

雨果看到一个侍者走过来，对他说："先生，有人求见你。"雨果走出餐厅。他认出了他的房东，波尔特先生。波尔特先生对他说：

"先生，坚强些。夏尔先生……"

"怎么了？"

"他去世了。"

他被人发现躺在一辆马车的座椅上，浑身是血。暴发性卒中。

雨果甚至弄不清白天黑夜是什么了。"这个伟大的夏尔，多么优秀，多么温柔，有着如此高尚的精神，有着如此强大的天赋，就这么离开了。天哪！我太难受了。"

他睡不着，还得安慰爱丽丝。他还要照顾乔治和让娜。3月17日，他坐上灵车，载着夏尔的遗体去往巴黎。

他必须把儿子安葬到拉雪兹神父公墓。3月18日，街道上到处都是街垒。公社的起义刚刚开始。

雨果看着这些国民自卫军，胳膊下夹着枪，护送柩车。

拉雪兹神父公墓内人山人海。

"人们把棺材抬下车。在将它放入墓穴之前，我跪下来亲吻了它。墓穴被打开。一块石板被抬起来，我看到了我父亲的墓，自从流亡以来我一直没有再见过他的墓……

"夏尔将葬在这里，和我的父亲、母亲还有兄弟葬在一起。"

开口太窄，必须打磨石头。这持续了半个小时。一只手从人群中伸过来，一个声音说道：

"我是库尔贝。"

最后他还是会离开这个儿子，离开这些死去的人。

"他们还活着，比我们更鲜活。"雨果小声地说道。

巴黎正在起义。勒孔特和托马斯两位将军试图夺回由巴黎人出资购买的大炮，他们已在蒙马特被枪决。他们的士兵反叛，然后加入叛乱的国民自卫军。

"请保持警惕！"雨果对咨询他的中央委员会的四名成员说道，"你们始于一项权利，终于一桩罪行。"

他想离开巴黎。法国与普鲁士的战争中，他希望自己在场，但他不想参加，哪怕是参加一点点儿，即将到来的内战。

政府想要收回在蒙马特的大炮。微小的动机却冒着巨大的风险。这份天真应受到惩罚。至于公社，它毁灭了！

"公社，多么好的事物，本来可以直面这个可恶的国民议会，可惜啊！它因为五个或六个可悲的领导者而愚蠢地受到牵连！"

无论如何，他必须离开巴黎去布鲁塞尔，因为他必须去那里解决夏尔的遗产问题。同时也因为法国人在敌人面前互相残杀，这样的巴黎让他感到失望。

他能试着做些什么呢，发表意见？

3月22日十四点，在爱丽丝、玛丽埃特、孙儿们和朱丽叶的陪伴之下，他到达了街垒广场。

他焦虑不安。他贪婪地阅读报道巴黎事件的报纸。那里的形势又恶化了。

"两边都犯了重大的错误，"他说，"对于国会这一边，这些错误就是犯罪。"

当行政权力决定收回蒙马特的大炮时，他怎能忘记预测这次行动所必需的马匹？

现在，血流成河，内战正在进行。在这次新的流亡中，雨果感到无助。

他检查了他儿子的遗产，所有带着账单的债权人都让他感到害怕。其中一个债权人往桌上放了一张债务为一万六千七百九十法郎的借据！召开亲属会议，他同意成为他的孙子孙女的代位监护人。这是他必须面对的。他必须很快找到近五万法郎！

他感觉爱丽丝不怎么支持这个监护关系，她指责他和女佣们的关系。因此，他经常请弗朗索瓦 – 维克多来劝说他的嫂子。

"她应该把那块还没有付款的披肩退还回去（披肩上有金棕榈叶，值一千法郎）。无论如何我不会付这笔钱，我不想让这两个未成年的孩子再来承受这个损失。"

乔治和让娜陪着他在布鲁塞尔散步。有时候，一些行人会认出还拦住他。他们都是刚刚离开巴黎的法国人。他们会告诉他那里发生了什么事。有人跟他说，公社内有人表示："我欣赏马拉，但是他懦弱无能。"人们对暴力声明自我陶醉，人们互相辱骂，互相威胁……

他离开了。

"简单地说……这个公社和残酷的国会同样愚蠢。两边都是荒唐。可是法兰西、巴黎及其共和国将会从中摆脱出来。"

他去见了那些女人，她们使他感到平静，使他可以忘记这个法兰西悲剧。

他记下这些信息："北方壁垒街 2 号，街垒广场后面，抽了一根雪茄，喝了一杯白兰地，一杯咖啡，还有一个女人，二十五分！"

但是他也小心提防着这些公共娱乐场所。可能会有人认出他来。当有女人，包括街上抱着吉他演唱的穷女人上前和他交谈，他会给她们一个硬币，给女歌手五个法郎，而他也常常从她们那里得到他想要的东西。他需要提出要求吗？有人提供。有人自己愿意提供。他接受。他付钱。

他回到街垒广场。他继续写作。这些诗文将勾勒出这一"凶年"。

每个来自巴黎的消息都让他感到恶心。

公社决定拆毁旺多姆圆柱，就是库尔贝——在拉雪兹神父公墓遇到的那个精力充沛讨人喜欢的男人——组织的毁坏行动。是怎样的疯狂让他做出如此举动？

不过还有比拆毁荣耀的战利品更糟的事情。巴黎公社社员焚烧巴黎来抵抗凡尔赛军队的攻击。

浴血的一周就这样开始了。成千上万的嫌犯未经审判便被枪决。作为回应，有人滥杀人质、教会人士、知名人士。

他读到的新闻每一天都更加悲惨。人们在所有的十字路口，甚至在拉雪兹神父公墓的坟墓之间对数百人，包括妇女、儿童进行处决。

他十分沮丧。他揭露巴黎公社的行为，拒绝支持它。可是这种过度的镇压，这条流淌着被处决的人的鲜血的塞纳河都让他觉得可怕。有多少人就这样未经审判就被执行死刑？两万，三万？

"我永远不会参与复仇。"他在命名为《没有复仇》的这首诗里这样写道。不过，杀戮仍在继续，就像要伐光树木一样。他感觉应该站在失败者这边。

他不能闭口不言。他写了一份针对比利时政府的抗议书，反对布鲁塞尔拒绝给巴黎公社的失败者提供庇护。

"如果这些人中的一位来敲我的门，我会打开……比利时的政府将会反对我，可比利时人民会与我统一战线。"他总结道。

5月27—28日的夜晚，十一点半，他刚刚离开一个女人，这个晚上他第一次遇到她，他给了她五个法郎的"救助"。

他想到他的抗议书在《比利时独立报》上发表以及由此引起的论战。

两天以来，他收到了许多辱骂和威胁的信件。当然也有一些贺信。他回到街垒广场的住处。突然，一阵门铃声响起，接着是喊叫声，有人用石头砸破了房间的窗户，有人撞门板和护窗板，这些人想要爬上墙，他们大喊着："处死维克多·雨果！处死冉阿让！处死克朗查理！上灯柱！上绞架！处死强盗！我们杀死维克多·雨果！"

然后，几天以后，他收到一封官方的信件。

"国王命令雨果先生
离开王国。""我会离开的。可为什么？"
为什么？这很简单，朋友们。我是一个
当有人说"射杀，"我却不敢说"击毙！"的人
[……]
我想，如果必须选择，我还是更喜欢
染上污泥的罪行而不是美化的罪行；
我原谅无知；我也不害怕说出
苦难是疯狂的原因，
不能将人推进绝望……
[……]
我们能相信吗？我倾听自己良知的声音！
当我听到有人喊着：去死吧！敲打！刀劈！
我甚至觉得一起随机谋杀是拙劣的；
[……]
我是一个坏蛋。每个人都疯了的时候，

寻找理性，这是背叛①。

但他还是决定呼喊出来，还要更用力，他重新写下："赦免！赦免！血流得够多了！牺牲者够多了！我们最终给法国带来的恩惠，就是它在流血。"

执行死刑还在继续，保罗·莫里斯和罗什福尔一样被抓进了监狱。还有这么多的人都死了。

谁会听他的？

他必须离开布鲁塞尔，他决定去卢森堡的一个小城维昂丹。

他先是住在科什旅馆，然后又租下了乌尔河附近的两间房子。他选了第一个，他的家人住在第二间房子里。

自从夏尔去世，超过两个半月的时间以来，他第一次感到平静。

是这两个孩子带给他这份平静，有时还带给他快乐。当然还有这些相遇，一个农民过来与他握手，还给他背诵《惩罚集》中的诗句。

那些女人，年轻漂亮，恭敬地和他打招呼，还有一些会拜访他，其中一个宣称："您要求的一切，我都会去做。"他在记事本里记下这句话。这个女人愿意在"任何一天任何时间"献身于他。她甚至还说想要和他有一个孩子！他记下了这一切，用西班牙语，为了能保守秘密。

他走在维昂丹周围的田野里。他沿着河边走。他喜欢夏天的全部。回来的时候，他收到一个女人的信，这个女人叫玛丽·梅西耶，是某个莫里斯·卡罗的遗孀。他因担任马扎监狱的典狱长而被凡尔赛军队枪决了，这个监狱关押着那些被巴黎公社监禁继而处决的人质。

玛丽毫无收入。她请求得到一份工作。为什么爱丽丝不请她当女佣呢？

玛丽很年轻。她向他讲述她在流血的一周中的经历，以及她看到的死刑执行事件，一个年轻的女人带着她六个星期大的孩子被处以枪决。

"在小罗凯特街，"她说，"有大约两千个小孩被枪决，他们都是在街垒里被抓住的，都是无父无母的孤儿。"

他惊恐地听着。

"我给了她一周的各种小费用，还有在吃饭时可以喝点酒的钱，五个法郎。"他记下。

她是残暴镇压的受害者之一。她感动了他。

"给了玛丽·梅西耶（卡罗的遗孀）五个法郎。"

---

① 《凶年集》《5月》，第六首，《被驱逐出比利时》。

"玛丽·梅西耶缝好了我的外套，尽管她拒绝，我还是支付了她更高的一天的费用：四法郎五十生丁。"

几天以后，他可以记下：

"玛丽·梅西耶。鲜干酪。亲吻。三法郎七十五生丁。"

即使朱丽叶和爱丽丝反对，他仍尽可能地经常去见她。他陪着她走在乌尔河边，他看着她，被她吸引，而她脱下衣服，然后赤裸着在河里沐浴。

有时，他会为她朗读将要收入《凶年集》里的一些诗句。他看到她十分震惊。她讲述着她曾经跟随装满尸体的货车直到墓穴，在那里面有她丈夫的尸体，她还说成千上万的孩子被机关枪扫射，在被埋进土里时嘴里大喊着"妈妈"。

他靠近她。屋外，暴风骤雨，电闪雷鸣。

晚些时候，他将在记事本里写下："援助玛丽·梅西耶。全部。三法郎七十五生丁。"

几天以后，他在北路上看见一个年轻的女人："M.E. 模特，北路。亲吻。三法郎七十五生丁。"

他回到家。他受到风湿病，也可能是痛风的折磨。

朱丽叶卧床不起，她患了"肾绞痛，在身侧放一个热熨斗可以缓解疼痛"。

爱丽丝自己将去布鲁塞尔看医生，让娜也发烧了。

他睡得不好。玛丽·梅西耶已经决定离开维昂丹去列日市，也许是为了逃避爱丽丝的指责和朱丽叶的监视。不过他承诺会去找她。

在本就辗转不安的夜里，他突然听到了尖叫声和警钟声。他打开窗户，看见玛丽·梅西耶在房子门口，周围是在风的助力下蔓延的火势。他赶紧下楼，组织居民们站成一排一直到河边，"每秒一桶，传到我手上超过五千桶水"。

在市长并不在场的情况下，他通过执行这些简单的动作，做出必要的决定，体验到一种强烈的情感，一种充满希望的气息：当某个动机把人们团结起来，这就是大家能够一起做到的事情。

几天以后，当清除完火灾的废墟时，他看到小让娜跑了，一个人往前走，甩开伸向她的手。

可是快乐转瞬即逝。他愤怒和惊恐地读到，在浴血一周和数千人被枪决之后的两个月，镇压行动还在继续。

他们在萨托里集中营被处决。他们被流放。

在7月2日举行的选举中，虽然他不是候选人，但他得知他仍然获得了57854票。"我被这深深地感动了……忠于职守的人一般都会被抛弃。"他为这些选民的忠诚感到自豪。

为了他们，同样也是为了他自己，他必须继续这场战斗。9月22日，他得知罗什福尔被判处流放。他必须回到巴黎为他辩护，尽力让他在法国承受刑罚。他要求与梯也尔进行会谈，9月25日，他与他的家人在巴黎拉菲特街的拜伦酒店安顿下来。

10月1日，他去凡尔赛宫，为了与梯也尔会面。他看到这个穿着黑色衣服的矮小男人走进铺着深红色丝绸的客厅，将他带到一个长长的走廊尽头的隐蔽的小房间。

"良知是有可能相遇的。"雨果说。

梯也尔很友好。他同意不把罗什福尔送去流放，而将他关押在法国的一个堡垒里。罗什福尔可以自由地见到他的孩子们。几个月之后将会举行大赦。

"我和您一样，不过是一个看起来像胜利者的失败者，"梯也尔低声抱怨，"我和您一样正穿过侮辱的旋涡。每天早上，有一百家报纸诽谤我。我不会去读它们。"

"阅读抨击性文章，就是呼吸名誉茅坑里的空气。"雨果回应道。

梯也尔笑了。

雨果坚持必须进行大赦。

"我只是一个穿黑色外套的独裁者的可怜虫。"梯也尔又抱怨道。

现在他必须去看看被关押在凡尔赛的罗什福尔。

在火车上，雨果听到一个年轻的女人低声地说：

"维克多·雨果是一个英雄。"

突然她认出了他，向他走过来，低声说："您承受得太多了，先生！请继续为失败者辩护！"她哭了。他吻了一下她的手。他很感动。

罗什福尔对他不停地重复："没有您，我已经死了。"为此，他更激动了。

真实的情况是杀人还在继续。现在还是合法的。罗塞尔是一名爱国军官，一度指挥过巴黎公社的军队，在萨托里被枪决。加斯东·克雷米约在马赛被执行死刑。装满流放者的船驶向新喀里多尼亚，船上被流放的男人和女人被锁链锁住装在笼子里。

一辆囚车载着罗什福尔前往拉罗谢尔，他会从那里出发去往大海中央的博涯尔堡垒。

镇压行动并未停止。

然而生活还是要继续。经历这一切，巴黎只是轻微震荡了一下，仿佛什么也没发生过。

雨果住在拉罗什富科街66号的一间公寓里，朱丽叶住在皮加勒街55号。她重新开始抄录《凶年集》中的诗。

"在被你爱和我爱你一样多之后，这是可以给予我的最大幸福！"

他听着朱丽叶劝他不要接受成为补缺选举候选人的建议，这场选举将在1872年1月7日举行。但是他必须设法当选，因为这样才可以表达自己的声音，呼吁大赦，阻止诸如"野性的小梦想家"路易丝·米歇尔这类人受到判决。

她向战争委员会的法官大喊:"如果你们不是胆小鬼,杀了我!"

她被判关押到坚固的高墙中。

他想起曾与她一起坐马车散步。他放下笔。

"一只漂亮的小瓢虫刚刚停在了纸上……我把它放在我的窗户上,这样它就可以回到花园了。"

第九章

1872 —— 1873 年

1872 年

为什么？

在这一年的第一天，雨果情不自禁地问自己这个问题。

而他也知道，没有答案，因为上帝会独自决定死亡的时间。尽管如此，这个问题还是不断烦扰着他，正在这时小让娜向他走来，"她推着一辆装有一个布娃娃的小车，对他说：'你好呀，爷爷。'"

是啊，为什么他爱的许多人在七十岁之前就死了？而他在几个星期后就会到这个年纪。

为什么会存在这种不公平的命运？还有为什么午餐时他坐在年轻的黑眼睛黑头发的"神秘女人"旁边，他的身体会感受到某种活力？她是朱迪特·戈蒂埃，泰奥菲勒的女儿，也是诗人卡图勒·门德斯的妻子，刚刚二十二岁。他渴望着她，而且他很确定她对他也有同感。

她不是唯一一个如此亲近他的年轻漂亮而又荣耀的女人。

他为剧团演员们朗诵《吕伊·布拉斯》，从 2 月 19 日起他们将在奥德翁剧院演出这部戏。莎拉·伯恩哈特将扮演王后，她交叉双腿，以一种充满傲慢和挑逗的从容注视着他。她身体柔软，声音高亢，低声地说他是一个"怪物"。当她坐在桌子上，摇晃她的腿和身体时，他感到很高兴，他说：

> 一位诚实可敬的西班牙王后
>
> 不应该这样坐在桌上。

　　她笑了，尽管他已经七十岁，胡子和头发花白，皮肤布满褶皱，可他还是感觉自己是个年轻人，随时准备征服这个周围盘旋着那么多潇洒苗条的男人的女演员！

　　朱迪特和莎拉这两个女人让他心神不安，吸引着他。夜里，当敲门声、呼吸声、微弱的光线把他弄醒时，他会想起她们。她们将属于他。

　　目前，他必须满足于伊波利特·卢卡斯夫人、欧仁妮·吉诺小姐、埃美·阿姆内斯特小姐，以及他抚摸着乳房的许多其他女人。他在记事本上写下她们的名字，有时还会加上一个符号"0"，或者"="，这会让他想起曾经拥有过她们，怎么表示？"全部"或者"一半以上"，抑或"几乎全部"……

　　而且他会尽其所能地占有她们。身体就是身体。别的什么都不是，它的任何部分都不能排除在外。即全部。

　　他端详着这个年轻女人布兰奇的身体，这是个来自公共救济局的孩子，朗万家收养了她。朱丽叶与这个家庭交好，1851年越过比利时边境时，她就是用的这个家族的姓氏。

　　朱丽叶说："布兰奇会写字。"她记得雨果的许多诗文。她可以作为取代朱莉·舍奈甚至取代朱丽叶的抄写人，因为风湿病使他无法写字。

　　"我非常高兴，你证明了我将要在年轻的朗万身上所做的试验，"朱丽叶说，"我希望可以成功，而且在任何情况下，试试也无妨。"

　　因此，布兰奇将代替女佣玛丽埃特。维克多·雨果"测试"了她。她身体结实，乳房丰满，臀部宽大。她可能不过二十多岁：二十二？二十八？她既有青春的优雅又害羞。

　　就这样，尽管已经七十岁了，他还是感到精力充沛。

　　也可能是因为人们攻击他，报纸颠倒黑白地侮辱他，证明了他依然有很重的分量，证明有人畏惧他。有个人说他是"像喜马拉雅山一样的野兽"。他笑了。这几乎可以算是一番称赞。另一个人则肯定他是"世界上最悲惨的人"。

　　为了使他在1月7日补缺选举之际落选，有人百般阻挠。警察局通过要求他在三张样片上签名的方式，耽搁其宣传广告的张贴时间，这就为对手的宣传提供了可乘之机。雨果仅得到93123张选票，而竞争对手有121158张。但这还不足以让他的对手们息怒！

"似乎右派对我得到的选票有些害怕，"他记下，"而且坚持拒绝回到巴黎。路易·布朗曾听到有人说：'巴黎现在仍然有9万3千个坏蛋。'"

他就是这些坏蛋的代表！是的！

"在某些怪诞的时代，"他写下，"社会感到恐惧，会向冷酷之辈请求帮助。只有暴力可以发声，无情才是救世主；成为嗜血成性的人，才是理智。成王败寇变成了国家的理性；同情心似乎是一场背叛，人们将其归于灾难。患有这种精神病的人被认为是人民公敌。"

他想到了相反的一面。他反复思考这一切。必须用镇压结束这一切，对巴黎公社社员提起诉讼。这些社员现在仍在被判处死刑，在萨托里集中营被处决，或者就像儒勒·瓦莱斯一样，被缺席判处死刑。还有那些被驱逐出境的人。

而罗什福尔依然还被关在博涯尔堡垒，这与梯也尔的承诺背道而驰。

"今天，"雨果说，"大赦是恢复秩序的深层条件。"

他激动并且气愤地读着那些被判刑的人的妻子、母亲、兄弟们写给他的信。

他接见了其中一些女人，以及"一位具有杰出才智的美丽女士拉斯图尔夫人"。他承诺会介入。他不断地说："我会做任何我可以做到的事情。"实际上，他正试图阻止处决和流放。

《集合号报》刚刚被授权重新发行，弗朗索瓦－维克多在这份报纸上对梯也尔的政策表示赞赏。雨果对此感到震惊。

"如果你相信我的话，请克制一些，不要盲目崇拜梯也尔。针对巴黎的罪行并未消除。"

他怎么能忘记法兰西如今的现状：被削减、被占领、被勒索、被侮辱。

"自色当战役之后，"他说，"我们有一个决斗需要了结；我是那些想要战争，也因此想要军队的人。"

但他想要的不是一支全是枪决执行者的军队，而是一支爱国的复仇军。

确定了吗？3月16日，《言与行》发表，这本书收集了他自1870年以来的演讲稿和文章，他等待着那些针对此书的评论。随后将在4月20日出版《凶年集》。报纸重新刊出这两部作品的节选，接着专栏作家的评论便汹涌而至。大部分人是充满敌意和轻蔑的态度，有时甚至充满仇恨。

即使前几千本书很快售空，他还是觉得他和部分舆论之间已经形成巨大的分歧。巴黎令他既失望又疲倦。当然，总还有女人。日复一日地，他在他的记事本里记下了他的各种艳遇："欧仁妮·吉诺小姐。全部。我送给她《言与行》和《凶年集》。"

然而这些不足以驱散笼罩着他的忧伤之情。他痛苦地读着电报，电报里告诉他阿黛尔终于从巴巴多斯岛到了圣纳泽尔。"我可怜的亲爱的孩子！……巴阿夫人这个女黑奴陪伴着她，她善良且忠诚于她。"

　　第二天，他拜访了阿历克斯医生，后者在雷沃利街 178 号的家里收留了阿黛尔。

　　"我又看到了她。她已经认不出弗朗索瓦－维克多，可还认识我。我拥抱了她。我向她说了所有温柔和期许之词。她非常平静，有些时候看起来是麻木的。"

　　从这个时刻起，他知道她已经失去了理性。

　　"深深的悲伤。"

　　他想念欧仁、想念莱奥波蒂娜、想念夏尔。

　　"这么多丧事！……我的心都碎了。"

　　他将把她转移到圣芒代的疗养院。"依旧是一扇关着的门，比墓门还要阴暗。"

　　谁能安慰他，远离这种不幸？他几乎听不进朱丽叶充满温柔和同情的话。

　　"我可怜的崇高的受难者，一想到你刚刚遭受的新近打击，我就心痛难忍，我无法抑制自己的悲伤。上帝赐予你天赋，也让你为此付出了惨痛的代价，他让你的生活充满了人类所有的痛苦。"

　　他低下头。成为一个"天选之子"，就是忍受苦难。

　　他在疗养院的花园里再次见到了阿黛尔。她看上去很平静。他试着安抚她。"她总是听到烦扰她，使她不安的声音。她好像被冻住了，但是没有悲伤。"

　　当他离开她的时候，他感觉自己像一个盲人在走路，眼睛被刺穿，胸膛被撕裂。

　　他几次遇见这位"女黑奴"，她令让娜和乔治惊愕不已。他想再次见到她，不过是单独相见。他感觉被她的皮肤、外形和充满异国情调的魅力所吸引。

　　后来，他将在记事本里写下：

　　"来自巴巴多斯岛的塞琳娜·阿尔瓦雷斯·巴阿夫人，来自殖民地的黑女人。我生命中的第一个黑女人。"

　　这个"我生命中的第一个黑女人"，让娜叫她"莫莫玛"，在她返回特立尼达之前，怎么能不努力地再次拥有她？

　　她将阿黛尔的珠宝交给他。

　　"所有东西要么摔碎，要么被偷走了。我在里面找到了我妻子的戒指。为了纪念阿黛尔，我送给巴阿夫人两个金手镯、一枚胸针和一些金耳环。"

　　这个女人身上不断散发着吸引他的力量。就在她即将前往利物浦的前夜，他想要感谢她所做的"一切"。他会给她一千五百法郎的钞票和一件金首饰。

　　她递给他自己的画像，然后她渐行渐远，他感到很孤单……

　　必须快点找到其他的女人。

"帮助伊莲娜·斯坦德小姐。全部。"

"卡洛琳·古德梅兹夫人，几乎全部。"

"塞帕尔夫人（在弗尔利小姐剧院），欧洲广场旁边的莫斯尼尔街 16 号，一直对我复述《玛丽蓉·黛罗美》的第四幕。一半以上。"

幸亏有她们，这些街上的、偶然遇到的、剧院里的女人们！

他穿上外套，去了大公寓，那里摆了一张五十人座位的桌子，可是将有六十二位宾客前来庆祝《吕伊·布拉斯》的第一百次演出。应该会需要第二张桌子。

他在中心位置落座，就在莎拉·伯恩哈特的旁边。那么多美丽、年轻、快乐的女演员们！他站起来，举起杯讲祝酒词：

"我可能会不讨人喜欢，但我的话很简短，"他说道，"我把《吕伊·布拉斯》的第一百次演出献给奥德翁剧院亲爱的艺术家们……敬剧院的财富，就是敬巴黎的兴旺……噢！这个杰出的城市，让我们赞赏它……让我们把荣耀的冠冕戴在它的头上……"

莎拉·伯恩哈特迅速起身说："所以请拥抱我们，我们这些女人。"然后她靠近他的脸颊，继续说："从我开始，从我结束。"这时，他感到十分惊喜。

这些新鲜、芬芳的皮肤，这些他轻抚过的身体，还有莎拉紧靠着他的身体都使他兴奋不已。

他可以，他也想要拥有所有这些女人。她们是生命之源。

不久以后他又见到了莎拉·伯恩哈特。

但是每个离开了的身体都留下了一片空白，他需要填满它。

他收到朱迪特·戈蒂埃的一封信，这个女人的美貌他永远无法忘记。

他经常会梦到她，想象着他可以和这个年轻女子一起逃亡，为什么不呢？就像以前在泽西岛和根西岛那样，与她一起开始他生活的新篇章。

她写得很奇怪，引用了《吕伊·布拉斯》里的句子[1]：

> 我亲爱的主人，
> 在您的脚下，阴影之中，有一个男人……
> 他等着……
> 我思考着，我做了决定。谢谢。
> 朱迪特·M.

---

[1] 《吕伊·布拉斯》，第 2 幕，第 1 场。

他怎么可能不着急，不全力以赴并得到她呢？

如其所愿，他尽可能频繁地见她。可是痛苦仍然存在，因为阿黛尔当前的这种状态，因为保王派、天主教和波拿巴派在报纸上对他大肆谩骂，即使英国、美国访客的赞美之词也不能抹去这些侮辱。他们称赞他："您才是法兰西的国王。"他回答："我在本世纪投入了一场五十年的战斗。"

可这场战斗还没有结束。他想创作《九三年》这本小说，为此多年来他已经积累了很多笔记。他需要平静。八月初，他决定离开去根西岛，就像一次自愿的流亡，以摆脱这个光荣而残缺的巴黎，而且他觉得在这里自己已近崩溃。

8月7日，他最后一次拜访了朱迪特·戈蒂埃，她告诉他她的父亲生病了。"为什么他们两个不都来高城居呢？"他问道。

"他将成为房子的主人，我将成为他的兄弟。他将待在家里，在那里生活和死去。"

当她接受时，他充满了喜悦，但她立即补充说，一切将取决于大海的情况。

他和朱丽叶、弗朗索瓦－维克多、爱丽丝、乔治、让娜以及《集合号报》的记者爱德华·洛克罗伊一起抵达格兰维尔，他再次感受到了波涛汹涌的大海。爱德华·洛克罗伊饱含深情地望着夏尔的遗孀。

他们在根西岛中途停留。看到那些流亡之地的小路，他很感动。他准备在"海景台对面的岩石中洗个澡"，从远处看到的海景台，比以往任何时候都更有"坟墓的气氛"。晚上，在金球旅店的房间里，他被奇怪的敲击声弄醒，这些敲击声常常会让他在夜晚心绪不安。

他记得"那个衣衫褴褛的可怜人"，他在堡垒附近遇见过她，她牵着一个小女孩。这个女人为了仅仅两个苏就卖身给那些士兵！"这太可怕了！"

"啊！上帝！请怜悯这个世界上和这个世界以外所有受苦的人，所有为生活付出代价的人，所有遭遇险境和面临险境的人……请怜悯我那可怜的女儿阿黛尔、我亲爱的孙儿们：乔治和让娜、所有无辜的人、所有有罪的人……所有悲惨的人，还有路易·波拿巴和我……请怜悯我们，请解救我们，宽恕我们，拯救我们，改造我们！请怜悯她和我，请解救我们，宽恕我们，拯救我们，改造我们！请怜悯她和我，我亲爱的儿子维克多和我，所有人和我，请怜悯我们！"

这次祈祷使他平静下来，8月10日，他到达根西岛，内心平静。

早上十点，他走进了高城居。

"花园里满是鲜花和鸟儿。小孩子们喜出望外。"

他和他们一起跑遍了这个小岛，当他们在他身边时，他感觉包围他的所有阴影都在消散。这两个孩子有改变世界的能力。他看着他们，只能纵容。

他受到他们的母亲爱丽丝的责备，然后他寻求女佣玛丽埃特的柔情蜜意。他猜到爱德华·洛克罗伊会指责他，洛克罗伊还会牵着爱丽丝的手，要她惩罚孩子们。

爆发了小小的战争。然后，他回到观景台，重新站在小桌板前。他看着海洋，打开了他的《九三年》手稿。可是孩子们的声音打扰了他，他便俯身看向旁边的房子。

"在我的阳台附近，我漂亮的邻居向外眺望，她似乎很喜欢做我的邻居，"他在本子上记下，"早上她慵懒地起床，打开她的小窗户。她梳着非常漂亮的头发，裸露着手臂，对我微笑。"

他想引诱她，但朱丽叶在一旁观察着、监视着、嫉妒着。他也盼望着朱迪特·戈蒂埃，渴望她来高城居小住。

"您是如此美丽而迷人，"他写给她，"您是如此神圣而美好，请来看看孤独的人吧。有些贵人时不时会来拜访我，他们的光芒会照进我家，请像他们一样这么做吧。"

后来布兰奇，年轻的朗万小姐来了，是朱丽叶让她来拿手稿的，她的到来使得高城居充满了青春气息。他犹豫着是否该靠近她。他可以想象朱丽叶的痛苦和她的责备之词，然而他无法将目光从她的乳房和髋部移开，当她准备离开高城居的时候，他心里觉得很不舒服，好像突然间被自己七十岁的年纪压垮了。

他需要一个女人。可还是打发走了不请自来的玛丽·梅西耶，他不得不这样做，不然就要忍受爱丽丝和朱丽叶的责备。况且布兰奇已经让玛丽·梅西耶的魅力消失殆尽。他思念的是布兰奇，当她不在的时候，他相思泛滥。

随着10月1日爱丽丝、弗朗索瓦－维克多、孩子们离开根西岛，他更感觉自己被抛弃了。年轻的寡妇爱丽丝可能正想着已经回到大陆的洛克罗伊。

他们离开的前一天晚上，他无法入睡。清晨他们收拾的时候，他就一直看着他们。他陪着他们上车，汽车会把他们送到"威矛斯号"刚刚停泊的港口那里。

他跟着他们一直走到街角。

"一切都消失了。撕心裂肺的痛苦。"

为了可以看到轮船出港，绕过费曼湾海角，他很快上楼去到他的观景台。

结束了。

他回到工作之中，继续创作《九三年》。

他抬起眼。他在他的"水晶宫"里摆放了夏尔、乔治和让娜的画像。

他拿起一个新的墨水瓶，打开一瓶墨水，准备好一沓专门买来用于写这本书的亚麻纸。他把一支"旧的好写的羽毛笔"浸入墨水瓶。然而，还是很难开始，因为对乔治和让娜的回忆一直萦绕在他的脑海。他觉得他们不在身边会缩短他的寿命。他需要为他们而工作。

他算了算账，感到很泄气。他只能用《吕伊·布拉斯》的版税来支付花销，"我剩余的自由收入几乎不足以支撑我每年给孩子们支付的年金，给弗朗索瓦－维克多一万二，给爱丽丝一万二，给阿黛尔七千……两年以来，三十万法郎就这么从我手中漏掉（就是这个词）了。我努力堵住缺口，为孙辈积攒财富"。

那么继续写吧。为了这一切，也为了填补孩子们不在身边的缺憾。为了做必须要做的事情：面对这有时会延续到根西岛的仇恨。

一天晚上，几个年轻人在高城居门前高喊："打倒巴黎公社！"一个农民，是个法国人，他宣称：

"如果在我的田里，发现了维克多·雨果和加里波第，我会举起我的枪，像杀死狗一样杀了他们！"

"这种沉重的孤独是我工作的条件。我只剩下一点时间了，而我应该把它用在工作上。"

雨果重复说着这些话，仿佛为了说服自己接受这孤独的状况。"我的兴趣和我的幸福应在巴黎，"他继续说，"可我的责任在这里……我两个小孙儿都不再这儿了。我非常伤心。"

他必须冲向沙滩，大声喊出："我被工作折磨着。"然后再去完成必须要做的事情。

他总感觉死亡围绕着他。最小的儿子弗朗索瓦－维克多生病了。他必须祈祷上帝保护他。泰奥菲勒·戈蒂埃刚死，他是朱迪特的父亲，1830年写作《艾那尼》时的伙伴。

在1872年死气沉沉的这一天，他因为泰奥菲勒·戈蒂埃的离开而悲伤不已。对于他、对于整个时代，都是丧钟敲响的时刻。

> 忘了吧；因为这是定律，没有人能逃脱它；
> 一切都倾斜了；这伟大的世纪以其全部光芒
> 照进我们从中仓皇逃跑的无边黑暗。
> 啊！黄昏中砍伐橡树的声音
> 无比刺耳！
> 死神的马匹开始嘶叫，
> 而且兴奋，因为辉煌的年代即将结束；

这个懂得驯服逆风的傲慢世纪消逝……

噢！戈蒂埃，大仲马、拉马丁和缪塞的同辈、兄弟，

在他们之后你也离开了。

让我们年轻的复古浪潮已经干涸；

因为它不再来自冥河，也不再来自青春之泉。

冷酷的死神拿着他宽大的利刃

沉思着，一步一步走向剩下的人们；

轮到我了；唉！我猜测着温和派的未来，

对着摇篮哀叹，向着坟墓微笑，

黑夜充满了我浑浊的眼睛[①]。

朱迪特·戈蒂埃向他索要这首诗的手稿，这让他很感动。"我把它放在您的脚下。伟大而又亲切的诗人是您的父亲，在您的身上可重见他的影子。因为对理想的深思，他创造了您，无论作为女人还是精神寄托，您都是一个完美的美人。让我亲吻您的翅膀。"

现在，他不能再继续拖延了。

12 月 16 日，他拿起他的笔。

"这一天，我真正开始创作《九三年》。从 11 月 21 日开始，我做了最后的'孵化'工作，即准备、调整和协调整个作品。"

"如果上帝同意，我现在将每天不停地写作。第一个故事便是《内战》。"

他熟悉富热尔周围的小树林或小乡村的景色，他想把朱安党人的故事安排在这个地方。在那里，他的父亲打过仗，认识了年轻的索菲·特雷比谢，在那里，朱丽叶生活过，而且他和她一起在每年的旅行中走遍了整个地区。此外，他想给共和军的首领定名郭文，这是朱丽叶家族的姓氏。在这个忠诚英勇的郭文的对立面，他还要设置一个极为相似的人物，即朗德纳克侯爵，他将牺牲自己以拯救三个孩子。

在这两个人身上，都有一些神圣的地方，而悲剧则源于他们的对立。他必须谴责内战，而不是谴责那些真诚而勇敢的参与者。他将凸现历史上那些命运的主宰者们，也就是马拉、丹东、罗伯斯庇尔。

他又一次感到自己文思泉涌，他只需要每天创作，不去妨碍这些如泉水一样涌现的词句，正如他自己所说的，只需继续"走向前面"。

---

① 《全琴集》，第四卷，《艺术》，第三十六首，《致泰奥菲勒·戈蒂埃》，1872 年 11 月 2 日。

他觉得一切又都井然有序了。

他又开始每个礼拜招待那些贫穷的孩子们吃午餐，他也和他们坐在一起。

"我吃了相同的牛肉，非常好吃，我和他们一样用餐。"

他还给他们送圣诞礼物。

是布兰奇在招呼这些孩子，给大布娃娃（这将作为小女孩们的奖品）穿衣服。他看到她开心、年轻、待在孩子们中的样子时，便心神不宁。如果她接受，他怎么能，而且他为什么要抗拒？

他慢慢靠过去。

当然，他不想折磨朱丽叶"温柔的心灵和伟大的灵魂"。

但是为什么要放弃生活额外的馈赠，为什么要扼杀欲望，不然从哪里寻找写作的能量之源？朱丽叶怎么会不理解他呢？当她读到《九三年》的前面几行文字时不也很激动吗？

到了 12 月 25 日，他还在犹豫不决。他写信给朱迪特·戈蒂埃，仿佛是以此反击这种驱使他走向布兰奇的欲望。

"夫人，您还记得我吗？"他问道。

他留在他的观景台中，想要"疯狂地工作"，可这并没有任何帮助。

他走下楼，看到了布兰奇，他按住她。

她只能回应他，她从来没有把自己身体的任何部分交给过一个男人。

这是一年的最后几天了。他感到精力旺盛，心满意足。

他必须保护朱丽叶，消除她的疑虑。

"我仰慕你，不要让我伤心。"

"相信我，以我们天使的……"

他不愿意伤害她，她不会明白是什么使他与布兰奇联系在一起，他在记事本上称布兰奇为他阿尔芭。

不过生活就是这样。

"灰飞烟灭是被火焰吞噬之物的命运。"

这种确定的想法令他喘不过气。

他无法入睡。

"昨夜，我在梦里看到一个哭泣的小孩，他在呼喊我。"

1873 年

　　雨果放下笔。他闭上眼睛休息了几分钟。他把两只手撑在小桌板上，他已经在小桌板前站了两个多小时。

　　他丝毫不觉得疲惫，相反地，一股干劲、一种能量使他心情纷乱。

　　他究竟是年轻还是年老？

　　他刚刚还沉浸在旺代小树林的树篱中。他参加了内战。他是郭文，是共和军，而朗德纳克是朱安党人。他忘记了自己是个孤单地面对着大海的老人。

　　现在，在 1 月的月初，接近 21 日，路易十六被处决八十周年的日子，他急着开始创作《九三年》的第二部分，"这个部分将是对国民公会的描绘"。

　　他究竟是年轻还是年老？

　　七十一岁又怎么样？他有着郭文和朗德纳克、圣茹斯特和罗伯斯庇尔一样的青春活力！他有着布兰奇的青春活力，对她的回忆烦扰着他，她的天真和真诚使他感动不已。

　　他在记事本里写下：

　　"阿尔芭。危险。要当心。我既不想让她痛苦，也不想让我那心上人痛苦。"[①]他强烈感觉到布兰奇会有危险，而他并不想她或是"占据了我的心"的朱丽叶受到伤害。而据他猜测，多疑的朱丽叶已经在监视他了。

　　可是如何与多年以来他身体里涌起的青春风暴斗争？这风暴让他怀疑自己的年纪，这风暴就如同那些冲向岩石、观景台，淹没房间，浸湿他的书、手稿以及这部德斯伯关于朱安党叛乱作品的巨浪、骤雨、狂风一样强烈。德斯伯的这本书已破烂不堪，因为他经常使用它，而且很难晾干。

　　因此他必须对朱丽叶，对她的聪慧和直觉保持警惕，他必须让她放心。为了改变她的疑虑，消除她的不信任，他不得不更加频繁地给她写信，他已经很多年没有这样做了。

　　"四十年，我亲爱的！到今天晚上，就四十年了！这份漫长的爱情多么美好。漫长的爱，伟大的爱！"

---

① 原文为西班牙语：Alba. Peligro，Aguadarse. No quiero malo para ella，ni para la que tiene mi corazon.
　　阿尔芭指布兰奇。

他没有说谎。朱丽叶就是"占据了他的心"的那个人。但是他没有想到布兰奇会爱他。然而，这个年轻的女人并不像其他那些女仆，她们可以随便调戏，占有，然后拿着得到的钱，仿佛甚至不再记得之前的拥抱。

雨果打开他的记事本。他又开始写。而这一次，他用了拉丁语，另一种掩盖的方式。

"我喊道：'我一想到你就冲动不已！'她说：'我爱您。'[①]"

因为当他喊着"我一想到你就冲动不已"，她回应"我爱您"。他们两个人之间，不仅仅只是欲望，而是爱情，也正是因为这样，他重拾了欢愉和青春。

为了保持并继续追求与布兰奇的这种关系和激情，他必须转移朱丽叶的注意力。布兰奇似乎也享受着这份激情，她是如此的年轻，身体如此的紧实。

于是，他把这些短小的句子写给生病卧床的朱丽叶。

"我亲爱的可人儿，你是如何度过漫漫长夜的？昨天你应该很难受吧。如果你的夜晚很美好，请写信告诉我。当我看到你在受苦的时候，我无法活下去。你是我的灵魂。"

她知道他需要自己，需要她对他的崇拜，比以往更加狂热。

她对他说："你的诞生比基督的诞生更光明、更有益，为人类带来更多欢乐。在下一个时代，人们将会用维克多·雨果来纪年，就像人们用耶稣纪年一样。让我亲吻你的双脚，我爱慕你。"

他回信道："我祝福你，哦，我亲爱的天使。"然后又说："我要求你的夜晚也能和我的一样美好，我亲吻你的双脚，温柔的可人儿。"

然后他走向布兰奇，当他抱着她的时候，他忘记了自己刚刚庆祝了七十一岁生日。

但是有一天，当他正在写作时，他感觉脚后跟剧烈地疼痛。

一根刺扎进他的脚跟，他无法站立，只能坐着写书，而且他觉得腿非常沉重，脚踝又肿又痛。

在这一刻，他好像重新发现了身体的脆弱、自己的无能为力，还有年龄。

他不想死在这里，死在根西岛。也不是现在。他的这本书还未完结，他还有那么多其他的书已经在脑海里构思。那么多诗句在他身体里激荡。

"在我死之前，我致力于完成一本自己一心想要写作的书……在我看来，作家是神秘的排字工，而创作一本书，就是履行职责。"

他蹒跚地走到窗前，远望地平线。

"巴黎没有被任何事物取代，甚至海洋也不行。把我困在这里的是还没有完成我此生所有义务，没有尽可能完成我的作品之前不能死去的必要性。在这里工作一个

[①] 原文为拉丁语：Clamavi: ardeo dum tibi cogito！Dixit amo vos.

月等于在巴黎工作一年。"

但是他很痛苦，就好像是因为未能去法兰西剧院参加《玛丽蓉·黛罗美》的重新上演而受到了不公正的惩罚，保罗·莫里斯对他说是"一次巨大的成功"！收入六千四百四十六法郎——太好了！法瓦尔小姐非常出色。

他叹了口气，但还是必须继续完成他的任务，因为死亡来得如此之快。

拿破仑三世于1月9日去世。"如果是三年以前，这会是一件幸事，而今天这也不再是一个不幸。"另外，他从不恨这个人。他拼命地与他战斗过，但他始终认为，他对"拿破仑小人"的暴力行为将使他有一天可以倡导宽恕。

而且他时常自问他是否不是唯一一个拒绝复仇的人。因为几乎每个星期，在萨托里依然还会枪决。梯也尔已经请辞共和国总统的职务，但是情况更糟，新总统麦克-马洪元帅身后那些军队的人掌握了权力。他们相互支持，相互庇护，进行报复。巴赞元帅，是战败者，是懦夫，发现麦克-马洪元帅减轻了对他的刑罚。而大家又重新开始谈论罗什福尔的流放。他必须对其加以保护，写信给议会主席布罗伊公爵，请他干预支持罗什福尔的行动。罗什福尔是一位作家，公爵不是法兰西学院的成员吗？

但是布罗伊答复道："罗什福尔先生所具有的天赋才干增加了他的责任感，但不能成为减轻对他的罪行的惩罚程度的理由。"

恐怖。

罪行在哪里？好像这些帝国元帅，波拿巴曾经的帮凶，在成为共和国的管理者之后，可以公正地判断罪行？又是谁现在只梦想着准备回归君主制？

好吧，回到《九三年》，写写写，带着抱紧布兰奇身体时一样的热情。

6月9日，十二点半，他完成了这本书。

"我还需要对一些小细节做修改。这还得十五天左右的时间。"

这是充实与宁静的片刻。作品完成了。很快他便可以把它读给亲近的人听。他觉得需要与弗朗索瓦-维克多还有奥古斯特·瓦克里一起分享他的喜悦。

"我亲爱的维克多，我一定要向你宣布，在理想范畴内你有一个新的兄弟诞生了，也就是我的这本书……这只是第一个故事。内战，这本书只描绘了整体的一个部分，即旺代地区。如果我有时间写完全部，会特别恢宏，然而我没有时间了……"

的确，他感到了新的痛苦，也许是由于连续几个月写作《九三年》而引起的疲劳。

弗朗索瓦-维克多病了。在他收到的儿子仅有的几封信里，他仿佛听到儿子呼吸困难。

阿黛尔还活在她疯狂的世界中。朱丽叶刚刚发现了那个私密记事本，她翻了几页，停在用西班牙语和拉丁语写的每一行。她怎么能不猜测这些隐藏了什么？

然而，她只是指责他使用了一些"故作风雅的语言，但这就像用炽热的烙铁刺穿了我的心"，他听到这些话时，十分惊讶。她又加了一句："我爱慕你。"

她不明白是什么将他与布兰奇联系起来。尽管如此，当她决定把这个年轻的女人送回法国时，他还是不得不同意。而布兰奇也巧妙地假装想要回去结婚。

布兰奇在朱丽叶那儿被昂里埃特取代，在这个早上出发前往圣马洛，因为没有船去格兰维尔。雨果心里难受，一直注视着船帆。他只有听朱丽叶的讲述，因为她去送"布兰奇离开，也有一些激动，尽管我有或我认为我有，这是一码事，很多理由不让我为她的离开伤心"。

他什么也没说，低下了头。

"再说布兰奇，"朱丽叶继续说，"她希望离开，而且脸上洋溢着喜悦。我真诚地全心全意地希望她能如愿在巴黎找到幸福，她也有权获得幸福。如果需要我贡献自己的一份力量，我都会以热切而愉悦的方式去做到，只要不会损害我自己的幸福。"

他等待着，盼望着。7月12日，布兰奇又回来了。"她已经到了。"当他再次见到她，拉着她时，他无法抑制自己的兴奋之情。

他知道自己忘记了一切该有的谨慎，因为岛上哪个居民不认识他？可管他呢！布兰奇秘密地回来了。

"噢！爱情，绝妙的爱情，就是神秘！……"

他又重获年轻。

"从三点到六点，整个左腿。"然后是另外一天"整个右腿"。

"一切，全部。"①

爱情的狂热令他着迷，不过他还是担心这个冒险会在岛上被发现。

已经有人认出他了，称呼他为"幽果先生"。布兰奇不得不离开。在经历了十天的隐蔽生活，热情、隐秘、冒失的相会之后，7月22日，他看着她登上那艘船远去。

因此，很快，他再也无法忍受在这个岛上流亡了，他着急去巴黎与布兰奇相逢。他急急忙忙地清空堆着手稿的柜子。

7月30日，七点五十分，他与朱丽叶和两个女佣一起离开根西岛，登上"公主号"，向瑟堡出发。

31日，他到了巴黎。

他先是住在了比加勒街55号，然后又搬到奥特伊，在一条私人小巷里，也就是

---

① 原文为西班牙语：Toda，Toda.

西克莫路的蒙莫朗西别墅。他再一次见到了让娜和乔治、爱丽丝、弗朗索瓦－维克多。

看着面色苍白的儿子，他情绪激动。

不过就是这样，尽管弗朗索瓦－维克多渐渐地并且越来越深地陷入疾病和痛苦之中，可他还是只想再次与布兰奇重逢，把她安置在自己的家里，这样就可以每天都见到她，在杜奈尔码头的小公寓里爱她。而且每一次都很美妙。

他满怀激情地爱她，然后和她一起去植物园散步或乘着敞篷马车闲逛。

他躺在她身边，延长了亲密的时间，从两点到六点。

他又感受到了那种已很久没有体会过的嫉妒。他在记事本上写下："她开始与某人合伙欺骗我，她无法解释，这次是她最后一次与我断绝关系，而我不会让她陷入孤立无助的境地……"

然而当她靠近，当她与他待了一整个下午，他记下，"她似乎充满柔情蜜意，也非常后悔"，他让步了。

当她把自己房子的钥匙给他时，他还是会感到得意和喜悦。他觉得自己很强壮，很年轻。他饿了，他狼吞虎咽地吃着饭菜，旁边坐着他那裹在被子里咳嗽，打盹儿，疲倦的儿子。

他清楚地知道这是不公平的，但是能做什么呢？他还活着。他爱，他享受，他斗争。

9 月 16 日，他得知德国军队开始撤离法国，因为政府已经根据和平条约支付了五十亿法郎。听到这个消息，他感到很惊愕，他愤慨地读着那些充满兴奋的评论。到处都只是谈论"领土解放"的问题。怎么可能是这样的盲目，这样的自私自利呢？

他觉得这个国家已忘记了它的历史和它的英雄们。

每天当他坐在驶向布兰奇家的公共马车的顶层时，他构思并创作了这些诗句。他的思绪完全被英雄时代的回忆所占据，他的父亲和他的叔叔们都是那个时代的参与者，而且他可以在自己身上感觉到那个时代的烙印。

他回到家。桌上有一封信。朱丽叶告知她已经发现一切，她无法理解这种表里不一，她不能接受，她要离开。

这一天是 9 月 19 日，十九点三十分。

"灾难。恐怖的焦虑。骇人的夜晚。"她去了哪里？"绝望地寻找……"

"我的灵魂离开了。"

绝望的感觉压垮了他。

"所有的折磨碰到一起。他必须保密。我不得不保持沉默并且表现得若无其事。没有过如此的痛苦……我要到处去寻找。我也想要去死。我真的心如死灰。她已经不再在那儿。不再有光明。三天以来不吃不喝，发烧。我去找了通灵人（霍利斯夫人，斗兽场街 11 号），得到含糊不清的答复。结果将会如何？"

9 月 23 日，六点，终于收到一封电报。她在布鲁塞尔。他仿佛可以重新呼吸了一样。不过他还是无法成功入睡。他在挣扎，迷糊了一阵，惊叫一声醒来。有人在敲房间的门，三下三下地撞击着，很奇怪而且非常用劲。

她要回来了。

他在北站的站台上等着她。

"我花一个苏买了个面包，只吃了半个。"

他好像一个年轻男人，找到了自己那喜欢嫉妒、逃跑了又回来的情人。他紧紧地抱住她，和她共进晚餐。

"她的抽屉里有十二万法郎的不记名股票，她走的时候什么都没有带，就带着向她的女裁缝借的两百法郎。"

如她所愿，他以弗朗索瓦－维克多的生命起誓，不会再见布兰奇，但是他的内心惊惶不安，一种深深的恐惧。

不过，他重申了这一誓言。她还是有些疑问："我的灵魂已疯狂，以至于我已经无法区分你我了。我所知道的一切，便是我将无法长期抵抗从我那可怜的旧爱身上不断生出的冲突，我的旧爱被那些呈现在你面前的年轻诱惑所纠缠，你可能并没有主动寻找，但这无法得到证明……在你想得到的所有这些花枝招展的女人中间，我的旧爱愁眉苦脸，这些女人还争先恐后地重复着熟悉的叫声。这种荒诞的狩猎持续已久，而你对此似乎并不感到疲倦或沮丧……从今天开始，我将锁上我的心门，然后走到上帝的身边……"

他想让她放心。但是他如何能放弃一个女人的裸体，放弃由此而引发的欲望？

她猜得到吗？她说："我向上帝祈求，以你生病的儿子的生命所做的鲁莽和渎圣的誓言。"

太迟了。

12 月 27 日，雨果听到一个不认识的声音叫他，告诉他有辆汽车在下面等他，就在他正写作的比加勒街 55 号门口。

"您的儿子……"

他急忙冲下去，"穿着睡衣，长裤和拖鞋"。

他来到德鲁奥街 20 号，弗朗索瓦－维克多住在那里，由夏尔的遗孀爱丽丝照顾着。

走进房间，他便看到床幔是关着的，爱丽丝坐在扶手椅上，像昏迷了一样。

他打开床幔。

"弗朗索瓦 – 维克多好像睡着了一般。我轻轻抬起他柔软温热的手。他刚刚断气，如果说他口中不再有一丝气息，他的灵魂依然显示在他的脸上。"

"啊！我亲爱的温柔的弗朗索瓦 – 维克多！"

他不得不又一次看到一个孩子的遗体，最后一个儿子，他的脸被鲜花环绕。

他跟随灵车到拉雪兹神父公墓。墓穴里已经没有位置了。人们把弗朗索瓦 – 维克多的棺材放在一个临时的墓穴里。

他听着路易·布朗在葬礼上关于弗朗索瓦 – 维克多的讲演，布朗又补充说：

"至于那位被如此多不幸压倒的杰出的老人，为了帮助他承担每一天的重担直至死亡，他还有信念，而这信念就呈现在这些美妙的诗句里：

> 坟墓是崇高的延伸。
> 我们以为会坠落其中，却站在了上面。[①]

他看到无数的手伸向他，他必须握紧它们。他还看见了流泪的女人们，呼喊声围绕着他。

"维克多·雨果万岁！共和国万岁！"

他上车的时候感到有人扶了他一下。

他低声说："又一次打击，一生中最沉重的打击。现在我只有乔治和让娜了。"

然后他继续说："我太难过了，但是我还有信仰。我相信人类的不朽，就像相信上帝的永恒。"

这一年的最后几天，他想要工作，在校样上修改《九三年》最后一部，即第三部的最后几页"。

他非常仔细地读着每一页。时间慢慢过去，焦虑渐渐消失。到了 12 月 31 日。

他在他的记事本上写下：

"这致命的一年将要结束。

"晚餐后，我们安顿孩子们睡下，他们有许多新年礼物，非常开心。"

---

① 《凶年集》，三月，第四首，《葬礼》。

第十章

1874—1878 年

1874 年

雨果起床，他在房间里摸索着走到桌子旁边。他知道，除非写下脑中一直回响并把他唤醒了的那些句子，否则他将无法安宁。他在昏暗中寻找他的笔、墨水瓶和一令纸。他写了一些自己都无法辨认的文字：

现在我为什么活在世上？为死。[①]

他靠着桌子站了片刻。就是这样，带着这句夜里脑海中闪现的诗文，他跨进了新的一年。

他坐下来，感觉有些有气无力。已经是凌晨两点，重新找回睡意还有什么意义呢？

他点亮房间的灯。慢慢地，他看清了手稿，还有那必须尽快完成修改的《九三年》的校样，因为这部小说 2 月 20 日就要出版了。2 月还是他的生日月，是对他的一生有深刻影响的月份。就在这本书面世几天后，他将迎来七十二岁生日。桌子上还有一些书稿，以及他刚刚开始创作并取名为《我的儿子们》的作品。

仅仅是重读这个标题就让他难受不已。他看到他们的面孔浮现在眼前。

---

① 《见闻录》，1874 年 1 月 1 日。

"我的夏尔还没有读过《凶年集》。我的维克多还没有读过《九三年》。可能他们从另一个世界能读到的。"他自言自语道。

他写下几行字。

"……每个人都会死，死去的人只会让活着的人哭泣。耐心点，他们不过是先走一步。公平的是，所有人都将迎接黑夜的到来。公平的是，所有人都会一个接一个地得到他们应得的。特殊照顾不过是表面上的。坟墓不会遗忘任何人。"

他在镜子里打量自己。他已是个老人，眼睛肿了，上身也已经发胖。他感觉每一次磨难都在他脸上留下了印记。他已经经历了他应得的，巨大的不幸。

可能吧，正如朱丽叶刚刚对他重述的："常言说你的才华越出众，你的心灵越伟大，生命中成千上万的困难就会越大和越多。人们说痛苦每天都会到来，而对于你来说，是每一分钟。我们甚至可以说，你的脉搏每跳动一次都会带来新的忧愁。"

但是除了她以外还有谁会在乎这些？

他希望人们知道他的感受，对于人们对他的关注他不抱任何幻想！人们要求他做些事情。而他们能给他什么呢？

昨天，他收到一个女人的来信，这个女人叫莉亚·德·阿尔玛，住在拉法耶特街 103 号。她已经给他寄来了很多"纯粹的爱"的书信。他拒绝见她。朱丽叶一直缠着他，直到他承诺不会对这些信件做出回应，而现在，这个陌生女人在信里写道"明天她将会在早上十一点自杀"，如果他不去她家的话。

他不会去的。

他不能给所有女人回信。朱丽叶是一个很警惕的看管人，她会把他每个月收到的"神秘"花束烧掉，她还曾经把另一个陌生女人妮娜·德·卡里亚斯寄来的一大束丁香和玫瑰退回去。

她不断发动战争。尽管现在她和他生活在一起，就住在克利希街 21 号的这个房子里，他们在这一年的年初刚搬过来，但她还是不停地抱怨。因为她住在 4 楼，而雨果和孩子们住在 5 楼！她抱怨爱丽丝，称呼她为"夏尔夫人"，并指责她有"冷淡和利己主义的要求"，责备她"交友不慎，听取不明智的建议"。的确，为了向夏尔的遗孀献殷勤，爱德华·洛克罗伊经常在房子里出入。这难道不正常吗？爱丽丝还很年轻，她可以接受别人献的殷勤。不过似乎朱丽叶无法理解这些。她总是嫉妒，猜想他是否还继续与布兰奇，"阿尔芭""赛多利斯"见面，"阿尔芭""赛多利斯"都是后来他在记事本里给布兰奇取的名字。他每天都坐着公共马车去她家。朱丽叶就会责骂他，控诉他，她感到气愤。她质问他，为什么不像以前那么专心？"我更希望这三个会引起争吵的问题没有答案……女人就像你的伤口，伤口裸露在外，不断变大，令你痛苦，因为你没有勇气一劳永逸地烧灼伤口……我认为你最好慢慢摆脱所有这些只穿着胸衣和内裤的轻佻女人，她们像没喂饱的母狗一样围着你打转。"

他必须让她冷静下来，必须给她写一首诗。他为这首诗取了一个可以让她平静的标题:《致不朽的爱人》。

> 什么？您，灿烂、荣耀、光彩夺目、优雅，
> 不会逝去的您，竟害怕路过之人[①]？

然而她并不上当。她感谢了他，然后又满面愁容地说道:

"请允许我将那虚假的人道尊重从你心中驱逐出去，你把它当作对我的爱，而其实这不过是对一个老女人的怜悯……再用一个年轻女人替代这个老女人。不要对我说不是这样的！你对自己撒谎有什么用呢，既然我已经知道真相了，并且我认为自尊心、骄傲和爱使我有对抗它的勇气？

"我放弃这场战斗，因为在这场战斗中我只剩下笑柄作为武器。"她总结道。

她已经对他这样说过多少次了！他们互相发了多少誓？他坚信他们不能分开，他们是基于一种高于所有其他的爱而结合在一起，但是这种爱并不能阻止他被这些自动送上门的年轻的女人们吸引。

他希望每天还能见到布兰奇。他想要见到朱迪特·戈蒂埃。他还会让朱丽叶读那些他寄给朱迪特的诗，也许这样她就会相信他没有对她隐瞒任何事情。

朱丽叶听着，她正因面容苍老而痛苦。他哄骗她、安慰她，还许下承诺。他说:

"我这个年纪的思想，就应该是工作、放弃一切，并且盼着死亡到来。我尽力让自己适应这些。"

他很真诚，同时也很激动，他每天都像以前一样热情地写诗，并且继续创作《我的儿子们》这部作品，他想在五月完成这本书。

他一步一步追踪《九三年》的命运，人们争相购买最早出版的一千本。第一批已经售罄，所以必须紧急进行新一轮印刷。他得知《凶年集》这本书也已经售出八万多本，插图版售出超过九万，《集合号报》因连载了《九三年》，报纸的销量增加了数万份，他对这一切感到十分高兴。

尽管他心中一直萦绕着死亡的诱惑以及确信死亡就在近旁，可无论如何，他还活着。

---

① 《全琴集》，第六卷，《爱》，第五十一首，《致不朽的爱人》。

"我就像被砍伐过好多次的森林，"他说道，"新的树桩会越来越强壮、越来越有生命力……我觉得我不过只表达出了自我的千分之一。"

他知道人们会听到他说的话。可大家理解吗？评论家们接受《九三年》，却又带着一种盲目的傲慢，对此他即使想要无动于衷，也做不到。

他希望在这本书里"把革命从恐怖之中解救出来，人们曾以为自己控制住了恐怖；在这本书中，我以纯真操纵革命；我尽力在这个令人恐惧的数字——93——之上投射一道抚慰的光芒；我希望人类的进步能继续完善法律并且停止制造恐惧"。

这就是为什么人们会认为这部小说是"巴黎公社的辩护书"，或者，这同样也是错误的，因为"我们在这本新书中只找到了又一个保王主义者"！

他的思想有可能如此地脱离当时的法国吗？

自 1851 年 12 月 1 日，也就是政变前夕以来，他第一次来到法兰西学院。守门人甚至现任护卫队长都不让他进入！先是守门人拒绝让他进入会议室，而护卫队长害怕叫错名字，便没有称呼他，并且声称没有见过他！

难道他就只是这样了吗？一个被大家无视的人，或是被大家攻击的人吗？就因为他不想放弃和停止谴责不公？那些巴黎公社社员依然还在被枪决！而且与所做的所有承诺背道而驰，罗什福尔被押送到了新喀里多尼亚！所以他必须在公开募捐中捐一笔钱，用于帮助罗什福尔逃跑。

他写信给正在为罗什福尔筹集资金的埃德蒙·亚当太太，信里写道："在这封信里，我随附上一份票据，阿歇特出版社将于 4 月 15 日支付我几千法郎，我把这笔钱交给您，请您将其用于我们的朋友罗什福尔的相关募捐……这是违反法律的。太好了。违反一项糟糕的法律总是好的。"

当他得知罗什福尔和他的一些同伴终于逃走，重获自由的时候，他很高兴！

不过痛苦、忧伤和不安总是如影随形，继续纠缠着他，这快乐的时刻很快就消失了。朱丽叶生了病，染上肺炎，非常痛苦。

"我照料我可怜的病人，在她肋骨两边涂抹棉油给她按摩。我看到她几乎赤裸着身体，这样的事已经很久没有发生了。她一直有一个完美的身体。"

然后还有孩子们。他希望他的第一个孙子小乔治的遗体，可以埋葬在拉雪兹神父公墓雨果家族的陵墓里。这样便不得不去布鲁塞尔安排挖掘事宜，然后将其迁回巴黎安葬。他看到所有的棺材一个挨着一个摆在墓穴里，觉得更加痛苦。

每次乔治和让娜生病，他都忧愁不堪。就这样，他似乎因焦虑而瘫痪了。乔治恰恰在这时遭遇了风湿病危机。医生们很担心。孩子呻吟着说心痛。还有阿黛尔，他去圣芒代看望她，"唉！比死人还要死气沉沉。"痛苦是如此强烈，他只能在记事本上写下这些：

"有一些情感我并不想留下痕迹。昨日我去看望了我那可怜的女儿，多么让人沮丧！"

谁会在乎他正经历一生中最痛苦的不幸？儿子们死了，女儿活着却像死了一般。

他确信有些人不会原谅他想要"在政治中引入道德问题和人道主义问题"。但是他问自己，现在他应该把什么放在首位？

他给乔治和让娜写道："我只存在于你们这些我最爱的人之中，我祝福你们。"

他感觉自己对亲人的爱与得到的爱融合在一起。

1875 年

他把刚刚浏览完的报纸一把推开。

报纸？不过是极端保王党的印刷品，从前他可能会这样说。有人在那上面辱骂他，他们批判他在 1875 年头几周发表的一本小册子。他在小册子中为一名士兵辩护，这个士兵"布兰克，是埃克斯驻军 112 线的一位射击手，因侮辱上级而被判处死刑"。现在已经宣判了这个农民步兵将被处死。雨果再一次怒不可遏。怎么，他们放弃了处决巴赞这个元帅和叛徒，却要枪决这个士兵？他已经准备好，只要这种不公正的现象存在，他就一直揭发。

"我曾经为巴赞元帅求情，现在我要为布兰克求情！"

这就是那些"印刷品"辱骂他的原因，这些印刷品要求政府"顶住雨果先生的压力"，而且这些骂人者要求处决布兰克。

雨果甚至不愿回应这些抨击。只要他们愿意，他们还会向他的窗户扔石头。他们就是这么做的。

有什么意义？决斗的时间已经过去了。在死亡来临之前，他必须用剩下的日子尽力拯救一个人的生命，并且继续创作。政府做出让步，将这名士兵的死刑减刑为五年监禁，不降其军级。

而死神每天都在带走人们的生命。他刚刚悲伤地得知他的内兄保罗·富歇去世了，他们前几天才碰过面。他还必须去历史学家和哲学家埃德加·奎奈的葬礼上讲话，他以前经常与奎奈交谈，并且很钦佩他。

悲伤。

"奎奈是一位智者，一种精神，"他说道，"也就是说，他是那些不会衰老并且会随着年岁的增长而更睿智的人中的一员。"

他希望自己也能成为那样的人。他是他们中的一员。而且他希望继续如此，直到生命的尽头。

他依旧每天去见布兰奇。不过还有奥古斯汀，这是他去根西岛小住一周时遇到的一位女佣。他这次去根西岛是为了把他所有的手稿带回巴黎。

"奥古斯汀，第二次。有点糟，"他记下。然后，"奥古斯汀，第三次，更少一点。"

他回到巴黎，立马就去布兰奇的小公寓里与她见面，他们将不得不离开这个地方，因为这里建了一座桥，附近的街区都将被拆除。

"房子将倒塌，桥竣工了。"他把布兰奇安置在了他称为"四十个巨人"的地方，这是一条神秘的街道，他甚至不想把街道的名字写在他的记事本上。

除了布兰奇，还有其他所有女人，"阿尔巴斯特，两百……玛丽，二十……克里米亚，一百七十……瓦里亚，两百三十"。

有时候，他记录得很详细。

"以货换货。电车。亚里士多德。在两个地方，我也是。"

"亚里士多德"，他重新写了一遍。他希望这样他就能记起这是月经之血。

"快感和残暴，"他说，"同样的怪事。"

是的，"我疯了。我喜欢，而且我也是一个老疯子"。

他必须又一次尽力去安慰朱丽叶。然而他感觉到她正渐渐变成令她自己绝望的老妇人。听她说话的时候，他的心一直紧绷着：

"至少对你来说这很痛苦，肉体和精神上的衰弱几乎已经完全吞噬了我，而我现在已经无力对付它了，就像你很久以来就已经看到的那样……而且这无法补救，因为在我衰老的时候，你仍然处于力量、健康和荣耀的顶峰，并且你及周围的社交需求还在增多变大。"

她阻止他回复，要他继续听下去：

"我伟大的爱人，对你来说，在我死去之前，从现在开始寻找替代我的人是明智之举。"

他激动地叫嚷起来。他们将会一起走到生命的尽头。

关于他最近遭受的一切，他不想让她担心，连他自己也不愿再想起。

6月30日，他修改了《言与行》其中一册的校样，里面记录的是流亡时期的事，将在几个月后出版。《言与行》的第一册已在五月出版，里面收集了流亡之前的作品。可是突然间，他觉得自己失去了记忆。

"我发现自己有记忆突然消失的奇怪现象，"他说，"这一现象持续了两个小时。"

难道这就是死亡的第一次警告，似乎生命宣告它即将逝去，就如这记忆一般？

几个星期以后，他感觉死亡又给他发出了一个新的信号。

当他坐在公共马车上的时候，"顶层下来的一个蠢家伙跌到了我身上"。

"摔倒。不太痛。膝盖擦伤。裤子被撕破。身上某些部位感到疼，我想纯粹是肌肉性疼痛。"

他想对此付之一笑。

"我起身跑起来，"他说，"为了不让宗教报纸高兴地宣布我已经死了……我回到家什么也没说。"

但是他不相信这是偶然。

"警告，"他写下，"感谢上帝和我们的天使。"

而且他觉得每天都"有人"警告他。

晚上，他又听到了敲击声。孩子们喜欢的一只小鹦鹉也死了。他掉了一颗牙。肾绞痛使朱丽叶十分虚弱，这个病让她痛苦不堪、精疲力竭。

死亡来了，它伺机而动。它会猛扑过来吗？

应该提前做好准备了。

他开始起草他的遗嘱，为了在他死后能将他留下的未面世的作品出版。

"我亲爱的儿子们已经不在人世了，我将出版事宜委托给我的三位朋友负责：保罗·莫里斯、奥古斯特·瓦克里和勒费福尔……为确保所有作品的出版费用充足，可以从我的遗产中拨出十万法郎，分配给上述费用……此遗嘱由我亲自订立并书写，立遗嘱时，我完全处于精神和身体健康的状态。"

晚上，他招待十多个客人共进晚餐，每个星期他都会这么做好几次。朱丽叶稍微恢复了一些，可还是有些无力，她坐在长桌的主宾位，旁边有路易·布朗、儒勒·西蒙、甘必大、克莱蒙梭、福楼拜、埃德蒙·德·龚古尔、邦维尔，还有爱丽丝，她身边坐着爱德华·洛克罗伊。

餐厅的天花板低矮，点着煤气灯照明，大家在热烈的气氛里喝着香槟。

就这样被亲人和朋友围绕着，他感觉良好。他希望乔治和让娜也加入这场聚会，即便他们正在睡觉。

晚餐快结束的时候，他站起身，慢慢地戴上他的眼镜，几个月以前他才开始用眼镜。

他背靠着壁炉，开始朗诵他写的新诗。他的声音变得越来越清晰，仿佛岁月都被抹去一般。

1876 年

这天早上，雨果一直想着乔治和让娜。他想起前一天，12 月 31 日的晚上，当他们发现一堆玩具的时候，笑得有多开心。他们冲到母亲面前，一把搂住她的脖子，跳到她身上。

他为这两个孩子创作。将来有一天，他会把这些由他们激发灵感而写出的诗歌收集起来，他也必须这样做。看着他们，他再次感到无比的幸福和不安。他想起了已经离去的孩子们，想起了阿黛尔，他很少去看她，因为他不知道还能为这个"活死人"做些什么。

他向朱丽叶倾诉。

"总是一样的状态，"他说，"她希望我能让她从疗养院出来，唉！相见只会让我们两个都痛苦。"

幸运的是，还有乔治和让娜的微笑和欢乐。和他们在一起，他懂得了"做祖父的艺术"。他带着他们去植物园，在那里有时会遇见玛丽·梅西耶，有时会发现布兰奇正等着他，把乔治和让娜送回克利希街以后，他便转回去找她。

言语、女人、爱情、她们的肉体还有孩子们，这些就是生命的颤动和秘密。他的生命秘诀。

他把孩子送回到克利希街，在这里他经常需要帮助爱丽丝和朱丽叶和平相处。

朱丽叶是这个房子的管家。晚餐总是要招待十来个宾客，都是食量很大的饕餮。必须提供香槟、鱼或虾作为开胃菜，还要有带血的烤牛排、奶酪和甜品，最常见的是冰淇淋。

"我很焦躁，因为几乎没有好结果，"朱丽叶说，"我全力以赴、一心一意，除了向你证明我无用的爱以外，在一天结束时我什么也没得到！"

每天她要安排"五个主人和五个仆人"的饮食，还有经常来访的客人，临时安排的宴请。

"我觉得让你的家恢复有条不紊是十分必要的事情，而我已经准备放弃了……我请求你让我去根西岛度过余生，或者是去我有权利爱你的其他地方，如此，既可以给其他女人留出位置，又不会让你家里的气氛忧伤。"

但是他知道这些话语和这些愿望都不过是一种抱怨、一种哀叹，或几乎是一种仪式，所以他不得不再一次坚持：

"一切都很好。我需要工作。你是我最深爱的情人。"

她平静了一些。终于他又可以外出，坐着有轨电车或公共马车去御座广场、巴蒂尼奥勒或植物园。他重新见到了布兰奇或玛丽·梅西耶。她们都是欲望的游戏，可以让他忘记时间的流逝。他会给她们俩付钱。除她们之外，他去见的其他女人，他都会记在记事本上："J.E. 亲吻。77，安坦大道。"

还应该补偿一下那些能让他回想起他曾经爱过她们的女人："雷沃利街 182 号的多内夫人向我借钱。我决定赠予她两千法郎，并且立即汇去。"

必须成功地向朱丽叶隐藏这些。可她会上当吗？她想要重返根西岛。对于他依然试图参与政治生活，她感到很遗憾。但是很多人请求他……

克莱孟梭坚持要求他作为巴黎市议会委派的候选人参与参议员选举。他毫不犹豫地答应了，因为他感觉他将能够对国家的发展产生更多的影响，将自己的声望和自己的过去服务于共和国。

去年，为了让共和国延续下去，一项瓦隆修正案以多数票投票通过，根据宪法对其进行了确立，然而这还不够！麦克－马洪一直还是这个共和国的元首，即使他被迫选择了共和党人儒勒·西蒙担任议会主席，一切都表明他并没有放弃推翻共和国。

因此必须行动起来。

"我们应该放弃一切空想，"雨果呼吁，"请接受男子气概。男子气概就是共和国！"

大家开始投票。他猜到结果尚不明朗。他确实不在前三位当选人之列。不过在参议院所在地卢森堡宫附近的街道上，人群不断欢呼："维克多·雨果万岁！"他希望躲开这种过早的热情，还有第二轮投票。他在盖－吕萨克街的一家旅馆内躲了一段时间，后来，当他重新回到参议院，他感到很惊讶，因为迎接他的执达员扶他下车，并对他说："请小心，参议员先生。"

他当选了！不过是以 219 票中的 115 票险胜。路易·布朗也是候选人，他没有当选。

雨果在卢森堡宫的大厅门口停留了片刻。

"自 1848 年 2 月 25 日以来我再也没有来过卢森堡宫的这个大厅。那时我走出去时是贵族院议员。今天我回到这里成了参议员。"

当他参加在凡尔赛宫举行的第一次会议时，他只有一个念头：尽力通过一项对巴黎公社社员的大赦法令，这些公社社员现在还在接受审判，被流放。

他想对那些他收到的哀伤的信件做出回应。

为了推迟将被判刑者运送到新喀里多尼亚的轮船开航，他在麦克－马洪跟前进行干预，但是徒劳无功。他认为，必须等到参议院就大赦令的提案表达意见，5 月

22 日他将为该法令发言。

"我要求大赦，"他开始说，"必须修复所有伤口。必须熄灭所有仇恨。"

当他想到 12 月 2 日的政变参与者不仅没有受到惩罚，反而被颂扬，但是对 1871 年 3 月 18 日巴黎公社的起义者们却毫不留情时，他愤慨得不能自已。

"在 12 月 2 日政变之后，又在色当用愚蠢的行为叛国，利用共和国的衰落推翻共和国，这些罪行的凶手已经死在了自己的床上……就是这样，相隔二十年，两次叛乱，对于 3 月 18 日和 12 月 2 日的这两次叛乱人们采取了两种不同的对待方式：镇压人民，冷酷无情；面对皇帝，卑躬屈膝。是时候放弃这种耻辱的双重标准了；我要求针对 3 月 18 日的事件进行完完全全的赦免。"

他看到大多数参议员愣住了，而极左派的参议员则鼓起掌。投票结束：他的提案只得到十票！

还有更糟糕的。他没想到甘必大会谴责大赦，甚至敢断言帝国时期流亡的共和党人没有为法兰西做出任何贡献！甘必大如何能不自知已成为众矢之的！

伤心。失望。

他听着朱丽叶想要安慰他的话：

"我可怜的爱人，你就这样陷入了错综复杂的政治之中，也就是说被取消了一切自由，再无法有片刻的休息和一分钟的安宁……这真令人绝望……"

可为什么会发生这一切？

参议院内那些"凶残的蠢货"拒绝了大赦。

"当然，如果公众可以投票，"她继续说，"大赦令的提案一上来就会通过，而你也会因为提出了如此宽厚完美的要求而大获成功。"

但是人民没有话语权。

因此必须抨击这些参议员。他拿起了笔。

> 当这个曾经消失在浓雾和海浪里的
> 流亡者，又出现在这些冷酷的老家伙中，
> 他们颤颤巍巍，如同大树脚下的小草。
> 他的气息强劲有力，将他们化为大理石。
> 从他们中间经过就令他们呆若木鸡。
> 这些人的过去十分不堪，
> 其中有些人甚至犯下严重的罪行，
> 他们对深渊保持着不明朗的态度，

面色苍白，感觉被一道目光擒住，

甚至不敢再露出他们惊慌的面孔。

[……]

夜幕下，万籁俱寂，

幽灵披着薄雾和梦影

悄无声息地出现，

对着雕像说话①。

　　他因环伺着他的失败、自私自利和盲目地排斥异己而感到难过。他对《言与行》的出版几乎漠不关心。在历史、社会的博弈中，什么还能令他感到惊讶？他感觉已看透一切，也经受了一切。

　　还剩下女人身体赋予的永不熄灭的激情。

　　当然还有写作，他不会停止创作。

　　他往返于布兰奇或玛丽·梅西耶的房间和自己的工作台之间，仿佛身体和文字可以互相滋养。

　　他说："在我的作品中，我的书像森林中的树木一样混杂在一起。"对于女人，他也可以这样说。

　　尽管如此，他觉得文字和身体的愉悦都即将终结。

　　"我们正在接近天堂，"他向朱丽叶倾诉，"我们越来越靠近灵魂。在我们身上，肉体的躯壳中被注入了一道神秘之光。"

　　然而这不能令他平静。

　　"昨天夜里，响起了急促强劲的敲击声，每次敲五下。大约在凌晨两点，就像是用棍子敲击五下。过了一会儿，在半睡半醒之间，我似乎听到了一个声音在说话。我听见的是这个词：首先；但有可能是另外一个词：死亡②。"

1877 年

　　这一年的年初，雨果刚刚打开他的记事本，准备在第一页写点什么的时候突然

---

① 《最后的花束》，第一百二十九首，《"当这个曾消失在浓雾里的流亡者……"》，1876 年 5 月23 日。

② 译者注："首先"的法语为"d'abord"，"死亡"的法语为"la mort"，两者发音略相近。

犹豫了。

他想象着将来翻阅这些纸张的人，会发现这些标记，这些隐晦的注释，这些他想要保留的与布兰奇、玛丽·梅西耶，还有其他女人如莎拉·伯恩哈特、朱迪特·戈蒂埃以及偶遇的那些女人之间的秘密约会的痕迹。

他不想放弃记录这些遭到所有人谴责的爱情故事。朱丽叶即使是在病得很严重的时候也还是嫉妒不已，爱丽丝有时会不屑且愤怒，所有人都焦虑不安，气愤地想象着这个老男人付钱给一些年轻女子，为了与她们见面并且爱她们。

他希望把这些记事本同其他手稿一起留给后人。那些今后阅读了这些记事本的人们，是否能成功地揭开他的秘密？

他将把他们带进一个新的迷宫里。他还将挖掘一个更深的密室，并且在通往密室的走廊前面堆砌很多石块。

在这一页的顶部，他飞快地写下：

"在这里我解释一下，我二十年来日复一日写的相同类型文字的所有小索引，有些像字谜一样的评注，对我来说，只是一些参照物，以仅我一人理解的形式标明我在这些本子上记录时我正在进行的创作。"

他突然感到心情愉快，好像他刚刚重获自由一样。他似乎是在嘲笑那些认为他已经年迈的人。他清楚地知道再过几天他就七十五岁了。

> 我老了，可是，噢，夹竹桃，
> 噢，百合花，这无法阻止
> 一切温柔的东西，
> 一切鲜活的魅力……
> [……]
> 我老了；但只要我爱，
> 我没有什么可自责的；
> 而且蜜蜂仍然还会
> 奉承桃花。
> [……]
> 自然是巨大的山坳；
> 这就是一切迷失的方式，
> 这就是一切自我救赎的方式；
> 丘比特，是通晓一切的孩子；
> [……]

我们听到灵魂的低语；

所有的幽灵都是令人兴奋的；

夫人们，即使我不再会歌唱，

我还是懂得咏叹调……①

他将继续哼着它，因为这是生命的副歌，而且如果没有它，没有创作，生命只是铺满砾石的河床，没有一滴河水在上面流淌。他感觉在他生命中万物都有关联。爱和写作是他命运中不可分割的两个方面。

"我的习惯是整天工作。到了我这个年纪，没有多少时间可以浪费了……"

因此，人们称赞他，人们颂扬他。

2月26日，他七十五岁生日那天，他不是要出版《历代传说》的新系列吗？他们全都举起酒杯，向他表示敬意，让娜对他说的话让他感动不已：

我是最小的一个

我举杯祝最大的人物健康。

房子里挤满宾客，堆满了花束。他对于大家向他表达的祝愿做出回应：

"我停止斗争的那一天，就是我生命终止的那天。"

但是他应该使用"爱"这个动词，那样他可能会看到他的亲人们转过头，带着厌恶的表情。

他每天下午都溜出去，登上御座星形广场线的有轨电车，或者坐上从巴蒂尼奥勒开往植物园的马车。他想在年终的时候，为司机和马车夫提供一份五百法郎的年终赏金，他会将这笔钱寄给公司董事会主席。因为在这一趟路程上车轮每转一圈都使他离苍老越来越远，离女人的身体越来越近，而女人的身体就是青春之泉。

有人想要阻止他这样生活。对于一位年老的男人，人们想要剥夺他的一切。已经决定嫁给爱德华·洛克罗伊的爱丽丝，甚至借着这个机会，试图取消他对乔治和让娜的监护权，以便将其占为己有，并把洛克罗伊变成共同监护人。

"我大声惊叫。这样我就跟消失了一样，"他说，"我心中的夏尔消失了。洛克罗伊先生会取代我们，活着的我。乔治和让娜将交给一个陌生人！不可能！永远不行！"

他觉得这个意图是一种侮辱，一种侵犯。

---

① 《全琴集》，第二卷，《幻想》，第二十三首，《老牧羊人之歌》。

怎么样！他决定继续每年给爱丽丝一万二千法郎的年金，甚至愿意增加三千法郎用于孩子们的教育。他祝福她和洛克罗伊的结合，但他对这个他觉得傲慢、自命不凡并时常充满敌意的男人几乎没有好感。他同样接受在婚礼邀请函上出现维克多·雨果的名字，以及这个名字所代表的一切，这样还有人想夺走他的孙子孙女？

"不可能！绝不！"

他写信给爱丽丝。他必须让她知道，自己不会退让。

她走进房间，哭了起来，她用双臂环抱着他。洛克罗伊也进来了。

事情解决了。婚礼将在 4 月 3 日举行。人群拥挤。他听到有人喊着："维克多·雨果万岁！"接着他不得不看着乔治和让娜，爱丽丝和洛克罗伊离开，他们将去南方待几天。

他们刚刚离开克利希街的房子，他感觉滑了一下。他摔倒了。他迅速站了起来。"没有受伤。只是左手小指有些擦伤。"

可这次跌倒是否是一个信号？

他想忘记这件事，继续工作。他日复一日地收集那些为乔治和让娜创作的，或者有关他们的诗歌。他希望这本他想取名为《做祖父的艺术》的文集，尽快在 5 月出版，为了留下来当作纽带，来见证他与孙辈们联结在一起，为了像是在听他们讲话，因为他经常在他的诗歌里用他们的说话方式来讲述他们的游乐与苦恼。

这本书出版后很快就卖光了，他对此感到高兴。他听着那些认出他的路人和他提起让娜和乔治，感觉好像他已经把只有他一人能为两个孙儿做的全都献给了两个孙儿。

他将与他们在一起，在他的生命的另一头，在《做祖父的艺术》这本书中以及所有读者的记忆中，他们的名字将永远联系在一起。

他对自己以及自己笔下的生活感到着迷而又恐惧。他对上帝赋予他的能力感到着迷又恐惧。

"昨天晚上，柯南医生（帕西，萨布隆街）给我带来了一个二十二岁的年轻女孩，她患上了一种未知的怪病。她已经五年没有睡觉了。一个小时也没有。她的时间都用来读我的书，而且她记得我写的一切。医生相信我对她的影响力，请求我命令她睡觉。我这么做了。"

他看着她走远。他也将为她祈祷，就像他每晚为所有的亲人、为朱丽叶祈祷一样。他觉得，有时候辛酸甚至扭曲了朱丽叶的声音和面容。

"我任由你进行你的工作，"她写给他，"我更愿意完全放手，让你去赴那些青春的小冒险之约，这冒险之约已经呈现在你面前好些天了……我感觉被你内心深处愚蠢的冷漠之情所侵犯。不过幸好你有权利不用去察觉这一切。直到今天晚上，我将有时间摆脱我的烦恼，不必再为遵循世俗规则而强颜欢笑。所以在今晚，只有快乐、愉悦和好心情了。"

而在克利希街的房子的客厅里，当天晚上，当他进去的时候，只看到一些面色凝重和不安的男人。

共和国总统麦克－马洪于 5 月 16 日已经解雇了儒勒·西蒙。我们看了麦克－马洪的来信。

"半政变，"雨果说，"武装者的信。"

他有眩晕的感觉。在他生命的尽头，历史会重新开始吗？这是一个新的 12 月 2 日吗？

他不会再离开法国。

"我决定，在一切都准备妥当的时候，我将保证我手稿的安全。而我本人将背道而驰，因为冒险的生活才能完成应该履行的职责。"

他每天都去参议院。为了抗议解雇儒勒·西蒙，他想干预和反对总统解散众议院的决议：

"老人是警报器，"他说，"我只想请求你们相信忠诚，但是我想起人们以前是一直相信的……我看到让我担心的相似之处……你们即将去冒险。好吧，听听冒险回来的人说些什么……我投票反对这场灾难。我拒绝解散。"

然而，这项决议还是被批准了。因此，他必须战斗，支持甘必大，甘必大领导着立法选举运动，而且还宣称"麦克－马洪必须服从或辞职"。

当他得知甘必大被判入狱三个月时，他很愤慨。他决不能容忍这种权力，必须与之抗争，因为"法国的主力军队是深渊"。

必须不择手段，甚至同意向刚刚去世的梯也尔致敬。他曾经是一位共和党人！他走向甘必大，对他说："如果您有能力变得更强大，他们就会使劲地让您变强大。您有多么的善于雄辩，这个政府就有多么的愚蠢。多么过分！"

当他想起 12 月 2 日，他认为 1877 这年秋天发生的事情只是一出尴尬的闹剧。然而这很危险。必须停止这一切。

他匆忙地重读了《一桩罪行的始末》的校样，这本书还从未出版。

"这本书会比现有的更加丰富，"他说，"十万火急。我要出版它。"

他一直工作到天亮才修改完最后几页，因为著作可以是选举活动的一部分。

选举前七天，也就是 10 月 7 日书出版的这个早晨，编辑卡尔曼 – 莱维告知他已经卖出一万本书，他非常高兴。只需要四天的时间就可以卖到七万本。由于每天可以卖出一万本，印刷量远远不够。

因此，他成为这场混战的中心，高兴地参加共和党的胜利，这次胜利导致了麦克 – 马洪任命的议会主席德布罗意辞职，麦克 – 马洪只得屈服，他也将很快请辞。

他感觉共和国已经准备就绪。他为麦克 – 马洪的继任候选人儒勒·格雷维竞选，他觉得已经进入了圆满的时代。

巴西皇帝坚持要来克利希街，而且他对乔治说："这里只有一个陛下，就是维克多·雨果。"

11 月 21 日，《艾那尼》复演的首场演出结束时，全场观众起立欢呼，而且他很高兴乔治和朱丽叶也在他身边观看了这场演出。

"多么美妙的夜晚！多么美妙的夜晚！多么美妙的夜晚！"朱丽叶大声说着，"可以说在全场一致的掌声中，所有的双手会集在一起，我们可以看到你耀眼的才华在每个人脸上闪耀，而且我们听到了庞大的灵魂合唱团带着崇拜之情重述着这些神圣又奇妙的诗歌奇迹。"

他独自去了莎拉·伯恩哈特的化妆室，她在剧中扮演女王的角色。他握住她的手，他回想起曾经数次拥抱过的这个身体。

12 月 11 日，他在格兰酒店为记者和演员举行了晚宴。因为所有媒体都向《艾那尼》表示了欢迎……也为了这次胜利向演员们表示感谢。

他坐在莎拉·伯恩哈特的左边。他希望让乔治坐在他对面，以便将来某天，他会回想起这个夜晚。

他起身，说："是的，艺术是一个祖国。"

他转过身朝着莎拉·伯恩哈特：

"您自己加冕自己为女王，双重女王：美貌女王，才华女王。"

他弯下腰，亲吻了莎拉的手，小声说道：

"非常谢谢您，夫人。"

他多大年纪？他是否能过完他的第七十五年？他不敢相信。

午夜过后，坐在送他回克利希街的车上，他向埃米尔·德·吉拉丹吐露：

"我没有解除武装。一般来说，生活，尤其是已经生活过，会让人变得冷静。但我不是这样。死亡的靠近使人变得超脱。老年人觉得自己已经地位稳固了。可我不是这种温和的老人。我依然容易激动并且脾性刚烈。我大叫，我愤慨，我哭泣……

我无法平静！"

1878 年

在一月的这些日子里，雨果觉得无法再忍受孤独。他感觉需要亲人在他身边。他希望见到让娜和乔治。晚上，在那些让朱丽叶、爱丽丝和她的孩子们忙碌的晚餐时间，他的朋友们在场会使他感到安心。他甚至可以忍受这个爱德华·洛克罗伊的存在，尽管洛克罗伊经常对他表现出敌意，嘴里咕哝着："人过了一定的年纪，不应该再盯着女人看，与女佣和厨娘纠缠不清，或者每天下午出去看一些不知道是谁的人！"

自然这是朱丽叶的想法，她已然成了"教导主任"，会监视邮递员，试图打听到那些信件的来源，还会担心他的回信。

她猜疑着他并没有把所有需要邮寄的信件交给她……

"……证据就是你偷偷地给让娜·埃斯勒小姐写的信，"她说，"为什么？……因为男人总是长期处于背信状态，无论是以往，还是在现在；无论是在思想上，还是在言行上……"

她激怒了他，可她究竟还想得到什么？他一直在重复这些爱的宣言啊："我深爱着你。我为你而活。让我们相爱吧。让我亲吻你的双足。我祝福你。永远。"

而且，就不能让他过他想要的生活吗？

但是，他什么也没有责备朱丽叶。他的生活里不能没有她，他一次又一次地告诉过她。而且他想要保护她。他承诺会遗赠予她一万二千法郎的终身年金。

但是，她想要的东西，他却无法给予！

如果他听从她的意见，他就要远离世界，还有女人们，去根西岛！而他还是想继续听从自己的声音。

他喜爱在克利希街的这些夜晚。他对儒勒·西蒙说：

"是的，我和您一样相信，严重的危机已经过去，共和党参议院将牢牢地关上沉重的革命之门。我们将重回真实的政治，快乐的政治，您的政治……"

剩下的就是与宗教压制和教权主义作斗争了。他决定春天的时候出版《教皇》，在这本书中，他把多年以来所写的关于这个主题的诗歌集中在一起。他认为这个时机选择得很好，正好处在 2 月教皇庇护九世去世、利奥十三世继位，再到 5 月 30 日伏尔泰百年诞辰之间。他已经同意主持为伏尔泰百年诞辰庆典而设立的委员会，并发表开幕演说。

他想要向伏尔泰的勇气致敬："伏尔泰独自向社会上所有极不公正的事宣战，向这个巨大而可怕的世界宣战，而他自己接受了这场战斗。那他的武器是什么？那带有风的轻盈和闪电的力量的武器，就是一支笔。"

他想象着自己的生命，自己的尽头；应该是同卡拉斯、拉巴赫（教会的反对者）的捍卫者一样的命运。

因此，在《教皇》出版和伏尔泰诞辰庆典之后，人们攻击他，就不足为奇了。他再次见到了他所有的宿敌：巴贝尔·多尔维利，以及奥尔良的杜潘洛主教。其中一位在《立宪》中写道："他的《教皇》只不过是多次掉落的相同的水滴，擦拭后总是以单调的方式掉落在同一地方，这对其才学的发挥并没有什么好处。"

而主教大人则充满了虚假的同情心："可怜的伟大诗人，您是一艘没有压舱物的船，被世纪之风从一个海岸推向另一海岸；您以为自己正在走向荣耀，可我担心，您会在怜悯中失败……"

他们以为可以伤害他，那就错了。雨果感觉自己因为这些攻击变得更强大了。他还活着。他要战斗。

巴贝尔·多尔维利们，杜潘洛们，他们只能知道他的感受吗？他的对手们只看到寻找当下主要风向的人在徘徊彷徨，而他看到的是命运的持续和统一。

他的儿子夏尔曾对《悲惨世界》进行了戏剧改编，他在乔治和让娜的陪同下观看了演出。通过他，通过孩子们，他的儿子重新活过来了。当他谈论伏尔泰，或是提及卢梭时（这两个人，"一个代表人类，另一个代表人民"），他觉得自己与这两位作家完全契合。也许他可以在他的作品里成功地把两者结合在一起？他难道不既是《一桩罪行的始末》的作者，又是《悲惨世界》的作者？

在这个春天刚开始到来的时候，他感觉充满了力量，仿佛被赋予了自然更新的能力。

他想去杜奈尔码头看看布兰奇，在他的记事本里，他称呼那个地方为"新塔"①。

为了以后能忆起，他日复一日地记着：

"6 月 22 日：新塔。钟。

"6 月 23 日：新塔。夏娃。

"6 月 25 日：新塔。夏娃。

"6 月 26 日：新塔。夏娃。

"6 月 27 日：新塔。夏娃。"

---

① 原文为拉丁语 Turris nova.

他感觉有些疲倦，但很高兴，几乎要为没有减弱的男性能力而感到自豪了。

6月27日晚上，他在家接待了路易·布朗。晚餐结束以后，气氛很沉重（也许是下午与布兰奇的交欢影响了他），在讨论伏尔泰和卢梭的时候，他发怒了。

突然，他说不出话，他感觉自己的嘴巴里塞满了土，组织不出完整的句子，他无法再说出话来。他试着继续说下去。他抬起手，可是无法够到衬衣衣领，松开纽扣。

他感到气闷。他觉得有人用两块板子快要把他的头压扁了，有人在紧压他的喉咙、胸脯，还有心脏。他想要呕吐。

大家帮助他上楼回到卧室。尽管帘子挡住了他的视线，他还是辨认出了阿利克斯医生和塞医生。他相信他明白，他们说他脑部充血，要求他爱惜自己的精力，因此要求他放弃年轻女人。他用手肘支撑着起来。他很惊讶。

"可是，身体欲望本应该发出警示！"

第二天，他觉得自己走路时的步子更沉重了。在朱丽叶的陪伴下他走了一小会。

"我恐怕你不可能自如行走，"她说，"而且我想要让全世界的人都看到，你需要休息一段时间。除非你远离所有骚扰你的人，否则我无法保持冷静……为了这个，为了那个，所有不过都是麻烦重重，她们根本不会考虑你的休息、你的健康和你的生活。"

他退让了，因为实际上，在他生命中第一次感觉到了生命能量的削弱。7月4日，他离开巴黎去往根西岛，和亲人们，还有朱丽叶一起。

他希望高城居充满声音，充满朋友。

他写信给保罗·莫里斯，"您什么时候会和您亲爱的女儿们来这里？"他对瓦克里说，"请带着您全家人一起来。"

也许他们的出现可以使朱丽叶松开禁锢他的枷锁，让她放松对他的高度关注和挑剔的监视。

她总是对他的信件保持警惕。他要求保罗·莫里斯为他保留那些会连累他的信件，可是他知道她会在他的抽屉里搜寻，她已经发现了多年以来的记事本，他还是不得不忍受她的哀叹、她的愤怒以及她的威胁。她声称将会离开高城居，去耶拿的侄子那里生活。他更害怕她会回到巴黎，强行打开那些家具，试图找到那么多女人给他写的信，或是与她们联系的蛛丝马迹。

这一切变得让人难以忍受。

朱丽叶说，她想保护他，帮他抵御自己的欲望，但是她用恳求、建议和警告压垮了他！她发现他在一个包里藏了五千法郎的金币。他不得不听她的控诉，回答她的问题。她指责他把这笔钱用来付给那些女人。身体康复的他还没去过康奈街——那里满是妓女，是让所有根西岛男人都陷入爱河的地方！他，可是雨果啊！

他应该低下头，就好像一个被发现的粗野人一样。

"在你的灵魂面前，我的灵魂所做出的大胆的抗议，"她说，"是对正直的那个你说的，而不是堕落又无耻的女人们心中那个粗俗愚蠢的偶像，那根本不是你。你的荣耀使全世界都赞叹不已，也照亮了你的生命。你的黎明是纯净的，你的暮光也必须是神圣而令人肃然的。我想以我所剩下的生命为代价，使你避免某些配不上你的才华和年纪的错误……"

她不断对他发号施令，可他感觉没有还击和果断拒绝的力气。她爱他，他知道这一点。她为他说的话和做的事，在她看来都是为了他的利益。

可是从另一角度说，她是否剥夺了他生活的能量呢？可他不能对她这样说，他只有听着……

"我们应该一起，"她说，"寻求一种方法，去抗拒几乎使您丧命的危险诱惑。我疯狂地、热情地、温柔地、虔诚地请求你，必须与你刚刚脱离的可怕过去坚决地决裂，因为它们还会威胁你的未来。为此，我请求你允许我完完全全进入你的生活，就像从我爱上你的那一刻起，你就已经进入了我的生活一样。"

因此，她希望他对自己毫无保留。可这是他无法接受的！她总是提起"健康"，需要保护的"荣耀"，和"可怕又可恨的过去"。他觉得她审慎和怀疑的目光使他不堪重负。他不是，也不愿成为她的囚犯。

"你为什么总是这么看着我？"他问道。

对于这个突如其来的问题，他猜到她会惊慌失措。她说她想离开，她已经输了。他又对她充满了同情心。

但是他感觉透不过气来。每个夜晚他都会呕吐，他感觉房间围着他在转。这是新的一轮病发吗？

他担心自己将无法再站在他的工作桌旁边，仅仅写几个词句就累得筋疲力尽。

如果死亡已如此靠近，那必须让它在巴黎再夺去他的生命。

11 月 10 日，他到达巴黎。他找到了保罗·莫里斯为他租的私人小旅馆，在埃劳大街 130 号。爱丽丝和爱德华·洛克罗伊，还有乔治和让娜，将会住到 132 号。朱丽叶将与他一起生活，她的房间本来在 2 楼，可她希望住到 3 楼他卧室的隔壁。

所以说，她不会停止监视他！

他发觉她专制得像一位陪媪：

"您无权损害您的宝贵健康和荣耀人生。我们将竭尽全力，但有可能会稍微影响您的行为自由……当我看到您忽视自己到了这种程度，我认为您已不再爱我……"

　　突然，她爆发了："我的上帝，何时才能结束您四个月以来生命中折磨人的灾祸？"她继续说："原谅我更愿意承受各种折磨下的死亡，而不愿让你受另一个女人的折磨……"

　　这是他一生中第一次感到被束缚。可他只有一个顽念：寻求保持自由的方法。他愿意相信自己可以找到。他愿意设想自己可以像这次脑充血之前那样工作。他写道："这个时候我完成了一本书：《全琴集》。我把它放在我的桌上。我不能停止工作。这本书将会在这个冬天出版；我已无法允许自己拖延。"

　　但是羽毛笔似乎变得特别沉重，从他指间滑落下来。

第十一章

1879—1883 年

1879 年

对于这种一直困扰着他的萎靡状态，他甚至不再感到惊讶，半夜里，他无法再跳下床，开始写作。他把头靠在马毛枕头上。他看着这间挂着粉红色丝绸的阁楼房间，透过它的窗户，可以望见埃劳大道的房子周围广阔花园里的栗树和椴树。

当光线进入卧室时，他慢慢地让自己陷入半睡眠状态中，也许乔治或让娜会来坐在他床边，只有那时他才会起床，但有时已接近中午。

对于自己身体出现的这种新状态，他没有抗拒。毫无疑问，他已走到生命旅程的尽头。但是他知道自己仍然还有能量源泉。一月末，此时麦克－马洪最终辞职，而儒勒·格雷维当选共和国总统（一位共和党总统，终于！），在参议院，为了巴黎公社社员的大赦，他再一次登上发言席。他说："内战是一个错误；那么是谁犯下的这个错误？是所有人，任何人。对于一个巨大的错误，需要一场巨大的忘却。这场巨大的忘却，就是大赦。"当他说完，他很高兴地看到右派打断他的发言，提出了抗议。

他在左派的掌声和右派参议员不满的哄闹声中走下发言台！所以，他还活着。他想要活着，再次面对世界。

有人请他在废除奴隶制纪念宴会上发表讲话，他同意了，并拒绝了所有谨慎的建议。"他筋疲力尽了。"朱丽叶说。爱丽丝和洛克罗伊也这么觉得。

他被宴会嘉宾的掌声打动。他说，欧洲应该"占领非洲"。"把你们多余的东西倒给非洲，同时可以解决你们的社会问题，把你们的无产阶级变成有产阶级……十九世纪，白人使黑人成为真正的人，二十世纪，欧洲将为非洲创造一个新的世界。"

当他说着这些，面对着赞同他的人们，他感觉大家很支持他，而岁月变得模糊，仿佛又回到了从前。

所以他依然渴望被人围绕。《吕伊·布拉斯》由莎拉·伯恩哈特和莫奈·苏利演绎，并被列入法兰西喜剧院的演出目录，为了《吕伊·布拉斯》的重新上演，他召开了一次招待会。掌声雷动，人们呼喊着："雨果！"在那儿，在伦敦，《艾那尼》上演。而在这里，《巴黎圣母院》上演了第一百场，这部剧是保罗·莫里斯根据他的小说创作的。莫里斯还协助整理了诗歌集《至高的怜悯》，于二月出版。

所以他还在，还活着。

他觉得自己永远不会让人无视于他。厌恶或讥讽总是在那儿，等待着他，然而他感觉得到，地位卑微的人，民众们爱戴他。

当他在荣军广场上去乘气球升空时（因为他希望从三百米的高空看看巴黎，了解一切！），人们包围住他，为他鼓掌，高呼："维克多·雨果万岁！"而且，在这靠近他的人群之中，很多人背诵着他的诗歌！

他活着。

然而，死神就在这里，他看着死神带走他认识的，还有他所爱的人，他感觉死神也正在钻入他的身体。

得知莱奥妮·多内去世的消息时，他度过了漫长的沮丧时刻。他也为朱丽叶担心，疾病使她日益衰弱。她抱怨着："昨晚比前一个晚上更差，本来以为前晚已经够糟了。劳丹酊并没有减轻我的痛苦……无法卧床，无法站起身，无法坐下。这就是目前我在这个世界上的处境，无论你怎么想，我更希望我的情况不是这样……"

因为她有点咄咄逼人，就好像身体的痛苦加剧了她的嫉妒和苛刻。她责怪他的"狡诈"。的确，他想继续见到女人们，如果可以的话，可以抚摸她们，爱她们，给她们写信。朱丽叶不再容忍他。

这个阿黛尔·嘉洛瓦小姐是谁？她问道。他必须采取迂回的办法，不能直接回答。还必须忍受她的道德训诫。

"想一想你的无知是多么的荒诞可笑，让你，也让我自己，以完全而忠诚的信任为荣吧。让我试图去寻找和找到你不应该，也没有权利隐藏的东西，实在太令人痛苦和羞辱了。"

他是否可以说，有时他会去布洛涅森林散步，任凭那些出卖肉体的女人们上前与他搭讪？而且有两次，他不得不承受被警察录口供的屈辱？"涉嫌猥亵。"警察说。

通过回忆这些亲近过的女人胴体，他重新找到了写诗的欲望：

> 噢，女人！庄严的美德！圣洁的骄傲！
> 克制，所有恐惧之中的神圣恐惧！
> 心事重重的温和面容，朴实无华！
> 噢，女人，我愿拜倒在你们脚下，与你们交谈，
> 在我们这个晦暗的纷扰世界中，你们的样子是如此高贵……
> ……噢，女人，你们来到我们中间是为何而来？
> ——是来诘问前所未闻的未知之事，
> 对于那些说不的人，努力让他们改口说是，
> 我听着，我看着，带着满脑子的幻想，
> 我去往卢森堡公园，我去往杜伊勒里花园①……

然而，有人想要禁止他散步闲逛，禁止这些偷闲的事！

洛克罗伊和朱丽叶总是烦他，朱丽叶这个执拗的女人，总是在窥视他。她说，而且她十分确定地感觉到，她"因为那些不知名的轻佻女人做出的卑鄙侵犯而受到了伤害"，她是"第一受害者，那些女人不顾你的健康，也有可能是不顾你的性命，想要得到刺激你的感官的荣幸（真是何等荣幸啊！）而且她们损害了你的尊严，而你的尊严对于所有人，无论是朋友还是敌人，都应该显得可敬而神圣"。

"这些在你周围不断更换和变本加厉的试探，使我感到担心，感到羞耻和悲伤，以至于我已经感到烦躁，失去了耐心，以至于让你自己也非常痛苦。"

"我请求你的原谅。教导主任（你总是讽刺地这么叫我）……应该保持沉默，而且今后一直保持沉默，直到死后面对崇高神圣的主。"

他清楚地知道她不会什么也不做，她还是会继续追踪让娜·埃斯勒、阿黛尔·嘉洛瓦的来信，也会继续警惕莱奥妮·德·维特拉克，"她是我的继承人选，"朱丽叶说，"她只要桌子和床，不要任何夫妻共同财产……她是诗人，她爱慕你，其余的女人也同样爱你……我伟大的情人，我希望你不要再草率地引诱这位妇人来家里……无论这个人对你来说多么诱人，我请求你，不要让我因此而不安……"

那么他还剩下什么，除了布洛涅森林里的那些妓女？

---

① 《全琴集》，第三卷，《思想》，第五首，《"噢，女人！庄严的美德……"》，1879 年 11 月 17 日。

当朱迪特·戈蒂埃过来吃饭的时候，朱丽叶变得尖酸刻薄、阴郁苦闷。

"我的心让我根本无法心甘情愿地接待她。"她低声抱怨。

她已经成功地赶走了布兰奇，而他责怪自己做出了妥协，抛弃了她。是朱丽叶交给他一些钱，以保证布兰奇的生活。也许，他们恐吓了她，对她说，她可能要对她旧情人的死负责！

有时他看到布兰奇徘徊在埃劳大道房子的花园前（他的心很痛）。他想要再次见到她，跟她打招呼，可如果这样，他怎么面对朱丽叶的盛怒？所以他放弃了，当得知布兰奇嫁给了某个叫埃米尔·罗切鲁伊的男子时，他真的不知所措。他是因为偶然发现了一张由她未来的配偶寄给她母亲的喜帖，才得知这个消息的。

透过窗户可以隐隐约约看到布兰奇一动不动地站着，凝视着埃劳大道的房子，他无法想象她很幸福。她应该是非常绝望、向洛克罗伊和朱丽叶妥协才会结婚的。

那么顺从于其他人的权威，这就是衰老的表现吗？

他在圣瓦莱里附近的沃勒莱罗斯住了几天，保罗·莫里斯的别墅在那里，然而他还是无法摆脱这种阴郁的想法。别墅就在海边。一天早上，他听到一个铜管乐队在海滩上演奏《马赛曲》和《出征歌》，以此向他表示敬意，其实这次活动本来遭到了波拿巴主义的市长的反对！所以，仇恨的过去不会消失！

他看着塞纳河河谷的这个诺曼底乡村：不幸的过去对他来说也依然存在。这条河吞没了莱奥波蒂娜和夏尔·瓦克里，而且阿黛尔也长眠在维勒基耶公墓，葬在他女儿身边。

他想要独自到这些墓地那里去，尽管他猜测自己伤害了朱丽叶，无论她做何打算，她都肯定不会要求陪他一起去墓前做虔诚的祷告。

他跪下来，整个下午都在祈祷。他喃喃自语："他们听到了我的声音，我也听到了他们的声音。"

过去和现在之间、我们生活的时代和未来之间都没有界限。通过思想，一切都重聚在一起，死人和活人，以及那些将重生的人。

他想到了他的孙辈们，他需要对他们说：

"我想念你们；你们是我忧心所在；你们的未来是我操心和期望的事情。我相信期望总是对的。"

到了晚上，他听到房间里的噪声，还有敲门声。他坐起来，呆滞地走到写作的办公桌旁。写作欲望在他心灵深处消失了几个月，在此期间他几乎没有写下只言片语，不过在他看来，这种欲望在这个年底又回来了。他叹了口气，他的人生已经到了第七十七个年头。他想念乔治，想象着这个小伙子会长成什么样子，想象着在生命的尽头，他能遗赠他些什么。他写道：

> 噢，乔治，你将成长为一个男人。——你会知道
> 谁值得你付出真心，谁值得你付出力气，
> 你对人民、对人类、对世界会说出什么，
> 而我会在地底深处的坟墓里听到。
> 想着我就在那里，我会听到你的声音；
> 问问自己，我们，这些逝者，是否快乐；
> 你会想要的，我的乔治。哦！我非常平静！
> [……]
> 这是一个梦吗？哦！我想我听到你了。对人类的灵魂，
> 对被来自高处的风潮所撼动和引导的各个民族，
> 对一步一步被拖拽到目的地的民众们，
> 你告诉他们说，尝试过的努力，美丽的死亡，
> 战斗，作品，无数次重新来过；
> 黎明弥漫着巨大的阴影；
> 为了保持内心强大，
> 你使旧的精神焕发新的光辉；
> 你会在我们的时代说出英勇的战斗者，
> 这些纯粹的胜利者，这些骄傲的士兵，这些坚忍的阵线，
> 你将他们描述得如此栩栩如生，你会让人遐想联翩，
> 年轻人会想起你的父亲，而年长者会想起我的父亲[①]。

他放下笔，回到床上，螺旋形床柱像粗糙的树干一样逐渐从阴影中伸出来。

他又打了个盹。他还要继续写吗？文思泉涌还会再次在他身上发生吗？

整个上午他都会窝在床上。然后他要出去散会儿步，看看女人们。他回想起多年以前写过的诗：

> 美人，是神圣的女性狮身人面像，
> 一丝不挂，恶毒又美艳，难以捉摸[②]……

---

① 《全琴集》，第一卷，《人类》，第四十首，《"啊，乔治，你将成为一个男人……"》，1879 年 11 月。

② 《全琴集》，第三卷，《思想》，第三首，《女人》，1874 年 4 月 8 日。

为什么朱丽叶，就像凶恶的看门人，她不能理解他需要继续活着，或者仅仅知道他还活着，"愿海洋成为金星的泡沫"？

但是，今天是 12 月 31 日。他应该安抚朱丽叶，她是个忠诚的女人。

"这当然是充满感动和困扰的一年，"他写道，"我就像被风吹垮快要断掉的粗壮老树；但是无论终点是近还是远，我始终相信上帝，我爱你，我的孩子们很贴心，我为我所爱的人工作，一切都很好。谢天谢地！愿我们的天使们受到祝福……"

1880 年

雨果早上起来，胳膊和肩膀的疼痛让他有些意外。他把手指放在桌上堆积的手稿上。他感到很疲倦，好像这个简单的动作都使他疲惫不堪。他看着面前的这令纸，他应该在上面写点什么。他必须写些什么。可是他又很想回去继续睡觉。他感觉躺下来、做梦、半闭着眼睛，这样最好。而且他越来越觉得，随着时间的流逝，休息的需求越来越大。

"早上我来过你这三次，就为了拥抱你，给你送一些鸡蛋。"昨天朱丽叶对他说，"但是你睡得很香，所以我都没有勇气叫醒你，特别是在不知道你夜里是如何度过的情况之下。"

他没有下楼与家人共进午餐。这种情况越来越频繁。然而，他必须为他的整部作品写上序言，因为他的出版商赫泽尔和冈丹希望在他生日 2 月 26 日这天出版。他即将七十八岁了。

他的目光转向镜子，竟有些不认识自己。镜子里的这个老头，头已经深陷在肩膀里，脸颊也已经坑坑洼洼的，这不可能是他，他的童年和青年时代对他来说似乎还未走远，他只需闭上眼睛，就会重见自己的母亲和所有已过世的亲人和朋友。

可这就是他。他周围的人都纷纷离去。几天以前，儒勒·法夫尔去世了。然后是居斯塔夫·福楼拜，还这么年轻，有着"无畏的精神，宽阔的胸怀"。他觉得，福楼拜一直在，和其他已经去世的人一样，"看不见但是存在"。他是一个"高贵的人"，是有"高尚情操"而没有"任何低俗情操"的人。

在与他们重聚以前还是继续写吧。

首先，他选择告知他的"亲爱的编辑们"：
"这里就是可以帮助你们工作的全部手稿，你们想怎么用都可以……这是我每时每刻流露出的内心孤独的想法，而直至今日我才发现，这是我在不知不觉中根据当前脚步提前提出的。你们可以自行判断。"

他呼吸困难，不得不接受这疲倦的感受。

"我请求我亲爱的保罗·莫里斯可以接替我审查并筛选这些手稿……我委托给他我所有的权利……只要保罗·莫里斯看过，我就满意了。"

他叹了口气，低下头。

"至于我，我就做些力所能及的事情。"

他必须写这个序言，也许这是他能写的最后几行文字了，因为死亡一直设着埋伏等在那里。

他翻过新的一页纸。

他希望文思可以像以前一样喷涌而出，如汹涌的洪流。他航行在大河之上，充满信心。必须开始动笔了。

"任何写作的人，都在写一本书；这本书，就是他自己。

"无论他知道与否，想要与否，就是这样。任何作品，无论是什么类型，平平无奇或极具盛名，均不过刻画出了一个人物，那就是作者本人。如果他很渺小，那这就是对他的惩罚；如果他很伟大，便是对他的奖励。"

他停下来，觉得自己说了想说的一切，没有任何隐瞒。

"我是一个有良心的人。"他自言自语道。

他想写下来。

他想起了让 – 雅克·卢梭在《忏悔录》里的几行文字。在他看来，他的作品也因此只不过是一个长篇的忏悔。

"任何读者，无论他是谁，"他写道，"如果他本人值得尊敬，就不会不尊重作者而放下书。"

他见到了保罗·莫里斯和奥古斯特·瓦克里。他们整理好了第一本诗歌文集，取名为《宗教与信仰》，然后是第二本，《驴颂》。后来，又是《全琴集》。他参加了庆祝《艾那尼》首演五十周年的盛大宴会。他又一次坐在了莎拉·伯恩哈特的旁边。

"从前，五十年以前，"他说，"正在同你们说话的这个男人让人厌恶；他被人喝倒彩、嫌恶，被人诅咒。而今天……今天，他很感恩。"

所以他感觉他会永远活在他的作品里，而且通过他的作品，他也会一直活着。

他想要在《驴颂》的开篇写一些诗句。

必须结束。当心，你必将离开人世。

> 你将消耗得非常快，日夜燃烧着①！

不过，在写了十六行诗句后，他停下笔来。

> ——我履行自己火炬的职责。

他以此结尾。

在读《费加罗报》的时候，他发现，仇恨或至少是不理解，一直存在。爱弥尔·左拉在报纸上对他进行了猛烈的抨击。他惊讶地读着这些苛刻而轻蔑的句子。

"这种令人难以置信的胡言乱语……"左拉写道，"从来没有人写过比这更古怪、更无用的作品……但这个人不是我们中的一员！这个人，有人想要向我们介绍说他是本世纪独一无二的人才，是现代天才的化身，但他甚至都不属于本世纪！他应该属于中世纪，他对我们的信仰和我们的努力一无所知。"

他将不会对此做出回应！他也许可以说，由于他发言抗议，政府拒绝将谋害沙皇的恐怖分子哈特曼引渡到俄罗斯，所以他刚刚又拯救了一条新的生命。他也许可以说，通过在参议院的发言中第三次呼吁大赦，他最终迫使政府批准在今年 7 月 14 日颁布国庆法令，对公社社员全面大赦。

他也许可以说出这一切，解释他从未将自己的作品与正义和自由的行为分开。可是有什么意义呢？被放逐和被流放的人们重新回到祖国，这让他觉得自己已经得到了报偿。而且当他得知路易丝·米歇尔终于可以回来了的时候，他感到特别高兴！

路易丝·米歇尔！他有多少回忆可以与这位热情的女人一起分享啊。

可是他不能与任何人提及一生中最紧张的这些时刻。以前，他与无数读过他作品的陌生人对话过。现在，他不再写信了。他也不能再与他们交谈。

朱丽叶还在他身边，她这个"圣洁的守护者"，瘦弱，忍耐，但从未放松过对他的监视，甚至因为他在八年前献给朱迪特·戈蒂埃的诗而指责他。他回忆起这首诗是这样写的：

> 夫人，我们俩是天堂的邻居，
> 因为您很美，因为我已老②。

---

① 《驴颂》《动物之怒》。

② 《全琴集》，第五卷，《我》，第三十四首，《Ave, Dae ; moriturus te salutat》，1872 年 7 月 12 日。

1872 年的时候他就自以为已经老了！而如今在他看来，那时其实他还年轻。

可当朱丽叶怒气冲冲地斥责他时，他必须得听着，朱丽叶用一种充满苦涩的声音说着：

"写这首诗的崇高悲惨之情，以及他所倾诉的对象，都是无与伦比的，因为没有什么能和背叛一样滋养和维持身体和灵魂。邪恶只会针对爱与真诚的笨蛋。这便可以解释为什么我的身体、精神和心灵都如此受伤。"

他接受她的责备。他希望她能说：

"我一生都会尽我所能去重新黏合我的偶像碎片，而无法装作不知道裂缝的存在。"

"我是一个有良心的人。"他想要重复这句话。

他也是一个热爱生活的人，他热爱的还有女人的身体，而这正是朱丽叶抵触的，就如她写的："我只求你一件事，就是顾及你的健康和尊重你的荣耀，这些就是我现在唯一在乎的事情。"

有时，他对这位"监护人"，还有洛克罗伊感到愤怒。爱丽丝的爱人也强烈反对他外出，反对尽他所能享受他剩下的欢愉，反对他去看、去爱。

而雨果拒绝了，朱丽叶谴责他施行"不公平和伤害人的小暴政"。她控诉他控制了她的"个人需求"和她的付出。

"我剩下的一点点时间还不值得讨价还价。"她说。

他很后悔，当秋天即将来临，他在沃勒莱罗斯的保罗·莫里斯家与她一起度过了几天。他看着她那么虚弱、那么苦恼。他写道：

> 任何地方的生活都是被苦难所累，
> 甜言蜜语带来美好①。

他确定可以理解，并知道如何分担别人的所有痛苦和希望。

"我是人类走过的道路上的一块石头，不过这是正确的道路。人不是他的生命的主人，也不是他的死亡的主人。他只能尽力为他的同胞减少痛苦，并向上帝提供他对自由增长的顽强信念。"

又到 12 月了。那个时刻越来越近。他不断地想着。

---

① 《全琴集》，第三卷，《思想》，第五十五首，《"啊，温柔，神圣的奴隶"》。

1881 年

雨果闭上眼睛，头垂在胸前。他松开手中的笔。按惯例，他每年年初都会给朱丽叶写信，但今年他觉得他将无法完成这封信了。他知道她正等待着这封信。

昨天晚上她已经来过，他没有递给她新年的爱情信笺，她感到很惊讶。而今天，1月1日，他必须给她写点什么，她会虔诚地把这封信放到收集了所有信件的文件夹里。

想到这里，他有些气馁。就好像他感到有种令人肉麻的恶心油然而生。他无数次写下这些句子："我爱你！亲爱的天使！"他频繁地向她重复着"他们的两个天使在天上"，也就是他们那两个已经去世的女儿莱奥波蒂娜和克莱尔，保佑着他们，而且又要再这样写一次的想法使他有些难受。

而使用这些词语、想法以至情节的这种感受，和把这些句子转为感官，已经耗尽了他这一生遣词造句的所有方法，压得他喘不过气来。或许是因为年事已高：他对这一切已经厌倦！只有打个瞌睡，他才能找到逃避的方法，因为在梦里，他可以赶走一些我们过度使用的词语、想法和意象。

在他看来，很长时间他连梦都没有再做过，仿佛记忆和黑暗的力量已经给了他那么多的情感，它们也对此厌倦了。

有时，"清早三点左右，当所有人都处在深沉睡眠之中，卧室门口传来三声重重的敲门声，仿佛就在他耳边一样，他突然就被惊醒了"。

然而，夜幕依旧。

"房间里寂静无声，一片孤独。"他脑袋空空，没有任何思绪。

他再次拿起笔。几个礼拜以后，他将跨过七十九岁的门槛，从而进入八十岁的年头。他已经写作了近七十年，从他嘴里还能说出什么新鲜的话语？算了，还是尽量保持沉默吧。

他也不再回复那些寄给他的信。他意识到他不再有足够多的欲望。而且他们几乎将他囚禁，还怕他晚上会在这么糟糕的地方有什么惊喜，烦恼越来越多。洛克罗伊已经责备他了好多次，指责他是一个"夜行者"，一个"令人恶心的老汉"，"不知羞耻"。

有时，当他可以逃开的时候，他感觉，接近一个女人，无论她是妓女还是奶妈，只要他看见她们的乳房，精力就可以在他身上重生。可是朱丽叶一直监视着。

他叹了口气。无论如何，他还是不得不写信给她。

"我拥有这份深刻的荣耀，并且我爱它！……我们心里都很忧伤，噢！我的爱人，在那儿，在我们旁边，天空的一角慢慢打开。"

写了这么几行字，他却感觉比以前创作好几百首诗歌还要累。

不过，朱丽叶眼中重新流露出的幸福感使他感动。她是他的一部分，看到她日渐衰弱，他也觉得很难受。她变得僵硬，告诉他"我难以忍受身上的疼痛……我可怜的四肢已经拒绝为我服务"！

她几乎已不能再走路，也不能进食。她不停地说着会死在他的前面。

"我希望你可以继续活下去，而不要忘记我。"她说。

这句她经常会喃喃自语的话使他心碎。当她向他解释，她会把他暂时放在她那里的比利时国家银行的三十五份无记名股票还给雨果家族，也就是说她将归还"二十一万二千三百四十三法郎"的时候，就好像她宣布快要死了。

他含糊不清地说：

"这是生命庄严出现的时刻，人们比以往任何时候都能感觉到爱的主导力量。我们拥有一切，如果没有爱，我们将一无所有。"

然后他转过头去。他大胆地猜想：即使她死了，我也必须生活下去。是上帝做的决定和选择。如果我必须继续前进，我会这么做的。

他慢慢修改着《灵台集》这本诗歌合集的校样，5 月 31 日这本诗集必须出版。而且他希望在封面上可以预告《全琴集》和《我一生的片段》很快会出版的消息。

因为法兰西学院有三个空缺席位，所以他到那里参与投票。他看着学院院士们的脸。他不再抱有幻想，也许这也是衰老的表现。

"在经过一些愚蠢的仪式和发誓之后，我们进行投票。我们都是好好先生，没有人会怀疑这是一群敌对的人。"

因为他的敌人们还没有放下武装。《灵台集》出版后，这个左拉继续疯狂抨击他。

"这是关于雨果的全部谎言，"他写道，"大家都像我们一样评判他。可是雨果已然成了文学界的信仰，一个维持良好秩序的警察……进入必要的宗教信仰状态，这对于 1830 年的革命诗人来说是一个多么可怕的结局！"

1 月 27 日的这个星期日，他站着，靠在埃劳大街的房屋二楼窗户的栏杆边，他看到成千上万的人正向前进，其中有些人是来自图卢兹或尼斯，这些代表们，带着他们的旗子和横幅标语，还有他们的官员们和军乐队一同行进着，此刻，他想起了上面的这篇文章。

作家，大东方共济会成员，政府，行政长官，巴黎市议会，他们全都希望庆祝诗人第八十个年头的开端！

好吧。他看着插在埃劳大街出入口的旗杆和捆成束棒的旗子。旗杆由一面大大的粉红色帘子连接起来，他读着上面用大号字体写的题词：

维克多·雨果
生于 1802 年 2 月 26 日
1881 年

房子门口摆满了花束，房间里也布满了花环。儿童代表团来背诵他们的赞美之词，高中学生游行，他甚至看到两个穿着蓝色袍子的中国人，手里拿着伞！

大家高喊着："维克多·雨果万岁！"军乐队演奏着《马赛曲》。

整个下午，六个小时的时间，人群一直在流动，可能有六十万人。他想待在窗户那里，一动不动，有时乔治和让娜会过来围在他身旁。

"任自己得到回报是一种责任。这也是服从共和国的一种方式。在共和国授予我荣誉之前，我向谦卑的公民鞠躬。"

他必须写一些答谢词，刊登在《集合号报》上。可是他的头脑一片空白，只能说出："我向巴黎致敬，向这个大城市致敬，我不会以我的名义致敬，因为我什么都不是……"

他有点语无伦次。

"我用爱赞美，我向圣城致敬。"

他无法再写下去。他也无法答复堆积在客厅中的数千封信件，其中有两千多封来自世界各地。甚至他连看到这些花、这些电报、这些信封、这些礼物都感到筋疲力尽。他感到窒息，仿佛所有这一切要把他活埋了。

他还没有死，人们已经决定，正如巴黎市议会刚刚投票通过的那样，将"埃劳大街的主干道部分更名为维克多·雨果大街"。

他还活着。他可以回到参议院，听听甘必大的想法。可当他进去，参议员们纷纷起立，莱昂·萨伊主席宣布："我们的天才出席会议了，让参议院所有成员向他鼓掌致意。"

他觉得自己被困在人们为他竖立的雕像之中，快要窒息了。他在房子前面似乎又一次瞥见了布兰奇的身影，可怜惊慌的样子，他顿时明白，她并不幸福，可能被她的丈夫打过，那个叫作埃米尔·罗切鲁伊的男人偷走了她收到的所有来信，并扬言要在诗人八十岁的时候，也就是，当人们庆祝他这位旧情人的无瑕荣耀的时候，公开这些信！

他必须要威胁一下这个讹诈者，给他点钱，打发他。而且当然会听到洛克罗伊说的难听话。洛克罗伊满嘴尽是责备之语，以厌恶的口气评论他和布兰奇的这种关系，以及这种关系会造成的卑劣后果。

雨果感觉受到了侮辱。"八十年正直的生活；竭力奉献与牺牲；和女人在一起、为了女人、拜倒在女人脚下的时候，行为举止也都是良好的；正是女人这迷人的创造物，才让这片土地为人类所接受；结果却因此招致低俗、卑鄙和平庸乏味的诽谤和谩骂。"

"正直的男人无须多做什么，多说什么。

"他只需要将他温柔的笑容转向上帝。"

但是他觉得生活正在变成沼泽地，而他正缓缓陷入其中。

他不再有这个时间了，一切都变得如此之快。

邮政部部长贝特洛邀请他到部里，用两个电话耳罩来倾听歌剧院的表演，然后通过更改线路，他又倾听到了法兰西剧院以及喜剧歌剧院的表演。

他很吃惊，也很高兴。乔治、让娜、爱丽丝兴奋不已。这是他们的未来。他印象中已经从很远处看见过。

他感到亲切的是，《九三年》（这是保罗·莫里斯根据他的小说而改编的剧目）的戏剧演出，令他感到满意而没有意外。这是过去的事情。而即将发生的事对他来说是陌生的。

他正处于一个生命逐渐缩小、死亡迅速占满的间隙。

是时候了。

必须写完最后一页。

他在纸的顶头写下一个单词，一个日期：

"遗嘱——1881 年 8 月 31 日

"上帝。灵魂。责任。这个三重观念对人来说足够了。它对我来说足够了。这是真实的信仰。我就靠着它活着一直到死。真相、光明、正义、良心，这就是上帝、神、死亡。

"我将四万法郎馈赠给穷人们。我希望躺在穷人的柩车中被带往墓地。

"我的遗嘱执行者是儒勒·格雷维，莱昂·萨伊和莱昂·甘必大这几位先生。他们将自行增添受馈赠者名单。我把我所有的手稿，以及可能被找到的、由我写的或画的所有东西统统交给巴黎国家图书馆，终有一天这个图书馆会成为欧洲的美利坚图书馆。

"我会留下一个生病的女儿和两个小孙儿。愿我能够祝福每个人。

"除了每年必须留给我女儿的八千法郎以外，所有属于我的东西将属于我的两个孙儿。我在这里指出，必须保留我给他们母亲爱丽丝的终身年金，并且提升到一万二千法郎；有个勇敢的女人在政变期间，冒着生命危险救了我的命，后来，又挽救了装着我手稿的箱子，我给她留下一份终身年金。

"我会闭上尘世的眼睛，但是精神上的眼睛会一直睁着，而且会比以前睁得更大。我拒绝所有教会的祷告。我请求所有人在心里为我祷告。

"维克多·雨果。"

1882 年

雨果有种感觉，他周围的一切都陷入黑暗之中，有时他会无法抑制地抽泣。保罗·德·圣维克多、埃米尔·德·吉拉丹、布朗基、加里波第、路易·布朗，还有那么多其他人，不管是朋友还是敌人，比如皮埃尔·波拿巴都去世了。

仿佛所有这些面孔都转向他，并且看起来都在唆使他跟上。他还在等什么？

他将坐在朱丽叶的床边。他对她说话。他看着她毫无血色的脸，她已不能再吞咽任何东西。有时，他会坚持让她一同用晚餐。他希望她被侍候着吃一点。他听到洛克罗伊嘟嘟囔囔，指责他是个"粗人，暴君，自私鬼"。而他应该承受这些。他陪着朱丽叶回到房间，握着她瘦弱的手，非常想把他仅有的能量传递给她。

他想继续活着。今年一月初他去了参议院，还是有很多热情的欢呼声："我们的第一参议员万岁！维克多·雨果万岁！"他的确再次当选了，位于名单之首。

他努力地继续行动和说话。即使还有不断的烦扰会遮住他的视线，遏制住他的声音。但是他还是站出来发言，试图让那些阴谋反对沙皇的俄罗斯恐怖分子免于死亡。

处在愤慨的情绪中，他重新发现自己感受到了一种活力，而他本以为已经失去的话语能力也恢复了。

"为什么要绞刑，为什么要禁闭？"他高声说，"虚无主义和专制主义继续发动它们的战争，厚颜无耻的邪恶战争……我在阴暗中呼唤恩典……我向君王请求对百姓的恩典，不然我只能向上帝请求对君王的恩典了。"

他相信自己已经被生活的变化所影响。他重温了《托尔克马达》的校样，这本书会在五月出版。当朱丽叶花了整整一个晚上读了这本已经写了很久的书，他很感动，而且她说：

"读这本书，让我容光焕发，眉开眼笑，就好像一口气喝下了你创作火热的诗歌的灵丹妙药。"

这次出版，为庆祝《九三年》第一百场演出的这次宴会（他直到凌晨三点才与客人告别，大家都想把他留下来，因为他已经进入了第八十一个年头！）让他感觉重新找到了力量、欲望，还有对女人身体的好奇心。他从中寻找着嘴里刺激性的唾液，他这个"夜行者""令人恶心的老汉"，正如洛克罗伊说的那样。

像过去一样，他计算着自己的作者版权费。

"《九三年》作者版权费，他在记事本里写下：3359.15 法郎（十二月）–9641.90 法郎（一月）–9997.91 法郎（四月）……《集合号报》分红：每股 250 法郎（25000 法郎）……我去了趟罗斯柴尔德家族银行，在那里存了 46073 法郎……"

他的口袋里装了一些金币。他可以付钱给一个女人，看着她裸露身体，抚摸这具胴体，试着进入她。

他还活着。一具肉体，一个声音。

他对俄罗斯爆发的大屠杀感到愤慨。

"各种错误互相吞噬，基督教杀害犹太教；目前有三十座城市正遭受烧杀抢掠和灭绝的苦难；俄罗斯发生的一切令人恐惧……一边是人民，另一边是疯子。一边是光明，另一边是黑暗。"

他活着！他活着！

他带朱丽叶观看了《国王寻欢作乐》的演出，尽管她疲惫不堪，面容憔悴，但他知道，在法兰西歌剧院院长的包厢里，她坐在他旁边很开心，而共和国总统儒勒·格雷维则坐在舞台两侧的包厢里。演出结束之后，雨果希望参加演员们的宴会。

他活着！他活着！

他同意和朱丽叶一起去圣芒代，去她女儿克莱尔的墓前。他还将去看望阿黛尔，即便她就在疗养院里生活着，却早就被自己的癫狂给折磨得不成人形了。

过分的幻想！重新焕发出来的能量就好像海市蜃楼一样忽然消散了。

他什么也无法回答朱丽叶，此刻，她用因为病痛而哽住的声音低声抱怨着："在我俩一起来的火车上，我预感到我们已经没有多长时间了，对我而言，似乎与我相关的已所剩无几……还有，我尽量心甘情愿地迈出我的最后一步。只要我走在你前面，这些就是我要问上帝的，我希望他会回答我。"

除了"我爱你。我请求上帝将我们俩尽可能紧密地结合，并且把我们和我们的天使永远结合起来"，他还能说些什么。

他躺到床上，想要睡觉。什么也不看，什么也不知道。

他知道他们会让他睡一上午，到午饭时间也不会叫醒他。

不过最终他还是起床了。

在桌子上，有朱丽叶的留言：

"我不知道到什么时候、以什么方式结束这一切，但是我每天承受的痛苦越来越多，而且每时每刻越来越虚弱。

"现在，我几乎没有握笔的力量，也很难控制自己会写些什么。

"不过我以全部爱的能力紧紧抓住生命，以免把你独自留在这个世上太久。可是哎呀，大自然不同意，也不想……"

已经是深夜。明天，将是死亡的一天。

雨果没有睡着，他听到房间的角落有奇怪的声音。谁在叫他？哪里的声音？

"可以肯定的是，我们这里并不是全世界，而且造物之间必然存在交流，所以我保持沉默，我服从。"

老人就应该这样。

1883 年

黎明。雨果听到了隔壁房间传来的朱丽叶沙哑的呼吸声。应该叫作啰音。

这一年的 1 月 1 日，她给他写了几行字。他无法认出这颤抖的笔迹，但是他记得每一个词。

"亲爱的，我不知道明年这个时候我会在哪里，但我很高兴，并自豪地用这唯一的话证明我的一生：我爱你。"

他答复她：

"当我对你说：请接受祝福——这是天空的话。

"当我对你说：请好好睡觉——这是大地的话。

"当我对你说：我爱你——这是我的话。"

如今她行动十分不便，几乎无法行走。总会看到她失落的样子。2 月 16 日，他们相遇的纪念日，他送给她一张照片。她试图微笑。他在照片下面写道："相爱五十年，这是最美好的结合。"

他抚摸着她的脸，握了握她的手，然后让她继续休息。

他感到死亡是如此接近，他张望四周，仿佛它正潜伏在房间的角落里。他甚至不想再召唤女佣，即使这两年以来，她已经接受了他随时需要的抚摸和疼爱。

他翻开他的记事本，看到这些 "+" 的符号，这让他想起了这些他拥抱过、约会过的女人。这些回忆有点打动他。他付给她们每人二十法郎。而有的时候，一些日子里，他记到了四个"+"号，也就是付了八十法郎！

但是，即使是为了击退死亡，他仍然觉得自己拥抱或欣赏女人身体的欲望正在减弱。

所以，必须直面死亡的邻近。

甘必大在 1882 年 12 月 31 日也去世了，就好像死亡需要证明它既不尊重年轻，也不尊重人才。

不久以后，死神又带走了路易·弗约。无论是朋友还是敌人，它都不放过。它让幸存者孤立起来。他感到很孤单！

他参加了在大陆酒店大家为他八十一岁生日组织的宴会。喝彩声，致辞声，美丽的女人们。他感觉所有这些脸庞、这些声音都离他很远，他只能用疲惫的声音说几句话以示回应。

他回家继续睡觉，消磨光阴。

到了 4 月 11 日星期三，他走近朱丽叶的床边。她还听得到吗？她是如此虚弱。

"今天是你的生日，"他说，"是你出生的好日子；但因为如今你在受苦，所以今天也是悲伤的日子。不过我很平静，因为我请求上帝把我和你一起带走；而且我相信上帝。我爱你。"

他努力想要说服她一定会恢复的。

"请爱我。"他对她说，好像这样他可以从她身上重获一点点爱和能量。

但是日子一天天过去，朱丽叶的眼睛总是紧闭着，仿佛死亡正无情地在她身上蔓延。

5 月 11 日，她去世了。

他不能哭，他感觉他的生命也已经结束，他不再生活在自己的身体里面。

没有了她，没有了五十年以来这颗只为他发光的恒星，他该如何继续活下去？

他想跟随灵车到圣芒代，在那里她将与她女儿的遗体葬在一起。可是爱丽丝、洛克罗伊、莫里斯、瓦克里都对此提出反对意见，他只有看着送葬的人们一路远去。

"我马上就会与你重聚，我的爱人。"他低声说道。

他对《历代传说》补充系列，然后是《英吉利海峡群岛》的出版无动于衷，他甚至无法理解为什么几年前，几个月前，他会如此关注他的著作的出版。

也许只有他的孙辈们才能把他与生活联系在一起？他们的存在使他感到平静。

他感觉很从容。他和他们一起去瑞士莱曼湖边待了几天。

在六月温和的阳光下，他在维伦纽夫拜伦酒店的露台上慢慢踱着步。人群欢呼着："维克多·雨果万岁！"他挺直身体，抬起手臂，回答道："共和国万岁！"

他感到筋疲力尽，好像已经用尽了所有的力气。

他回到房间，回到他的床、他的办公桌旁边。

他重新拿起他的遗嘱，在一页纸的顶端艰难地写下：

"追加遗嘱——1883 年 8 月 2 日

"我赠予穷人五万法郎。我希望躺在穷人的灵车里被带到墓地。我拒绝所有教会的祷告。我请求所有人在心里为我祷告。我相信上帝。

"维克多·雨果。"

一切都井井有条，可能正是因为这样，他感到有写一些诗文的愿望。他确定今年，朱丽叶去世的这一年，也将是他最后可以写作，最后一本书问世的一年。其他的书将会出版，不过一定是遗作了。

他放下笔。

他慢慢地走在街上，看着街上的女人们，他停下来想看看孩子们玩耍。多数时候，会有人认出他来，而有时，他会挽住一位年轻的女性朋友的手臂向前走。而某些时刻，他会忘记死亡在前方等着他。

他转身回家。

到秋天了，他在花园里看见乔治和让娜，他们几乎都是青少年了。看到他们，这给了他继续回到办公桌的力气，他重新拿起笔。

> 孩子，人们看着你，
> 人群转身向着你。
> 凯撒想要管着你，
> 耶稣想要约束你。
>
> 不要奉承任何一个；
> 他们是两个伟大的人；但
> 真理就是使徒，
> 让他们处于两个高峰。

乔治跪下来，让娜祈祷；
孩子们，天主的眼睛看着你们；
向温柔的灵魂鞠躬；
世界很大，主宰很温柔[①]。

他放下笔，他知道，这是他最后的一首诗。

[①] 《海洋集》《流亡之后》《"孩子，人民看着你……"》，1883 年 10 月 30 日。

第十二章

1884—1885 年

1884 年

他长时间地凝视自己，两只瘦骨嶙峋的手互相搓着。这皱巴巴的皮肤，就是他的。这张苍老的脸上的任何部分都不再使他感到惊讶，哪怕是眼袋，还有皱纹。他看起来既消瘦又浮肿。他就是这样。他接受这一切。

他拿起他的记事本，他的手在颤抖。他写了几行字，这是诗句吗？

他感觉到自己曾经才思泉涌，而现在灵感已经枯竭，就像仅仅只有几小颗水滴偶尔能从大海的源头滴落。

有时，他有种不舒服的感觉，因为别人对他说的话并没有传达到他那儿，就好像他已经生活在其他地方，与充满朝气的、仍然年轻的人们相距甚远。

无论如何他还是来埃罗大道吃晚饭了。当他们大声喊着"维克多·雨果大道"以向其表示敬意的时候，他对他们笑了笑。

他在首席位上坐得板直。有人跟他说话吗？

他狐疑地看着爱德华·洛克罗伊。可以确定的是这个男人并不喜欢他，可能还很怨恨他。是洛克罗伊偷走了那些他认为有失礼仪的信件。布兰奇后来怎么样了？朱丽叶死后她有可能来过信，她也许希望再回来。应该是有人迫使她离开，逼她保持缄默。雨果并不感到愤慨。他感觉生活在一个灰色世界，介于光明与黑暗之间，这里有时会有更耀眼的光芒闪耀。尽管困难重重，他还是设法见到了一位年轻的女诗人，梅切肯斯克公主，笔名是托拉·多里安。他靠在她的胳膊上，血液流动得更快。这就是他想要的，他仍然还可以吸引一个专注的女人。

他和她一起出门，沿着塞纳河散步。他重新挺直了腰板，感觉自己的脚步也变得轻盈了许多。他指了指夕阳，"她看了很长时间。"他说。而他要去见上帝了，那这幕场景将会显得更加壮观。还有多久他将受到上帝的召唤？这是唯一的一个谜。

他得知，在历史学家弗朗索瓦·米奈去世之后，他成了法兰西学院资格最老的院士，一位老古董，大家为他鼓掌欢呼、为他庆祝，邀请他在雕像落成仪式上发言讲几句。

不过讲话使他筋疲力尽。他为纪念乔治·桑而塑的雕像，或为了庆祝废除巴西的奴隶制写了几句话。

他很好奇：他还有可能像过去一样可以写作一整天、与敌对的议会分庭抗礼，连续讲几个小时、每天做爱好几次吗？

他勉强可以在记事本上记下一个"+"符号。

他同意参加《雨果圣歌》的演奏会，这是圣－桑为了赞美他的荣誉而创作的。当他到达特罗卡德罗的音乐厅的时候，他感到一阵恐慌：处在这些鼓掌欢迎他的人中，他该做些什么？

他的位置在别处，和那些逝去的朋友们在一起。

有时，他脑中仍有一些词句迸射出来，尽管他已经这样了，他一个一个地整理就如同他写过的不计其数的作品之中的一个。他试着回忆起来。他赶紧记下这些，以前突如其来的灵光令他惊叹不已。

"我去参观了为美国铸造的巨大的巴托尔迪铜像，非常漂亮。看到这个雕像的时候我说：'大海，波涛汹涌，见证了两个平静伟大的国家的联合。'他们请求我同意把这些话语刻在雕像的底座上。"

同时，继续这样"霸占世人的视野"令他感到厌烦，几乎是羞愧难当。

一切即将结束，他感觉到了。

他想念朱丽叶，她已经去世一年。

"令人钦佩的女士！我们将会在彼世重逢。"他喃喃自语。

他坚信，去沃勒莱罗斯的保罗·莫里斯家将是他生命中最后的旅行。

他希望像他在根西岛所做的那样，有人可以为他聚集到最贫困的一百名儿童，并将他们组织起来，把所有的事情重复一遍……吃一顿饭，每个人都可以抽一次奖，可以赢得二十苏或一百法郎。他走到孩子们中间，他们朝气蓬勃，充满活力。他把自己苍老的手放在他们的头发上，听着他们的笑声。他说："当信仰得到满足，内心感到快乐时，我们不可能是倒霉透顶的。"

他不是那样的。

他感觉自己身上有一个巨大的空隙，他的所有岁月都在那里被吞没了，几乎所有他所爱的人都在那里消失了。

"是时候让我为这个世界腾地方了。"

1885 年

雨果在他的记事本上写下了这个小十字："+"。

他随手翻了翻，从他的八十三岁这年的一月一日起，总共有八个十字。

他还能够欣赏和触碰一个女人的身体多少次呢？

4 月 5 日，可能是最后一个十字？他想他是否真的需要新的鱼水之欢。

也许他想让自己觉得有这方面的需求，因为死亡迟迟未降临，而他在做年轻人做的事的这一刻是忘记一切的时刻，即便只不过是一场幻想。

但是他渴望休息，他明白这一点。

他躺下来，自言自语地说："欢迎'她'的到来。"

他所说的并不是一个女人，而是死亡。

"大地在召唤我。"他补充道。

既然死神不急着来，那么就应该做些改变，试着让人们相信他还活着，也许可以说服大家相信。

5 月 14 日，他接待费迪南德·德·雷赛布共进晚餐。

他感觉很好。他微笑着。他听到了乔治和让娜两个人在花园里与雷赛布的孩子们聊天的欢声笑语。

大家为他的好气色和健康而庆祝。然而，他感觉到冷。他想要躺下，把脸藏在被窝里。

他迈着沉重的步伐上楼回房间，每走一步他都得停下休息。他感觉呼吸困难，仿佛他的心脏舒张，占据了整个胸腔，每次跳动都压迫肺部。

他从使他窒息的喘息声里挤出几个字：

"结束了。"

爱丽丝和保罗·莫里斯大叫起来，请他快去睡觉。

必须熬过夜晚，然后再熬过与夜晚相似的白天。

他开始发抖，高烧让他身体发烫，但他仍感觉冷。他咳嗽起来。他呼吸越来越困难。

医生们赶过来了。他听到他们在窃窃私语。他们说的是"肺充血"吗？

他回应道：

"白天和黑夜在这里交战。"

他想放弃这场战斗，他将失去战斗的能力。

他看到乔治和让娜进来了。

他吃力地把身体挺直一些，把他已经变得非常瘦弱的手从被单里伸出来；手指上的老旧金戒指照耀着他暗淡的皮肤。

两个孩子跪在床边。他们必须再靠近些，这样他才能拥抱着他们，对他们说："要幸福……要想我……要爱我……"

5 月 18 日，阳光使他眩晕，但是他一直感觉很冷。他蜷缩在被窝里，小声地说："我亲爱的孩子们……"

他想要对他们微笑，可是他觉得自己哭了。

他让人把他的记事本拿过来。在 5 月 19 日，他写下了最后一句话。笔对他来说似乎太沉重，他是如此笨拙，这些词像是粘在他身上，它们似乎在抵抗。

"爱，就要行动。"他总算成功地写下了这句话。

他闭上眼睛，自言自语道："我看见了黑色的光。"

他朝着这束光缓缓飘去。

他于 5 月 22 日，星期三，下午一点二十七分去世。

后记

人群蜂拥而至，来到维克多·雨果大道的房子前面。

有时会有人喊一声，好像是一种抗议："维克多·雨果万岁！"

在《集合号报》上人们可以读到临终前的记录。

"医生们说，他没有遭受到痛苦，可是听到他喘息的人都觉得他很痛苦。首先是一种嘶哑的声音，类似于海浪打在卵石滩上的声音，然后这个声音慢慢减弱，接着停止了。维克多·雨果去世了。"

医学报告明确表示"他患有心脏病，又感染了肺充血"。

有人窃窃私语。有人喃喃自语。女人们哭泣着。还有人背诵着诗人的诗句。

有人再一次说道：爱丽丝（夏尔·雨果的遗孀）和她的现任丈夫爱德华·洛克罗伊曾拒绝了巴黎的大主教——红衣主教吉伯，他曾想进入他们的房子里面，到雨果的床头。

这是诗人的愿望。

现在，"他躺着，一动不动，像大理石像一样苍白，毫无血色，面容十分安详"。

5月23日星期六，他的身体经过防腐处理后，重新被安置在床上，上面盖满鲜花。大家等待着葬礼。

"这场葬礼必须是国葬。"克莱孟梭说，"这场葬礼将是让所有党派短暂联合在一起的唯一机会。通过歌颂雨果，法国也颂扬了自己。"

国民议会举行了投票。议会主席鞠躬致意。

"他的天赋在本世纪受万人敬仰。法国因为有他而在世界上大放光彩。"议会主席亨利·布里松说。代表们决定，遗体放在凯旋门下面供人瞻仰以后，再放置到先贤祠。

拿破仑三世本来已经让先贤祠像大革命以前那样，恢复成纪念圣日内维耶的教堂。而在关于先贤祠的功用问题上，第三共和国曾出现意见分歧，众议员与参议员意见不同。这个建筑一直没有明确的用途，既不是教堂，也不是共和国神殿。

如今，众议院进行了投票，感情战胜了决定，在雨果死后共和党取得了胜利。

"先贤祠将恢复其最初的法定用途。

"维克多·雨果的遗体将运往先贤祠，六月一日星期一，这一天定为法定祭日。"

有一些人则反对这种选择，"反教权。"他们说。

阿尔贝·德曼高喊着："你们应该利用送殡的机会，向民众表示对宗教的藐视，以及自由思想对宗教的巨大胜利。"

而吉伯主教补充说："基督教徒的信仰感觉受到侮辱。"

可是谁会听取这些建议？它们很快就淹没在5月31日香榭丽舍大街上的来来往往的数百万脚步声里。

人们希望在凯旋门的拱门之下看到灵柩台，石棺，下面用底座托高，上面覆盖着沾满银色泪珠状装饰物的黑色天鹅绒。那就是"天才"的棺材，能与拿破仑大帝平起平坐的诗人的灵柩。

夜幕降临，人群依旧很密集。人们来自郊区、巴士底狱和贝勒维尔。人们大声说着话，喝着酒，吃着饭，背诵着诗句，像伽弗洛什那样唱着歌曲：

> 楠泰尔人丑八怪，
> 这只能怨伏尔泰，
> 帕莱索人大脓包，
> 这也只能怨卢梭。

> 公证人我做不来，
> 这只能怨伏尔泰，
> 我只是只小雀儿，
> 这也只能怨卢梭。

> 欢乐是我的本态，

这只能怨伏尔泰，

贫穷是我的格调，

这也只能怨卢梭。

我是倒了下来，

这只能怨伏尔泰，

鼻子栽进了小溪，

这也只能怨[①]……

人们哭了。

人们回忆起《悲惨世界》中这一著名章节的标题："埋葬：重生之机。"这个标题令人想起了 1832 年拉马克将军的葬礼。人们不停重复着小说里的那些描述伽弗洛什之死的句子。

他丝毫不受影响。由同一个枪手射出的第二发子弹，使他短暂停了一下。这一次，他脸朝路面倒下去，不再动弹了。这个伟大而又渺小的灵魂升天了。

人们合唱了伽弗洛什的另一首歌曲：

但是还存在一些坚垒，

我要捣乱砸碎

现在的所谓公共秩序。

漂亮的姑娘去哪儿，

哝啦。

大家来玩九柱戏哟！

让一个大球滚上去，

把旧世界冲得稀巴烂[②]。

---

① 《悲惨世界》，第五部，《冉阿让》，第 1 卷，第 15 章，《加夫罗契外出》。

② 《悲惨世界》，第四部，《卜吕梅街的儿女情和圣德尼街的英雄血》，第 14 卷，第 4 章，《伽弗洛什过度兴奋》。

人们一边喊着"雨果万岁！"一边相互拥抱亲吻。

"在香榭丽舍大街的草坪上，所有休假的妓女们非常高兴地随便与人交媾。"埃德蒙·德·龚古尔说。

"真正的狂欢，既有恶趣味，也有自我欣赏。"尼采评论道，他重述了龚古尔、巴雷斯、莱昂·布洛瓦、休斯曼斯，以及罗曼·罗兰的观点。

"眼泪和俯伏是行不通的！"罗曼·罗兰说，"呐喊、尖叫、大笑和喧闹声此起彼伏。撩起裙子的女孩，趴在人字梯上面，等着被人捏屁股。所有的人都在狂欢。就像画家约丹斯所作的欢宴。"

所有人都聚集在雨果周围，人潮汹涌。人群和人民，乱糟糟的一团。

"人们的所有喧闹声，在这个感人而又庄严的时刻，显得很不协调，甚至有点令人反感和觉得粗俗。"《集合号报》如此写道。

来自各个城市、各个国家的一百八十五个代表团，一百零七个射击和体操团体在军号和鼓声的伴随下鱼贯而行；当简陋的枢车经过时，响起了管乐演奏声、讲话声和叫喊声。

送殡队伍中有部长、主席、大使、院士、名人显贵，还有同行业人士、年轻的诗人等，他们紧跟着枢车，枢车如此简陋，这让人感到意外，几乎可以说是有点不合时宜。

而且当时有超过一百万的人，他们看着维克多·雨果的灵枢经过，跟着它从香榭丽舍大街到圣日耳曼大道，从圣米歇尔大道到苏芙洛街。

龙骑兵拔刀出鞘，协和大桥上的鸽子飞起来，步兵亮出武器，骑在马背上的国民卫队驱散了乱哄哄的人群，这就像雨果作品的巴洛克风格，气势磅礴，展现出形形色色的人，将秩序和反抗、对习俗的尊重和拒绝、神秘和迷惑、可笑和崇高、利欲熏心和宽宏大量、英勇和卑劣、羞耻和下流联合在一起，将生命与死亡紧密融合，活力、欢乐最终胜于哀悼。

哪位诗人曾经举行过这样的葬礼？谁的死亡曾是充满欢乐而又庄严肃穆、万众瞩目？

这场葬礼，这个自由的人，属于所有人。

噢！去吧，我们将为你举行盛大葬礼！
我们或许也将有自己的战斗；
我们会遮住你那受人尊敬的棺材！

我们将邀请所有人：欧洲人、非洲人、亚洲人！
而且我们会为你带来年轻的诗歌，
歌颂年轻的自由！

你会和我们在一起的！——躺在你的纪念圆柱之下，
在这个强大而沸腾的巴黎城市中，
在经历无数次黑暗暴风雨的蓝天下，
在充满生机的发出低吼、人群聚集的马路上，
炮声隆隆，人流如织：
人民也是一片海洋①。

---

① 《暮歌集》，第二首，《致铜柱》，1830 年 10 月 9 日。